빠르고 똑똑한 **영한+한영 단어사전**

초판 20쇄 발행 | 2026년 1월 5일

지은이 | HU어학연구소
편　집 | 이형석, 홍경래
교　정 | 이유선, 이준영
내지 편집 | 김선자
표　지 | 박소희

제　작 | 선경프린테크
펴낸곳 | Vitamin Book
펴낸이 | 박영진

등　록 | 제318-2004-00072호
주　소 | 07301 서울특별시 영등포구 영신로 34길 19, 2층
전　화 | 02) 2677-1064
팩　스 | 02) 2677-1026
이메일 | vitaminbooks@naver.com
웹하드 | ID vitaminbook　PW vitamin

©2008 Vitamin Book

ISBN 978-89-92683-23-4 (13740)

잘못 만들어진 책은 바꿔드립니다.

빠르고 똑똑한 영한+한영 단어사전

H니어학연구소 지음

이 책의 구성과 특징

1_ 실질적인 영한사전

영어 고급자로 도약하기 위해 필수적인 단어 8900개를 엄선하였고, 중급 이하 학습자를 위하여 특히 영어 문장의 뼈대가 되는 단어 1700개(중학+고1 수준)는 큰 활자로 인쇄하여 최우선적으로 암기할 수 있도록 배려하였다.

2_ 꼼꼼한 발음 표기

표제 단어는 영어 발음기호를 잘 모르더라도 쉽게 읽어볼 수 있도록 우리말로 발음을 표기해 두었다. 고급자 입장에선 옳지 않은 방법일 수도 있으나 독자님들의 편의를 위한 조치이다.

3_ 동음이의어 구분

한영단어에서는 동음이의어의 의미 구분을 위해 한자(漢字)나 우리말로 [ ] 속에 간략한 의미를 넣었다.

4_ 명사와 동사를 한 번에

경제적인 공간 활용을 위해 명사와 동사 또는 명사와 형용사를 한 줄에 넣었다. 명사와 동사가 같은 철자인 경우에는 한 단어만 보여준다.
예 개입(하다) intervention 인터벤션 / intervene 인터빈

5_ 가능하면 복수의 용례 제시

한영단어에서 우리말을 영어로 나타낼 때 영어로는 여러 가지 의미로 해석되는 경우가 많으므로 가능하면 2가지 이상의 용례를 제시했다.

이 책은 언제나(anytime), 어디서나(anywhere) 휴대하시고 이용하시면 고가의 전자사전보다 빠르게 해당 단어를 찾으실 수 있을 것이다.

CONTENTS

SECTION 01 | 영한사전 English-Korean Dictionary

A	10	B	36
C	56	D	88
E	110	F	127
G	145	H	157
I	172	J	187
K	190	L	193
M	207	N	226
O	234	P	244
Q	273	R	275
S	293	T	330
U	346	V	351
W	356	X	365
Y	366	Z	368

SECTION 02 | 한영사전 Korean-English Dictionary

ㄱ	370	ㄴ	426
ㄷ	442	ㄹ	467
ㅁ	471	ㅂ	498
ㅅ	534	ㅇ	576
ㅈ	627	ㅊ	667
ㅋ	681	ㅌ	687
ㅍ	697	ㅎ	712

영미인의 이름 애칭

영미인의 이름은 긴 것이 많지요? 앤이나 제인은 괜찮지만 엘리자베스, 크리스티나를 부르려면 힘들 겁니다. 그래서 생겨난 것이 짧은 애칭이며, 애칭으로 부른다는 것은 서로 친밀감을 갖기 위한 필수코스입니다.

여자 이름	애칭	여자 이름	애칭
Amanda 아만다	Mandy 맨디	Anna 애나	Ann 앤, Annie 애니
Anne 앤	Nan 낸, Nancy 낸시	Barbara 바버라	Bab 밥, Bobbie 바비
Caroline 캐롤라인	Carol 캐럴, Carrie 캐리	Catherine 캐서린	Cathy 캐시
Christina 크리스티나	Chris 크리스	Cynthia 신시아	Cindy 신디
Deborah 데보라	Debbie 데비	Dorothy 도로시	Dora 도라
Eleanor 엘리노어	Ellie 엘리, Ellen 엘렌	Elizabeth 엘리자베스	Eliza 엘리자, Liz 리즈
Helen 헬렌	Nellie 넬리, Nel 넬	Jacqueline 재클린	Jackie 재키
Jane 제인	Jenny 제니	Janet 재닛	Jan 잰
Jennifer 제니퍼	Jenny 제니, Jen 젠	Jessica 제시카	Jessie 제시
Joanna 조애너	Jo 조	Judith 주디스	Judy 주디
Katherine 캐서린	Karen 카렌	Larissa 라리사	Lacey 레이시
Laura 로라	Laurie 로리	Lillian 릴리언	Lilli, Lily 릴리
Lucile 루실	Lucie 루시	Margaret 마가렛	Maggie 매기, Meg 멕
Martha 마사	Mart 마트, Marty 마티	Mary 메어리	Molly 몰리, Polly 폴리
Matilda 마틸다	Matty 매티, Tilda 틸다	Nicole 니콜	Nickie 니키
Pamela 파멜라	Pam 팸	Patricia 패트리샤	Pat 팻, Patty 패티
Penelope 페넬로페	Penney 페니,	Rebecca 레베카	Becky 베키
Samantha 사만사	Sam 샘	Sophia 소피아	Sophie 소피
Susan 수전	Sue 수, Suzie 수지	Theresa 테레사	Terry 테리

남자 이름	애칭	남자 이름	애칭
Abraham 에이브러햄	Abe 에이브	Albert 앨버트	Al 앨
Alfred 알프레드	Al 앨	Anthony 앤서니	Tony 토니
Arthur 아더	Art 아트, Artie 아티	Benjamin 벤저민	Ben 벤
Charles 찰스	Charlie 찰리	Christopher 크리스토퍼	Chris 크리스
Daniel 대니얼	Dan 댄, Danny 대니	Dominic 도미닉	Nick 닉
Donald 도널드	Don 돈, Donnie 도니	Edgar 에드가	Ed 에드
Edward 에드워드	Ed 에드, Eddie 에디	Edwin 에드윈	Ed 에드, Ned 네드
Frederick 프레더릭	Fred 프레드	Henry 헨리	Hal 할, Harry 해리
James 제임스	Jim 짐, Jimmy 지미	John 존	Jack 잭, Johnny 조니
Joseph 조지프	Joe 조	Joshua 조슈아	Josh 조쉬
Lawrence 로렌스	Larry 래리	Melvin 멜빈	Mel 멜
Michael 마이클	Mike 마이크	Nicholas 니컬러스	Nick 닉, Nicky 니키
Patrick 패트릭	Pat 팻	Raymond 레이먼드	Ray 레이
Richard 리차드	Dick 딕, Rick 릭	Robert 로버트	Rob 랍
Samuel 새무얼	Sam 샘, Sammy 새미	Stephen 스티븐	Steve 스티브
Theodore 시어도어	Ted 테드, Teddy 테리	Thomas 토마스	Tom 탐, Tommy 타미
Timothy 티모시	Tim 팀, Timmy 티미	Walter 월터	Walt 월트
William 윌리엄	Bill 빌, Will 윌		

영한사전
English-Korean Dictionary

a	[ei] 에이, 어	관 하나의, 어떤, 같은
abandon	[əbǽndən] 어벤던	타 버리다, 버려두다, 포기하다
	✓ **abandon oneself to** ~에 빠지다, ~에 잠기다	
abate	[əbéit] 어베이트	타 감하다 자 감소하다, (값을) 내리다
abbey	[ǽbi] 애비	명 대수도원, 사원, 성당
abbreviate	[əbríːvièit] 어브리-비에이트	타 생략하다, 단축하다, 짧게 하다
abbreviation	[əbrìːviéiʃən] 어브리-비에이션	명 생략, 약어, 약분
abdomen	[ǽbdəmən] 앱더먼	명 배, 복부
abhor	[æbhɔ́ːr] 앱호-	타 몹시 싫어하다, 멸시하다
abide	[əbáid] 어바이드	타 자 남다, 살다, 머무르다
	✓ **abide by** ~을 지키다, 따르다	
ability	[əbíləti] 어빌러티	명 능력, 수완, 할 수 있음
able	[éibəl] 에이벌	형 ~할 수 있는, 유능한
	✓ **be able to** ~할 수 있다	
abnormal	[æbnɔ́ːrməl] 앱노-멀	형 비정상의, 예외의, 변태적인
aboard	[əbɔ́ːrd] 어보-드	부 배에, 차내에, ~을 타고
abode	[əbóud] 어보우드	명 주소, 주거 동 abide의 과거
abolish	[əbáliʃ] 어발리쉬	타 (제도 등을) 폐지하다
abolition	[æ̀bəlíʃən] 애벌리션	명 폐지, 전폐, 철폐
abominable	[əbámənəbəl] 어바머너벌	형 밉살맞은, 지긋지긋한, 지겨운
abound	[əbáund] 어바운드	자 많이 있다, 충만하다
	✓ **abound in(with)** ~이 많이 있다, (~으로) 가득하다	
about	[əbáut] 어바웃	전 ~에 관하여 부 대략
	✓ **be about to** 막~하려고 하다	

accent

above	[əbʌ́v] 어버브	전 ~보다 위에 부 위로, ~이상
	✓ **above all** 그중에서도, 특히	
abridge	[əbrídʒ] 업리쥐	타 요약하다, 단축하다, 줄이다
abroad	[əbrɔ́ːd] 업로-드	부 국외로, 널리, 해외로
abrupt	[əbrʌ́pt] 업럽트	형 뜻밖의, 급한, 갑작스러운
absence	[ǽbsəns] 앱선스	명 부재, 결석
absent	[ǽbsənt] 앱선트	형 부재의, 결근의 동 결석하다
absent-minded	[ǽbsənt-máindid] 앱선트마인디드	형 멍하고 있는, 넋 잃은
absolute	[ǽbsəlùːt] 앱설루-트	형 절대의, 완전무결한 명 절대
absolution	[æ̀bsəlúːʃən] 앱설루-션	명 면죄, 해제, 사면
absolve	[əvzǽlv] 업잴브	타 방면하다, 무죄를 언도하다
absorb	[əbsɔ́ːrb] 업소-브	타 흡수하다, 병합하다
	✓ **be absorbed in** ~에 열중하고 있다, 몰두해 있는	
absorption	[əbsɔ́ːrpʃən] 업소-옵션	명 흡수, 병합, 골몰, 진심
abstract	[æbstrǽkt] 앱스트랙트	형 추상즈인 동 추출하다
abstraction	[æbstrǽkʃən] 앱스트랙션	명 추상(작용), 절취, 훔침
absurd	[əbsə́ːrd] 업서-드	형 불합리 한, 어리석은
abundance	[əbʌ́ndəns] 어번던스	명 풍부, 다수, 다량
abundant	[əbʌ́ndənt] 어번던트	형 많은, 풍부한, 풍족한
abuse	[əbjúːz] 어뷰-즈	명 남용, 작용 타 남용하다
	✓ **abuse the confidence of** ~을 배반하다	
abyss	[əbís] 어비스	명 지옥, 나락
academic	[æ̀kədémik] 애커데믹	형 학원의, 대학의, 학문의
academy	[əkǽdəmi] 어캐더미	명 예술원, 전문학교, 학원
accelerate	[æksélərèit] 액설러레이트	자 타 속도를 더하다, 빨라지다
acceleration	[æksèləréiʃən] 액설러레이션	명 가속, 촉진, 가속도
accent	[ǽksent] 액센트	명 악센트 동 악센트를 붙이다

accept

accept	[æksépt] 액셉트	타 수락하다, 받아들이다
acceptable	[ækséptəbəl] 액셉터벌	형 만족한, 기꺼운, 마음에 드는
access	[ǽkses] 액세스	명 접근, 면접, 입구
accession	[ækséʃən] 액세션	명 도달, 접근, 계승, 임관
accessory	[æksésəri] 액세서리	명 액세서리, 부속물, 부대물
accident	[ǽksidənt] 액시던트	명 재난, 고장, 사고
accidental	[æksidéntl] 액시던틀	형 우연의, 우발적인, 뜻밖의
accommodate	[əkámədèit] 어카머데이트	타 편의를 봐주다, 숙박시키다
accommodation	[əkámədèiʃən] 어카머데이션	명 적응, 편의, 숙박 시설
accompany	[əkʌ́mpəni] 어컴퍼니	타 동반하다 ~와 함께 가다

✓ **be accompanied with** ~을 동반하다

accomplice	[əkámplis] 어캄플리스	명 공범자, 연루자
accomplish	[əkámpliʃ] 어캄플리쉬	타 이루다, 목적을 달성하다
accomplished	[əkámpliʃt] 어캄플리쉬트	형 성취한, 능숙한, 완성한
accomplishment	[əkámpliʃmənt] 어캄플리쉬먼트	명 완성, 성취, 수행, 업적
accord	[əkɔ́:rd] 어코-드	자 타 일치하다, 조화하다 명 일치
accordance	[əkɔ́:rdəns] 어코-던스	명 일치, 조화
according	[əkɔ́:rdiŋ] 어코-딩	부 따라서, 응해서

✓ **according to** ~에 준하여, ~함에 따라서

accordingly	[əkɔ́:rdiŋli] 어코-딩리	부 따라서, 그러므로, 적당히
accordion	[əkɔ́:rdiən] 어코-디언	명 손풍금, 아코디언
account	[əkáunt] 어카운트	명 계산(서), 설명, 이유 자 타 ~라고 생각하다

✓ **account for** ~을 설명하다(=explain), (이유를) 밝히다

✓ **on account of** ~ 때문에, 이유로

accountable	[əkáuntəbəl] 어카운터벌	형 책임이 있는, 설명할 수 있는
accountant	[əkáuntənt] 어카운턴트	명 회계원, 계리사
accumulate	[əkjú:mjəlèit] 어큐-멀레이트	자 타 (조금씩) 모으다, 축적하다

accumulation	[əkjùːmjəléiʃən] 어큐-멸레이션	명 축적, 축재, 축적물
accuracy	[ǽkjərəsi] 애켜러시	명 정확, 정밀도
accurate	[ǽkjərit] 애켜릿	형 정확한, 빈틈없는
accursed	[əkə́ːrsid] 어커-시드	형 저주받은, 운이 다한, 지겨운
accuse	[əkjúːz] 어큐-즈	타 고발하다, 나무라다, 고소하다

✔ accuse ~of ~을 비난하다, 나무라다, 고소하다

accustom	[əkʌ́stəm] 어커스텀	타 습관 들이다, 익히다

✔ accustom oneself to ~의 습관을 붙이다, ~에 익숙케 되다

accustomed	[əkʌ́stəmd] 어커스텀드	형 익숙한, 평소의, 습관의
ache	[eik] 에이크	자 아프다, 쑤시다 명 아픔
achieve	[ətʃíːv] 어취-브	타 성취하다, 완수하다, 이루다
achievement	[ətʃíːvmənt] 어취-브먼트	명 달성, 성취, 성공, 업적
acid	[ǽsid] 애시드	형 신, 신맛의, 산성의 명 산(酸)
acknowledge	[əknɑ́lidʒ] 액날리쥐	타 인정하다, 알리다, 감사하다
acknowledgement	[əknɑ́lidʒmənt] 액날리쥐먼트	명 승인, 용인, 자백, 통지
acorn	[éikɔːrn] 에이코-온	명 도토리, 상수리
acquaint	[əkwéint] 어퀘인트	타 알리다, 고하다, 통고하다
acquaintance	[əkwéintəns] 어퀘인턴스	명 친지, 간면, 아는 사람
acquainted	[əkwéintid] 어퀘인티드	형 안면이 있는, 친한, 정통한

✔ be acquainted with ~을 알고 있다, 정통해 있다, ~을 알게 되다

acquiesce	[æ̀kwiés] 애퀴에스	자 묵인하다, 묵묵히 따르다
acquire	[əkwáiər] 어콰이어	타 얻다, 습득하다, 획득하다
acquirement	[əkwáiərmənt] 어콰이어먼트	명 취득, 획득, 습득
acquit	[əkwít] 어퀴트	타 무죄로 하다, 석방하다
acre	[éikər] 에이커	명 에이커(약 4046.8㎡)
across	[əkrɔ́ːs] 어크로-스	형 건너서, 저쪽에 전 ~의 저쪽에

✔ across the sea(s) 해외에, 외국에

act

	✓ across the way 길 건너편에	
act	[ækt] 액트	명 행위, 소행, 짓 자 행동하다
	✓ act out 연출하다, 실행에 옮기다	
	✓ act for a person ~의 대리를 하다	
acting	[ǽktiŋ] 액팅	형 대리의, 임시의 명 공연, 연기
action	[ǽkʃən] 액션	명 활동, 작용, 행위
active	[ǽktiv] 액티브	형 활동적인, 활발한
activity	[æktívəti] 액티버티	명 활발, 활약, 활동
actor	[ǽktər] 액터	명 남자 배우, 행위자
actress	[ǽktris] 액트리스	명 여배우
actual	[ǽktʃuəl] 액츄얼	형 현실의, 사실상의, 현재의
actuality	[æ̀ktʃuǽləti] 액츄얼러티	명 현실, 현존, 실재
actually	[ǽktʃuəli] 액츄얼리	부 현실로, 지금, 실제로
A.D.	[eidi] 에이디-	명 서력 기원
adapt	[ədǽpt] 어댑트	타 적응(적합)시키다, 고쳐 쓰다
adaptation	[æ̀dæptéiʃən] 애댑테이션	명 적합, 적응, 순응
add	[æd] 애드	타 자 더하다, 추가하다, 가산하다
	✓ add on ~을 덧붙이다, 보태다	
	✓ add up to 합계가 ~이 되다, 요컨대~이라는 뜻이 되다	
	✓ add to 증가하다, 늘다	
addition	[ədíʃən] 어디션	명 부가, 추가, 덧셈
	✓ in addition to ~에 더하여, ~이외에 또(=besides)	
additional	[ədíʃənəl] 어디셔널	형 부가의, 추가의, 특별의 명 부가물
address	[ədrés] 어드레스	명 연설, 답사, 주소 타 말을 걸다
adequate	[ǽdikwit] 애디퀴트	형 적당한, 충분한, 알맞은
adhere	[ædhíər] 애드히어	자 달라붙다, 집착(고집)하다
adhesion	[ædhí:ʒən] 애드히-전	명 점착(력), 유착

advance

adieu	[ədjúː] 어듀-	명 안녕! 잘개 명 이별, 작별
adjacent	[ədʒéisənt] 어제이선트	형 이웃의, 인접한, 부근의
adjective	[ǽdʒiktiv] 애쥑티브	명 (문법) 형용사 형 형용사의
adjoin	[ədʒɔ́in] 어죠인	자 타 (~에) 인접하다, 이웃하다
adjoining	[ədʒɔ́iniŋ] 어죠이닝	형 이웃의, 부근의
adjourn	[ədʒə́ːrn] 어저-언	자 타 연기하다, 이월하다
adjust	[ədʒʌ́st] 어저스트	자 타 맞추다, 조정하다
adjustment	[ədʒʌ́stmənt] 어저스트먼트	명 조정, 정리, 맞추다
administer	[ædmínəstər] 어드미니스터	타 경영하다, 관리하다
admirable	[ǽdmərəbəl] 애드머러블	형 칭찬할만한, 훌륭한
admiral	[ǽdmərəl] 애드머럴	명 해군 대장, 제독
admiration	[æ̀dməréiʃən] 애드머레이션	명 감탄, 경탄

✔ in admiration of ~을 칭찬하여

admire	[ædmáiər] 어드마이어	타 감탄(탄복)하다, 찬미하다
admirer	[ædmáiərər] 어드마이어러	명 숭배자, 찬미자, 구혼자
admiring	[ædmáiəriŋ] 어드마이어링	형 감탄하는, 칭찬(찬미)하는
admission	[ædmíʃən] 애드미션	명 입장, 입회, 입학, 가입
admit	[ædmít] 애드밋	자 타 허락하다, 들이다, 인정하다
admittance	[ædmítəns] 애드미턴스	명 입장, 웃장 허가
admonish	[ædmániʃ] 애드마니쉬	타 훈계하다, 충고하다
adopt	[ədápt] 어답트	명 채택하다, 양자로 삼다
adoption	[ədápʃən] 어답션	명 결연, 채택, 입양
adore	[ədɔ́ːr] 어도-어	타 숭배하다, 그리워하다
adorn	[ədɔ́ːrn] 어도-온	타 꾸미다, 장식하다
adult	[ədʌ́lt] 어덜트	명 어른, 성인 형 어른의, 성인의
advance	[ədvǽns] 어드밴스	자 타 전진시키다, 나아가다 명 진전, 향상, 신청

✔ in advance 미리

advanced

advanced	[ədvǽnst] 어드밴스트	형 전진한, 앞선, 진보한
advancement	[ədvǽnsmənt] 어드밴스먼트	명 진보, 발달, 촉진, 진급
advantage	[ədvǽntidʒ] 어드밴티쥐	명 유리, 편의, 이익
	✓ take advantage of ~를 이용하다	
advantageous	[æ̀dvəntéiʒəs] 애드번테이져스	형 유리한, 형편 좋은, 이로운
advent	[ǽdvent] 애드벤트	명 도래, 출현, 예수의 강림절
adventure	[ædvéntʃər] 어드벤쳐	명 모험, 모험담, 희한한 경험
adventurous	[ædvéntʃərəs] 어드벤쳐러스	형 모험을 좋아하는, 모험적인
adverb	[ǽdvə:rb] 애드버-브	명 (문법)부사
adversary	[ǽdvərsèri] 애드버서리	명 적, 상대, 반대자
adverse	[ædvə́:rs] 애드버-브	형 거스리는, 반대의
adversity	[ædvə́:rsəti] 애드버-서티	명 역경, 불운, 재난
advertise	[ǽdvərtàiz] 애드버타이즈	자 타 광고하다, 공시하다
advertisement	[æ̀dvərtáizmənt] 어드버타이즈먼트	명 광고, 선전
advice	[ədváis] 어드바이스	명 충고, 조언, 권고, 통지
advisable	[ædváizəvəl] 애드바이저벌	형 권할만한, 현명한
advise	[ædváiz] 애드바이즈	타 자 충고하다, 권하다, 조언하다
adviser	[ædváizər] 애드바이저	명 충고자, 고문(=advisor)
advocate	[ǽdvəkit] 애드버킷	명 변론자, 주창자, 지지자
aerial	[ɛ́əriəl] 에어리얼	형 공기의, 대기의, 기체의
Aesop	[í:səp] 이-섭	명 이솝(고대 그리스의 우화 작가)
afar	[əfá:r] 어파-	부 멀리, 아득히
affair	[əfɛ́ər] 어페어	명 사건, 일, 문제, 사무
affect	[əfékt] 어펙트	타 영향을 미치다, 감동시키다
affectation	[æ̀fektéiʃən] 애펙테이션	명 ~체하기, 꾸민 태도, 허식
affection	[əfékʃən] 어팩션	명 애정, 사랑, 감동, 영향
affectionate	[əfékʃənit] 어팩셔니트	형 애정이 깊은, 자애로운, 상냥한

affirm	[əfə́ːrm] 어퍼-엄	타 자 증언하다, 긍정하다
affirmative	[əfə́ːrmətiv] 어퍼-머티브	형 단언적인, 긍정적인
afflict	[əflíkt] 어플릭트	타 괴롭히다
affluent	[ǽflu(ː)ənt] 어플루언트	형 풍요한, 부유한
afford	[əfɔ́ːrd] 어포-드	타 ~의 여유가 있다, 산출하다
afloat	[əflóut] 어플로웃	부 형 배위에, 해상에
afraid	[əfréid] 어프레이드	형 두려워하는, 걱정하는
afresh	[əfréʃ] 어프레쉬	부 다시, 새롭게
Africa	[ǽfrikə] 애프리카	명 아프리카
after	[ǽftər] 앤터	전 ~의 뒤에 부 뒤에 접 ~한 후에

- after all 결국, 드디어
- take after 닮다
- After you. 당신 먼저 하세요.

afternoon	[ǽftərnúːn] 앤터누운	명 오후 형 오후의
afterward	[ǽftərwərd] 앤터워드	부 뒤에, 나중에, 그 후, 이후
again	[əgén] 어겐	부 다시, 또, 한번 더
against	[əgénst] 어겐스트	전 ~에 반대하여, 거슬러
age	[eidʒ] 에이쥐	명 나이, 연령, 시대

- for ages 오랫동안

aged	[éidʒd] 에이쥐드	형 ~살의, 늙은, 오래된
agency	[éidʒənsi] 에이전시	명 대리점, 기능, 작용
agent	[éidʒənt] 에이전트	명 대리인, 정보원, 약제
aggravate	[ǽgrəvèit] 에그러베이트	타 더욱 악화시키다, 괴롭히다
aggressive	[əgrésiv] 어그레시브	형 침략적인, 공세의
agitate	[ǽdʒətèit] 애저테이트	타 자 동요시키다, 흔들다
agitation	[ǽdʒətéiʃən] 애저테이션	명 뒤섞기, 동요, 소동
ago	[əgóu] 어고우	부 (지금부터) ~전에

agony

	✓ **a long time ago** 아주 오래전에	
agony	[ǽgəni] 애거니	명 심한 고통, 고민, 걱정
agree	[əgríː] 어그리-	자 동의하다, 승낙하다, 응하다
	✓ **agree with** ~에 동의하다, 찬성하다	
agreeable	[əgríːəbəl] 어그리-어벌	형 유쾌한, 기분 좋은, 맞는
agreement	[əgríːmənt] 어그리-먼트	명 계약, 일치
	✓ **come to an agreement** 합의에 도달하다	
agricultural	[ægrikʌ́ltʃərəl] 애그리컬쳐럴	형 농업의, 농학의
agriculture	[ǽgrikʌ̀ltʃər] 애그리컬쳐	명 농업, 농학
ah	[ɑː] 아-	감 아아!(고통, 놀라움)
ahead	[əhéd] 어헤드	부 전방에, 앞서서
	✓ **ahead of** ~의 전방에, ~보다 앞서	
	✓ **get ahead of** ~을 따돌리다, ~을 이기다	
	✓ **Go ahead!** 어서, 계속 하시오	
aid	[eid] 에이드	타 돕다, 거들다 명 원조
	✓ **with the aid of** ~의 도움으로	
ail	[eil] 에일	타 자 괴롭히다, 고통주다, 앓다
ailment	[éilmənt] 에일먼트	명 질병, 앓는 것
aim	[əim] 에임	타 자 겨누다, 목표삼다 명 겨냥
	✓ **take aim** 겨누다, 노리다	
air	[ɛər] 에어	명 공기, 공간 타 자 공기를 쏘이다
airdrome	[ɛərdròum] 에어드로움	명 비행장, 공항
airman	[ɛərmən] 에어먼	명 비행사
airplane	[ɛərplèin] 에어플레인	명 비행기 자 비행기로 가다
airport	[ɛərpɔ̀ːrt] 에어포-트	명 공항
airship	[ɛərʃìp] 에어쉽	명 비행선
airy	[ɛəri] 에어리	형 공기 같은, 바람이 잘 통하는

all

aisle	[ail] 아일	명 (교회 좌석 사이의) 통로, 복도
akin	[əkín] 어킨	형 혈족의, 동족의, 유사한
alabaster	[ǽləbæ̀stər] 앨러배스터	형 희고 매끄러운 명 설화(雪花), 석고
alarm	[əlá:rm] 얼라-암	명 비상신호, 경보 타 경보를 울리다
	✓ in alarm 놀라서	
alarm clock	[əlá:rmklɑk] 얼라-암 클락	명 자명종
alarming	[əlá:rmiŋ] 얼라-밍	형 놀라운, 불안한, 급박한
alas	[əlǽs] 얼래스	감 아아, 슬프다!
album	[ǽlbəm] 앨범	명 앨범, 사진첩
alcohol	[ǽlkəhɔ̀:l] 앨커호-올	명 알코올, 주정, 술
alcoholic	[ǽlkəhɔ́(:)lik] 앨커홀릭	형 알코올성의, 알코올 중독의
alderman	[ɔ́:ldərmən] 오-ㄹ더먼	명 (영국) 시의원, 부시장
ale	[eil] 에일	명 맥주의 일종
alert	[ələ́:rt] 얼러-트	형 빈틈없는, 민첩한 명 공습경보
alga	[ǽlgə] 앨가	명 해초, 갈무리
algebra	[ǽldʒəbrə] 앨져브러	명 대수(학)
alien	[éiljən] 에일련	형 외국의, 성질이 다른 명 외국인
alight	[əláit] 얼라이트	자 (말에서) 내리다, (수레에서) 하차하다
	✓ alight on ~위에 내리다, ~와 마주치다	
alike	[əláik] 얼라익	형 서로 같은, 마찬가지의 부 다같게
aliment	[ǽləmənt] 앨러먼트	명 음식, 자양물
alive	[əláiv] 얼라이브	형 살아서, 활발한
alkali	[ǽlkəlài] 앨컬라이	명 알카리
all	[ɔ:l] 오-ㄹ	형 모든, 전부의, 전체의
	✓ all at once 갑자기, 별안간(=all of sudden)	
	✓ All right 좋다. 알겠다.	
	✓ all the better 오히려 좋게	

allay

	✔ **at all** 전혀, 도대체	
allay	[əléi] 얼레이	타 가라앉히다, 누그러뜨리다
allege	[əlédʒ] 얼레쥐	타 주장하다, 증거 없이 단언하다
alley	[æli] 앨리	명 좁은 길, 샛길
alliance	[əláiəns] 얼라이언스	명 결연, 관계, 동맹
allied	[əláid] 얼라이드	형 동맹한, 결연한, 연합국의
alligator	[æligèitər] 앨리게이터	명 악어, 악어가죽, 악어의 일종
allocate	[æləkèit] 앨러케이트	타 할당하다, 배치하다
allot	[əlát] 얼랏	타 할당하다, 충당하다, 주다
allotment	[əlátmənt] 얼랏먼트	명 할당, 분배, 배당, 몫
allow	[əláu] 얼라우	타 허락하다, 인정하다
	✔ **allow for** ~을 고려하다	
	✔ **allow of** 허용하다	
alloy	[ǽlɔi] 앨로이	명 합금, 순도, 비금속
allowance	[əláuəns] 얼라우언스	명 수당, 급여액
	✔ **make allowance for** ~을 참작하다, 고려하다	
allude	[əlúːd] 얼루―드	자 넌지시 비치다, 언급하다
allure	[əlúər] 얼루어	타 유혹하다, 미끼로 꾀다, 부추기다
allusion	[əlúːʒən] 얼루―전	명 암시, 풍자, 빗댐, 언급
ally	[əlái] 얼라이	타 동맹하다, 결연을 맺다
almanac	[ɔ́ːlmənæ̀k] 올―머낵	명 달력, 연감, 역서
almighty	[ɔːlmáiti] 올―마이티	형 전능의, 대단한 부 굉장히
almond	[áːmənd] 아몬드	명 아몬드
almost	[ɔ́ːlmoust] 올―모우스트	부 거의, 대부분
alms	[ɑːmz] 암―즈	명 시물(施物), 의연금, 시주
aloft	[əlɔ́(ː)ft] 얼로프트	부 높이, 위에, 꼭대기
alone	[əlóun] 얼로운	형 홀로, 혼자 부 외로이, 오직

amazement

	✓ leave alone 내버려두다	
along	[əlɔ́ːŋ] 얼롱-	전 ~을 따라(끼고) 부 따라서
	✓ along with ~와 함께(같이)(=together with)	
	✓ get along 지내다, 살아가다	
alongside	[əlɔ́ːŋsàid] 얼롱-사이드	접 ~의 곁에 부 곁에, 나란히
aloof	[əlúːf] 얼루-프	부 떨어져서, 초연히
aloud	[əláud] 얼라우드	부 큰 소리로, 소리를 내어
alphabet	[ǽlfəbèt] 앨퍼벳	명 알파벳, 초보, 자모
alpine	[ǽlpain] 앨파인	형 높은 산의, 알프스 산의(A~)
Alps	[ælps] 앨프스	명 알프스 산맥
already	[ɔːlrédi] 올-레디	부 이미, 벌써
also	[ɔ́ːlsou] 올-소우	부 또한, 역시
altar	[ɔ́ːltər] 올-터	명 (교회의) 제단, 성찬대
alter	[ɔ́ːltər] 올-터	타 자 바꾸다, 변경하다, 바뀌다
alternate	[ɔ́ːltərnit] 올-터닛	타 자 교대하다, 번갈아 하다
alternative	[ɔːltə́ːrnətiv] 올-터-너티브	형 어느 한쪽의, 대신의
although	[ɔːlðóu] 올-도우	전 비록~일지라도(=though)
altitude	[ǽltətjùːd] 앨터튜-드	명 높이, 고도, 해발
altogether	[ɔ̀ːltəɡéðər] 올-터게더	부 아주, 전혀, 전부
aluminium	[ǽljumíniəm] 얼루미늄	명 알미늄
always	[ɔ́ːlweiz] 올-웨이즈	부 항상, 언제나, 늘, 전부터
	✓ not always 꼭 ~인 것은 아니다	
am	[æm / əm] 엠, 엄	동 ~이다, (~에) 있다
a.m./A.M.	[eiem] 에이엠	약 오전(pm : 오후)
amateur	[ǽmətʃùər] 애머추어	명 아마추어 형 아마추어의
amaze	[əméiz] 어메이즈	타 깜짝 놀라게 하다
amazement	[əméizmənt] 어메이즈먼트	명 경악, 깜짝 놀람

ambassador

ambassador	[æmbǽsədər] 앰배서더	명 대사, 사절
amber	[ǽmbər] 앰버	명 호박(琥珀) 형 호박색의, 황갈색
ambition	[æmbíʃən] 앰비션	명 야심, 대망, 큰 포부
ambitious	[æmbíʃəs] 앰비셔스	형 야심적인, 대망이 있는
ambulance	[ǽmbjuləns] 앰뷸런스	명 야전병원, 구급차
ambush	[ǽmbuʃ] 앰부쉬	명 잠복, 복병, 기습
amen	[éimén] 에이멘	감 명 아멘(기도 끝에 하는 말), 찬성
amend	[əménd] 어맨드	타 정정하다, 개심하다
amends	[əméndz] 어맨즈	명 배상, 벌충
amendment	[əméndmənt] 어맨드먼트	명 개정, 수정(안), 개심
America	[əmérikə] 어메리커	명 아메리카, 미국
American	[əmérikən] 어메리컨	형 아메리카의, 미국사람
amiable	[éimiəbəl] 에이미어벌	형 귀여운, 친절한, 상냥한
amid	[əmíd] 어미드	전 ~의 가운데, ~의 사이에
ammonium	[əmóuniəm] 어모우니엄	명 암모늄
ammunition	[æ̀mjuníʃən] 애뮤니션	명 탄약, 군수품
among	[əmʌ́ŋ] 어멍	전 ~의 가운데, ~중에
	✓ **among ourselves** 서로 협력하여	
amount	[əmàunt] 어마운트	자 (총계) ~이 되다, ~에 해당하다
	✓ **in amount** 총계, 결국	
ample	[ǽmpl] 앰플	형 넓은, 충분한, 광대한
amuse	[əmjúːz] 어뮤-즈	타 즐겁게 하다, 재미나게 하다
amusement	[əmjúːzmənt] 어뮤-즈먼트	명 즐거움, 오락, 위안
amusing	[əmjúːziŋ] 어뮤-징	형 재미있는, 우스운
an	[æn/ən] 앤, 언	관 하나의, 어떤
analogy	[ənǽlədʒi] 어낼러쥐	명 유사, 흡사, 닮음
analysis	[ənǽləsis] 어낼러시스	명 분해, 분석

announce

analyze	[ǽnəlàiz] 애널라이즈	타 분해하다, 해석하다
anarchy	[ǽnərki] 애너키	명 무정부상태, 무질서
anatomist	[ənǽtəmist] 어내터미스트	명 해부학자, (세밀한) 분석자
anatomy	[ənǽtəmi] 어내터미	명 해부학
ancestor	[ǽnsestər] 앤세스터	명 조상, 선조
anchor	[ǽŋkər] 앵커	명 닻, (릴레이의) 최종주자
ancient	[éinʃənt] 에인션트	형 고대의, 옛날의 명 깃발
and	[ænd/ənd] 앤드, 언드	접 그리고, 및, 또한, 하니까

 ✔ **and so forth** ~등등, 기타(=and so on, et cetera)

 ✔ **and then some** 게다가 더, 더 많이

anecdote	[ǽnikdòut] 애닉도우트	명 일화, 기담
anemone	[ənémeni] 어네머니	명 아네모네(식물)
angel	[éindʒəl] 에인절	명 천사, 천사 같은 사람(어린이, 미인)

 ✔ **an angel of a girl** 천사 같은 소녀

anger	[ǽŋgər] 앵거	명 노여움, 성화 타 성나게 하다
angle	[ǽŋgl] 앵글	명 각도, 모퉁이 타 자 각을 이루다
angrily	[ǽŋgrəli] 앵그럴리	부 성나서, 노하여
angry	[ǽŋgri] 앵그리	형 성난, 노한
anguish	[ǽŋgwiʃ] 앵귀쉬	명 고뇌, 격통, 고민
animal	[ǽnəməl] 애너멀	명 동물, 짐승 형 동물의
animate	[ǽnəmèit] 애너메이트	타 살리다, 활기를 주다, 기운을 돋우다
animation	[ǽnəméiʃən] 애너메이션	명 생기, 활기, 활발
ankle	[ǽŋkl] 앵클	명 발목, 복사뼈
annex	[ənéks] 어넥스	타 부가하다, 추가하다, 첨부하다
annihilate	[ənáiəlèit] 어나이얼레이트	타 전멸시키다, 근절시키다
anniversary	[ǽnəvə́ːrsəri] 애너버-서리	명 기념일 형 해마다의, 기념일의
announce	[ənáuns] 어나운스	타 발표하다, 알리다

announcement

announcement	[ənáunsmənt] 어나운스먼트	타 발표, 알림, 공고
annoy	[ənɔ́i] 어노이	타 괴롭히다, 귀찮게 굴다
annoyance	[ənɔ́iəns] 어노이언스	명 괴롭힘, 시달림
annual	[ǽnjuəl] 애뉴얼	형 매해의, 일 년에 걸친
another	[ənʌ́ðər] 어너더	형 다른, 또 하나의 [대] 또 하나
	✓ **one after another** 차례로, 속속, 뒤이어	
	✓ **one another** 서로	
answer	[ǽnsər] 앤서	타 자 (물음에) 대답하다 명 대답
	✓ **answer back** 말대꾸하다, (군사) 복창하다	
	✓ **answer for** ~의 책임을 지다, ~을 보증하다	
	✓ **answer to** ~에 일치하다, 부합하다	
answerable	[ǽnsərəbəl] 앤서러블	형 책임이 있는, 대답할 수 있는
ant	[ænt] 앤트	명 개미
antagonism	[æntǽgənìzəm] 앤태거니점	명 반대, 적대
antagonist	[æntǽgənist] 앤태거니스트	명 반대자, 적대자, 경쟁자
antarctic	[æntáːrktik] 앤타-악틱	형 남극(지방)의 명 남극지방
antecedent	[æ̀ntəsíːdənt] 앤티시-던트	형 앞서는, 선행의 명 선행자
antenna	[ænténə] 앤테너	명 공중선, 촉각, 안테나
anthem	[ǽnθəm] 앤썸	명 찬송가, 성가
antic	[ǽntik] 앤틱	형 기묘한, 기괴한, 색다른
anticipate	[æntísəpèit] 앤티서페이트	타 예상하다, 미리 짐작하다, 내다보다
	✓ **anticipate the worst** 최악의 경우를 예상하다	
anticipation	[æntìsəpéiʃən] 앤티서페이션	명 예측, 예상
antidote	[ǽntidòut] 앤티도우트	명 해독제, 교정(矯正) 수단
antique	[æntíːk] 앤티-크	형 고풍의, 시대의 뒤진, 구식의
antiquity	[æntíkwəti] 앤티쿼티	명 오래됨, 낡음, 태고, 먼 옛날
antler	[ǽntlər] 앤틀러	명 (사슴의) 가지진 뿔

apostle

anvil	[ǽnvəl] 앤벌	명 모루(대장간용)
anxiety	[æŋzáiəti] 앵자이어티	명 근심, 걱정, 불안
anxious	[ǽŋkʃəs] 앵(크)셔스	형 염려하여, 걱정되는

- **be anxious about** ~을 걱정하다
- **be anxious for (to do)** 몹시 ~하고 싶어 하다, 갈망하다

any	[éni] 애니	형 대 무엇이나, 누군가, 얼마간

- **at any cost** 어떤 희생을 치르더라도
- **in any case** 어떤 경우에도, 어떻든 간에

anybody	[énibɑ̀di] 애니바디	형 누군가, 아무도, 누구라도
anyhow	[énihàu] 애니하우	부 어떻거든, 어쨌든, 아무튼
anyone	[éniwʌ̀n] 애니원	대 누구라도, 누구도, 아무도
anything	[éniθìŋ] 애니씽	대 무엇이든, 아무 것도

- **anything but** ~외는 무엇이든, 결코~은 아니다

anytime	[énitàim] 애니타임	부 언제든지, 언제나
anyway	[éniwèi] 애니웨이	부 하여튼, 어쨌든, 적당히
anywhere	[énihwɛ̀ər] 애니웨어	부 어디든, 어디엔가, 아무데도
apace	[əpéis] 어페이스	부 빨리, 속히, 신속히
apart	[əpɑ́ːrt] 어파-트	부 떨어져서, 뿔뿔이, 따로

- **apart from** ~은 별문제로 하고, ~은 놓아두고

apartment	[əpɑ́ːrtmənt] 어파-트먼트	명 방, 아파트, 한 세대의 방
ape	[eip] 에입	명 원숭이 타 흉내내다
apiece	[əpíːs] 어피-스	부 각각, 하나하나
apologist	[əpɑ́lədʒist] 어팔러쥐스트	명 변명자
apologize	[əpɑ́lədʒàiz] 어팔러자이즈	자 변명하다, 사죄하다
apology	[əpɑ́lədʒi] 어팔러쥐	명 사죄, 사과, 해명

- **in apology for** ~을 사과하여

apostle	[əpɑ́sl] 어파슬	명 사도(계수의 제자), 선구자, 주창자

apostrophe

apostrophe	[əpástrəfi] 어파스트러피	명 생략기호, 아포스트로피
appall	[əpɔ́ːl] 어폴-	타 섬뜩하게 하다, 놀라게 하다
appalling	[əpɔ́ːliŋ] 어폴-링	형 간담을 서늘케 하는, 섬뜩한
apparatus	[æ̀pəréitəs] 애퍼레이터스	명 기구류, 기계장치
apparel	[əpǽrəl] 어패럴	타 입히다, 차려입다 명 의상
apparent	[əpǽrənt] 어패런트	형 또렷한, 명백한
apparition	[æ̀pəríʃən] 애퍼리션	명 환영, 허깨비, 유령
appeal	[əpíːl] 어피-일	자 항소하다, 호소하다
appear	[əpíər] 어피어	자 나타나다, 나오다
appearance	[əpíərəns] 어피어런스	명 출현, 외관, 출두
appease	[əpíːz] 어피-즈	타 달래다, 진정시키다
appendix	[əpéndiks] 어펜딕스	명 부속물, 부록, 충양돌기
appetite	[ǽpitàit] 애피타이트	명 욕망, 욕구, 식욕
applaud	[əplɔ́ːd] 어플로-드	타 자 성원하다, 박수갈채하다
applause	[əplɔ́ːz] 어플로-즈	명 박수갈채, 찬성, 칭찬
apple	[ǽpl] 애플	명 사과, 능금

✓ **a bad apple** 암적인 존재

appliance	[əpláiəns] 어플라이언스	명 기구, 설비, 장치
applicant	[ǽplikənt] 애플리컨트	명 신청자, 지원자, 응모자
application	[æ̀plikéiʃən] 애플리케이션	명 적용, 응용, 지원, 출원
apply	[əplái] 어플라이	타 자 적용하다, 쓰다, 적합하다

✓ **apply for a job** ~일자리에 응모하다
✓ **apply oneself to** ~에 열중하다, ~에 전념하다

appoint	[əpɔ́int] 어포인트	타 자 임명하다, 지정하다
appointment	[əpɔ́intmənt] 어포인트먼트	명 임명, 지정, 약속
appreciate	[əpríːʃièit] 어프리-쉬에이트	타 평가하다, 감정하다
appreciation	[əprìːʃiéiʃən] 어프리-쉬에이션	명 판단, 감상, 존중

architecture

apprehend	[æprihénd] 애프리헨드	타 염려하다, 이해하다, 체포하다
apprehension	[æprihénʃən] 애프리헨션	명 염려, 우려, 불안
apprentice	[əpréntis] 어프렌티스	명 도제, 견습 타 견습으로 보내다
approach	[əpróutʃ] 어프로우취	타 자 접근하다, ~에 가까이 가다
approbation	[æproubéiʃən] 애프로우베이션	명 허가, 면허, 시인
appropriate	[əpróuprièit] 어프로우프리에이트	형 적당한, 특정의 타 착복하다
approval	[əprú:vəl] 어프루-벌	명 시인, 찬성, 허가
approve	[əprú:v] 어프루-브	타 자 시인하다, 찬성하다
approximate	[əpráksəmèit] 어프락서메이트	타 자 접근하다, 가깝다 형 비슷한
approximation	[əpràksəméiʃən] 어프락서메이션	명 접근, 근사, 근사치
April	[éiprəl] 에이프럴	명 4월(약어 Apr.)
apron	[éiprən] 에이프런	명 앞치마, 행주치마
apt	[æpt] 앱트	형 하기 쉬운, 적절한, 재주 있는
	✔ be apt to ~하기 쉽다, 잘 하다	
aptly	[æptli] 앱틀리	부 적절히
Arab	[ǽrəb] 애럽	명 아랍사람 형 아라비아의
Arabia	[əréibiə] 어레이비어	명 아라비아
arbitrary	[á:rbitrèri] 아-비트레리	형 임의의, 제멋대로의
arbor	[á:rbər] 아-버	명 정자(亭子), 나무그늘, 큰 나무
arc	[á:rk] 아-크	명 호(弧), 아아크, 활 모양
arcade	[á:rkéid] 아-케이드	명 아케이드, 상점가
arch	[á:rtʃ] 아-치	명 홍예, 다치문
archbishop	[à:rtʃbíʃəp] 아-치비셥	명 대주교
archer	[á:rtʃər] 아-쳐	명 사수, 궁술가, 궁수자리
architect	[á:rkitèkt] 아-키텍트	명 건축가
architectural	[à:rkətéktʃərəl] 아-키텍처럴	형 건축술(학)의, 건축상의
architecture	[á:rkətèktʃər] 아-키텍쳐	명 건축술, 건축양식

arctic

arctic	[á:rktik] 악-틱	형 북극의
ardent	[á:rdənt] 아-던트	형 열심인, 열렬한, 격렬한
arduous	[á:rdʒuəs] 아-쥬어스	형 힘든, 부지런한
are	[ɑ:r/ər] 아-, 어	동 (be의 2인칭 단수), ~이다
area	[ɛ́əriə] 에어리어	명 구역, 지역, 영역
aren't	[ɑ:rnt] 안-트	약 are not의 줄임
argue	[á:rgju:] 아-규-	타 자 논의하다, 논하다, 주장하다
	✔ argue a person down ~을 설복시키다	
	✔ argue against 반대를 주장하다	
argument	[á:rgjəmənt] 아-겨먼트	명 논의, 논증, 논거
arise	[əráiz] 어라이즈	자 나타나다, 일어나다, 생기다
aristocracy	[æ̀rəstákrəsi] 애러스타크러시	명 귀족정치, 귀족사회
aristocrat	[ərístəkræ̀t] 어리스터크렛	명 귀족, 귀족주의자
aristocratic	[ərìstəkrǽtik] 어리스터크레틱	형 귀족의, 귀족적인
arithmetic	[əríθmətìk] 어리쓰머틱	명 산수, 계산, 셈
ark	[ɑ:rk] 아-크	명 방주
arm	[ɑ:rm] 아-암	명 팔, 권력, 무기, 병기
	✔ arm in arm 서로 팔을 끼고	
	✔ one's better arm 오른팔, 유력한 부하	
	✔ with open arms 환영하여	
armada	[ɑ:rmá:də] 아-마-더	명 함대, 비행대
armament	[á:rməmənt] 아-머먼트	명 군비, 병력, 무장
armchair	[á:rmtʃɛ̀ər] 아-암췌어	명 팔걸이의자, 안락의자
armistice	[á:rməstis] 아-머스티스	명 휴전, 정전, 휴전조약
armour	[á:rmər] 아-머	명 갑옷, 장갑(裝甲) 타 장갑하다
army	[á:rmi] 아-미	명 육군, 군대, 큰떼
around	[əráund] 어라운드	부 주변에, 사방에 전 ~을 돌아

ascertain

arouse	[əráuz] 어라우즈	타 깨우다, 일으키다
arrange	[əréindʒ] 어레인쥐	타 자 정돈하다, 배열하다
arrangement	[əréindʒmənt] 어레인쥐먼트	명 정리, 배열, 배치
array	[əréi] 어레이	타 차리다, 배열하다 명 정렬
arrest	[ərést] 어레스트	타 막다, 체포하다 명 체포, 억류

✔ **under arrest** 체포되어

arrival	[əráivəl] 어라이벌	명 도착, 입항, 도착자
arrive	[əráiv] 어라이브	자 도착하다, 닿다
arrogant	[ǽrəgənt] 애러건트	형 거만한, 건방진
arrow	[ǽrou] 애로우	명 화살, 화살표
art	[ɑːrt] 아-트	명 예술, 미술, 기술
artery	[ɑ́ːrtəri] 아-터리	명 동맥, 간선도로
artful	[ɑ́ːrtfəl] 아-트펄	형 기교를 쿠리는, 능수능란한
article	[ɑ́ːrtikl] 아-티클	명 물품, 논설, (문법) 관사
artificial	[ɑ̀ːrtəfíʃəl] 아-티피셜	형 인공의, 모조의, 인위적인
artillery	[ɑːrtíləri] 아-틸러리	명 대포, 포병, 포술
artist	[ɑ́ːrtist] 아-티스트	명 예술가, 화가
artistic	[ɑːrtístik] 아-티스틱	형 예술의, 예술가의, 미술의
as	[æz/əz] 에즈, 어즈	부 ~만큼, 같은 정도로 접 ~이므로

✔ **as a matter of course** 당연한 일로서, 물론

✔ **as a rule** 대체로, 일반적으로

✔ **as ~ as** ~와 같은 정도로, ~만큼

✔ **as soon as possible** 가능한 빨리

✔ **as far as** (~에 관한)한, ~까지, ~하는 만큼

ascend	[əsénd] 어센드	자 올라가다, 오르다, 등귀하다
ascent	[əsént] 어센트	명 상승, 오름, 향상, 승진
ascertain	[æ̀sərtéin] 애서테인	타 확인하다, 조사하다

ascribe

ascribe	[əskráib] 어스크라이브	타 ~에 돌리다, ~의 탓으로 하다
ash	[æʃ] 애쉬	명 재, 유골, 유해, 폐허
ashamed	[əʃéimd] 어쉐임드	형 수줍어하며, 부끄러운
ashore	[əʃɔ́:r] 어쇼어	부 물가에, 해변에
Asia	[éiʒə] 에이저	명 아시아
Asian	[éiʒən] 에이전	명 아시아인
aside	[əsáid] 어사이드	부 곁에, 옆에, 떨어져서
ask	[æsk] 에스크	타 자 묻다, 물어보다, 질문하다
	✓ ask after ~의 일을 묻다, ~의 안부를 묻다	
	✓ ask for ~을 찾아오다, 구하다	
	✓ if you ask me 내 생각으론	
asleep	[əslí:p] 어슬립-	부 잠들어, 마비되어, 영면하여
aslope	[əsloup] 어슬로우프	부 비탈이 져서, 경사져
aspect	[ǽspekt] 애스펙트	명 국면, 모습, 외관
asphalt	[ǽsfɔ:lt] 애스폴-트	명 아스팔트 타 ~로 포장하다
aspiration	[ǽspəréiʃən] 애스퍼레이션	명 갈망, 대망, 포부
aspire	[əspáiər] 어스파이어	자 열망하다, 갈망하다
ass	[æs] 에스	명 당나귀, 바보, 고집장이
assail	[əséil] 어세일	타 습격하다, 공격하다, 추궁하다
assassinate	[əsǽsənèit] 어세서네이트	타 암살하다
assault	[əsɔ́:lt] 어솔-트	명 습격, 공격, 폭행
assemble	[əsémbəl] 어셈벌	타 자 모으다, 소집하다, 조립하다
assembly	[əsémbli] 어셈블리	명 집회, 회의, 의회
assent	[əsént] 어센트	자 동의(찬성)하다 명 동의, 찬동
assert	[əsə́:rt] 어서-트	타 주장하다, 단언하다
	✓ assert oneself 주제넘게 나서다, 자기 설을 주장하다	
assertion	[əsə́:rʃən] 어서-션	명 단언, 주장

atmosphere

assign	[əsáin] 어사인	타 배당하다, 할당하다
assist	[əsíst] 어시스트	타 자 돕다, 거들다, 원조하다
assistance	[əsístəns] 어시스턴스	명 도움, 원조
assume	[əsjú:m] 어슘-	타 자 가정하다, 주제넘게 굴다
assumption	[əsʌ́mpʃən] 어섬프션	명 떠맡음, 취임, 가장
assurance	[əʃúərəns] 어슈어런스	명 보증, 확신, 자신, 장담

✓ give an assurance for 보증하다

assure	[əʃúər] 어슈어	타 보증하다, 안심시키다

✓ assure oneself of ~을 확인하다
✓ be assured of ~을 확신하다

astonish	[əstániʃ] 어스타니쉬	타 놀라게 하다, 깜짝 놀래다
astonishing	[əstániʃiŋ] 어스타니슁	형 놀랄만한, 눈부신
astound	[əstáund] 어스타운드	타 깜짝 놀라게 하다
astray	[əstréi] 어스트레이	형 부 길을 잃어, 잘못하여
astronomer	[əstránəmər] 어스트라너머	명 천문학자
astronomy	[əstránəmi] 어스트라너미	명 천문학
asunder	[əsʌ́ndər] 어선더	부 산산히 흩어져, 따로 떨어져
asylum	[əsáiləm] 어사일럼	명 수용소, 양육원, 도피처
at	[æt] 앳	전 ~에서, ~을 보고, ~하고

✓ at the news 그 소식을 듣고

ate	[eit] 에이트	동 eat(먹다)의 과거형
atelier	[ǽtəljèː] 애털리에	명 아뜰리에, 화실, 일터
atheism	[éiθiìzəm] 애이씨이점	명 무신론, 무신앙자
athlete	[ǽθli:t] 애쓸리-트	명 운동가, 경기자
Atlantic	[ətlǽntik] 어틀랜틱	형 대서양의 명 대서양
atlas	[ǽtləs] 애틀러스	명 지도책, 도해서
atmosphere	[ǽtməsfìər] 앳머스피어	명 대기, 공기, 분위기, 환경

atom

atom	[ǽtəm] 애텀	몡 원자, 미분자, 극소량
atone	[ətóun] 어토운	탄 보상하다, 속죄하다, 갚다
atrocity	[ətrásəti] 어트라서티	몡 극악, 포악, 잔악
attach	[ətǽtʃ] 어테취	탄 붙이다, 달다, 첨부하다

✔ **attach oneself to** ~에 가입하다, ~에 애착을 느끼다

attache	[ætəʃéi] 애터쉐이	몡 대사관 직원, 수행원
attack	[ətǽk] 어텍	탄 공격하다, 습격하다
attain	[ətéin] 어테인	탄 자 목을 이루다, 달성하다

✔ **attain one's object** 목적을 달성하다

attainment	[ətéinmənt] 어테인먼트	몡 도달, 달성, 성취
attempt	[ətémpt] 어템(프)트	탄 해보다, 시도하다, 꾀하다
attend	[əténd] 어텐드	탄 자 출석하다, 모시다, 수반하다

✔ **attend on** 시중을 들다, 간호하다
✔ **attend to** ~에 주의하다, 유의하다

attendance	[əténdəns] 어텐던스	몡 출석, 시중, 참석
attendant	[əténdənt] 어텐던트	혱 시중드는, 수행원
attention	[əténʃən] 어텐션	몡 주의, 주의력, 주목

✔ **pay attention to** ~에 주의를 기울이다

attentive	[əténtiv] 어텐티브	혱 주의깊은, 정중한, 세심한
attest	[ətést] 어테스트	탄 자 증명하다, 선서시키다
attic	[ǽtik] 애틱	몡 다락방
attire	[ətáiər] 어타이어	몡 옷차림새, 복장 탄 차려입다
attitude	[ǽtitjùːd] 애티튜-드	몡 자세, 태도, 마음가짐
attorney	[ətə́ːrni] 어터-니	몡 변호사, 대변인
attract	[ətrǽkt] 어트렉트	탄 끌다, 유혹하다, 매혹하다
attraction	[ətrǽkʃən] 어트렉션	몡 끄는 힘, 매력, 유혹
attractive	[ətrǽktiv] 어트렉티브	혱 매력있는, 아름다운

attribute	[ətríbju:t] 어트리뷰-트	대 ~로 (향위, 탓) 돌리다 명 속성, 특질
auction	[ɔ́:kʃən] 옥-션	명 경매, 공매 타 경매하다
audacity	[ɔ:dǽsəti] 오-대서티	명 대담함, 뻔뻔스러움, 무례함
audible	[ɔ́:dəbl] 오-더블	형 들리는, 들을 수 있는
audience	[ɔ́:diəns] 오-디언스	명 시청자, 관객, 청취
auditor	[ɔ́:dətər] 오-더터	명 방청자, 회계 감사관
auditorium	[ɔ̀:ditɔ́:riəm] 오-디토-리엄	명 강당, 청중석
aught	[ɔ:t] 오-트	대 어떤 일(것), 무엇인가(古=anything)
augment	[ɔ:gmént] 옥-멘트	타 자 증가하다, 늘리다
August	[ɔ́:gʌst] 오-거스트	명 8월(약어 Aug.)
aunt	[ænt] 앤트	명 아주머니(숙모, 고모, 이모)
aural	[ɔ́:rəl] 오-럴	형 귀의, 청력의
aurora	[ərɔ́:rə] 어로-러	명 극광, 서광, 새벽 빛
auspice	[ɔ́:spis] 오-스피스	명 길조(吉兆), 후원, 찬조
austere	[ɔ:stíər] 오-스티어	형 엄격한, 가혹한, 심한
Australia	[ɔ:stréiljə] 오-스트레일려	명 오스트레일리아, 호주
Austria	[ɔ́:striə] 오-스트리어	명 오스트리아
authentic	[ɔ:θéntik] 오-쎈틱	형 믿을만한, 진짜의
author	[ɔ́:θər] 오-써	명 저자, 창시자, 저술가
authoritative	[əθɔ́:ritèitiv] 오-쏘러테이티브	형 권위있는, 믿을만한
authority	[əθɔ́:riti] 어쏘-리티	명 권위, 권력, 위신
authorize	[ɔ́:θəràiz] 오-써라이즈	타 권한을 주다, 위임하다
auto	[ɔ́:tou] 오-토우	명 자동차-, 자동
autobiography	[ɔ̀:təbaiágrəfi] 오-터바이아그러피	명 자서전
automatic	[ɔ̀:təmǽtik] 오-터메틱	형 자동식의, 기계적인
automation	[ɔ̀:təméiʃən] 오-터메이션	명 자동화, 자동조작
automobile	[ɔ̀:təməbì:l] 오-터머비-일	명 자동차 자 자동차로 가다

autumn

autumn	[ɔ́:təm] 오-텀	명 가을
auxiliary	[ɔ:gzíljəri] 옥-질려리	형 보조의, 추가의
avail	[əvéil] 어베일	타 자 소용이 되다, 가치가 있다
	✓ avail oneself of ~을 이용하다	
available	[əvéiləbəl] 어베일러블	형 이용할 수 있는, 유효한
avarice	[ǽvəris] 애버리스	명 탐욕, 허욕
avenge	[əvéndʒ] 어벤쥐	타 복수하다, 앙갚음하다
avenue	[ǽvənjù:] 애버뉴-	명 가로수길, 큰 거리
average	[ǽvəridʒ] 애버리쥐	명 평균 형 보통의, 평균의
	✓ on (the) average 평균하여, 대개	
avert	[əvə́:rt] 어버-트	타 피하다, 막다, 비키다
aviation	[èiviéiʃən] 에이비에이션	명 비행, 항공, 비행술
aviator	[éivièitər] 에이비에이터	명 비행가, 비행사
avoid	[əvɔ́id] 어보이드	타 피하다, 회피하다
await	[əwéit] 어웨이트	타 기다리다, 대기하다, 대망하다
awake	[əwéik] 어웨이크	타 각성시키다, 깨우다 자 눈뜨다
	✓ awake or asleep 자나 깨나	
awaken	[əwéikən] 어웨이컨	타 잠깨다(=awake), 일깨우다
award	[əwɔ́:rd] 어워-드	타 수여하다 명 심판, 상품
aware	[əwɛ́ər] 어웨어	형 알고, 깨닫고, 의식하고
	✓ be aware of ~을 알아채다, ~을 알다	
away	[əwéi] 어웨이	부 떨어져서, 멀리
	✓ do away with 없애다, 처분하다	
	✓ right away 즉시, 당장	
awe	[ɔ:] 오-	타 두렵게 하다 명 두려움, 외경
awful	[ɔ́:fəl] 오-펄	형 두려운, 장엄한
awfully	[ɔ́:fəli] 오-펄리	부 무섭게, 아주, 무척

azure

awhile	[əhwáil] 어와일	부 잠시, 졷깐
awkward	[ɔ́:kwərd] 오-쿼드	형 눈치 없는, 어설픈, 서투른
awoke	[əwóuk] 어워우크	동 awake(깨우다)의 과거
ax, axe(영)	[æks] 액스	명 도끼 타 도끼로 자르다
axis	[ǽksis] 액시스	명 굴대, 축, 추축(樞軸)
axle	[ǽksəl] 액설	명 자축, 굴대
ay, aye	[ai] 아이	감 예!(=yes) 명 찬성
azalea	[əzéiljə] 어제일려	명 진달래
azure	[ǽʒər] 애줘	명 하늘색, 푸른빛 형 푸른빛의

babble

babble	[bǽbəl] 배벌	타 자 떠듬거리다 명 서투른 말
babe	[beib] 베이브	명 천진난만한 사람, 귀여운 소녀
baby	[béibi] 베이비	명 갓난애, 젖먹이
bachelor	[bǽtʃələr] 배철러	명 미혼남자, 학사
back	[bæk] 백	명 등 부 뒤의 타 자 후퇴시키다

- ✓ **back and forth** 앞뒤로, 이리 저리
- ✓ **turn one's back** 도망치다
- ✓ **back up** 후원하다 (컴퓨터) 예비로 저장하다
- ✓ **keep back** 숨겨두다, 누르다

backbone	[bǽkbòun] 백보운	명 등뼈, 기골, 척추
background	[bǽkgràund] 백그라운드	명 배경, 바탕색
backward	[bǽkwərd] 백워드	형 후방으로, 뒤편의, 역행하여
bacon	[béikən] 베이컨	명 베이컨, 고기의 소금 절임
bacteria	[bæktíəriə] 백티어리어	명 박테리아, 세균류
bad	[bæd] 배드	형 나쁜, 불량한, 악질의

- ✓ **feel bad** 불쾌하게 느끼다, 몸이 불편하다

bade	[beid] 베이드	동 bid(명하다)의 과거
badge	[bædʒ] 배쥐	명 기장, 상징, 배지
badger	[bǽdʒər] 배져	명 오소리 타 지분거리다
badly	[bǽdli] 배들리	부 나쁘게, 서투르게
badminton	[bǽdmintən] 배드민턴	명 배드민턴
baffle	[bǽfəl] 배펄	타 좌절시키다, 곤란케하다
bag	[bæg] 백	명 자루, 가방, 손가방

- ✓ **in the bag** 확실한, 손에 넣은

bang

baggage	[bǽgidʒ] 배기쥐	명 수하물(군용), 부대
bail	[beil] 베일	명 보증인, 보석금
bait	[beit] 베이트	명 미끼, 먹이, 유혹 타 유혹하다
bake	[beik] 베이크	타 (빵 따위를) 굽다 명 빵굽기
baker	[béikər] 베이커	명 빵집, 빵 제조업자
bakery	[béikəri] 베이커리	명 제빵소, 빵집
baking	[béikiŋ] 베이킹	명 빵굽기
balance	[bǽləns] 밸런스	명 저울, 균형, 평균
	✓ **in the balance** 미정 상태로, 위기의 상태로	
	✓ **balance of power** 세력 균형	
balcony	[bǽlkəni] 밸커니	명 발코니, (이층의) 노대(露臺)
bald	[bɔːld] 볼-드	형 벗어진, 털 없는, 대머리의
bale	[beil] 베일	명 꾸러미, 가마니 타 포장하다
ball	[bɔːl] 볼-	명 공, 야구, 무도회
ballad	[bǽləd] 밸러드	명 민요, 속요
balloon	[bəlúːn] 벌룬-	명 풍선, 기구 자 부풀다
ballot	[bǽlət] 밸럿	명 비밀(무기명), 투표용지 자 투표하다
ballot box	[bǽlətbɑks] 밸럿박스	명 투표함
ballroom	[bɔ́ːlrùː(ː)m] 볼-룸	명 무도장
balm	[bɑːm] 밤-	명 향유, 진통제
bamboo	[bæmbúː] 뱀부-	명 대, 죽재, 대나무
ban	[bæn] 밴	명 금지(령) 타 자 금지하다
banana	[bənǽnə] 버내너	명 바나나-
band	[bænd] 밴드	명 띠, 끈 타 자 결합하다
bandage	[bǽndidʒ] 밴디쥐	명 붕대, 띠 타 붕대를 감다
bandit	[bǽndit] 밴디트	명 산적, 악당, 노상강도
bang	[bæŋ] 뱅	명 탕, 쾅하는 소리 타 자 쾅 치다

banish

banish	[bǽniʃ] 배니쉬	타 추방하다, 쫓아버리다
bank	[bæŋk] 뱅크	명 둑, 제방, 은행
banker	[bǽŋkər] 뱅커	명 은행가, (도박의) 물주
bankrupt	[bǽŋkrʌpt] 뱅크럽트	명 파산자 형 파산한
bankruptcy	[bǽŋkrʌptsi] 뱅크럽트시	명 파산, 도산, 파탄
banner	[bǽnər] 배너	명 기, 군기, 표지
banquet	[bǽŋkwit] 뱅퀴트	명 연회 타 자 잔치를 베풀다
baptism	[bǽptizəm] 뱁티점	명 세례(식), 침례, 영세
Baptist	[bǽptist] 뱁티스트	명 침례교도, 세례자, 세자
bar	[baːr] 바-	명 막대기, 술집, 장애물, 법정
barbarian	[baːrbɛ́əriən] 바-베어리언	명 야만인, 미개인 형 야만적인
barbarous	[báːrbərəs] 바-버러스	형 야만스런, 잔인한
barbecue	[báːrbikjùː] 바-비큐-	명 바비큐, 통구이
barber	[báːrbər] 바-버	명 이발사 타 이발하다
bard	[baːrd] 바-드	명 (고대 Celt족의) 음영시인
bare	[bɛər] 베어	형 벌거벗은, 부족한 타 벌거벗기다
barefoot	[bɛ́ərfùt] 베어풋	형 맨발의 부 맨발로
barely	[bɛ́ərli] 베어리	부 간신히, 겨우, 가까스로
bargain	[báːrgən] 바-긴	명 매매계약, 흥정, 싸구려 물건

✔ **make a bargain** 매매 계약을 하다, 거래하다

barge	[baːrdʒ] 바-쥐	명 짐배, 거룻배, 유람선

✔ **barge in (into)** (방에) 무턱대고 들어가다, 난입하다

bark	[baːrk] 바-크	명 나무껍질, 짖는 소리 자 짖다
barley	[báːrli] 발-리	명 보리
barn	[baːrn] 반-	명 헛간, 광(곡물, 건초)
barometer	[bərámitər] 버라미터	명 표준, 기압계, 지표
baron	[bǽrən] 배런	명 남작, 거물

barrack	[bǽrək] 배럭	명 막사, 병영 타 병영에 수용하다
barrel	[bǽrəl] 배럴	명 통, 美 31.5갤런 타 통에 넣다
barren	[bǽrən] 배런	형 불모의, 메마른, 임신 못 하는
barricade	[bǽrəkèid] 배러케이드	명 방책, 차단물
barrier	[bǽriər] 배리어	명 장벽, 울타리
barter	[báːrtər] 바-터	동 물물교환하다
base	[beis] 베이스	명 기초, 토대 형 천한, 비열한
baseball	[béisbɔ̀ːl] 베이스볼-	명 야구(공)
baseless	[béislis] 베이스리스	형 근거 없는, 이유 없는
basement	[béismənt] 베이스먼트	명 지하실
basic	[béisik] 베이식	형 기초의, 근본적인
basin	[béisən] 베이선	명 물그릇, 대야, 세면기
basis	[béisis] 베이시스	명 기초, 근거
basket	[bǽskit] 배스킷	명 바구니, 광주리
basketball	[bǽskitbɔ̀ːl] 배스킷보-올	명 농구(공)
bass	[beis] 베이스	명 저음악기, 저음(가수)
bat	[bæt] 뱃	명 타봉, (구기의) 배트, 박쥐
bath	[bæθ] 배쓰	명 목욕, 입욕(入浴)
bathe	[beið] 베이드	타 자 담그다, 씻다, 미역 감다
bathroom	[bǽθrùː(ː)m] 배쓰룸	명 목욕실, 화장실
battalion	[bətǽljən] 버탤련	명 (군)대대, 대부대
batter	[bǽtər] 배터	명 연타, 난타, 타자 타 자 난타하다
battery	[bǽtəri] 배터리	명 한 벌의 기구, 포대, 구타, 건전지
battle	[bǽtl] 배틀	명 싸움, 경쟁, 투쟁
battleship	[bǽtlʃip] 배틀쉽	명 전투함
bawl	[bɔːl] 볼-	타 자 외치다, 아우성치다
bay	[bei] 베이	명 만(灣) 궁지 타 자 짖다

bayonet

bayonet	[béiənit] 베이어니트	명 총검, 무력 타 총검으로 찌르다
bazaar	[bəzá:r] 버자-	명 중동의 상점가, 시장, 마켓
B.B.C.	[bibisi] 비 비 씨	명 영국 방송협회
B.C.	[bisi] 비 씨	명 기원전
BCG	[bisidʒi] 비 씨 지	약 결핵예방 주사약
be	[bi] 비-	자 ~이다, 있다, 존재하다
	✔ be it true or not 사실이든 아니든	
beach	[bi:tʃ] 비-취	명 바닷가, 호숫가, 해변(shore)
beacon	[bí:kən] 비-컨	명 봉화, 등대, 표지
bead	[bi:d] 비-드	명 구슬, 염주알, 목걸이
beak	[bi:k] 비-크	명 (새 따위의) 부리, 주둥이
beam	[bi:m] 비-임	명 들보, 광선 타 자 빛을 내다
bean	[bi:n] 비-인	명 강낭콩, 대두
bear	[bɛər] 베어	명 곰 타 자 낳다, 운반하다
	✔ bear in mind 기억하다, 명심하다	
	✔ bear the burden of ~을 떠맡다, 곤란을 참다	
beard	[biərd] 비어드	명 턱수염, (보리 따위의) 까끄라기
bearer	[bɛ́ərər] 베어러	명 상여꾼, 짐꾼, 인부
bearing	[bɛ́əriŋ] 베어링	명 태도, 행동거지, 관계
beast	[bi:st] 비-스트	명 짐승, (네발) 동물, 비인간
beat	[bi:t] 비-트	타 자 계속해서 치다, 때리다
	✔ on the beat 전문으로, 순찰 중에	
beaten	[bí:tn] 비-튼	동 beat의 과거분사 형 두들겨 맞은
beating	[bí:tiŋ] 비-팅	명 때림, 매질
beau	[bou] 보우	명 멋쟁이, 애인 형 아름다운
beautiful	[bjú:təfəl] 뷰-티펄	형 아름다운, 훌륭한
beauty	[bjú:ti] 뷰-티	명 미모, 아름다움, 미인

beaver	[bíːbər] 비-버	명 해리, 비이버(동물)
became	[bikéim] 비케임	동 become(되다)의 과거
because	[bikɔ́ːz] 비코-즈	접 왜냐하면, ~이므로
	✓ because of 때문에(=owing to)	
beckon	[békən] 베컨	타 자 고개짓하다, 손짓하다
become	[bikʌ́m] 비컴	타 자 ~(이, 으로)되다
bed	[bed] 베드	명 침대, 화단, 모판
bedroom	[bédrùːm] 베드루-움	명 침실
bedside	[bédsàid] 베드사이드	명 베갯머리 형 머리맡의
bedtime	[bédtàim] 베드타임	명 취침시간, 잘 시각
bee	[biː] 비-	명 꿀벌
beech	[biːtʃ] 비-취	명 너도밤나무(그 목재)
beef	[biːf] 비-프	명 쇠고기
been	[bin] 비-인	동 be(~이다)의 과거분사
beer	[biər] 비어	명 맥주
beet	[biːt] 비트	명 근대, 사탕무
beetle	[bíːtl] 비-틀	명 딱정벌레
befall	[bifɔ́ːl] 비포-올	명 (~의 신상에) 일어나다, 생기다
before	[bifɔ́ːr] 비포-	전 ~의 앞에 부 앞쪽에
	✓ before long 머지않아, 곧, 오래지 않아, 이윽고	
	✓ long before 오래전에	
	✓ before now 지금까지에, 더 일찍	
beforehand	[bifɔ́ːrhænd] 비포-핸드	부 전부터, 이전에(의), 미리
beg	[beg] 벡	타 자 구걸하다, 빌다, 청하다
	✓ beg one's pardon ~에게 사과하다, 용서를 빌다	
began	[bigǽn] 비갠	동 begin(시작하다)의 과거
beggar	[bégər] 베거	명 거지, 빈털터리

begin

begin	[bigín] 비긴	타 자 시작하다, 시작되다
	✔ **to begin with** 우선 첫째로, 맨 먼저	
beginner	[bigínər] 비기너	명 초심자, 초학자
beginning	[bigíniŋ] 비기닝	명 시작, 초기, 발단, 처음
begun	[bigʌ́n] 비건	동 begin의 과거분사
beguile	[bigáil] 비가일	타 ~을 현혹시키다, 기만하다
behalf	[bihǽf] 비해프	명 이익, 측, 편
	✔ **on behalf of** ~을 대표(대리)하여, ~을 위하여	
behave	[bihéiv] 비헤이브	타 자 처신하다, 행동하다
behavior	[bihéivjər] 비헤이버	명 행실, 품행, 태도, 동작
behead	[bihéd] 비헤드	타 ~의 목을 베다
behind	[biháind] 비하인드	부 뒤에, 나중에, 그늘에서
	✔ **be behind time** 지각하다	
	✔ **behind the times** 시대에 뒤떨어져	
behold	[bihóuld] 비호울드	타 보다 감 보라!
being	[bíːiŋ] 비-잉	동 be의 현재분사 명 존재, 생명
	✔ **for the time being** 당분간, 우선은	
	✔ **come into being** (태어)나다, 생기다	
belch	[beltʃ] 벨취	자 트림하다, 분출하다
belief	[bilíːf] 빌리-프	명 믿음, 신념, 확신
believe	[bilíːv] 빌리-브	타 믿다, 신용하다(말, 이야기 등)
	✔ **Believe me.** 확실합니다.	
bell	[bel] 벨	명 종, 방울, 초인종
	✔ **bell the cat** 스스로 어려운 일을 떠맡다	
belle	[bel] 벨	명 미인, 최고의 미녀(파티에서)
bellow	[bélou] 벨로우	타 자 황소가 울다, 고함을 지르다
belly	[béli] 벨리	명 배, 복부

bet

belong	[bilɔ́(:)ŋ] 빌롱	자 ~에 속하다, ~의 것이다
beloved	[bilʌ́vid] 빌러비드	형 사랑하는, 소중한 명 애인
below	[bilóu] 빌로우	부 ~의 아래에(로) 전 ~의 아래에
belt	[belt] 벨트	명 띠, 혁대, 가죽띠
bench	[bentʃ] 벤취	명 벤취, 긴 의자
bend	[bend] 밴드	타 구부리다, 굴복시키다
beneath	[biní:θ] 비나-쓰	부 아래쪽에 전 ~의 아래에
beneficial	[bènəfíʃəl] 베너피셜	형 유용한, 유리한, 이로운
benefit	[bénəfit] 베너피트	명 이익, 은혜, 자선공연

✓ **for the benefit of** ~을 위하여, ~의 이익을 위하여

benevolent	[bənévələnt] 비네벌런트	형 친절한, 인자한, 호의적인
bent	[bent] 벤트	동 bend의 과거(분사) 형 굽은, 뒤틀린
Berlin	[bəːrlín] 버-얼린	명 베를린(독일의 수도)
berry	[béri] 베리	명 열매, 커피열매
berth	[bəːrθ] 버-쓰	명 (배, 차의)침대, 거처, 숙소
beseech	[bisíːtʃ] 비시-취	타 탄원하다, 구하다, 간청하다
beset	[bisét] 비셋	타 공격하다, 에워싸다
beside	[bisáid] 비사이드	전 ~의 곁에, ~와 비교하여

✓ **beside oneself** 정신을 잃고, 실성하여

✓ **beside the mark (point)** 과녁을 빗나가서, 대중이 틀려서

besides	[bisáidz] 비사이즈	형 그 이외에, 따로 전 의 외에
besiege	[bisíːdʒ] 비사-쥐	타 포위하다, 몰아세우다, 공격하다
best	[best] 베스트	형 가장 좋은 부 가장 잘 명 최선

✓ **at one's best** 가장 좋은 상태에, 전성기에

✓ **make the best of** 최대한 이용하다

bestow	[bistóu] 비스토우	타 주다, 부여하다, 이용하다
bet	[bet] 벳	명 내기 타 내기를 하다

betray

betray	[bitréi] 비트레이	탄 배반하다, 저버리다, 팔다(조국)
better	[bétər] 베터	형 더욱 좋은 부 더 좋게

- **had better** ~하는 편이 낫다

between	[bitwíːn] 비튀인	전 (둘)의 사이를 부 사이에(among)

- **between ourselves** 우리끼리 이야기이지만(=you and me)
- **come between** ~의 방해가 되다

beverage	[bévəridʒ] 베버리쥐	명 음료, 마실 것
beware	[biwɛ́ər] 비웨어	탄 자 주의하다, 경계하다
bewilder	[biwíldər] 비윌더	탄 당황케하다
bewitch	[biwítʃ] 비위취	탄 매혹하다, 마법에 걸다
beyond	[bijánd] 비얀드	전 ~의 저쪽에, ~을 건너서

- **beyond expression (words)** 형용할 수 없는
- **beyond the mark** 빗맞아서, 적중하지 않고
- **go beyond oneself** 도가 지나치다, 제 분수를 넘다

bias	[báiəs] 바이어스	명 사선, 편견 탄 엇갈리게 하다
Bible	[báibəl] 바이벌	명 성서, 성경
bicycle	[báisikəl] 바이시컬	명 자전거 자 자전거에 타다
bid	[bid] 비드	탄 자 명하다, 말하다, 명령하다
big	[big] 빅	형 큰, 성장한, 대규모의
bill	[bil] 빌	명 계산서, 목록, 명세서, 삐라
billiards	[bíljərdz] 빌려즈	명 당구
billion	[bíljən] 빌련	명 (미) 10억, (영) 조(兆)
billow	[bílou] 빌로우	명 큰 물결 자 큰 파도가 일다
bin	[bin] 빈	명 큰 상자 탄 큰 상자에 넣다
bind	[baind] 바인드	탄 동이다, 포박하다 자 굳어지다

- **in a bind** 속박되어, 딱하게 되어, 곤경에 처하여

binding	[báindiŋ] 바인딩	형 묶는, 구속하는 명 묶는 것

biography	[baiágrəfi] 바이아그러피	몡 전기문학, 전기(傳記)
biology	[baiálədʒi] 바이알러쥐	몡 생물학, 생태학
birch	[bəːrtʃ] 버-취	몡 자작나무 태 자작나무로 때리다
bird	[bəːrd] 버-드	몡 새, 엽조
	✔ **a bird in the hand** 수중에 든 새, 현실의 이익	
birth	[bəːrθ] 버-쓰	몡 출생, 탄생, 혈통, 집안
	✔ **by birth** 태생은, 타고난	
	✔ **give birth to** ~을 낳다, ~의 원인이 되다	
birthday	[báːrθdèi] 버-쓰데이	몡 생일, 창립일
biscuit	[bískit] 비스킷	몡 작은 빵, 비스켓
bishop	[bíʃəp] 비셥	몡 주교, 감독
bit	[bit] 비트	몡 작은 조각, 소량, 조금, 잠시
	✔ **bit by bit** 조금씩, 점차로(=by bits)	
	✔ **do one's bit** 본분을 다하다	
bite	[bait] 바이트	태 재 물다-, 물어뜯다, 모기가 쏘다
biting	[báitiŋ] 바이팅	형 쏘는 듯한, 얼얼한, 날카로운
bitten	[bítn] 비튼	몡 bite의 과거분사
bitter	[bítər] 비터	형 쓴, 모진, 격심한 몡 쓴맛
bitterness	[bítərnis] 비터니스	몡 쓴맛, 괴로움, 비통, 비꼼
biweekly	[baiwíːkli] 바이위-클리	형 격주(隔週)의 부 1주에 두 번으로
black	[blæk] 블랙	형 검은, 암담한 몡 검정
blackbird	[blækbəːrd] 블랙-버드	몡 지빠귀, 찌르레기
blackboard	[blækbɔːrd] 블랙보-드	몡 칠판
blacken	[blækən] 블랙컨	태 재 검게하다, 헐뜯다
blacksmith	[blæksmìθ] 블랙스미쓰	몡 대장장이
blade	[bleid] 블레이드	몡 풀잎, 칼날
blame	[bleim] 블레임	태 비난하다, 책망하다

blank

	✓ **be to blame** 책임이 있다	
blank	[blæŋk] 블랭크	형 백지의, 공백의 명 백지, 여백
blanket	[blǽŋkit] 블랭킷	명 담요, 모포
blast	[blæst] 블래스트	명 한바탕 부는 바람, 돌풍
blaze	[bleiz] 블레이즈	명 화염 자 타오르다
bleach	[bli:tʃ] 블리-취	타 표백하다, 희게 하다
bleak	[bli:k] 블리-크	형 황량한, 쓸쓸한, 바람받이의
bleat	[bli:t] 블리-트	자 매애 울다 명 매애 우는 소리
bleed	[bli:d] 블리-드	자 출혈하다 타 피를 뽑다
blend	[blend] 블렌드	타 자 섞이다, 혼합되다
bless	[bles] 블레스	타 은총을 내리다, 축복하다, ~에 주다
	✓ **bless one's stars** (좋은 별 아래 태어났다고) 행운을 감사하다	
blessed	[blésid] 블레시드	형 신성한, 축복받은
blessing	[blésiŋ] 블레싱	명 축복, (신의)은총, 행복
blight	[blait] 블라이트	명 말라죽는 병 타 말라죽게 하다
blimp	[blimp] 블림프	명 비행선, 뚱뚱보
blind	[blaind] 블라인드	형 장님의, 맹목적인
	✓ **(be) blind to** ~이 보이지 않는, ~을 모르는	
blink	[bliŋk] 블링크	타 자 깜박거리다, 힐끔 보다
bliss	[blis] 블리스	명 더 없는 행복, 희열
blister	[blístər] 블리스터	타 자 물집이 생기게 하다 명 물집
block	[blɑk] 블락	명 덩어리, 큰 토막 타 방해하다
blockade	[blɑkéid] 블라케이드	명 봉쇄, 폐쇄
blond(e)	[blɑnd] 블란드	형 금발의, 흰살결 명 금발의 사람
blood	[blʌd] 블러드	명 피, 혈액, 살육
bloody	[blʌ́di] 블러디	형 피의, 피 같은, 피투성이의
bloom	[blu:m] 블루-움	명 꽃이 활짝 핌, 개화기 자 꽃이 피다(flower)

boil

- ✓ **in bloom** 꽃이 피어, 한창 때인
- ✓ **in full bloom** 활짝 피어, 만발하여

blossom	[blásəm] 블라섬	명 (과실의) 꽃 자 꽃이 피다
blot	[blɑt] 블랏	명 얼룩, 결점 타 더럽히다
blouse	[blaus] 블라우스	명 블라우스, 셔츠식의 웃옷, 작업복
blow	[blou] 블로우	타 자 불다, 허풍 치다 명 강타, 구타, 불행

- ✓ **at one blow** 일격에, 단번에
- ✓ **blow off** 불어 날리다

blue	[bluː] 블루-	형 푸른, 우울한, 창백한 명 파랑
bluebird	[blúːbəːrd] 블루-버-드	명 파랑새
bluff	[blʌf] 블러프	명 절벽 형 솔직한 타 자 속이다
blunt	[blʌnt] 블런트	형 어리석은, 무딘 타 무디게 하다
blur	[bləːr] 블러-	타 자 더럽히다, 더러워지다
blush	[blʌʃ] 블러쉬	명 얼굴을 붉힘 자 얼굴을 붉히다
boar	[bɔːr] 보-	명 수퇘지, 산돼지
board	[bɔːrd] 보-드	명 널빤지, 위원회 동 (배, 차에) 타다

- ✓ **on board** 승선하여, 승차하여
- ✓ **go on board** (배 비행기 따위에) 타다

boast	[boust] 보우스트	타 자 자랑하다
boat	[bout] 보우트	명 작은 배, 기선
boatman	[bóutmən] 보우트먼	명 뱃사공, 보트 젓는 사람
bob	[bɑb] 밥	명 추, 단발 동 움직이다
bobby	[bábi] 바비	명 경관, 순경
bodily	[bádəli] 바덜리	형 신체의, 육체적인 부 몸소
body	[bádi] 바디	명 몸, 육체, 시체
bog	[bɑg] 박	명 수렁, 늪 자 수렁에 가라앉다
boil	[bɔil] 보일	타 자 끓다, 비등하다, 격분하다

boisterous

	✔ **boil away** 끓어 증발하다	
boisterous	[bɔ́istərəs] 보이스터러스	형 떠들썩한, 난폭한, 거센
bold	[bould] 보울드	형 대담한, 불손한
boldly	[bóuldli] 보울들리	부 대담하게, 뻔뻔스럽게
bolt	[boult] 보울트	명 번개, 빗장, 볼트
bomb	[bɑm] 밤	명 폭탄, 뜻밖의 사건 타 폭격하다
bombast	[bɑ́mbæst] 밤베스트	형 과장된, 과대한
bond	[bɑnd] 반드	명 묶는 것, 속박, 동맹
bondage	[bɑ́ndidʒ] 반디쥐	명 노예의 신분, 속박
bone	[boun] 보운	명 뼈, 골격, 해골, 시체
bonnet	[bɑ́nit] 바닛	명 턱끈 있는 모자, 보네트
bonny	[bɑ́ni] 바니	형 아름다운, 건강해 보이는, 예쁜
bonus	[bóunəs] 보우너스	명 보너스, 상여금, 특별수당
book	[buk] 북	명 책, 서적
bookcase	[búkkèis] 북케이스	명 책장, 책꽂이, 서가
bookkeeping	[búkkìːpiŋ] 북키-핑	명 부기
booklet	[búklit] 북릿	명 팜플렛, 소책자
bookseller	[búksèlər] 북셀러	명 책장수, 서적상인
bookstore	[búkstɔ̀ːr] 북스토-	명 책방, 서점
boom	[buːm] 부-움	명 크게 울리는 소리, 벼락 경기
boon	[buːn] 부-운	명 혜택, 이익, 은혜
boot	[buːt] 부-트	명 장화, 목이 긴 구두, 군화
booth	[buːθ] 부-쓰	명 매점, 노점, 오두막집
booty	[búːti] 부-티	명 전리품, 획득물
border	[bɔ́ːrdər] 보-더	명 가장자리, 경계 타자 인접하다
bore	[bɔːr] 보-	타 구멍을 뚫다, 도려내다
born	[bɔːrn] 본-	형 타고난, 태어난 동 bear의 과거분사

	✔ **born of** ~에서 태어난, ~출신의	
borough	[bɔ́ːrou] 버-로우	명 자치 읍 면, 독립구
borrow	[bárou] 바로우	타 자 빌리다, 차용하다, 모방하다
bosom	[búzəm] 부점	명 가슴, 흉부, 유방
boss	[bɔ(ː)s] 보스	명 두목 타 우두머리가 되다
botanical	[bətǽnikəl] 버테니컬	형 식물의, 식물학의
botany	[bátəni] 바터니	명 식물학
both	[bouθ] 보우쓰	명 양쪽의 대 둘다 부 다같이
	✔ **both A and B** A도 B도, 양쪽 다	
bother	[báðər] 바더	타 자 폐를 끼치다, 성가시게 하다
bottle	[bátl] 바틀	명 병, 술병 타 병에 담다
bottom	[bátəm] 바텀	명 밑, 밑바닥, 바다밑
bough	[bau] 바우	명 큰 가지
bought	[bɔːt] 보-트	동 buy(사다)의 과거
bounce	[bauns] 바운스	타 자 되튀다, 튀다, 펄쩍 뛰다
bound	[baund] 바운드	명 경계, 한계 형 ~행의 타 자 뛰다
	✔ **at a bound** 일약, 단 한 번의 도약으로	
	✔ **bound for** 행의, ~방향의	
boundary	[báundəri] 바운더리	명 경계, 한계
boundless	[báundlis] 바운들리스	형 무한한, 한없는
bounty	[báunti] 바운티	명 관대함, 하사품
bouquet	[boukéi] 보우케이	명 꽃다발, 향기
bout	[baut] 바웃	명 한바탕, 한 판의 승부
bow	[bou] 바우	명 활, 뱃머리 타 자 절하다
bowel	[báuəl] 바월	명 내장, 창자
bowl	[boul] 보울	명 대접, 사발, 나무공
box	[bɑks] 박스	명 상자 타 상자에 넣다

boxer

boxer	[báksər] 박서	명 복서, 권투선수
boxing	[báksiŋ] 박싱	명 권투, 복싱
boy	[bɔi] 보이	명 소년, 사내아이, 급사
boycott	[bɔ́ikɑt] 보이캇	명 불매동맹, 공동배척, 배척
boyfriend	[bɔ́ifrènd] 보이프렌드	명 애인, 남자친구
boyish	[bɔ́iiʃ] 보이이쉬	형 소년 같은, 어린애 같은
boy scout	[bɔ́iskaut] 보이스카웃	명 소년단원
brace	[breis] 브레이스	명 버팀대, 지주, 꺾쇠 타 자 받치다
bracket	[brǽkit] 브래킷	명 까치발, 선반받이
brag	[bræg] 브랙	명 자랑 타 자 자랑하다
braid	[breid] 브레이드	명 꼰 끈, 땋은 끈 타 끈을 꼬다
brain	[brein] 브레인	명 뇌, 두뇌
brake	[breik] 브레이크	명 브레이크, 제동기 타 자 브레이크를 걸다
bran	[bræn] 브랜	명 밀기울, 겨
branch	[bræntʃ] 브랜취	명 가지, 부문, 분파
brand	[brænd] 브랜드	명 상표, 품질 타 낙인을 찍다
brandy	[brǽndi] 브랜디	명 브랜디, 화주(술)
brass	[bræs] 브래스	명 놋쇠, 금관 악기, 황동
brave	[breiv] 브레이브	형 용감한, 화려한
bravery	[bréivəri] 브레이버리	명 용기, 용감, 화려
brawl	[brɔ:l] 브로-올	명 말다툼 자 싸움하다
brazen	[bréizən] 브레이전	형 놋쇠로 만든, 놋쇠 빛의
Brazil	[brəzíl] 브러질	명 브라질
breach	[bri:tʃ] 브리-취	명 파괴, 위반 타 깨뜨리다
bread	[bred] 브레드	명 빵, 양식, 생계
breadth	[bredθ] 브레쓰	명 폭, 넓이, 넓은 도량
break	[breik] 브레이크	타 자 부수다, 꺾다 명 깨짐

brightness

- **break away** 도망치다, 이탈하다, 갑자기 그만두다
- **break into** 침입(난입)하다, 갑자기 ~하기 시작하다

breakfast	[brékfəst] 브렉퍼스트	명 조반 타 자 조반을 먹다
breast	[brest] 브레스트	명 가슴, 흉부, 심정
breath	[breθ] 브레쓰	명 숨, 호흡, 한숨
breathe	[bri:ð] 브리-드	타 자 호흡하다, 쉬다, 휴식하다
breathless	[bréθlis] 브레쓸리스	형 숨가쁜, 헐떡이는
breeches	[brítʃiz] 브리취즈	명 승마용 바지, 바지
breed	[bri:d] 브리-드	타 자 기르다, 새끼를 낳다
breeze	[bri:z] 브리-즈	명 산들바람, 미풍, 소문
brethren	[bréðrən] 브레드런	명 동포, 동업자, 형제
brew	[bru:] 브루-	타 자 양조하다, (음모를)꾸미다 명 양조장
bribe	[braib] 브라이브	명 뇌물 타 자 뇌물을 주다
brick	[brik] 브릭	명 벽돌 타 벽돌을 쌓다
bridal	[bráidl] 브라이들	명 결혼식 형 새색시의
bride	[braid] 브라이드	명 새색시, 신부
bridegroom	[bráidgrù(:)m] 브라이드그룸	명 신랑
bridge	[bridʒ] 브리쥐	명 다리, 육교, 선교
bridle	[bráidl] 브라이들	명 굴레, 고삐, 구속
brief	[bri:f] 브리-프	형 잠시의, 간결한, 덧없는

- **in brief** 요컨대, 요약하면

brier	[bráiər] 브라이어	명 찔레, 들장미
brigade	[brigéid] 브리게이드	명 여단, 대대(군), 조
bright	[brait] 브라이트	형 빛나는, 광채나는, 밝은
brighten	[bráitn] 브라이튼	타 자 반쯕이다, 밝게 하다
brightly	[bráitli] 브라이틀리	부 밝게, 빛나게, 슬기롭게
brightness	[bráitnis] 브라이트니스	명 현명, 빛남, 선명, 영특

brilliant

brilliant	[bríljənt] 브릴런트	형 빛나는, 찬란한
brim	[brim] 브림	명 가장자리, 언저리
bring	[briŋ] 브링	타 가져오다, 데려오다

- ✔ **bring about** 야기하다, 초래하다, (배의)방향을 돌리다
- ✔ **bring down** (짐 등을) 부리다, 내리다, 꺾다
- ✔ **bring up** 키우다, 가르치다, 훈육하다

brink	[briŋk] 브링크	명 (벼랑의) 가장자리, 물가
brisk	[brisk] 브리스크	형 기운찬, 활발한, 팔팔한
bristle	[brísəl] 브리슬	명 뻣뻣한 털
Britain	[brítən] 브리턴	명 대 영국
British	[brítiʃ] 브리티쉬	형 영국의, 영국인의
brittle	[brítl] 브리틀	형 부서지기 쉬운, 덧없는, 무상한
broad	[brɔːd] 브로-드	형 넓은, 명백한
broadcast	[brɔ́ːdkæst] 브로-드케스트	명 방송, 방영 타 자 방송하다
broil	[brɔil] 브로일	타 자 굽다, 햇볕을 쬐다 명 굽기
broken	[bróukən] 브로우컨	동 break(깨다)의 과거분사 형 부서진
broker	[bróukər] 브로우커	명 중개인, 실력자, 전당포
bronze	[brɑnz] 브란즈	형 청동색의 명 청동
brooch	[broutʃ,] 브로우취	명 브로치
brood	[bruːd] 브루-드	명 한 배의 병아리, 한 배 새끼
brook	[bruk] 브룩	명 시내, 개울 타 견디다, 참다
broom	[bru(ː)m] 브룸-	명 비 타 비로 쓸다
broth	[brɔ(ː)θ] 브로쓰	명 묽은 수우프, 고기국
brother	[brʌ́ðər] 브라더	명 형제, 형, 아우, 동료
brotherhood	[brʌ́ðərhùd] 브러더훗	명 형제 관계, 형제의 우애
brought	[brɔːt] 브로트	동 bring(가져가다)의 과거
brow	[brau] 브라우	명 이마, 눈썹, 돌출부

brown	[braun] 브라운	명 갈색(밤색) 형 갈색의
bruise	[bru:z] 브루-즈	명 타박상, 멍 타 자 상처를 입다
brush	[brʌʃ] 브러시	명 솔, 모필, 붓

- **at a brush** 일거에, 단숨에
- **brush up** 멋을 내다, 다듬다

brutal	[brú:tl] 브루-틀	형 짐승같은, 잔인한, 천한
brute	[bru:t] 브루-트	명 짐승, 야수
bubble	[bʌ́bəl] 버벌	명 거품, 사기 타 자 거품이 일다
buck	[bʌk] 버크	명 숫사슴
bucket	[bʌ́kit] 버킷	명 양동이, 물통
buckle	[bʌ́kəl] 버컬	명 혁대 장식, 죔쇠, 버클
bud	[bʌd] 벗	명 꽃눈, 싹, 봉우리
budget	[bʌ́dʒit] 버쥣	명 예산안 자 예산을 세우다
buff	[bʌf] 버프	명 담황색의 가죽
buffalo	[bʌ́fəlòu] 버펄로우	명 물소, 들소
buffet	[bʌ́fit] 버피트	명 일격, 한 대, 찬장
bug	[bʌg] 벅	명 곤충, 벌레, 병원균
bugle	[bjú:gəl] 뷰-걸	명 나팔 타 자 나팔을 불다
build	[bild] 빌드	타 자 짓다, 세우다, 건축하다
builder	[bíldər] 빌더	명 건축가 건설자
building	[bíldiŋ] 빌딩	명 건물, 빌딩
bulb	[bʌlb] 벌브	명 구근(球根), 전구
bulge	[bʌldʒ] 벌쥐	명 불룩한 부분 타 자 부풀다
bulk	[bʌlk] 벌크	명 부피, 크기, 대부분
bull	[bul] 불	명 황소, 수컷
bulldog	[búldɔ̀:g] 불독	명 불독(가의 일종), 완강한 사람
bullet	[búlit] 불릿	명 소총탄

bulletin

bulletin	[búlətin] 불러틴	명 공보, 화보, 공시
bully	[búli] 불리	명 난폭자, 경호원 타 자 위협하다
bulwark	[búlwərk] 불워크	명 성채, 방파제 타 방어하다
bump	[bʌmp] 범프	타 자 부딪치다, 충돌하다 명 충돌
bun	[bʌn] 번	명 건포도를 넣은 단빵
bunch	[bʌntʃ] 번취	명 송이, 다발 타 자 다발로 묶다
bundle	[bʌ́ndl] 번들	명 다발, 꾸러미
bungalow	[bʌ́ŋgəlòu] 벙걸로우	명 방갈로식 주택
bunny	[bʌ́ni] 버니	명 (애칭으로) 토끼, 다람쥐
buoy	[búːi] 부-이	명 부표(浮漂), 구명대 타 띄우다
buoyant	[bɔ́iənt] 보이언트	형 부력이 있는, 쾌활한
burden	[bə́ːrdn] 버-든	명 짐, 무거운 짐, 부담
bureau	[bjúərou] 뷰어로우	명 (관청의) 국(局), 부(部); 경대 붙은 옷장
burglar	[bə́ːrglər] 버-글러	명 밤도둑, 야간 강도
burial	[bériəl] 베리얼	명 매장(埋葬) 형 매장의
burn	[bəːrn] 버-언	타 자 태우다, 타다, 바짝 마르다
✓ burn to the ground 완전히 타다(태우다), 전소하다		
✓ burn up 다 태워(타) 버리다, 열을 올리다		
burrow	[bə́ːrou] 버-로우	명 굴, 숨어있는 곳, 피난처
burst	[bəːrst] 버-스트	타 자 파열하다, 터지다 명 파열, 폭발
✓ burst into 갑자기 ~하기 시작하다		
bury	[béri] 베리	타 묻다, 덮다, 매장하다
bus	[bʌs] 버스	명 버스
bush	[buʃ] 부쉬	명 관목, 수풀, 덤불
bushel	[búʃəl] 부셀	명 부셀(양을 재는 단위 1.95말)
bushy	[búʃi] 부쉬	형 관목(덤불)이 많은, 털이 많은
busily	[bízəli] 비절리	부 바쁘게, 분주하게

business	[bíznis] 비즈니스	명 실업, 장사, 직업, 영업

- have no business to do (doing) ~할 권리(필요)가 없다
- on business 볼일로, 상용으로, 사업차
- run a business 사업을 경영하다

bust	[bʌst] 버스트	명 흉상, 상반신, 여자의 흉부
bustle	[bʌ́sl] 버슬	자 떠들다 타 떠들게 하다
busy	[bízi] 비지	형 바쁜, 분주한
but	[bʌt] 벗	접 그러나, 하지만 부 다만

- but for ~이 없다면(=without)

butcher	[bútʃər] 부처	명 학살자, 백정 타 도살하다
butler	[bʌ́tlər] 버틀러	명 하인의 우두머리, 집사
butt	[bʌt] 벗	타 자 머리(뿔)로 받다, 부딪치다
butter	[bʌ́tər] 버터	명 버터 타 버터를 바르다
butterfly	[bʌ́tərflài] 버터플라이	명 나비, 바람둥이(女子), 멋쟁이
button	[bʌ́tn] 버튼	명 단추, (초인종의) 누름 단추
buy	[bai] 바이	타 사다, 구입하다
buzz	[bʌz] 버즈	명 (윙윙) 울리는 소리, 소란스런 소리
by	[bai] 바이	전 ~의 곁에, ~가까이

- by birth 태생의, 타고 난
- by chance 우연히(=by accident)
- by far 훨씬, 퍽
- by oneself 혼자, 단독으로(=alone)
- by the way 그런데, 도중에, 곁들여

bypass	[báipæ̀s] 바이패스	명 우회로, 보조로

cab

cab	[kæb] 캡	명 승합마차, 기관사실 자 택시를 타다
cabbage	[kǽbidʒ] 캐비쥐	명 양배추
cabin	[kǽbin] 캐빈	명 선실, 오두막집
cabinet	[kǽbənit] 캐버닛	명 상자, 캐비넷, 진열실
cable	[kéibəl] 케이벌	명 굵은 밧줄, 해저 전선, 닻줄
cadence	[kéidəns] 케이던스	명 운율, 억양
cafe	[kæféi] 캐페이	명 다방, 커피점, 요리점
cage	[keidʒ] 케이쥐	명 새장, 동물 우리, 감옥
cake	[keik] 케익	명 생과자, 케이크, 양과자
calamity	[kəlǽməti] 컬레머티	명 비참, 재난, 불행
calcium	[kǽlsiəm] 캘시엄	명 칼슘
calculate	[kǽlkjəlèit] 캘컬레이트	타 자 계산하다, 추정하다
calendar	[kǽlindər] 캘린더	명 달력, 목록, 역법
calf	[kæf] 캐프	명 송아지, 장딴지, 바보
call	[kɔːl] 콜-	타 부르다, 소리내어 부르다 명 외침

- ✓ call after ~을 따라 이름짓다, ~을 쫓아서 부르다
- ✓ call at (집)을 방문하다, ~에 기항하다
- ✓ call on ~을 방문하다, ~에게 청하다, 요구하다, 부탁하다
- ✓ call for 청하다, 요구하다, 큰 소리로 부르다

calm	[kɑːm] 캄-	형 고요한, 조용한 타 자 가라앉히다
calorie	[kǽləri] 캘러리	명 칼로리(음식의 열량단위)
came	[keim] 케임	동 come(오다)의 과거
camel	[kǽməl] 캐멀	명 낙타
camera	[kǽmərə] 캐머러	명 카메라, 사진기

camouflage	[kǽməflὰːʒ] 캐머플라-쥐	명 위장, 변장, 눈속임
camp	[kæmp] 캠프	명 야영, 텐트 생활 자 야영하다
campaign	[kæmpéin] 캠페인	명 선거운동, 유세 자 유세하다
campus	[kǽmpəs] 캠퍼스	명 교정, 구내, 대학 생활
can	[kæn] 캔	명 깡통, 양철통 조 ~할 수 있다
Canada	[kǽnədə] 캐너더	명 캐나다
Canadian	[kənéidiən] 커네이디언	형 캐나다의, 캐나다 사람
canal	[kənǽl] 커낼	명 운하, 드량, 수로
canary	[kənɛ́əri] 커네어리	명 카나리아, 선황색
cancel	[kǽnsəl] 캔설	명 취소 타 취소하다, 말살하다
cancer	[kǽnsər] 캔서	명 암(癌), 사회악, 해악
candid	[kǽndid] 캔디드	형 솔직한, 성실한, 노골적인
candidate	[kǽndədèit] 캔더데이트	명 후보자, 지원자
candle	[kǽndl] 캔들	명 양초, 측광
candor	[kǽndər] 캔더	명 공평함, 솔직, 담백함
candy	[kǽndi] 캔디	명 사탕, 캔디, 과자
cane	[kein] 케인	명 지팡이, 단장, 막대기
cannon	[kǽnən] 캐넌	명 대포, 기관포 자 대포를 쏘다
cannot	[kǽnɑt] 캐낫	조 ~할 수 없다

✔ **cannot but do** ~하지 않을 수 없다(=cannot help ~ing)
✔ **cannot ~ too** 아무리 ~하여도 지나치 지 않다

canoe	[kənúː] 커누-	명 카누, 통나무배
canon	[kǽnən] 캐넌	명 교회법, 교회 법규, 규범
canopy	[kǽnəpi] 캐너피	명 낙하산, 닫집 자 천개로 덮다
cantata	[kəntɑ́ːtə] 컨타-터	명 칸타타, 교성곡
canter	[kǽntər] 캔터	명 캔터, 느린 구보
canvas	[kǽnvəs] 캔버스	명 돛, 범프, 캔버스

canyon

canyon	[kǽnjən] 캐년	명 대협곡
cap	[kæp] 캡	명 챙 없는 모자, 제모, 두건
capable	[kéipəbəl] 케이퍼블	형 유능한, 자격 있는
capacious	[kəpéiʃəs] 커페이셔스	형 널다란, 큰
capacity	[kəpǽsəti] 커페서티	명 용량, 능력, 재능, 수용량
cape	[keip] 케입	명 갑(岬), 곶, 어깨망토
caper	[kéipər] 케이퍼	자 깡총거리다, 희롱거리다
capital	[kǽpitl] 캐피틀	명 수도, 대문자
captain	[kǽptin] 캡틴	명 팀장, 선장, 육군대위
captive	[kǽptiv] 캡티브	명 포로 형 포로가 된
capture	[kǽptʃər] 캡쳐	명 포획, 생포 타 잡다, 빼앗다
car	[kɑːr] 카-	명 차, 자동차
caramel	[kǽrəməl] 캐러멀	명 구운 설탕, 캬라멜
caravan	[kǽrəvæn] 캐러밴	명 (사막의) 대상(隊商), 포장마차
carbonic	[kɑːrbɑ́nik] 카-바닉	형 탄소의
carcass	[kɑ́ːrkəs] 카-커스	명 (짐승의) 시체
card	[kɑːrd] 카-드	명 카드, 트럼프, 명함, 엽서
cardboard	[kɑ́ːrdbɔ̀ːrd] 카-드보-드	명 편지, 마분지
cardinal	[kɑ́ːrdənl] 카-더널	형 주요한, 기본적인, 추기경
care	[kɛər] 케어	명 관심, 걱정 자 염려하다

- **care about** ~을 걱정하다, ~에 관심을 가지다
- **care for** ~을 돌보다(=look after), 좋아하다
- **take care of** ~을 돌보다, ~을 소홀히 하다

career	[kəríər] 커리어	명 경력, 직업, 성공, 발전
careful	[kɛ́ərfəl] 케어펄	형 주의 깊은, 검소한, 조심스런
careless	[kɛ́ərlis] 케얼리스	형 부주의한, 경솔한, 조심성 없는
caress	[kərés] 커레스	명 애무 타 애무하다, 입맞추다

cargo	[káːrgou] 카고우	명 뱃짐, 화물, 적하
carnation	[kaːrnéiʃən] 카네이션	명 카네이션, 담홍색
carnival	[káːrnəvəl] 카너벌	명 사육제, 축제
carol	[kǽrəl] 캐럴	명 기쁨의 노래, 찬미가, 축가
carp	[kɑːrp] 카프	명 잉어 자 흠을 잡다
carpenter	[káːrpentər] 카펜터	명 목수 타 자 목수일을 하다
carpet	[káːrpit] 카피트	명 융단, 온탄자, 깔개
carriage	[kǽridʒ] 캐리쥐	명 탈것, 마차, 객차, 차
carrier	[kǽriər] 캐리어	명 운반인, 배달인, 운수업자
carrot	[kǽrət] 캐럿	명 당근, 머리털이 붉은 사람
carry	[kǽri] 캐리	타 자 나르다, 지탱하다, 휴대하다
	✔ **carry on** 영위하다, 계속하다(=continue)	
	✔ **carry out** 실행하다, 성취하다, (의무 따위를)다하다	
cart	[kɑːrt] 카트	명 손수레 타 자 손수레로 나르다
carve	[kɑːrv] 카브	타 자 조각하다, 새기다, 파다
cascade	[kæskéid] 캐스케이드	명 분기 폭포, 인공 폭포
case	[keis] 케이스	명 경우, 사정, 상자, 케이스
casement	[kéismənt] 케이스먼트	명 좌우 여닫이 창, 창틀
cash	[kæʃ] 캐쉬	명 현금, 현찰 타 현금으로 지불하다
cashier	[kæʃíər] 캐쉬어	명 출납계, 회계원
cask	[kæsk] 캐스크	명 술통, 한 통(의 분량)
casket	[kǽskit] 캐스킷	명 (보물 넣는) 작은 상자, 관 함
cast	[kæst] 캐스트	타 자 던지다, 투표하다 명 던짐
	✔ **cast a glance** 힐끗 보다	
	✔ **cast the dice** 주사위를 던지다	
castle	[kǽsl] 캐슬	명 성곽, 대저택 타 자 성을 쌓다
casual	[kǽʒuəl] 캐쥬얼	형 우연의, 뜻하지 않은

cat

cat	[kæt] 캣	몡 고양이
catalog	[kǽtəlɔ̀:g] 캐털로-그	몡 목록, 요람 탸 목록에 올리다
catastrophe	[kətǽstrəfi] 커태스트러피	몡 재앙, (비극의)파국, 대이변
catch	[kætʃ] 캐취	탸 쟈 붙잡다, 잡다, 따르다 몡 포획
	✔ **catch (a) cold** 감기들다, 감기에 걸리다	
	✔ **catch sight of** ~을 발견하다, ~을 갑자기 보다	
	✔ **catch on with** ~을 따라붙다	
catcher	[kǽtʃər] 캐쳐	몡 잡는 사람, 포수
caterpillar	[kǽtərpìlər] 캐터필러	몡 모충, 풀쐐기, 무한궤도
cathedral	[kəθí:drəl] 커싸-드럴	몡 대성당, 대교회
catholic	[kǽθəlik] 캐써릭	형 천주교의, 가톨릭교의
cattle	[kǽtl] 캐틀	몡 소, 가축
cause	[kɔ:z] 코-즈	몡 원인, 이유, 동기
caution	[kɔ́:ʃən] 코-션	몡 조심, 신중, 보증
cautious	[kɔ́:ʃəs] 코-셔스	형 주의 깊은, 신중한
cavalier	[kævəlíər] 캐벌리어	몡 기사, 예의바른 신사
cavalry	[kǽvəlri] 캐벌리	몡 기병대, 기갑부대
cave	[keiv] 케이브	몡 동굴 탸 쟈 함몰하다, 무너지다
cavern	[kǽvərn] 캐번	몡 (넓은) 동굴
cavity	[kǽvəti] 캐버티	몡 충치, 구멍, 빈곳
caw	[kɔ:] 코-	형 (까마귀가) 깍깍 울다
cease	[si:s] 사-스	탸 쟈 그치다, 끝나다, 멈추다
cedar	[sí:dər] 사-더	몡 히말라야 삼나무
ceiling	[sí:liŋ] 사-일링	몡 천장, 한계, 상한
celebrate	[séləbrèit] 셀러브레이트	탸 쟈 경축하다, 거행하다
celebrated	[séləbrèitid] 셀러브레이티드	형 유명한, 이름 높은
celebration	[sèləbréiʃən] 셀러브레이션	몡 축하, 칭찬, 의식, 찬양

chairman

- ✓ in celebration of ~을 축하하여

celery	[séləri] 샐러리	명 샐러리(식물의 이름)
celestial	[siléstʃəl] 실레스철	형 하늘의, 천상의, 신성한
cell	[sel] 셀	명 작은 방 독방, 세포, 영창
cellar	[sélər] 셀러	명 지하저장실
celluloid	[séljəlɔ̀id] 셀룰로이드	명 셀룰로이드, 영화, 필름
cement	[simént] 시멘트	명 시멘트, 양회, 접합제
cemetery	[sémətèri] 세머테리	명 공동묘지, 매장지
censure	[sénʃər] 센셔	명 비난 타 비난하다, 나무라다
census	[sénsəs] 센서스	명 인구조사
cent	[sent] 센트	명 백, 센트(미국 화폐 단위)
center	[séntər] 센터	명 중심, 중앙, 핵심, 중점
centigram	[séntəgræ̀m] 센터그램	명 1/100그램(cg)
centimeter	[séntəmì:tər] 센터미-터	명 센티미터(cm)
central	[séntrəl] 센트럴	형 중심의, 주요한, 기본적인
century	[séntʃuri] 센츄리	명 1세기, 100년,
cereal	[síəriəl] 시어리얼	형 곡물의, 곡식의 명 곡물, 곡초류
ceremony	[sérəmòuni] 세러모우니	명 의식, 예식, 형식
certain	[sə́:rtən] 서-턴	형 확실한, 틀림없는, 확정된

- ✓ for certain 확실히(=for sure)

certainly	[sə́:rtənli] 서-턴리	부 확실히, 반드시, 틀림없이
certainty	[sə́:rtənti] 서-턴티	명 확신, 확실성, 꼭
certificate	[sərtífəkit] 서티퍼킷	명 증명서, 증서
chafe	[tʃeif] 체이프	타 자 비벼서 따뜻하게 하다
chain	[tʃein] 체인	명 사슬, 연쇄, 연속
chair	[tʃɛər] 체어	명 의자, 강좌, 의장석
chairman	[tʃɛ́ərmən] 체어먼	명 의장, 위원장, 사회자

chalk

chalk	[tʃɔːk] 초-크	명 분필, 초크
challenge	[tʃǽlindʒ] 챌린쥐	명 도전, 결투의 신청 타 도전하다
chamber	[tʃéimbər] 체임버	명 방, 침실, 회의실
chamberlain	[tʃéimbərlin] 체임벌린	명 시종, 집사, 의전관
champagne	[ʃæmpéin] 섐페인	명 (C~) 프랑스 북부지방, 샴페인
champion	[tʃǽmpiən] 챔피언	명 우승자, 선수, 전사
chance	[tʃæns] 챈스	명 기회, 우연, 호기, 운
chandelier	[ʃæ̀ndəlíər] 쉔덜리어	명 꽃 전등, 샹들리에
change	[tʃeindʒ] 체인쥐	타 변경하다, 바꾸다 명 변화

✓ **change for the better** 좋아지다, 호전하다
✓ **change one's mine** 생각(방침)을 바꾸다, 마음이 변하다

channel	[tʃǽnl] 채늘	명 수로, 해협, 강바닥
chant	[tʃænt] 챈트	명 노래, 멜로디 타 자 노래하다
chaos	[kéias] 케이아스	명 혼돈, 혼란, 무질서
chap	[tʃæp] 챕	명 녀석, 사나이, 고객
chapel	[tʃǽpəl] 채펄	명 병원, 학교, 예배당
chapter	[tʃǽptər] 챕터	명 (책의) 장(章), 한 시기
character	[kǽriktər] 캐릭터	명 인격, 성격, 특성
characteristic	[kæ̀riktərístik] 캐릭터리스틱	형 특유한, 독특한 명 특성
characterize	[kǽriktəràiz] 캐릭터라이즈	타 특징을 나타내다, 특색 짓다
charcoal	[tʃάːrkòul] 차-코울	명 숯, 목탄
charge	[tʃɑːrdʒ] 차-쥐	타 짐을 싣다, 채우다 명 책임

✓ **charge with** ~이 부과된, ~의 죄로 고발된
✓ **take charge of** ~을 떠맡다, 담임하다

charger	[tʃάːrdʒər] 차-져	명 (장교용의) 군마, 충전기
chariot	[tʃǽriət] 채리엇	명 (고대 그리스의) 2륜마차
charity	[tʃǽrəti] 채러티	명 사랑, 자비, 양육원

charm	[tʃɑːrm] 차-암	명 미모, 매력 타 자 매혹하다
charming	[tʃɑ́ːrmiŋ] 차-밍	형 매력적인, 아름다운, 즐거운
chart	[tʃɑːrt] 차-트	명 그림, 도표
charter	[tʃɑ́ːrtər] 차-터	명 특허장, 헌장, 선언서
chase	[tʃeis] 체이스	타 추적하다 명 추격
chasm	[kǽzəm] 캐점	명 깊게 갈라진 틈, 틈새, 빈틈
chaste	[tʃeist] 체이스트	형 정숙한, 수수한, 담백한
chat	[tʃæt] 채트	명 잡담, 담화 자 잡담하다
chatter	[tʃǽtər] 채터	자 지껄여대다 명 수다, 잡담
chauffeur	[ʃóufər] 쇼우퍼	명 (자가용차의) 운전수 자 몰고가다
cheap	[tʃiːp] 취-프	형 싼, 값이 싼
cheat	[tʃiːt] 취-트	타 자 속이다, 사취하다
check	[tʃek] 체크	명 저지, 억제, 방해
	✓ check in 호텔에 투숙하다	
	✓ check out (계산을 치르고) 나오다	
cheek	[tʃiːk] 취-크	명 볼, 뺨
cheer	[tʃiər] 치어	명 환호, 갈채, 만세, 격려
cheerfully	[tʃíərfəli] 치어펄리	부 기분 좋게, 유쾌하게
cheery	[tʃíəri] 치어리	형 기운 좋은, 명랑한
cheese	[tʃiːz] 치-즈	명 치즈
chemical	[kémikəl] 케미컬	형 화학의, 화학적인
chemise	[ʃəmíːz] 셔미-즈	명 속치마, 슈미즈
chemist	[kémist] 케미스트	명 화학자, 약제사
chemistry	[kémistri] 케미스트리	명 화학
cherish	[tʃériʃ] 체리쉬	타 귀여워하다, 소중히 하다
cherry	[tʃéri] 체리	명 벚나무
chess	[tʃes] 체스	명 체스, 서양 장기

chest

chest	[tʃest] 체스트	명 큰 상자, 궤, 금고, 가슴
chestnut	[tʃésnʌ̀t] 체스넛	명 밤 형 밤색의
chew	[tʃuː] 츄-	타 자 씹다, 깨물어 부수다
chick	[tʃik] 칙	명 병아리, 새끼 새
chicken	[tʃíkin] 치킨	명 닭, 닭고기
chide	[tʃaid] 차이드	타 자 꾸짖다, 꾸짖어 내쫓다
chief	[tʃiːf] 치-프	명 수령, 지도자, 추장
child	[tʃaild] 차일드	명 아이, 어린애, 아동
childhood	[tʃáildhùd] 차일드후드	명 유년기, 어린 시절
childish	[tʃáildiʃ] 차일디쉬	형 어린애 같은, 앳된
children	[tʃíldrən] 칠드런	명 child(아이)의 복수, 어린이들
chill	[tʃil] 칠	명 한기, 냉기, 오한
chime	[tʃaim] 차임	명 차임 타 자 가락을 맞추어 올리다
chimney	[tʃímni] 침니	명 굴뚝
chin	[tʃin] 친	명 턱
China	[tʃáinə] 차이너	명 중국, 중화인민공화국
china	[tʃáinə] 차이너	명 도자기, 사기전 형 도자기의
Chinese	[tʃainíːz] 차이나-즈	형 중국의 명 중국어
chink	[tʃiŋk] 칭크	명 짤랑짤랑 타 자 쨍그랑 울리다
chip	[tʃip] 칩	명 나뭇조각, 얇은 조각, 토막
chirp	[tʃəːrp] 처-프	타 자 짹짹 울다
chisel	[tʃízl] 치즐	명 조각칼 타 끌로 깎다
choice	[tʃɔis] 초이스	명 선택, 선택권
	✓ **have no choice but to do** ~할 수 밖에 없다	
	✓ **make a choice** 선택하다	
choir	[kwáiər] 콰이어	명 성가대, 합창단
choke	[tʃouk] 초우크	타 자 질식시키다, 막다, 메우다

cholera	[kálərə] 칼러러	명 콜레라, 호열자
choose	[tʃuːz] 츄-즈	타 자 고르다, 선택하다, 선정하다
chop	[tʃɑp] 찹	타 자 잘게 자르다, 뻐개다
chord	[kɔːrd] 코-드	명 (악기의) 줄, 현, 감정
chosen	[tʃóuzn] 초우즌	통 choose의 과거분사 형 선택된
Christ	[kraist] 크라이스트	명 그리스도, 구세주
christen	[krísn] 크리슨	타 자 세례를 주다, 이름을 붙이다
Christian	[krístʃən] 크리스천	명 기독교도 형 그리스도의
Christianity	[krìstʃiǽnəti] 크리스채너티	명 기독교(신앙)
Christmas	[krísməs] 크리스머스	명 크리스마스, 성탄절
chronicle	[kránikl] 크라니클	명 연대기(年代記), 역사
chuckle	[tʃʌ́kl] 쳐클	자 킬킬 웃다, 혼자 웃다
church	[tʃəːrtʃ] 쳐-취	명 교회당, 성당
churchman	[tʃə́ːrtʃmən] 쳐-취먼	명 목사, 성직자
churchyard	[tʃə́ːrtʃjɑ̀ːrd] 쳐-취야-드	명 (교회 부속의) 묘지
cider	[sáidər] 사이더	명 사과술, 사이다
cigar	[sigɑ́ːr] 시가-	명 엽궐련, 여송연, 시가
cigaret	[sigáret] 시가렛	명 궐연, 담배
cinder	[síndər] 신더	명 (석탄 따위) 탄 재, 숯
cinema	[sínəmə] 시너머	명 영화관, 영화
cinnamon	[sínəmən] 시너먼	명 계피 형 육계색의
circle	[sə́ːrkl] 서-클	명 원, 원형의 장소, 원주
circuit	[sə́ːrkit] 서-킷	명 주위, 순회, 회전
circular	[sə́ːrkjələr] 서-컬러	형 원형의, 고리모양의
circulate	[sə́ːrkjəlèit] 서-컬레이트	타 자 돌다-, 돌게하다
circulation	[sə̀ːrkjəléiʃən] 서-컬레이션	명 순환, 배포, 유포, 유통
circumference	[sərkʌ́mfərəns] 서컴퍼런스	명 원주, 즈변

circumstance

circumstance	[sə́:rkəmstæns] 서-컴스탠스	명 사정, 상황, 환경
circus	[sə́:rkəs] 서-커스	명 곡마, 곡예, 서커스
cite	[sait] 사이트	타 인용하다, 소환하다
citizen	[sítəzən] 시티즌	명 시민, 국민, 주민
city	[síti] 시티	명 시, 도시
civic	[sívik] 시빅	형 시의, 시민의
civil	[sívəl] 시벌	형 시민의, 예의바른
civilian	[sivíljən] 시빌리언	명 일반인, 비전투원
civility	[sivíləti] 시빌러티	명 정중함, 공손함
civilization	[sìvəlizéiʃən] 시벌리제이션	명 문명, 개화
civilize	[sívəlàiz] 시벌라이즈	타 문명으로 이끌다, 교화하다
claim	[kleim] 클레임	명 요구, 청구 타 자 되찾다
clam	[klæm] 클램	명 대합조개, 말없는 사람
clamber	[klǽmbər] 클램버	자 기어오르다
clamor	[klǽmər] 클래머	명 소란한 소리, 외치는 소리
clan	[klæn] 클랜	명 씨족, 일가, 일문, 당파
clang	[klæŋ] 클랭	타 자 쾅(땡그랑) 울리다
clap	[klæp] 클랩	타 자 (손뼉을) 치다, 박수치다
clash	[klæʃ] 클레쉬	명 격돌, 충돌 타 자 충돌하다
clasp	[klæsp] 클래습	타 자 껴안다, 물림쇠로 죄다
class	[klæs] 클래스	명 계급, 학급, 수업, 종류
	✓ the classes and the masses 상류층과 일반대중	
classic	[klǽsik] 클래식	형 고전적인, 명작의, 고상한
classical	[klǽsikəl] 클래시컬	형 고전의, 우수한
classification	[klæ̀səfikéiʃən] 클래서피케이션	명 분류, 종별, 등급
classify	[klǽsəfài] 클래서파이	타 분류하다, 등급으로 가르다
classmate	[klǽsmèit] 클래스메이트	명 급우, 동창생

climate

classroom	[klǽsrù(:)m] 클래스룸	명 교실
clatter	[klǽtər] 클래터	명 시끄러운 소리
clause	[klɔːz] 클로-즈	명 조목, 조항 (문법) 절
claw	[klɔː] 클로-	명 발톱, 집게발
clay	[klei] 클레이	명 찰흙, 점토, 흙
clean	[kliːn] 클라-인	형 깨끗한, 청결한, 순결한
cleaner	[klíːnər] 클리-너	명 청소부, 청소기
cleaning	[klíːniŋ] 클리-닝	명 세탁, 청소
cleanly	[klénli] 클렌리	형 깨끗한 것을 좋아하는, 산뜻한
cleanliness	[klénlinis] 클렌리니스	명 청결, 깨끗함
cleanse	[klenz] 클렌즈	타 정화하다, 청결하게 하다
clear	[kliər] 클리어	형 밝은, 투명한, 갠

- ✓ **clear away** 치우다, (안개 따위가) 걷히다
- ✓ **clear off** 제거하다, (빚 따위를) 청산하다, (날씨가) 개다
- ✓ **clear up** (날씨가) 개다, 치우다, 해결하다
- ✓ **keep clear of** ~에 접근하지 않다

clearly	[klíərli] 클리어리	부 명백히, 틀림없이
clearing	[klíəriŋ] 클리어링	명 청소, 제거
cleave	[kliːv] 클리-브	타 자 짜개다, 가르다
cleft	[kleft] 클랩트	동 cleave의 과거분사 형 쪼개진
clench	[klentʃ] 클렌취	타 자 꽉 죄다, 악물다
clergy	[klə́ːrdʒi] 클러-쥐	명 목사(들), 성직자
clerk	[kləːrk] 클러-크	명 점원, 사무원
clever	[klévər] 클레버	형 영리한, 머리가 좋은
click	[klik] 클릭	동 클릭하다, 딸깍 소리 내다
cliff	[klif] 클리프	명 벼랑, 절벽, 낭떠러지
climate	[kláimit] 클라이밋	명 기후, 풍토, 환경, 분위기

climax

climax	[kláimæks] 클라이맥스	명 절정, 극점 타 자 절정에 달하다
climb	[klaim] 클라임	타 자 기어오르다, 올라가다
cling	[kliŋ] 클링	자 달라붙다, 밀착하다
clinic	[klínik] 클리닉	명 임상강의(실), 진찰실, 진료소
clip	[klip] 클립	타 끼우다, 자르다
cloak	[klouk] 클로우크	명 (소매 없는) 외투, 망토
clock	[klɑk] 클락	명 시계 타 자 ~의 시간을 재다
close	[klouz] 클로우즈	타 닫다, 감다 형 가까운, 밀집된

✓ **close down** (가게, 공장을) 닫다, 폐쇄하다
✓ **close in** 접근하다, 다가오다

closely	[klóusli] 클로우슬리	부 빽빽하게, 가까이, 자세히
closet	[klázit] 클라짓	명 벽장, 받침 타 벽장에 가두다
cloth	[klɔ(:)θ] 클로쓰	명 헝겊, 천, 옷장, 직물
clothe	[klouð] 클로우드	타 입히다, 덮다, 가리다
clothes	[klouðz] 클로우즈	형 옷, 침구, 의복
clothing	[klóuðiŋ] 클로우딩	명 (집합적) 의류
cloud	[klaud] 클라우드	명 구름, 연기
cloudy	[kláudi] 클라우디	형 흐린, 똑똑하지 않은, 탁한
clover	[klóuvər] 클로우버	명 토끼풀, 클로버
clown	[klaun] 클라운	명 어릿광대, 촌뜨기
club	[klʌb] 클럽	명 곤봉, 동호회
cluck	[klʌk] 클럭	타 (암탉이) 꼬꼬 울다
clump	[klʌmp] 클럼프	명 숲, 덤불 자 쿵쿵 걷다
clumsy	[klʌ́mzi] 클럼지	형 볼품없는, 솜씨 없는
cluster	[klʌ́stər] 클러스터	명 떼, 덩어리, 송이 자 몰리다
clutch	[klʌtʃ] 클러취	타 자 꽉 붙들다, 부여잡다
Co.	[kʌ́mpəni] 컴퍼니	약 회사(company)의 약어

coach	[koutʃ] 코우취	명 4륜 마차, 객차, 코치, 감독
coal	[koul] 코울	명 석탄, 숯, 무연탄
coalition	[kòuəlíʃən] 코월리션	명 연합, 동맹, 제휴, 연립
coarse	[kɔːrs] 코-스	형 거친, 조잡한, 음탕한
coast	[koust] 코우스트	명 해안 자 해안을 항해하다
coat	[kout] 코우트	명 상의, 코트, 모피
coax	[kouks] 코욱스	타 자 어르다, 달래다
cobweb	[kábwèb] 캅웨브	명 거미줄 타 거미줄로 덮다
cock	[kɑk] 칵	명 수탉, 수컷, 두목
cocktail	[káktèil] 칵테일	명 칵테일, 혼합주
cocoa	[kóukou] 코우코우	명 코코아(음료)
coco(a)nut	[kóukənʌ̀t] 코우커넛	명 야자수, 열매, 머리
cod	[kɑd] 캇	명 대구 타 속이다, 우롱하다
code	[koud] 코우드	명 법전, 구정, 암호, 약호
coffee	[kɔ́ːfi] 코-피	명 커피, 커피색
coffin	[kɔ́ːfin] 코-핀	명 관(棺), 널 타 관에 넣다
coil	[kɔil] 코일	명 돌돌 감음 타 자 관에 넣다
coin	[kɔin] 코인	명 화폐, 돈 타 화폐를 주조하다
coinage	[kɔ́inidʒ] 코이니지	명 화폐 주조, 화폐제도, 발명
coincide	[kòuinsáid] 코우인사이드	자 일치하다, 부합하다
cold	[kould] 코울드	형 추운, 차가운
collapse	[kəlǽps] 컬랩스	명 붕괴, 쇠약 자 붕괴하다
collar	[kálər] 칼러	명 칼라, 깃, 목에 대는 마구
colleague	[káliːg] 칼리-그	명 동료, 동업자
collect	[kəlékt] 컬렉트	타 자 모으다, 수집하다, 모으다
collection	[kəlékʃən] 컬렉션	명 수금, 수집, 채집
collective	[kəléktiv] 컬렉티브	형 집합적인, 집단적인, 공동적

college

college	[kálidʒ] 칼리쥐	명 단과대학, 전문학교
colonel	[kə́ːrnəl] 커-널	명 육군대령, 연대장, 부장, 단장
colonial	[kəlóuniəl] 컬로우니얼	형 식민지의, 식민의
colonist	[kálənist] 컬러니스트	명 이주민, 식민지 사람
colony	[káləni] 칼러니	명 식민지, 거류지, 이민단
color	[kʌ́lər] 컬러	명 색, 빛깔 타 자 색칠하다
colorful	[kʌ́lərfəl] 컬러펄	형 다채로운, 화려한
colossal	[kəlásəl] 컬라설	형 거대한, 굉장한
colt	[koult] 코올트	명 망아지, 풋내기
column	[káləm] 칼럼	명 원주, 기둥, 칼럼
comb	[koum] 코움	명 빗, 닭의 볏 타 빗질하다
combat	[kámbæt] 캄뱃	명 싸움, 전투, 결투
combination	[kàmbənéiʃən] 캄버네이션	명 결합, 단결, 배합
combine	[kəmbáin] 컴바인	타 자 결합시키다, 협력하다
combustion	[kəmbʌ́stʃən] 컴버스쳔	명 연소, 산화
come	[kʌm] 컴	자 오다, 도착하다

- ✓ **come across** ~을 우연히 찾아내다, ~을 만나다, 발견하다
- ✓ **come back** 돌아오다, 회복하다, 생각나다
- ✓ **come from behind** 역전승을 거두다
- ✓ **come on** 다가오다, 등장하다, (명령) 자. 오너라, 가자
- ✓ **come to** 결국 ~이 되다, ~의 액수에 달하다
- ✓ **come together** 만나다, 모이다

comedy	[kámədi] 카머디	명 희극, 희극적 요소
comely	[kʌ́mli] 컴리	형 아름다운, 말쑥한
comet	[kámit] 카미트	명 혜성, 살별
comfort	[kʌ́mfərt] 컴퍼트	명 위로, 위안, 안락, 편함
comfortable	[kʌ́mfərtəbəl] 컴퍼터블	형 기분좋은, 안락한 타 위로하다

comic	[kámik] 카믹	형 희극의, 우스운
coming	[kʌ́miŋ] 커밍	명 도래, 내방 형 다음의, 다가올
comma	[kámə] 카머	명 콤마, 구두점(,), 쉼표
command	[kəmǽnd] 커맨드	타 명하다, 요구하다

✓ at one's command ~의 지휘 아래, 마음대로 쓸 수 있는

commandment	[kəmǽndmənt] 커맨드먼트	명 계명, 계율, 율법
commander	[kəmǽndər] 커맨더	명 지휘관, 해군 중령
commence	[kəméns] 커멘스	타 자 개시하다, 시작하다
commencement	[kəménsmənt] 커멘스먼트	명 개시, 졸업식, 시작
commend	[kəménd] 커멘드	타 칭찬하다, 추천하다, 권하다
comment	[kámənt] 카먼트	명 주석, 해석, 논평
commentary	[káməntèri] 카먼테리	명 비평, 논평, 실황방송
commerce	[káməːrs] 카머-스	명 상업, 무역, 거래
commission	[kəmíʃən] 커미션	명 위임, 위탁, 직권
commissioner	[kəmíʃənər] 커미셔너	명 위원, 이사, 국장
commit	[kəmít] 커미트	타 저지르다, 범하다
committee	[kəmíti] 커미티	명 위원회, 위원들
commodity	[kəmádəti] 커마더티	명 물품, 상품, 일용품
common	[kámən] 카먼	형 공통의, 공유의, 협동의

✓ in common 공통으로

commonplace	[kámənplèis] 카먼플레이스	형 평범한 명 비망록
commonwealth	[kámənwèlθ] 카먼웰쓰	명 국가, 공화국
commotion	[kəmóuʃən] 커모우션	명 동요, 소동, 폭동
commune	[kəmjúːn] 커뮤-운	자 친하게 얘기하다, 교제하다
communicate	[kəmjúːnəkèit] 커뮤-너케이트	타 자 전하다, 통신하다
communication	[kəmjùːnəkéiʃən] 커뮤-너케이션	명 전달, 통신, 보도
communion	[kəmjúːnjən] 커뮤-년	명 공유, 친교, 영적교섭

communism

communism	[kámjənìzəm] 카머니점	명 공산주의(운동, 정치)
community	[kəmjúːnəti] 커뮤-너티	명 사회, 공동 생활체
compact	[kəmpǽkt] 컴펙트	형 잔뜩 찬, 아담한 타 꼭 채우다
companion	[kəmpǽnjən] 컴패니언	명 동반자, 동무, 짝
company	[kʌ́mpəni] 컴퍼니	명 일행, 단체, 떼

- ✔ **in company** 사람 틈에서, 다른 사람 앞에서
- ✔ **in company with** ~와 함께, ~와 더불어
- ✔ **keep company with** ~와 교제하다, ~와 동행(동반)하다

comparable	[kámpərəbəl] 캄퍼러블	형 비교되는, 필적하는
comparative	[kəmpǽrətiv] 컴패러티브	형 비교의, 비교적인
compare	[kəmpɛ́ər] 컴페어	타 자 비교하다, 대조하다

- ✔ **compare A to B** A를 B에 비유하다
- ✔ **compare A with B** A를 B와 비교하다
- ✔ **in (by) compare with** ~에 비하면

comparison	[kəmpǽrisən] 컴패리슨	명 비교, 유사
compartment	[kəmpáːrtmənt] 컴파-트먼트	명 구획, 구분, 칸막이
compass	[kʌ́mpəs] 컴퍼스	명 둘레, 컴퍼스, 한계, 주위
compassion	[kəmpǽʃən] 컴패션	명 동정, 불쌍히 여김
compel	[kəmpél] 컴펠	타 강제하다, 억지로 ~시키다
compensate	[kámpənsèit] 캄펀세이트	타 자 보상하다, 보충하다
compensation	[kàmpənséiʃən] 캄펀세이션	명 보상, 봉급, 배상
compete	[kəmpíːt] 컴피-트	자 경쟁하다, 겨루다, 필적하다
competent	[kámpətənt] 캄퍼턴트	형 유능한, 능력 있는
competition	[kàmpətíʃən] 캄퍼티션	명 경쟁, 겨루기, 시합
competitive	[kəmpétətiv] 컴페터티브	형 경쟁적인, 경쟁의
competitor	[kəmpétətər] 컴페터터	명 경쟁자
compile	[kəmpáil] 컴파일	타 자료를 모으다, 편집하다

complain	[kəmpléin] 컴플레인	자 불평을 하다, 고소하다
complaint	[kəmpléint] 컴플레인트	명 불평, 고소, 우는 소리
complement	[kámpləmənt] 캄플러먼트	명 보충, 보완하는 것
complete	[kəmplíːt] 컴플리-트	형 완전한, 완벽한 타 완성하다
completely	[kəmplíːtli] 컴플리-트리	부 전적으로, 완전히
completion	[kəmplíːʃən] 컴플리-션	명 완료, 종료, 완성
complex	[kəmpléks] 콤플렉스	형 복잡한 복잡한
complexion	[kəmplékʃən] 컴플렉션	명 안색, 외모, 형세, 피부색
complicate	[kámpləkèit] 캄플러케이트	타 복잡하게 하다, 뒤얽히게 하다
complicated	[kámpləkèitid] 캄플러케이티드	형 복잡한, 까다로운
complication	[kàmpləkéiʃən] 캄플러케이션	명 복잡, 분규
compliment	[kámpləmənt] 캄플러먼트	명 경의, 칭찬, 빈말, 인사
comply	[kəmplái] 컴플라이	자 응하다, 따르다, 좇다
compose	[kəmpóuz] 컴포우즈	타 자 구성하다, 짜 맞추다

✓ **composed of** ~으로 이루어진

composed	[kəmpóuzd] 컴포우즈드	형 태연한, 침착한
composer	[kəmpóuzər] 컴포우저	명 작곡가
composition	[kàmpəzíʃən] 캄퍼지션	명 짜 맞춤, 합성, 작곡
composure	[kəmpóuʒər] 컴포우저	명 차분함, 침착, 고요
compound	[kámpaund] 캄파운드	타 혼합하다, 합성하다 명 혼합물
comprehend	[kàmprihénd] 캄프리헨드	타 이해하다, 포함하다
comprehension	[kàmprihénʃən] 캄프리헨션	명 이해(력)
comprehensive	[kàmprihénsiv] 캄프리헨시브	형 이해력이 있는, 포함하는
compress	[kəmprés] 컴프레스	타 압축하다, 축소하다
comprise	[kəmpráiz] 컴프라이즈	타 포함하다, ~로 되다
compromise	[kámprəmàiz] 캄프러마이즈	명 타협, 절충안 타 자 타협하다
compulsory	[kəmpʌ́lsəri] 컴펄서리	형 강제적인, 의무적, 필수의

compute

compute	[kəmpjúːt] 컴퓨-트	타 자 계산하다, 평가하다
comrade	[kɑ́mræd] 캄래드	명 동무, 동지, 전우
conceal	[kənsíːl] 컨사-일	타 숨기다, 비밀로 하다
concede	[kənsíːd] 컨사-드	타 자 인정하다, 허락하다
conceit	[kənsíːt] 컨사-트	명 자부심, 생각
conceive	[kənsíːv] 컨사-브	타 자 상상하다, 임신하다, 진술하다
conceivable	[kənsíːvəbəl] 컨사-버벌	형 생각할 수 있는
concentrate	[kɑ́nsəntrèit] 칸선트레이트	타 자 집중하다, 농축하다
concentration	[kɑ̀nsəntréiʃən] 칸선트레이션	명 집중, 전념, 전신
conception	[kənsépʃən] 컨셉션	명 임신, 개념, 착상
concern	[kənsə́ːrn] 컨써언	타 관여하다, 관계하다
concerned	[kənsə́ːrnd] 컨썬-드	형 근심하여, 걱정하는

- concerned with (in) ~에 관계가 있는
- concerned oneself with ~에 관심을 가지다, ~을 걱정하다

concerning	[kənsə́ːrniŋ] 컨써-닝	전 ~에 관하여(= about)
concert	[kɑ́nsə(ː)rt] 컨서트	명 협력, 합주, 연주회
concession	[kənséʃən] 컨세션	명 양보, 허가, 용인
concise	[kənsáis] 컨사이스	형 간명한, 간결한
conclude	[kənklúːd] 컨클루-드	타 자 끝내다, 결정하다, 종결하다
conclusion	[kənklúːʒən] 컨클루-전	명 종결, 결과, 결론
concord	[kɑ́ŋkɔːrd] 캉코-드	명 일치, 화합, 평화
concrete	[kɑ́ŋkriːt] 캉그리-트	형 구체적인, 유형의 명 콘크리트
concur	[kənkə́ːr] 컨커-	동 동시에 일어나다
condemn	[kəndém] 컨뎀	타 비난하다, 선고하다
condense	[kəndéns] 컨덴스	타 자 응축하다, 요약하다
condition	[kəndíʃən] 컨디션	명 상태, 처지, 조건, 신분

- on condition that ~라는 조건으로

congratulation

conduct	[kándʌkt] 칸덕트	명 행동, 품행, 경영, 지휘
conductor	[kəndʌ́ktər] 컨덕터	명 (음악)지휘자, 안내자, 전도체
cone	[koun] 코운	명 원추, 솔방울, 원뿔꼴
confederacy	[kənfédərəsi] 컨페더러시	명 연합, 동맹, 연방
confer	[kənfə́:r] 컨퍼-	타 자 주다, 베풀다, 수여하다
conference	[kánfərəns] 칸퍼런스	명 회의, 상담, 협의회
confess	[kənfés] 컨페스	타 자 자인하다, 자백하다
confession	[kənféʃən] 컨페션	명 자백, 실토, 참회
confide	[kənfáid] 컨파이드	타 털어놓다, 신임하다
confidence	[kánfidəns] 칸피던스	명 신임, 신용, 자신
confident	[kánfidənt] 칸피던트	형 확신하여, 자신 있는, 대담한
confidential	[kànfidénʃəl] 칸피덴셜	형 비밀의, 신임하는, 심복의
confine	[kənfáin] 컨파인	타 감금하다, 제한하다
	✓ **confine oneself to** ~에 틀어 박혀 있다. ~에 국한하다	
confirm	[kənfə́:rm] 컨퍼엄	타 강하게 하다, 확인하다
confirmation	[kànfərméiʃən] 칸퍼메이션	명 확정, 확인, 인가
confiscate	[kánfiskèit] 칸피스케이트	타 몰수하다, 압수하다
conflict	[kánflikt] 칸플릭트	명 투쟁, 충돌, 대립
conform	[kənfɔ́:rm] 컨포옴	타 자 일치하다, 따르다
confound	[kənfáund] 컨파운드	타 혼동하다, 혼란시키다
confront	[kənfrʌ́nt] 컨프런트	타 직면하다, 맞서다
	✓ **be confront with** (위험)에 직면하다=be faced by)	
confuse	[kənfjú:z] 컨퓨-즈	타 헷갈리게 하다, 혼동하다
confusion	[kənfjú:ʒən] 컨퓨-전	명 혼란, 당황, 혼동
congenial	[kəndʒí:njəl] 컨자-녈	형 같은 성질의, 적합한
congratulate	[kəngrǽtʃəlèit] 컨그래출레이트	타 축하하다, 축사를 드리다
congratulation	[kəngrǽtʃəléiʃən] 컹그래출레이션	명 축하, 축사

congregation

	✓ **congratulations!** 축하합니다!	
congregation	[kàŋgrigéiʃən] 캉그리게이션	명 화합, 모이기, 집회
congress	[káŋgris] 캉그레스	명 회의, 의회
congressman	[káŋgrismən] 캉그리스먼	명 국회의원
conjecture	[kəndʒéktʃər] 컨젝쳐	명 추측, 억측 타 자 추측하다
conjunction	[kəndʒʌ́ŋkʃən] 컨정션	명 결합, 접합, (문법) 접속사
conjure	[kándʒər] 칸져	타 자 요술을 쓰다, 출현시키다
connect	[kənékt] 커넥트	타 자 잇다, 결합하다, 연결시키다
connection	[kənékʃən] 커넥션	명 연결, 관계, 관련
conquer	[káŋkər] 캉커	타 자 정복하다, 획득하다, 이기다
conqueror	[káŋkərər] 캉커러	명 정복자, 승리자
conquest	[káŋkwest] 캉퀘스트	명 정복, 획득
conscience	[kánʃəns] 칸션스	명 양심, 도의심, 자각
conscientious	[kànʃiénʃəs] 칸시앤셔스	형 양심적인, 도의적인
conscious	[kánʃəs] 칸셔스	형 의식하는, 알고 있는
	✓ **become conscious** 제 정신이 들다	
consciousness	[kánʃəsnis] 칸셔스니스	명 의식, 자각, 알아챔
consecrate	[kánsikrèit] 칸시크레이트	타 하느님께 바치다, 봉헌하다
consent	[kənsént] 컨센트	명 동의 자 승낙하다, 찬성하다
consequence	[kánsikwèns] 칸시퀜스	명 결과, 중요성
consequent	[kánsikwènt] 칸시퀜트	형 결과로서 생기는, 필연의
consequently	[kánsikwəntli] 칸시퀀틀리	부 따라서, 그러므로
conservation	[kànsəːrvéiʃən] 칸서-베이션	명 보존, 보안림, 유지
conservative	[kənsə́ːrvətiv] 컨서-버티브	형 보수적인, 보수당
conserve	[kənsə́ːrv] 컨서-브	타 보존하다, 저장하다
consider	[kənsídər] 컨시더	타 자 숙고하다, 생각하다
considerable	[kənsídərəbəl] 컨시더러벌	형 고려할만한, 중요한, 어지간한

considerate	[kənsídərit] 컨시더릿	형 인정 있는, 사려 깊은
consideration	[kənsìdəréiʃən] 컨시더레이션	명 고려, 수고, 중요함, 사려

- in consideration of ~을 고려하여, ~ 때문에
- take A into consideration A를 고려에 넣다(=consider)

considering	[kənsídəriŋ] 컨시더링	전 (~한 점을) 고려한다면
consign	[kənsáin] 컨싸인	타 인도하다, 교부하다
consist	[kənsíst] 컨시스트	자 ~로 되다, ~에 있다

- consist in ~에 있다, ~에 존재하다
- consist of ~으로 이루어지다(=be made up of)

consistency	[kənsístənsi] 컨시스턴시	명 일관성
consistent	[kənsístənt] 컨시스턴트	형 일치하는, 일관된
consolation	[kànsəléiʃən] 칸설레이션	명 위자료, 위로, 위안
console	[kənsóul] 컨소울	타 위로하다, 위문하다
consolidate	[kənsálədèit] 컨살러데이트	타 자 공고히 하다, 굳어지다
consonant	[kánsənənt] 컨서넌트	형 일치된, 자음의 명 자음
conspicuous	[kənspíkjuəs] 컨스피큐어스	형 저명한, 유난히 눈에 띄는
conspiracy	[kənspírəsi] 컨스피러시	명 공모, 음모, 모반
conspirator	[kənspírətər] 컨스피러터	명 공모자, 음모자
conspire	[kənspáiər] 컨스파이어	타 자 공모하다, 음모를 꾸미다
constable	[kánstəbl] 칸스터블	명 (영국) 경관, 치안관
constancy	[kánstənsi] 칸스턴시	명 불변성, 항구성
constant	[kánstənt] 칸스턴트	형 불변의, 일정한
constantly	[kánstəntli] 칸스턴틀리	부 끊임없이, 항상, 변함없이
constellation	[kànstəléiʃən] 칸스털레이션	명 별자리, 성좌, 간부들의 무리
constituent	[kənstítʃuənt] 컨스티튜언트	형 구성하는 명 요소, 성분
constitute	[kánstətjùːt] 컨스터튜-트	타 구성하다, 임명하다
constitution	[kànstətjúːʃən] 컨스티튜-션	명 구성, 조직, 골자

constitutional

constitutional	[kànstətjúːʃənəl] 컨스터튜-셔널	형 타고난, 소질의, 구조상의
construct	[kənstrʌ́kt] 컨스트럭트	타 조립하다, 세우다, 건설하다
construction	[kənstrʌ́kʃən] 컨스트럭션	명 세움, 구성, 건조
constructive	[kənstrʌ́ktiv] 컨스트럭티브	형 구성상의, 건설적인
construe	[kənstrúː] 컨스트루-	타 분석하다, 해석하다
consul	[kánsəl] 칸설	명 영사, 집정관, 총독
consult	[kənsʌ́lt] 컨설트	타 상의하다, 의견을 듣다
consultation	[kànsəltéiʃən] 컨설테이션	명 상담, 진찰, 조사, 합의
consume	[kənsúːm] 칸수움	타 자 소비하다, 다 써 버리다
consumer	[kənsúːmər] 컨수-머	명 소비자, 수요자
consummate	[kánsəmèit] 칸서메이트	타 이루다, 성취하다
consumption	[kənsʌ́mpʃən] 컨섬션	명 소비, 소모, 멸시
contact	[kántækt] 칸택트	명 접촉, 인접, 교제 타 자 연락하다
	✓ in contact with ~와 접촉하여, ~와 사귀어	
contagious	[kəntéidʒəs] 컨테이저스	형 전염성의, 감염하는
contain	[kəntéin] 컨테인	타 포함하다, 넣다, 품다
contemplate	[kántəmplèit] 칸텀플레이트	타 자 응시하다, 정관하다
contemplation	[kàntəmpléiʃən] 칸텀플레이션	명 응시, 눈여겨 봄, 명상
contemporary	[kəntémpərèri] 컨템퍼레리	형 현대의 명 같은 시대 사람
contempt	[kəntémpt] 컨템(프)트	명 모욕, 경멸, 체면손상
	✓ in contempt 경멸하여, 모욕하여	
contemptuous	[kəntémptʃuəs] 컨템(프)츄어스	형 모욕적인, 업신여기는
contend	[kənténd] 컨텐드	타 자 싸우다, 경쟁하다, 논쟁하다
content	[kəntént] 컨텐트	명 내용, 만족 타 만족시키다
	✓ to one's content 마음껏	
contented	[kənténtid] 컨텐티드	형 만족한, 만족하는
contention	[kənténʃən] 컨텐션	명 경쟁, 논쟁

converse

contest	[kántest] 컨테스트	명 경쟁, 논쟁 타 자 다투다
continent	[kántənənt] 칸티넌트	명 대륙, 육지, 유럽 대륙
continual	[kəntínjuəl] 컨티뉴얼	형 빈번한, 계속되는
continuance	[kəntínjuəns] 컨티뉴언스	명 연속, 계속
continuation	[kəntìnjuéiʃən] 컨티뉴에이션	명 계속, 연속, 속편
continue	[kəntínju:] 컨티뉴-	타 자 계속하다, 연장하다
continuous	[kəntínjuəs] 컨티뉴어스	형 연속적인, 끊임없이
contract	[kántrækt] 컨트랙트	명 계약, 정관 타자 계약하다
contradict	[kàntrədíkt] 칸트러딕트	타 부정하다, 반박하다, 반대하다
contrary	[kántreri] 칸트레리	형 반대의, 모순된

- **on the contrary** 이에 반하여, 오히려
- **to the contrary** 그와 반대로

contrast	[kántræst] 칸트래스트	명 대조, 다비 타 자 대조하다
contribute	[kəntríbjut] 컨트리뷰트	타 자 기부하다, 공헌하다
contribution	[kàntrəbjú:ʃən] 컨트리뷰-션	명 기부, 기여, 공헌
contrive	[kəntráiv] 컨트라이브	타 연구하다, 고인하다, 설계하다
control	[kəntróul] 컨트로울	명 지배, 관리 타 통제하다

- **beyond (one's) control** 제어하기 힘든, 힘에 부치는
- **under control** 지배(관리)하에 있는

controversy	[kántrəvə̀:rsi] 칸트러버-시	명 논쟁, 논박
convenience	[kənví:njəns] 컨비-녀스	명 편의, 유리, 형편(좋음)
convenient	[kənví:njənt] 컨비-녀트	형 편리한, 형편 좋은
convent	[kánvənt] 칸번트	명 수녀원, 수도원
convention	[kənvénʃən] 컨벤션	명 협의회, 협약, 집합, 관례
conventional	[kənvénʃənəl] 컨벤셔널	형 관습적인, 인습적인
conversation	[kànvərséiʃən] 칸버세이션	명 회화, 담화
converse	[kənvə́:rs] 컨버-스	자 친교하다, 담화하다

conversion

conversion	[kənvə́ːrʒən] 컨버-전	명 전환, 전향, 개종
convert	[kənvə́ːrt] 컨버-트	타 바꾸다, 전환시키다
convey	[kənvéi] 컨베이	타 나르다, 운반하다, 전달하다
convict	[kənvíkt] 컨빅트	타 유죄선고를 내리다 명 죄수
conviction	[kənvíkʃən] 컨빅션	명 확신, 신념, 유죄
convince	[kənvíns] 컨빈스	타 납득시키다, 깨닫게 하다

✓ **(be) convince of** ~을 확신하는

convinced	[kənvínst] 컨빈스트	형 확신하는
coo	[kuː] 쿠-	자 (비둘기가) 구구 울다
cook	[kuk] 쿡	타 요리하다 명 요리사, 쿡
cookery	[kúkəri] 쿠커리	명 요리(법), 취사장
cool	[kuːl] 쿠울	형 서늘한, 시원한, 냉정한
cooperate	[kouápərèit] 코우아퍼레이트	자 합동하다, 서로 돕다
cooperation	[kouápərèiʃən] 코우아퍼레이션	명 협력, 협동
cooperative	[kouápərèitiv] 코우아퍼레이티브	형 협동의, 조합의 명 협동조합
coordinate	[kouɔ́ːrdənit] 코우오-더니트	형 동등의 명 동등한 것
cope	[koup] 코우프	자 극복하다, 대처하다
copper	[kápər] 카퍼	명 동, 구리
copy	[kápi] 카피	명 복사, 모방, 사본
copyright	[kápiràit] 카피라이트	명 판권 타 판권을 얻다
coral	[kɔ́ːrəl] 코-럴	명 산호 형 산호빛의
cord	[kɔːrd] 코-드	명 가는 줄, 끈, 새끼 타 가는 바로 묶다
cordial	[kɔ́ːrdʒəl] 코-절	형 충심으로의, 성실한, 청결한
core	[kɔːr] 코-	명 핵심, 응어리, 마음속, 속
cork	[kɔːrk] 코-크	명 코르크 타 코르크 마개를 하다
corn	[kɔːrn] 콘-	명 곡물, 낟알, 곡식
corner	[kɔ́ːrnər] 코-너	명 구석, 모퉁이, 귀퉁이

corona	[kəróunə] 커로우너	명 관(冠), 코로나
coronation	[kɔ̀:rənéiʃən] 코-러네이션	명 즉위식, 대관식
corporal	[kɔ́:rpərəl] 코-퍼럴	형 육체의 명 상병
corporation	[kɔ̀:rpəréiʃən] 코-퍼레이션	명 법인, 자치단체
corps	[kɔ:rps] 코-	명 군단, 병단
corpse	[kɔ:rps] 콥-스	명 시체, 송장
correct	[kərékt] 커렉트	형 정확한, 옳은 타 바로 잡다
correction	[kərékʃən] 커렉션	명 정정, 교정, 바로 잡음
correlate	[kɔ́:rəlèit] 코릴레이트	동 서로 관계하다
correspond	[kɔ̀:rəspánd] 코-러스판드	자 해당하다, 상당하다

✔ **correspond with** ~와 편지 왕래를 하다, ~에 일치하다

correspondence	[kɔ̀:rəspándəns] 코-리스판던스	명 서신 왕래, 일치, 조화, 통신
correspondent	[kɔ̀:rəspándənt] 코-러스판던트	명 특파원, 통신자
corresponding	[kɔ̀:rəspándiŋ] 코-러스판딩	형 일치하는, 대응하는
corridor	[kɔ́:ridər] 코-리더	명 복도
corrupt	[kərʌ́pt] 커럽트	형 타락한, 썩은, 부정한 타 자 썩은
corruption	[kərʌ́pʃən] 커럽션	명 부패, 타락
cosmetic	[kɑzmétik] 카즈메틱	명 형 화장품(의), 미용의
cosmos	[kɑ́zməs] 카즈머스	명 우주, 천지만물, 코스모스
cost	[kɔ:st] 코-스트	명 비용, 원가, 경비, 값

✔ **at a cost of** ~값(비용)으로, ~을 희생하여

✔ **at any cost** 어떻게 해서라도, 어떠한 희생을 치르더라도

costume	[kʌ́stju:m] 카스튬	명 복장, 몸치장, 여성복
cottage	[kɑ́tidʒ] 카티쥐	명 시골 집, 아담한 집
cotton	[kɑ́tn] 카튼	명 목화, 솜(무명실)
couch	[kautʃ] 카우치	명 침대, 소파, 침상
cough	[kɔ(:)f] 코-프	명 기침 타 자 기침하다

could

could	[kud] 쿠드	조 ~하고 싶은, can의 과거
council	[káunsəl] 카운설	명 평의회, 회의
counsel	[káunsəl] 카운설	명 조언, 협의, 권고
counselor	[káunsələr] 카운설러	명 고문, 상담역, 의논상대
count	[kaunt] 카운트	타 자 세다, 계산하다, 셈에 넣다

✔ **count for little (nothing)** 대수롭지 않다, 중요하지 않다
✔ **count on** ~을 기대하다(=expect)
✔ **take no count of** ~을 무시하다

countenance	[káuntənəns] 카운터넌스	명 얼굴, 용모, 표정
counter	[káuntər] 카운터	명 판매대, 계산대
counteract	[kàuntərǽkt] 카운터렉트	타 반작용하다, 좌절시키다
counterfeit	[káuntərfit] 카운터피트	형 모조의, 가짜의 타 흉내내다
country	[kʌ́ntri] 컨트리	명 나라, 국가, 국토, 고향
countryman	[kʌ́ntrimən] 컨트리먼	명 시골 사람, 동향인
countryside	[kʌ́ntrisàid] 컨트리사이드	명 시골, 지방, 지방 주민들
county	[káunti] 카운티	명 군(郡), 지방
couple	[ei] 커플	명 한 쌍, 둘, 부부 타 자 결혼하다, 맺다

✔ **a couple of** 두어 개의

coupon	[kʌ́pəl] 쿠-판	명 우대권, 쿠폰
courage	[kə́:ridʒ] 커-리쥐	명 용기(=bravery), 담력, 배짱
courageous	[kəréidʒəs] 커레이져스	형 용기 있는, 용감한
course	[kɔ:rs] 코-스	명 진행, 진로, 길, 코스

✔ **a matter of course** 당연한 일
✔ **in the course of** ~동안에, ~하는 중에
✔ **of course** 물론, 당연히

court	[kɔ:rt] 코-트	명 안뜰, 궁정, 법정
courteous	[kə́:rtiəs] 커-티어스	형 정중한, 예의바른

courtesy	[kə́ːrtəsi] 커-티시	명 예의, 정중함, 호의
courtier	[kɔ́ːrtiər] 코-티어	명 아첨꾼, 정신(廷臣)
courtyard	[kɔ́ːrtjàːrd] 코-트야-드	명 안뜰, 안마당
cousin	[kʌ́zn] 커즌	명 사촌, 종형제, 친척일가
cove	[kouv] 코웁	명 후미, 작은 만, 한구석
covenant	[kʌ́vənənt] 커버넌트	명 서약 타자 서약하다
cover	[kʌ́vər] 커버	타 덮다, 가리다, 씌우다
covet	[kʌ́vit] 커빗	타자 몹시 탐내다, 갈망하다
cow	[kau] 카우	명 암소, 젖소
coward	[káuərd] 카우워드	명 겁쟁이, 비겁한 자 형 겁 많은
cowboy	[káubɔ̀i] 카우보이	명 목동, 카우보이, 난폭한 운전수
cozy	[kóuzi] 코우지	형 아늑한, 포근한
crab	[kræb] 크랩	명 게(를 잡다), 짓궂은 사람
crack	[kræk] 크랙	명 균열, 갈라진 금
cracker	[krǽkər] 크래커	명 깨뜨리는 사람, 비스킷
crackle	[krǽkəl] 크래컬	명 꽝 하는 소리
cradle	[kréidl] 크레이들	명 요람, 발상지 타 요람에 넣다
craft	[kræft] 크래프트	명 솜씨, 교묘함, 기교
crafty	[krǽfti] 크래프티	형 교활한, 간악한
crag	[kræg] 크랙	명 험한 바위산
cram	[kræm] 크램	타자 잔뜩 채워 넣다, 다져 넣다
cramp	[kræmp] 크램프	명 꺽쇠, 경련 타 속박하다
crane	[krein] 크레인	명 두루미, 학, 기중기
crank	[kræŋk] 크랭크	명 크랭크, 굴곡, 변덕
crash	[kræʃ] 크래쉬	명 충돌, 추락 타자 와지끈 무너지다
crate	[kreit] 크레이트	명 나무틀, 나무판 상자
crave	[kreiv] 크레이브	타자 열망하다, 갈망하다

crawl

crawl	[krɔ:l] 크롤-	자 기다, 천천히 가다
crayon	[kréiən] 크레이언	명 크레용 타 크레용으로 그리다
crazy	[kréizi] 크레이지	형 미친, 열광한, 열중한
creak	[kri:k] 크라-크	타 자 삐걱거리다, 금이 가다
cream	[kri:m] 크리임	명 크림, 크림색, 가장 좋은 부분
create	[kriéit] 크리에이트	타 창조하다, 고안하다
creation	[kri:éiʃən] 크라-에이션	명 창조, 창작
creative	[kri:éitiv] 크라-에이티브	형 창조적인, 창작력 있는
creature	[krí:tʃər] 크라-쳐	명 창조물, 피조물, 생물
credit	[krédit] 크레디트	명 신용, 명예, 명성
creed	[kri:d] 크라-드	명 신조, 교의
creek	[kri:k] 크라-크	명 후미, 작은 개울, 시내
creep	[kri:p] 크라-프	자 기다, 포복하다
crescent	[krésənt] 크레센트	명 초승달 형 초승달 모양의
crest	[krest] 크레스트	명 닭의 볏, 봉우리, 깃장식
crevice	[krévis] 크레비스	명 갈라진 틈, 터진 곳
crew	[kru:] 크루-	명 승무원, 선원, 동아리
cricket	[kríkit] 크리킷	명 귀뚜라미, 크리켓
crime	[kraim] 크라임	명 범죄, 위법, 죄악
criminal	[krímənəl] 크리머널	형 범죄의, 죄의 명 범인
crimson	[krímzən] 크림전	명 진홍색 형 심홍색의
cripple	[krípl] 크리플	명 신체장애자, 불구자
crisis	[kráisis] 크라이시스	명 위기, 공황, 중대한 시기
crisp	[krisp] 크리스프	형 파삭파삭한, 깨지기 쉬운
critic	[krítik] 크리틱	명 비평가, 흠잡는 사람
critical	[krítikəl] 크리티컬	형 비평의, 비판적인, 위기의
criticism	[krítisìzəm] 크리티시점	명 비평, 평론, 비판

cry

criticize	[krítisàiz] 크리티사이즈	타 자 비평하다, 비판하다
croak	[króuk] 크로우크	타 자 까악까악 울다
crocodile	[krákədàil] 크라커다일	명 악어
crook	[kruk] 크룩	명 굽은 것, 사기꾼
crooked	[krúkid] 크루키드	형 꼬부라진, 부정직한, 뒤틀린
crop	[krap] 크랍	명 농작물, 수확
cross	[krɔːs] 크로-스	명 십자가, 십자형
crossing	[krɔ́ːsiŋ] 크로싱	명 횡단
crouch	[krautʃ] 크라우취	타 쭈그리다 명 웅크림
crow	[krou] 크로우	명 까마귀 타 함성을 지르다
crowd	[kraud] 크라우드	명 군중, 많은 사람, 민중

✔ **a crowd of** 수많은

crown	[kraun] 크라운	명 왕관 타 왕위에 즉위시키다
crucial	[krúːʃəl] 크루-셜	형 최종적인, 중대한, 엄격한
crude	[kruːd] 크루-드	형 천연 그대로의, 조잡한
cruel	[krúːəl] 크루-얼	형 잔인한, 무자비한, 비참한
cruise	[kruːz] 크루-즈	명 순항 자 순항하다, 돌아다니다
crumb	[krʌm] 크럼	명 빵가루, 작은 조각
crumble	[krʌ́mbl] 크럼블	타 자 무너지다, 부서지다
crumple	[krʌ́mpl] 크럼플	명 주름, 구김 타 자 꾸기다
crusade	[kruːséid] 크루-세이드	명 십자군, 개혁운동
crush	[krʌʃ] 크러쉬	타 눌러 부수다, 으깨다
crust	[krʌst] 크러스트	명 빵의 껍질, 단단한 표면 타 자 외피로 덮다
crutch	[krʌtʃ] 크러취	명 버팀, 목발
cry	[krai] 크라이	명 외침 타 자 부르짖다, 외치다

✔ **cry for** ~을 울며 요구하다

✔ **cry out** 큰 소리로 말하다, 소리치다

crystal

crystal	[krístl] 크리스틀	명 수정, 결정체 형 수정 같은
cub	[kʌb] 컵	명 애송이, (곰, 사자)새끼
cube	[kju:b] 큐-브	명 입방체, 세제곱 타 세제곱하다
cubic	[kjú:bik] 큐-빅	형 세제곱의, 입방의
cuckoo	[kú(:)ku:] 쿠쿠-	명 뻐꾸기, (俗) 멍청이
cucumber	[kjú:kəmbər] 큐-컴버	명 오이
cuddle	[kʌdl] 커들	타 자 꼭 껴안다, 포옹하다
cuff	[kʌf] 커프	명 소맷부리
cultivate	[kʌ́ltəvèit] 컬터베이트	타 양식하다, 재배하다
culture	[kʌ́ltʃər] 컬쳐	명 경작, 재배, 문화
cunning	[kʌ́niŋ] 커닝	형 교활한, 교묘한 명 교활
cup	[kʌp] 컵	명 잔, 찻종, 글라스
cupboard	[kʌ́bərd] 커버드	명 찬장, 벽장, 작은장
cupola	[kjú:pələ] 큐-퍼러	명 둥근 지붕(천정), 돔
curb	[kə:rb] 커-브	명 고삐, 구속 타 구속하다
cure	[kjuər] 큐어	타 치료하다, 고치다 명 치유
curiosity	[kjùəriásəti] 큐어리아서티	명 호기심, 진기한 것
curious	[kjúəriəs] 큐어리어스	형 기묘한, 이상한
curl	[kə:rl] 커얼	명 곱슬머리 타 자 곱슬거리게 하다
currency	[kə́:rənsi] 커-런시	명 유통, 통화, 화폐
current	[kə́:rənt] 커-런트	형 유행하는, 현재의, 유행의
curse	[curse] 커스	명 저주, 악담 타 자 저주하다
curtail	[kə:rtéil] 커-테일	타 짧게 줄이다, 단축하다
curtain	[kə́:rtən] 커-튼	명 커튼, 막 타 커튼을 달다
curve	[kə:rv] 커-브	명 곡선, 굽음 타 자 구부리다
cushion	[kúʃən] 쿠션	명 방석, 완충물
custard	[kʌ́stərd] 커스터드	명 커스터드(과자의 일종)

Czar

custody	[kʌ́stədi] 커스터디	명 보관, 보호, 관리
custom	[kʌ́stəm] 커스텀	명 습관, 풍습, 관습
customary	[kʌ́stəmèri] 커스터머리	형 관습상의, 재래의
customer	[kʌ́stəmər] 커스터머	명 고객, 단골, 거래처
cut	[kʌt] 커트	타 베다, 자르다, 절개하다

- ✔ **cut across** 횡단하다, 질러가다
- ✔ **cut a figure** 사람의 눈을 끌다, 두각을 나타내다
- ✔ **cut in** 끼어들다, 새치기하다, 말참견하다
- ✔ **cut off** 베어내다, 차단하다

cute	[kju:t] 큐-트	형 영리한, 약삭빠른, 빈틈없는
cutter	[kʌ́tər] 커터	명 자르는 사람, 재단사
cycle	[sáikl] 싸이클	명 주기, 순환, 한 시대
cylinder	[sílindər] 실린더	명 원통, 기관의 실린더
cynical	[sínikəl] 시니컬	형 냉소적인, 비꼬는
cypress	[sáipris] 싸이프리스	명 삼나무의 일종(애도의 상징)
Czar	[zɑ:r] 자-ㄹ	명 황제, 전제군주

dad

dad [daddy]	[dæd] 대드[대디]	명 아빠(=papa), 아버지
daffodil	[dǽfədil] 대퍼딜	명 수선, 수선화의 일종
dagger	[dǽgər] 대거	명 단도, 비수, 칼표
dahlia	[dǽljə] 댈리어	명 달리아(꽃)
daily	[déili] 데일리	형 매일의, 일상의 부 매일
dainty	[déinti] 데인티	형 우아한, 고상한, 맛좋은
dairy	[dɛ́əri] 데어리	명 낙농장, 우유점, 낙농업
daisy	[déizi] 데이지	명 들국화, 데이지 형 귀여운, 멋진
dale	[deil] 데일	명 골짜기
dam	[dæm] 댐	명 둑, 댐
damage	[dǽmidʒ] 대미쥐	명 손해, 손상
dame	[deim] 데임	명 귀부인, 중년여자
damn	[dæm] 댐	타 자 비난하다, 악평하다 명 욕설
damp	[dæmp] 댐프	명 습기, 낙담 형 축축한
dance	[dæns] 댄스	명 춤, 무용 타 자 춤추다, 뛰다
dancer	[dǽnsər] 댄서	명 댄서, 무용가, 무희
dancing	[dǽnsiŋ] 댄싱	명 춤, 연습
dandelion	[dǽndəlàiən] 댄덜라이언	명 민들레
danger	[déindʒər] 데인저	명 위험, 위난
	✔ in danger of ~의 위험이 있는	
dangerous	[déindʒərəs] 데인저러스	형 위험한, 사나운
dangle	[dǽŋgəl] 댕걸	타 자 매달리다, 붙어있다
dare	[dɛər] 대어	타 자 감히 ~하다, 도전하다
daring	[dɛ́əriŋ] 데어링	형 대담한, 용감한 명 대담, 무모

daytime

dark	[dɑːrk] 다-크	형 어두운, 캄캄한 명 암흑, 어둠
darkly	[dɑ́ːrkli] 다-클리	부 어둡게, 음침하게
darkness	[dɑ́ːrknis] 다-크니스	명 암흑, 무지, 어두움
darken	[dɑ́ːrkən] 다-컨	타 자 어둡게 하다, 거뭇해지다
darling	[dɑ́ːrliŋ] 다알링	형 소중한 명 귀여운 사람
darn	[dɑːrn] 다안	타 꿰매 깁다, 떠서 깁다
dart	[dɑːrt] 다-트	명 창, 표창 타 돌진하다
dash	[dæʃ] 대쉬	자 타 돌진하다, 내던지다 형 돌진
	✓ **at a dash** 단숨에	
data	[déitə] 데이터	명 지식, 정보, 자료, 데이터
date	[deit] 데이트	명 날짜, 연월일, 데이트 상대
	✓ **down to date** 오늘까지, 지금까지	
	✓ **out of date** 시대에 뒤떨어진, 구식의	
	✓ **up to date** 현재까지, 최신식의	
daughter	[dɔ́ːtər] 도-터	명 딸, 여자자손
dawn	[dɔːn] 돈-	자 동이 트다, 여명 명 새벽
day	[dei] 데이	명 날, 하루, 낮, 주간, 일광
	✓ **day after day** 매일 매일	
	✓ **day and night** 밤낮으로	
	✓ **day by day** 매일, 날마다, 나날이	
	✓ **all day long** 하루 종일	
	✓ **one day** (과거의) 어느 날	
	✓ **some day** (미래의) 언젠가	
	✓ **the day after tomorrow** 모레	
daybreak	[déibrèik] 데이브레익	명 동틀 녘, 새벽녘
daylight	[déilàit] 데일라이트	명 일광, 낮, 주간, 밝음
daytime	[déitàim] 데이타임	명 주간, 낮

daze

daze	[deiz] 데이즈	타 눈부시게 하다, 멍하게 하다
dazzle	[dǽzəl] 대절	타 눈부시게 하다, 현혹케 하다
dead	[ded] 데드	형 죽은, 생명이 없는, 조용한 부 아주
deadly	[dédli] 데들리	형 죽음 같은, 치명적인
deaf	[def] 데프	형 귀머거리의, 귀먹은
deafen	[défən] 데펀	타 귀먹게 하다, 안들리게 하다
deal	[di:l] 딜-	타 자 분배하다, 거래하다, 다루다

- ✓ **deal out** ~을 나누어 주다
- ✓ **deal with** ~을 취급하다, ~와 거래(교제)하다
- ✓ **a great (good) deal** 많은 (상당한)양, 대단(상당)히

dealing	[díːliŋ] 딜-링	명 취급, 조치, 교제
dean	[di:n] 디인	명 학장, 학부장, 사제장
dear	[diər] 디어	형 사랑하는, 친애하는 명 애인
death	[deθ] 데쓰	명 죽음, 종말

- ✓ **put ~ to death** ~을 죽이다, 사형에 처하다
- ✓ **to the death** 최후까지, 죽을 때까지

debase	[dibéis] 디베이스	타 떨어뜨리다, 저하시키다
debate	[dibéit] 디베이트	명 토론회, 논쟁 타 자 토론하다
debt	[det] 뎃	명 부채, 빚, 채무

- ✓ **be in debt** 빚이 있다

decade	[dékeid] 데케이드	명 10년간, 10개
decay	[dikéi] 디케이	자 썩다, 부패하다 명 부패, 부식
decease	[disí:s] 디사-스	명 사망 자 사망하다
deceit	[disí:t] 디사-트	명 허위, 사기, 속임
deceive	[disí:v] 디사-브	타 속이다, 기만하다, 혹하게 하다
December	[disémbər] 디셈버	명 12월(=Dec.)
decency	[díːsnsi] 다-슨시	명 예의, 점잖음

deception	[disépʃən] 디셉션	명 사기, 속임, 가짜
decide	[disáid] 디사이드	타 자 판결하다, 해결하다
decided	[disáidid] 디사이디드	형 명백한, 결정적인, 단호한
deciliter	[désilìːtər] 데시리ー터	명 데시리터, 1/10리터
decision	[disíʒən] 디시전	명 결정, 결의, 판결
decisive	[disáisiv] 디싸이시브	형 결정적, 단호한, 확고한
deck	[dek] 데크	명 갑판, 평평한 지붕, 지면
declaration	[dèkləréiʃən] 데클러레이션	명 선언, 프고, 발표, 공표
declare	[diklέər] 디클레어	타 자 선언하다, 발표하다
decline	[dikláin] 디클라인	타 자 기울(이)다, 거절하다
decompose	[dìːkəmpóuz] 디ー컴포우즈	타 자 분해하다, 썩게 하다
decorate	[dékərèit] 데커레이트	타 장식하다, 꾸미다
decoration	[dèkəréiʃən] 데커레이션	명 장식, 훈장
decrease	[díːkriːs] 디ー크리ー스	명 감소 타 자 감소시키다, 줄다
decree	[dekríː] 데크리ー	명 법령, 판결, 명령
dedicate	[dédikèit] 데디케이트	타 헌납하다, 봉납하다
deed	[diːd] 디ー드	명 행위, 실행
deem	[diːm] 디임	타 자 생각하다, ~으로 간주하다
deep	[diːp] 디ー프	형 깊은, 심원한, 심한
deepen	[díːpn] 디ー픈	타 자 깊게 하다, 짙어지다
deeply	[díːpli] 디ー플리	부 깊게, 짙게
deer	[diər] 디어	명 사슴
defeat	[difíːt] 디피ー트	타 쳐부수다, 지우다 명 격파
defect	[difékt] 디펙트	명 약점, 결점, 부족
defective	[diféktiv] 디펙티브	형 불완전한, 결함이 있는
defence	[diféns] 디펜스	명 방위, 수비, 방어
defend	[difénd] 디펜드	타 지키다, 방위하다

defendant

defendant	[diféndənt] 디펜던트	명 피고
defense	[diféns] 디펜스	명 방위, 수비, 방어
defensive	[difénsiv] 디펜시브	명 방위, 수세 형 방어의
defer	[difə́ːr] 디퍼-	타 자 늦추다, 연기하다
defiance	[difáiəns] 디파이언스	명 도전, 반항, 저항

✔ **in defiance of** ~을 무시하고, ~을 상관 않고

deficiency	[difíʃənsi] 디피션시	명 결함, 부족
deficient	[difíʃənt] 디피션트	형 결함 있는, 불충분한
defile	[difáil] 디파일	타 자 더럽히다, 모독하다
define	[difáin] 디파인	타 한계를 정하다, 규정짓다
definite	[défənit] 데퍼니트	형 명확한, 일정한
definition	[dèfəníʃən] 데퍼니션	명 한정, 정의, 명확
deformity	[difɔ́ːrməti] 디포-머티	명 불구, 모양이 흉함, 결함
defy	[difái] 디파이	타 도전하다, 경쟁하다
degenerate	[didʒénərèit] 디제너레이트	자 타락시키다, 좌천시키다
degradation	[dègrədéiʃən] 데그러데이션	명 좌천, 격하, 퇴화, 타락
degree	[digríː] 디그리-	명 정도, 등급, 눈금, 계급
dejected	[didʒéktid] 디젝티드	형 낙담한, 기운 없는
delegate	[déligit] 델리기트	명 대표자, 대리 타 대표로 보내다
delegation	[dèligéiʃən] 델리게이션	명 대리 파견, 위임
delete	[dilíːt] 딜릿-	타 삭제하다, 지우다
deliberate	[dilíbərèit] 딜리버레이트	타 자 숙고하다 형 계획적인
deliberation	[dilíbəréiʃən] 딜리버레이션	명 숙고, 심의, 신중
delicacy	[délikəsi] 델리커시	명 섬세, 민감, 정교, 예민
delicate	[délikət] 델리킷	형 섬세한, 우아한, 미묘한
delicious	[dilíʃəs] 딜리셔스	형 맛있는, 유쾌한, 맛좋은
delight	[diláit] 딜라이트	명 기쁨, 즐거움 타 자 기뻐하다

dental

✓ **take delight in** ~을 기뻐하다, ~을 즐기다

delightful	[diláitfəl] 디라이트펄	형 매우 기쁜, 유쾌한, 즐거운
deliver	[dilívər] 딜리버	타 배달하다, 전하다, 해방하다
deliverance	[dilívərəns] 딜리버런스	명 구출, 석방, 진술
delivery	[dilívəri] 딜리버리	명 인도, 교부, 납품
dell	[del] 델	명 작은 골짜기, 협곡
delta	[déltə] 델터	명 삼각주, 삼각형의 물건
deluge	[délju:dʒ] 델류-지	명 대 홍수, 큰비, 호우
delusion	[dilú:ʒən] 딜루-전	명 기만, 미혹, 환상
demand	[dimǽnd] 디맨드	명 요구 타 요구하다, 청구하다
demeanor	[dimí:nər] 디미-너	명 태도, 품행
democracy	[dimákrəsi] 디마크러시	명 민주주의, 민주정체
democrat	[déməkræt] 데머크랫	명 민주주의자
democratic	[déməkrætik] 데머크래틱	형 민주주의의, 서민적인
demon	[dí:mən] 디-먼	명 악마, 귀신
demonstrate	[démənstrèit] 데먼스트레이트	타 자 논증하다, 시위 운동을 하다
demonstration	[dèmənstréiʃən] 데먼스트레이션	명 증명, 표명, 논증
den	[den] 덴	명 우리, (도둑의) 소굴
denial	[dináiəl] 디나이얼	명 부정, 거부, 거절
Denmark	[dénmɑːrk] 덴마-크	명 덴마크
denomination	[dinàmənéiʃən] 디나머네이션	명 명칭, 종류, 명명(命名)
denote	[dinóut] 디노우트	타 표시하다, 의미하다
denounce	[dináuns] 디나운스	타 공공연히 비난하다, 고발하다
dense	[dens] 덴스	형 조밀한; 밀집한
density	[dénsəti] 덴서티	명 밀도, 농도
dent	[dent] 덴트	명 움푹 들어간 곳, 눌린 자국
dental	[déntl] 덴틀	형 이의, 치과의, 치음의

dentist

dentist	[déntist] 덴티스트	명 치과의사
denude	[dinjú:d] 디뉴-드	타 옷을 벗기다, 박탈하다
deny	[dinái] 디나이	타 거절하다, 부인하다
depart	[dipá:rt] 디파-트	타 자 출발하다, 떠나다, 벗어나다
department	[dipá:rtmənt] 디파-트먼트	명 부(部), 국(局), 학과
departure	[dipá:rtʃər] 디파-쳐	명 출발, 떠남
depend	[dipénd] 디펜드	자 좌우되다, 달려있다

- ✓ **Depend upon it.** 걱정하지 말라, 틀림없다
- ✓ **That depends.** 그건 사정여하에 달렸다.

dependence	[dipéndəns] 디펜던스	명 의존, 신뢰, 종속
dependent	[dipéndənt] 디펜던트	형 의지하는
depict	[dipíkt] 디픽트	타 묘사하다, 그리다
deplorable	[diplɔ́:rəbl] 디플로-러블	형 가엾은, 비참한, 애처로운
deplore	[diplɔ́:r] 디플로-	타 ~을 비탄하다, 슬퍼하다
deploy	[diplɔ́i] 디플로이	타 자 전개하다
depose	[dipóuz] 디포우즈	타 면직하다, 왕을 폐하다
deposit	[dipázit] 디파짓	타 놓다, 맡기다 명 예금, 보증금
depot	[dí:pou] 디-포우	명 저장소, 창고, 정거장
depreciate	[deprí:ʃièit] 디프리-쉬에이트	타 자 가치를 떨어뜨리다, 경시하다
depress	[diprés] 디프레스	타 내리누르다, 불경기를 만들다
depressed	[diprést] 디프레스트	형 내리눌린, 풀죽은
depression	[dipréʃən] 디프레션	명 하락, 불황
deprive	[dipráiv] 디프라이브	타 빼앗다, 박탈하다
depth	[depθ] 뎁쓰	명 심도, 깊은 곳
deputy	[dépjəti] 데퓨티	명 대리인, 대표자, 부관
deride	[diráid] 디라이드	타 비웃다, 조롱하다
derision	[diríʒən] 디리젼	명 비웃음, 조롱, 경멸

derive	[diráiv] 디라이브	타 끌어내다, 얻다, 유래하다
descend	[disénd] 디센드	자 몰락하다, 내려가다
descendant	[diséndənt] 디센던트	명 자손, 후예
descent	[disént] 디센트	명 하강, 가계, 상속
describe	[diskráib] 디스크라이브	타 기술하다, 그리다
description	[diskrípʃən] 디스크립션	명 서술, 묘사, 특징
desert	[dezəːrt] 데저-트	명 사막, 황무지 타 돌보지 않다
desert	[dizə́ːrt] 디저트	타 버리다 명 당연한 보답
deserve	[dizə́ːrv] 디져-브	타 자 ~을 받을 가치가 있다
design	[dizáin] 디자인	명 디자인, 의장 타 계획하다

✓ **by design** 고의로, 계획적으로

designate	[dézignèit] 데직네이트	타 지시하다, 임명하다
desirable	[dizáiərəbəl] 디자이어러블	형 바람직한; 탐나는
desire	[dizaiər] 디자이어	타 원하다, 바라다 명 욕망, 소원
desirous	[dizáiərəs] 디자이어러스	형 바라는, 원하는, 열망하는
desk	[desk] 데스크	명 책상, 사무용 책상
desolate	[désəlit] 데설릿	형 황폐한, 황량한, 고독한
despair	[dispέər] 디스페어	명 절망 자 절망하다, 단념하다
despairing	[dispέəriŋ] 디스페어링	형 절망의, 단념의, 자포자기
despatch	[dispǽtʃ] 디스패취	명 발송 타 급송하다(=dispatch)
desperate	[déspərit] 데스퍼릿	형 절망적인, 필사적인, 무모한
despise	[dispáiz] 디스파이즈	타 경멸하다, 싫어하다
despite	[dispáit] 디스파이트	명 원한, 모욕 전 ~에도 불구하고
despond	[dispánd] 디스판드	자 낙담하다, 실망하다, 기가 죽다
dessert	[dizə́ːrt] 디저-트	명 디저트(식후의 과자나 과일)
destine	[déstin] 데스틴	타 운명 짓다, 예정하다
destiny	[déstəni] 데스터니	명 운명, 숙명

destitute

destitute	[déstətjùːt] 데스터투우트	형 결핍한, ~이 없는
destroy	[distrɔ́i] 디스트로이	타 파괴하다, 죽이다, 부수다
destruction	[distrʌ́kʃən] 디스트럭션	명 파괴, 분쇄
destructive	[distrʌ́ktiv] 디스트럭티브	형 파괴적인, 파멸시키는, 해로운
detach	[ditǽtʃ] 디태치	타 분리하다, 파견하다, 떼다
detail	[díːteil] 디-테일	명 세부, 세목 타 상세히 설명하다
	✔ in detail 상세히, 자세히	
detain	[ditéin] 디테인	타 말리다, 붙들다, 억류하다
detect	[ditékt] 디텍트	타 발견하다, 간파하다
detective	[ditéktiv] 디텍티브	명 탐정, 형사 형 탐정의
deter	[ditə́ːr] 디터-	타 단념시키다, 방해하다
deteriorate	[ditíəriərèit] 디티어리어레이트	타 악화시키다 자 나빠지다
determination	[ditə̀ːrmənéiʃən] 디터-머네이션	명 결심, 확정
determine	[ditə́ːrmin] 디터-민	타 자 결정하다, 결의하다
determined	[ditə́ːrmind] 디터-민드	형 결정된, 단호한, 확정된
detest	[ditést] 디테스트	타 미워하다, 혐오하다
detract	[ditrǽkt] 디트랙트	타 자 (가치 등을) 떨어뜨리다, 줄이다
detriment	[détrəmənt] 데트러먼트	명 손해, 손상
devastate	[dévəstèit] 데버스테이트	타 약탈하다, 망치다, 유린하다
develop	[divéləp] 디벌럽	타 자 발전시키다, 확장하다
development	[divéləpmənt] 디벌렙먼트	명 발전, 계발
device	[diváis] 디바이스	명 계획, 고안, 장치
devil	[dévl] 데블	명 악마, 악인, 사탄
devise	[diváiz] 디바이즈	타 궁리하다, 고안하다, 발명하다
devolve	[divάlv] 디발브	타 (권리, 의무) 양도하다, 맡기다
devote	[divóut] 디보우트	타 바치다, 충당하다
	✔ devote oneself to ~에 열중하다, ~에 전념하다	

difficulty

devoted	[divóutid] 디보우터드	형 헌신적인, 충실한
devotion	[divóuʃən] 디보우션	명 헌신, 전념, 강한 애착
devour	[diváuər] 디바워	타 게걸스럽게 먹다, 멸망시키다
dew	[dju:] 듀-	명 이슬, (땀, 눈물 따위) 방울
dewy	[djú:i] 듀-이	형 이슬에 젖은, 이슬의
diagram	[dáiəgræm] 다이어그램	명 도표, 도식, 도형
dial	[dáiəl] 다이얼	명 문자판, 눈금판, 다이얼
dialect	[dáiəlèkt] 다이얼렉트	명 방언, 사투리
dialogue	[dáiəlɔ̀:g] 다이얼로-그	명 대화, 문답
diameter	[daiǽmitər] 다이애미터	명 직경, 지름, 배율
diamond	[dáiəmənd] 다이어먼드	명 다이아몬드, 금강석, 마름모꼴
diary	[dáiəri] 다이어리	명 일기, 일지
dice	[dais] 다이스	명 주사위, 노름
dictate	[díkteit] 딕테이트	타 자 받아쓰게 하다, 명령하다
dictation	[diktéiʃən] 딕테이션	명 받아쓰기, 명령, 지령
dictator	[díkteitər] 딕테이터	명 명령자, 독재자
dictionary	[díkʃənèri] 딕셔너리	명 사전
did	[did] 디드	동 do(하다)의 과거, 했다
die	[dai] 다이	자 죽다, 꺼지다
	✓ **die away** 사라지다, 차츰 사라지다	
	✓ **die from** ~으로 죽다	
diet	[dáiət] 다이어트	명 식품, 특별 식사, 규정식
differ	[dífər] 디퍼	자 다르다
difference	[dífərəns] 디퍼런스	명 다름, 차이, 불화
different	[dífərənt] 디퍼런트	형 다른, 이상한
difficult	[dífikʌ̀lt] 디피컬트	형 곤란한 어려운, 난해한
difficulty	[dífikʌ̀lti] 디피컬티	명 곤란, 어려움, 수고

diffuse

	✓ **be in difficulties** 경제적으로 곤란하다	
	✓ **with difficulty** 간신히, 겨우	
diffuse	[difjúːz] 디퓨-즈	타 자 발산하다, 흐트러뜨리다
dig	[dig] 딕	타 (땅을) 파다, 탐구하다
	✓ **dig in** 파묻다, 찔러 넣다	
	✓ **dig open** 파헤치다	
	✓ **dig out** 조사해 내다, 파내다	
digest	[didʒést] 디제스트	타 자 소화하다, 이해하다
digestion	[didʒéstʃən] 디제스쳔	명 소화, 숙고, 소화력
digestive	[didʒéstiv] 디제스티브	형 소화의 명 소화제
digger	[dígər] 디거	명 파는 사람, 갱부(坑夫), 공부벌레
dignify	[dígnəfài] 딕너파이	타 위엄을 갖추다, 고상하게 보이다
dignity	[dígnəti] 딕너티	명 위엄, 존엄, 품위
dike	[daik] 다이크	명 둑, 방벽
dilate	[dailéit] 다일레이트	타 자 펼치다, 팽창시키다
dilemma	[dilémə] 딜레마	명 진퇴양난, 딜레마
diligence	[dílədʒəns] 딜러젼스	명 부지런함, 근면, 주의
diligent	[dílədʒənt] 딜리젼트	형 부지런한, 근면한
dilute	[dilúːt] 딜루-트	타 묽게 하다, 약하게 하다
dim	[dim] 딤	형 어둠침침한, 희미한
dime	[daim] 다임	명 10센트 은화
dimension	[diménʃən] 디멘션	명 치수, 크기, 용적
diminish	[dəmíniʃ] 디미니쉬	타 자 감소시키다, 줄이다
diminutive	[dimínjətiv] 디미녀티브	형 작은, 소형의
dimly	[dímli] 딤리	부 어둑(희미)하게
dimple	[dímpəl] 딤펄	명 보조개 타 자 보조개를 짓다
din	[din] 딘	명 소음 타 소음을 일으키다

dine	[dain] 다인	타 자 식사를 하다, 정찬을 먹다
	✔ **dine out** 밖에서 식사하다	
dingy	[díndʒi] 딘쥐	형 더러운, 지저분한
dining car	[dáiniŋ-kɑːr] 다이닝카-	명 식당차
dining room	[dáiniŋ-ruːm] 다이닝루움	명 식당
dinner	[dínər] 디너	명 정찬, 만찬, 저녁식사
dint	[dint] 딘트	명 맞은 자국, 움푹 들어간 곳
	✔ **by dint of** ~의 힘으로, ~에 의하여	
dip	[dip] 딥	타 적시다, 담그다, 살짝 적시다
diploma	[diplóumə] 디플로우머	명 면허장, 졸업장
diplomacy	[diplóuməsi] 디플로우머시	명 외교, 권모술수
diplomat	[dípləmæt] 디플러매트	명 외교관
dire	[daiər] 다이어	형 무서운, 극도의 비참한
direct	[dirékt] 디렉트	명 지도하다 형 직접의, 솔직한
direction	[dirékʃən] 디렉션	명 방위, 지휘, 감독, 관리
directly	[diréktli] 디렉틀리	부 곧바로, 즉시, 직접
director	[diréktər] 디렉터	명 관리자, 지도자, 중역
dirt	[dəːrt] 더-트	명 쓰레기, 먼지, 진흙
dirty	[dəˊːrti] 더-티	형 더러운, 불결한, 비열한
disable	[diséibəl] 디세이벌	타 무능하게 하다, 쓸모없게 하다
disadvantage	[dìsədvǽntidʒ] 디서드밴티쥐	명 불리, 불편, 손해
disagree	[dìsəgríː] 디서그리-	자 일치하지 않다, 다르다
disagreeable	[dìsəgríːəbəl] 디서그리-어벌	형 불쾌한, 까다로운
disappear	[dìsəpíər] 디서피어	자 사라지다, 소멸하다
disappoint	[dìsəpɔ́int] 디서포인트	타 실망시키다, 기대를 어기다
disappointment	[dìsəpɔ́intmənt] 디서포인트먼트	명 실망, 낙담, 기대의 어긋남
disapprove	[dìsəprúːv] 디서프루-브	타 허가하지 않다, 비난하다

disapproval

disapproval	[dìsəprúːvəl] 디서프루-벌	명 불찬성, 비난, 불만
disarm	[disáːrm] 디사암	타 자 무기를 거두다
disarmament	[disáːrməmənt] 디사-머먼트	명 군비, 축소, 무장 해제
disaster	[dizǽstər] 디재스터	명 재앙, 재해, 참사
disatrous	[dizǽstrəs] 디재스트러스	형 재해의, 비참한
discard	[diskáːrd] 디스카-드	타 버리다, 해고하다
discern	[disə́ːrn] 디전-	타 자 인식하다, 분간하다
discharge	[distʃáːrdʒ] 디스차-쥐	타 발사하다, 방출하다, 면제하다
disciple	[disáipəl] 디사이펄	명 제자, 문하생
discipline	[dísəplin] 디서플린	명 훈련, 규율 타 훈련하다
disclose	[disklóuz] 디스클로우즈	타 나타내다, 폭로하다
discomfort	[diskʌ́mfərt] 디스컴퍼트	명 불쾌, 불편 타 불편을 주다
discontent	[dìskəntént] 디스컨텐트	명 불만, 불평 타 불만케 하다
discontinue	[dìskəntínjuː] 디스컨티뉴-	타 자 중지하다, 중단하다
discord	[dískɔːrd] 디스코-드	명 불화, 불일치, 압력
discount	[dískaunt] 디스카운트	명 할인, 에누리 타 할인하다
discourage	[diskə́ːridʒ] 디스카-리쥐	타 낙담시키다, 실망시키다
discourse	[dískɔːrs] 디스코-스	명 강연, 설교 타 자 강연하다
discover	[diskʌ́vər] 디스커버	타 발견하다, 깨닫다
discoverer	[diskʌ́vərər] 디스커버러	명 발견자
discovery	[diskʌ́vəri] 디스커버리	명 발견, 발견물
discredit	[diskrédit] 디스크레딧	명 불신용 타 신용하지 않다
discretion	[diskréʃən] 디스크레션	명 사려, 분별, 판단
discriminate	[diskrímənèit] 디스크리머네이트	타 자 구별하다, 차별하다
discuss	[diskʌ́s] 디스커스	타 논의하다, 토론하다
discussion	[diskʌ́ʃən] 디스커션	명 토론, 검토, 변론
disdain	[disdéin] 디스데인	명 경멸, 멸시, 오만 타 경멸하다

disease	[dizíːz] 디자-즈	명 병, 질환, 불건전
disfigure	[disfígjər] 디스피겨	타 모양을 손상하다, 추하게 하다
disgrace	[disgréis] 디스그레이스	명 치욕, 불명예 타 망신을 주다
disguise	[disgáiz] 디스가이즈	타 변장하다, 위장하다
disgust	[disgʌ́st] 디스거스트	타 역겹게 하다, 정떨어지게 하다
dish	[diʃ] 디쉬	명 접시, 식기류 타 접시에 담다
dishonest	[disάnist] 디사니스트	형 부정직한, 부정의
dishonor	[disάnər] 디사너	명 불명예, 치욕 타 망신을 시키다
disk	[disk] 디스크	명 원반, 레코드
dislike	[disláik] 디슬라이크	타 싫어하다, 미워하다 명 혐오
dismal	[dízməl] 디즈멀	형 어두운, 음침한, 무서운
dismay	[disméi] 디스메이	타 깜짝 놀라게 하다 명 경악
dismiss	[dismís] 디스미스	타 해고하다, 떠나게 하다
dismount	[dismáunt] 디스마운트	타 자 말에서 내리다, 하차하다
disobey	[dìsəbéi] 디서베이	타 자 반항하다, 복종하지 않다
disorder	[disɔ́ːrdər] 디소-더	명 무질서 타 혼란시키다
dispart	[dispάːrt] 디스파-트	타 분할하다
dispatch	[dispǽtʃ] 디스패취	타 자 급송하다, 특파하다 명 발송
dispense	[dispéns] 디스펜스	타 자 분배하다, 베풀다
	✓ **dispense with** ~없이 지내다, ~을 생략하다	
disperse	[dispə́ːrs] 디스퍼-스	타 자 분산시키다, 흩뜨리다
displace	[displéis] 디스플레이스	타 옮기다, 이동시키다
display	[displéi] 디스플레이	타 보이다, 전시하다, 진열하다 명 진열
	✓ **on display** 진열(전시)하여	
	✓ **out of display** 보란 듯이	
displease	[displíːz] 디스플리-즈	타 불쾌하게 하다, 노하게 하다
disposal	[dispóuzəl] 디스포우절	명 배치, 처리, 처분

dispose

dispose	[dispóuz] 디스포우즈	태 배치하다, 배열하다

- **dispose of** ~을 처분하다, 해결하다
- **be dispose to** ~할 뜻이 있는, 경향이 있는

disposition	[dìspəzíʃən] 디스퍼지션	명 배열, 배치, 성질
dispute	[dispjúːt] 디스퓨-트	태 자 싸우다, 논쟁하다
disregard	[dìsrigáːrd] 디스리가-드	명 무시, 경시 태 무시하다
dissect	[disékt] 디섹트	태 해부하다, 분석하다
dissension	[disénʃən] 디센션	명 의견 차이, 불화
dissolution	[dìsəlúːʃən] 디설루-션	명 용해, 분해, 해산
dissolve	[dizálv] 디잘브	태 자 용해하다, 녹이다
distance	[dístəns] 디스턴스	명 거리, 간격 태 사이를 두다

- **at a distance** 약간 거리를 두고, 좀 떨어져
- **in the distance** 먼 곳에(=far away)

distant	[dístənt] 디스턴트	형 먼, 희미한, 떨어진
distill	[distíl] 디스틸	태 자 증류하다, 추출하다
distinct	[distíŋkt] 디스팅트	형 독특한, 별개의, 다른
distinction	[distíŋkʃən] 디스팅션	명 차별, 구별, 특성
distinctive	[distíŋktiv] 디스팅티브	형 독특한, 특이한
distinguish	[distíŋgwiʃ] 디스팅귀쉬	태 구별하다, 두드러지게 하다

- **distinguish A from B** A와 B를 구별하다, 분간하다
- **distinguish oneself** 이름을 떨치다

distort	[distɔ́ːrt] 디스토-트	태 (얼굴을) 찡그리다
distract	[distrǽkt] 디스트랙트	태 혼란케 하다, 미혹케 하다
distress	[distrés] 디스트레스	명 고통, 고민, 가난
distribute	[distríbjuːt] 디스트리뷰-트	태 배포하다, 분류하다
distribution	[dìstrəbjúːʃən] 디스트러뷰-션	명 분배, 배당, 분류
district	[dístrikt] 디스트릭트	명 지구, 지방

disturb	[distə́:rb] 디스터-브	타 어지럽히다, 방해하다
disturbance	[distə́:rbəns] 디스터-번스	명 소동, 방해, 폭동
ditch	[ditʃ] 디취	명 도랑, 개천
dive	[daiv] 다이브	명 잠수, 다이빙 자 다이빙하다
divers	[dáivə:rz] 다이버-즈	형 여러 가지의, 약간의
diverse	[divə́:rs] 디버-스	형 잡다한, 다양한
diversion	[divə́:rʒən] 디버-젼	명 전환, 기분전환, 오락
diversity	[divə́:rsəti] 디버-서티	명 다름, 다양성, 변화
divert	[divə́:rt] 디버-트	타 돌리다, 전환하다, 유용하다
divide	[diváid] 디바이드	타 자 쪼개다, 나누다, 분리하다
dividend	[dívidènd] 디버덴드	명 배당금, 피제수
divine	[diváin] 디바인	형 신의, 신성한 타 자 예언하다
divinity	[divínəti] 디비너티	명 신성(神性), 신, 신학
division	[divíʒən] 디비젼	명 분할, 구분, 구획
divorce	[divɔ́:rs] 디보-스	명 이혼, 별거 타 이혼하다
dizzy	[dízi] 디지	형 현기증 나는, 어지러운
do	[du:] 두-	타 하다, 행하다, 처리하다

- ✓ **do away with** ~을 폐지하다, ~을 없애다
- ✓ **do well** 잘하다, 번영하다, 경과가 좋다
- ✓ **do with** (어떻게)~을 처리하다, ~을 참다, ~에 만족하다
- ✓ **do without** ~없이 지내다, ~없이 해나가다
- ✓ **have to do with** ~와 관계가 있다, ~을 다루다

dock	[dak] 닥	명 부두, 선거(船渠) 타 자 도크를 넣다
doctor	[dáktər] 닥터	명 의사, 박사 타 치료하다
doctrine	[dáktrin] 닥트린	명 교의(敎義), 주의, 학설
document	[dákjəmənt] 다큐먼트	명 서류, 문서, 증서, 증권
dodge	[dadʒ] 다쥐	타 자 날쌔게 비키다, 살짝 피하다

does

does	[dʌz] 더즈	통 do(하다)의 3인칭 단수 현재형
dog	[dɔ(:)g] 독	명 개, 놈, 수컷
dogma	[dɔ́(:)gmə] 독머	명 교리, 독단적인 생각
doing	[dúːiŋ] 두-잉	명 행위, 짓, 노력
doll	[dɑl] 달	명 인형, 젊은 여자
dollar	[dɑ́lər] 달러	명 달러(미국의 화폐 단위)
dolphin	[dɑ́lfin] 달핀	명 돌고래
domain	[douméin] 도메인	명 영토, 판도, 영역, 세력
dome	[doum] 도움	명 둥근 지붕, 둥근 천장
domestic	[douméstik] 도우메스틱	형 가정의, 가사의, 가정적인
dominant	[dɑ́mənənt] 다머넌트	형 우세한, 지배적인, 유력한
dominate	[dɑ́mənèit] 다머네이트	타 자 지배하다, 통치하다
dominion	[dəmínjən] 더미니언	명 통치권, 주권, 지배력
donate	[dóuneit] 도우네이트	타 기부하다, 기증하다
done	[dʌn] 던	통 do의 과거분사. 끝난, 다된
don't	[dount] 돈트	약 do not의 단축형. 금지조항
donkey	[dɑ́ŋki] 당키	명 당나귀, 얼간이
doom	[duːm] 두움	명 운명, 파멸 타 운명 짓다
door	[dɔːr] 도-	명 문, 문짝, 문간

    ✓ **answer the door** 손님 맞으러 나가다

    ✓ **next door** 옆집에

    ✓ **next door but one** 한 집 건너 이웃집

    ✓ **next door to** ~의 옆집에, 거의 ~인

doorstep	[dɔ́ːrstèp] 도-스텝	명 현관 계단
doorway	[dɔ́ːrwèi] 도-웨이	명 문간, 입구
dope	[doup] 도웁	명 진한 액체, 마취제, 흥분제
dormitory	[dɔ́ːrmətɔ̀ːri] 도-머토-리	명 기숙사

dosage	[dóusidʒ] 도우시쥐	몡 투약, 조제, 적량
dose	[dous] 도우스	몡 약(藥) 1회분 타 투약하다
dot	[dɑt] 닷	몡 점, 마침표
double	[dʌ́bəl] 더블	형 2배의 부 2배로 타자 2배로 하다
doubt	[daut] 다웃	몡 의심, 의문 타자 의심하다
doubtful	[dáutfəl] 다웃펄	형 의심스러운, 확신을 못하는
doubtfully	[dáutfəli] 다웃펄리	부 의심스럽게
doubtless	[dáutlis] 다우틀리스	형 의심할 바 없는
dough	[dou] 도우	몡 밀가루 반죽, 굽기 전의 빵
doughnut	[dounət] 도우넛	몡 도우넛
dove	[dʌv] 더브	몡 비둘기, 순진한 사람
down	[daun] 다운	부 아래로 형 아래로의 타 타도하다

- get down to ~에 본격적으로 달려들다
- up and down ~을 이리 저리, 왔다 갔다
- Down with the king! 왕을 타도하라!

downfall	[dáunfɔːl] 다운폴-	몡 낙하, 호우, 추락, 쏟아짐
downstairs	[dáunstɛ́ərz] 다운스테어즈	형 아래층의 부 아래층으로
downtown	[dáuntáun] 다운타운	몡 도심지, 중심지 형 부 도심지로(의)
downward	[dáunwərd] 다운워드	형 내려가는 부 아래로
downwards	[dáunwərdz] 다운워즈	부 아래쪽으로, 밑으로
doze	[douz] 도우즈	몡 선잠, 졸기 타자 졸다, 겉잠 들다
dozen	[dʌ́zn] 더즌	몡 타스(12개)
Dr.	[dáktər] 닥터	약 Doctor의 약칭. 박사, 의사
draft	[dræft] 드래프트	몡 설계도, 초안, 마시는 것 타 기초하다
drag	[dræg] 드래그	타자 끌다, 질질 끌다, 끌어당기다
dragon	[drǽgən] 드래건	몡 용, 용자리
dragonfly	[drǽgənflài] 드래건플라이	몡 잠자리

drain

drain	[drein] 드레인	타 자 배수하다, 마시다
drainage	[dréinidʒ] 드레이니쥐	명 배수, 하수
drake	[dreik] 드레이크	명 들오리, 집오리
drama	[drá:mə] 드라-머	명 극, 희곡, 연극, 극작법
dramatic	[drəmǽtik] 드러매틱	형 연극의, 희곡의
drapery	[dréipəri] 드레이퍼리	명 포목, 휘장, 직물
drastic	[drǽstik] 드래스틱	형 과감한, 맹렬한, 격렬한
draught	[drǽft] 드래프트	타 draft와 동일
draw	[drɔ:] 드로-	타 자 끌어당기다, 당기다, 꺼내다

✓ **draw back** 후퇴하다, 물러나다
✓ **draw in** 끌어들이다, 줄이다
✓ **draw up** 끌어올리다, (문서를)작성하다

drawer	[drɔ́:ər] 드로-어	명 (어음) 발행인, 서랍
drawing	[drɔ́:iŋ] 드로-잉	명 작성, 선화, 그림, 소묘
drawing-room	[drɔ́:iŋrù(:)m] 드로-잉룸	명 응접실, 객실
drawl	[drɔ:l] 드로올	타 자 느릿느릿 말하다
drawn	[drɔ:n] 드로온	동 draw(당기다)의 과거분사 형 무승부의
dread	[dred] 드레드	타 자 두려워하다, 걱정하다 명 공포
dreadful	[drédfəl] 드렛펄	형 무서운, 두려운, 지독한
dream	[dri:m] 드림-	명 꿈, 환상, 공상 타 자 꿈꾸다

✓ **be in a dream** 꿈결같이 지내다
✓ **dream up** 문득 생각해 내다, 만들어 내다

dreary	[dríəri] 드리어리	형 황량한, 지루한
drench	[drentʃ] 드렌취	타 담그다, 흠뻑 젖게 하다
dress	[dres] 드레스	타 자 옷을 입다, 정장시키다 명 의복

✓ **dress down** 꾸짖다
✓ **dress up** 한껏 차려 입다

dresser	[drésər] 드레서	명 의상담당자
dressing	[drésiŋ] 드레싱	명 마무리, 장식, 소스, 손질
dressmaker	[drésmèikər] 드레스메이커	명 재봉사, 강장점
drift	[drift] 드리프트	명 조류, 흐름, 표류 타 자 표류하다
drill	[dril] 드릴	명 훈련, 연습 타 자 훈련하다, 구멍을 뚫다
drink	[driŋk] 드링크	타 자 흡수하다, 마시다 명 음료
drip	[drip] 드립	타 자 (물방울이) 똑똑 떨어지다
drive	[draiv] 드라이브	타 자 몰다, 운전하다, 쫓다

- ✓ drive at 추구하다, 목표삼다
- ✓ drive away 쫓아내다, 차를 몰고 가버리다
- ✓ drive in 몰아넣다, 때려 박다
- ✓ drive out 쫓아내다

driver	[dráivər] 드라이버	명 조종사, 운전수
drizzle	[drízl] 드리즐	자 이슬비가 내리다 명 가랑비
drone	[droun] 드로운	명 (꿀벌의) 수펄, 게으름뱅이
droop	[dru:p] 드룹	자 처지다, 시들다
drop	[drɑp] 드랍	명 물방울, 소량의 술 타 자 떨어지다

- ✓ drop across 우연히 만나다
- ✓ drop in 잠깐 들르다
- ✓ drop out 떠나다, 사라지다, 없어지다

drought	[draut] 드라우트	명 가뭄, 한발
drown	[draun] 드라운	타 자 물에 빠뜨리다, 흠뻑 젖게 하다
drowsy	[dráuzi] 드라우지	형 졸리는, 활력이 없는
drug	[drʌg] 드럭	명 약, 약품, 마취약
drugstore	[drʌ́gstɔ̀:r] 드럭스토-	명 약방(식료품 등도 판매함)
drum	[drʌm] 드럼	명 북, 고동 타 자 북을 치다
drunkard	[drʌ́ŋkərd] 드렁커드	명 술고래

drunken

drunken	[drʌ́ŋkən] 드렁컨	형 술 취한, 술고래의
dry	[drai] 드라이	형 마른, 건조한 타 자 말리다
dryly	[dráili] 드라일리	부 냉담하게
duchess	[dʌ́tʃis] 더취스	명 공작(公爵)부인, 여공작
duck	[dʌk] 덕	명 오리, 집오리, 암오리
duckling	[dʌ́kliŋ] 덕클링	명 새끼 오리
due	[dju:] 듀-	형 정당한, 만기가 된, 당연한

- due to ~때문에
- in due course 적당한 때에

duel	[djú:əl] 듀-얼	명 결투, 싸움 자 결투하다
dug	[dʌg] 덕	동 dig(파다)의 과거
dugout	[dʌ́gàut] 덕아웃	명 (야구) 선수 대기소
duke	[dju:k] 듀-크	명 공작(公爵), (작은 나라의) 왕
dull	[dʌl] 덜	형 우둔한, 무딘 타 무디게 하다
duly	[djú:li] 듈-리	부 올바르게, 정식으로
dumb	[dʌm] 덤	형 벙어리의, 무언의, 말 못하는
dump	[dʌmp] 덤프	타 탁 떨어뜨리다, 내버리다
dungeon	[dʌ́ndʒən] 던전	명 토굴 감옥, 지하의 옥
duplicate	[djú:pləkit] 듀-플러킷	형 이중의, 복제의 명 사본
durable	[djúərəbəl] 듀어러벌	형 튼튼한, 지탱하는
duration	[djuəréiʃən] 듀어레이션	명 기간, 지속, 내구
during	[djúəriŋ] 듀어링	전 ~하는 동안, ~사이
dusk	[dʌsk] 더스크	명 황혼, 땅거미, 어스름
dusky	[dʌ́ski] 더스키	형 어둑한, 음침한
dust	[dʌst] 더스트	명 먼지, 티끌 타 먼지를 털다
dusty	[dʌ́sti] 더스티	형 먼지투성이의, 먼지 많은
Dutch	[dʌtʃ] 더취	형 네덜란드의 타 네덜란드 말

duty	[djú:ti] 듀-티	명 본분, 의무, 임무, 직책
	✔ **off duty** 근무시간 외에	
	✔ **on duty** 근무시간에	
dwarf	[dwɔːrf] 드워-프	명 난쟁이 형 작은, 소형의
dwell	[dwel] 드웰	자 살다, 거주하다
	✔ **dwell in** 살다(=live in), ~에 있다	
	✔ **dwell on** ~을 곰곰이 생각하다	
dweller	[dwélər] 드웰러	명 거주자, 주민
dwelling	[dwéliŋ] 드웰링	명 집, 주소, 주거
dwindle	[dwíndl] 드윈들	자 감소하다, 줄다, 야위다
dye	[dai] 다이	명 물감, 염색 타 자 물들이다
dying	[dáiiŋ] 다이잉	형 죽어가는, 빈사의
dynamic	[dainǽmik] 다이내믹	형 동력의, 활동적인, 정력적인
dynamite	[dáinəmàit] 다이너마이트	명 다이너마이트, 폭발하다
dynasty	[dáinəsti] 다이너스티	명 왕조, 명가

each

each	[iːtʃ] 이-치	형 각각의, 각자의 때 각자, 제각기

- **each other** 서로(를), 상호간에
- **each time** 매번, 그때마다, 언제나
- **on each occasion** 일이 있을 때마다, 매번

eager	[íːgər] 이-거	형 열심인, 간절히 바라는, 열망하는
eagerly	[íːgərli] 이-걸리	부 열심히
eagerness	[íːgərnis] 이-거니스	명 열심, 열망
eagle	[íːgəl] 이-걸	명 독수리, 수리
ear	[iər] 이어	명 귀, 귓바퀴, 청력
earl	[əːrl] 얼-	명 백작(伯爵)
early	[ə́ːrli] 얼-리	형 이른, 초기의 부 일찍이, 초기
earn	[əːrn] 언-	타 벌다, 획득하다, 손에 넣다
earning	[ə́ːrniŋ] 어-닝	명 벌이, 소득, 수입
earnest	[ə́ːrnist] 어-니스트	형 성실한, 착실한, 진지한 명 성실

- **in earnest** 진심으로, 진지하게

earth	[əːrθ] 어-쓰	명 지구, 대지, 땅 타 흙속에 파묻다

- **on earth** 지상에(살아 있는), 이 세상에서
- **put to earth** (전기) 어스하다, 접지시키다
- **down to earth** 현실적인, 실제적인

earthen	[ə́ːrθən] 어-쎈	형 흙의, 흙으로 만든
earthly	[ə́ːrθli] 어-쓸리	형 지구의, 이 세상의, 현세의
earthquake	[ə́ːrθkwèik] 어-쓰퀘익	명 지진, 동란, 큰 변동
earthworm	[ə́ːrθwə̀ːrm] 어-쓰워엄	명 지렁이
ease	[iːz] 이-즈	명 편안, 안락 타 자 안심시키다

	✓ **at ease** 마음 편하게, 여유 있게	
	✓ **feel at ease** 안심하다, 마음 놓다	
	✓ **ill at ease** 마음 놓이지 않는, 안절부절 못하는	
	✓ **take one's ease** 몸을 편히 가지다, 편히 쉬다	
	✓ **with ease** 용이하게, 손쉽게(=easily)	
easily	[íːzəli] 이-절리	튀 용이하게, 쉽사리, 편안히
east	[iːst] 이-스트	명 동쪽, 동방 형 동쪽의
Easter	[íːstər] 이-스터	명 부활절, 주일
eastern	[íːstərn] 이-스턴	형 동쪽의, 동양의, 동양풍의
easy	[íːzi] 이-지	형 용이한, 쉬운, 평이한
eat	[iːt] 이-트	타 자 먹다, 식사하다
eaves	[iːvz] 이-브즈	명 차양, 처마
ebb	[eb] 엡	명 썰물, 간조, 쇠퇴
ebony	[ébəni] 에버니	명 흑단(黑檀) 형 칠흑의
eccentric	[ikséntrik] 익센트릭	형 이상한, 별난 명 별난 사람
echo	[ékou] 에코우	명 메아리, 흉내, 반향 타 자 반향하다
eclipse	[iklíps] 이클립스	명 일(월)식, (세력, 명예가) 떨어짐
economic	[ìːkənámik] 이-커나믹	형 경제상의, 재정상의
economical	[ìːkənámikəl] 이-커나미컬	형 절약하는, 경제적인, 실속 있는
economics	[ìːkənámiks] 이-커나믹스	명 경제학, 경제상태
economist	[ikánəmist] 이카너미스트	명 경제학자, 절약자
economy	[ikánəmi] 이카너미	명 경제, 절약, 검약
ecstasy	[ékstəsi] 엑스터시	명 희열, 구한한 기쁨
Eden	[íːdn] 이-든	명 에덴동산, 낙원
edge	[edʒ] 에쥐	명 칼날, 테두리 타 날을 세우다
	✓ **on the edge of** ~의 가장자리에, ~하려고 하는	
edible	[édəbəl] 에더벌	형 먹을 수 있는

edifice

edifice	[édəfis] 에더피스	명 큰 건물, 건축물, 구성
edit	[édit] 에디트	타 편집하다, 교정보다
edition	[edíʃən] 에디션	명 (서적, 신문의)판, 간행본
editor	[édətər] 에디터	명 편집자
editorial	[èdətɔ́:riəl] 에도토-리얼	명 사설, 논설 형 주필의
educate	[édʒukèit] 에쥬케이트	타 교육하다, 양성하다
education	[édʒukèiʃən] 에쥬케이션	명 교육, 훈도, 양성
educational	[édʒukèiʃənəl] 에쥬케이셔널	형 교육의, 교육적인
eel	[i:l] 이일	명 뱀장어
efface	[iféis] 이페이스	타 지우다, 삭제하다
effect	[ifékt] 이펙트	명 결과, 효과, 결말

- **give effect to** ~을 실행(실시)하다
- **have an effect on** ~에 효과(영향)을 나타내다(미치다)
- **take effect** 효력을 발휘하다
- **come ~into effects** 실시되다
- **personal effects** 동산, 사유물

effective	[iféktiv] 이펙티브	형 유효한, 효과적인, 효력이 있는
efficiency	[ifíʃənsi] 이피션시	명 능률, 효력, 능력
efficient	[ifíʃənt] 이피션트	형 능률적인, 효과적인
effort	[éfərt] 에퍼트	명 노력, 수고, 진력
egg	[eg] 엑	명 알, 달걀
ego	[í:gou] 이고우	명 자아, 자기, 자부심
Egypt	[í:dʒipt] 이-집트	명 이집트
eight	[eit] 에이트	명 8 형 8의
eighteen	[éití:n] 에이티인	명 18 형 18의
eighteenth	[éití:nθ] 에이티인쓰	명 18번째 형 제18의
eighth	[eitθ] 에이쓰	명 8번째 형 제8의

elevator

eighty	[éiti] 에이티	몡 80 혱 80의
eightieth	[éitiiθ] 에이티이쓰	몡 80번째 혱 제80의
either	[íːðər] 이-더	혱 대 둘 중 어느 것인가, 양쪽 다

- either A or B A또는 B 어느 쪽
- in either case 어느 경우에나, 좌우간

eject	[idʒékt] 이젝트	탄 쫓아내다, 몰아내다
elaborate	[ilǽbərèit] 일래버레이트	혱 공들인, 힘들여 만든
elapse	[ilǽps] 일랩스	자 (때가) 경과하다
elastic	[ilǽstik] 일래스틱	혱 탄력 있는, 유연한
elate	[iléit] 일레이트	탄 의기양양하다, 우쭐대다
elbow	[élbou] 엘보우	몡 팔꿈치 탄 자 팔꿈치로 찌르다
elder	[éldər] 엘더	혱 손위의, 연장의
eldest	[éldist] 엘디스트	혱 최연장의, 맏아들의
elect	[ilékt] 일렉트	탄 뽑다, 선임하다 혱 뽑힌
election	[ilékʃən] 일렉션	몡 선택, 선거, 선정
elector	[iléktər] 일렉터	몡 선거인, 유권자
electric	[iléktrik] 일렉트릭	혱 전기의, 발전용의
electrical	[iléktrik] 일렉트리컬	혱 전기 같은, 강렬한, 전기의
electricity	[ilèktrísəti] 일렉트리서티	몡 전기, 전기학, 전류
electron	[iléktrɑn] 일렉트란	몡 전자
elegant	[éləgənt] 엘러건트	혱 우아한, 품위 있는
element	[éləmənt] 엘러먼트	몡 요소, 분자, 성분
elementary	[èləméntəri] 엘러멘터리	혱 초보의, 기본의
elephant	[éləfənt] 엘러펀트	몡 코끼리, 미국 공화당의 상징
elevate	[éləvèit] 엘러베이트	탄 올리다, 승진시키다, 높이다
elevation	[èləvèiʃən] 엘러베이션	몡 승진, 향상, 높은 곳, 고도
elevator	[éləvèitər] 엘러베이터	몡 승강기, 엘리베이터, 기중기

eleven

eleven	[ilévən] 일레번	몡 11 혱 11의
eleventh	[ilévənθ] 일레번쓰	몡 11번째의 혱 제11
elf	[elf] 엘프	몡 꼬마 요정, 난장이
eliminate	[ilímənèit] 일리머네이트	타 제거하다, 삭제하다
elm	[elm] 엘름	몡 느릅나무, 느릅나무 재목
eloquence	[éləkwəns] 엘러퀀스	몡 웅변, 웅변술
eloquent	[éləkwənt] 엘러퀀트	혱 웅변의, 말 잘하는
else	[els] 엘스	뷔 그 외에, 그 밖에 젭 그렇지 않으면
elsewhere	[elshwɛ̀ər] 엘스웨어	뷔 어딘가, 딴 곳에, 딴 곳으로
elude	[ilúːd] 일루-드	타 피하다, 모면하다, 벗어나다
emancipate	[imǽnsəpèit] 이맨서페이트	타 해방하다, 이탈시키다
embark	[embáːrk] 엠바-크	타 자 배를 타다, 출항하다
embarrass	[imbǽrəs] 임베러스	타 난처하게 하다, 당황케 하다
embarrassment	[imbǽrəsmənt] 임베러스먼트	몡 난처함, 당황, 거북함
embassy	[émbəsi] 엠버시	몡 대사관, 사절단
ember	[émbər] 엠버	몡 타다 남은 불, 여신, 진화
emblem	[émbləm] 엠블럼	몡 상징, 표상, 문장 타 상징하다
embody	[embádi] 엠바디	타 유행화하다, 구체화하다
embrace	[embréis] 엠브레이스	타 포옹하다, 얼싸안다
embroider	[embrɔ́idər] 엠브로이더	타 자수하다, 수놓다
embroidery	[embrɔ́idəri] 엠브로이더리	몡 자수, 수, 윤색
embryo	[émbriou] 엠브리오우	몡 배아, 태아, 움, 눈
emerald	[émərəld] 에머럴드	몡 녹옥, 에메랄드(빛깔)
emerge	[imə́ːrdʒ] 이머-쥐	자 나타나다, 나오다
emergency	[imə́ːrdʒənsi] 이머-전시	몡 위급, 비상사태, 돌발
emigrant	[éməgrənt] 에머그런트	혱 이주하는, 이민하는 몡 이민
eminence	[émənəns] 에머넌스	몡 높은 곳, 언덕, 탁월, 고귀

eminent	[émənənt] 에머넌트	형 우수한, 저명한, 뛰어난
emit	[imít] 이미트	타 내다, 방사하다, 방출하다
emotion	[imóuʃən] 이모우션	명 정서, 감정, 감격
emotional	[imóuʃənəl] 이모우셔널	형 감정의, 정서의
emperor	[émpərər] 엠퍼러	명 황제, 제왕
emphasis	[émfəsis] 엠퍼시스	명 강조, 강세, 역설
emphasize	[émfəsàiz] 엠퍼사이즈	타 강조하다, 역설하다
empire	[émpaiər] 엠파이어	명 제국, 절대 지배권, 통치
employ	[emplɔ́i] 엠플로이	타 고용하다, 쓰다 명 사용, 고용

✔ out of employ 실직하여

employer	[emplɔ́iər] 엠플로이어	명 고용주, 사용자
employment	[emplɔ́imənt] 엠플로이먼트	명 고용, 사용, 직업, 사역
employee	[emplɔ́iiː] 엠플로이이-	명 사용인, 종업원, 고용인
empress	[émpris] 엠프리스	명 황후, 여왕, 왕비
empty	[émpti] 엠(프)티	형 빈, 공허한, 무의미한
enable	[inéibəl] 이네이블	타 능력을 주다
enact	[inǽkt] 이낵트	타 (법을) 제정하다, 명하다
enamel	[inǽməl] 이내멀	명 에나멜, 유약
encamp	[inkǽmp] 인캠프	타 자 야영케 하다, 야영하다
enchant	[intʃǽnt] 인챈트	타 매혹하다, 황홀하게 하다
enchantment	[intʃǽntmənt] 인첸트먼트	명 요술, 황홀, 매력, 매혹
encircle	[insə́ːrkl] 인써-클	타 둘러싸다, 일주하다
enclose	[inklóuz] 인클로우즈	타 둘러싸다, 에워싸다
enclosure	[inklóuʒər] 인클로우저	명 울타리, 담, 경계
encore	[ɑ́ŋkɔːr] 앙코-	감 명 앙코르, 재청 타 재청하다
encounter	[inkáuntər] 인카운터	명 우연히 만남 타 자 만나다
encourage	[inkə́ːridʒ] 인커-리쥐	타 용기를 돋우다, 격려하다

encyclopedia

encyclopedia	[ensàikloupí:diə] 엔사이클로피-디어	명 백과사전
end	[end] 엔드	명 마지막, 끝, 끄트머리, 목표

- **from end to end** 끝에서 끝까지
- **in the end** 마침내, 드디어, 결국
- **put an end to** ~을 끝내다
- **to the end** 끝까지

endeavor	[endévər] 인데버	명 노력 타 자 노력하다
ending	[éndiŋ] 엔딩	명 끝, 결말, 죽음
endless	[éndlis] 엔들리스	형 끝없는, 무한한, 부단한
endow	[endáu] 앤다우	타 부여하다, 기부하다, 주다

- **be endowed with** ~을 부여받다, ~을 갖추다

endurance	[indjúərəns] 인듀어런스	명 인내, 인내력 타 견디다
endure	[endjúər] 엔듀어	타 자 견디다, 참다, 지속하다
endurable	[indjúərəbəl] 인듀어러벌	형 견딜 수 있는, 참는
enemy	[énəmi] 에너미	명 적, 원수, 적군, 적수
energetic	[ènərdʒétik] 에너제틱	형 정력적인, 원기 왕성한, 활동적인
energy	[énərdʒi] 에너쥐	명 정력, 활기, 힘, 에너지
enforce	[enfɔ́:rs] 인포-스	타 실시하다, 강요하다, 집행하다
enforcement	[enfɔ́:rsmənt] 엔포-스먼트	명 실시, 시행, 강요
engage	[engéidʒ] 엔게이쥐	타 자 속박하다, 약속하다

- **engage oneself to** ~할 것을 약속하다
- **engage in** ~에 종사하다, 착수하다

engagement	[engéidʒmənt] 엔게이쥐먼트	명 약속, 예약, 약혼
engine	[éndʒən] 엔진	명 기관, 엔진, 발동기
engineer	[éndʒəníər] 엔지니어	명 기사, 기관사, 기술자, 설계자
England	[íŋglənd] 잉글랜드	명 잉글랜드, 영국
English	[íŋgliʃ] 잉글리쉬	형 영국의, 잉글랜드의, 영어의

entertainment

engrave	[engréiv] 엔그레이브	타 새기다, 조각하다, 파다
enhance	[enhǽns] 엔핸스	타 (가치 등을) 높이다, 향상하다
enjoin	[endʒɔ́in] 엔조인	타 명령하다, 부과하다
enjoy	[endʒɔ́i] 인조이	타 즐기다, 향락하다, 맛보다

✔ **enjoy oneself** 즐겁게 지내다, 유쾌히 지내다, 지내다

enjoyable	[endʒɔ́iəbəl] 인조이어벌	형 즐거운, 유쾌한
enjoyment	[endʒɔ́imənt] 인조이먼트	명 즐거움, 쾌락, 기쁨, 향수
enlarge	[enlɑ́ːrdʒ] 엔라-쥐	타 자 확대하다, 넓어지다
enlighten	[enláitn] 엔라이튼	타 교화하다, 개발하다
enlist	[enlíst] 엔리스트	타 자 병적에 넣다, 입대하다
enmity	[énməti] 엔머티	명 적의, 증오, 불화
enormous	[inɔ́ːrməs] 이노-머스	형 거대한, 막대한, 흉악한
enough	[inʌ́f] 이너프	형 충분한, ~에 족한 부 충분한
enrage	[enréidʒ] 인레이쥐	타 격분시키다, 노하게 하다
enrich	[enrítʃ] 엔리취	타 유복하게 하다, 기름지게 하다
enroll	[enróul] 엔로울	타 명부에 올리다, 입회시키다
ensign	[énsain] 엔사인	명 휘장, 도장, 국기, 기
ensue	[ensúː] 엔수-	자 계속하여 일어나다
ensure	[enʃúər] 인슈어	타 확실히 하다, 안전하게 하다
entangle	[entǽŋgl] 인탱글	타 얽히게 하다, 엉클어지게 하다
enter	[éntər] 엔터	타 자 참가하다, 들어가다, 박히다

✔ **enter for** (경기 등에) 참가하다
✔ **enter into** 시작하다, 참가하다
✔ **enter on (upon)** ~의 소유권을 얻다, 시작하다(=begin)

enterprise	[éntərpràiz] 엔터프라이즈	명 사업, 기업, 기획
entertain	[èntərtéin] 엔터테인	타 환대하다, 접대하다
entertainment	[èntərtéinmənt] 엔터테인먼트	명 대접, 환대, 주연

enthusiasm

enthusiasm	[enθú:ziæzm] 엔수−지애점	명 열심, 열중, 열광
entice	[entáis] 엔타이스	타 유혹하다, 꾀다, 부축하다
entire	[entáiər] 엔타이어	형 전체의, 완전한, 흠 없는
entitle	[entáitl] 엔타이틀	타 권리를 주다, 제목을 붙이다
entrance	[éntrəns] 엔트런스	명 들어감, 입장, 입구
entreat	[entrí:t] 엔트리−트	타 간청하다, 부탁하다
entreaty	[entrí:ti] 엔트리−티	명 간청, 애원
entrust	[entrʌ́st] 엔트러스트	타 맡기다, 위임하다, 위탁하다
entry	[éntri] 엔트리	명 입장, 참가, 입구, 등장
enumerate	[injú:mərèit] 이뉴−머레이트	타 일일이 헤아리다, 열거하다
envelop	[envéləp] 엔벨럽	타 싸다, 봉하다, 덮다
envelope	[énvəlòup] 엔벌로웁	명 봉투, 포장지
envious	[énviəs] 엔비어스	형 부러워하는, 시기하는
environment	[inváiərənmənt] 인바이어런먼트	명 환경, 주위, 둘러쌈, 포위
environmental	[invàiərənméntl] 인바이어런먼틀	형 환경의, 주변의

✓ **environmental pollution** 환경오염

envy	[énvi] 엔비	타 부러워하다 명 선망, 부러움
epic	[épik] 에픽	명 서사시 형 서사시적인
epidemic	[èpədémik] 에퍼데믹	명 유행, 전염병 형 유행성의
episode	[épəsòud] 에퍼소우드	명 삽화(揷話), 에피소드
epistle	[ipísl] 이피슬	명 편지, 서간, 시한
epitaph	[épətæ̀f] 에퍼태프	명 (묘)비명, 비문
epoch	[épək] 에퍽	명 신기원, 신시대
equal	[í:kwəl] 이−퀄	형 같은, 동등한 타 ~과 같다

✓ **be equal to** ~와 같다, ~을 감당할 수 있다

equality	[i(:)kwάləti] 이쿨리티	명 평등, 대등, 균등
equator	[ikwéitər] 이퀘이터	명 적도(赤道)

		estate
equip	[ikwíp] 이큅	타 갖추다, 설비하다, 꾸미다
	✓ **be equip with** ~을 갖추고 있다	
equipment	[ikwípmənt] 이큅먼트	명 비품, 준비, 장비
equivalent	[ikwívələnt] 이퀴벌런트	형 동등의, 동등한, ~와 같은
era	[íərə] 이어러	명 기원, 시대, 연대
erase	[iréis] 이레이스	타 지워버리다, 삭제하다
eraser	[iréisər] 이레이서	명 칠판지우개, 고무지우개
erect	[irékt] 이렉트	형 똑바로 선 타 똑바로 세우다
err	[ə:r] 어–	자 잘못하다, 헤매다
errand	[érənd] 에런드	명 심부름, 용건
	✓ **go on errands** 심부름 가다	
error	[érər] 에러	명 잘못, 실수, 착오, 과오
escalator	[éskəlèitər] 에스컬레이터	명 자동 계단, 에스컬레이터
escape	[iskéip] 이스케입	타 자 탈출하다, 도망하다
escort	[ésko:rt] 에스코–트	명 호위, 호송 타 호송하다
Eskimo	[éskəmòu] 에스키모우	명 에스키모인
especial	[ispéʃəl] 이스페셜	형 특별한, 특수한, 예외적인
especially	[ispéʃəli] 이스페셜리	형 특히, 대단히, 각별히
esquire	[eskwáiər] 에스콰이어	명 귀하, 님
essay	[ései] 에세이	명 평론, 수필
essence	[ésəns] 에센스	명 본질, 정수
essential	[isénʃəl] 이센셜	형 본질적인, 필수의 명 요소
essentially	[isénʃəli] 이센셜리	부 본래, 본질적으로
establish	[istǽbliʃ] 이스태블리쉬	타 확립하다, 창립하다
	✓ **establish oneself** 자리 잡다, 정착하다, 취업하다	
establishment	[istǽbliʃmənt] 이스태블리쉬먼트	명 설립, 설정, 설치
estate	[istéit] 이스테이트	명 재산, 유산, 토지, 부동산

esteem

esteem	[istíːm] 이스팀-	타 존경하다, 존중하다
estimate	[éstəmèit] 에스터메이트	타 자 어림잡다, 견적하다, 평가하다
estimation	[èstəméiʃən] 에스터메이션	명 견적, 평가, 추산
etc.	[et-sétərə] 엣세터러	약 et cetera의 줄임, ~등
eternal	[itə́ːrnəl] 이터-널	형 영원한, 불멸의, 끝없는
eternity	[itə́ːrnəti] 이터-너티	명 영원, 영구, 무궁, 불사
ethics	[éθiks] 에씩스	명 윤리, 윤리학, 도덕
etiquette	[étikèt] 에티켓	명 예의, 예의범절, 예법
Europe	[júərəp] 유어럽	명 유럽, 구라파
European	[jùərəpíːən] 유어러피-언	형 유럽의 명 유럽 사람
evade	[ivéid] 이베이드	타 면하다, 속이다
evaporate	[ivǽpərèit] 이베퍼레이트	타 자 증발하다, 증발시키다
Eve	[iːv] 이-브	명 이브(아담의 아내), 하와
eve	[iːv] 이-브	명 전야제, 명절의 전날 밤, 직전
even	[íːvən] 이-번	형 평평한 부 ~이라도, ~조차

   ✓ **even if** ~비록 ~할지라도
   ✓ **even now** 지금에도, 아직도
   ✓ **even so** 그렇다 할지라도,
   ✓ **even though** ~임에도 불구하고

evening	[íːvniŋ] 이-브닝	명 저녁 때, 해질 무렵, 밤
event	[ivént] 이벤트	명 사건, 결과, 경우

   ✓ **at all events** 좌우간, 여하튼 간에
   ✓ **in any event** 무슨 일이 있어도, 하여간에
   ✓ **in the event of** 만일 ~의 경우에는(=in case of)

ever	[évər] 에버	부 일찍이, 언젠가, 언제나

   ✓ **ever since** 그 이후 쭉, 그 이래
   ✓ **for ever** 영원히, 언제나, 끊임없이

example

	✓ hardly ever 좀처럼(거의)~않다	
evergreen	[évərgrì:n] 에버그린-	형 상록의 명 상록수
everlasting	[èvərlǽstiŋ] 에버래스팅	형 영원한, 변함없는, 지루한
every	[évri:] 에브리-	형 모든, 일체의, 어느 ~이다
	✓ every now and then 때때로, 이따금	
	✓ every other day 격일로, 하루 걸러	
	✓ every time ~할 때마다, 언제고, 매번	
everybody	[évribàdi] 에브리바디	대 누구나, 각자, 제각기
everyday	[évridèi] 에브리데이	형 매일의, 일상의, 평범한
everyone	[évriwʌ̀n] 에브리원	대 누구나, 각자, 모두
everything	[évriθìŋ] 에브리씽	대 모든 것, 모두, 만사
everywhere	[évrihwɛ̀ər] 에브리웨어	부 어디에나, 도처에
evidence	[évidəns] 에비던스	명 증거, 징후, 증언 타 증명하다
evident	[évidənt] 에비던트	형 뚜렷한, 명백한, 분명한
evidently	[évidəntli] 에비던틀리	부 분명히, 명백히
evil	[í:vəl] 이-벌	형 간악한, 나쁜, 사악한
evolution	[èvəlú:ʃən] 에벌루-션	명 진화, 전개, 발전, 진전
evolve	[iválv] 이발브	타 자 전개하다, 발전시키다
exact	[igzǽkt] 익잭트	형 엄밀한, 정확한, 틀림없는
exaggerate	[igzǽdʒərèit] 익재져레이트	타 과장하다, 허풍떨다
exalt	[igzɔ́:lt] 익졸-트	타 높이다, 승진시키다, 올리다
examination	[igzæmənéiʃən] 익재머네이션	명 시험, 검사, 심사, 조사
examine	[igzǽmin] 익재민	타 자 조사하다, 검사하다
example	[igzǽmpəl] 익잼플	명 실례, 보기, 견본
	✓ as an example 예증으로서, 한 예로서	
	✓ for example 예컨대, 예를 들면 (=for instance)	
	✓ set a good example to ~에게 좋은 본을 보이다	

121

exasperate

exasperate	[igzǽspərèit] 익재스퍼레이트	타 화나게 하다, 격앙시키다
exceed	[iksíːd] 익싸-드	타 자 초과하다, (한도를) 넘다
exceeding	[iksíːdiŋ] 익싸-딩	형 대단한, 지나친
exceedingly	[iksíːdiŋli] 익싸-딩리	부 대단히, 몹시, 굉장히
excel	[iksél] 익셀	타 자 (~을) 능가하다, 뛰어나다
excellence	[éksələns] 엑설런스	명 탁월, 우수, 장점
Excellency	[éksələnsi] 엑설런시	명 (높은 사람에 대한 경칭) 각하
excellent	[éksələnt] 엑설런트	형 우수한, 탁월한, 일류의
except	[iksépt] 익셉트	타 제외하다 전 ~을 제외하고

- ✓ **except for** ~외에, ~이 없으면

exception	[iksépʃən] 익셉션	명 제외, 예외, 이의(異議)

- ✓ **with the exception of** ~을 제외하고는

exceptional	[iksépʃənəl] 익셉셔널	타 예외적인, 특별한, 드문
exceptionally	[iksépʃənəli] 익셉셔널리	부 예외적인, 특별히
excess	[iksés] 익세스	명 과다, 과잉, 초과, 잉여

- ✓ **go (run) to excess** 지나치게 하다, 극단적으로 흐르다
- ✓ **in (to) excess** 너무나, 과도하게
- ✓ **in excess of** ~을 초과하여, ~이상으로

excessive	[iksésiv] 익세시브	형 과도한, 엄청난, 무절제한
exchange	[ikstʃéindʒ] 익스체인쥐	타 자 교환하다, 환전하다

- ✓ **in exchange for** ~와 교환으로

excite	[iksáit] 익사이트	타 자극하다, 흥분시키다, 돋우다
exclaim	[ikskléim] 익스클레임	타 자 외치다, 부르짖다
exclamation	[èkskləméiʃən] 엑스클러메이션	명 외침, 절규, 감탄
exclude	[iksklúːd] 익스클루-드	타 배척하다, 추방하다, 몰아내다
exclusive	[iksklúːsiv] 익스클루시브	형 배타적인, 독점적인
exclusively	[iksklúːsivli] 익스클루-시블리	부 오로지, 독점적으로

expedient

excursion	[ikskə́:rʒən] 익스커-전	명 소풍, 수학여행, 외유
excuse	[ikskjú:z] 익스큐-즈	타 변명하다, 용서하다, 면제하다

- **excuse oneself** 변명하다, 사과하다
- **in excuse of** ~의 변명으로서

execute	[éksikjù:t] 엑시큐-트	타 실행하다, 실시하다, 수행하다
execution	[èksikjú:ʃən] 엑시큐-션	명 실행, 스행, 이행
executive	[igzékjətiv] 익제켜티브	형 실행의 명 행정부, 간부
exempt	[igzémpt] 익젬(프)트	타 면제하다, 면해주다 형 면제된
exercise	[éksərsàiz] 엑서사이즈	명 사용, 운동, 연습, 훈련
exert	[igzə́:rt] 익저-트	타 발휘하다, 노력하다, 쓰다

- **exert oneself (to)** 하려고 노력하다, 진력하다

exertion	[igzə́:rʃən] 익저-션	명 노력, 발휘, 수고
exhale	[ekshéil] 엑세일	타 자 발산하다, 내뿜다, 증발시키다
exhaust	[igzɔ́:st] 익조-스트	타 자 소모시키다, 다하다
exhaustion	[igzɔ́:stʃən] 익조-스천	명 소모, 그갈, 피로
exhibition	[èksəbíʃən] 엑시비션	명 공개, 전시회, 진열
exile	[égzail] 엑자일	타 추방하다, 망명하다
exist	[igzíst] 익지스트	자 존재하다, 생존하다
existence	[igzístəns] 익지스턴스	명 실재, 생존, 존재
exit	[égzit] 엑짓	명 나가는 곳, 출구 타 퇴거하다
exotic	[igzátik] 익자틱	형 외국의, 이국적인
expand	[ikspǽnd] 익스팬드	타 자 넓히다, 퍼지다, 펴다
expanse	[ikspǽns] 익스팬스	명 넓음, 넓은 장소, 팽창
expansion	[ikspǽnʃən] 익스팬션	명 확장, 확대, 퍼짐
expect	[ikspékt] 익스펙트	타 기대하다, 예기하다
expectation	[èkspektéiʃən] 익스펙테이션	명 기대, 예측, 예상
expedient	[ikspí:diənt] 익스피-디언트	형 쓸모 있는, 유용한, 편리한

expedition

expedition	[èkspədíʃən] 엑스퍼디션	명 여행, 원정(대), 탐험
expel	[ikspél] 익스펠	타 쫓아내다, 몰아내다
expend	[ikspénd] 익스펜드	타 소비하다, 쓰다
expenditure	[ikspénditʃər] 익스펜디쳐	명 소비, 비용, 지출
expense	[ikspéns] 익스펜스	명 소비, 지출, 비용

✔ **free of expense** 무료로

expensive	[ikspénsiv] 익스펜시브	형 비싼, 사치스런, 돈이 드는
experience	[ikspíəriəns] 익스피어리언스	명 경험, 체험, 경력
experiment	[ikspérəmənt] 익스페러먼트	명 실험, 시도 타 실험하다
experimental	[ikspèrəméntl] 익스페러멘틀	형 실험적인, 실험상의
expert	[ékspəːrt] 엑스퍼-트	명 숙달자, 전문가
expire	[ikspáiər] 익스파이어	타 자 끝나다, (숨을) 내쉬다
explain	[ikspléin] 익스플레인	타 자 설명하다, 해석하다

✔ **explain oneself** 변명하다, 본심을 털어놓다

explanation	[èksplənéiʃən] 엑스플러네이션	명 설명, 해설, 변명
explode	[iksplóud] 익스플로-드	타 자 폭발시키다, 타파하다
exploit	[éksploit] 엑스플로이트	타 이용하다, 개발하다 명 공훈
exploration	[èkspləréiʃən] 엑스플러레이션	명 탐험, 탐구, 개발
explore	[iksplɔ́ːr] 익스플로-	타 자 탐험하다, 답사하다
explorer	[iksplɔ́ːrər] 익스플로-러	명 탐험가, 탐구자
explosion	[iksplóuʒən] 익스플로-젼	명 파열, 폭발, 폭파
export	[ikspɔ́ːrt] 엑스포-트	명 수출 타 수출하다
expose	[ikspóuz] 익스포우즈	타 (비, 바람에) 쐬다, 노출하다
exposition	[èkspəzíʃən] 엑스퍼지션	명 해명, 박람회, 해설, 제시
exposure	[ikspóuʒər] 익스포우저	명 노출, 폭로, 적발
express	[ikaprés] 익스프레스	타 표현하다, 발표하다 명 급행열차

✔ **by express** 급행으로

eyeball

expression	[ikspréʃən] 익스프레션	명 표현, 말투, 표시
	✓ **beyond expression** 말로 표현할 수 없는	
exquisite	[ikskwízit] 익스퀴짓	형 미묘한, 우아한, 훌륭한
extend	[iksténd] 익스텐드	타 늘이다, 펴다, 연장하다
extension	[iksténʃən] 익스텐션	명 신장, 연장, 확장
extensive	[iksténsiv] 익스텐시브	형 넓은, 대규모의, 광대한
extent	[ikstént] 익스텐트	명 넓이, 크기, 범위
exterior	[ikstíəriər] 익스티어리어	형 외부의, 바깥의 명 외부, 외관
external	[ikstə́ːrnəl] 익스터-널	형 외부의, 표면의
extinct	[ikstíŋkt] 익스팅(크)트	형 꺼진, 끊어진, 다된
extinguish	[ikstíŋgwiʃ] 익스팅귀쉬	타 끄다, 진화하다
extra	[ékstrə] 엑스트러	형 임시의, 특별한 부 가외로
extract	[ikstrǽkt] 익스트랙트	타 끌어내다, 뽑아내다, 캐내다
extraordinary	[ikstrɔ́ːrdənèri] 익스트로-더네리	형 비상한, 비범한, 엄청난
extravagant	[ikstrǽvəgənt] 익스트래버건트	형 지나친, 엄청난
extreme	[ikstríːm] 익스트림-	형 극단의, 최후의, 말단의
	✓ **in the extreme** 극도로, 극단으로	
extremely	[ikstríːmli] 익스트림리	부 극도로, 아주, 몹시
extremity	[ikstréməti] 익스트래머티	명 말단, 극단
extrude	[ikstrúːd] 익스트루드	자 타 돌출하다, 내밀다
exuberant	[igzúːbərənt] 익쥬-버런트	형 무성한, 풍부한
exult	[igzʌ́lt] 익절트	자 무척 기뻐하다, 우쭐대다
eye	[ai] 아이	명 눈, 시력, 눈동자 타 잘 보다
	✓ **catch a person's eye** 사람의 주의를 끌다	
	✓ **keep an eye on** ~을 주의 깊게 보다	
	✓ **shut one's eyes to** ~을 무시하다, 못 본 체하다	
eyeball	[áibɔ̀ːl] 아이볼-	명 안구, 눈알

eyebrow

eyebrow	[áibràu] 아이브라우	명 눈썹
eyelash	[áilæ̀ʃ] 아이래쉬	명 속눈썹
eyelid	[ailìd] 아이리드	명 눈꺼풀, 눈두덩
eye shadow	[aiʃǽdou] 아이섀도우	명 아이섀도(눈 화장품)
eyesight	[áisàit] 아이사이트	명 시력, 시야

fable	[féibəl] 페이벌	몡 우화(寓話), 꾸민 이야기, 전설
fabric	[fǽbrik] 패브릭	몡 조직, 피륙, 직물, 천
fabulous	[fǽbjələs] 패블러스	혱 전설적인, 믿기 어려운
face	[feis] 페이스	몡 낯, 얼굴, 표정 타 자 대면하다

  ✓ **face to face** 대면하여, 마주하고, ~와 충돌해서

  ✓ **in the face of** ~의 면전에서, 에도 불구하고

facilitate	[fəsílətèit] 퍼실러테이트	타 쉽게 하다, 촉진하다, 돕다
facility	[fəsíləti] 퍼실러티	몡 설비, 편의, 재능, 솜씨
fact	[fækt] 팩트	몡 사실, 실제, 진실

  ✓ **as a matter of fact** 사실은, 실제로는

faction	[fǽkʃən] 팩션	몡 도당, 당파, 파벌
factor	[fǽktər] 팩터	몡 요소, 요인, 원동력, 인자
factory	[fǽktəri] 팩터리	몡 공장, 제작소
faculty	[fǽkəlti] 패컬티	몡 능력, 재능, 학부
fade	[feid] 페이드	타 자 시들다, 색이 바래지게 하다
Fahrenheit	[fǽrənhàit] 패런하이트	몡 화씨온도계 혱 화씨의
fail	[feil] 페일	타 자 실수하다, 태만히 하다

  ✓ **not fail to (do)** 반드시 ~하다

  ✓ **without fail** 틀림없이, 반드시

failure	[féiljər] 페일류어	몡 실패, 낙제, 부족
faint	[feint] 페인트	혱 희미한, 약한 자 기절하다
faintly	[féintli] 페인틀리	부 힘없이, 희미하게, 어렴풋이
fair	[fɛər] 페어	혱 아름다운, 고운 몡 박람회

  ✓ **fair and square** 정정당당하게, 공명정대하게

fairly

fairly	[fɛ́ərli] 페얼리	부 바르게, 공평히, 바로
fairy	[fɛ́əri] 페어리	명 요정 형 요정의, 우아한
fairyland	[fɛ́ərilæ̀nd] 페어리랜드	명 요정의 나라, 동화의 나라
faith	[feiθ] 페이쓰	명 신뢰, 신념, 신조
faithful	[féiθfəl] 페이쓰펄	형 성실한, 정확한, 충실한
faithfully	[féiθfəli] 페이쓰펄리	부 충실히, 성실하게, 정숙하게
falcon	[fǽlkən] 팰컨	명 송골매, 매
fall	[fɔ:l] 폴-	자 떨어지다, 함락하다, 지다

✔ **fall behind** 낙오되다, 뒤떨어지다
✔ **fall down** 넘어지다, ~에 실패하다

fallen	[fɔ́:lən] 폴-런	동 fall의 과거분사 형 떨어진
false	[fɔ:ls] 폴-스	형 거짓의, 그릇된 부 거짓으로
falsehood	[fɔ́:lshùd] 폴-스후드	명 거짓, 잘못
falter	[fɔ́:ltər] 포올터	타 자 비틀거리다, 더듬거리다
fame	[feim] 패임	명 명성, 평판 타 유명하게 만들다
familiar	[fəmíljər] 퍼밀리어	형 친한, 흔한, 가까운
familiarity	[fəmiljǽrəti] 퍼밀리애러티	명 친교, 친밀, 친숙
family	[fǽməli] 패멀리	명 가족, 식구
famine	[fǽmin] 패민	명 기근, 굶주림, 결핍
famous	[féiməs] 페이머스	형 유명한, 잘 알려진
fan	[fæn] 팬	명 부채, 선풍기 타 자 부채질하다
fancy	[fǽnsi] 팬시	명 공상, 환상, 변덕 타 공상하다
fantastic	[fæntǽstik] 팬태스틱	형 공상적인, 기묘한, 환상적인
fantasy	[fǽntəsi] 팬터시	명 공상, 환상
far	[fɑ:r] 파-	형 먼, 저쪽의 부 멀리, 아득한

✔ **as far as** ~까지, ~하는 한
✔ **far from ~ing** 결코 ~하지 않다

	✓ by far 훨씬	
fare	[fɛər] 페어	명 요금, 운임, 통행료 자 지내다
farewell	[fɛ̀ərwél] 페어웰	감 안녕 형 작별의 명 작별
farm	[fɑːrm] 팜-	명 농지, 농가 타 자 경작하다
farmer	[fɑ́ːrmər] 파-머	명 농부, 농민
farmhouse	[fɑ́ːrmhàus] 팜-하우스	명 농가, 농부의 집
far-off	[fɑ́ːrɔ́(ː)f] 파-로프	형 아득히 먼, 까마득한
farther	[fɑ́ːrðər] 파-더	형 더 먼, 더 앞의 부 더 멀리
farthest	[fɑ́ːrðist] 파-디스트	형 가장 먼 부 가장 멀리
fascination	[fæ̀sənéiʃən] 패서네이션	명 매혹, 눈독들임
fashion	[fǽʃən] 패션	명 유행, 방식 타 모양을 만들다
	✓ after the fashion of ~을 본따서, ~식으로	
	✓ bring into fashion 유행시키다, 유행하기 시작하다	
	✓ go out of fashion 유행하지 않게 되다, 한물가다	
	✓ in fashion 유행하는	
fashionable	[fǽʃənəbəl] 패셔너벌	형 유행으, 사교계의
fast	[fǽst] 패스트	형 빠른, 긴첩한, 고속의, 단단한
fasten	[fǽsn] 패슨	타 자 단단히 고정시키다, 잠기다
fat	[fæt] 팻	형 살찐, 비대한 명 기름기
fatal	[féitl] 페이틀	형 숙명의, 치명적인, 운명의
fate	[feit] 페이트	명 운명, 숙명, 파멸, 인연
father	[fɑ́ːðər] 파-더	명 아버지, 조상
father-in-law	[fɑ́ːðərinlɔ̀ː] 파-더린로-	명 시아버지, 장인
fathom	[fǽðəm] 패덤	명 길(약 1.8m) 타 수심을 재다
fatigue	[fətíːg] 퍼티-그	명 피로, 피곤 타 지치게 하다
fault	[fɔːlt] 폴-트	명 결점, 과실, 책임
favor	[féivər] 페이버	명 호의, 친절, 은혜, 부탁

favorable

	✓ ask a favor of ~에게 부탁하다	
	✓ in favor of ~를 찬성하여	
favorable	[féivərəbəl] 페이버러벌	형 형편 좋은, 유리한, 호의를 보이는
favorite	[féivərit] 페이버릿	형 마음에 드는 (것) 명 행운아
fear	[fiər] 피어	명 두려움, 공포 타 자 무서워하다
fearful	[fíərfəl] 피어펄	형 무서운, 두려운
fearfully	[fíərfəli] 피어펄리	부 지독히, 두려워하면서
feast	[fi:st] 피-스트	명 축제일, 향연 타 자 잔치를 베풀다
feather	[féðər] 페더	명 깃털, 깃 장식
feature	[fí:tʃər] 피-쳐	명 용모, 특징 타 ~의 특징이 되다
February	[fébruèri] 페브루어리	명 2월(약 Feb.)
federal	[fédərəl] 페더럴	형 연방의, 연방 정부의, 동맹의
federate	[fédərit] 페더릿	타 자 연합시키다, 동맹하다
federation	[fèdəréiʃən] 페더레이션	명 연합, 연방
fee	[fi:] 피-	명 수수료, 요금 타 요금을 치르다
feeble	[fí:bəl] 피-벌	형 약한, 힘없는
feebly	[fí:bli] 피-블리	부 약하게, 힘없이, 무기력하게
feed	[fi:d] 피-드	타 자 먹이다, 기르다
	✓ feed on ~을 먹고 살다, ~으로 기르다	
feeder	[fí:dər] 피-더	명 사육자, 선동자
feel	[fi:l] 필-	타 자 만지다, 더듬다 명 느낌
	✓ feel at ease 안심하다	
	✓ feel like ~ing ~하고 싶은 마음이 들다, ~하고 싶어지다	
feeling	[fí:liŋ] 필-링	명 촉감, 지각, 느낌, 감촉
feet	[fi:t] 피-트	명 foot(다리)의 복수형
feign	[fein] 페인	타 자 가장하다, ~체하다
fell	[fel] 펠	동 fall(떨어지다)의 과거형

fellow	[félou] 펠로우	몡 친구, 동지 휑 동지의
fellowship	[félouʃip] 펠로우쉽	몡 교우, 공동단체, 우정
felt	[felt] 펠트	동 feel(느끼다)의 과거분사
female	[fíːmeil] 피-메일	몡 여성, 암컷 휑 여자의
feminine	[fémənin] 페머닌	휑 여성의, 여자다운
fence	[fens] 펜스	몡 담, 울타리 타 자 방어하다
ferment	[fɔ́ːrment] 퍼-멘트	몡 효소, 발효 타 자 발효시키다
fern	[fəːrn] 펀-	몡 고사리, 양치류
ferry	[féri] 페리	몡 나루터, 나룻배
fertile	[fɔ́ːrtl] 퍼-틀	휑 기름진, 풍부한
fertilize	[fɔ́ːrtəlàiz] 퍼틸라이즈	타 비옥하게 하다
fervent	[fɔ́ːrvənt] 퍼-번트	휑 뜨거운, 열렬한
fervor	[fɔ́ːrvər] 퍼-버	몡 열렬, 열정
festival	[féstəvəl] 페스터벌	몡 축전, 축제일, 향연
fetch	[fetʃ] 패취	타 가서 가져오다, 불러오다
feud	[fjuːd] 퓨-드	몡 불화, 반목, 싸움
feudal	[fjúːdl] 퓨-들	휑 봉건적인, 영지의
feudalism	[fjúːdəlìzəm] 퓨-덜리점	몡 봉건제도
fever	[fíːvər] 피-버	몡 열병, 열, 열광 타 발열시키다
feverish	[fíːvəriʃ] 피-버리쉬	휑 열이 있는, 열병의
few	[fjuː] 퓨-	몡 소수 휑 소수의, 적은
	✔ **a few** 소수의, 두셋의	
	✔ **very few** 극소수의(사람, 물건)	
	✔ **quite a few** 상당수의	
fiance	[fìːɑːnséi] 피-안-세이	몡 (불어) 약혼자(남자)
fiber	[fáibər] 파이버	몡 섬유, 성질, 실
fickle	[fíkəl] 피컬	휑 변덕스러운, 변하기 쉬운

fiction

fiction	[fíkʃən] 픽션	명 소설, 꾸며낸 일, 가정
fiddle	[fídl] 피들	명 바이올린 타 자 바이올린을 켜다
fidelity	[fidéləti] 피델러티	명 충실, 엄수, 성실
field	[fi:ld] 필-드	명 벌판, 들, 목초지
fiend	[fi:nd] 피인드	명 악마, 잔인한 사람
fierce	[fiərs] 피어스	형 사나운, 맹렬한
fiercely	[fiərsli] 피어슬리	부 맹렬히, 지독하게
fiery	[fáiəri] 파이어리	형 불같은, 불길의
fifteen	[fiftí:n] 핍틴-	명 15 형 15의
fifteenth	[fiftí:nθ] 핍틴-쓰	명 열다섯째 형 15번째의
fifth	[fifθ] 핍쓰	명 제 5, 5분의 1 형 5번째의
fifty	[fífti] 핍티	명 50 형 50의, 쉰의
fiftieth	[fíftiiθ] 피프티이쓰	형 제 50의 명 제 50
fig	[fig] 피그	명 무화과, 하찮은 것
fight	[fait] 파이트	명 전투, 다툼 타 자 전투하다

✔ **fight for** ~을 위하여 싸우다
✔ **fight off** 싸워서 격퇴하다

fighter	[fáitər] 파이터	명 전사, 투사, 무인
fighting	[fáitiŋ] 파이팅	명 싸움, 전투, 투쟁
figure	[fígjər] 피겨	명 모양, 형태 타 자 그리다

✔ **figure out** 생각해내다

filament	[fíləmənt] 필러먼트	명 섬유, 꽃실, 필라멘트
file	[fail] 파일	명 서류철, 표지 타 철하다
fill	[fil] 필	타 자 채우다, 가득 차다

✔ **fill up** 가득 채우다, 메우다
✔ **fill with** ~으로 채우다

film	[film] 필름	명 필름, 얇은 막 타 자 얇은 껍질로 덮다

filter	[fíltər] 필터	명 여과기, 여과판 타 자 거르다
filth	[filθ] 필쓰	명 오물, 쓰레기
filthy	[fílθi] 필씨	형 더러운, 추잡한
fin	[fin] 핀	명 지느러미, 어류
final	[fáinəl] 파이널	형 최후의, 결정적인 명 최후, 최종
finally	[fáinəli] 파이널리	부 마침내, 최후로
finance	[finǽns] 피낸스	명 재정, 재무, 재력
financial	[fainǽnʃəl] 파이낸셜	형 재정의, 재무의
find	[faind] 파인드	타 자 찾아내다, 발견하다

- ✔ **find fault with** ~의 흠을 잡다, ~을 비난하다
- ✔ **find one's way** 길을 찾아가다, ~에 도달하다
- ✔ **find out** 발견하다(=discover), 이해하다, 문제를 풀다

fine	[fain] 파인	형 뛰어난, 훌륭한 명 벌금
finely	[fáinli] 파인리	부 훌륭하게, 아름답게, 곱게
finger	[fíŋgər] 핑거	명 손가락 타 자 손가락을 대다
finish	[fíniʃ] 피니쉬	타 자 완성하다, 마치다, 끝내다
finite	[fáinait] 파이나이트	형 한정된, 제한된
fir	[fəːr] 퍼-	명 전나무
fire	[faiər] 파이어	명 불, 화롯불, 모닥불

- ✔ **catch fire** 불붙다, 흥분하다, 열광하다
- ✔ **set fire to** ~에 불을 붙이다
- ✔ **open fire** 사격을 개시하다

fire-engine	[faiərénd3ən] 파이어엔진	명 소방차
fire-fly	[faiərflai] 파이어플라이	명 개똥벌레, 반딧불
fireman	[fáiərmən] 파이어먼	명 소방대원
fireplace	[fáiərplèis] 파이어플레이스	명 (벽)난로
fireworks	[fáiərwə̀ːrk] 파이어워억스	명 불꽃

firm

firm	[fə:rm] 펌-	형 굳은, 단단한 부 굳게
firmly	[fə́:rmli] 펌-리	부 튼튼하게, 굳게
firmness	[fə́:rmnis] 펌-니스	명 견고, 확실
first	[fə:rst] 퍼-스트	형 첫 번째의, 최초의 부 첫째로

- **first of all** 우선 첫째로, 무엇보다도
- **in the first place** 맨 먼저, 무엇보다도 먼저
- **at first** 처음에는, 최초에는

first class	[fə́:rstklǽs] 퍼-스트클래스	형 일류의 부 일등으로
first-rate	[fə́:rstréit] 퍼-스트레이트	형 일류의 부 최고로
fiscal	[fískəl] 피스컬	형 국고의, 회계의
fish	[fiʃ] 피쉬	명 물고기, 생선
fisher	[fíʃər] 피셔	명 물고기를 잡는 동물, 어부
fisherman	[fíʃərmən] 피셔먼	명 어부, 낚시꾼
fist	[fist] 피스트	명 주먹 타 주먹으로 치다
fit	[fit] 피트	형 적당한 타 자 ~에 맞추다

- **fit on** ~에 맞는지 입어보다, 잘 끼우다
- **fit up** 준비하다, 설비하다

fitness	[fítnis] 핏니스	명 적당, 적절, 적합성
five	[faiv] 파이브	명 5 형 5의
fix	[fiks] 픽스	타 자 고정시키다, 고정하다
fixed	[fikst] 픽스트	형 고정된
fixture	[fíkstʃər] 픽스쳐	명 정착물, 비품
flag	[flæg] 플래그	명 기 타 기를 올리다
flake	[fleik] 플레이크	명 얇은 조각, 박편(薄片)
flame	[fleim] 플레임	명 불길, 화염 자 훨훨 타다
flank	[flæŋk] 플랭크	명 옆구리, 측면, 옆구리 살
flannel	[flǽnl] 플래늘	명 플란넬 의류, 융의 일종

		floor
flap	[flæp] 플랩	타 자 펄럭거리다 명 보조익
flare	[flɛər] 플레어	타 자 너울거리는 불길
flash	[flæʃ] 플래쉬	명 섬광, 반짝임 타 자 번쩍이다
flask	[flæsk] 플래스크	명 플라스크, 작은 병
flat	[flæt] 플랫	형 평평한 타 자 평평하게 하다
flatten	[flǽtn] 플래튼	타 자 평평하게 하다, 고르다
flatter	[flǽtər] 플래터	타 아첨하다, 알랑거리다
flattery	[flǽtəri] 플래터리	명 아첨, 걸치레 말
flavor	[fléivər] 플레이버	명 풍미, 맛, 향기
flaw	[flɔː] 플로-	명 흠, 결점 타자 금가다
flax	[flæks] 플랙스	명 아마(삼 종류)
flea	[fliː] 플리-	명 벼룩
flee	[fliː] 플리-	타 자 도망하다, 피하다
fleece	[fliːs] 플리-스	명 양털 타 양털을 깎다
fleet	[fliːt] 플리-트	명 함대
flesh	[fleʃ] 플레쉬	명 살, 식욕, 육욕
flexible	[fléksəbəl] 플렉서벌	형 구부리기 쉬운, 융통성 있는
flicker	[flíkər] 플리커	자 가물거리다 명 깜빡이는 빛
flight	[flait] 플라이트	명 비행, 날기
fling	[fliŋ] 플링	타 자 던지다, 돌진하다
flint	[flint] 플린트	명 부싯돌, 라이타돌 형 고집 센
flirt	[fləːrt] 플러-트	타 자 흔들어대다, 희롱하다
flit	[flit] 플릿	자 훌쩍 날다, 훨훨 날다
float	[flout] 플로우트	타 자 뜨다, 띄우다 명 낚시찌
flock	[flɑk] 플락	명 (양, 새의) 떼 자 떼 지어 오다
flood	[flʌd] 플럿	명 홍수, 만조 타 자 범람하다
floor	[flɔːr] 프로-	명 마루, 층계, 의원석, 바닥

flop

flop	[flɑp] 플랍	타 자 쾅 떨어지다, 실패하다
flora	[flɔ́:rə] 플로-러	명 (한 시대, 한 지역의) 식물상
flounder	[fláundər] 플라운더	명 버둥거림 자 버둥거리다
flour	[flauər] 플라워	명 가루, 밀가루 타 가루를 뿌리다
flourish	[flə́:riʃ] 플러-리쉬	타 자 무성하다, 번창하다
flow	[flou] 플로우	자 흐르다, 지나가다
flower	[fláuər] 플라워	명 꽃 타 자 꽃이 피다, 번영하다
flowery	[fláuəri] 플라워리	형 꽃이 많은, 꽃무늬의
fluid	[flú:id] 플루-이드	명 액체, 유동체 형 유동성의
flush	[flʌʃ] 플러쉬	타 자 얼굴을 붉히다, 왈칵 쏟다
flute	[flu:t] 플루-트	명 피리, 플루트 타 자 피리를 불다
flutter	[flʌ́tər] 플러터	타 자 날개 치다 명 홰치기
fly	[flai] 플라이	명 파리 타 자 날다, 비행하다

- **off the fly** 아무 것도 않고 쉬는
- **on the fly** 날고 있는, 서둘러

flying	[fláiiŋ] 플라이잉	명 비행, 질주 형 나는, 급한
foam	[foum] 포움	명 거품 타 자 거품 일다
focus	[fóukəs] 포우커스	명 초점, 중심점 타 자 집중하다
fodder	[fɑ́dər] 파더	명 마초, 꼴 타 마초를 주다
foe	[fou] 포우	명 적, 원수
fog	[fɔ(:)g] 포그	명 안개 타 안개로 덮다
foggy	[fɔ́(:)gi] 포기	형 안개 짙은, 흐린, 뿌연
foil	[fɔil] 포일	명 (금속의) 박 타 좌절시키다
fold	[fould] 포울드	타 자 접다, 접치다 명 접음, 우리
foliage	[fóuliidʒ] 포울리이쥐	명 (무성한) 나뭇잎
folk	[fouk] 포우크	명 사람들, 가족, 친척
follow	[fɑ́lou] 팔로우	타 자 ~의 뒤를 따라가다, 따르다

	✓ **as follows** 다음과 같이	
	✓ **follow out** 끝까지 해내다	
follower	[fάlouər] 팔로워	명 수행자, 부하, 종자
following	[fάlouiŋ] 팔로우잉	형 다음의, 순후의 명 다음
folly	[fάli] 팔리	명 어리석음, 어리석은 짓
fond	[fand] 판드	형 좋아하여, 다정한, 애정 있는
fondly	[fάndli] 판들리	부 정답게, 귀여워해서
fondness	[fάndnis] 판드니스	명 애호, 자애
food	[fu:d] 푸-드	명 음식물, 자양분
fool	[fu:l] 푸울	명 바보, 어리석은 사람
	✓ **act the fool** 바보 노릇을 하다	
	✓ **make a fool of** ~을 바보로 취급하다	
foolish	[fú:liʃ] 풀-리쉬	형 바보 같은, 어리석은
foot	[fut] 풋	명 발, 피트(=12인치)
	✓ **on foot** 걸어서, 착수되어	
	✓ **set foot in** 착수하다	
football	[fútbɔ̀:l] 풋볼-	명 축구
footing	[fútiŋ] 푸팅	명 발판, 터전, 확고한 지반
footstep	[fútstèp] 풋스텝	명 걸음걸이, 발자국소리
for	[fɔ:r] 포-	전 ~을 우하여, ~대신, ~동안
	✓ **as for me** 나로서는	
	✓ **for a while** 잠시(=for some time)	
	✓ **for ages (years)** 오랫동안, 다년간	
	✓ **for ever** 영원히, 언제나, 끊임없이	
	✓ **for oneself** 스스로, 혼자 힘으로	
forage	[fɔ́:ridʒ] 포-리쥐	명 마초, 사료 타 자 식량을 주다
forbear	[fɔ:rbɛ́ər] 포-베어	타 자 억누르다, 참고 견디다

forbid

forbid	[fərbíd] 퍼비드	타 금하다, 금지하다
forbidden	[fərbídn] 퍼비든	동 forbid의 과거분사 형 금지된
force	[fɔːrs] 포-스	명 힘, 세력 타 폭력을 가하다
fore	[fɔːr] 포-	명 앞면 부 앞에 형 전방의
forecast	[fɔ́ːrkæ̀st] 포-케스트	명 예상 타 예상하다
forefather	[fɔ́ːrfɑ̀ːðər] 포-파-더	명 선조, 조상
forefinger	[fɔ́ːrfìŋgər] 포-핑거	명 집게손가락
forehead	[fɔ́(ː)rid] 포리드	명 이마, 앞부분
foreign	[fɔ́(ː)rin] 포린	형 외국의, 외국풍의, 이질적인
foremost	[fɔ́ːrmòust] 포-모우스트	형 맨 앞의 부 맨 앞에
foresee	[fɔːrsíː] 포-시-	타 자 미리 알다, 예견하다
foresight	[fɔ́ːrsàit] 포-사이트	명 선견지명, 심려, 전망
forest	[fɔ́(ː)rist] 포리스트	명 숲, 삼림 타 숲으로 만들다
foretell	[fɔːrtél] 포-텔	타 자 예언하다, 예고하다
forever	[fərévər] 퍼레버	부 영원히, 언제나
forfeit	[fɔ́ːrfit] 포-피트	명 벌금, 상실 타 상실하다
forge	[fɔːrdʒ] 포-쥐	명 철공장 타 벼리다, 단련하다
forget	[fərgét] 퍼겟	타 잊어버리다, 망각하다
forgive	[fərgív] 퍼깁	타 용서하다, 탕감하다
forgiveness	[fərgívnis] 퍼깁니스	명 용서, 면제
fork	[fɔːrk] 포-크	명 포크, 쇠스랑
forlorn	[fərlɔ́ːrn] 퍼론-	형 버림받은, 고독한, 비참한
form	[fɔːrm] 폼-	명 모양, 형상 타 모양을 짓다
formal	[fɔ́ːrməl] 포-멀	형 정식의, 형식의
formally	[fɔ́ːrməli] 포-멀리	부 형식적으로, 공식으로
formality	[fɔːrmǽləti] 포-멀러티	명 형식, 존중, 형식적 행위
formation	[fɔːrméiʃən] 포-메이션	명 형성, 조직, 구성

former	[fɔ́ːrmər] 포-머	형 앞의, 이전의, 전자의
formerly	[fɔ́ːrmərli] 포-멀리	부 옛날에, 이전에
formidable	[fɔ́ːrmidəbəl] 포-미더벌	형 무서운, 만만치 않은
Formosa	[fɔːrmóusə] 포-모우서	명 타이완, 대만
formula	[fɔ́ːrmjələ] 포-멸러	명 판에 박은 말, (수학)공식, 처방
formulate	[fɔ́ːrmjəlèit] 포-멸레이트	타 공식으로 나타내다
forsake	[fərséik] 퍼세이크	타 (친구, 신앙을)포기하다
fort	[fɔːrt] 포-트	명 보루, 성채
forth	[fɔːrθ] 포-쓰	부 앞으로, 밖으로, ~이후
fortieth	[fɔ́ːrtiiθ] 포-티이쓰	명 제 40 형 제 40의
fortification	[fɔ̀ːrtəfikéiʃən] 포-터피케이션	명 방비, 축성, 요새
fortify	[fɔ́ːrtəfài] 포-티파이	타 견고하게 하다, 뒷받침하다
fortitude	[fɔ́ːrtətjùːd] 포-터튜-드	명 인내, 불굴의 정신
fortnight	[fɔ́ːrtnàit] 포-트나이트	명 2주간, 14일
fortress	[fɔ́ːrtris] 포-트리스	명 요새(要塞), 성채
fortunate	[fɔ́ːrtʃənit] 포-쳐닛	형 행운의, 복 받은, 운 좋은
fortunately	[fɔ́ːrtʃənətli] 포-쳐니틀리	부 운 좋게, 다행히
fortune	[fɔ́ːrtʃən] 포-쳔	명 운, 행운, 우연
forty	[fɔ́ːrti] 포-티	명 40 형 40의
forum	[fɔ́ːrəm] 포-럼	명 대 광장, 법정
forward	[fɔ́ːrwərd] 포-워드	부 앞으로, 향후(=forwards) 형 앞의
fossil	[fásl] 파슬	명 화석 형 화석의
foster	[fɔ́(ː)stər] 포스터	타 기르다, 양육하다, 돌보다
foul	[faul] 파울	형 더러운, 불결한, 천한
foulness	[fáulnis] 파울니스	명 더러움, 불결, 입이 상스러움
found	[faund] 파운드	타 자 기초를 두다, 창설하다
foundation	[faundéiʃən] 파운데이션	명 토대, 기초, 근거

founder

founder	[fáundər] 파운더	명 창설자, 발기인 타 자 침몰하다
fountain	[fáuntin] 파운틴	명 샘, 분수, 원천, 수원
fountain pen	[fáuntinpen] 파운틴펜	명 만년필
four	[fɔːr] 포-	명 4, 넷 형 4의, 넷의
fourteen	[fɔ́ːrtíːn] 포-틴	명 14 형 14의
fourteenth	[fɔ́ːrtíːnθ] 포-티인쓰	명 제 14, 열넷 형 제 14의
fourth	[fɔːrθ] 포-쓰	명 제 4, 네 번째 형 제 4의
fowl	[faul] 파울	명 닭, 가금, 새고기
fox	[fɑks] 팍스	명 여우, 교활한 사람
fraction	[frǽkʃən] 프렉션	명 단편, 부분, 파편
fracture	[frǽktʃər] 프랙쳐	명 부숨, 부러짐 타 자 부수다
fragile	[frǽdʒəl] 프래절	형 부서지기 쉬운, 연약한
fragment	[frǽgmənt] 프렉먼트	명 파편, 단편, 미완성 유고
fragrant	[fréigrənt] 프레익런트	형 냄새가 좋은, 상쾌한
fragrance	[fréigrəns] 프레익런스	명 향기, 방향
frail	[freil] 프레일	형 허약한, 무른
frame	[freim] 프레임	명 뼈대, 구조, 기구 타 만들다
framework	[fréimwə̀ːrk] 프레임워-크	명 틀, 뼈대, 구성
France	[fræns] 프랜스	명 프랑스
frank	[fræŋk] 프랭크	형 솔직한, 숨김없는
frankly	[frǽŋkli] 프랭클리	부 솔직히
frankness	[frǽŋknis] 프랭크니스	명 솔직, 담백
frantic	[frǽntik] 프랜틱	형 광적인, 필사적인
fraternity	[frətə́ːrnəti] 프러터-너티	명 형제간의 우애, 동업
fraud	[frɔːd] 프로-드	명 사기, 부정수단, 사기꾼
freak	[friːk] 프리-크	명 변덕, 기형, 괴물
freckle	[frékl] 프레클	명 주근깨 타 자 얼룩이 생기다

frighten

free	[fri:] 프리-	형 자유로운 타 자유롭게 하다

- be free from ~이 없다
- set a person free ~을 해방시키다
- freight free (운임)무료로

freedom	[fríːdəm] 프리-덤	명 자유, 독립, 해방
freely	[fríːli] 프릴리	부 자유롭게
freeman	[fríːmən] 프리-먼	명 자유 ㅅ 민, 정회원
freeze	[friːz] 프리-즈	타 자 얼어붙다, 얼다
freight	[freit] 프레이트	명 화물 수송, 수상 수송
French	[frentʃ] 프렌취	형 프랑스의, 프랑스어의
Frenchman	[fréntʃmən] 프렌취먼	명 프랑스인
frenzy	[frénzi] 프렌지	명 광란 타 격양시키다
frequent	[fríːkwənt] 프리-퀀트	형 빈번한 타 자주 가다
frequently	[fríːkwəntli] 프리-퀀틀리	부 자주, 빈번하게
fresh	[freʃ] 프레쉬	형 새로운 신선한, 생기 있는
fret	[fret] 프레트	타 자 속 타게 하다, 안달나게 하다
friar	[fráiər] 프라이어	명 수도사
friction	[fríkʃən] 프릭션	명 마찰, 불화, 알력
Friday	[fráidei] 프라이데이	명 금요일(약어 Fri.)
friend	[frend] 프렌드	명 벗, 친구, 동무

- make a friend of a person ~와 친해지다
- make friends (again) 화해하다

friendly	[fréndli] 프렌들리	형 친구의, 우정이 있는
friendship	[fréndʃip] 프렌드쉽	명 우정, 친교, 교우
fright	[frait] 프라이트	명 공포, 경악
frighten	[fráitn] 프라이튼	타 자 놀라게 하다, 겁내다

- be frighten at ~에 놀라다

frightful

frightful	[fráitfəl] 프라이트펄	형 무서운, 추악한
frightfully	[fráitfəli] 프라이트펄리	부 무섭게, 추악하게
fringe	[frindʒ] 프린쥐	명 술, 장식, 외변 타 술을 달다
frivolous	[frívələs] 프리벌러스	형 하찮은, 시시한, 경박한
fro	[frou] 프로우	부 저쪽에
	✓ to and fro 이리저리, 앞뒤로	
frock	[frɑk] 프락	명 부인복, 작업복
frog	[frɔːg] 프록-	명 개구리
frolic	[frálik] 프라릭	명 장난 자 장난치다, 까불다
from	[frʌm] 프럼	전 ~에서, ~부터, ~에 의해
	✓ from hand to mouth 그날 벌어 그날 먹는	
	✓ from time to time 때때로, 종종(=often)	
front	[frʌnt] 프런트	명 앞면 형 정면의 타 자 맞서다
	✓ at the front 싸움터에 가 있는	
	✓ in front of (~의)앞에, 정면의	
frontier	[frʌntíər] 프런티어	명 국경 지방, 변경
frost	[frɔːst] 프로-스트	명 서리 타 서리로 덮다
frosty	[frɔ́ːsti] 프로-스티	형 서리가 내리는, 추운
frown	[fraun] 프라운	타 자 얼굴을 찡그리다
	✓ frown down 무서운 얼굴로 위압하다	
frozen	[fróuzən] 프로우전	동 freeze(얼리다)의 과거분사 형 냉동의
frugal	[frúːgəl] 프루-걸	형 검소한, 알뜰한, 검약한
fruit	[fruːt] 프루-트	명 과일, 과실 타 자 열매를 맺다
fruitless	[frúːtlis] 프루-틀리스	형 효과가 없는, 불모의
fruitful	[frúːtfəl] 플루-트펄	형 열매가 잘 열리는, 효과적인
frustrate	[frʌ́streit] 프러스트레이트	타 (적, 계획을) 꺾다
fry	[frai] 프라이	타 자 기름에 튀기다

frying-pan	[fraiŋpæn] 프라잉팬	명 프라이 팬
fuel	[fjú:əl] 퓨-얼	명 연료 타 자 연료를 공급하다
fugitive	[fjú:dʒətiv] 퓨-져티브	형 일시적인, 덧없는 명 도망자
fulfill	[fulfíl] 풀필	타 이행하다, 완수하다
full	[ful] 풀	형 가득찬, 충분한 부 가득히
	✓ at full speed 전속력으로	
	✓ at the full 한창으로, 최고조로	
	✓ in full 전부, 전액, 자세히	
	✓ to the full 충분히, 마음껏	
fully	[fúli] 풀리	부 충분히, 완전하게, 전혀
fullness	[fúlnis] 풀니스	명 충분, 풍족, 충만
fumble	[fʌ́mbəl] 펌벌	타 자 더듬다, 공을 잡았다 놓치다
fume	[fju:m] 퓨움	명 연기, 증기 타 자 연기가 나다
fun	[fʌn] 펀	명 장난, 재미 타 장난하다
	✓ for fun 재미로	
	✓ make fun of 놀리다, 희롱하다	
function	[fʌ́ŋkʃən] 펑션	명 기능, 작용
fund	[fʌnd] 펀드	명 기금, 자금
fundamental	[fʌ̀ndəméntl] 펀더멘틀	형 근본적인, 중요한
funeral	[fjú:nərəl] 퓨-너럴	명 장례식 형 장례식의
fungus	[fʌ́ŋgəs] 펑거스	명 균, 균류, (곰팡이, 버섯의 균)
funnel	[fʌ́nl] 퍼늘	명 깔때기, 채광 구멍
funny	[fʌ́ni] 퍼니	형 우스운, 이상한
fur	[fəːr] 퍼-	명 모피, 부드러운 털, 털가죽
furious	[fjúəriəs] 퓨어리어스	형 격분한, 맹렬한, 무서운
furiously	[fjúəriəsli] 퓨어리어슬리	부 무섭게, 맹렬히
furnace	[fə́ːrnis] 퍼-니스	명 화덕, 용광로

furnish

furnish	[fə́:rniʃ] 퍼-니쉬	탁 공급하다, 주다
furniture	[fə́:rnitʃər] 퍼-니쳐	명 가구, 비품
furrow	[fə́:rou] 퍼-로우	명 밭고랑, 주름살
further	[fə́:rðər] 퍼-더	형 더욱이, 그 이상의 부 더 멀리
futhermore	[fə́:rðərmɔ:r] 퍼-더모-	부 더욱 더, 그 위에 더
furthest	[fə́:rðist] 퍼-디스트	형 가장 먼(=farthest)
fury	[fjúəri] 퓨어리	명 분격, 광포, 격노
fuse	[fju:z] 퓨-즈	명 퓨즈, 도화선, 신관
fuss	[fʌs] 퍼스	명 공연한 소란, 법석 타 자 속 타다

✔ **make a fuss** 야단법석하다

futile	[fjú:tl] 퓨-틀	형 쓸데없는, 하찮은
future	[fjú:tʃər] 퓨-쳐	명 미래, 장래 형 미래의

✔ **for the future** 장래는, 금후에는(=in (the) future)

✔ **in the near future** 멀지 않아, 오래지 않아

fuzz	[fʌz] 퍼즈	명 잔털, 솜털 타 자 보풀이 일다

gardening

gaiety	[géiəti] 게이어티	명 유쾌, 명랑, 쾌활
gaily	[géili] 게일리	부 유쾌하게, 명랑하게
gain	[gein] 게인	타 자 얻다, 이기다, 도달하다, 늘다

✔ gain on ~에 접근하다, ~을 침식하다

galaxy	[gǽləksi] 갤럭시	명 은하(계), 화려한 사람들
gale	[geil] 게일	명 강풍, 질풍
gall	[gɔ:l] 고올	명 쓸개즙, 담낭, 쓴맛
gallant	[gǽlənt] 갤런트	형 훌륭한, 용감한, 씩씩한
gallery	[gǽləri] 갤러리	명 미술관, 관람석, 화랑
galley	[gǽli] 갤리	명 갤리배(노예가 노 젓는 돛배)
gallon	[gǽlən] 갤런	명 갤런(3.8리터)
gallop	[gǽləp] 갤럽	명 갤럽(말의 질주) 타 자 질주하다
gallows	[gǽlouz] 갤로우즈	명 교수대, 교수형
gamble	[gǽmbəl] 갬벌	타 자 도박을 하다, 투기하다
game	[geim] 게임	명 유희, 오락 타 자 내기하다
gang	[gæŋ] 갱	명 한 떼, 일당
gangster	[gǽŋstər] 갱스터	명 갱 단원
gap	[gæp] 갭	명 갈라진 틈, 빈틈
gape	[geip] 게입	명 하품 자 하품하다, 입 벌리고 멍하니 보다
garage	[gərá:ʒ] 게라지	명 차고, 격납고, 수리공장
garb	[ga:rb] 가브	명 (직업, 지위를 분별하는) 복장
garden	[gá:rdn] 가든	명 뜰, 정원, 유원지
gardener	[gá:rdnər] 가드너	명 정원사, 원예가
gardening	[gá:rdniŋ] 가드닝	명 정원 만들기, 원예, 가꾸기

garland

garland	[gáːrlənd] 가-런드	명 화환 타 ~으로 장식하다
garment	[gáːrmənt] 가-먼트	명 겉옷, 의복
garnish	[gáːrniʃ] 가-니쉬	명 장식 타 장식을 달다
garret	[gǽrit] 개릿	명 다락방
garrison	[gǽrəsən] 개러선	명 수비대, 요새지, 주둔지
garter	[gáːrtər] 가-터	명 양말대님
gas	[gæs] 개스	명 기체, 가스 자 가스를 내다
gaseous	[gǽsiəs] 개시어스	형 가스 모양의, 기체의
gash	[gæʃ] 개쉬	명 깊은 상처 타 깊은 상처를 주다
gasoline	[gæ̀səlíːn] 개솔린-	명 가솔린, 휘발유
gasp	[gæsp] 개스프	타 자 헐떡거리다, 숨이 차다
gate	[geit] 게이트	명 문, 통로, 관문
gateway	[géitwèi] 게이트웨이	명 문, 출입구, 수단
gather	[gǽðər] 개더	타 자 모으다, 채집하다, 모으다

- ✓ **gather flesh** 살찌다, 살이 붙다
- ✓ **gather up** 끌어 모으다, 한데 모으다

gathering	[gǽðəriŋ] 개더링	명 집합, 집회, 수확
gauge	[geidʒ] 게이쥐	명 표준 치수, 자, 계기
gaunt	[gɔːnt] 곤-트	형 여윈, 수척한, 황량한
gauze	[gɔːz] 고-즈	명 가제, 사(紗), 얇은 천
gay	[gei] 게이	형 쾌활한, 화려한, 방탕한
gayly	[géili] 게일리	부 명랑하게, 화려하게(=gaily)
gaze	[geiz] 게이즈	명 응시, 주시 자 응시하다
gear	[giər] 기어	명 톱니바퀴, 연동기, 도구
geese	[giːs] 기-스	명 goose(거위)의 복수
gem	[dʒem] 젬	명 보석 타 보석으로 장식하다
gender	[dʒéndər] 젠더	명 (문법) 성(性), 성칭

gerund

general	[dʒénərəl] 제너럴	형 보통의, 일반적인 명 장군
	✓ **as a general rule** 일반적으로, 보통은	
	✓ **in general** 일반적으로, 대체로	
generally	[dʒénərəli] 제너럴리	부 일반적으로, 대체로
	✓ **generally speaking** 일반적으로 말해서, 대체로	
generate	[dʒénərèit] 제너레이트	타 낳다, 산출하다, 생기다
generation	[dʒénəréiʃən] 제너레이션	명 세대, 발생, 생산
generosity	[dʒènərásəti] 제너라서티	명 관대, 도량이 큼, 대범
generous	[dʒénərəs] 제너러스	형 관대한, 마음이 넓은
generously	[dʒénərəsli] 제너러슬리	부 관대하게, 아낌없이
genial	[dʒíːnjəl] 지-니얼	형 온화한, 쾌적한, 기분 좋은
genius	[dʒíːnjəs] 지-녀스	명 천재, 타고난 자질, 특질
gentle	[dʒéntl] 젠틀	형 상냥한, 온화한, 얌전한
gentleman	[dʒéntlmən] 젠틀먼	명 신사, 점잖은 사람, 귀하
gentleness	[dʒéntlnis] 젠틀니스	명 온화, 상냥, 친절
gently	[dʒéntli] 젠틀리	부 상냥하게, 온화하게
gentry	[dʒéntri] 젠트리	명 신사 사회, 상류 계급
genuine	[dʒénjuin] 제뉴인	형 순수한, 성실한, 진짜인
geography	[dʒiːágrəfi] 지-아그러피	명 지리학, 지리, 지형
geographic	[dʒìːəgrǽfik] 지-어그래픽	형 지리학의, 지세의
geology	[dʒiːálədʒi] 지-알러쥐	명 지질학, 지질
geometry	[dʒiːámətri] 지-아머트리	명 기하학, 기하학 책
germ	[dʒəːrm] 져엄	명 어린 쏵, 병원균, 세균
German	[dʒə́ːrmən] 져-먼	형 독일의 명 독일사람
Germany	[dʒə́ːrməni] 져-머니	명 독일
germinate	[dʒə́ːrmənèit] 져-머네이트	타 자 발아하다, 발아시키다
gerund	[dʒérənd] 제런드	명 (문법) 동명사

gesture

gesture	[dʒéstʃər] 제스쳐	명 손짓, 몸짓, 태도, 거동
get	[get] 겟	타 자 얻다, 획득하다, 도착하다

- ✓ **get ahead of** ~를 능가하다
- ✓ **get at** ~에 도달하다, 이해하다
- ✓ **get along** 살아가다, 나아가다
- ✓ **get in touch with** ~와 연락하다

ghastly	[gǽstli] 개스틀리	형 송장같은 부 송장같이
ghost	[goust] 고우스트	명 유령, 환상, 망령
giant	[dʒáiənt] 자이언트	명 거인, 거물 형 거대한
giddy	[gídi] 기디	형 현기증나는, 어지러움
gift	[gift] 기프트	명 선물, 선사품 타 선사하다
gifted	[gíftid] 기프티드	형 천부의 재주가 있는, 수재의
gigantic	[dʒaigǽntik] 자이갠틱	형 거인같은, 거대한
giggle	[gígəl] 기걸	자 낄낄거리다 형 낄낄 웃겨
gild	[gild] 길드	타 금을 입히다, 금 도금하다
gill	[gil] 길	명 (물고기의) 아가미, 처녀, 소녀
gilt	[gilt] 길트	동 gild의 과거분사 형 금 도금한
gin	[dʒin] 진	명 진(술 이름)
ginger	[dʒíndʒər] 진져	명 생강, 정력, 원기
gingerbread	[dʒíndʒərbrèd] 진져브레드	명 생강이 든 빵 명 싸구려
gingham	[gíŋəm] 깅엄	명 깅엄(줄무늬가 있는 무명)
giraffe	[dʒərǽf] 지래프	명 기린
gird	[gəːrd] 거드	타 허리띠로 졸라매다
girdle	[gə́ːrdl] 거들	명 띠, 허리띠
girl	[gəːrl] 거얼	명 소녀, 계집아이
give	[giv] 기브	타 자 주다, 선사하다, 증여하다

- ✓ **give away** 그냥 주다, 수여하다

	✔ **give in** (보고서 등을) 제출하다, 건네주다	
	✔ **give over** 내어주다, 양도하다, 맡기다	
	✔ **give up** 포기하다	
given	[gívən] 기븐	동 give(주다)의 과거분사
giver	[gívər] 기버	명 주는 사람, 기증자
glacier	[gléiʃər] 글레이셔	명 빙하
glad	[glæd] 글래드	형 기쁜, 기쁜 듯한, 즐거운
	✔ **be grad to** ~해서 기쁘다, 기꺼이 ~하다	
gladly	[glǽdli] 글래들리	부 기쁘게, 기꺼이
gladness	[glǽdnis] 글래드니스	명 기쁨, 기꺼움, 즐거움
glade	[gleid] 글레이드	명 숲속의 빈터
glamour	[glǽmər] 글래머	명 마력, 신비한 매력
glance	[glæns] 글랜스	명 힐끗 봄, 일견 타 자 힐끗 보다
	✔ **at a glance** 슬쩍 보아서	
gland	[glænd] 글랜드	명 선(腺)
glare	[glɛər] 글레어	명 번쩍이는 빛, 섬광
glass	[glæs] 글래스	명 유리컵 타 유리를 끼우다
glaze	[gleiz] 글레이즈	타 자 유리를 끼우다, 매끄럽게 되다
gleam	[gli:m] 글림-	명 어렴풋한 빛 자 번쩍이다
glee	[gli:] 글리-	명 환희, 유쾌
glen	[glen] 글렌	명 협곡, 작은 골짜기
glide	[glaid] 글라이드	타 자 미끄러지다, 미끄러뜨리다
glider	[gláidər] 글라이더	명 글라이더, 활주자
glimmer	[glímər] 글리머	자 희미하게 빛나다 명 미광
glimpse	[glimps] 글림프스	명 힐끗 봄, 언뜻 봄
glint	[glint] 글린트	자 반짝이다 명 반짝이는 빛
glisten	[glísn] 글리슨	자 반짝 빛나다 명 반짝 빛나는 빛

glitter

glitter	[glítər] 글리터	자 반짝반짝 빛나다 명 반짝임
globe	[gloub] 글로우브	명 공, 지구, 천체
gloom	[gluːm] 글룸-	명 암흑, 어둠 타 자 어두워지다
gloomy	[glúːmi] 글루-미	형 어두운, 음울한
glorify	[glɔ́ːrəfài] 글로-러파이	타 찬미하다, 칭송하다
glorious	[glɔ́ːriəs] 글로-리어스	형 영광스러운, 빛나는
glory	[glɔ́ːri] 글로-리	명 영광, 영예 자 기뻐하다
gloss	[glɔːs] 글로-스	명 광택, 허식, 윤
glossy	[glɔ́(ː)si] 글로시	형 광택이 있는, 겉만 차리는
glove	[glʌv] 글러브	명 장갑, (야구, 권투용) 글러브
glow	[glou] 글로우	자 타다 명 백열, 작열
glue	[gluː] 글루-	명 아교 타 아교로 붙이다
gnat	[næt] 냇	명 등에, 모기, 각다귀
gnaw	[nɔː] 노-	타 자 갉아먹다, 물다
go	[gou] 고우	자 가다, 나아가다, 지나가다

- ✓ **go about** 여기저기 돌아다니다
- ✓ **go away** 떠나다, 가 버리다
- ✓ **go on** ~을 계속하다
- ✓ **go without** ~없이 지내다

goal	[goul] 고울	명 결승점, 목표, 득점
goat	[gout] 고우트	명 염소, 호색한
gobble	[gábəl] 가벌	타 자 게걸스레 먹다, 채어가다
goblet	[gáblit] 가블릿	명 받침 달린 컵
goblin	[gáblin] 가블린	명 요마, 도깨비, 마귀
god	[gɑd] 갓	명 신, 하느님 타 신격화하다

- ✓ **by God** 하늘에 맹세코, 꼭
- ✓ **for God's sake** 제발

gorgeous

- ✓ **God bless me!** 저런! 어이쿠!
- ✓ **God willing** 사정이 허락하면

goddess	[gádis] 가디스	명 여신
godfather	[gádfɑ̀:ðər] 갓파-더	명 (세례식 때의) 대부(代父)
godmother	[gádmʌ̀ðər] 갓머더	명 (세례식 때의) 대모(代母)
going	[góuiŋ] 고우잉	명 가는 것, 출발, 여행 형 진행 중의
gold	[gould] 고울드	명 금, 황금, 금화 형 금의
golden	[góuldən] 고울던	형 금빛으, 금의, 황금빛의
goldfish	[góuldfìʃ] 고울드피쉬	명 금붕어
goldsmith	[góuldsmìθ] 고울드스미쓰	명 금 세공인
golf	[gɑlf] 갈프	명 골프 자 골프를 치다
gone	[gɔ:n] 곤-	동 go의 과거분사 형 사라진
good	[gud] 굿	형 좋은, 잘된, 훌륭한, 착한

- ✓ **good at (in)** ~에 능숙한
- ✓ **good for nothing** 아무 도움이 안 되는, 어떤 능력도 없는
- ✓ **be no good** 도움이 되지 않다, 틀렸다
- ✓ **for good** 영원히

good-by	[gùdbái] 굿바이	감 안녕히! 명 고별, 작별
good-looking	[gúdlúkiŋ] 굿루킹	형 잘 생긴, 핸섬한
goodly	[gúdli] 굿리	형 상당한, 훌륭한
good-natured	[gúdnéitʃərd] 굿네이쳐드	형 사람이 좋은, 온후한
goodness	[gúdnis] 굿니스	명 친절, 미덕, 우수
goods	[gudz] 굿즈	명 재산, 상품
goodwill	[gúdwíl] 굿윌	형 호의, 동정
goose	[gu:s] 구-스	명 거위, 바보
gorge	[gɔ:rdʒ] 고-쥐	명 골짜기, 식도
gorgeous	[gɔ́:rdʒəs] 고-져스	형 호화스러운, 굉장한

gosh

gosh	[gɑʃ] 가쉬	감 아이쿠! 큰일 났군!
gospel	[gáspəl] 가스펄	명 (예수의) 복음, 교리, 진리
gossip	[gásip] 가십	명 잡담 자 잡담하다
Gothic	[gáθik] 가씩	형 고딕 양식의, 고트족의
govern	[gʌ́vərn] 거번	타 자 통치하다, 관리하다
government	[gʌ́vərnmənt] 거번먼트	명 통치, 지배, 정치
governor	[gʌ́vərnər] 거버너	명 통치자, 지사, 장관
gown	[gaun] 가운	명 긴 겉옷, 가운, 드레스
grab	[græb] 그랩	타 자 움켜잡다, 잡아채다
grace	[greis] 그레이스	명 우아, 매력, 얌전한
gracious	[gréiʃəs] 그레이셔스	형 고상한, 매력 있는, 우아한
grade	[greid] 그레이드	명 단체, 계급, 등급
gradual	[grædʒuəl] 그래주얼	형 점차적인, 서서히 하는
gradually	[grædʒuəli] 그래주얼리	부 점차로, 서서히
graduate	[grædʒuèit] 그래주에이트	타 등급을 매기다 자 자격을 따다
graduation	[grædʒuéiʃən] 그래주에이션	명 졸업, 학위 수여
graft	[græft] 그랩트	명 접목, 눈접 타 자 접목하다
grain	[grein] 그레인	명 곡식, 낟알, 미량
gram	[græm] 그램	명 그램(g)
grammar	[græmər] 그래머	명 문법, 문법책
grand	[grænd] 그랜드	형 웅대한, 장엄한, 광대한
grandfather	[grændfɑ̀:ðər] 그랜드파-더	명 할아버지, 조부
grandma	[grændmɑ̀:] 그랜드마-	명 할머니(구어)
grandmother	[grændmʌ̀ðər] 그랜드머더	명 조모, 할머니
grandpa	[grændpɑ̀:] 그랜드파-	명 할아버지(구어)
grandson	[grændsʌ̀n] 그랜드선	명 손자
granite	[grǽnit] 그래니트	명 화강암, 쑥돌

granny	[grǽni] 그래니	몡 할머니, 노파(구어)
grant	[grænt] 그랜트	태 승낙하다, 수여하다
	✓ grant (granted) that 설사~이라 하더라도	
	✓ take ~ for granted ~을 당연하다고 생각하다	
grape	[greip] 그레이프	몡 포도, 포도나무
grapple	[grǽpəl] 그래펄	태 자 꽉 잡다, 맞붙어 싸우다
grasp	[græsp] 그래습	태 잡다, 쥐다, 이해하다
grass	[græs] 그래스	몡 풀, 목초, 목장
grasshopper	[grǽshɑ̀pər] 그래스하퍼	몡 메뚜기, 여치
grassy	[grǽsi] 그래시	혱 녹색의, 풀이 무성한
grate	[greit] 그레이트	몡 쇠살판 태 자 문지르다, 갈다
grateful	[gréitfəl] 그레잇펄	혱 감사히 여기는, 고마운
gratefully	[gréitfəli] 그레잇펄리	부 고맙게 여겨, 감사하며
gratify	[grǽtəfài] 그래터파이	태 만족시키다, 기쁘게 하다
gratitude	[grǽtətjùːd] 그래터튜-드	몡 감사, 사의
grave	[greiv] 그레이브	몡 무덤, 죽음 혱 중대한, 진지한
gravely	[gréivəli] 그레이벌리	부 진지하게, 중대하게
gravel	[grǽvəl] 그래벌	몡 자갈 태 자갈을 깔다
gravitation	[grævətéiʃən] 그래버테이션	몡 인력, 중력
gravity	[grǽvəti] 그래버티	몡 중력, 중량, 엄숙
gravy	[gréivi] 그레이비	몡 고기국쿨(소스)
gray	[grei] 그레이	몡 회색, 황혼 혱 어두운, 창백한
graze	[greiz] 그레이즈	태 자 풀을 뜯어 먹다 몡 목축
grease	[griːs] 그리-스	몡 짐승의 기름 태 기름을 바르다
great	[greit] 그레이트	혱 큰, 위대한, 훌륭한
greatly	[gréitli] 그레이틀리	부 크게, 대단히, 위대하게
greatness	[gréitnis] 그레이트니스	몡 위대, 거대

Greece

Greece	[griːs] 그리-스	명 그리스
greedy	[gríːdi] 그리-디	형 탐욕스러운, 욕심 많은
Greek	[griːk] 그리-크	형 그리스의 명 그리스 사람
green	[griːn] 그린-	형 초록색의, 싱싱하게 푸른
greet	[griːt] 그리-트	타 인사하다, 환영하다
greeting	[gríːtiŋ] 그리-팅	명 인사, 경례
grey	[grei] 그레이	명 회색 형 백발의, 회색의
greyhound	[gréihàund] 그레이하운드	명 그레이하운드(사냥개의 이름)
grief	[griːf] 그리-프	명 비탄, 슬픔
	✓ **come to grief** 다치다, 재난을 당하다	
grievance	[gríːvəns] 그리-번스	명 불만, 불평
grieve	[griːv] 그리-브	타 자 슬퍼하다, 슬프게 하다
grievous	[gríːvəs] 그리-버스	형 괴롭히는, 쓰라린, 슬픈
grim	[grim] 그림	형 엄한, 무서운, 불굴의
grin	[grin] 그린	자 씩 웃다, 싱글거리다
grind	[graind] 그라인드	타 자 맷돌질하다, 빻다, 찧다
grip	[grip] 그립	타 잡기 타 자 잡다, 고착하다
grit	[grit] 그릿	명 (기계에 장애되는) 잔모래, 용기
grizzly	[grízli] 그리즐리	타 회색의, 회색을 띤
groan	[groun] 그로운	자 신음하다 명 신음소리
grocer	[gróusər] 그로우서	명 식료품상, 잡화상
grocery	[gróusəri] 그로우서리	명 식료품점, 잡화류
groom	[gru(ː)m] 그루움	명 마부, 신랑 타 몸차림시키다
groove	[gruːv] 그루-브	명 가늘고 긴 홈, 정해진 순서
grope	[group] 그로웁	타 자 더듬다, 손으로 더듬다
gross	[grous] 그로우스	형 조잡한, 총량의
grotesque	[groutésk] 그로우테스크	형 괴상한, 터무니없는

ground	[graund] 그라운드	명 땅, 지면 타 자 세우다
	✓ **break ground** 땅을 일구다, 건축을 시작하다	
	✓ **come to the ground** 망하다, 지다	
group	[gru:p] 그룹	명 무리, 집단 타 자 모으(이)다
grouse	[graus] 그라우스	명 뇌조류, 불평 자 불평하다
grove	[grouv] 그로웁	명 작은 숲, 수풀
grow	[grou] 그로우	타 자 성장하다, 성장시키다
	✓ **grow up** 어른이 되다, 다 자라다	
growl	[graul] 그라울	자 으르렁거리다 명 불만의 소리
grown-up	[gróunʌ̀p] 그로운업	명 어른 형 어른이 된
growth	[grouθ] 그로우쓰	명 성장, 발육, 발달
grub	[grʌb] 그럽	타 파내다, 개간하다
grudge	[grʌdʒ] 그러쥐	타 아까워하다 명 원한, 질투
gruff	[grʌf] 그러프	형 무뚝뚝한, 거친, 난폭한
grumble	[grʌ́mbəl] 그럼벌	타 자 불평하다, 투덜거리다
grunt	[grʌnt] 그런트	타 푸념하다 명 불평
guarantee	[gæ̀rəntí:] 개런티-	명 보증, 보장, 출연료 타 보증하다
guaranty	[gǽrənti] 개런티	명 보증, 담보
guard	[gɑːrd] 가-드	명 경계, 감시 타 지키다
	✓ **be on guard** 지키다, 보초를 서다, 경계를 하다	
	✓ **off guard** 비번으로	
	✓ **off one's guard** 경계를 게을리 하여, 방심하여	
guardian	[gɑ́ːrdiən] 가-디언	명 보호자, 후견인
guess	[ges] 게스	명 추측 자 추측하다
guest	[gest] 게스트	명 손님, 숙박인
guidance	[gáidəns] 가이던스	명 안내, 지도, 지휘
guide	[gaid] 가이드	명 안내자, 지도자 타 안내하다

guild

guild	[gild] 길드	명 동업, 조합, 길드
guilt	[gilt] 길트	명 죄, 범죄
guiltless	[gíltlis] 길틀리스	형 죄 없는, 경험 없는
guilty	[gílti] 길티	형 유죄의
guise	[gaiz] 가이즈	명 외관, 복장, 외양
guitar	[gitá:r] 기타-	명 기타
gulf	[gʌlf] 걸프	명 만(灣), 심연(深淵)
gulp	[gʌlp] 걸프	타 자 꿀꺽꿀꺽 마시다, 삼키다
gum	[gum] 검	명 고무, 껌, 잇몸
gun	[gʌn] 건	명 대포, 총, 소총 자 총으로 쏘다
gunner	[gʌ́nər] 거너	명 포수, 포병, 사냥꾼
gunpowder	[gʌ́npàudər] 건파우더	명 화약
gush	[gʌʃ] 거쉬	타 자 분출하다, 내뿜다 명 분출
gust	[gʌst] 거스트	명 돌풍, (감정의) 폭발
gutter	[gʌ́tər] 거터	명 홈통, 하수도 타 자 도랑을 만들다
guy	[gai] 가이	명 사내, 놈
gym	[dʒim] 짐	명 체육관, 체조장
gymnasium	[dʒimnéiziəm] 짐네이지엄	명 체조장, 실내체육관
gymnastic	[dʒimnǽstik] 짐내스틱	형 체조의, 체육의
gymnastics	[dʒimnǽstiks] 짐내스틱스	명 체조, 훈련, 운동
gypsy	[dʒípsi] 집시	명 집시(유랑민족), 방랑자

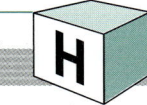

ha	[ha:] 하―	감 하아! 허! 야!
habit	[hǽbit] 해빗	명 버릇, 습관, 성질
habitation	[hæ̀bətéiʃən] 해버테이션	명 거주, 주소, 주택
habitual	[həbítʃuəl] 허비츄얼	형 습관적인, 평소의
hack	[hæk] 핵	타 자 자르다, 난도질 명 칼자국
had	[hæd] 해드	동 have(가지다)의 과거

- had better ~하는 편이 낫다
- had it not been for ~이 없었다면

hail	[heil] 헤일	명 싸락눈, 우박 타 자 우박이 오다
hair	[hɛər] 헤어	명 털, 머리털
hale	[heil] 헤일	형 정정한, 근력이 좋은
half	[hæf] 해프	명 절반 부 절반 형 절반의
halfpenny	[héipəni] 헤이퍼니	명 반페니(동전) 형 하찮은
halfway	[hǽfwéi] 해프웨이	형 중도의, 중쯤 부 중도에
hall	[hɔ:l] 홀―	명 집회장 넓은 방, 홀
hallo	[həlóu] 헐로우	감 어이, 이봐 타 자 여보세요!
halt	[hɔ:lt] 홀―트	명 정지, 휴게 타 자 정지하다
halves	[hævz] 해브즈	명 half(절반)의 복수
ham	[hæm] 햄	명 햄, 동물의 넓적다리
hamlet	[hǽmlit] 햄릿	명 작은 마을
hammer	[hǽmər] 해머	명 망치 타 자 망치로 두드리다
hammock	[kǽmək] 해먹	명 달아맨 그물침대
hamper	[hǽmpər] 햄퍼	타 방해하다, 곤란하게 하다
hand	[hænd] 핸드	명 손, 일꾼 타 넘겨주다

handicap

- **a bird in the hand** 확실한 소유물
- **at hand** 가까이에
- **have a hand for** ~에 솜씨가 있다
- **hand out** 나눠주다

handicap	[hǽndikæ̀p] 핸디캡	명 핸디캡 타 핸디를 붙이다
handkerchief	[hǽŋkərtʃif] 행커치프	명 손수건, 목도리
handle	[hǽndl] 핸들	명 자루, 손잡이 타 조종하다
handsome	[hǽnsəm] 핸섬	형 잘 생긴, 훌륭한, 상당한
handy	[hǽndi] 핸디	형 능숙한, 알맞은, 편리한
hang	[hæŋ] 행	타 자 걸다, 매달리다, 내리다

- **hang around** 어슬렁거리다
- **hang up** 전화를 끊다

hanging	[hǽŋiŋ] 행잉	명 교수(형), 커튼 형 축 늘어진
happen	[hǽpən] 해펀	자 일어나다, 생기다

- **happen to do** 우연히 ~하다

happening	[hǽpəniŋ] 해퍼닝	명 우발적 사건, 사건
happiness	[hǽpinis] 해피니스	명 행복, 행운, 만족
happy	[hǽpi] 해피	형 행복한, 행운의, 운 좋은
happily	[hǽpili] 해필리	부 행복하게, 다행히
harass	[hǽrəs] 해러스	타 지긋지긋하게 괴롭히다
harbor	[há:rbər] 하-버	명 항구, 피난처 타 자 숨기다
hard	[ha:rd] 하-드	형 굳은, 어려운, 단단한

- **have a hard time (of it)** 몹시 혼이 나다, 몹시 고생하다
- **be hard up** 궁해 있다, 쪼들리고 있다

harden	[há:rdn] 하-든	타 자 굳어지다, 단단하게 하다
hardly	[há:rdli] 하-들리	부 거의 ~않다, 간신히, 겨우

- **hardly ever** 좀처럼 ~않다

	✓ **hardly ~ when (before)** ~하자마자	
hardship	[hɑ́ːrdʃip] 하-드쉽	명 고난, 고성
hardware	[hɑ́ːrdwɛ̀ər] 하-드웨어	명 철물, 철기류
hardy	[hɑ́ːrdi] 하-디	형 튼튼한, 저항성의
hare	[hɛər] 헤어	명 산토끼
harm	[hɑːrm] 함-	명 손해, 해악 타 해치다
	✓ **come to harm** 다치다, 불행에 빠지다	
harmful	[hɑ́ːrmfəl] 함-펄	형 해로운
harmless	[hɑ́ːrmlis] 함-리스	형 해 없는, 악의 없는
harmonious	[hɑːrmóuniəs] 하-모우녀스	형 가락이 맞는, 조화된
harmony	[hɑ́ːrməni] 하-머니	명 조화, 화합
	✓ **in harmony with** ~와 조화하여, 의좋게	
harness	[hɑ́ːrnis] 하-니스	명 마구(馬具) 타 마구를 채우다
harp	[hɑːrp] 하-프	명 하프 자 하프를 타다
harrow	[hǽrou] 해로우	명 써레 타 자 써레질하다
harry	[hǽri] 해리	타 침략하다-, 약탈하다 명 악마
harsh	[hɑːrʃ] 하-쉬	형 거친, 귀에 거슬리는, 껄껄한
harshly	[hɑ́ːrʃli] 하-쉴리	부 거칠게, 가혹하게, 엄하게
harvest	[hɑ́ːrvist] 하-비스트	명 수확, 추수 타자 추수하다
has	[hæz] 해즈	동 have의 3인칭 단수
haste	[heist] 헤이스트	명 서두름, 성급함 타 자 재촉하다
	✓ **make haste** 서두르다	
hasten	[héisn] 헤이슨	타 자 서두르게 하다, 재촉하다
hasty	[héisti] 헤이스티	형 성급한, 경솔한
hastily	[héistili] 헤이스틸리	부 급히 서둘러서, 급하게
hat	[hæt] 햇	명 (테가 있는)모자
hatch	[hætʃ] 해취	타 자 알을 까다 명 부화, 수문

hatchet

hatchet	[hǽtʃit] 해칫	명 손도끼
hate	[heit] 해잇	타 미워하다, 싫어하다 명 증오
hateful	[héitfəl] 해잇펄	형 밉살스러운, 괘씸한
hatred	[héitrid] 해이트리드	명 증오, 혐오
haughty	[hɔ́ːti] 호-티	형 오만한, 거만한
haughtily	[hɔ́ːtili] 호-틸리	부 거만하게, 오만하게
haul	[hɔːl] 호올	타 자 끌어당기다, 잡아끌다
	✓ **haul off** 침로를 바꾸다, 물러서다	
haunt	[hɔːnt] 혼-트	타 자 자주 가다, 종종 방문하다
have	[hæv] 해브	타 가지고 있다, 먹다, 시키다
	✓ **have a good time** 즐겁게 지내다	
	✓ **have only to** ~하기만 하면 되다	
	✓ **have to do with** ~와 관계가 있다	
havoc	[hǽvək] 해벅	명 파괴, 대 황폐
Hawaii	[həwáiiː] 허와이이-	명 하와이
hawk	[hɔːk] 호-크	명 매 타 자 매를 부리다
hawthorn	[hɔ́ːθɔːrn] 호-쏘온	명 산사나무, 서양 산사나무
hay	[hei] 헤이	명 건초, 마른 풀, 마초
hazard	[hǽzərd] 해저드	명 운, 위험, 모험
haze	[heiz] 헤이즈	명 아지랑이, 안개 자 아련하다
hazel	[héizəl] 헤이절	명 개암나무 형 담갈색의
he	[hiː] 히-	대 그는, 그가, 그 사람, 그 자
head	[hed] 헤드	명 머리, 두뇌, 지력
	✓ **in one's head** 머릿속에서, 암산으로	
	✓ **keep one's head (right)** 침착을 유지하다	
	✓ **laugh one's head off** 크게 웃다	
headache	[hédèik] 헤데익	명 두통, 두통거리

headlight	[hédlàit] 헤들라이트	명 헤드라이트, 전조등
headline	[hédlàin] 헤들라인	명 제목, 표제 타 제목을 붙이다
headlong	[hédlɔ̀:ŋ] 헤들롱-	부 거꾸로, 똑바로 형 거꾸로의
headquarters	[hédkwɔ̀:rtərz] 헤드쿼-터즈	명 본부, 사령부
heal	[hi:l] 히일	타 자 낫게 하다, 고치다, 낫다
health	[helθ] 헬쓰	명 건강, 건강상태
healthful	[hélθfəl] 헬쓰펄	형 건강에 좋은, 건전한
healthy	[hélθi] 헬씨	형 건강한, 위생적인, 건강해 보이는
heap	[hi:p] 힙-	명 더미, 덩어리
	✔ a heap of 다량의, 많은	
hear	[hiər] 히어	타 자 듣다, 들리다
	✔ hear about ~에 대하여 상세히 듣다	
	✔ hear from ~에게서 소식이 있다, 편지를 받다	
	✔ hear of ~의 소식을 듣다	
hearer	[híərər] 히어러	명 듣는 사람
hearing	[híəriŋ] 히어링	명 청취, 청력, 청각
	✔ gain (get) a hearing 발언권을 주다	
heart	[ha:rt] 하-트	명 심장, 마음, 가슴, 흉부
	✔ at heart 내심은, 사실은	
	✔ have no heart 인정머리 없다	
hearth	[ha:rθ] 하-쓰	명 난로, 난로가
hearty	[há:rti] 하-티	형 진심에서 우러나오는, 친절한
heat	[hi:t] 히-트	명 열, 더움 타 자 뜨겁게 하다
heater	[hì:tər] 히-터	명 난방장치, 난로
heath	[hi:θ] 히-쓰	명 황야의 작은 관목
heathen	[hí:ðən] 히-던	명 이교도 이방인 형 이교도의
heave	[hi:v] 히-브	타 자 들어 올리다, 부풀리다

heaven

heaven	[hévən] 헤번	명 하늘, 상공, 하느님
heavenly	[hévənli] 헤번리	형 하늘의, 천국 같은, 거룩한
heavily	[hévili] 헤빌리	부 무겁게, 격하게
heavy	[hévi] 헤비	형 무거운, 묵직한, 대량의
Hebrew	[híːbruː] 히-브루-	명 히브리 사람, 이스라엘 사람
hectare	[héktɛər] 헥테어	명 헥타르, 1만 평방m
hedge	[hedʒ] 헤쥐	명 (산)울타리 타 칸막이하다
heed	[hiːd] 히-드	명 조심, 주의 타 자 주의하다
heedless	[híːdlis] 히-들리스	형 조심성 없는, 경솔한
heel	[hiːl] 히일	명 뒤꿈치 타 뒤축을 대다
height	[hait] 하이트	명 높이, 고도, 키
heighten	[háitn] 하이튼	타 자 높이다, 높아지다, 증가하다
heir	[ɛər] 에어	명 상속인, 후계자
hello	[helóu] 헬로우	감 안녕하세요. 여보세요!
helm	[helm] 헬름	명 키, 자루 타 키를 잡다
helmet	[hélmit] 헬밋	명 투구, 헬멧, 철모
help	[help] 헬프	타 자 돕다, 도움이 되다

- ✔ help out (곤란 등에서)구출하다
- ✔ help through 도와서 완성시키다
- ✔ help a person to 사람을 도와서 ~을 얻게 하다

helper	[hélpər] 헬퍼	형 원조자, 구조자, 조수
helpful	[hélpfəl] 헬프펄	형 도움이 되는, 유용한
helpless	[hélplis] 헬플리스	형 어찌할 도리 없는, 당혹한
hemisphere	[hémisfiər] 헤미스피어	명 반구
hemlock	[hémlɑk] 헴락	명 독당근
hemp	[hemp] 헴프	명 대마, 삼, 교수형의 밧줄
hen	[hen] 헨	명 암탉, 암컷

hesitate

hence	[hens] 헨스	분 지금부터, 이제부터
henceforth	[hènsfɔ́:rθ] 헨스포-쓰	형 이후, 차후, 이제부터는
her	[hə:r] 허-	대 그 여자의, 그 여자에게
herald	[hérəld] 헤럴드	명 전령관, 사자 타 전달하다
herb	[hə:rb] 허-브	명 풀, 약용 식물
herd	[hə:rd] 허-드	명 떼, 군중
here	[hiər] 히어	부 여기에, 여기로

✓ **here and there** 여기저기에서
✓ **Here you are.** (물건을 건네줄 때) 여기 있습니다.

hereafter	[híəræftər] 히어래프터	부 앞으로, 이제부터는
hereby	[hìərbái] 히어바이	부 이에 의하여, 이 결과
hereditary	[hirédətèri] 히레더테리	형 세습의, 유전의
herein	[hìərín] 히어린	부 여기에, 이 속에
heresy	[hérəsi] 헤러시	명 이교(異敎), 이단(異端), 이론
heretic	[hérətik] 헤러틱	명 이교도 형 이교의, 이단의
heritage	[héritidʒ] 헤리티쥐	명 유산, 상속재산, 전통
hermit	[hə́:rmit] 허-미트	명 은둔자, 수행자
hero	[hí:rou] 히-로우	명 영웅, (연극, 소설 속의)주인공
heroic	[hiróuik] 히로우익	형 영웅적인, 용감한
heroine	[hérouin] 헤로우인	명 여장부, 여걸, 여주인
heroism	[hérouìzəm] 헤로우이점	명 영웅죠 행위, 장렬
heron	[hérən] 헤런	명 왜가리
herring	[hériŋ] 헤링	명 청어
hers	[hə:rz] 허-즈	명 그 여자의 것
herself	[hə:rsélf] 허-셀프	대 그녀 자신, 본래의 그녀
he's	[hi:z] 하-즈	약 he is, he has의 줄임
hesitate	[hézətèit] 헤저테이트	자 망설이다, 주저하다

hesitation	[hèzətéiʃən] 헤저테이션	몡 망설임, 주저, 말 더듬음
hew	[hju:] 휴-	탄 자 (도끼 따위로) 자르다
hey	[hei] 헤이	감 야! 어이!
hickory	[híkəri] 히커리	몡 호도 과의 나무(스키 용재)
hid	[hid] 히드	동 hide(감추다)의 과거
hide	[haid] 하이드	탄 자 숨기다, 감추다, 덮다
hideous	[hídiəs] 히디어스	형 끔찍한, 섬뜩한, 소름끼치는
high	[hai] 하이	형 높은, 높이 올라간 부 높게

- **get high** (술, 마약 따위에) 취하다
- **high time** 꼭 좋을 때
- **live high** 사치스럽게 지내다

highland	[háilənd] 하일런드	몡 고지, 대지
highly	[háili] 하일리	부 높이, 세게, 고도로

- **speak highly of** ~을 격찬하다

highness	[háinis] 하이니스	몡 높음, 높이, 전하(H~)
highway	[háiwèi] 하이웨이	몡 주요도로, 대로, 큰 길
hike	[haik] 하이크	자 탄 도보 여행하다
hiking	[háikiŋ] 하이킹	몡 도보 여행
hill	[hil] 힐	몡 언덕, 작은 산, 흙더미
hillside	[hílsàid] 힐사이드	몡 산중턱, 산허리
hilltop	[híltàp] 힐탑	몡 언덕 꼭대기
him	[him] 힘	대 그를, 그에게
himself	[himsélf] 힘셀프	대 그 자신, 자기 스스로

- **by himself** 혼자 힘으로, 혼자서

hind	[haind] 하인드	형 뒤의, 후방의, 후부의
hinder	[híndər] 힌더	탄 자 방해하다, 방해가 되다
Hindu	[híndu:] 힌두-	몡 힌두교도, 인도 사람

hold

hinge	[hindʒ] 힌쥐	명 경첩
hint	[hint] 힌트	명 암시 타 자 암시하다
hip	[hip] 힙	명 엉덩이, 둔부
hire	[háiər] 하이어	명 임대료, 고용 타 세놓다
his	[hiz] 히즈	대 그의, 그의 것
hiss	[his] 히스	명 쉬이, 쉿 자 쉬이 소리를 내다
historian	[histɔ́:riən] 히스토-리언	명 역사가
historic	[histɔ́(:)rik] 히스토릭	형 역사상 유명한, 역사에 남은
historical	[histɔ́(:)rikəl] 히스토리컬	형 역사상의, 역사적인
history	[hístəri] 히스터리	명 역사, 사학, 경력
hit	[hit] 힛	타 자 때리다, 적중하다 명 명중

 ✓ **hit at** ~에 덤벼들다, ~을 공격하다

 ✓ **hit on (upon)** ~을 생각해 내다

hitch	[hitʃ] 히취	타 자 휙 끌어당기다, 와락 움직이다
hitherto	[hìðərtú:] 히더투-	부 지금까지, 여태까지
hive	[haiv] 하이브	명 꿀벌통 타 벌통에 넣다
ho	[hou] 호우	감 어이! 저런! 허헤! 흥!
hoard	[hɔ:rd] 호-드	명 저장, 축적 타 자 저장하다
hoarse	[hɔ:rs] 호-스	형 목이 쉰, 목쉰 소리의
hobby	[hábi] 하비	명 취미, 도락, 장기(長技)
hockey	[háki] 하키	명 하키
hoe	[hou] 호우	명 호미, 괭이 타 호미로 파다
hog	[hɔ:g] 호-그	명 식용돼지, 욕심쟁이
hoist	[hɔist] 호이스트	타 올리다, (기 따위를) 내걸다
hold	[hould] 호울드	타 자 손에 들다, 유지하다

 ✓ **hold good** 유효하다

 ✓ **hold out** 제출하다, 주장하다

holder

	✓ **get hold of** ~을 입수하다, ~을 이해하다	
	✓ **hold to** 굳게 지키다, ~을 고집하다, ~을 고수하다	
holder	[hóuldər] 호울더	명 소유자, (칼의) 자루
hole	[houl] 호울	명 구멍, 결점 타 자 구멍을 뚫다
holiday	[hálədèi] 할러데이	명 휴일, 명절, 국경일
Holland	[hálənd] 할런드	명 네덜란드
hollow	[hálou] 할로우	형 속이 빈 타 자 움푹 들어가다
holly	[háli] 할리	명 호랑가시나무
holy	[hóuli] 호울리	형 신성한, 거룩한, 정결한
homage	[hámidʒ] 하미쥐	명 신종(臣從)의 예, 존경, 복종
home	[houm] 호움	명 집, 가정 형 가정의 부 내 집으로
	✓ **from home** 부재하여, 본국을 떠나	
	✓ **Make yourself at home.** 편하게 있으세요.	
homely	[hóumli] 호움리	형 검소한, 가정적인
homemade	[hóumméid] 호움메이드	형 손으로 만든, 집에서 만든
homer	[hóumər] 호우머	명 홈런
homesick	[hóumsìk] 호움식	형 집을 그리워하는, 향수
homestead	[hóumstèd] 호움스테드	명 (농가의) 집과 부속지(밭 포함)
hometown	[hóumtàun] 호움타운	명 고향
homeward	[hóumwərd] 호움워드	형 집으로의 부 집을 향하여
homework	[hóumwə̀ːrk] 호움워-크	명 집안 일, 숙제, 자습
honest	[ánist] 아니스트	형 정직한, 성실한, 공정한
	✓ **to be honest with you** (당신에게) 정직하게 말하자면	
honestly	[ánistli] 아니스틀리	부 정직하게, 진실로
honesty	[ánisti] 아니스티	명 정직, 성실, 충실, 정절
honey	[háni] 허니	명 벌꿀 형 감미로운, 벌꿀의
honeycomb	[hánikòum] 허니코움	명 벌꿀의 집

honeymoon	[hʌ́nimùːn] 허니문-	명 밀월 자 신혼여행을 하다
honeysuckle	[hʌ́nisʌ̀kəl] 허니서클	명 인동덩굴
honor	[ánər] 아너	명 명예, 영광, 명성
	✓ **do honor to** ~을 존경하다, ~의 명예가 되다	
	✓ **in honor of** ~에 경의를 표하여, ~를 축하하여	
honorable	[ánərəbəl] 아너러벌	형 존경할만한, 명예로운
hood	[hud] 후드	명 두건, 덮개, (자동차)본네트
hoof	[huf] 후프	명 말발굽
hook	[huk] 훅	명 갈고리, 걸쇠 타 자 구부러지다
hoop	[hup] 후-프	명 굴렁쇠, 테 타 테를 두르다
hoot	[huːt] 후-트	타 자 야유하다, (올빼미가) 울다
hop	[hap] 합	자 뛰다 명 한쪽 발로 뛰기
hope	[houp] 호웁	명 희망, 기대 타 자 기대하다
hopeful	[hóupfəl] 호웁펄	형 유망한, 희망에 찬
hopeless	[hóuplis] 호우플리스	형 가망 없는, 절망의
horde	[hɔːrd] 호-드	명 군중, 큰 무리
horizon	[həráizən] 허라이즌	명 수평선, 지평선, 시야
horizontal	[hɔ̀ːrəzántl] 호-러잔틀	형 지평선의, 수평의, 평면의
horn	[hɔːrn] 호온	명 뿔, 촉수, 더듬이
horrible	[hɔ́ːrəbəl] 호-러블	형 무서운, 심한, 지겨운
horrid	[hɔ́ːrid] 호-리드	형 무서운, 지겨운, 불쾌한
horrify	[hɔ́ːrəfài] 호-러파이	타 무섭게 하다, 소름끼치게 하다
horror	[hɔ́ːrər] 호-러	명 공포, 잔혹, 몹시 무서움
horse	[hɔːrs] 호-스	명 말 타 자 말을 타다, 승마하다
horseback	[hɔ́ːrsbæ̀k] 호-스백	명 말의 등
horseman	[hɔ́ːrsmən] 호-스먼	명 말 탄 사람, 기수
horsepower	[hɔ́ːrspàuər] 호-스파워	명 마력

horseshoe

horseshoe	[hɔ́ːrsʃùː] 호-스슈-	명 편자 타 편자를 박다
hose	[houz] 호우즈	명 호스 타 긴 양말을 신기다
hospitable	[háspitəbəl] 하스피터벌	형 후대하는, 대접이 좋은
hospital	[háspitl] 하스피틀	명 병원 타 입원시키다
hospitality	[hàspitǽləti] 하스피텔러티	명 환대, 친절한 대접
host	[houst] 호우스트	명 주인노릇, 집 주인
hostage	[hástidʒ] 하스티쥐	명 인질, 저당
hostess	[hóustis] 호우스티스	명 여주인, 스튜어디스, 접대부
hostile	[hástil] 하스틸	형 적의 있는, 적의, 적대하는
hostility	[hástíləti] 하스틸러티	명 적의, 저항, 적대
hot	[hat] 핫	형 뜨거운, 더운, 고열의
hotel	[houtél] 호우텔	명 호텔, 여관
hound	[haund] 하운드	명 사냥개 타 사냥개로 사냥하다
hour	[áuər] 아워	명 한 시간, 시각, 시

✓ **for hours** 몇시간이나
✓ **keep early hours** 일찍 자고 일찍 일어나다

house	[haus] 하우스	명 가옥, 주택, 자택
household	[háushòuld] 하우스호울드	명 가족, 세대 형 가족의
housekeeper	[háuskìːpər] 하우스키-퍼	명 가정부, 주부
housekeeping	[háuskìːpiŋ] 하우스키-핑	명 살림살이, 가정
housewife	[háuswàif] 하우스와이프	명 주부
housework	[háuswə̀ːrk] 하우스워-크	명 가사, 집안 일
hover	[hʌ́vər] 허버	자 하늘을 날다, 배회하다 명 배회
how	[hau] 하우	부 어떻게, 어떤 식으로, 얼마나

✓ **how about ~?** ~를 어떻게 생각해요? ~하는 게 어때요?
✓ **how come ~?** 왜 ~?
✓ **how to do** ~하는 법, 방법

however	[hauévər] 하우에버	분 아무리~라도 접 그렇지만
howl	[haul] 하울	타 자 (개 따위가) 짖다, 악쓰다
huddle	[hʌ́dl] 허들	타 뒤죽박죽 주워 모으다 명 혼잡, 군중
hue	[hju:] 휴-	명 빛깔, 색채
hug	[hʌg] 헉	타 꼭 껴안다 명 꼭 껴안음
huge	[hju:dʒ] 휴-쥐	형 거대한, 막대한
hull	[hʌl] 헐	명 껍데기, 선체(船體) 타 덮개를 벗기다
hum	[hʌm] 험	자 (벌, 팽이가) 윙윙하다
human	[hjúːmən] 휴-먼	형 인간의, 인간다운 명 사람
humane	[hju:méin] 휴-메인	형 자비로운, 친절한
humanism	[hjúːmənìzəm] 휴-머니즘	명 인문주의, 인도주의
humanist	[hjúːmənist] 휴-머니스트	명 인문학자, 인도주의자
humanity	[hju:mǽnəti] 휴-매너티	명 인간, 인류, 인간성
humble	[hʌ́mbəl] 험블	형 비천한, 천한 타 천하게 하다
	✔ **humble oneself** 스스로를 낮추다	
humbly	[hʌ́mbli] 험블리	분 겸손하여, 비천하게
humid	[hjúːmid] 휴-미드	형 습기 있는
humiliate	[hju:mílièit] 휴-밀리에이트	타 욕보이다, 창피를 주다
humiliation	[hju:mìliéiʃən] 휴-밀리에이션	명 창피, 굴욕 형 면목 없는
humility	[hju:míləti] 휴-밀러티	명 겸손, 겸허
humor	[hjúːmər] 휴-머	명 익살, 해학, 일시적 기분
	✔ **in good humor** 기분이 좋아서	
	✔ **out of humor** 기분이 불쾌하여	
humorous	[hjúːmərəs] 휴-머러스	형 익살맞은, 해학적인
hump	[hʌmp] 험프	명 군살, 둥근 언덕, (등의) 혹
hunch	[hʌntʃ] 헌취	명 혹, 덩어리
hundred	[hʌ́ndrəd] 헌드러드	형 100의 명 100

hundredth

hundredth	[hʌ́ndrədθ] 헌드러드스	형 100번째의
hung	[hʌŋ] 헝	통 hang(매달다)의 과거분사
Hungary	[hʌ́ŋgəri] 헝거리	명 헝가리
hunger	[hʌ́ŋgər] 헝거	명 굶주림, 공복 타 자 굶주리다
hungry	[hʌ́ŋgri] 헝그리	형 굶주린, 갈망하는
hunt	[hʌnt] 헌트	타 자 사냥하다, 추적하다 명 사냥
hunter	[hʌ́ntər] 헌터	명 사냥꾼, 사냥개, 탐구자
huntsman	[hʌ́ntsmən] 헌츠먼	명 사냥꾼
hurl	[həːrl] 허-얼	타 내던지다 명 내던짐, 집어던짐
hurrah	[hərɔ́ː] 허로-	감 만세! 자 만세하고 외치다
hurricane	[hə́ːrəkèin] 허-러케인	명 폭풍, 폭발, 대 폭풍우
hurried	[hə́ːrid] 허-리드	형 매우 급한, 다급한
hurriedly	[hə́ːridli] 허-리들리	부 서둘러, 급히
hurry	[hə́ːri] 허-리	명 서두름, 매우 급함 타 자 서두르다
	✔ in a hurry 서둘러	
hurt	[həːrt] 허-트	명 부상, 상처 타 자 상하게 하다
	✔ feel hurt 불쾌하게 생각하다	
husband	[hʌ́zbənd] 허즈번드	명 남편 타 절약하다
hush	[hʌʃ] 허쉬	명 침묵, 고요 타 자 고요하게 하다
husk	[hʌsk] 허스크	명 껍질 타 껍질을 벗기다
husky	[hʌ́ski] 허스키	형 깍지의, 쉰 목소리의
hustle	[hʌ́səl] 허설	타 자 힘차게 밀다, 맹렬히 일하다
hybrid	[háibrid] 하이브리드	명 잡종, 혼성물 형 잡종의
hydrogen	[háidrədʒən] 하이드러전	명 수소
hygiene	[háidʒiːn] 하이쥔	명 위생학, 건강법
hymn	[him] 힘	명 찬송가, 성가 타 찬송하다
hyphen	[háifən] 하이펀	명 하이픈 타 하이픈으로 연결하다

hysterical

hypocrisy	[hipákrəsi] 히파크러시	몡 위선, 위선적 행위
hypocrite	[hípəkrìt] 히퍼크릿	몡 위선자, 협잡꾼
hypothesis	[haipáθəsis] 하이파써시스	몡 가설(假說), 가정 탄 자 가정하다
hysteria	[histíəriə] 히스티어리어	몡 히스테리, 병적 흥분
hysterical	[histérikəl] 히스테리컬	혱 병적으로 흥분한

I	[ai] 아이	대 나는, 내가

- **I am certain** 반드시, 틀림없이(=I am sure)
- **if I may ask** 물어서 실례일지 모르지만

ice	[ais] 아이스	명 얼음, 얼음과자 타 얼리다
iceberg	[áisbəːrg] 아이스버-그	명 빙산, 냉담한 사람
icicle	[áisikəl] 아이시컬	명 고드름
icy	[áisi] 아이시	형 얼음의, 얼음 같은
idea	[aidíːə] 아이디-어	명 생각, 이념, 관념, 상상

- **have an idea of** ~이 어떤 것인지 알고 있다
- **The idea!** 어처구니없군!

ideal	[aidíːəl] 아이디-얼	형 이상적인, 공상적인 명 이상
identical	[aidéntikəl] 아이덴티컬	형 동일한, 같은
identify	[aidéntəfài] 아이덴티파이	타 하나로 간주하다, 동일시하다
identity	[aidéntəti] 아이덴터티	명 동일함, 동일성, 동일한 사람
idiom	[ídiəm] 이디엄	명 관용어, 숙어, 고유어, 언어
idle	[áidl] 아이들	형 일하지 않는, 태만한 자 게으름피우다

- **idle away** 게으름 피우며(시간을) 허송하다
- **be at an idle end** 할 일이 없어서 빈둥거리고 있다, 게으름 피우고 있다

idleness	[áidlnis] 아이들니스	명 태만, 게으름, 무위
idly	[áidli] 아이들리	부 하는 일 없이, 게으름 피우며
idol	[áidl] 아이덜	명 우상, 신상
if	[if] 이프	접 만약 ~이라면, ~일지라도

- **as if** 마치 ~인 것처럼
- **if only** 다만 ~만이라도, ~하기만 하면

imitation

	✓ **if possible** 가능하면	
	✓ **if you please** 제발, 죄송하지만	
ignorance	[ígnərəns] 익너런스	명 무지, 무학, 모르고 있음
ignorant	[ígnərənt] 익너런트	형 무지몽매한, 무식한
ignore	[ignɔ́ːr] 익노-	타 무시하다
ill	[il] 일	형 건강이 나쁜, 병든 부 나쁘게
	✓ **speak ill of** ~을 나쁘게 말하다	
	✓ **be ill at** 서투르다	
	✓ **be ill off** 살림 형편이 좋아지다	
	✓ **be ill at ease** 마음이 놓이지 않다, 불안하다	
illegal	[ilíːgəl] 일리-걸	형 불법의, 위법의, 비합리적인
illness	[ílnis] 일니스	명 병, 불쾌
illuminate	[ilúːmənèit] 일루-머네이트	타 비추다, 계몽하다, 조명하다
illumination	[ilúːmənéiʃən] 일루-머네이션	명 조명, 계몽
illusion	[ilúːʒən] 일루-전	명 환영, 혼상, 망상
illustrate	[íləstrèit] 일러스트레이트	타 (보기를 들어) 설명하다
illustrator	[íləstrèitər] 일러스트레이터	명 삽화가, 설명하는 사람
illustration	[ìləstréiʃən] 일러스트레이션	명 실례, 삽화, 설명
illustrious	[ilʌ́striəs] 일러스트리어스	형 유명한, 뛰어난, 찬란한
I'm	[aim] 아임	약 I am의 단축형
image	[ímidʒ] 이미쥐	명 모습, 영상 타 상을 만들다
imaginary	[imǽdʒənèri] 이매져네리	형 상상의, 가공의
imagination	[imæ̀dʒənéiʃən] 이매져네이션	명 상상력, 창작력, 상상의 산물
imaginative	[imǽdʒənətiv] 이매져너티브	형 상상적인, 상상력이 풍부한
imagine	[imǽdʒin] 이매쥔	타 자 상상하다, 추측하다
imitate	[ímitèit] 이미테이트	타 모방하다, 흉내내다, 따르다
imitation	[ìmitéiʃən] 이미테이션	명 모방, 모조품, 흉내

immediate

immediate	[imíːdiit] 이미-디이트	형 직접의, 바로 옆의, 즉석의
immediately	[imíːdiitli] 이미-디이틀리	부 즉시로, 직접, 곧, 바로
immemorial	[ìmimɔ́ːriəl] 이미모-리얼	형 기억에 없는, 태고의, 아주 오랜
immense	[iméns] 이멘스	형 거대한, 무한한, 막대한
immensely	[aménsli] 이멘슬리	부 무한히, 대단히
immigrant	[ímigrənt] 이미그랜트	명 (외국에서 오는) 이민, 입국자
immigration	[ìməgréiʃən] 이미그레이션	명 (외국에서 오는) 이주, 이민
imminent	[ímənənt] 이머넌트	형 절박한, 촉박한, 임박한
immortal	[imɔ́ːrtl] 이모-틀	형 영원한, 불사의, 죽지 않는
immortality	[ìmɔːrtǽləti] 이모-텔러티	명 불멸, 불사
impair	[impɛ́ər] 임페어	타 자 해치다, 손상시키다
impart	[impáːrt] 임파-트	타 나누어주다, 곁들이다
impartial	[impáːrʃəl] 임파-셜	형 편견 없는, 공평한
impatience	[impéiʃəns] 임페이션스	명 조바심, 초조, 안타까움
impatient	[impéiʃənt] 임페이션트	형 성급한, 참을 수 없는, 조급한
impatiently	[impéiʃəntli] 임페이션틀리	부 안절부절못하며, 조급하게
impel	[impél] 임펠	타 재촉하다, 몰아대다
imperative	[impérətiv] 임페러티브	형 명령적인, 긴급한
imperfect	[impə́ːrfikt] 임퍼-픽트	형 불완전한, 미완성의
imperial	[impíəriəl] 임피어리얼	형 제국의, 황제의
imperious	[impíəriəs] 임피어리어스	형 건방진, 긴급한, 거만한
imperishable	[impériʃəbəl] 임페리셔벌	형 불멸의, 영원한
impersonal	[impə́ːrsənəl] 임퍼-서널	형 비개인적인, 비인격적인
impetuous	[impétʃuəs] 임페츄어스	형 맹렬한, 성급한
implement	[ímpləmənt] 임플러먼트	명 도구, 기구
implore	[implɔ́ːr] 임플로-	타 간청하다, 애원하다
imply	[implái] 임플라이	타 의미하다, 암시하다

import	[import] 임포-트	타 수입하다 명 수입
importance	[impɔ́ːrtəns] 임포-턴스	명 중요성, 중요한 지위, 오만
important	[impɔ́ːrtənt] 임포-턴트	형 중요한, 유력한, 거만한
impose	[impóuz] 임포우즈	타 자 지우다, 부과하다, 속이다
imposing	[impóuziŋ] 임포우징	형 당당한
imposition	[ìmpəzíʃən] 임퍼지션	명 부과, 세금, 부담
impossible	[impásəbəl] 임파서벌	형 불가능한, 있을 수 없는
impossibility	[impàsəbíləti] 임파서빌러티	형 불가능, 불가능한 일
impoverish	[impávəriʃ] 임파버리쉬	타 가난하게 만들다
impress	[imprés] 임프레스	타 인상을 주다, 감동시키다
impression	[impréʃən] 임프레션	명 인상, 느낌, 흔적, 날인
impressive	[imprésiv] 임프레시브	형 인상적인, 깊은 인상을 주는
imprison	[imprízən] 임프리즌	타 투옥하다, 감금하다
imprisonment	[imprízənmənt] 임프리전먼트	명 투옥, 감금, 구금
improper	[imprápər] 임프라퍼	형 부적당한, 버릇없는, 그른
improve	[imprúːv] 임프루-브	타 자 개량하다, 개선하다
improvement	[imprúːvmənt] 임프루-브먼트	명 개선, 진보, 향상
impulse	[ímpʌls] 임펄스	명 충동, 자극, 충격
	✔ on the impulse 일시적 기분으로	
impure	[impjúər] 임퓨어	형 때 묻은, 불순한, 불결한
in	[in] 인	전 ~의 속에 부 안으로, 안에
	✔ be in with ~와 친하다	
	✔ in a little while 잠시 후에	
	✔ lie in ~에 있다	
inability	[ìnəbíləti] 이너빌러티	명 무능, 무력, 무자격
inactive	[inǽktiv] 이낵티브	형 활동적이 아닌, 활발치 않은
inadequate	[inǽdikwit] 이내디퀴트	형 부적당한, 불충분한, 무력한

inaugurate

inaugurate	[inɔ́:gjərèit] 이노-겨레이트	타 취임시키다, 개시하다
incapable	[inkéipəbəl] 인케이퍼벌	형 무능한, ~할 능력이 없는
incense	[ínsens] 인센스	명 향(香) 타 향을 피우다
incentive	[inséntiv] 인센티브	형 자극적인, 유발적인 명 자극
incessant	[insésənt] 인세선트	형 끊임없는, 연속적인, 간단없는
inch	[intʃ] 인취	명 인치(약 2.54cm)
incident	[ínsədənt] 인시던트	형 흔히 있는 명 일어난 일
inclination	[ìnklənéiʃən] 인클러네이션	명 경사, 기울임, 물매, 성벽
incline	[inkláin] 인클라인	타 자 기울(이)다, 마음이 내키다
include	[inklú:d] 인클루-드	타 포함하다(=contain)
income	[ínkʌm] 인컴	명 소득, 수입, 순수입
incomparable	[inkámpərəbəl] 인컴퍼러블	형 비교할 수 없는, 비길 바 없는
inconsistent	[ìnkənsístənt] 인컨시스턴트	형 모순되는, 조화되지 않은
inconvenience	[ìnkənví:njəns] 인컨비년스	명 불편, 폐 타 폐를 끼치다
inconvenient	[kənví:njənt] 인컨비-년트	형 불편한, 폐가 되는
incorporate	[inkɔ́:rpərèit] 인코-퍼레이트	타 자 합동시키다, 합동하다
increase	[inkrí:s] 인크리-스	명 증가 타 자 증가하다, 늘다
increasingly	[inkrí:siŋli] 인크리-싱리	부 점점, 증가하여, 더욱더
incredible	[inkrédəbəl] 인크레더블	형 거짓말 같은, 믿을 수 없는
incur	[inkə́:r] 인커-	타 ~에 부딪치다, 초래하다
indebted	[indétid] 인데티드	형 은혜를 입고 있는, 빚이 있는
indeed	[indí:d] 인디-드	부 참으로, 실로, 정말로
indefinite	[indéfənit] 인데퍼닛	형 뚜렷하지 않은, 한계 없는
indefinitely	[indéfənitli] 인데퍼니틀리	부 무기한으로, 불명확하게
independence	[ìndipéndəns] 인디펜던스	명 독립, 독립심
independent	[ìndipéndənt] 인디펜던트	형 독립의, 자력의
indescribable	[ìndiskráibəbəl] 인디스크라이버벌	형 형언할 수 없는, 막연한

indulgence

index	[índeks] 인덱스	명 색인(索引), 지표 타 색인에 넣다
India	[índiə] 인디어	명 인도
Indian	[índiən] 인디언	형 인도의, 인도 사람의
indicate	[índikèit] 인디케이트	타 지적하다, 가르치다, 암시하다
indication	[ìndikéiʃən] 인디케이션	명 지시, 징조, 지시도수
indicative	[indíkətiv] 인디커티브	형 표시하는, (문법) 직설법의
indifferent	[indífərənt] 인디퍼런트	형 무관심한, 냉담한, 대수롭지 않은
	✔ be indifferent to ~에 무관심하다	
indifference	[indífərəns] 인디퍼런스	명 냉담, 무관심
indignant	[indígnənt] 인딕넌트	형 (부정 따위를) 분개한, 노한
indignantly	[indígnəntli] 인딕넌틀리	부 분개하여, 분연히
indignation	[ìndignéiʃən] 인딕네이션	명 의분, 분개, 분노
indigo	[índigòu] 인디고우	명 청람, 남빛, 쪽(물감)
indirect	[ìndirékt] 인디렉트	형 간접의, 2차적인, 부정한
indirectly	[ìndiréktli] 인디렉틀리	부 간접적으로
indiscreet	[ìndiskríːt] 인디스크리-트	형 분별없는, 무모한
indispensable	[ìndispénsəbəl] 인디스펜서벌	형 절대 필요한, 긴요한
	✔ indispensable to ~에 필수불가결한(=necessary)	
individual	[ìndəvídʒuəl] 인더비주얼	형 단일한, 개개의 명 개인
individualism	[ìndəvídʒuəlìzəm] 인대비주얼리즘	명 개인주의
individuality	[ìndəvìdʒuǽləti] 인더비주앨러티	명 개성, 개체, 개인의 성격
indoor	[índɔːr] 인도-	형 옥내의, 실내의, 집안의
indoors	[índɔːrz] 인도-즈	부 옥내에서, 집안에서
induce	[indjúːs] 인듀-스	타 권유하다, 발생시키다
indulge	[indʌ́ldʒ] 인덜쥐	타 자 멋대로 하게 하다, 만족시키다
	✔ indulge oneself in ~에 빠지다, ~에 탐닉하다	
indulgence	[indʌ́ldʒəns] 인덜전스	명 탐닉, 관대, 특권, 멋대로 함

industrial

industrial	[indʌ́striəl] 인더스트리얼	형 산업의, 공업의
industrious	[indʌ́striəs] 인더스트리어스	형 부지런한, 근면한
industry	[índəstri] 인더스트리	형 근면, 노동, 산업, 공업
inequality	[ìnikwáləti] 이니콸러티	명 불평등, 요철, 부등식
inert	[inə́ːrt] 이너-트	형 둔한, 활발치 못한, 생기 없는
inevitable	[inévitəbəl] 이네비터벌	형 피할 수 없는, 필연적인
inexpensive	[ìnikspénsiv] 이닉스펜시브	형 비용이 들지 않는, 값싼
infamous	[ínfəməs] 인퍼머스	형 악명 높은, 오만한
infancy	[ínfənsi] 인펀시	명 유년 시절, 초기, 미성년
infant	[ínfənt] 인펀트	명 유아(7세 미만) 형 유아의
infantry	[ínfəntri] 인펀트리	명 보병, 보병대
infect	[infékt] 인펙트	타 전염시키다, 오염시키다
infer	[infə́ːr] 인퍼-	타 자 추론하다, 결론을 끌어내다
inference	[ínfərəns] 인퍼런스	명 추론, 추리, 결론, 함축
inferior	[infíəriər] 인피어리어	형 아래쪽의 명 하급자
infinite	[ínfənit] 인피니트	형 무한의, 막대한
infinitely	[ínfənətli] 인피니틀리	부 무한히, 한없이
infinitive	[infínətiv] 인피니티브	명 (문법) 부정사 형 부정하다
inflame	[infléim] 인플레임	타 자 불을 붙이다, 불붙다
inflation	[infléiʃən] 인플레이션	명 팽창, 통화 팽창, 물가상승
inflict	[inflíkt] 인플릭트	타 (고통, 형벌을) 당하게 하다
influence	[ínfluəns] 인플루언스	명 영향, 감화력
influential	[ìnfluénʃəl] 인플루엔셜	형 영향을 미치는, 유력한
influenza	[ìnfluénzə] 인플루엔져	명 인플루엔자, 유행성 감기
inform	[infɔ́ːrm] 인포옴	타 자 밀고하다, ~에게 고하다
informal	[infɔ́ːrməl] 인포-멀	형 비공식의, 약식의
information	[ìnfərméiʃən] 인퍼메이션	명 통지, 정보, 지식

ingenious	[indʒíːnjəs] 인자-녀스	형 재간 있는, 슬기로운, 영리한
ingenuity	[ìndʒənjúːəti] 인저뉴-어티	명 재주, 교묘, 발명의 재간
ingredient	[ingríːdiənt] 인그리-디언트	명 (혼합물의) 성분, 재료, 원료
inhabit	[inhǽbit] 인해빗	타 ~에 살다, ~에 거주하다
inhabitant	[inhǽbətənt] 인해비턴트	명 거주자, 주민
inherit	[inhérit] 인해릿	타 자 상속하다, 이어받다
inheritance	[inhéritəns] 인해리턴스	명 상속, 유산, 유전
initial	[iníʃəl] 이니셜	형 최초의 명 첫 글자
initiative	[iníʃiətiv] 이니셔티브	형 처음의, 초보의
	✓ take the initiative 주도권을 잡다, 선수를 쓰다	
injunction	[indʒʌ́ŋkʃən] 인정션	명 명령, 지령, 권고
injure	[índʒər] 인저	타 상처를 입히다, 손상하다
injurious	[indʒúəriəs] 인쥬어리어스	형 해로운, 부당한, 모욕적인
injury	[índʒəri] 인줘리	명 손해, 상해, 모욕, 훼손
injustice	[indʒʌ́stis] 인저스티스	명 부정, 부당, 불법행위
ink	[iŋk] 잉크	명 잉크
inkstand	[íŋkstæ̀nd] 잉크스탠드	명 잉크병, 잉크스탠드
inland	[ínlənd] 인런드	형 내륙의, 국내의, 오지의
inlet	[ínlèt] 인레트	명 후미, 입구, 포구
inmate	[ínmèit] 인메이트	명 거주자, 동거인
inn	[in] 인	명 여관, 여인숙, 선술집
inner	[ínər] 이너	형 내부의, 안의, 속의
inning	[íniŋ] 이닝	명 ~회, 이닝
innocence	[ínəsns] 이너슨스	명 무죄, 결백, 순결
innocent	[ínəsnt] 이너슨트	형 죄 없는, 결백한, 순결한
innocently	[ínəsntli] 이너슨틀리	부 순진하게, 죄 없이
innumerable	[injúːmərəbəl] 이뉴-머러벌	형 무수한, 이루 셀 수 없는

inquire

inquire	[inkwáiər] 인콰이어	타 자 묻다, 조사하다
	✓ **inquire about** ~에 관하여 묻다	
	✓ **inquire for** ~을 방문하다	
	✓ **inquire into** ~을 조사하다, 심사하다	
	✓ **inquire of** ~에게 묻다	
inquiry	[inkwáiəri] 인콰이어리	명 질문, 조회, 문의
inquisitive	[inkwízətiv] 인퀴저티브	형 물어보고 싶어 하는
insane	[inséin] 인세인	형 발광한, 미친 듯한, 광기의
insanity	[insǽnəti] 인새너티	명 광기, 정신이상
inscribe	[inskráib] 인스크라이브	타 (종이, 금속 등에) 쓰다, 새기다
inscription	[inskrípʃən] 인스크립션	명 비문, 제명 형 명각의
insect	[ínsekt] 인섹트	명 곤충, 벌레
insensible	[insénsəbəl] 인센서벌	형 무감각한, 무신경의
inseparable	[insépərəbəl] 인세퍼러벌	형 분리할 수 없는, 불가분의
insert	[insə́:rt] 인서-트	타 끼워 넣다, 삽입하다
inside	[insáid] 인사이드	명 안쪽, 내부 형 내부의 부 집안에
	✓ **inside and out** 안이나 밖이나, 완전히	
	✓ **inside of** ~의 안에서, 이내에	
insight	[ínsàit] 인사이트	명 통찰력
insignificant	[ìnsignífikənt] 인식니피컨트	형 하찮은, 무의미한, 천한
insist	[insíst] 인시스트	타 자 강요하다, 주장하다
insolent	[ínsələnt] 인설런트	형 안하무인의, 무례한
inspect	[inspékt] 인스펙트	타 검사하다, 점검하다
inspection	[inspékʃən] 인스펙션	명 검사, 조사, 검열
inspector	[inspéktər] 인스펙터	명 검사관, 장학관, 감독
inspiration	[ìnspəréiʃən] 인스퍼레이션	명 숨 쉼, 영감, 멋진 착상
inspire	[inspáiər] 인스파이어	타 감격시키다, 영감을 주다

intellectual

install	[instɔ́:l] 인스토올	타 취임시키다, 설치하다
installer	[instɔ́:lər] 인스토올러	명 설치자, 임명자
installation	[ìnstəléiʃən] 인스털레이션	명 취임(식), 설비
installment	[instɔ́:lmənt] 인스토올먼트	명 분할 불입금, 월부금
instance	[ínstəns] 인스턴스	명 보기, 예, 실례 타 예를 들다
	✔ for instance 예컨대, 이를테면	
instant	[ínstənt] 인스턴트	형 즉시의, 절박한 명 즉각
instantly	[ínstəntli] 인스턴틀리	부 즉시, 즉석에서
instead	[instéd] 인스테드	부 그 대신에, ~보다도
	✔ instead of ~의 대신에	
instinct	[ínstiŋkt] 인스팅트	명 본능, 직감, 육감
instinctive	[instíŋktiv] 인스팅티브	형 본능적인, 천성의
instinctively	[instíŋktivli] 인스팅티블리	부 본능적으로, 자연히
institute	[ínstətjùːt] 인스티튜-트	타 설치하다 명 협회, 연구소
institution	[ìnstətjúːʃən] 인스터튜-션	명 설립, 제도, 개시, 관례
instruct	[instrʌ́kt] 인스트럭트	타 가르치다, 알리다
instructive	[instrʌ́ktiv] 인스트럭티브	형 교육적인, 유익한
instructor	[instrʌ́ktər] 인스트럭터	명 교사, (대학의) 강사
instruction	[instrʌ́kʃən] 인스트럭션	명 교수, 교육, 훈련, 지시
instrument	[ínstrəmənt] 인스트러먼트	명 (학술상의) 기계, 기구
insufficient	[ìnsəfíʃənt] 인서피션트	형 불충분한, 부적당한
insult	[ínsʌlt] 인설트	타 모욕하다 명 모욕
insurance	[inʃúərəns] 인슈어런스	명 보험, 보험금, 보험계약
insure	[inʃúər] 인슈어	타 보증하다, 책임 맡다
insurrection	[ìnsərékʃən] 인서렉션	명 폭동, 반란
intellect	[íntəlèkt] 인털렉트	명 지력, 이지, 지성
intellectual	[ìntəléktʃuəl] 인털렉츄얼	형 지력의, 지력 있는 명 지식인

intelligence

intelligence	[intélədʒəns] 인텔러젼스	명 지능, 지혜, 총명, 정보
intelligent	[intélədʒənt] 인텔러젼트	형 지적인, 영리한
intend	[inténd] 인텐드	타 ~할 작정이다, 의도하다
intense	[inténs] 인텐스	형 격렬한, 열심인, 맹렬한
intensely	[inténsli] 인텐슬리	부 강렬히, 열심히
intensity	[inténsəti] 인텐서티	명 강렬, 엄함, 긴장, 격렬
intent	[intént] 인텐트	명 의지, 목적 형 열심인
intention	[inténʃən] 인텐션	명 의지, 목적, 의미
intercept	[intərsépt] 인터셉트	타 빼앗다, 가로채다
interchange	[intərtʃéindʒ] 인터체인쥐	타 자 교환하다, 교대하다 명 교환
intercourse	[intərkɔ́:rs] 인터코-스	명 교제, 상호관계
interest	[íntərist] 인터리스트	명 흥미, 이익, 관심 타 흥미를 갖게 하다
	✓ of interest 흥미 있는	
interested	[íntəristid] 인터리스티드	형 흥미를 가진, 이기적인
	✓ be interested in ~에 흥미가 있다	
	✓ interested parties 이해 관계자들	
interesting	[íntəristiŋ] 인터리스팅	형 재미있는, 흥미 있는
interfere	[intərfíər] 인터피어	자 충돌하다, 간섭하다
interference	[intərfíərəns] 인터피어런스	명 충돌, 간섭, 방해
interior	[intíəriər] 인티어리어	형 내부의, 내륙의 명 내부
intermediate	[intərmí:diit] 인터마-디이트	형 중간의 명 중개자, 조정자
internal	[intə́:rnl] 인터-늘	형 내부의, 체내의, 안의
international	[intərnǽʃənəl] 인터내셔널	형 국제간의, 국제적인
interpose	[intərpóuz] 인터포우즈	타 자 사이에 끼우다, 말참견하다
interpret	[intə́:rprit] 인터-프릿	타 자 설명하다, 해석하다
interpreter	[intə́:rprətər] 인터-프러터	명 해석자, 통역자, 판단자
interpretation	[intə̀:rprətéiʃən] 인터-프러테이션	명 통역, 해석

interrogate	[intérəgèit] 인테러게이트	타 자 질문하다, 심문하다
interrogation	[intèrəgéiʃən] 인테러게이션	명 질문, 심문
interrogative	[intərágətiv] 인터라거티브	형 의문의 명 (문법) 의문사
interrupt	[ìntərʌ́pt] 인터럽트	타 자 가로막다, 중단시키다
interruption	[ìntərʌ́pʃən] 인터럽션	명 중단, 방해
interval	[íntərvəl] 인터벌	명 간격, 쉬는 시간

✓ at intervals 띄엄띄엄, 여기저기에, 때때로

intervene	[tərvíːn] 인터빈-	자 사이에 들어가다, 방해하다
intervention	[ìntərvénʃən] 인터벤션	명 간섭, 중개
interview	[íntərvjùː] 인터뷰-	명 회견, 면접 타 회견하다
intimacy	[íntəməsi] 인터머시	명 친밀, 친교, 친절
intimate	[íntəmit] 인티미트	형 친밀한, 상세한
intimately	[íntəmitli] 인터미틀리	부 친밀하게, 상세하게
into	[íntu] 인투	전 ~의 속에(으로), ~에

✓ come into a room 방안으로 들어가다

✓ cut an apple into four 사과를 4조각으로 자르다

intolerable	[intálərəbəl] 인탈러러블	형 견딜 수 없는, 참을 수 없는
intolerant	[intálərənt] 인탈러런트	형 아량이 없는, 편협한
intonation	[ìntənéiʃən] 인터네이션	명 (찬송가를) 읊음, 억양
intoxicate	[intáksikèit] 인탁시케이트	타 취하게 하다, 흥분시키다
intricate	[íntrəkit] 인트러킷	형 뒤섞인, 복잡한, 번잡한
intrigue	[intríːg] 인트리-그	타 자 음모를 꾸미다, 밀통하다
introduce	[ìntrədjúːs] 인트러듀-스	타 안내하다, 소개하다, 채용하다
introduction	[ìntrədʌ́kʃən] 인트러덕션	명 도입, 소개, 머리말, 초보
intrude	[intrúːd] 인트루-드	타 자 처넣다, 간섭하다, 침입하다
intruder	[intrúːdər] 인트루-더	명 침입자, 난입자
intrusion	[intrúːʒən] 인트루-전	명 훼방, 침입, 난입

intrust

intrust	[intrʌ́st] 인트러스트	타 맡기다, 위임하다(=entrust)
invade	[invéid] 인베이드	타 침입하다, 침범하다, 엄습하다
invader	[invéidər] 인베이더	명 침입자, 침략자
invalid	[ínvəlid] 인벌리드	명 병자 형 허약한, 가치 없는
invaluable	[invǽljuəbəl] 인밸류어블	형 극히 귀중한
invasion	[invéiʒən] 인베이젼	명 침입, 침략, 침해
invent	[invént] 인벤트	타 발명하다, 창안하다
inventor	[invéntər] 인벤터	명 발명가
invention	[invénʃən] 인벤션	명 발명, 발명의 재능, 발명품
invert	[invə́ːrt] 인버트	타 거꾸로 하다, 뒤집다
invest	[invést] 인베스트	타 자 소비하다, 투자하다
investment	[invéstmənt] 인베스트먼트	명 투자, 포위, 수여자
investigate	[invéstəgèit] 인베스터게이트	타 자 연구하다, 조사하다
investigator	[invéstəgèitər] 인베스터게이터	명 연구가, 조사자
investigation	[invèstəgéiʃən] 인베스터게이션	명 연구, 조사
invincible	[invínsəbəl] 인빈서벌	형 정복할 수 없는, 무적의
invisible	[invízəbəl] 인비저벌	형 눈이 보이지 않는, 숨은
invitation	[ìnvətéiʃən] 인버테이션	명 초대, 안내장, 유인, 권유
invite	[inváit] 인바이트	타 초대하다, 간청하다, 끌다
invoke	[invóuk] 인보우크	타 기원하다, 호소하다
involuntary	[inváləntèri] 인발런테리	형 무의식적인, 본의 아닌
involve	[inválv] 인발브	타 포함하다, 말아 넣다
involved	[inválvd] 인발브드	형 관련된, 복잡한
inward	[ínwərd] 인워드	형 안쪽의 부 안으로, 내부에
Iran	[irǽn] 이랜	명 이란
Iraq	[irάːk] 이락-	명 이라크
Ireland	[áiərlənd] 아이얼런드	명 아일랜드

iris	[áiris] 아이리스	명 (안구의) 홍채(虹彩), 무지개
Irish	[áiriʃ] 아이리쉬	형 아일랜드의 명 아일랜드 사람
iron	[áiərn] 아이언	명 쇠, 철, 다리미
irony	[áirəni] 아이러니	명 반어(反語), 빈정댐, 풍자
irregular	[irégjələr] 이레결러	형 불규칙한, 변칙의, 비정상의
irresistible	[ìrizístəbəl] 이리지스터벌	형 저항할 수 없는
irritate	[irətèit] 이러테이트	타 초조하게 만들다, 화나게 하다
irritation	[ìrətéiʃən] 이러테이션	명 성남, 초조, 화냄
is	[iz] 이즈	동 be의 3인칭 단수 현재형
island	[áilənd] 아일런드	명 섬, 섬 비슷한 것
isle	[ail] 아일	명 섬, 작은 섬
isn't	[íznət] 이즌트	약 is not의 단축형
isolate	[áisəlèit] 아이설레이트	타 고립시키다, 분리시키다
isolation	[àisəléiʃən] 아이설레이션	명 고립, 격리, 절연, 분리
issue	[íʃuː] 이슈-	명 발행 타 자 발하다, 출판하다
	✓ at issue 논쟁 중의, 미해결로, 불화로	
	✓ make an issue of ~을 문제삼다	
it	[it] 잇	대 그것, 그것이, 그것을
	✓ it is no use ~ing ~하여도 소용없다	
Italian	[itǽljən] 이탤련	형 이탈리아의 명 이탈리아 사람
italic	[itǽlik] 이탤릭	형 이탤릭체의, 사체(斜體)의
Italy	[ítəli] 이탈리	명 이탈리아(공화국)
itch	[itʃ] 이취	명 가려움, 욕망 자 가렵다
item	[áitəm] 아이텀	명 조목, 종목, 항목
its	[its] 이츠	대 (it의 소유격) 그것의, 저것의
it's	[its] 이츠	약 it is의 줄임
itself	[itsélf] 잇셀프	대 그 자신, 바로 그것

	✓ **by itself** 단독으로, 그것만으로
	✓ **in itself** 본래, 본질적으로
	✓ **of itself** 자연히, 저절로
I've	[áiv] 아이브 약 I have의 단축형
ivory	[áivəri] 아이버리 명 상아, 상아제품
ivy	[áivi] 아이비 명 담쟁이덩굴

jack	[dʒæk] 잭	명 사나이, 뱃사람, 고용인
jacket	[dʒǽkit] 재킷	명 짧은 저고리, 상의
jail	[dʒeil] 제일	명 구치소, 감옥 타 투옥하다
jam	[dʒæm] 잼	명 혼잡, 잼 타 쑤셔넣다
janitor	[dʒǽnətər] 재너터	명 수위, 문지기
January	[dʒǽnjuèri] 재뉴에리	명 1월(약어 Jan.)
Japan	[dʒəpǽn] 저팬	명 일본
Japanese	[dʒæ̀pəníːz] 재퍼니-즈	형 일본의 명 일본 사람
jar	[dʒɑːr] 자-	명 단지, 항아리, 충격, 진동
jaw	[dʒɔː] 조-	명 턱, 입 타 자 군소리하다
jay	[dʒei] 제이	명 (鳥)어치, 얼간이, 바보
jazz	[dʒæz] 재즈	명 재즈음악 형 재즈의
jealous	[dʒéləs] 젤러스	형 질투 많은, 샘내는, 선망하는
jealousy	[dʒéləsi] 젤러시	명 질투, 샘, 투기
jeer	[dʒiər] 지어	명 조롱, 비웃음 타 자 조롱하다
jelly	[dʒéli] 젤리	명 젤리 타 자 젤리가 되다
jeopardy	[dʒépərdi] 제퍼디	명 위험
jerk	[dʒəːrk] 자-크	타 자 홱 당기다 명 홱 당김
Jerusalem	[dʒərúːsələm] 저루-설럼	자 예루살렘, 이스라엘의 수도
jest	[dʒest] 제스트	명 농담, 익살 자 까불다
Jesus	[dʒíːzəs] 자-저스	명 예수, 그리스도
jet	[dʒet] 제트	명 흑옥, 분출 타 자 분출하다
Jew	[dʒuː] 쥬-	명 유태인
jewel	[dʒúːəl] 쥬-얼	명 보석, 보옥, 소중한 사람

jewelry

jewelry	[dʒúːəlri] 쥬-얼리	명 보석류
jingle	[dʒíŋgəl] 징걸	명 찌르릉, 딸랑딸랑
job	[dʒɑb] 잡	명 삯일, 일, 직업 타 자 삯일을 하다
John	[dʒɑn] 잔	명 남자 이름, 사도 요한
join	[dʒɔin] 조인	타 자 연결하다, 결합하다
	✔ **join in** ~에 가담하다, 가입하다	
joint	[dʒɔint] 조인트	형 공동의 명 마디 타 접합하다
joke	[dʒouk] 조우크	명 농담, 익살 타 자 농담하다
	✔ **in joke** 농담으로	
jolly	[dʒɑ́li] 쫠리	형 즐거운, 명랑한 부 굉장한
jolt	[dʒoult] 조울트	타 자 덜컹거리다 명 동요
jostle	[dʒɑ́sl] 쟈슬	타 자 밀다, 찌르다 명 충돌
journal	[dʒə́ːrnəl] 저-널	명 일지, 일간 신문, 잡지
journey	[dʒə́ːrni] 저-니	명 여행, 여정 타 여행하다
journeyman	[dʒə́ːrnimən] 저-니먼	명 숙달된 직공
jovial	[dʒóuviəl] 조우비얼	형 명랑한, 즐거운, 쾌활한
joy	[dʒɔi] 죠이	명 기쁨, 즐거움 타 자 기뻐하다
	✔ **in joy** 기뻐서	
	✔ **with joy** 기꺼이	
	✔ **I wish you joy!** 축하합니다	
joyful	[dʒɔ́ifəl] 조이펄	형 기쁜, 즐거운
joyfully	[dʒɔ́ifəli] 조이펄리	형 기꺼이, 즐겁게
joyous	[dʒɔ́iəs] 조이어스	형 즐거운, 기쁜(文語)
judge	[dʒʌdʒ] 져쥐	명 판사 타 자 판결을 내리다
judgment	[dʒʌ́dʒmənt] 져쥐먼트	명 재판, 판결, 감정
judicial	[dʒuːdíʃəl] 쥬-디셜	형 재판소의, 공평한, 비판적인
	✔ **judicial murder** 사법살인(부당한 사형선고)	

juvenile

	✔ **judicial precedent** 판례(判例)	
jug	[dʒʌg] 줘그	명 (손잡이가 달린) 항아리, 주전자
juggle	[dʒʌgəl] 저글	자 요술을 부리다, 속이다
juice	[dʒu:s] 쥬-스	명 즙, 액, 정수, 본질
juicy	[dʒú:si] 쥬-시	형 즙이 많은, 수분이 많은, 기운찬
July	[dʒu:lái] 줄-라이	명 7월(약어 Jul.)
jump	[dʒʌmp] 점프	타 자 뛰다, 도약하다 명 도약

  ✔ **jump at** 공격하다, (초대 일자리 등에) 꽉히 응하다

  ✔ **jump off** 시작하다, 공격을 개시하다

  ✔ **jump up** 벌떡 일어서다

jumpy	[dʒʌmpi] 점피	형 뛰어오르는, 신경질의
junction	[dʒʌŋkʃən] 정크션	명 접합(점), 연결, 접착
June	[dʒu:n] 쥬운	명 6월(약어 Jun.)
jungle	[dʒʌŋgl] 정글	명 정글, 밀림(지대)
junior	[dʒú:njər] 쥬-니어	형 손아래의, 후배의 명 연소자
junk	[dʒʌŋk] 정크	명 쓰레기
jurisdiction	[dʒùərisdíkʃən] 쥬어리스딕션	명 사법권, 관할권
jury	[dʒúəri] 쥬어리	명 배심, 배심원
just	[dʒʌst] 저스트	형 올바른, 공정한 부 다만, 바르게

  ✔ **just as (much) ~as** 꼭 마찬가지로

  ✔ **just now** 방금, 지금 막, 바로 지금

justice	[dʒʌ́stis] 저스티스	명 정의, 공평, 정당성
justify	[dʒʌ́stəfài] 저스티파이	타 정당화하다, 옳다고 하다
justly	[dʒʌ́stli] 저스틀리	부 정당하게, 바르게
justification	[dʒʌ̀stəfikéiʃən] 저스터피케이션	명 정당화, 변명
jut	[dʒʌt] 젓	명 돌출부 자 돌출하다
juvenile	[dʒú:vənəl] 쥬-버널	형 젊은, 청소년의

kangaroo

kangaroo	[kæ̀ŋgərúː] 캥거루-	명 캥거루
keel	[kiːl] 킬-	타 자 전복시키다 명 용골(龍骨)
keen	[kiːn] 킨-	형 날카로운, 예리한, 강한
keenly	[kíːnli] 킨-리	부 예리하게, 열렬히
keep	[kiːp] 킵-	타 자 간직하다, 유지하다

- ✔ **keep away (from)** ~을 멀리하다
- ✔ **keep back** 억제하다, (일부를) 간직해 두다
- ✔ **keep in mind** 마음에 새기다, 기억하다

keeper	[kíːpər] 키-퍼	명 파수꾼, 간수
keeping	[kíːpiŋ] 키-핑	명 보존, 관리
keepsake	[kíːpsèik] 킵-세익	명 기념품, 유품
ken	[ken] 켄	명 시야, 지식, 시계(視界)
kennel	[kénəl] 케널	명 개집 타 자 개집에 넣다
kept	[kept] 켑트	동 keep(간직하다)의 과거(분사)
kernel	[kə́ːrnəl] 커-널	명 낟알, 핵심, 골수
kerosene	[kérəsìːn] 케러시인	명 등불용 석유, 등유
ketchup	[kétʃəp] 케첩	명 케찹
kettle	[kétl] 케틀	명 솥, 주전자, 냄비
key	[kiː] 키-	명 열쇠, 해답서 형 중요한 해답서
kick	[kik] 킥	타 자 차다, 반항하다 명 차기

- ✔ **kick off** 걷어차다, 시작하다

kid	[kid] 킷	명 어린애, 새끼염소 타 자 놀리다
kidnap	[kídnæ̀p] 키드냅	타 유괴하다, (어린애를) 채가다
kidney	[kídni] 키드니	명 콩팥, 신장

kill	[kil] 킬	타 죽이다, 살해하다 명 살생
	✓ dressed to kill 홀딱 반할 옷차림으로	
	✓ kill oneself 자살하다	
	✓ kill time 소일하다, 시간을 때우다	
kilogram	[kíləgræm] 킬러그램	명 킬로그램(1,000g)
kilometer	[kilámitər] 킬라미터	명 킬로미터(1,000m)
kin	[kin] 킨	명 친척, 혈족관계, 동족
kind	[kaind] 카인드	형 친절한, 상냥한 명 종류, 종족
	✓ a kind of 일종의, 얼마간	
kindergarten	[kíndərgà:rtn] 킨더가:턴	명 유치원
kindle	[kíndl] 킨들	타 자 점화하다, 불이 붙다
kindly	[káindli] 카인들리	형 친절한, 인정 있는 부 친절히
	✓ take kindly to ~을 좋아하다	
kindness	[káindnis] 카인드니스	명 친절, 상냥함, 애정
kindred	[kíndrid] 킨드리드	명 혈족, 혈연 형 같은 혈연의
king	[kiŋ] 킹	명 왕, 국왕
kingdom	[kíŋdəm] 킹덤	명 왕국, 계(분야, 범위)
kingly	[kíŋli] 킹리	명 국왕, 위엄 있는 부 왕답게
kiss	[kis] 키스	명 키스, 입맞춤 타 자 입 맞추다
kitchen	[kítʃən] 키췬	명 부엌, 취사장
kite	[kait] 카이트	명 솔개, 연, 사기꾼
kitten	[kítn] 키튼	명 새끼 고양이, 말괄량이
kitty	[kíti] 키티	명 (포커의) 판돈, 새끼 고양이
knapsack	[nǽpsæk] 냅색	명 배낭
knave	[neiv] 네이브	형 악한, 무뢰한, 불량배
knead	[ni:d] 니-드	타 반죽하다, 주무르다
knee	[ni:] 니-	명 무릎 타 무릎으로 스치다

kneel

	✓ fall on one's knees 무릎을 꿇다, 탄원하다	
kneel	[ni:l] 닐-	자 무릎 꿇다, 굴복하다
knell	[nel] 넬	명 불길한 징조, 흉조
knelt	[nelt] 넬트	동 kneel(무릎 꿇다)의 과거(분사)
knife	[naif] 나이프	명 칼, 창칼 타 칼로 베다
knight	[nait] 나이트	명 기사, 나이트작
knighthood	[náithùd] 나이트후드	명 기사의 신분, 나이트 작위
knightly	[náitli] 나이틀리	형 기사의, 의협적인
knit	[nit] 니트	타 자 뜨다, 편물을 하다
knob	[nab] 납	명 혹, 손잡이, 쥐는 것
knock	[nak] 낙	타 자 치다, 두드리다, 충돌하다
	✓ knock against ~에 부딪치다, 우연히 만나다	
	✓ knock out 두들겨 내쫓다, (권투) 녹아웃 시키다	
knot	[nat] 낫	명 매듭, 장식 타 자 맺다
know	[nou] 노우	타 자 알다, 인정하다, 알고 있다
	✓ be known to ~에게 알려져 있다	
	✓ know better than to ~하는 것이 좋지 않음을 알다	
	✓ know of ~에 관해서 간접적으로 알다	
	✓ know A from B A와 B를 구별하다	
knowing	[nóuiŋ] 노우잉	형 알고 있는, 빈틈없는
knowledge	[nálidʒ] 날리쥐	명 지식, 이해, 학문, 학식
known	[noun] 노운	동 know의 과거분사 형 알려진
knuckle	[nʌ́kəl] 너컬	명 손가락 관절, 주먹
Korea	[kəríːə] 커리-어	명 (고려) 한국
Korean	[kəríːən] 커리-언	형 한국의 명 한국사람
Kremlin	[krémlin] 크렘린	명 (모스크바의) 크렘린 궁전

label	[léibəl] 레이벌	명 딱지, 쪽지 타 이름을 붙이다
labor	[léibər] 레이버	명 노동, 근로 타 자 일하다
laborer	[léibərər] 레이버러	명 노동자, 인부
laboratory	[lǽbərətɔ̀:ri] 래버러토-리	명 실험실, 연구실, 제약실
laborious	[ləbɔ́:riəs] 러보-리어스	형 힘든, 부지런한
lace	[leis] 레이스	명 레이스, 끈 타 자 끈으로 장식하다
lack	[læk] 랙	명 부족, 결핍, 없음 타 자 결핍하다
	✓ lack in ~이 부족하다	
lad	[læd] 래드	명 젊은이, 소년, 청년
ladder	[lǽdər] 래더	명 사닥다리, (출세의)길
lade	[leid] 레이드	타 쌓다, 짐을 싣다
laden	[léidn] 레이든	형 짐을 실은 통 lade의 과거분사
lady	[léidi] 레이디	명 숙녀, 귀부인, 부인
lag	[læg] 랙	자 처지다 명 늦어짐
laid	[leid] 레이드	통 lay(두다)의 과거(분사)
lain	[lein] 레인	통 lie(위치하다)의 과거분사
lake	[leik] 레이크	명 호수, 연못
lamb	[læm] 램	명 새끼 양 타 자 (새끼 양을) 낳다
lame	[leim] 레임	형 절름발이의 타 불구로 만들다
lament	[ləmént] 러멘트	타 자 슬퍼하다, 비탄하다 명 비탄
lamentation	[læ̀məntéiʃən] 래먼테이션	명 슬픔, 비탄
lamp	[læmp] 램프	명 램프, 등불
lance	[læns] 랜스	명 창, 작살 타 창으로 찌르다
land	[lænd] 랜드	명 육지, 땅, 지면 타 자 상륙하다

landing

landing	[lǽndiŋ] 랜딩	명 상륙, 착륙, 하차
landlady	[lǽndlèidi] 랜들레이디	명 여자 지주, 안주인
landlord	[lǽndlɔ̀:rd] 랜들로―드	명 지주, 집주인, (여관, 하숙) 주인
landmark	[lǽndma:rk] 랜드마―크	명 경계표, 획기적 사건
landscape	[lǽndskèip] 랜드스케입	명 풍경, 경치
lane	[lein] 레인	명 작은 길, 좁은 길
language	[lǽŋgwidʒ] 랭귀쥐	명 언어, 국어, 말씨
languish	[lǽŋgwiʃ] 랭귀쉬	자 약해지다, 시들다, 번민하다
lantern	[lǽntərn] 랜턴	명 초롱불, 각등(角燈)
lap	[læp] 랩	명 (앉았을 때의) 무릎 타 핥다
lapse	[læps] 랩스	명 경과, 흐름, 실수 자 타락하다
lard	[la:rd] 라―드	명 돼지기름, 라드 타 윤택하다
large	[la:rdʒ] 라―쥐	형 커다란, 넓은, 다수의

✓ **on the large side** 꽤 큰 편(인)

largely	[lá:rdʒli] 라―쥘리	부 크게, 충분히, 풍부하게
lark	[la:rk] 라―크	명 종달새
larva	[lá:rvə] 라―버	명 유생(幼生), 애벌레
lash	[læʃ] 래쉬	명 채찍질, 비난 타 자 빈정대다

✓ **lash out** (말이) 걷어차다, 폭언을 퍼붓다

lass	[læs] 래스	명 젊은 여자, 연인, 소녀
last	[læst] 래스트	형 최후의 부 최후에 명 최후

✓ **at last** 드디어, 결국, 마침내

lastly	[lǽstli] 래스틀리	부 최후에, 마침내, 결국
lasting	[lǽstiŋ] 래스팅	형 영속하는, 오래 견디는
latch	[lætʃ] 래치	명 쇠고리, 걸쇠 타 걸쇠를 걸다
late	[leit] 레이트	형 늦은, 더딘 부 늦게, 뒤늦게

✓ **of late years** 최근, 근년

lately	[léitli] 레이틀리	부 요즈음, 최근에
latent	[léitənt] 레이턴트	형 숨은, 보이지 않는, 잠재적인
later	[léitər] 레이터	형 (late의 비교급) 더 늦은, 나중의
	✓ later to 다음에, 추후에, 나중에	
lateral	[lǽtərəl] 레터럴	형 앞의, 측면에서 명 옆쪽
latest	[léitist] 레이티스트	형 최신의, 최근의
	✓ at (the) latest 늦어도	
Latin	[lǽtin] 래틴	형 라틴어의 명 라틴어
latitude	[lǽtətjùːd] 래터튜-드	명 위도, 지역, 범위
latter	[lǽtər] 래터	형 뒤쪽의, 후기의
laugh	[læf] 래프	명 웃음 타 자 웃다, 비웃다
	✓ He laughs best who laughs last. 〈속담〉 미리 좋아하지 말라.	
	✓ laugh at ~을(보고, 듣고) 웃다, ~을 비웃다	
	✓ laugh away 웃어넘기다	
	✓ laugh out 웃음을 터뜨리다, 폭소하다	
laughter	[lǽftər] 래프터	명 웃음, 웃음소리
launch	[lɔːntʃ] 론-취	타 자 진수하다, 발진하다
laundry	[lάːndri] 란-드리	명 세탁소, 세탁장
laurel	[lɔ́ːrəl] 로-럴	명 월계수, 영예, 승리
lava	[lάvə] 라버	명 용암, 화산암층
lavatory	[lǽvətɔ̀ːri] 래버토-리	명 세면장 화장실
lavender	[lǽvəndər] 래번더	명 라벤더 형 연보라색의
lavish	[lǽviʃ] 래비쉬	타 아낌없이 주다 형 아낌없는
lavishly	[lǽviʃli] 래비쉬리	부 함부로, 아끼지 않고
law	[lɔː] 로-	명 법률, 국법, 법, 법칙
lawful	[lɔ́ːfəl] 로-펄	형 합법의, 정당한
lawless	[lɔ́ːlis] 로-리스	형 불법조인, 법을 지키지 않는

lawn

lawn	[lɔːn] 로-온	명 잔디, 풀밭
lawyer	[lɔ́ːjər] 로-여	명 법률가, 변호사
lay	[lei] 레이	타 자 눕히다, 누이다 명 위치

- ✓ **lay aside** 옆에 두다, 저장하다
- ✓ **lay down** 아래에 놓다, 놓다, 건설하다
- ✓ **lay siege to** ~을 포위(공격)하다

layer	[léiər] 레이어	명 놓는 사람, 쌓는 사람
layman	[léimən] 레이먼	명 평신도, (성직자가 아닌) 속인
lazy	[léizi] 레이지	형 게으른, 나태한
lazily	[léizili] 레이질리	부 게으르게, 더디게
lead	[liːd] 리-드	명 지휘, 선도, 납 타 자 이끌다

- ✓ **in the lead** 선두에 서서
- ✓ **lead in** ~에서 최고다
- ✓ **lead a dog's life** 비참한 생활을 하다

lead	[led] 레드	명 납
leader	[líːdər] 리-더	명 지도자, 선도자, 대장
leadership	[líːdərʃip] 리-더쉽	명 지도력, 지도자의 임무
leading	[líːdiŋ] 리-딩	명 지도, 지휘 형 선도하는
leaf	[liːf] 리-프	명 잎(사귀), (책의) 한 장
leaflet	[líːflit] 리-플릿	명 작은 잎, 광고지
leafy	[líːfi] 리-피	형 잎이 무성한
league	[liːg] 리-그	명 동맹, 연맹 타 자 동맹하다
leak	[liːk] 리-크	명 샘, 누출 타 자 새다
lean	[liːn] 린-	형 야윈 명 경사 타 자 기대다

- ✓ **lean on (upon)** ~에 기대다, 의지하다

leap	[liːp] 립-	타 자 뛰다, 뛰어 넘다 명 도약
learn	[ləːrn] 런-	타 자 배우다, 익히다, 공부하다

	✓ **learn by heart** 외다, 암기하다	
learned	[lə́ːrnid] 러-니드	형 학식 있는, 학구적인
learning	[lə́ːrniŋ] 러-닝	명 학식, 지식, 학문
lease	[liːs] 리-스	타 토지를 임대하다 명 차용계약
least	[liːst] 리-스트	명 (little 최상급) 최소 형 최소의
	✓ **at least** 적어도, 하다못해	
	✓ **least of all** 가장 ~아니다, 무엇보다도 ~않다	
	✓ **not in the least** 조금도 ~않다	
leather	[léðər] 레더	명 (무두질한) 가죽 타 가죽을 씌우다
leave	[liːv] 리-브	타 자 떠나다, 남기다 명 허락
	✓ **leave behind** ~을 두고 가다(오다), 놓아 둔 채 잊다	
	✓ **leave off** 그만두다	
	✓ **leave out** 빠뜨리다, 생략하다	
lecture	[léktʃər] 렉쳐	명 강의, 강연 타 자 강의하다
lecturer	[léktʃərər] 렉쳐러	명 강사, 강연자
led	[led] 레드	동 lead(이끌다)의 과거(분사)
ledge	[ledʒ] 레쥐	명 좁은 선반, 암초
lee	[liː] 리-	명 바람이 불어가는 방향
leech	[liːtʃ] 리-취	명 거머리, 흡혈귀, 고리대금업자
left	[left] 레프트	형 좌측의 부 왼쪽에 명 왼쪽
leg	[leg] 렉	명 (사람, 동물의) 다리
legal	[líːgəl] 리걸	형 법률으, 합법적인, 법정의
legend	[lédʒənd] 레젼드	명 전설, 신화, 전설문학
legion	[líːdʒən] 리젼	명 (고대 로마의) 군단, 군대
legislation	[lèdʒisléiʃən] 레지슬레이션	명 입법, 법률, 법령
legislative	[lédʒislèitiv] 레지슬레이티브	형 입법의, 법률을 제정하는
legislature	[lédʒislèitʃər] 레지슬레이쳐	명 입법부, 입법기관

legitimate

legitimate	[lidʒítəmit] 리지터미트	형 합법적인, 정당한
leisure	[líːʒər] 리-저	명 여가, 틈 형 한가한, 볼 일없는
	✓ **at leisure** 한가하여, 한가한 때에	
leisurely	[líːʒərli] 리-절리	부 천천히, 유유히
lemon	[lémən] 레먼	명 레몬(나무열매) 형 레몬 빛의
lemonade	[lèmənéid] 레머네이드	명 레몬수, 레모네이드
lend	[lend] 렌드	타 자 빌려주다, 대부하다, 더하다
length	[leŋkθ] 렝쓰	명 길이, 키, 세로, 기간
	✓ **at length** 드디어, 상세하게, 충분히	
lengthen	[léŋkθən] 렝쓴	타 자 길게 하다, 늘이다, 늘어나다
lens	[lenz] 렌즈	명 렌즈, (눈의) 수정체
lent	[lent] 렌트	동 lend(빌려주다)의 과거(분사)
leopard	[lépərd] 레퍼드	명 표범, 표범의 털가죽
less	[les] 레스	형 (little의 비교급) 보다 적은
	✓ **no less than** 적어도 ~만큼, ~에 못지않은	
	✓ **little less than** ~와 마찬가지인	
	✓ **more or less** 얼마간, 다소	
lessen	[lésn] 러슨	타 자 줄이다, 감하다
lesser	[lésər] 레서	형 (little의 비교급) 보다 작은
lesson	[lésn] 러슨	명 학과, ~과, 수업
lest	[lest] 레스트	접 ~하지 않도록
	✓ **lest ~should** ~하면 안 되므로	
let	[let] 렛	타 ~시키다, ~하게 하다
	✓ **let alone** ~은 말할 것도 없이	
	✓ **let go** 놓아주다	
	✓ **Let me see.** 어디 보자. 글쎄.	
let's	[lets] 렛츠	약 ~하자(let us의 단축형)

letter	[létər] 레터	명 편지, 문자, 글자
lettuce	[létis] 레티스	명 상추, 양상추
level	[lévəl] 레벌	명 수평, 수준 형 평평한, 수평의
lever	[lévər] 레버	명 지레 타 자 지레로 움직이다
levy	[lévi] 레비	타 부과하다
lewd	[lu:d] 루-드	형 음란한
liability	[làiəbíliti] 라이어빌리티	명 책임, 의무 자 책임을 지다
liable	[láiəbəl] 라이어벌	형 책임 있는, 빠지기 쉬운
liar	[láiər] 라이어	명 거짓말쟁이
liberal	[líbərəl] 리버럴	형 진보적인, 대범한, 자유사상의
liberate	[líbərèit] 리버레이트	타 자유롭게 하다, 해방하다
liberty	[líbərti] 리버티	명 자유, 해방, 멋대로 함
librarian	[laibrɛ́əriən] 라이브레어리언	명 도서관원, 사서(司書)
library	[láibrèri] 라이브레리	명 도서관 문고, 서재
license	[láisəns] 라이선스	명 면허, 인가, 허가
lick	[lik] 릭	타 핥다, 물결이 스치다
lid	[lid] 리드	명 뚜껑, 눈꺼풀
lie	[lai] 라이	명 눕다, 자다 타 자 거짓말하다, 눕다
	✓ **lie in** ~에 있다(=consist in)	
	✓ **lie down** (휴식하려고) 눕다, 굴복하다	
	✓ **lie on one's back** 위를 보고 눕다	
lieutenant	[lu:ténənt] 루-테넌트	명 육군 중위, 부관, 해군 대위
life	[laif] 라이프	명 목숨, 생명, 일생
	✓ **all one's life** 평생토록	
	✓ **come to life** 소생하다, 활기를 띠다	
	✓ **for the life of one** (부정문에서) 아무리 해도 (~않다)	
	✓ **on your life** 반드시, 꼭(=by all means)	

lifeless

	✓ **put life into one's work** 일에 온 정성을 쏟다	
lifeless	[láiflis] 라이플리스	형 생명 없는, 죽은, 기절한
lifetime	[láiftàim] 라이프타임	명 평생 형 한평생의
lift	[lift] 리프트	타 자 들어 올리다 명 들어 올림
light	[lait] 라이트	명 빛 형 밝은, 가벼운, 적은
	✓ **bring (come) to light** 폭로하다, 폭로되다	
	✓ **light and shade** 명암, 천양지차	
	✓ **Light come, light go** 〈속담〉 쉽게 생긴 것은 쉽게 없어진다.	
	✓ **in the light of** ~에 비추어, ~을 생각하면, (관점)에서 보면	
lighten	[láitn] 라이튼	타 자 비추다, 빛나다, 가볍게하다
lighthouse	[láithàus] 라이트하우스	명 등대
lightning	[láitniŋ] 라이트닝	명 번개, 번갯불, 조명
like	[laik] 라이크	타 자 좋아하다 형 비슷한 부 아마
likelihood	[láiklihùd] 라이클리후드	명 있음직한 일, 가능성
likely	[láikli] 라이클리	형 있음직한, ~할 듯한 부 아마
likeness	[láiknis] 라이크니스	형 비슷한, 근사, 유사한
likewise	[láikwàːz] 라이크와이즈	부 마찬가지로, 게다가 또
liking	[láikiŋ] 라이킹	명 좋아함, 기호, 취미
lilac	[láilək] 라일럭	명 라일락 형 라일락 빛의
lily	[líli] 릴리	명 백합, 나리꽃 형 순결한, 흰
limb	[lim] 림	명 팔, 손발, 수족, (새의)날개
lime	[laim] 라임	명 석회, 끈끈이
limestone	[láimstòun] 라임스토운	명 석회석
limit	[límit] 리미트	명 한계, 한도, 경계 타 한정하다
limitation	[lìmətéiʃən] 리머테이션	명 제한, 한도
limited	[límitid] 리미티드	형 유한의, 제한된, 좁은
limp	[limp] 림프	자 절뚝거리다 명 절뚝거림

live

line	[lain] 라인	명 선, 줄, 끈 타 자 선을 긋다
linen	[línin] 리넨	명 아마포, 삼베, 리넨
liner	[láinər] 라이너	명 정기 항공기, 정기선
linger	[líŋgər] 링거	자 꾸물거리다, 나중에까지 남다
lining	[láiniŋ] 라이닝	명 안대기(붙이기)
link	[liŋk] 링크	명 고리, 연쇄 타자 연결하다, 잇다
linoleum	[linóuliəm] 리노울리엄	명 (마룻바닥에 까는) 리놀륨
lion	[láiən] 라이언	명 사자, 용맹스러운 사람
lip	[lip] 립	명 입술, 입, 건방진 말 형 말만의
liquid	[líkwid] 리퀴드	명 액체, 유동체 형 액체의
liquor	[líkər] 리쿼	명 알코올, 음료, 주류(酒類)
list	[list] 리스트	명 표, 목록 타 자 명부에 올리다
listen	[lísən] 리선	자 경청하다, 듣다
listener	[lísnər] 리스너	명 경청자, 청취자
liter	[líːtər] 리-터	명 리터(약 5홉 5작)
literal	[lítərəl] 리터럴	형 문자 그대로의, 문자 상의
literally	[lítərəli] 리터럴리	부 문자 그대로, 정확하게
literary	[lítərèri] 리터레리	형 문학의, 문예의, 학문의
literature	[lítərətʃər] 리터러처	명 문학, 문예, 문헌
litter	[lítər] 리터	명 잡동사니, 난잡
little	[lítl] 리틀	형 작은 부 조금은 명 조금

- a little while 잠시
- little by little 조금씩, 서서히
- little more than ~와 마찬가지인
- think little of 얕보다

live	[liv] 리브	타 자 살다, 생존하다 형 살아있는

- live on (upon) ~을 먹고 살다

livelihood

- ✓ **live through** 살아남다, (난국을)타개하다
- ✓ **live with** ~와 동거하다

livelihood	[láivlihùd] 라이블리후드	명 생계, 살림, 간신히 지내다
lively	[láivli] 라이블리	형 활기 있는 부 활발하게
liver	[lívər] 리버	명 거주자, 간장(肝臟)
livery	[lívəri] 리버리	명 제복
livestock	[láivstàk] 라이브스탁	명 가축
living	[líviŋ] 리빙	형 살아있는, 생명 있는
livingroom	[líviŋruːm] 리빙루-움	명 거실, 거처방
lizard	[lízərd] 리저드	명 도마뱀
load	[loud] 로우드	명 짐, 하물 타 자 짐을 싣다
loaf	[louf] 로우프	명 (빵의) 한 개(덩어리) 타 자 놀고 지내다
loan	[loun] 로운	명 빌려주는 것, 대부 타 자 빌려주다
loathe	[louð] 로우드	타 자 몹시 싫어하다
lobby	[lábi] 라비	명 로비, 대기실, 넓은 복도
lobster	[lábstər] 랍스터	명 대하(大蝦), 큰 새우
local	[lóukəl] 로우컬	형 지방의, 공간의
locality	[loukǽəti] 로우캘러티	명 위치, 장소, 현장
locate	[loukéit] 로우케이트	타 거주하다, (관청 따위) 설치하다
location	[loukéiʃən] 로우케이션	명 위치, 장소, 야외촬영지
lock	[lak] 락	명 자물쇠 타 자 자물쇠를 채우다
locomotive	[lòukəmóutiv] 로우커모우티브	형 이동하는 명 기관차
locust	[lóukəst] 로우커스트	명 메뚜기, 매미, 대식가
lodge	[ladʒ] 라지	명 오두막집 타 자 묵다, 숙박케하다
lodging	[ládʒiŋ] 라징	명 숙박, 숙소, 하숙, 셋방
loft	[lɔːft] 로-프트	명 다락방, 2층관람석
lofty	[lɔ́ːfti] 르-프티	형 몹시 높은, 치솟은

loose

log	[lɔ(:)g] 로그	명 통나무, 항해일지
logic	[ládʒik] 라쥑	명 논리학, 논리, 추리력
logical	[ládʒikəl] 라쥐컬	형 논리적인, 필연의
loin	[lɔin] 로인	명 허리, 허릿살
loiter	[lɔ́itər] 로이터	타 자 어슬렁어슬렁 걷다, 빈둥빈둥 지내다
London	[lʌ́ndən] 런던	명 런던(영국의 수도)
lone	[loun] 로운	형 고독한, 독신의, 짝이 없는
lonely	[lóunli] 로운리	형 고립한, 쓸쓸한, 외로운
loneliness	[lóunlinis] 로운리니스	명 고독, 고립, 외로움
lonesome	[lóunsəm] 로운섬	형 쓸쓸한, 인적이 드문
long	[lɔ:ŋ] 롱-	형 긴, 오랜 부 길게 자 동경하다

- **as long as** ~하는 동안, ~하는 한
- **before long** 머지않아, 이윽고(=soon)
- **long ago** 옛날에, 훨씬 이전에
- **long for** ~을 간절히 바라다

longing	[lɔ́(:)ŋiŋ] 롱잉	형 열망하는 명 동경, 갈망
longitude	[lándʒətjù:d] 란져튜-드	명 경도(經度), 경선
look	[luk] 룩	타 자 바라보다

- **look after** 돌보다, 보살피다
- **look down** 얕보다, 내려다보다
- **look like** ~같이 보이다, ~인 것 같다
- **look on (upon)** ~을 바라보다, 생각하다
- **look over** ~을 대충 훑어보다, 눈감아주다

lookout	[lúkàut] 루카웃	명 망, 전당, 감시, 간수
loom	[lu:m] 루움	명 베틀 자 어렴풋이 보이다
loop	[lu:p] 루-프	명 고리 타 자 고리를 만들다
loose	[lu:s] 루-스	타 놓아주다 자 풀다, 늦추다

loosen

loosen	[lúːsən] 루-선	타 자 놓아주다
loot	[luːt] 루-트	명 약탈물, 전리품
lord	[lɔːrd] 로-드	명 군주, 지배자, 주인
lordly	[lɔ́ːrdli] 로-들리	형 귀족다운 부 숭고하게
lorry	[lɔ́(ː)ri] 로리	명 트럭, 화물자동차
lose	[luːz] 루-즈	타 자 없애다, 잃다, 손해보다

- **lose one's place** 지위를 잃다
- **lose one's temper** 화를 내다, 울화통을 터뜨리다
- **lose one's way** 길을 잃다

loss	[lɔ(ː)s] 로스	명 상실, 손해, 패배

- **at a loss** 어쩔 줄 모르고, 어리벙벙하여

lost	[lɔ(ː)st] 로스트	동 lose의 과거분사 형 잃어버린

- **give up for lost** 죽은 것으로(가망 없다고) 단념하다
- **lost and found** 유실물 취급소

lot	[lɑt] 랏	명 다량, 운명, 제비뽑기

- **a lot of** 많은, 잔뜩(=lots of)

loud	[laud] 라우드	형 음성이 높은, 시끄러운
loudly	[láudli] 라우들리	부 큰소리로
loudspeaker	[láudspíːkər] 라우드스피-커	명 확성기
lounge	[laundʒ] 라운쥐	명 휴게실, 사교실
love	[lʌv] 러브	명 사랑, 애정 타 자 사모하다

- **fall in love with** ~에게 반해 있다, ~을 사랑하다
- **have a love of** ~을 좋아하다
- **send one's love to** ~에게 안부를 전하다

lovely	[lʌ́vli] 러블리	형 귀여운, 사랑스러운
loveliness	[lʌ́vlinis] 러블리니스	명 귀여성, 아름다움
lover	[lʌ́vər] 러버	명 애인, 연인, 애호가

loving	[lʌ́viŋ] 러빙	형 사랑하는, 친애하는
low	[lou] 로우	형 낮은, 비천한 부 낮게, 낮은
lower	[lóuər] 로워	타 자 낮추다, 내려가다 형 더 낮은
lowland	[lóulænd] 로울랜드	명 낮은 곳 형 평원지방의
lowly	[lóuli] 로울리	형 신분이 낮은, 비천한 부 천하게
loyal	[lɔ́iəl] 로열	형 충성스러운, 성실한
loyalty	[lɔ́iəlti] 로열티	명 충성, 충실
luck	[lʌk] 럭	명 행운, 운수
lucky	[lʌ́ki] 러키	형 운이 좋은, 행운의
luckily	[lʌ́kili] 러킬리	부 운 좋게, 다행히도
luggage	[lʌ́gidʒ] 러기쥐	명 수하물, 여행가방
lull	[lʌl] 럴	타 자 진정시키다, 달래다
lullaby	[lʌ́ləbài] 럴러바이	명 자장가
lumber	[lʌ́mbər] 럼버	명 재목, 잡동사니
luminous	[lúːmənəs] 루-머너스	형 빛나는, 밝은, 명석한
lump	[lʌmp] 럼프	명 덩어리 타 자 덩어리로 만들다
lunatic	[lúːnətik] 루-너틱	형 미친, 정신이상의 명 정신병자
lunch	[lʌntʃ] 런취	명 점심, 중식 타 자 점심을 먹다
luncheon	[lʌ́ntʃən] 런천	명 오찬, 점심, 경식사
lung	[lʌŋ] 렁	명 폐, 허파, 인공폐
lure	[luər] 루어	명 미끼, 유혹 타 자 꾀어내다
lurk	[ləːrk] 러-크	부 숨다, 잠복하다, 잠행하다
lust	[lʌst] 러스트	명 욕망 부 열망하다 형 음탕한
luster	[lʌ́stər] 러스터	명 광택, 광채 타 윤을 내다
lusty	[lʌ́sti] 러스티	형 튼튼한, 원기 왕성한
lute	[luːt] 루-트	명 기타와 비슷한 악기
luxuriant	[lʌgʒúəriənt] 럭주어리언트	형 무성한, 다산의, 화려한

luxurious

luxurious	[lʌgʒúəriəs] 럭주어리어스	형 사치스러운, 쾌적한
luxury	[lʌ́kʃəri] 럭셔리	명 사치, 호화, 맛있는 음식
lying	[láiiŋ] 라이잉	형 누워있는, 거짓의
lynch	[lintʃ] 린취	타 사형(私刑)을 가하다
lyric	[lírik] 리릭	명 서정시, 노래 형 서정시의

ma	[mɑ:] 마—	명 엄마, 마(=mamma의 생략)
machine	[məʃíːn] 머쉬—인	명 기계류, 비행기, 자동차
machinery	[məʃíːnəri] 머쉬—너리	명 기계, 기계장치
mad	[mæd] 매드	형 미친, 무모한
madly	[mǽdli] 매들리	부 미쳐서, 미친 듯이, 몹시
madam	[mǽdəm] 매덤	명 부인, 아씨
made	[meid] 메이드	동 make(만들다)의 과거(분사) 형 만든
magazine	[mæ̀gəzíːn] 매거지인	명 잡지, (탄약, 식량 등의) 창고
magic	[mǽdʒik] 매쥑	형 마법의 경 마법
magical	[mǽdʒikəl] 매쥐컬	형 요술 같은, 마법의
magician	[mədʒíʃən] 머쥐션	명 마법사, 요술쟁이
magistrate	[mǽdʒəstrèit] 매저스트레이트	명 치안판사, 장관
magnet	[mǽgnit] 맥니트	명 자석, 지 남철, 사람을 끄는 것
magnetic	[mægnétik] 맥네틱	형 자석의, 매력 있는
magnificent	[mægnífəsənt] 맥니퍼선트	형 장엄한, 장려한, 당당한
magnificence	[mægnífəsns] 맥니퍼슨스	명 장려, 장엄, 웅대
magnify	[mǽgnəfài] 맥너파이	타 확대하다, 과장하다, 증대하다
magnitude	[mǽgnətjùːd] 맥너튜—드	명 크기, 위대함, 중요함
mahogany	[məhágəni] 머하거니	명 마호가니(재목), 적갈색
maid	[meid] 메이드	명 소녀, 처녀, 하녀, 아가씨
maiden	[méidn] 메이든	명 미혼녀, 처녀 형 미혼의
mail	[meil] 메일	명 우편물, 우편 타 우송하다
main	[mein] 메인	명 힘, 중요부분 형 주요한

✓ **in the main** 주로, 대체로, 대개

mainly

mainly	[méinli] 메인리	튀 주로, 오로지, 대부분
mainland	[méinlænd] 메인랜드	명 본토, 대륙
maintain	[meintéin] 메인테인	타 유지하다, 계속하다
maintenance	[méinənəns] 메인터넌스	명 유지, 보존, 지속, 부양
majestic	[mədʒéstik] 머제스틱	형 위엄 있는, 당당한
majesty	[mǽdʒisti] 메쥬스티	명 위엄, 주권, 폐하(M~)
major	[méidʒər] 메이져	형 주요한 명 육군 소령
majority	[mədʒɔ́(:)rəti] 머죠러티	명 대다수, 대부분, (득표의) 차
make	[meik] 메이크	타 자 만들다, 행하다 명 제작

- ✔ mɛke for ~방향으로 진행하다
- ✔ mɛke it 해내다
- ✔ mɛke A into B A를 B로 바꾸다
- ✔ mɛke it a rule to ~하는 것을 습관으로 하다

maker	[méikər] 메이커	명 제조업자, 만드는 사람
make-up	[méikʌp] 메이컵	명 구성, 배우의 얼굴분장, 화장품
malady	[mǽlədi] 멜러디	명 병, 병폐, 질병
malaria	[məlέəriə] 멀레어리어	명 말라리아, 학질
male	[meil] 메일	명 남성, 수컷 형 남성의, 수컷의
malice	[mǽlis] 맬리스	형 악의, 해칠 마음, 적의
malicious	[məlíʃəs] 멀리셔스	형 악의 있는, 속 검은, 심술궂은
mama	[mάːmə] 마-머	명 엄마
mammal	[mǽməl] 매멀	명 포유동물, 포유류
man	[mæn] 맨	명 사람, 남자, 인류
manage	[mǽnidʒ] 매니쥐	타 자 관리하다, 움직이다, 다루다
management	[mǽnidʒmənt] 매니쥐먼트	명 취급, 관리, 경영
manager	[mǽnidʒər] 매니져	명 지배인, 경영자, 관리인
mandate	[mǽndeit] 맨데이트	명 명령, 위임통치령

many

mandolin	[mǽndəlin] 맨덜린	명 만돌린
mane	[mein] 메인	명 갈기, 더리털
maneuver	[mənúːvər] 머누-버	명 (군대) 기동 자 연습하다
manger	[méindʒər] 메인저	명 여물통, 구유, 물막이간
manhood	[mǽnhùd] 맨후드	명 남자다움, 인간성
manifest	[mǽnəfèst] 매너페스트	형 명백한 타 명시하다, 나타내다
manifestation	[mæ̀nəfestéiʃən] 매너페스테이션	명 표명, 발표, 명시
manifold	[mǽnəfòuld] 매너포울드	형 다방면의, 다수의
mankind	[mænkáind] 맨카인드	명 인류, 인간, 사람
manly	[mǽnli] 맨리	형 사내다운, 대담한, 씩씩한
manner	[mǽnər] 매너	명 방법, 모양, 태도, 예절, 풍습

- ✓ **all manner of** 모든 종류의
- ✓ **in a manner** 말하자면, 어떤 의미에서는
- ✓ **in like manner** 마찬가지로

manor	[mǽnər] 매너	명 (봉건 귀족의) 영지(領地), 장원
mansion	[mǽnʃən] 맨션	명 대저택, 큰 집
mantle	[mǽntl] 맨틀	명 여자의 소매 없는 외투, 망토 타 덮다
manual	[mǽnjuəl] 매뉴얼	형 손의, 손으로 만든 명 편람
manufacture	[mæ̀njəfǽktʃər] 매녀팩춰	타 제조하다 명 제작, 제조
manufacturer	[mæ̀njəfǽktʃərər] 매녀팩처러	명 제조업자, 생산자
manure	[mənjúər] 머뉴어	명 비료, 거름 타 비료를 주다
manuscript	[mǽnjəskrìpt] 매녀스크립트	형 필사한, 손으로 쓴 명 원고
many	[méni] 매니	형 많은, 다수의 명 다수

- ✓ **a great (good) many** 대단히(상당히) 많은
- ✓ **as many again** (수가) 두배의
- ✓ **how many** 몇 개의, 몇 사람의
- ✓ **like so many** ~와 같은 수의, 그 만큼의

map

map	[mæp] 맵	명 지도 타 지도를 만들다
maple	[méipəl] 메이펄	명 단풍나무, 단풍
mar	[ma:r] 마-	타 손상시키다, 흠내다, 망쳐 놓다
marble	[má:rbəl] 마-벌	명 대리석 타 대리석무늬를 넣다
March	[ma:rtʃ] 마-취	명 3월(약어 Mar.)
march	[ma:rtʃ] 마-취	명 행군, 행진 타 자 행진하다
mare	[mɛər] 메어	명 암말(당나귀·노새 따위)
margin	[má:rdʒin] 마-쥔	명 가장자리, 여유, 판매수익
marginal	[má:rdʒənəl] 마-져널	형 언저리의, 가의, 한계에 가까운
marine	[mərí:n] 머리-인	형 바다의, 해양의 명 선박, 함대
mariner	[mǽrənər] 매러너	명 수부, 선원, 해원
maritime	[mǽrətɛim] 매러타임	형 바다의, 해변의, 바다에 사는
mark	[ma:rk] 마-크	명 기호, 목표 타 표적을 하다

✓ **below the mark** 표준 이하로, 수준 미달로
✓ **beside the mark** 목표를 벗어난

market	[má:rkit] 마-킷	명 장, 시장 타 자 시장에 내놓다

✓ **in market** 매매되고 있는

marquis	[má:rkwis] 마-퀴스	명 후작
marriage	[mǽridʒ] 매리쥐	명 결혼, 결혼식, 부부생활
married	[mǽrid] 매리드	형 기혼의, 결혼한, 부부의
marrow	[mǽrou] 매로우	명 골수, 정수, 뼈골
marry	[mǽri] 매리	타 자 ~와 결혼하다, 결혼시키다
Mars	[ma:rz] 마-즈	명 화성, (로마신화) 전쟁의 신
marsh	[ma:rʃ] 마-쉬	명 늪, 습지, 소택(沼澤)
marshal	[má:rʃəl] 마-셜	명 육군 원수, 의전관, 경찰서장
mart	[ma:rt] 마-트	명 시장(市場)
martial	[má:rʃəl] 마-셜	형 전쟁의, 군인다운, 호전적인

martyr	[máːrtər] 마ー터	명 순교자, 희생자
marvel	[máːrvəl] 마ー벌	형 놀라운 자 감탄하다
marvelous	[máːrvələs] 마ー벌러스	형 놀라운, 기묘한
masculine	[mǽskjəlin] 매스컬린	형 남자의, 남자다운
mash	[mæʃ] 매쉬	명 짓이긴 것 엿기름 물 타 으깨어 뭉개다
mask	[mæsk] 매스크	명 가면, 복면 타 자 가면을 쓰다
mason	[méisən] 메이슨	명 석공, 벽돌공 타 돌을 쌓다
masquerade	[mæ̀skəréid] 매스커레이드	명 가장 무도회 자 가장하다
mass	[mæs] 매스	명 미사, 덩어리, 대중 타 자 집중하다
massacre	[mǽsəkər] 매서커	명 대학살 타 학살하다
massive	[mǽsiv] 매시브	형 부피가 큰, 육중한
mast	[mæst] 매스트	명 돛대, 마스트, 기둥
master	[mǽstər] 매스터	명 주인, 장 타 정통하다
masterpiece	[mǽstərpìːs] 매스터파ー스	명 걸작
mastery	[mǽstəri] 매스터리	명 지배권, 정통, 숙달, 우위
mat	[mæt] 매트	명 멍석 타 멍석을 깔다
match	[mætʃ] 매취	명 성냥, 시합, 경기 타 결혼시키다
mate	[meit] 메이트	명 동료, 한패 타 자 짝짓다
material	[mətíəriəl] 머티어리얼	형 물질적인, 유형의 명 재료
maternal	[mətə́ːrnl] 머터ー늘	형 어머니의, 어머니다운
mathematic	[mæ̀θəmǽtik] 매써매틱	형 수학의, 수리적인
mathematics	[mæ̀θəmǽtiks] 매써매틱스	명 수학
matron	[méitrən] 메이트런	명 기혼 부인, 간호부장
matter	[mǽtər] 매터	명 물질, 저료, 물체 자 중요하다

- **as a matter of fact** 실제로, 실은
- **in the matter of** ~에 관해서는(=as regards)
- **no matter what happens** 무슨 일이 있어도

mattress

mattress	[mǽtris] 매트리스	명 침대의 요, 침상, 매트리스
mature	[mətjúər] 머튜어	형 다 익은, 성숙한 타 자 성숙하다
maturity	[mətjúərəti] 머튜어러티	명 성숙, 완성, 만기
maxim	[mǽksim] 맥심	명 격언, 금언, 처세훈
maximum	[mǽksəməm] 맥서멈	명 최대한도, 최고, 극대 형 최대의
may	[mei] 메이	조 ~일지도 모른다, ~해도 좋다

- **may as well as** (~할 바에는) ~하는 편이 좋다(=had better)
- **may well do** ~하는 것도 마땅하다

May	[mei] 메이	명 5월
maybe	[méibi:] 메이비-	부 아마, 어쩌면
mayonnaise	[mèiənéiz] 메이어네이즈	명 마요네즈
mayor	[méiər] 메이어	명 시장(市長), 읍장, 동장
maze	[meiz] 메이즈	명 미로, 미궁 타 얼떨떨하게 하다
me	[mi:] 미-	대 I의 목적격, 나를, 나에게
meadow	[médou] 메도우	명 목초지, 풀밭, 초원
meager	[mí:gər] 미-거	형 야윈, 빈약한, 불충분한
meal	[mi:l] 밀-	명 식사, 거친 가루
mean	[mi:n] 민-	형 평범한, 중간의 타 자 의미하다

- **by all means** 반드시, 꼭, (대답) 좋고말고요.
- **by means of** ~에 의하여, ~을 써서
- **by no means** 결코 ~이 아니다(하지 않다), (대답) 천만에

meaning	[mí:niŋ] 미-닝	명 의미, 뜻, 취지
means	[mi:nz] 민-즈	명 (=mean), 중간, 수단, 평균값
meantime	[mí:ntàim] 민-타임	형 그 동안에 명 중간 시간
meanwhile	[mí:nhwàil] 민-와일	부 이럭저럭 하는 동안에
measles	[mí:zəlz] 미-절즈	명 홍역, 마진, 풍진
measure	[méʒər] 메저	명 측정, 양, 척도 타 자 측정하다

mellow

- **beyond measure** 엄청나게, 잴 수 없을 정도로
- **in a large (great) measure** 대단히, 대부분
- **in a (some) measure** 어느 정도
- **measure off** 재어 자르다, 구획하다

measurement	[méʒərmənt] 메저먼트	명 측정, 용량, 측량, 크기
meat	[miːt] 미-트	명 (식용의) 짐승고기, 속, 알맹이
mechanic	[məkǽnik] 머캐닉	명 수리공, 정비사
mechanical	[məkǽnikəl] 머캐니컬	형 기계의, 기계에 의한, 무감정한
mechanically	[məkǽnikəli] 머캐니컬리	부 기계적으로
mechanism	[mékənìzəm] 메커니점	명 기계장치, 기구, 조립, 기교
medal	[médl] 메들	명 메달, 상패, 기장, 훈장
meddle	[médl] 메들	자 쓸데없이 간섭하다
medical	[médikəl] 메디컬	형 의학의, 의료의, 내과적인
medicine	[médəsən] 메더선	명 의술, 의학, 약 타 투약하다
medieval	[mìːdiíːvəl] 미-디-벌	형 중세의
meditate	[médətèit] 메더테이트	타 자 숙고하다, 계획하다, 꾀하다
meditation	[mèdətéiʃən] 메더테이션	명 숙고, 명상, 묵상
Mediterranean	[mèdətəréiniən] 메더터레이니언	형 지중해의 명 지중해
medium	[míːdiəm] 미-디엄	명 매개(물), 중간 형 중간의
meek	[miːk] 미-크	형 유순한, 온순한, 겸손한
meekly	[míːkli] 미-클리	부 얌전하게, 온순하게
meet	[miːt] 미-트	타 자 만나다, 마주치다, 조우하다

- **meet with** ~와 우연히 만나다, ~와 마주치다

meeting	[míːtiŋ] 미-팅	명 모임, 만남, 집회, 결투
megaphone	[mégəfòun] 매거포운	명 메가폰 타 확성기로 알리다
melancholy	[méləŋkàli] 멜런칼리	명 우울, 으울증 형 울적한
mellow	[mélou] 멜로우	형 (과일이) 익어서 연한, 감미로운

melody

melody	[mélədi] 멜로디	명 가락, 곡조, 멜로디, 선율
melon	[mélən] 멜런	명 멜론, 참외류
melt	[melt] 멜트	명 용해물, 용해 타 자 녹다, 용해하다

✓ **melt away** 녹아서 없어지다, 녹여 없애다

member	[mémbər] 멤버	명 (단체의) 일원, 구성원, 단원
membrane	[mémbrein] 멤브레인	명 얇은 막, 양피지
memo	[mémou] 메모우	명 메모 타 자 메모하다
memoir	[mémwɑːr] 멤와-	명 회록, 실록, 전기
memorable	[mémərəbəl] 메머러벌	형 잊지 못할, 유명한, 잊을 수 없는
memorandum	[mèmərǽndəm] 메머랜덤	명 각서, 비망록, 매매 각서
memorial	[mimɔ́ːriəl] 미모-리얼	형 기념하는, 추도의 명 기념일
memorize	[méməràiz] 메머라이즈	타 암기하다, 기록하다
memory	[méməri] 메머리	명 기억, 추억, 기억력, 기념

✓ **in memory of** ~을 기념하여
✓ **to the memory of** ~의 영전에 바쳐

men	[men] 맨	명 man(남자)의 복수
menace	[ménəs] 매너스	명 협박, 위협 타 으르다
mend	[mend] 멘드	타 자 고치다, 고쳐지다, 수선하다
mental	[méntl] 멘틀	형 마음의, 정신의, 심적인
mention	[ménʃən] 멘션	타 언급하다, 말하다 명 기대

✓ **worth mentioning** 특히 언급할만한

menu	[ménjuː] 메뉴-	명 식단표, 메뉴, 식품요리
mercenary	[mə́ːrsənèri] 머-서네리	형 돈을 위한, 고용된
merchandise	[mə́ːrtʃəndàiz] 머-천다이즈	명 상품
merchant	[mə́ːrtʃənt] 머-천트	명 상인, 도매상인 형 상인의
merciful	[mə́ːrsifəl] 머-시펄	형 자비로운, 인자한
merciless	[mə́ːrsilis] 머-실리스	형 무자비한, 용서 없는

Mexico

mercury	[mə́:rkjəri] 머-커리	명 수성(M~), 온도계, 수은
mercy	[mə́:rsi] 머-시	명 자비, 행운, 고마운 일

✓ at the mercy of ~의 처분대로

mere	[miər] 미어	형 단순한 단지 ~에 불과한
merely	[míərli] 미얼리	부 단지, 전혀, 오직, 그저

✓ merely (simply) because 단지 ~라는 이유로

merge	[mə:rdʒ] 머-쥐	타 자 합병하다, 몰입하다
meridian	[mərídiən] 머리디언	명 자오선, 경선 형 정오의
merit	[mérit] 메릿	명 장점, 공적, 공로
merrily	[mérəli] 메럴리	부 흥겹게, 명랑하게, 유쾌하게
merriment	[mérimənt] 메리먼트	명 흥겹게 떠들기, 흥겨워함
merry	[méri] 메리	형 명랑한, 흥겨운, 쾌활한
mesh	[meʃ] 메쉬	명 그물눈, 올가미, 망사
mess	[mes] 메스	명 난잡 타 자 망치다, 더럽히다
message	[mésidʒ] 메시쥐	명 전언, 전갈, 소식 타 통신하다
messenger	[mésəndʒər] 메선저	명 배달부, 사자(使者), 칙사
messy	[mési] 메시	형 어질러진, 더러운
met	[met] 멧	동 meet(만나다)의 과거(분사)
metal	[métl] 메틀	명 금속, 금속원소 타 금속을 입히다
metallic	[mətǽlik] 머탤릭	형 금속의, 금속성의, 엄한
meteor	[mí:tiər] 미-티어	명 유성, 운석
meter	[mí:tər] 미-터	명 계량기, 미터(m)량
method	[méθəd] 메써드	명 방법, 방식, 순서, 계획
metropolis	[mitrápəlis] 미트라펄리스	명 수도, 중심지, 주요 도시
metropolitan	[mètrəpálitən] 메트러팔리턴	형 수도의, 도시의 명 수도의 시민
Mexican	[méksikən] 멕시컨	명 멕시코 사람 형 멕시코의
Mexico	[méksikòu] 멕시코우	명 멕시코

mice

mice	[mais] 마이스	몡 mouse(생쥐)의 복수
microphone	[máikrəfòun] 마이크러포운	몡 확성기
microscope	[máikrouskòup] 마이크로스코우프	몡 현미경
mid	[mid] 미드	형 중앙의, 가운데
midday	[míddèi] 믿데이	몡 정오 형 정오의
middle	[mídl] 미들	몡 중앙, 중간 형 한가운데의

✔ **in the middle of** ~의 중앙에, ~의 한가운데의

middle-aged	[mídléidʒd] 미들에이쥐드	형 중년의
midnight	[mídnàit] 믿나이트	몡 자정, 암흑, 한밤중 형 한밤중의
midst	[midst] 믿스트	몡 한창, 한가운데 부 한복판에

✔ **in the midst of** ~의 한 가운데에

midsummer	[mídsʌ́mər] 믿서머	몡 한여름 형 한여름의
midway	[mídwèi] 믿웨이	몡 중도 형 중도의 부 중도에
might	[mait] 마이트	몡 힘(세력, 권력 등) 조 may의 과거

✔ **might as well A as B** B하느니 차라리 A하는 편이 낫다

✔ **with all one's might** 힘껏, 전력을 다하여

mighty	[máiti] 마이티	형 위대한, 강대한 부 강대하게
migrate	[máigreit] 마이그레이트	자 이주하다, 이동하다
migration	[maigréiʃən] 마이그레이션	몡 이주, 이동
mild	[maild] 마일드	형 유순한, 온화한, 상냥한
mildly	[máildli] 마일들리	부 온화하게, 달콤하게
mile	[mail] 마일	몡 마일(약 1.6km)
military	[mílitèri] 밀리터리	형 군의, 군용의, 육군의
militia	[milíʃə] 밀리셔	몡 의용군, 민병, 시민군
milk	[milk] 밀크	몡 젖, 우유 타 젖을 짜다
milky	[mílki] 밀키	형 젖은, 젖 같은
mill	[mil] 밀	몡 물방앗간, 제분소

miller	[mílər] 밀러	명 물방앗간 주인, 제분업자
millimeter	[mílimìːtər] 밀리미터	명 1/10cm
million	[míljən] 밀련	명 백만, 무수 형 백만 달러의
million(n)aire	[mìljənέər] 밀리어네어	명 백만장자-
millstone	[mílstòun] 밀스토운	명 맷돌, 분쇄기, 연자매
mimic	[mímik] 미믹	형 흉내 내는 타 흉내 내다
mimicry	[mímikri] 미미크리	명 흉내, 모조품, 모방
mind	[maind] 마인드	명 마음, 정신 타 자 염려하다

- keep a fact in mind 유의하다, 기억해 두다
- lose one's mind 미치다, 실성하다, 열망하다, 열광하다
- make up one's mind 결심하다, 결단을 내리다
- Never mind! 걱정 마라, 네 알 바 아니다

mine	[main] 마인	대 나의 것 명 광산 타 채굴하다
miner	[máinər] 마이너	명 광부, 갱부, 광산업
mineral	[mínərəl] 미너럴	명 광물, 공석 형 광물의, 무기의
mingle	[míŋgəl] 밍걸	타 자 섞다 혼합하다, 한데 모이다
miniature	[míniətʃər] 미니어처	명 축도, 작은 모형 형 축도의
minimum	[mínəməm] 미너멈	명 최소량, 최소한도 형 최저의
mining	[máiniŋ] 마이닝	명 채광, 광업
minister	[mínistər] 미니스터	명 장관, 성직자 타 자 봉사하다
ministry	[mínistri] 미니스트리	명 부(部), 성(省), 장관직, 대신
mink	[miŋk] 밍크	명 밍크, 담비의 무리
minor	[máinər] 마이너	형 작은 쪽의, 소수의, 중요치 않은
minority	[minɔ́ːriti] 마이노-리티	명 미성년, 소수, 소수당
minstrel	[mínstrəl] 민스트럴	명 (중세의) 음유시인, 가수
mint	[mint] 민트	명 조폐국, 거액, 박하(薄荷)
minus	[máinəs] 마이너스	전 ~을 빼어 형 음수의 명 음수

minute

minute	[mínit] 미닛	명 (시간의) 분 형 순간적인

- **at any minute** 지금 당장에라도, 언제라도
- **last minute** 시간에 임박해, 시간에 빠듯해
- **the minute that** ~와 동시에, ~하자마자(as soon as)

miracle	[mírəkəl] 미러컬	명 기적, 놀라움, 경이
miraculous	[mirǽkjələs] 미래컬러스	형 기적적인, 불가사의한
mirage	[mirɑ́:ʒ] 미라-쥐	명 신기루, 망상
mire	[maiər] 마이어	명 진흙, 수렁 타 자 진창에 빠지다
mirror	[mírər] 미러	명 거울 타 비추다, 반사하다
mirth	[məːrθ] 머-쓰	명 환락, 유쾌, 명랑
miscellaneous	[mìsəléiniəs] 미설레이니어스	형 잡다한, 여러 가지의
mischief	[místʃif] 미스취프	명 화, 손해, 해, 장난
mischievous	[místʃivəs] 미스취버스	형 유해한, 해로운, 장난치는
miser	[máizər] 마이저	명 구두쇠, 수전노
miserable	[mízərəbəl] 미저러벌	형 비참한, 불쌍한, 가련한
miserably	[mízərəbli] 미저러블리	부 불쌍하게, 비참하게
misery	[mízəri] 미저리	명 불행, 비참, 정신적 고통
misfortune	[misfɔ́ːrtʃən] 미스포-천	명 불운, 불행, 재난
misgiving	[misgíviŋ] 미스기빙	명 불안, 의심, 염려
mislead	[mislíːd] 미스리-드	타 그릇 인도하다, 현혹시키다
Miss	[mis] 미스	명 ~양(미혼여자에 대한 경칭)
miss	[mis] 미스	타 자 놓치다, 잃다 명 실책, 실패
missile	[mísəl] 미설	명 미사일, 비행무기, 로켓탄
mission	[míʃən] 미션	명 사절단, 사명, 직무
missionary	[míʃənèri] 미셔네리	형 전도의 명 선교사, 전도사
mist	[mist] 미스트	명 안개 타 자 안개가 끼다
mistake	[mistéik] 미스테익	타 자 틀리다, 오해하다 명 잘못

modesty

- by mistake 잘못하여, 실수로
- learn by mistake 시행착오를 겪다
- make a mistake 잘못을 저지르다, 실수하다
- mistake A for B A를 B로 잘못 알다

mistaken	[mistéikən] 미스테이컨	통 mistake(실수하다)의 과거분사 형 틀린
Mister	[místər] 미스터	명 군(君), 님, 귀하(약어 Mr.)
mistress	[místris] 미스트리스	명 주부, 여주인, 여류명인
mistrust	[mistrʌ́st] 미스트러스트	타 신용하지 않다 명 불신, 의혹
misty	[místi] 미스티	형 어렴풋한, 안개 낀
misunderstand	[mìsʌndərstǽnd] 미선더스탠드	타 오해하다 명 오해, 불화
misuse	[misjúːz] 미슈―즈	타 오용하다, 학대하다 명 혹사
mitt	[mit] 미트	명 벙어리장갑, (야구의) 미트
mix	[miks] 믹스	타 자 섞다, 혼합하다, 첨가하다
mixture	[míkstʃər] 믹스쳐	명 혼합, 결합, 혼합물
moan	[moun] 모운	타 자 신음하다 명 신음소리
moat	[mout] 모우트	명 호(濠), 해자 타 호를 파서 두르다
mob	[mɑb] 맙	명 폭도, 군중 타 자 몰려들다
mock	[mɑk] 막	타 자 조소하다 명 조소 형 모조의
mockery	[mɑ́kəri] 마커리	명 조롱, 우롱, 비웃음
mode	[moud] 모우드	명 양식, 식, 방법, 방식
model	[mɑ́dl] 마들	명 모형 형 모범적인 타 본받다
moderate	[mɑ́dərət] 마더러트	형 알맞은
moderately	[mɑ́dəritli] 마더리틀리	부 적당하게, 알맞게, 보통
moderation	[mɑ̀dəréiʃən] 마더레이션	명 적당, 알맞음, 절제
modern	[mɑ́dərn] 마던	형 현대의, 근대적인
modest	[mɑ́dist] 마디스트	형 조심하는, 겸손한, 수줍은
modesty	[mɑ́disti] 마디스티	명 조심스러움, 겸손, 정숙

modify

modify	[mádəfài] 마더파이	타 가감하다, 수정하다, 변경하다
modification	[màdəfikéiʃən] 마더피케이션	명 가감, 수정, 수식
moist	[mɔist] 모이스트	형 습기 있는, 축축한, 눅눅한
moisten	[mɔ́isən] 모이슨	타 적시다, 축축해지다
moisture	[mɔ́istʃər] 모이스쳐	명 습기, 수분, 물기
molasses	[məlǽsiz] 멀래시즈	명 당밀(糖蜜)
mold	[mould] 모울드	명 (~만드는) 틀, 형(型), 거푸집
mole	[moul] 모울	명 주근깨, 두더지, 사마귀
molest	[məlést] 멀레스트	타 자 괴롭히다, 방해하다, 간섭하다
molten	[móultən] 모울턴	동 melt(녹다)의 과거분사 형 주조된
moment	[móumənt] 모우먼트	명 순간, 때, 찰나, 기회

- ✓ **for the moment** 우선, 당장에는
- ✓ **in a moment** 순식간에, 곧
- ✓ **of moment** 중요한(=important)
- ✓ **on (upon) the moment** 즉석에서, 당장

momentary	[móuməntèri] 모우먼테리	형 순간의, 찰나의, 덧없는
monarch	[mánərk] 마너크	명 군주
monarchy	[mánərki] 마너키	명 군주정치, 군주국
monastery	[mánəstèri] 마너스테리	명 수도원(주로 남자의)
Monday	[mʌ́ndi] 먼데이	명 월요일(약어 Mon.)
money	[mʌ́ni] 머니	명 돈, 금전, 재산, 화폐
monk	[mʌŋk] 멍크	명 수도사
monkey	[mʌ́ŋki] 멍키	명 원숭이, 장난꾸러기
monopoly	[mənápəli] 머나펄리	명 독점, 전매, 전매품
monotonous	[mənátənəs] 머나터너스	형 단조로운, 지루한
monster	[mánstər] 만스터	명 괴물, 도깨비 형 거대한
monstrous	[mánstrəs] 만스트러스	형 괴물 같은, 기괴한

month	[mʌnθ] 먼쓰	몡 월, 달, 1개월
	✓ **a month of Sundays** 아주 오랫동안	
	✓ **by the month** 한 달 단위로, 월세로	
	✓ **last month** 지난달	
monthly	[mʌ́nθli] 먼쓸리	혭 매달의 몡 월간 잡지 뷔 매달
monument	[mánjəmənt] 마녀먼트	몡 기념비, 묘비, 기념물
monumental	[mànjəméntl] 마녀멘틀	혭 기념되는, 불멸의, 거대한
mood	[muːd] 무―드	몡 마음의 상태, 기분, 감정
moon	[muːn] 문―	몡 (하늘의) 달, 위성, 달빛
moonlight	[múːnlàit] 문―라이트	몡 달빛 혭 달빛의, 달밤의
moor	[muər] 무어	몡 황무지, 황야 팀 정박시키다
moose	[muːs] 무―스	몡 큰 사슴
mop	[mɑp] 맙	몡 (긴자루가 달린) 걸레
moral	[mɔ́(ː)rəl] 모럴	혭 도덕의, 윤리적인 몡 교훈
morality	[mɔ(ː)rǽləti] 모랠러티	몡 윤리성, 도덕성
more	[mɔːr] 모―	혭 (many, much의 비교급) 더 많은
	✓ **more and more** 더욱 더, 점점 더	
	✓ **much more** 훨씬 더 많은, (긍정문에서)하물며, 더군다나	
	✓ **more ~than~** ~이라기보다 오히려~이다	
	✓ **more or less** 다소(간), 어느 정도, 얼마간	
	✓ **the more ~the more** ~하면 할수톡 ~하다	
moreover	[mɔːróuvər] 모―로우버	뷔 더욱이, 게다가, 또, 그 위에
morn	[mɔːrn] 모온	몡 아침, 새벽, 여명
morning	[mɔ́ːrniŋ] 모―닝	몡 아침, 오전, 초기, 여명
morrow	[mɔ́(ː)rou] 모로우	몡 아침, 이튿날, (사건의) 직후
morsel	[mɔ́ːrsəl] 모―설	몡 한 입, 한 조각, 소량
mortal	[mɔ́ːrtl] 모―틀	혭 죽어야 할, 치명적인, 죽음의

mortality

mortality	[mɔːrtǽləti] 모-탤러티	명 죽어야 할 운명, 사망률
mortar	[mɔ́ːrtər] 모-터	명 모르타르, 회반죽, 절구, 구포
mortgage	[mɔ́ːrgidʒ] 모-기쥐	명 저당, 양도 타 저당잡히다
mortify	[mɔ́ːrtəfài] 모-터파이	타 굴욕을 느끼게 하다, 억제하다
mosquito	[məskíːtou] 머스카-토우	명 모기
mosaic	[mouzéiik] 모우제이익	명 모자이크
moss	[mɔ(ː)s] 모스	명 이끼 타 이끼로 덮다
mossy	[mɔ́(ː)si] 모시	형 이끼 낀, 캐캐묵은
most	[moust] 모우스트	형 many, much의 최상급. 가장 많은, 대부분의

- **most of** ~의 대부분, 대개의
- **make the most of** ~을 충분히 이용하다

mostly	[móustli] 모우스틀리	부 대개, 보통, 대부분
moth	[mɔ(ː)θ] 모쓰	명 나방, 좀벌레
mother	[mʌ́ðər] 머더	명 어머니
motion	[móuʃən] 모우션	명 활동, 운동 타 자 몸짓을 하다
motive	[móutiv] 모우티브	형 동기가 되는 명 동기, 목적
motor	[móutər] 모우터	명 원동력, 발동기, 모터
motorcar	[móutərkàːr] 모우터카-	명 자동차
motorist	[móutərist] 모우터리스트	명 자동차 조종사, 여행자
motto	[mátou] 마토우	명 표어, 처세훈, 금언, 주의
mound	[maund] 마운드	명 흙무덤, 작은 언덕, 둑
mount	[maunt] 마운트	명 산, 언덕 타 자 오르다, 앉히다
mountain	[máuntən] 마운턴	명 산, 산맥, 산악
mountaineer	[màuntəníər] 마운터니어	명 등산가 자 등산하다
mountainous	[máuntənəs] 마운터너스	형 산이 많은, 산악지방
mourn	[mɔːrn] 몬-	타 자 한탄하다, 슬퍼하다
mournful	[mɔ́ːrnfəl] 몬-펄	형 슬픔에 잠긴, 음산한, 쓸쓸한

mouse	[maus] 마우스	명 생쥐, 겁쟁이, 귀여운 아이
mouth	[mauθ] 마우쓰	명 입, 출입구, 강어귀
mouthful	[máuθfùl] 마우쓰풀	명 입 가득, 한 입
movable	[mú:vəbəl] 무-버벌	형 움직일 수 있는, 이동하는
move	[mu:v] 무-브	타 자 움직이다 명 운동, 이동

- **move in** ~로 이사 들어오다
- **move out** 물러나다

movement	[mú:vmənt] 무-브먼트	명 운동, 동작, 활동, 움직임
movie	[mú:vi] 무-비	명 영화, 영화관(the ~)

- **go to the movie** 영화 구경 가다

mow	[mou] 모우	타 쓰러뜨리다, 베다 명 건초더미
Mr.	[místər] 미스터	명 (남자에 경칭) 귀하, 님, 씨
Mrs.	[mísiz] 미시즈	명 (부인에 존칭) 님, 여사, ~부인
Mt.	[maunt] 마운트	약 Mount의 줄임 명 언덕, 산
much	[mʌtʃ] 머취	형 다량의, 많은 명 다량 부 매우

- **so much** 그만큼의
- **much of a** 상당한, 대단한
- **much less** 더군다나 (하물며) ~는 아니다
- **much more** 더욱 더, 말할 것도 없이

mud	[mʌd] 머드	명 진흙, 진창
muddy	[mʌ́di] 머디	형 진흙의, 탁한 타 흐리게 하다
muff	[mʌf] 머프	명 머프(여자용 토시), 실수
muffle	[mʌ́fəl] 머펄	타 덮어 싸다, 감싸다
muffler	[mʌ́flər] 머플러	명 목도리, 두꺼운 장갑, 소음장치
mug	[mʌg] 머그	명 원통형 컵
mulberry	[mʌ́lbèri] 멀베리	명 뽕나무, 오디, 짙은 자주색
mule	[mju:l] 뮤-울	명 노새, 고집쟁이, 바보

multiplication

multiplication	[mÀltəplikéiʃən] 멀티플리케이션	명 곱셈, 배가(倍加)
multiply	[mÁltəplài] 멀터플라이	타 자 늘리다, 증가하다, 번식하다
multitude	[mÁltitjùːd] 멀티튜-드	명 다수, 군중
	✔ a multitude of 다수의, 많은	
mumble	[mÁmbəl] 멈벌	타 자 중얼거리다, 우물우물 씹다
mummy	[mÁmi] 머미	명 미라, 말라빠진 사람
municipal	[mjuːnísəpəl] 뮤-니서펄	형 지방자치제의, 시(市)의
murder	[mə́ːrdər] 머-더	명 살인, 교살 타 살해하다
murderer	[mə́ːrdərər] 머-더러	명 살인자
murderous	[mə́ːrdərəs] 머-더러스	형 살인의, 흉악한, 살인적인
murmur	[mə́ːrmər] 머-머	타 자 웅성대다 명 중얼거림
muscle	[mÁsəl] 머설	명 근육, 완력 자 완력을 휘두르다
muscular	[mÁskjələr] 머스컬러	형 근육의, 근육이 늠름한, 힘센
muse	[mjuːz] 뮤-즈	자 명상하다 명 묵상
museum	[mjuːzíːəm] 뮤-지엄	명 박물관, 미술관
mushroom	[mÁʃru(ː)m] 머쉬룸	명 버섯 자 버섯을 따다
music	[mjúːzik] 뮤-직	명 음악, 악곡, 연주하다
musical	[mjúːzikəl] 뮤-지컬	형 음악의, 음악적인, 가락이 멋진
musician	[mjuːzíʃən] 뮤-지션	명 음악가, 작곡가, 악사
musket	[mÁskət] 머스컷	명 구식소총
must	[mʌst] 머스트	조 ~해야 한다
mustard	[mÁstərd] 머스터드	명 겨자, 자극물
muster	[mÁstər] 머스터	명 소집, 점호 타 소집하다
mute	[mjuːt] 뮤-트	형 벙어리의, 무언의 명 벙어리
mutiny	[mjúːtəni] 뮤-터니	명 반란, 폭동, 반항 타 반항하다
mutter	[mÁtər] 머터	타 자 중얼거리다 명 속삭임
mutton	[mÁtn] 머튼	명 양고기

mutual	[mjú:tʃuəl] 뮤-츄얼	형 서로의, 공통의(=common)
muzzle	[mʌ́zəl] 머즐	명 (동물의) 주둥이, 코, 총구
my	[mai] 마이	대 나의 감 아이고! 저런!
myriad	[míriəd] 미리어드	명 1만, 무수 형 만의, 무수한
myrtle	[mə́:rtl] 머-틀	명 도금양, 덩굴, 일일초
myself	[maisélf] 마이셀프	대 나 자신, (평상시의)나

- **by myself** 혼자서, 단독으로
- **for myself** 나 자신을 위해서, 자력으로

mysterious	[mistíəriəs] 미스티어리어스	형 신비한, 불가사의한, 원인불명의
mystery	[místəri] 미스터리	명 신비, 불가사의, 비밀, 비법
mystic	[místik] 미스틱	형 비법의, 신비한 명 신비가
myth	[miθ] 미쓰	명 신화, 꾸민 이야기

nail

nail	[neil] 네일	명 손톱, 발톱, 못 타 손톱을 깎다
naked	[néikid] 네이키드	형 벌거벗은, 드러난, 노출된
name	[neim] 네임	명 이름, 명칭, 명성 타 이름 짓다

- name after ~의 이름을 따서 명명하다
- by name 지명하여, 이름은
- by the name of ~이라는 이름으로
- in one's own name 자기 명의로, 독립하여

nameless	[néimlis] 네임리스	형 이름 없는, 무명의
namely	[néimli] 네임리	부 즉, 말하자면, 환언하면
nap	[næp] 냅	명 깜박 졺, 겉잠 자 깜박 졸다
napkin	[nǽpkin] 냅킨	명 손수건, 냅킨, 기저귀, 생리대
narcotic	[nɑːrkátik] 나ー카틱	형 마취의, 마약의
narration	[næréiʃən] 내레이션	명 서술, 이야기, 담화, (문법)화법
narrative	[nǽrətiv] 내러티브	명 이야기 형 이야기의
narrow	[nǽrou] 내로우	형 좁은, 옹색한 타 좁히다
narrowly	[nǽrouli] 내로울리	부 좁게, 정밀하게, 가까스로
nasty	[nǽsti] 내스티	형 불쾌한, 불결한, 싫은
nation	[néiʃən] 네이션	명 국민, 국가, 민족
national	[nǽʃənəl] 내셔널	형 국민의, 국가의 명 동포, 교포
nationality	[næ̀ʃənǽləti] 내셔낼러티	명 국민성, 국적, 국민, 국가
native	[néitiv] 네이티브	형 타고난, 출생의 명 토착민
natural	[nǽtʃərəl] 내쳐럴	형 자연의, 자연계의, 미개의
naturally	[nǽtʃərəli] 내쳐럴리	부 있는 그대로, 본래
nature	[néitʃər] 네이처	명 자연, 천성, 성질, 종류

needle

	✓ **by nature** 타고 난, 본래의, 나면서부터	
naught	[nɔːt] 노-트	명 무, 영, 제로, 존재치 않은
naughty	[nɔ́ːti] 노-티	형 장난스러운, 버릇없는, 막된
naval	[néivəl] 네이벌	형 해군의, 군함의, 해군력
navigation	[næ̀vəgéiʃən] 내버게이션	명 항해, 항공, 항해술
navigator	[nǽvəgèitər] 내버게이터	명 항해자, 해양 탐험대
navy	[néivi] 네이비	명 해군, 하군 장병
nay	[nei] 네이	부 아니, 오히려 명 거절
near	[niər] 니어	부 가까이 형 가까운 전 ~근처에
	✓ **draw near** 다가오다	
	✓ **near to** 가까이에	
nearly	[níərli] 니얼리	부 거의, 밀접하게, 친하게
nearby	[níərbài] 니어바이	형 가까운 부 바로 이웃에서
neat	[niːt] 니-트	형 산뜻한, 단정한, 모양 좋은
neatly	[níːtli] 니-틀리	부 산뜻하게, 조촐하게
nebula	[nébjələ] 네별러	명 성운
necessarily	[nèsəsérəli] 네서세러리	부 필연적으로, 불가피, 반드시
necessary	[nésəsèri] 네서세리	형 필요한, 필연적인 명 필수품
necessitate	[nisésətèit] 니세서테이트	타 필요로 하다, 부득이 ~하게 하다
necessity	[nisésəti] 니세서티	명 필요, 필연, 필요물
neck	[nek] 넥	명 목, 목덜미 타자 목을 껴안다
necklace	[néklis] 네클리스	명 목걸이, 교수형의 밧줄
necktie	[néktài] 넥타이	명 넥타이
need	[niːd] 니-드	명 소용 타 필요로 하다 자 궁하다
needful	[níːdfəl] 니-드펄	형 필요한, 요긴한
needless	[níːdlis] 니-들리스	형 불필요한, 필요 없는
needle	[níːdl] 니-들	명 바늘, 뜨개바늘, 주사바늘

needs

needs	[ni:dz] 니-즈	부 어떻게든지, 반드시, 꼭
needy	[ní:di] 니-디	형 가난한, 어려운
negative	[négətiv] 네거티브	형 부정의 명 부정 타 거부하다
neglect	[niglékt] 니글렉트	타 소홀히 하다 명 태만, 소홀
negligent	[néglidʒənt] 네글리전트	형 태만한, 부주의한
negligence	[néglidʒəns] 네글리젼스	명 태만, 소홀, 부주의
negotiate	[nigóuʃièit] 니고우쉬에이트	타 협상하다 협정하다
Negro	[ní:grou] 니-그로우	명 흑인 형 흑인의, 검은
neighbor	[néibər] 네이버	명 이웃사람 형 이웃의, 옆의
neighboring	[néibəriŋ] 네이버링	형 이웃하는, 근처의
neighborhood	[néibərhùd] 네이버후드	명 근처, 지방, 이웃, 부근
neither	[ní:ðər] 니-더	부 ~도 아니고, ~도 아니다

  ✓ neither A nor B A도 B도 아니다

nephew	[néfju:] 네퓨-	명 조카, 생질
nerve	[nə:rv] 너-브	명 신경, 냉정, 용기, 담력
nervous	[nə́:rvəs] 너-버스	형 신경의, 신경질적인, 긴장한
nest	[nest] 네스트	명 (새, 벌레의) 집, 보금자리
net	[net] 넷	명 그물, 네트 타 그물을 잡다
network	[nétwə̀:rk] 네트워-크	명 그물 세공, 망상 조직, 방송망
neutral	[njú:trəl] 뉴-트럴	형 중립의, 중용의 명 중립자
never	[névər] 네버	부 결코 ~하지 않다

  ✓ never ever 결코 ~않다(never의 강조형)

  ✓ never fall to 반드시 ~하다

  ✓ Never mind. 걱정 마시오.

  ✓ never A without B B하면 반드시 A한다

nevertheless	[nèvərðəlés] 네버덜레스	부 접 그럼에도 불구하고, 그렇지만
new	[nju:] 뉴-	형 새로운, 신발명의 부 새로이

newcomer	[njú:kʌmər] 뉴-커머	명 신청자, 새로운 사람
new-fashioned	[njú:fǽʃənd] 뉴-패션드	형 신식의, 신형의
newly	[njú:li] 뉴-리	부 최근, 새로이, 다시
news	[nju:z] 뉴-즈	명 뉴스, 브도, 기사
newspaper	[njú:zpèipər] 뉴-즈페이퍼	명 신문(지)
Newton	[njú:tn] 뉴-튼	명 영국의 물리학자, 수학자
New York	[nju:jɔ:rk] 뉴-욕-	명 뉴욕시(주)
next	[nekst] 넥스트	형 다음의 부 다음에 전 ~의 다음에

- **next door to** ~에 가까운(=near to) ~와 비슷한
- **next time** 다음번에, 이번
- **next to** 거의 ~(=almost)

nibble	[níbəl] 니벌	타 자 조금씩 갉아먹다, 물어뜯다
nice	[nais] 나이스	형 좋은, 쾌적한, 훌륭한, 멋진
nicely	[náisli] 나이슬리	부 깨끗하게, 잘, 까다롭게
nick	[nik] 닉	명 새김눈 타 새김눈을 내다
nickel	[níkəl] 니컬	명 니켈 타 니켈 도금하다
nickname	[níknèim] 닉네임	명 별명, 애칭 타 별명을 붙이다
niece	[ni:s] 니-스	명 조카딸, 질녀
night	[nait] 나이트	명 야간, 밤, 어둠, 저녁, 야음

- **a dirty night** 비 내리는 밤
- **the night before last** 그저께 밤에

nightfall	[náitfɔ̀:l] 나이트포-올	명 해질녘, 저녁
nightingale	[náitəŋgèil] 나이팅게일	명 나이팅게일(새 이름)
nightly	[náitli] 나이틀리	형 밤의, 밤마다의 부 밤마다
nightmare	[náitmɛ̀ər] 나이트메어	명 악몽, 가위눌림
nimble	[nímbəl] 님벌	형 재빠른, 영리한, 현명한
nine	[nain] 나인	명 9, 아홉 형 아홉의, 9의

nineteen

	✓ **nine times out of ten** 십중팔구, 대개	
nineteen	[náintíːn] 나인틴–	명 19, 열아홉 형 19의
ninetieth	[náintiiθ] 나인티–쓰	명 제 90 형 제 90의
ninety	[náinti] 나인티	명 90 형 90의, 90개
ninth	[nainθ] 나인쓰	명 제 9 형 제 9의
nip	[nip] 닙	타 자 집다, 물다, 꼬집다, 따다
nitrogen	[náitrədʒən] 나이트러전	명 질소
no	[nou] 노우	형 없는, 전혀 명 부정, 거절
	✓ **no more ~ than** ~아닌 것은, ~아닌 것과 같다	
	✓ **no sooner ~ than** ~하자마자	
	✓ **There is no ~ing** ~하는 것은 불가능하다	
No.	[nÁmbər] 넘버	약 제 ~번(number의 줄임)
Nobel	[noubél] 노우벨	명 스웨덴의 화학자
nobility	[noubíləti] 노우빌러티	명 숭고한, 고귀한 태생, 고결함
noble	[nóubəl] 노우벌	형 고귀한, 훌륭한, 귀중한
nobleman	[nóubəlmən] 노우벌먼	명 귀족
nobody	[nóubàdi] 노우바디	대 아무도 ~않다 명 이름 없는 사람
nod	[nɑd] 낫	타 자 끄덕이다, 명령하다
noise	[nɔiz] 노이즈	명 소음, 소리, 시끄러운 소리
noisy	[nɔ́izi] 노이지	형 시끄러운, 와글거리는
nominate	[nÁmənèit] 나머네이트	타 지명하다, 추천하다
nomination	[nÀmənéiʃən] 나머네이션	명 지명, 임명, 추천
none	[nʌn] 넌	대 아무도 ~아니다 부 조금도 ~않다
	✓ **none but** ~이 아니면 ~이 아니다, 다만 ~만	
	✓ **none the less** 그런데도 불구하고, 역시	
nonsense	[nÁnsens] 난센스	명 넌센스, 허튼소리, 무의미
nonstop	[nÁnstáp] 난스탑	형 무정차의, 직행의

notebook

nook	[nuk] 눅	명 구석, 외딴 곳, 모퉁이
noon	[nu:n] 눈-	명 정오, 한낮 형 정오의
noonday	[nú:ndèi] 눈-데이	명 정오, 한낮(=noon)
nor	[nɔ:r] 노-	접 ~도 또한 ~않다(아니다)
normal	[nɔ́:rməl] 노-멀	형 보통의, 정상의, 통상의
normally	[nɔ́:rməli] 노-멀리	부 보통 때는
north	[nɔ:rθ] 노-쓰	명 북, 북방 형 북쪽의 부 북부에
northeast	[nɔ̀:rθíst] 노-씨스트	명 북동(지방)
northeastern	[nɔ̀:rθístərn] 노-씨스턴	형 북동의, 북동으로의
northern	[nɔ́:rðərn] 노-던	형 북동에 사는, 북에 있는
northward	[nɔ́:rθwərd] 노-쓰워드	형 북쪽을 향한 부 북방으로
northwest	[nɔ̀:rθwést] 노-쓰웨스트	명 북서(지방) 형 북서향의
northwestern	[nɔ̀:rθwéstərn] 노-쓰웨스턴	형 북서의, 북서로의
Norway	[nɔ́:rwei] 노-웨이	명 노르웨이
Norwegian	[nɔ:rwí:dʒən] 노-위-전	형 노르웨이의 명 노르웨이 사람
nose	[nouz] 노우즈	명 코, 후각 타 자 냄새를 맡다
nostril	[nástril] 나스트릴	명 콧구멍
not	[nɑt] 낫	부 ~이 아니다, ~않다

- **not at all** 전혀 ~가 아니다
- **not a few** 적지 않은, 꽤 많은 수의
- **not all** (부분 부정) 전부가 ~은 아니다
- **not only A but also B** A뿐만 아니라 B도

notable	[nóutəbəl] 노우터벌	형 주목할 만한, 두드러진 명 명사
notably	[nóutəbli] 노우터블리	부 현저히, 특히, 명백히
notch	[nɑtʃ] 나취	명 (V자형의) 새김눈 타 금을 내다
note	[nout] 노우트	명 각서, 기호, 메모 타 적어두다
notebook	[nóutbùk] 노우트북	명 노트, 공책

nothing	[nʌ́θiŋ] 너씽	데 명 아무 일도 ~아님(하지 않음), 무, 영
	✓ all to nothing 최대한으로, 충분히	
	✓ for nothing 쓸데없이, 무료로	
	✓ good for nothing 아무 쓸모가 없다	
notice	[nóutis] 노우티스	명 통고, 주목, 통지 타 금을 내다
noticeable	[nóutisəbəl] 노우티서벌	형 눈에 띄는, 주목할 만한
notify	[nóutəfái] 노우터파이	타 통지하다, 신고하다
notion	[nóuʃən] 노우션	명 생각, 개념, 신념, 의향
notorious	[noutɔ́:riəs] 노우토-리어스	형 아주 평판이 나쁜, 악명 높은
nought	[nɔ:t] 노-트	명 영, 제로, 무, 파멸, 실패
noun	[naun] 나운	명 (문법) 명사
nourish	[nə́:riʃ] 너-리쉬	타 영양분을 주다, 기르다
nourishment	[nə́:riʃmənt] 너-리쉬먼트	명 영양물, 음식물
novel	[nɑ́vəl] 나벌	명 소설 형 신기한, 기발한
novelist	[nɑ́vəlist] 나벌리스트	명 소설가
novelty	[nɑ́vəlti] 나벌티	명 신기한 사물, 새로움, 신제품
November	[nouvémbər] 노우벰버	명 11월(약어 Nov.)
novice	[nɑ́vis] 나비스	명 초심자, 풋내기, 신참자
now	[nau] 나우	부 지금, 곧 접 ~이고 보면 명 현재
	✓ by now 지금쯤은, 벌써	
	✓ now and then (again) 때때로, 때로는	
	✓ now that ~이기 때문에, ~인 이상은(=since)	
	✓ right now 바로 지금, 방금	
nowadays	[náuədèiz] 나워데이즈	명 지금 부 현재에는, 지금은
nowhere	[nóuhwɛ̀ər] 노우웨어	부 아무데에도 ~없다(않다)
nuclear	[njú:kliər] 뉴-클리어	형 핵의, 세포의, 원자력의
nucleus	[njú:kliəs] 뉴클리어스	명 원자핵, (세포)핵, 중심

nuisance	[njúːsəns] 뉴-선스	명 방해물, 귀찮은 일, 폐
numb	[nʌm] 넘	형 마비된, 둔한 타 마비시키다
number	[nʌ́mbər] 넘버	명 수, 총수, 번호 타 세다
	✓ a number of 수많은	
numeral	[njúːmərəl] 뉴-머럴	명 숫자 형 수의, 수를 나타내는
numerous	[njúːmərəs] 뉴-머러스	형 많은 수의, 다수의
nun	[nʌn] 넌	명 수녀, 여승
nurse	[nəːrs] 너-스	명 유모, 간호원 타 자 젖을 먹이다
nursery	[nə́ːrsəri] 너-서리	명 육아실, 탁아소, 양성소
nurture	[nə́ːrtʃər] 너-쳐	타 양육하다, 교육하다 명 양육
nut	[nʌt] 넛	명 견과(호두, 밤 따위), 너트
	✓ a hard nut to crack 어려운 문제, 어려운 것	
nutrition	[njuːtríʃən] 뉴-트리션	명 영양 섭취 작용, 영양물, 음식
nylon	[náilɑn] 나일란	명 나일론
nymph	[nimf] 님프	명 요정, 아름다운 소녀

o	[ou] 오우	감 오! 저런! 아이!
oak	[ouk] 오크	명 떡갈나무, 오크제품
oaken	[óukən] 오-컨	형 떡갈나무제의, 오오크로 만든
oar	[ɔːr] 오-	명 (보트) 노 타 자 노를 젓다
oasis	[ouéisis] 오우에이시스	명 오아시스, 사막 안의 녹지
oat	[out] 오-트	명 귀리
oath	[ouθ] 오-쓰	명 맹세, 선서, 서약, 분노
oatmeal	[óutmìːl] 오우트미-일	명 오트밀(죽)
obedience	[oubíːdiəns] 오비-디언스	명 복종, 순종, 공손
obedient	[oubíːdiənt] 오비-디언트	형 순종하는, 유순한, 고분고분한
obey	[oubéi] 오베이	타 자 복종하다, 순종하다, 따르다
object	[ábdʒikt] 압젝트	명 물체, 사물, 대상, 목적
objection	[əbdʒékʃən] 업젝션	명 반대, 이의, 혐오, 난점
objective	[əbdʒéktiv] 업젝티브	형 물질적인, 객관적인 명 목표
obligation	[àbləgéiʃən] 아블러게이션	명 책임, 계약, 증권, 은혜

✓ **of obligation** 의무상 당연한, 의무적인

✓ **under obligation to** ~할 의무가 있는

oblige	[əbláidʒ] 어블라이쥐	타 은혜를 베풀다, 의무를 지우다

✓ **be obliged to** ~하지 않을 수 없다, 고맙게 여기다

oblivion	[əblíviən] 어블리비언	명 망각, 잊기 쉬움, 잊혀짐
obscure	[əbskjúər] 업스큐어	형 애매한, 모호한, 불명료한
obscurity	[əbskjúərəti] 업스큐어리티	명 어두컴컴함, 불명료, 난해한 곳
observance	[əbzə́ːrvəns] 업저-번스	명 준수, 의식, 습관, 규율
observation	[àbzərvéiʃən] 업저베이션	명 관찰, 주목, 감시, 관측

observatory	[əbzə́ːrvətɔ̀ːri] 업저-버토:리	명 천문대, 관측소, 전망대
observe	[əbzə́ːrv] 업저-브	타 자 주시하다, 지키다
observer	[əbzə́ːrvər] 업저-버	명 관찰자, 입회인, 준수자
obstacle	[ábstəkəl] 압스터컬	명 장애(물), 고장, 방해물
obstinate	[ábstənit] 압스터니트	형 완고한, 끈질긴
obstruct	[əbstrʌ́kt] 압스트럭트	타 자 방해하다, 가로막다
obstruction	[əbstrʌ́kʃən] 업스트럭션	명 의사(議事)의 방해, 장애(물)
obtain	[əbtéin] 업테인	타 자 획득하다, 손에 넣다, 얻다
obvious	[ábviəs] 압비어스	형 명백한, 뻔한, 명확한
obviously	[ábviəsli] 압비어슬리	부 명백하게, 분명히
occasion	[əkéiʒən] 어케이전	명 경우, 기회 타 일으키다
occasional	[əkéiʒənəl] 어케이저널	형 임시의, 때때로의
occasionally	[əkéiʒənəli] 어케이저널리	부 이따금, 때때로, 가끔
occupant	[ákjəpənt] 아켜펀트	명 (토지, 가옥의) 점유자
occupation	[àkjəpéiʃən] 아켜페이션	명 점유, 점령, 거주, 업무, 직업
occupy	[ákjəpài] 아켜파이	타 점령하다, 차지하다
occur	[əkə́ːr] 어커-	자 일어나다, 마음에 떠오르다
occurrence	[əkə́ːrəns] 어커-런스	명 발생, 사건, 생긴 일
ocean	[óuʃən] 오우션	명 대양, 끝없이 넓음, 많음
o'clock	[əklɑk] 어클락	명 시(時)
October	[ɑktóubər] 악토우버	명 10월(약어 Oct.)
odd	[ɑd] 아드	형 나머지의, 홀수의, 여분의
oddly	[ɑ́dli] 아들리	부 이상하게, 짝이 맞지 않게
odds	[ɑdz] 아-즈	명 불평등, 우열의 차, 불균등

- be at odds with ~와 사이가 나쁘다
- against (all) the odds 역경을 딛고
- make no odds 별 차이가 없다

odious

odious	[óudiəs] 오우디어스	형 밉살스러운, 싫은, 징그러운
odor	[óudər] 오우더	명 냄새, 향기, 기미, 액취
of	[ɑv] 압	전 ~의, ~에 속하는, ~부터

- kind of 거의, 약간, 어느 쪽인가 하면
- Of course. 물론이지.
- of use 쓸모없는, 유용한

off	[ɔːf] 오-프	부 떨어져서 전 ~에서 떨어져

- off and on 단속적으로, 때때로
- Off Limits 출입금지(표지판)
- off hand 준비 없이, 당장에, 즉석에서

offence	[əféns] 어펜스	명 위반, 범죄, 반칙
offend	[əfénd] 어펜드	타 자 감정을 해치다, 성나게 하다
offender	[əféndər] 어펜더	명 범죄자
offense	[əféns] 어펜스	명 죄, 불법, 위반
offensive	[əfénsiv] 어펜시브	형 불쾌한, 싫은 명 공격, 공세
offer	[ɔ́(ː)fər] 오퍼	타 자 제공하다 명 신청
offering	[ɔ́(ː)fəriŋ] 오퍼링	명 신청, 헌납, 제공
office	[ɔ́(ː)fis] 오피스	명 직무, 사무소
officer	[ɔ́(ː)fisər] 오피서	명 장교, 공무원
official	[əfíʃəl] 오피셜	형 직무상의, 공적인 명 공무원
officially	[əfíʃəli] 오피셜리	부 공식적으로, 직무상으로
offset	[ɔ́(ː)fsét] 옵셋	명 차감계산, 옵셋판, 벌충
offspring	[ɔ́(ː)fspriŋ] 옵스프링	명 자식, 자손, 소산
often	[ɔ́(ː)ftən] 오펀	부 종종, 자주, 가끔
oh	[ou] 오우	감 오! 아이고! 앗
oil	[ɔil] 오일	명 기름, 석유, 올리브유
oily	[ɔ́ili] 오일리	형 기름의, 기름칠한

ointment	[ɔ́intmənt] 오인트먼트	명 연고, 고약
OK(O.K.)	[oukei] 오우케이	형 좋아 명 승인 타 승인하다
old	[ould] 오울드	형 나이 많은, 오랜 명 늙은 노인
old-fashioned	[óuldfǽʃənd] 오울드패션드	형 유행에 뒤떨어진, 구식의
old-time	[óuldtáim] 오울드타임	형 옛날의, 옛날부터의
olive	[áliv] 알리브	명 올리브나무 형 올리브색의
Olympic	[əlímpik] 얼림픽	형 올림픽의 명 국제올림픽대회
omega	[oumí:gə] 오우미-거	명 끝, 마지 막, 최후
omen	[óumən] 오우먼	명 전조, 여언 타 자 전조가 되다
ominous	[ámənəs] 아머너스	형 불길한, 험악한, 나쁜 징조
omission	[oumíʃən] 오우미션	명 생략, 틀락, 태만, 누락
omit	[oumít] 오우미트	타 생략하다, 빠뜨리다
omnibus	[ámnəbÀs] 암너버스	명 승합 마차, 버스 형 잡다한 것을 포함한
on	[ɑn] 안	전 ~위에, ~에 부 위에, 향하여

- and so on 기타 등등
- on earth 지상에(살아 있는), 이 세상에서
- on board 배위에, 배(비행기, 차) 안에(의)
- on and on 잇달아, 쉬지 않고
- go on 나아가다, 계속하다

once	[wʌns] 원스	부 한 번, 한 차례, 일단

- once and again 몇 번이고, 여러 번
- once (and) for all 단호하게, 한 번만
- once upon a time 옛날 옛적에
- all at once 갑자기(=suddenly), 다 한꺼번에

one	[wʌn] 원	형 하나의 한 개의 명 하나

- one by one 하나씩, 한 사람씩, 차례로
- every one 모두, 누구나

oneself

- ✓ **one another** 서로가(3명 이상)
- ✓ **one of these days** 근일, 일간

oneself	[wʌnsélf] 원셀프	대 스스로, 자신이, 자기 자신을

- ✓ **be oneself** 자제하다, 자연스럽게 행동하다

onion	[ʌ́njən] 어니언	명 양파 타 양파로 맛을 내다
only	[óunli] 오운리	형 유일한 부 오직 접 다만

- ✓ **only have to do** ~하기만 하면 되다
- ✓ **if only** ~하기만 하면
- ✓ **only just** 이제 막 ~한, 간신히
- ✓ **only too** 유감스럽게, 정말로, 아주

onset	[ánsèt] 안세트	명 습격, 공격, 시작
onward	[ánwərd] 안워드	형 전진하는, 전방으로의 부 전방으로
onwards	[ánwərdz] 안워즈	부 =onward
ooze	[uːz] 우즈	타 자 스며 나오다, 비밀이 새다
opal	[óupəl] 오우펄	명 단백석, 오팔, 젖빛유리
open	[óupən] 오우펀	형 열린 타 자 열다 명 빈터

- ✓ **be open to** ~을 쾌히 받아들이다, ~을 받기 쉽다
- ✓ **open to** ~에게 열려있는, ~의 여지가 있는

openly	[óupənli] 오우펀리	형 솔직히, 공공연히
opening	[óupəniŋ] 오우퍼닝	명 개방, 개시, 구멍 형 개시의
opera	[ápərə] 아퍼러	명 가극, 오페라, 가극장
operate	[ápərèit] 아퍼레이트	타 자 (기계 등이) 움직이다
operation	[àpəréiʃən] 아퍼레이션	명 일, 작용, 가동, 작동
operator	[ápərèitər] 아퍼레이터	명 (기계의) 운전자, 교환수
opinion	[əpínjən] 어피니언	명 의견, 소신, 지론, 견해

- ✓ **be of the opinion that** ~라고 생각하다

opium	[óupiəm] 오우피엄	명 아편, 아편굴

opponent	[əpóunənt] 어포우넌트	명 적, 상대 형 반대하는
opportunity	[àpərtjú:nəti] 아퍼튜-너티	명 기회, 호기
oppose	[əpóuz] 어포우즈	타 반대하다, 적대하다, 방해하다
opposite	[ápəzit] 아퍼짓	형 마주보는 명 반대자
opposition	[àpəzíʃən] 아퍼지션	명 반대, 저항, 야당
oppress	[əprés] 어프레스	타 압박하다, 억압하다
oppression	[əpréʃən] 어프레션	명 압박, 압제, 우울, 억압
optimism	[áptəmìzəm] 압터미점	명 낙천주의, 낙관
or	[ɔ:r] 오-	접 또는, 즉, 그렇지 않으면
oracle	[ɔ́(:)rəkəl] 오러컬	명 신탁, 현인
oral	[ɔ́:rəl] 오-럴	형 입의, 구두의, 구술의
orange	[ɔ́(:)rindʒ] 오린쥐	명 오렌지, 귤 형 오렌지의
oration	[ɔ:réiʃən] 오-레이션	명 (형식을 갖춘) 연설
orator	[ɔ́(:)rətər] 오러터	명 연설가, 강연자
orb	[ɔ:rb] 오-브	명 구(球), 구체, 천체
orbit	[ɔ́:rbit] 오-비트	명 궤도, 안와(眼窩), 활동 범위
orchard	[ɔ́:rtʃərd] 오-쳐드	명 과수원
orchestra	[ɔ́:rkəstrə] 오-커스트러	명 오케스트라, 관현악단
ordain	[ɔ:rdéin] 오-데인	타 정하다, 규정하다, 운명지우다
ordeal	[ɔ:rdí:əl] 오-디-얼	명 모진 시련, 고된 체험
order	[ɔ́:rdər] 오-더	명 정돈, 명령, 지령 타 정돈하다
	✓ in good(poor) order 순조롭게(순조롭지 못하게)	
	✓ in the order named 그 순번으로	
	✓ made to order 주문해서 만든, 맞춘	
	✓ on the order of ~에 속하여, ~와 비슷하여	
orderly	[ɔ́:rdərli] 오-덜리	형 정돈된, 규율 있는 명 전령병
ordinal	[ɔ́:rdənəl] 오-더널	형 순서의 명 서수(序數)

ordinance	[ɔ́ːrdənəns] 오-더넌스	명 법령, (종교)의식
ordinary	[ɔ́ːrdənèri] 오-더너리	형 보통의, 평범한 명 정식(定食)
ordinarily	[ɔ̀ːrdənérəli] 오-더네럴리	부 보통, 보통으로
ore	[ɔːr] 오-	명 광석, 원광(原鑛), 철광석
organ	[ɔ́ːrgən] 오-건	명 기관(器官), 기관지, 오르간
organic	[ɔːrgǽnik] 오-개닉	형 기관의, 유기체의, 조직적인
organism	[ɔ́ːrgənìzəm] 오-거니점	명 유기체, 생물, 유기적 조직체
organization	[ɔ̀ːrgənəzéiʃən] 오-거너제이션	명 조직, 구성, 편성, 단체
organize	[ɔ́ːrgənàiz] 오-거나이즈	타 조직하다, 편성하다
Orient	[ɔ́ːriənt] 오-리엔트	명 동양 타 자 동쪽으로 향하다
Oriental	[ɔ̀ːriéntl] 오-리엔틀	형 동양의, 동쪽의 명 동양사람
origin	[ɔ́ːrədʒin] 오-러진	명 기원, 원천, 태생
original	[ərídʒənəl] 어리저널	형 원시인, 최초의 명 원물, 원작
originality	[ərìdʒənǽləti:] 어리저낼러티-	명 독창성, 신기(新奇), 참신
originate	[ərídʒənèit] 어리져네이트	타 자 시작하다, 일으키다, 생기다
ornament	[ɔ́ːrnəmənt] 오-너먼트	명 장식(품) 타 꾸미다
orphan	[ɔ́ːrfən] 오-펀	명 고아 형 고아의
orphanage	[ɔ́ːrfənidʒ] 오-퍼니쥐	명 고아원, 고아
orthodox	[ɔ́ːrθədɑ̀ks] 오-쎄닥스	형 정교(正校)의, 정통파의, 인습적인
ostrich	[ɔ́(ː)stritʃ] 오스트리치	명 타조, 도피자
other	[ʌ́ðər] 어더	형 다른 대 다른 것, 타인
	✓ as in other years 예년과 같이	
	✓ every other 그 밖의 모든, 하나 걸러서	
	✓ on the other hand 한편으로는, 이에 반해서	
	✓ other things being equal 다른 조건이 같다면	
	✓ the other day 전날에, 일전에	
otherwise	[ʌ́ðərwàiz] 어더와이즈	부 다른 방법으로, 만약 그렇지 않으면

otter	[átər] 아터	명 수달(피)
ought	[ɔːt] 오-트	조 해야만 한다, ~함이 당연하다
ounce	[auns] 아운스	명 온스(보통 284그램)
our	[áuər] 아우어	대 우리의
oust	[aust] 아우스트	타 내쫓다, 뺏다, 탈취하다
ours	[áuərz] 아우어즈	대 우리의 것
ourselves	[àuərsélvz] 아워셀브즈	대 우리 자신, 우리에게
out	[aut] 아웃	부 밖으로, 밖에 형 밖의

- ✔ be out of ~을 얻으려고 애쓰다, ~에 열중하다
- ✔ be out with ~과 사이가 좋지 않다
- ✔ out of the question 어림도 없이, 전혀 불가능하여

outbreak	[áutbrèik] 아웃브레익	명 발발, 폭동
outburst	[áutbə̀ːrst] 아웃버-스트	명 폭발, 과열, 격발
outcome	[áutkʌm] 아웃컴	명 결과, 성과
outcry	[áutkrài] 아웃크라이	명 외침, 떠들썩함, 경매
outdoor	[áutdɔ̀ːr] 아웃도-	부 문 밖에서, 야외에서
outer	[áutər] 아우터	형 바깥의, 외면의
outfit	[áutfit] 아웃핏	명 (여행의)채비 타 필수품을 공급하다
outgoing	[áutgòuiŋ] 아웃고잉	형 나가는, 사교적인
outlaw	[áutlɔ̀ː] 아웃로-	명 추방자 타 법률의 보호를 빼앗다
outlet	[áutlet] 아웃렛	명 출구, 배출구, 판로
outline	[áutlàin] 아웃라인	명 윤곽, 외형 타 윤곽을 그리다
outlook	[áutlùk] 아웃룩	명 전망, 예측, 관망, 감시
output	[áutpùt] 아웃풋	명 생산고, 산출, 생산
outrage	[áutrèidʒ] 아웃레이지	명 폭행, 침범 타 폭행하다
outrageous	[autréidʒəs] 아웃레이져스	형 난폭한, 포악한, 괘씸한
outside	[àutsáid] 아웃사이드	명 바깥쪽, 외부, 겉모양

outskirt

outskirt	[áutskə:rt] 아웃스커-트	명 교외, 주변, 도시의 변두리
outstanding	[àutstǽndiŋ] 아웃스탠딩	형 눈에 띄는, 돌출한, 중요한
outstretched	[áutstrétʃt] 아웃스트레치트	형 펼친, 뻗친
outward	[áutwərd] 아웃워드	형 밖으로 향한, 표면의, 외부로의
oval	[óuvəl] 오우벌	형 달걀 모양의 명 계란형, 타원형
ovary	[óuvəri] 오우버리	명 난소, 씨방
oven	[ʌ́vən] 어번	명 화덕, 솥, 가마, 오븐
over	[óuvər] 오우버	전 ~의 위에 부 위에, 덮여

✓ **over again** 다시 한 번, 되풀이 하여, 한 번 다시
✓ **over there** 저쪽에

overall	[óuvərɔ́:l] 오우버롤	형 전체적인 명 작업복
overboard	[óuvərbɔ́:rd] 오우버보-드	전 배 밖으로, 물속으로
overcoat	[òuvərkòut] 오우버코웃	명 외투
overcome	[òuvərkʌ́m] 오우버컴	타 이겨내다, 극복하다, 압도하다
overdue	[òuvərdjú:] 오우버듀-	형 기간이 지난, 늦은, 연착한
overeat	[òuvərí:t] 오우버잇-	타 자 과식하다, 과식하여 탈나다
overflow	[òuvərflóu] 오우버플로우	타 자 (강이) 범람하다 명 범람
overhang	[òuvərhǽŋ] 오우버행	타 ~의 위에 걸치다 자 덮치다
overhead	[óuvərhéd] 오우버헤드	부 머리 위로, 상공에 형 머리위에
overhear	[òuvərhíər] 오우버히어	타 도청하다, 엿듣다
overland	[óuvərlǽnd] 오우버랜드	부 육로로, 육상으로
overlook	[òuvərlúk] 오우버룩	타 내려다보다, 바라보다
overnight	[óuvərnàit] 오우버나이트	명 밤새도록, 하룻밤
overpower	[òuvərpáuər] 오우버파워	타 압도하다
overseas	[óuvərsí:z] 오우버시-즈	부 해외로, 외국으로 형 해외의
overshadow	[òuvərʃǽdou] 오우버섀도우	타 그늘지게 하다, 무색케 하다
oversleep	[òuvərslí:p] 오우버슬립-	타 자 너무 자다, 오래 자다

overtake	[òuvərtéik] 오우버테이크	타 뒤쫓아 닿다, 따라 잡다
overthrow	[òuvərθróu] 오우버쓰로우	타 뒤집어엎다 명 타도, 전복
overturn	[òuvərtə́:rn] 오우버턴-	타 자 뒤덮다, 타도하다 명 파멸
overwhelm	[òuvərhwélm] 오우버웰름	타 압도하다, 질리게 하다
overwhelming	[òuvərhwélmiŋ] 오우버웰밍	형 압도적인, 저항할 수 없는
overwork	[òuvərwə́:rk] 오우버워-크	타 자 과로시키다, 과로하다 명 과로
owe	[ou] 오우	타 자 은혜를 입고 있다, 빚이 있다
	✓ owe ~ to ~의 덕택이다, ~에게 힘입고 있다	
	✓ I owe you a lot. 큰 빚을 졌습니다. 대단히 감사합니다.	
owing	[óuiŋ] 오우잉	형 빚지고 있는, 미불로 되어 있는
	✓ owing to ~ 때문에, ~로 인하여	
owl	[aul] 아울	명 올빼미, 부엉이
own	[oun] 오운	형 자신의, 특유의 타자 소유하다
owner	[óunər] 오우너	명 임자, 소유자, 집주인
ownership	[óunərʃip] 오우너쉽	명 소유권, 임자
ox	[ɑks] 악스	명 황소
oxen	[ɑ́ksən] 악선	명 ox의 복수
Oxford	[ɑ́ksfərd] 악스퍼드	명 영국 남부도시, 옥스퍼드 대학
oxide	[ɑ́ksaid] 악사이드	명 산화물
oxygen	[ɑ́ksidʒən] 악시전	명 산소, 금속원소
oyster	[ɔ́istər] 오이스터	명 (바다) 굴, 입이 무거운 사람
ozone	[óuzoun] 오우조운	명 오존, 신선한 공기, 기분을 돋구어주는 힘

pace	[peis] 페이스	명 한 걸음, 보폭, 걷는 속도
pacific	[pəsífik] 퍼시픽	형 평화의, 온화한 명 태평양(P~)
pack	[pæk] 팩	명 꾸러미, 다발, 보따리 타 싸다
package	[pǽkidʒ] 패키쥐	명 짐 꾸러미 타 포장하다
packet	[pǽkit] 패킷	명 소포, 꾸러미, 한 다발
pad	[pæd] 패드	명 덧대는 것 타 속을 넣다
paddle	[pǽdl] 패들	명 노 타 자 노로 젓다, 물장난하다
pagan	[péigən] 페이건	명 이교도, 불신자 형 이교도의
page	[peidʒ] 페이쥐	명 페이지, 기록, 문서; 급사
pageant	[pǽdʒənt] 패전트	명 야외극, 행렬, 장관(壯觀), 허식
pail	[peil] 페일	명 들통, 양동이
pain	[pein] 페인	명 아픔, 고통 타 자 고통을 주다
painful	[péinfəl] 페인펄	형 아픈, 괴로운, 불쌍한
painfully	[péinfəli] 페인펄리	부 고통스럽게, 애써서, 아프게
paint	[peint] 페인트	명 페인트, 도료, 그림물감 타 그리다
painter	[péintər] 페인터	명 화가, 칠장이
painting	[péintiŋ] 페인팅	명 그림, 화법, 그림그리기, 페인트칠
pair	[pɛər] 페어	명 한 쌍, 한 짝 타 자 한 쌍이 되다

- ✓ a pair of 한 쌍의
- ✓ make a pair 한 쌍이 되다, 결혼하다

pajamas	[pədʒáːməz] 퍼자-머즈	명 파자마, 잠옷
pal	[pæl] 팰	명 동무, 친구, 동료
palace	[pǽlis] 팰리스	명 궁전, 큰 저택
pale	[peil] 페일	형 창백한, 엷은 타 자 창백해지다

palm	[pɑːm] 파-암	명 손바닥; 야자 타 속이다
pamphlet	[pǽmflit] 팸플릿	명 팜플렛, 소책자, 소논문
pan	[pæn] 팬	명 납작한 냄비, 접시, 프라이팬
pancake	[pǽnkèik] 팬케익	명 팬케이크(빵 종류)
pane	[pein] 페인	명 (한 장의) 창유리
panel	[pǽnl] 패늘	명 판벽 널, 화판; 참가자
pang	[pæŋ] 팽	명 심한 고통, 번민, 격통
panic	[pǽnik] 패닉	명 겁먹음, 당황, 공황 형 공황적인
panorama	[pæ̀nərǽmə] 패너래머	명 파노라다, 잇달아 변하는 광경
pansy	[pǽnzi] 팬지	명 팬지(의 꽃), (俗) 여자 같은 사내
pant	[pænt] 팬트	명 헐떡임 타 자 헐떡이다
panther	[pǽnθər] 팬써	명 표범, 퓨마
pantry	[pǽntri] 팬트리	명 식료품 저장실, 식기실
pants	[pænts] 팬츠	명 바지, 속바지
papa	[pɑ́ːpə] 파-퍼	명 아빠
papal	[péipəl] 페이펄	형 로마 교황의, 가톨릭교회의
paper	[péipər] 페이퍼	명 종이, 벽지, 신문지 형 종이의
par	[pɑːr] 파-	명 동등, 동등 수준, (골프) 표준타수
parachute	[pǽrəʃùːt] 패러슈-트	명 낙하산
parade	[pəréid] 퍼레이드	명 행렬, 시위행진 타 자 열병하다
paradise	[pǽrədàis] 패러다이스	명 천국, 극락, 낙원
paragraph	[pǽrəgræ̀f] 패러그래프	명 (문장의) 절, 단락
parallel	[pǽrəlèl] 패럴렐	형 평행의 명 평행선 타 유사하다
paralyze	[pǽrəlàiz] 페럴라이즈	타 마비시키다, 무능력하게 하다
paramount	[pǽrəmàunt] 패러마운트	형 최고의, 가장 높은, 주요한
paraphrase	[pǽrəfrèiz] 패러프레이즈	타 자 쉽게 바꾸어 말하다
parasite	[pǽrəsàit] 패러사이트	명 기생충, 식객

parasol

parasol	[pǽrəsɔ̀ːl] 패러소-올	명 양산, 파라솔
parcel	[páːrsəl] 파-설	명 소포, 꾸러미 타 구분하다
parch	[paːrtʃ] 파-취	타 볶다, 굽다, 바싹 말리다
parchment	[páːrtʃmənt] 파-취먼트	명 양피지, 양피지의 문서
pardon	[páːrdn] 파-든	명 용서, 면죄 타 용서하다
pare	[pɛər] 페어	타 껍질을 벗기다, 잘라내다
parent	[pɛ́ərənt] 페어런트	명 어버이, 수호신, 보호자
parenthesis	[pərénθəsis] 퍼렌써시스	명 삽입구, 둥근 괄호, 막간극
Paris	[pǽris] 패리스	명 파리(프랑스의 수도)
parish	[pǽriʃ] 패리쉬	명 (교회의) 본당, 교구의 주민
Parisian	[pərí(ː)ʒiən] 퍼리전	형 파리의, 파리풍의 명 파리 시민
park	[paːrk] 파-크	명 공원, 유원지, 주차장

- ✓ **No parking** 주차금지
- ✓ **part with** ~을 버리다, 손해다, 양도하다
- ✓ **on the part of** ~의 편에서, ~쪽에서

parliament	[páːrləmənt] 팔-러먼트	명 의회, 국회, 영국 의회(P~)
parliamentary	[pàːrləméntəri] 팔-러멘터리	형 의회의, 의회에서 제정된
parlor	[páːrlər] 팔-러	명 객실, 거실, 응접실
parrot	[pǽrət] 패럿	명 앵무새
parsley	[páːrsli] 파-슬리	명 양미나리, 파슬리
parson	[páːrsən] 파-선	명 교구 목사, 목사
part	[paːrt] 파-트	명 부분 타 자 나누다 형 일부의
partly	[páːrtli] 파-틀리	부 일부분, 얼마간
partake	[paːrtéik] 파-테이크	타 자 참가하다, 참여하다
partial	[páːrʃəl] 파-셜	형 부분적인, 불공평한, 편파적인
partially	[páːrʃəli] 파-셜리	부 불완전하게, 일부분에
participate	[paːrtísəpèit] 파-티서페이트	타 자 관여하다, 참가하다

	✓ participate in (with) ~에 참여하다, ~에 관계하다	
participation	[pɑːrtìsəpéiʃən] 파-티서페이션	몡 관계, 참가, 협동
parting	[páːrtiŋ] 파-팅	몡 이별, 분리, 별세 몡 고별의
partisan	[páːrtəzən] 파-터전	몡 도당, 우격병, 당원 몡 도당의
partition	[pɑːrtíʃən] 파-티션	몡 분할, 분배 타 분할하다
partner	[páːrtnər] 파-트너	몡 협력자, 조합원, 배우자
partnership	[páːrtnərʃip] 파-트너쉽	몡 공동, 협력, 조합, 상사
party	[páːrti] 파-티	몡 당(파), 일행, 회, 모임, 파티
pass	[pæs] 패스	타 자 지나가다, 합격하다, 통과하다 몡 합격
	✓ pass away 경과하다, 소멸하다, 죽다	
	✓ pass by 통과하다, 묵과하다, 경과하다	
	✓ pass for ~으로 통과하다, ~으로 간주되다	
	✓ pass over ~을 넘다, 간과하다, 못 본 체하다	
	✓ pass out of sight 안 보이게 되다	
passage	[pǽsidʒ] 패시쥐	몡 통행, 통과, 통로; 이사
passenger	[pǽsəndʒər] 패선져	몡 여객, 승객, (특히) 선객
passion	[pǽʃən] 패션	몡 정열, 격정, 정욕, 열심
passionate	[pǽʃənit] 패셔니트	몡 열렬한, 열의에 찬, 감정적인
passive	[pǽsiv] 패시브	몡 수동의 몡 (문법) 수동태
passport	[pǽspɔːrt] 패스포-트	몡 여권, 패스포트, 허가증
past	[pæst] 패스트	몡 지나간 몡 과거 부 지나쳐서
paste	[peist] 페이스트	몡 풀 타 풀로 붙이다
pastime	[pǽstàim] 패스타임	몡 오락, 위안, 기분전환
pastor	[pǽstər] 패스터	몡 목사, 승려, 정신적 지도자
pastoral	[pǽstərəl] 패스터럴	몡 목가적인, 전원의
pastry	[péistri] 페이스트리	몡 반죽으로 만든 과자
pasture	[pǽstʃər] 패스쳐	몡 목장, 목초 타 자 방목하다

pat

pat	[pæt] 패트	타 자 가볍게 두드리다 형 꼭 맞는
patch	[pætʃ] 패취	명 헝겊, 천 조각 타 헝겊을 덧대다
patent	[pǽtənt] 패턴트	명 특허 형 전매의 자 특허를 얻다
paternal	[pətə́ːrnl] 패터-널	형 아버지의, 아버지다운
path	[pæθ] 패쓰	명 작은 길, 보도, 통로, 방침
pathetic	[pəθétik] 퍼쎄틱	형 가련한, 애처로운, 감동시키는
pathway	[pǽθwèi] 패쓰웨이	명 작은 길
patience	[péiʃəns] 페이션스	명 인내, 참을성, 견딤
patient	[péiʃənt] 페이션트	형 인내력이 강한 명 환자
patiently	[péiʃəntli] 페이션틀리	부 참을성 있게
patrician	[pətríʃən] 퍼트리션	명 귀족 형 귀족의, 귀족적인
patriot	[péitriət] 페이트리어트	명 애국자
patriotism	[péitriətìzəm] 페이트리어티점	명 애국심
patriotic	[pèitriátik] 페이트리아틱	형 애국의, 애국심이 강한
patrol	[pətróul] 퍼트로울	명 순회, 정찰
patron	[péitrən] 페이트런	명 후원자, 지지자, 보호자
patronage	[péitrənidʒ] 페이트러니쥐	명 후원, 장려
patter	[pǽtər] 패터	타 자 또닥또닥 소리를 내다
pattern	[pǽtərn] 패턴	명 모범, 본보기 타 자 모방하다
pause	[pɔːz] 포-즈	명 중지, 중단, 멈춤 자 중단하다
pave	[peiv] 페이브	타 포장하다, 준비하다, 닦다
pavement	[péivmənt] 페이브먼트	명 인도, 포장, 포석
pavilion	[pəvíljən] 퍼빌리언	명 큰 천막, 야외 관람석 타 큰 천막을 치다
paw	[pɔː] 포-	명 (개, 고양이 따위의) 앞발
pawn	[pɔːn] 폰-	명 저당물, 저당 타 전당잡히다
pay	[pei] 페이	타 자 갚다, 지불하다 명 지불

✓ **pay back** 돌려주다, 갚다, 대갚음하다

	✓ **pay one's college** 고학으로 대학을 졸업하다	
	✓ **pay off** 전액을 지불하다, 급료를 주고 해고하다	
	✓ **pay one's way** 빚지지 않고 살아가다	
payment	[péimənt] 페이먼트	명 지불, 납부
pea	[pi:] 피-	명 완두 형 완두콩만한
peace	[pi:s] 피-스	명 평화, 치안, 태평 감 조용히!
	✓ **in peace** 평화롭게, 안심하여, 평안하게	
	✓ **make peace with** ~와 화해하다	
peaceable	[pí:səbəl] 피-서벌	형 평화로운, 평화를 좋아하는
peaceful	[pí:sfəl] 피-스펄	형 평화적인, 태평한
peach	[pi:tʃ] 피-취	명 복숭아 형 복숭아 빛의
peacock	[pí:kɑ̀k] 피-칵	명 (수컷의) 공작
peak	[pi:k] 피-크	명 봉우리, 뾰족한 끝, 첨단
peal	[pi:l] 피-일	명 (포성, 천둥, 종 따위의) 울림
peanut	[pí:nʌ̀t] 피-넛	명 땅콩, 하찮은 것
pear	[pɛər] 페어	명 배, 배나무
pearl	[pə:rl] 퍼-얼	명 진주 타 자 진주로 꾸미다
peasant	[pézənt] 페전트	명 농부, 시골뜨기
pebble	[pébəl] 페벌	명 (둥근) 조약돌, 자갈
peck	[pek] 펙	타 자 부리로 쪼다, 쪼아 먹다
peculiar	[pikjú:ljər] 피큘-리어	형 독특한, 고유한, 독자의
peculiarly	[pikjú:ljərli] 피큘-리얼리	부 특히, 묘하게, 괴이하게
peculiarity	[pikjù:liǽrəti] 피큘-리애러티	명 특수, 특질, 괴상함, 특색
pedestal	[pédəstl] 페더스틀	명 (동상, 기둥 따위의) 주춧대, 받침
pedestrian	[pədéstriən] 퍼데스트리언	형 도보의, 단조로운 명 보행자
peel	[pi:l] 피-일	명 (과실의) 껍질 타 자 껍질을 벗기다
peep	[pi:p] 피-입	명 엿봄 자 엿보다

peer

peer	[piər] 피어	자 응시하다 명 동료
peg	[peg] 펙	명 나무못, 말뚝 타 나무못을 박다
Peking	[píːkíŋ] 피킹	명 북경(北京)
pelt	[pelt] 펠트	타 자 던지다, 공격하다 명 내던짐
pen	[pen] 펜	명 펜, 필적, 축사(畜舍)
penalty	[pénəlti] 페널티	명 형벌, 벌금
penance	[pénəns] 페넌스	명 참회, 고행, 회개
pence	[pens] 펜스	명 penny의 복수
pencil	[pénsəl] 펜설	명 연필 타 연필로 쓰다
pending	[péndiŋ] 펜딩	형 미결정의 전 ~동안, ~중
pendulum	[péndʒələm] 펜절럼	명 (시계 따위의) 추, 흔들리는 물건
penetrate	[pénətrèit] 페너트레이트	타 자 뚫고 들어가다, 관통하다
penguin	[péŋgwin] 펭귄	명 펭귄
penholder	[pénhòuldər] 팬호울더	명 펜대
penicillin	[pènəsílin] 페너실린	명 페니실린
peninsula	[pinínʃələ] 피닌셜러	명 반도
penny	[péni] 페니	명 페니(영국의 화폐, 미국의 cent에 해당)
pension	[pénʃən] 펜션	명 연금, 부조금 타 연금을 주다
pensive	[pénsiv] 펜시브	형 생각에 잠긴, 시름에 잠긴, 구슬픈
people	[píːpl] 피-플	명 국민 타 ~에 사람을 살게 하다
pepper	[pépər] 페퍼	명 후추 타 후춧가루를 치다
per	[pəːr] 퍼-	전 ~으로, ~에 대해
perceive	[pərsíːv] 퍼시-브	타 알아채다, 감지하다
percent	[pərsént] 퍼센트	명 퍼센트, 100에 대하여 얼마
percentage	[pərséntidʒ] 퍼센티쥐	명 100분율, 비율, 부분, 수수료
perceptible	[pərséptəbəl] 퍼셉터블	형 눈에 띄는, 상당한
perception	[pərsépʃən] 퍼셉션	명 지각, 이해력, 지각의 대상

perch	[pəːrtʃ] 퍼-취	명 횃대 타 자 횃대에 앉다, 두다
perfect	[pə́ːrfikt] 퍼-픽트	형 완전한, 이상적인 타 완성하다
perfection	[pərfékʃən] 퍼펙션	명 완전, 온성, 극치, 이상
perfectly	[pərféktli] 퍼팩틀리	형 완전히, 전혀
perform	[pərfɔ́ːrm] 퍼폼-	타 자 다하다, 수행하다, 실행하다
performance	[pərfɔ́ːrməns] 퍼포-먼스	명 수행, 실행, 작업, 연기
perfume	[pə́ːrfjuːm] 퍼-퓸-	명 향료, 향수 타 향수를 뿌리다
perhaps	[pərhǽps] 퍼햅스	부 아마, 혹시, 어쩌면
peril	[pérəl] 페럴	명 위험, 모험 타 위태롭게 하다

✓ **at one's peril** 위험을 각오하고, 자기의 책임으로

✓ **in peril of** ~의 위험에 부딪쳐

perilous	[pérələs] 페럴러스	형 위험한, 위태한, 모험적인
period	[píəriəd] 피어리어드	명 기간, 시대, 잠시 동안

✓ **by periods** 주기적으로

✓ **put a period to** ~에 종지부를 찍다, ~을 끝내다

periodical	[pìəriádikəl] 피어리아디컬	형 정기 간행의 명 정기 간행물
perish	[périʃ] 패리쉬	타 자 죽다, 멸망하다, 없어지다
permanent	[pə́ːrmənənt] 퍼-머넌트	형 영구한, 불변의, 영속하는
permission	[pəːrmíʃən] 퍼-미션	명 허가, 면허, 인가
permit	[pəːrmít] 퍼-미트	타 자 허락하다, 허가하다
perpendicular	[pə̀ːrpəndíkjələr] 퍼-펀디컬러	형 수직의, 직각을 이루는
perpetual	[pərpétʃuəl] 퍼페츄얼	형 영구적인, 끊임없는, 부단한
perplex	[pərpléks] 퍼플렉스	타 곤란케 하다, 난처하게 하다
perplexity	[pərpléksəti] 퍼플렉서티	명 당황, 혼란, 난처함, 난국
persecute	[pə́ːrsikjùːt] 퍼-시큐-트	타 박해하다, 괴롭히다, 학대하다
persecution	[pə̀ːrsikjúːʃən] 퍼-시큐-션	명 (종교적) 박해, 괴롭힘
persevere	[pə̀ːrsəvíər] 퍼-서비어	자 참아내다, 굴하지 않고 계속하다

perseverance

perseverance	[pə:rsivíːrəns] 퍼-시비-런스	명 인내, 고집
persimmon	[pəːrsímən] 퍼-시먼	명 감, 감나무
persist	[pəːrsíst] 퍼-시스트	자 고집하다, 주장하다, 집착하다
persistent	[pəːrsístənt] 퍼-시스턴트	형 고집하는, 불굴의, 지속하는
person	[pə́ːrsən] 퍼-선	명 사람, 신체, 인간

✔ **on one's person** 몸에 지녀, 휴대하여
✔ **in person** 자기 스스로, 본인이, (사진이 아닌)실물로

personage	[pə́ːrsənidʒ] 퍼-서니쥐	명 명사, 귀인, 인물
personal	[pə́ːrsənəl] 퍼-서널	형 개인의, 사적인, 일신상의
personally	[pə́ːrsənəli] 퍼-서널리	부 스스로, 개인적으로
personality	[pə̀ːrsənǽləti] 퍼-서낼러티	명 개성, 인격, 인물
personnel	[pə̀ːrsənél] 퍼-서넬	명 인원, 전직원
perspective	[pəːrspéktiv] 퍼-스펙티브	명 원근화법, 전망
persuade	[pəːrswéid] 퍼-쉐이드	타 설득하다, 납득시키다

✔ **persuade oneself of** ~을 믿다, ~을 확신하고 있다

persuasion	[pərswéiʒən] 퍼쉐이전	명 설득, 확신, 신념
pertain	[pəːrtéin] 퍼-테인	자 속하다, 관계하다, 부속하다
perturb	[pərtə́ːrb] 퍼터-브	타 불안하게 하다
pervade	[pərvéid] 퍼베이드	타 널리 퍼지다, 침투하다
pessimism	[pésəmìzəm] 페서미점	명 비관주의, 염세관, 비관론
pessimist	[pésəmist] 페서미스트	명 비관론자, 염세가
pest	[pest] 패스트	명 유해물, 해충
pestilence	[péstələns] 페스털런스	명 악성유행병, 페스트(흑사병)
pet	[pet] 펫	명 애완동물 형 귀여워하는
petal	[pétl] 페틀	명 꽃잎
petition	[pitíʃən] 피티션	명 탄원, 청원(서) 타 자 청원하다
petroleum	[pitróuliəm] 피트로울리엄	명 석유

pick

petticoat	[pétikòut] 페티코웃	명 (여자의) 속치마
petty	[péti] 페티	형 사소한, 하찮은, 옹졸한
pew	[pju:] 퓨-	명 (교회의) 벤치형 좌석
phantom	[fǽntəm] 팬텀	명 환각, 유령, 착각 형 유령의
phase	[feiz] 페이즈	명 단계, 형세, 국면
pheasant	[fézənt] 페전트	명 꿩
phenomenon	[finámənàn] 피나머난	명 현상, 신기한 사물
Philippines	[fíləpìːn] 필러핀-	명 필리핀(the ~)
philosopher	[filásəfər] 필라서퍼	명 철학자, 철인
philosophic	[fìləsáfik] 필러사픽	형 철학의, 철학에 통달한
philosophy	[filásəfi] 필라서피	명 철학, 철리, 원리
phone	[foun] 포운	명 전화(기) 타 자 전화를 걸다
phonograph	[fóunəgrǽf] 포우너그래프	명 축음기
photo	[fóutou] 포우토우	명 사진 타 자 사진을 찍다
photograph	[fóutəgrǽf] 포우터그래프	명 사진 타 자 촬영하다
phrase	[freiz] 프레이즈	명 말(씨), 관용구 타 말로 표현하다
physical	[fízikəl] 피지컬	형 물질의, 물질적인, 육체의
physically	[fízikəli] 피지컬리	부 물질적으로, 강제적으로
physician	[fizíʃən] 피지션	명 내과의사
physics	[fíziks] 피직스	명 물리학
pianist	[piǽnist] 피애니스트	명 피아니스트, 피아노 연주자
piano	[piǽnou] 피애노우	명 피아노
pick	[pik] 픽	타 자 뜯다, 따다 명 선택

- **pick at** ~의 흠을 들추어내다, 구박하다
- **pick away** 후벼서 구멍을 내다, 잡아 뜯다
- **pick off** 잡아(쥐어) 뜯다
- **pick up** (차에)태워주다, 들어 올리다, (지식을)얻다

pickle

pickle	[píkəl] 피컬	명 절임 국물, 오이지 타 절이다
picnic	[píknik] 피크닉	명 소풍, 피크닉 자 소풍가다
picture	[píktʃər] 픽쳐	명 그림, 회화, 사진 타 그리다
	✓ **take a good picture** 사진에 잘 나타나다	
picturesque	[pìktʃərésk] 픽쳐레스크	형 그림 같은, 아름다운, 생생한
pie	[pai] 파이	명 파이, 크림 샌드위치
piece	[pi:s] 피-스	명 한 조각, 단편 타 잇다, 깁다
	✓ **a piece of** (어떤 것) 한 조각	
	✓ **come to pieces** 산산조각이 나다, 좌절되다	
	✓ **piece by piece** 하나하나, 하나씩	
	✓ **go to pieces** 자제심을 잃다	
	✓ **take ~ to pieces** 해체하다	
pier	[piər] 피어	명 부두, 선창, 방파제
pierce	[piərs] 피어스	타 자 꿰뚫다, 관통하다, 간파하다
piety	[páiəti] 파이어티	명 경건, 신앙심, 공손
pig	[pig] 피그	명 돼지, 새끼돼지, 돼지고기
pigeon	[pídʒən] 피전	명 비둘기, 풋내기
pike	[paik] 파이크	명 창
pile	[pail] 파일	명 퇴적 타 자 쌓아올리다, 더미
pilgrim	[pílgrim] 필그림	명 순례자, 방랑자
pilgrimage	[pílgrimidʒ] 필그리미쥐	명 순례 여행 자 순례하다
pill	[pil] 필	명 알약, 환약
pillar	[pílər] 필러	명 기둥
pillow	[pílou] 필로우	명 베개, 방석 타 베개로 하다
pilot	[páilət] 파일럿	명 도선사, 키잡이, 조종사 타 안내하다
pin	[pin] 핀	명 핀, 못바늘 타 핀을 꽂다
pinch	[pintʃ] 핀취	타 자 꼬집다, 사이에 끼다 명 꼬집음

pine	[pain] 파인	몡 소나무
pineapple	[páinæpl] 파인애플	몡 파인애플(과일 이름)
ping-pong	[píŋppàŋ] 핑팡	몡 탁구(=table tennis)
pinion	[pínjən] 피년	몡 (새의)날개 끝부분, 작은 톱니바퀴
pink	[piŋk] 핑크	몡 핑크색, 분홍빛 혱 분홍색의
pint	[paint] 파인트	몡 파인트(0.47리터)
pioneer	[pàiəníər] 파이어니어	몡 개척자, 선구자 타 자 개척하다
pious	[páiəs] 파이어스	혱 경건한, 신앙심이 깊은
pipe	[paip] 파이프	몡 관, 파이프 타 자 피리를 불다
piper	[páipər] 파이퍼	몡 피리 부는 사람
pique	[piːk] 피-크	몡 화, 불평 타 성나게 하다
pirate	[páiərət] 파이어럿	몡 해적, 약탈자, 도작자 타 자 약탈하다
pistil	[pístəl] 피스틸	몡 암술
pistol	[pístl] 피스틀	몡 권총, 피스톨 자 권총으로 쏘다
piston	[pístən] 피스턴	몡 피스톤
pit	[pit] 피트	몡 구덩이, 함정 타 구멍을 내다
pitch	[pitʃ] 피취	몡 투구 타 자 던지다
pitcher	[pítʃər] 피쳐	몡 물주전자; (야구) 투수
pitiful	[pítifəl] 피티펄	혱 인정 많은, 불쌍한, 가엾은
pitiless	[pítilis] 피틸리스	혱 무정한, 무자비한, 냉혹한
pity	[píti] 피티	혱 연민, 동정 타 자 가엾게 여기다
pivot	[pívət] 피벗	몡 회전 축
placard	[plǽkɑːrd] 플래카-드	몡 벽보, 포스터, 간판
place	[pleis] 플레이스	몡 장소, 곳, 위치 타 두다, 놓다

✓ **give place to** ~와 자리를 교대하다

✓ **in place of** ~의 대신에(=in a person's place)

✓ **in places** 여기저기에

placid

- **know one's place** 자기 분수를 알다
- **take place** 발생하다, 행해지다
- **take the place of** ~에 대신하다, ~을 대리하다

placid	[plǽsid] 플래시드	형 평온한, 침착한, 고요한
plague	[pleig] 플레익	명 역병, 전염병, 흑사병
plaid	[plæd] 플래드	명 격자무늬, 바둑판무늬
plain	[plein] 플레인	형 평평한, 쉬운, 명백한, 소박한
plainly	[pléinli] 플레인리	부 명백하게, 솔직히
plaintive	[pléintiv] 플레인티브	형 슬픈, 애처로운
plan	[plæn] 플랜	명 계획, 설계 타 자 계획하다
plane	[plein] 플레인	명 평면, 수평면; 비행기 형 평평한
planet	[plǽnət] 플래닛	명 유성, 혹성
plank	[plæŋk] 플랭크	명 두꺼운 판자, 널 타 판자를 깔다
plant	[plænt] 플랜트	명 식물, 풀; 공장 타 (초목을) 심다
plantation	[plæntéiʃən] 플랜테이션	명 대농원, 재배장, 조림지
planter	[plǽntər] 플랜터	명 재배자, 농장주인, 농원
plaster	[plǽstər] 플래스터	명 석회반죽, 석고, 고약
plastic	[plǽstik] 플래스틱	형 유연한, 조형의 명 플라스틱
plate	[pleit] 플레이트	명 접시, 식기류, 판유리 타 도금하다
plateau	[plætóu] 플래토우	명 고원, 대지; 큰 접시, 쟁반
platform	[plǽtfɔːrm] 플랫폼–	명 단, 교단, 연단
platinum	[plǽtənəm] 플래티넘	명 백금, 백금색
platter	[plǽtər] 플래터	명 큰 접시, 레코드
play	[plei] 플레이	타 자 놀다, 장난치다 명 놀이

- **play the part of** ~의 역을 하다, ~의 구실을 하다
- **play at** ~을 하며 놀다
- **play on** ~을 이용하다, ~에 편승하다

	✓ **play out** 끝까지 출연하다, 다 써버리다, 지치게 하다	
player	[pléiər] 플레이어	명 경기자, 선수, 배우, 연주자
playful	[pléifəl] 플레이펄	형 놀기 좋아하는, 익살스러운
playground	[pléigràund] 플레이그라운드	명 운동장, 놀이터
playmate	[pléimèit] 플레이메이트	명 놀이 친구
plaything	[pléiθìŋ] 플레이씽	명 장난감, 노리개
plea	[pli:] 플리-	명 탄원, 청원, 변명
plead	[pli:d] 플리-드	타 자 변호하다, 탄원하다
pleasant	[plézənt] 플레전트	형 기분 좋은, 유쾌한, 즐거운
pleasantly	[plézəntli] 플레전틀리	부 유쾌하게, 즐겁게
please	[pli:z] 플리-즈	타 자 기쁘게 하다, 좋아하다
pleased	[pli:zd] 플리-즈드	형 만족한, 기뻐하는, 즐거운
pleasing	[plí:ziŋ] 플리-징	형 유쾌한, 만족한, 기분 좋은
pleasure	[pléʒər] 플레져	명 즐거움, 쾌락, 오락
	✓ **for pleasure** 재미삼아, 오락으로	
	✓ **give pleasure to** ~을 즐겁게 하다	
	✓ **take (a) pleasure in** ~을 좋아하다, 즐기다	
	✓ **With pleasure.** 기꺼이, 알았습니다, 좋습니다.	
pledge	[pledʒ] 플레쥐	명 서약, 맹세 타 보증하다
plentiful	[pléntifəl] 플렌티펄	형 많은, 풍부한
plenty	[plénti] 플렌티	명 가득, 많음 형 충분한 부 충분히
	✓ **in plenty** 풍부하게, 유복하게	
	✓ **plenty of** 많은	
plight	[plait] 플라이트	명 궁지, 곤경 타 약혼하다
plod	[plɑd] 플랏	타 자 터벅터벅 걷다, 꾸준히 일하다
plot	[plɑt] 플랏	명 음모 타 자 음모를 꾸미다
plough[plow]	[plau] 플라우	명 쟁기, 경작 타 쟁기질하다

pluck

pluck	[plʌk] 플럭	타 자 (꽃, 과실, 깃털 등을) 뜯다, 뽑다
plug	[plʌg] 플럭	명 마개, 소화전 타 마개를 하다
plumage	[plúːmidʒ] 플루-미쥐	명 깃털, 우모, 예복
plume	[pluːm] 플룸-	명 (큰)깃털 타 깃털로 장식하다
plump	[plʌmp] 플럼프	형 통통하게 살찐 자 쿵 떨어지다
plunder	[plʌ́ndər] 플런더	타 자 약탈하다, 빼앗다 명 약탈
plunge	[plʌndʒ] 플런쥐	타 자 처박다, 찌르다 명 돌진
plural	[plúərəl] 플루어럴	형 복수의 명 (문법) 복수 (형)
plus	[plʌs] 플러스	전 ~을 더한 형 더하기의
ply	[plai] 플라이	타 자 (도구를)부지런히 쓰다, 왕복하다
p.m.	[píːém] 피-엠	약 (라틴어) 오후 (a.m.은 오전)
pneumonia	[njuːmóunjə] 뉴-모우녀	명 폐렴
pocket	[pákit] 파킷	명 호주머니, 지갑 타 포켓에 넣다
pocketbook	[pákitbùk] 파킷북	명 지갑, 수첩, 핸드백
pocket money	[pákitmʌ̀ni] 파킷머니	명 용돈
poem	[póuim] 포우임	명 시, 운문, 시적인 문장, 훌륭한 것
poet	[póuit] 포우잇	명 시인
poetic	[pouétik] 포우에틱	형 시인의, 시인 같은
poetry	[póuitri] 포우이트리	명 작가, 시가, 시정, 운문
point	[pɔint] 포인트	명 뾰족한 끝, 첨단 타 자 지시하다

- ✓ **make a point of doing** 반드시 ~하다
- ✓ **come to the point** 요점을 찌르다
- ✓ **to the point** 적절한, 핵심을 찌르는

pointed	[pɔ́intid] 포인티드	형 뾰족한, 날카로운, 예리한
poise	[pɔiz] 포이즈	타 자 균형이 잡히다 명 균형
poison	[pɔ́izən] 포이전	명 독(약), 폐해 타 독살하다
poisonous	[pɔ́izənəs] 포이저너스	형 유해한, 독 있는, 해로운

poke	[pouk] 포우크	타 자 찌르다, 쑥 내밀다 명 찌름
poker	[póukər] 포우커	명 찌르는 물건, 포커(트럼프놀이)
Poland	[póulənd] 포울런드	명 폴란드(공화국)
polar	[póulər] 포울러	형 극의, 극지의
pole	[poul] 포울	명 막대기, 장대, 극, 자극
police	[pəlí:s] 펄리-스	명 경찰, 경찰관 타 경찰을 두다
policeman	[pəlí:smən] 펄리-스먼	명 경찰, 순경
policy	[páləsi] 팔러시	명 정책, 방침, 수단
polish	[páliʃ] 팔리쉬	타 자 닦다 광나게 하다 명 닦기
polite	[pəláit] 펄라이트	형 공손한, 예절바른, 은근한
politely	[pəláitli] 펄라이틀리	부 공손히, 품위 있게, 우아하게
politeness	[pəláitnis] 펄라이트니스	명 정중, 우아, 예절
politic	[pálitik] 팔러틱	형 사려 깊은, 정치의, 정책의
politics	[pálitiks] 팔러틱스	명 정치(학), 정략, 정책, 정견
political	[pálitikəl] 팔리티컬	형 정치상의, 국가의, 행정에 관한
politician	[pàlitíʃən] 팔러티션	명 정치가, 정객, 행정관
poll	[poul] 포울	명 투표, 투표수 타 투표하다
pollen	[pálən] 팔런	명 꽃가루
pollute	[pəlú:t] 펄루-트	타 더럽히다, 오염시키다, 모독하다
pollution	[pəlú:ʃən] 펄루-션	명 오염, 더럽히기
polo	[póulou] 포울로우	명 폴로(말 타고 하는 공치기 놀이)
pomp	[pɑmp] 팜프	명 장관, 화려, 허세
pond	[pɑnd] 판드	명 못, 연못, 늪
ponder	[pándər] 판더	타 자 숙고하다, 곰곰이 생각하다
ponderous	[pándərəs] 판더러스	형 대단히 무거운, 묵직한, 육중한
pony	[póuni] 포우니	명 조랑말, 작은 말
pool	[pu:l] 푸-울	명 풀, 웅덩이, 작은 못, 공동계산

poor	[puər] 푸어	형 가난한, 부족한, 초라한
poorly	[púərli] 푸얼리	형 건강이 좋지 못한 부 빈약하게
pop	[pap] 팝	자 뻥 울리다, 탕 쏘다
Pope	[poup] 포웁	명 로마 교황
poplar	[paplər] 파플러	명 포플라, 사시나무
poppy	[pápi] 파피	명 양귀비, 진홍색
populace	[pápjələs] 파퓰러스	명 서민, 인민, 민중
popular	[pápjələr] 파퓰러	형 인민의, 민간의, 대중적인
popularly	[pápjələrli] 파퓰러리	부 일반적으로, 통속적으로, 쉽게
population	[pàpjəléiʃən] 파퓰레이션	명 인구, 주민
populous	[pápjələs] 파퓰러스	형 인구가 많은, 인구 조밀한
porcelain	[pɔ́ːrsəlin] 포-설린	명 자기(제품), 사기 그릇
porch	[pɔːrtʃ] 포-취	명 현관, 베란다, 포치
porcupine	[pɔ́ːrkjəpàin] 포-켜파인	명 고슴도치, 호저
pore	[pɔːr] 포-	자 몰두하다 명 털구멍, 작은 구멍
pork	[pɔːrk] 포-크	명 돼지고기
port	[pɔːrt] 포-트	명 항구, 무역항, 피난소
portable	[pɔ́ːrtəbl] 포-터블	형 들어 옮길 수 있는 명 휴대용
portal	[pɔ́ːrtl] 포-틀	명 문, 입구, 현관
porter	[pɔ́ːrtər] 포-터	명 운반인, 짐꾼, 잡역부
portion	[pɔ́ːrʃən] 포-션	명 부분, 몫, 한 사람 분 타 분배하다
portrait	[pɔ́ːrtrit] 포-트릿	명 초상화, 사진, 유사물
Portugal	[pɔ́ːrtʃəgəl] 포-처걸	명 포르투갈
Portuguese	[pɔ̀ːrtʃəgíːz] 포-처가-즈	명 포르투갈 사람 형 포르투갈의
pose	[pouz] 포우즈	명 자세, 포즈 타 자 자세를 취하다
position	[pəzíʃən] 퍼지션	명 위치, 장소, 태도, 견해
positive	[pázətiv] 파저티브	형 확실한, 명확한, 적극적인

possess	[pəzés] 퍼제스	타 소유하다, 지배하다, 가지고 있다
	✓ be possessed of ~을 소유하다	
	✓ possess oneself 자제하다	
	✓ possess oneself of ~을 자기 것으로 만들다	
possession	[pəzéʃən] 퍼제션	명 소유, 점유, 재산
	✓ get possession of ~을 손에 넣다, ~을 점유하다	
	✓ in possession of ~을 소유하여	
possessive	[pozésiv] 퍼제시브	형 소유의, 소유욕이 강한
possibility	[pàsəbíləti] 파서빌러티	명 가능성, 가능한 일, 가망
possible	[pásəbəl] 파서블	형 가능한, 있을 수 있는, 웬만한
post	[poust] 포우스트	명 기둥; 지위; 우편 타 우송하다
postage	[póustidʒ] 포우스티쥐	명 우편 요금
postal	[póustəl] 포우스털	형 우편의, 우체국의
postcard	[póustkà:rd] 포우스트카드	명 우편엽서
poster	[póustər] 포우스터	명 포스터, 벽보
posterity	[pastérəti] 파스테러티	명 자손, 후세
postman	[póustmən] 포우스트먼	명 우체부, 집배원
post-office	[póustɔ̀(:)fis] 포우스트오피스	명 우체국
postpone	[poustpóun] 포우스트포운	타 연기하다
postscript	[póustskrìpt] 포우스트스크립트	명 (편지의) 추신(약칭 P.S.)
posture	[pástʃər] 파스쳐	명 자세, 상태 타자 자세를 취하다
pot	[pat] 팟	명 단지, 항아리, 화분, 독, 병
potato	[pətéitou] 퍼테이토우	명 감자, (美) 고구마
potent	[póutənt] 포우턴트	형 힘센, 강력한, 세력 있는
potential	[pouténʃəl] 포텐셜	형 가능한, 잠재적인 명 가능성
potter	[pátər] 파터	명 도공, 도예가, 옹기장이
pottery	[pátəri] 파터리	명 도기 제품, 도기 제조, 오지그릇

pouch	[pautʃ] 파우취	명 작은 주머니 타 주머니에 넣다
poultry	[póultri] 포울트리	명 가금(닭, 칠면조, 오리 따위)
pounce	[pauns] 파운스	타 자 갑자기 덮치다, 움켜쥐다
pound	[paund] 파운드	명 파운드(4.5그램)
pour	[pɔ:r] 포-	타 자 쏟다, 붓다, 따르다, 유출하다
pout	[paut] 파웃	타 자 (불쾌하여) 입을 삐쭉 내밀다
poverty	[pávərti] 파버티	명 가난, 결핍, 궁핍
powder	[páudər] 파우더	명 가루, 분말 타 자 가루로 하다
power	[páuər] 파워	명 힘, 능력, 체력, 생활력

  ✓ **come to power** 권력을 잡다, 세력을 얻다
  ✓ **in one's power** 힘이 미치는 범위 안에서
  ✓ **in power** 정권을 쥐어

powerful	[páuərfəl] 파워펄	형 강력한, 유력한
powerless	[páuərlis] 파월리스	형 무력한, 무능한, 권력이 없는
practicable	[præktikəbəl] 프랙티커벌	형 실행할 수 있는, 실용에 맞는
practical	[præktikəl] 프랙티컬	형 실제적인, 실제상의
practically	[præktikəli] 프랙티컬리	부 실제로, 사실상
practice	[præktis] 프랙티스	명 연습, 실행 타 자 연습하다
practise	[præktis] 프랙티스	타 자 =practice
prairie	[prέəri] 프레어리	명 (북아메리카의) 대초원
praise	[preiz] 프레이즈	명 칭찬, 찬미, 찬양 타 칭찬하다
prank	[præŋk] 프랭크	명 농담, 못된 장난 타 자 장식하다
pray	[prei] 프레이	타 자 빌다, 기원하다
prayer	[prεər] 프레어	명 빌기, 간원, 기도식
preach	[pri:tʃ] 프리-취	타 자 설교하다, 전도하다
preacher	[pri:tʃər] 프리-쳐	명 설교사, 목사, 전도사
precarious	[prikέəriəs] 프리케어리어스	형 불안정한, 위험한, 믿을 수 없는

precaution	[prikɔ́:ʃən] 프리코-션	명 조심, 경계, 예방책
precede	[pri:sí:d] 프리-시-드	타 자 앞서다, 선행하다, 선도하다
precedent	[présədənt] 프레서던트	명 선례, 전례
preceding	[pri:sí:diŋ] 프리-시-딩	형 선행하는, 앞의
precept	[prí:sépt] 프리-셉트	명 교훈, 격언
precinct	[prí:siŋkt] 프리-싱트	명 경내, 그내, 관할구
precious	[préʃəs] 프레셔스	형 귀중한, 비싼, 소중한
precipice	[présəpis] 프레서피스	명 절벽, 벼랑, 위기
precipitate	[prisípətèit] 프리시퍼테이트	타 자 거꾸로 떨어뜨리다
precise	[prisáis] 프리사이스	형 정확한, 세심한, 엄밀한
precision	[prisíʒən] 프리시전	명 정확, 정밀 형 정밀한
predecessor	[prédisèsər] 프레디세서	명 전임자, 선배, 선조
predicate	[prédikit] 프레디킷	명 (문법) 술어, 술부
predict	[pridíkt] 프리딕트	타 자 예언(예보)하다
prediction	[pridíkʃən] 프리딕션	명 예언, 예보
preface	[préfis] 프레피스	명 머리말 타 머리말을 쓰다
prefecture	[prí:fektʃər] 프리-팩쳐	명 도(道), 현(縣)
prefer	[prifə́:r] 프리퍼-	타 (~쪽을) 더 좋아하다, 택하다
	✓ **prefer A to B** B보다 A를 더 좋아하다	
preference	[préfərəns] 프레퍼런스	명 선택, 편애, 우선권, 특혜
pregnant	[prégnənt] 프렘넌트	형 임신한, 풍부한
prejudice	[prédʒədis] 프레져디스	명 편견 타 편견을 갖게 하다
preliminary	[prilímənèri] 프릴리머네리	형 예비적인, 준비의 명 예비방위
premature	[prì:mətʃúər] 프리-머튜어	형 너무 이른, 조숙한
premier	[primíər] 프리미어	명 수상 형 최고참의
premise	[prémis] 프레미스	명 (대지가 딸린) 집, 구내, 토지
premium	[prí:miəm] 프리-미엄	명 보수, 상금, 사례, 할증금

preparation

preparation	[prèpəréiʃən] 프레퍼레이션	몡 준비, 예습
preparatory	[pripǽrətɔ̀:ri] 프리패러토-리	혱 준비의, 예비의
prepare	[pripɛ́ər] 프리페어	탄 자 준비하다, 채비하다
preposition	[prèpəzíʃən] 프레퍼지션	몡 (문법) 전치사
prerogative	[prirágətiv] 프리라거티브	몡 특권, 대권
prescribe	[priskráib] 프리스크라이브	탄 자 명하다, 처방하다, 명령하다
prescription	[priskrípʃən] 프리스크립션	몡 명령, 규정, 처방
presence	[prézəns] 프레전스	몡 있음, 존재, 출석

  ✓ **in the presence of** ~의 면전에서, ~에 직면하여
  ✓ **presence of mind** 태연자약, 침착

present	[prézənt] 프레전트	혱 있는, 출석한 몡 현재, 지금
present	[prizént] 프리젠트	탄 선사하다, 제출하다, 바치다

  ✓ **at present** 현재로서는
  ✓ **present oneself** 출두하다, 나타나다
  ✓ **for the present** 현재로서는, 당분간

presently	[prézəntli] 프레전트리	튄 곧, 이내, 목하, 즉시
presentation	[prèzəntéiʃən] 프레전테이션	몡 선물, 소개, 제출, 표현
preservation	[prèzərvéiʃən] 프레저베이션	몡 보존, 저장, 보호, 예방
preserve	[prizə́:rv] 프리저-브	탄 보존하다, 유지하다

  ✓ **preserve A from B** A를 B에서 보호하다, ~하지 않게 하다

preside	[prizáid] 프리자이드	자 사회하다, 의장 노릇하다
presidency	[prézidənsi] 프레지던시	몡 대통령(총재, 장관, 의장)의 직
president	[prézidənt] 프레지던트	몡 대통령, 총재, 장관, 회장
presidential	[prèzidénʃəl] 프레지덴셜	혱 대통령(총재, 장관)의
press	[pres] 프레스	탄 자 누르다, 밀어붙이다 몡 압박
pressure	[préʃər] 프레셔	몡 압력, 압박, 강제
prestige	[prestí:dʒ] 프레스티-쥐	몡 위신, 명성

presumably	[prizú:məbli] 프리쥬-머블리	부 아마, 그럴듯하게
presume	[prizú:m] 프리쥬-움	타 상상하다, 추정하다
pretend	[priténd] 프리텐드	타 자 ~인 체하다, 꾸미다
pretense	[priténs] 프리텐스	명 구실, 핑계, 겉치레, 가면

- **make a pretense of** ~인 체하다, 꾀하다, 요구하다
- **on the pretense of** ~을 핑계 삼아

pretty	[príti] 프리티	형 예쁜 부 꽤 명 귀여운 것
prevail	[privéil] 프리베일	자 이기다, 우세하다, 극복하다

- **prevail against (over)** ~보다 우세하다, ~을 이기다

prevailing	[privéiliŋ] 프리베일링	형 널리 보급된, 유행인, 우세한
prevalent	[prévələnt] 프레벌런트	형 유행하는, 널리 퍼진
prevent	[privént] 프리벤트	타 방해하다, 막다
prevention	[privén∫ən] 프리벤션	명 방지, 예방, 방해
previous	[prí:viəs] 프리-비어스	형 앞서의, 이전의, 조급한
previously	[prí:viəsli] 프리-비어슬리	부 이전에, 미리, 조급하게
prey	[prei] 프레이	명 먹이, 희생 타 잡아먹다
price	[prais] 프라이스	명 대가, 가격 타 값을 매기다

- **at any price** 어떤 대가(희생)를 치르더라도
- **at the price of** ~을 희생하여

priceless	[práislis] 프라이슬리스	형 대단히 귀중한, 아주 별난
prick	[prik] 프릭	명 찌름 타 자 콕콕 찌르다
pride	[praid] 프라이드	명 자만, 자랑, 자존심 타 자랑하다

- **take pride in** ~을 자랑하다

priest	[pri:st] 프리-스트	명 성직자, 사제
primary	[práimèri] 프라이메리	형 첫째의, 본래의, 초보의
primarily	[praimérəli] 프라이메럴리	부 첫째로, 주로, 근본적으로
prime	[praim] 프라임	형 첫째의, 근본적인, 가장 중요한

primitive

primitive	[prímətiv] 프리머티브	형 태고의, 원시의, 미개한
primrose	[prímròuz] 프림로우즈	명 앵초, 앵초새
prince	[prins] 프린스	명 왕자, 공작, 황후, 제후
princely	[prínsli] 프린슬리	형 왕자의, 왕후(왕자) 같은
princess	[prínsis] 프린시스	명 공주, 왕녀, 왕자비, 공작부인
principal	[prínsəpəl] 프린시펄	형 주된, 가장 중요한 명 장(長)
principally	[prínsəpəli] 프린서펄리	부 주로, 대체로
principle	[prínsəpl] 프린서플	명 원리, 원칙, 주의, 법칙
print	[print] 프린트	타 출판하다, 인쇄하다 명 인쇄(물)

- **blue print** 청사진
- **print out** 인쇄 출력하다, 인쇄해서 배포하다

printer	[príntər] 프린터	명 인쇄공, 인쇄업자, 출판사
prior	[práiər] 프라이어	형 보다 전의, 앞서의, 보다 중요한
priority	[praiɔ́(ː)rəti] 프라이오러티	명 우선권, 선취권
prism	[prizəm] 프리점	명 프리즘, 각기둥
prison	[prízn] 프리즌	명 형무소, 감옥
prisoner	[príznər] 프리즈너	명 죄수, 형사피고, 포로
privacy	[práivəsi] 프라이버시	명 은둔, 사적자유, 사생활, 비밀
private	[práivit] 프라이비트	형 사사로운, 개인의, 사유의
privilege	[prívəlidʒ] 프리벌리쥐	명 특권 타 특권을 주다
privileged	[prívəlidʒd] 프리벌리쥐드	형 특권이 있는, 특별 허가된
prize	[praiz] 프라이즈	명 상품, 노획물 형 상품으로 받은
probability	[prɑ̀bəbíləti] 프라버빌러티	명 가망, 있음직한, 사실 같음

- **in all probability** 아마도, 십중팔구는

probable	[prɑ́bəbl] 프라버블	형 있음직한, 개연적인
probably	[prɑ́bəbli] 프라버블리	부 아마, 십중팔구는, 대개는
problem	[prɑ́bləm] 프러블럼	명 문제, 난문, 의문 형 문제의

procedure	[prəsíːdʒər] 프러시-저	명 절차, 조치, 수속, 행동
proceed	[prousíːd] 프로시-드	자 나아가다, 계속하다, 가다
proceeding	[prousíːdiŋ] 프로시-딩	명 행동, 조치, 소송 절차, 의사록
process	[práses] 프라세스	명 진행, 경과 타 가공하다
procession	[prəséʃən] 프러세션	명 행렬, 행진, 전진
proclaim	[proukléim] 프로클레임	타 선언하다, 공표하다
proclamation	[prɑ̀kləméiʃən] 프라클러메이션	명 선언, 공포
procure	[proukjúər] 프로큐어	타 얻다, 가져오다, 획득하다
prodigal	[prádigəl] 프라디걸	형 낭비하는, 방탕한 명 낭비자
prodigious	[prədídʒəs] 프러디져스	형 거대한, 놀랄만한, 막대한
produce	[prədjúːs] 프러듀-스	타 생산하다, 산출하다, 낳다
producer	[prədjúːsər] 프러듀-서	명 생산자, 연출자, 제작자
product	[prádəkt] 프라덕트	명 생산품, 제작물, 산물
production	[prədʌ́kʃən] 프러덕션	명 생산, 제작, 저작, 작품
productive	[prədʌ́ktiv] 프러덕티브	형 생산적인, 다산의, 비옥한
profane	[prəféin] 프러페인	형 모독적인 타 더럽히다
profess	[prəfés] 프러페스	타 자 공언하다, 명언하다
profession	[prəféʃən] 프러페션	명 (지적인) 직업, 공언, 선언
professional	[prəféʃənəl] 프러페셔널	형 전문의, 직업적인 명 전문가
professor	[prəfésər] 프러페서	명 (대학의) 교수
proffer	[práfər] 프라퍼	타 제공하다, 제의하다 명 제출
proficiency	[prəfíʃənsi] 프러피션시	명 숙달, 능숙, 연달
proficient	[prəfíʃənt] 프러피션트	형 숙련된, 숙달된 명 능수, 명인
profile	[próufail] 프로우파일	명 옆얼굴, 측면, 인물단평
profit	[práfit] 프라피트	명 (장사의) 이윤 타 자 이익을 얻다
profitable	[práfitəbəl] 프라피터벌	형 유익한; 이익이 있는, 유리한
profiteer	[prɑ̀fitíər] 프라피티어	자 폭리를 취하다 명 폭리상인

profound

profound	[prəfáund] 프러파운드	형 깊은, 심원한, 정중한
profoundly	[prəfáundli] 프러파운들리	부 깊이, 절실히
program	[próugræm] 프로우그램	명 프로그램, 예정, 계획(표)
progress	[prágres] 프라그레스	명 전진, 진행, 진보

- **in progress** 진행 중
- **make progress** 진행하다, 전진하다

progressive	[prəgrésiv] 프러그레시브	형 전진하는, 진보적인, 진행성의
prohibit	[prouhíbit] 프로히비트	타 금지하다, 방해하다, 막다
prohibition	[pròuhəbíʃən] 프로우허비션	명 금지, 금지령
project	[prədʒékt] 프러젝트	타 자 계획하다, 설계하다 명 계획
projection	[prədʒékʃən] 프러젝션	명 돌출(부), 사출, 발사, 계획
prologue	[próulɔ:g] 프로울록-	명 예비연습, 머리말, 서언
prolong	[proulɔ́:ŋ] 프롤롱-	타 늘이다, 연장하다
promenade	[pràmənéid] 프라머네이드	명 산책, 행렬 타 자 산책하다
prominent	[prámənənt] 프라머넌트	형 돌출한, 현저한, 눈에 띄는
promise	[prámis] 프라미스	명 약속, 계약 타 자 약속하다
promising	[prámisiŋ] 프라미싱	형 유망한, 장래가 촉망되는
promote	[prəmóut] 프러모우트	타 진급시키다, 장려하다
promotion	[prəmóuʃən] 프러모우션	명 승진, 진급, 촉진
prompt	[prampt] 프람프트	형 신속한, 즉시의 타 촉진하다
promptly	[prámptli] 프람프틀리	부 즉시에, 신속하게
prone	[proun] 프로운	형 수그린, ~하기 쉬운, 납작해진
pronoun	[próunàun] 프로우나운	명 (문법) 대명사
pronounce	[prənáuns] 프러나운스	타 자 발음하다, 선언하다
pronunciation	[prənʌ̀nsiéiʃən] 프러넌시에이션	명 발음, 발음법
proof	[pru:f] 프루-프	명 증명, 증거 형 ~에 견디는
prop	[prap] 프랍	타 버티다, 받치다 명 버팀목, 후원자

propaganda	[pràpəgǽndə] 프라퍼갠더	몡 선전, 선전활동
propagate	[prápəgèit] 프라퍼게이트	태 짜 선전하다, 보급하다
proper	[prápər] 프라퍼	혱 적당한, 옳은, 타당한
properly	[prápərli] 프라펄리	튀 적당하게, 예의바르게
property	[prápərti] 프라퍼티	몡 재산, 소유물, 소유권, 성질
prophecy	[práfəsi] 프라퍼시	몡 예언, 예언서
prophesy	[práfəsài] 프라퍼사이	태 짜 예언하다, 예측하다
prophet	[práfit] 프라핏	몡 예언자, 대변자, 예고자
prophetic	[prəfétik] 프러페틱	혱 예언의, 예언적인
proportion	[prəpɔ́ːrʃən] 프러포-션	몡 비율, 조화 태 균형 잡히게 하다

- in proportion to ~에 비례하여
- out of proportion to ~와 균형이 안 잡히는

proposal	[prəpóuzəl] 프러포우절	몡 신청, 청혼, 제의
propose	[prəpóuz] 프러포우즈	태짜 신청하다, 제안하다
proposition	[pràpəzíʃən] 프라퍼지션	몡 제의, 서술, 주장
proprietor	[prəpráiətər] 프러프라이어터	몡 소유자, 경영자
propriety	[prəpráiəti] 프러프라이어티	몡 적당, 타당, 예의바름, 교양
prose	[prouz] 프로우즈	몡 산문, 평범 혱 단조로운, 평범한
prosecute	[prásəkjùːt] 프라서큐-트	태 수행하다 짜 기소하다
prosecution	[pràsəkjúːʃən] 프라서큐-션	몡 수행, 속행, 기소, 경영
prospect	[práspekt] 프라스펙트	몡 경치, 전망, 예상
prospective	[prəspéktiv] 프라스펙티브	혱 예기된, 가망 있는, 장래의
prospector	[práspektər] 프라스펙터	몡 탐광자, 시굴자
prosper	[práspər] 프라스퍼	태 짜 번영하다, 성공시키다, 잘 자라다
prosperity	[praspérəti] 프라스페러티	몡 번영, 성공, 행운
prosperous	[práspərəs] 프라스퍼러스	혱 번영하는, 순조로운, 행운의
prostrate	[prástreit] 프라스트레이트	혱 엎드린 태 뒤엎게 하다

protect

protect	[prətékt] 프러텍트	타 지키다, 수호하다, 보호하다
protection	[prətékʃən] 프러텍션	명 보호, 방어
protective	[prətéktiv] 프러텍티브	형 보호하는, 보호무역의
protector	[prətéktər] 프러텍터	명 보호자, 방어자
protein	[próuti:in] 프로우틴-	명 단백질 형 단백질의
protest	[prətés] 프러테스트	타 자 단언하다, 항의하다
protestant	[prátəstənt] 프라터스턴트	명 신교도 형 신교도의
protoplasm	[próutəplæzəm] 프로우터플래점	명 (생물)원형질
proud	[praud] 프라우드	형 자랑스러운, 거만한, 교만한

✔ **be proud of** ~을 자랑하다, 영광으로 생각하다

proudly	[praudli] 프라우들리	부 자랑삼아, 자랑스럽게 형 거만한
prove	[pru:v] 프루-브	타 입증하다 자 ~이라 판명되다
proverb	[právə:rb] 프러버-브	명 속담, 격언, 금언
provide	[prəváid] 프러바이드	타 자 준비하다, 대비하다

✔ **provide for** ~에 대비하여 준비하다

provided	[prəváidid] 프러바이디드	접 ~할 조건으로(=providing), 만약
providence	[právədəns] 프라버든스	명 섭리, 신의 뜻, 신조
province	[právins] 프라빈스	명 주(州), 성(省), 지역, 지방
provincial	[prəvínʃəl] 프러빈셜	형 주의, 영토의 명 지방인
provision	[prəvíʒən] 프러비전	명 준비, 공급 타 식량을 공급하다
provocation	[pràvəkéiʃən] 프러버케이션	명 성나게 함, 자극, 도발
provoke	[prəvóuk] 프러보우크	타 성나게 하다, 유발시키다
prowess	[práuis] 프라우이스	명 용기, 용감한 행위
prowl	[praul] 프라울	타 자 (먹이를 찾아) 헤매다
prudence	[prú:dəns] 프루-던스	명 사려, 분별, 신중, 검소
prudent	[prú:dənt] 프루-던트	형 조심성 있게, 신중한, 세심한
prune	[pru:n] 프루-운	명 서양 자두 타 (나무를) 잘라내다

Prussia	[prʌ́ʃə] 프러셔	명 (역사) 프러시아, 프로이센
pry	[prai] 프라이	자 들여다보다, 꼬치꼬치 캐다
psalm	[sɑ:m] 삼-	명 찬송가, 성가
psychological	[sàikəládʒikəl] 사이컬라쥐컬	형 심리학의, 심리적인
psychology	[saikálədʒi] 사이칼러쥐	명 심리학, 심리상태
public	[pʌ́blik] 퍼블릭	형 공공의, 공무의 명 국민, 공중
publicly	[pʌ́blikli] 퍼블릭리	부 공공연히, 여론으로
publication	[pʌ̀bləkéiʃən] 퍼블러케이션	명 발표, 공표, 출판(물), 간행
publicity	[pʌblísəti] 퍼블리서티	명 널리 알려짐, 주지, 선전
publish	[pʌ́bliʃ] 퍼블리쉬	타 발표하다, 출판하다
publisher	[pʌ́bliʃər] 퍼블리셔	명 출판업자, 발행자
pudding	[púdiŋ] 푸딩	명 푸딩(과자 이름)
puff	[pʌf] 퍼프	명 훅 불기 타 자 훅 불다
pull	[pul] 풀	타 자 당기다, 끌다, 잡아끌다 명 당김

- pull off (옷을) 급히 벗다
- pull out 빼다, 뽑다, 철수시키다, (열차가) 역에서 나가다

pulp	[pʌlp] 펄프	명 (복숭아 등의)과육, 펄프(제지원료)
pulpit	[púlpit] 풀피트	명 설교단, 목사
pulse	[pʌls] 펄스	명 맥박, 고동 부 맥이 뛰다
pump	[pʌmp] 펌프	명 펌프 타 자 펌프로 퍼내다
pumpkin	[pʌ́mpkin] 펌프킨	명 호박, 호박 줄기
punch	[pʌntʃ] 펀취	타 주먹으로 때리다, 구멍을 뚫다
punctual	[pʌ́ŋktʃuəl] 펑츄얼	형 시간을 엄수하는, 어김없는
punctuation	[pʌ̀ŋktʃuéiʃən] 펑크츄에이션	명 구두법, 구두점
punish	[pʌ́niʃ] 퍼니쉬	타 벌하다, 응징하다, 해치우다
punishment	[pʌ́niʃmənt] 퍼니쉬먼트	명 처벌, 징계
pupil	[pjú:pəl] 퓨-펄	명 학생, 제자

puppet

puppet	[pʌ́pit] 퍼핏	명 작은 인형, 꼭두각시, 강아지
puppy	[pʌ́pi] 퍼피	명 강아지, 애송이
purchase	[pə́:rtʃəs] 파-처스	타 사다, 노력하여 얻다 명 구입
purchaser	[pə́:rtʃəsər] 파-처서	명 사는 사람, 구매자
pure	[pjuər] 퓨어	형 순수한, 순결한, 맑은
purely	[pjúərli] 퓨얼리	부 순수하게, 깨끗하게, 결백하게
purge	[pə:rdʒ] 퍼-쥐	타 깨끗이 하다, 제거하다 명 정화, 숙청
purify	[pjúərəfài] 퓨어러파이	타 순화하다, 정화하다
Puritan	[pjúərətən] 퓨어러턴	명 청교도 형 청교도의(같은)
purity	[pjúərəti] 퓨어러티	명 청결, 결백, 순수, 깨끗함
purple	[pə́:rpəl] 퍼-펄	명 자줏빛 형 자줏빛의
purpose	[pə́:rpəs] 파-퍼스	명 목적, 의도 타 자 계획하다
✔ **for the purpose of** ~의 목적으로, ~을 위하여		
✔ **of purpose** 계획적으로, 고의로		
purr	[pə:r] 파-	타 자 (고양이가 만족하여) 가르랑거리다
purse	[pə:rs] 퍼-스	명 돈주머니, 돈지갑, 핸드백
pursue	[pərsú:] 퍼수-	타 자 추적하다, 쫓다, 계속하다
pursuit	[pərsú:t] 퍼수-트	명 추적, 추구, 종사
✔ **in pursuit of** ~을 추구하여, ~을 찾아서		
push	[puʃ] 푸쉬	타 자 밀다, 밀고 나아가다 명 밀기
puss	[pus] 푸스	명 (애칭) 고양이, 소녀
pussy	[púsi] 푸시	명 고양이, 버들개지
put	[put] 풋	타 놓다, 두다, 설치하다, 넣다
✔ **put aside** 제쳐놓다, 치우다, 떼어두다		
✔ **put up with** ~을 참다, 견디다		
puzzle	[pʌ́zl] 퍼즐	명 난문제, 퀴즈 타 자 당황시키다
pyramid	[pírəmìd] 피러미드	명 피라미드, 금자탑, (수학)각뿔

quack	[kwæk] 퀘크	자 꽥꽥 울다 명 돌팔이 의사
quail	[kweil] 퀘일	명 메추라기, 처녀
quaint	[kweint] 퀘인트	형 기묘한, 기인한, 색다른
quake	[kweik] 퀘이크	자 흔들리다, 덜덜 떨다 명 진동
Quaker	[kwéikər] 퀘이커	명 퀘이커 교도
qualification	[kwàləfəkéiʃən] 콸러퍼케이션	명 자격(부여), 권한
qualify	[kwáləfài] 콸러파이	타 자 자격을 주다, 자격을 얻다
quality	[kwáləti] 콸러티	명 질, 성질, 품질
quantity	[kwántəti] 콴터티	명 양(量), 수량
quarrel	[kwɔ́:rəl] 쿼-럴	명 싸움, 말다툼 자 말다툼하다
quarrelsome	[kwɔ́:rəlsəm] 쿼-럴섬	형 싸움 좋아하는, 시비조의
quarry	[kwɔ́:ri] 쿼-리	명 채석장 자 채석장에서 떠내다
quart	[kwɔ:rt] 쿼-트	명 쿼트(액량의 단위 1.1리터)
quarter	[kwɔ́:rtər] 쿼-터	명 4분의 1, 15분 타 4(등)분하다
quarterly	[kwɔ́:rtərli] 쿼-털리	형 연 4회의 부 연 4회로
queen	[kwi:n] 퀸-	명 왕후, 여왕 타 자 여왕으로 삼다
queer	[kwiər] 퀴어	형 기묘한, 수상한
quench	[kwentʃ] 퀘ㄴ취	타 억제하다, (불을) 끄다
query	[kwíəri] 퀴어리	명 질문, 의문 타 자 질문하다
quest	[kwest] 퀘스트	명 탐색, 원정(물) 타 탐색하다

✔ **in quest of** ~을 찾아서, ~을 추구하여

question	[kwéstʃən] 퀘스천	명 질문, 질의 타 묻다, 질문하다

✔ **beyond question** 틀림없이, 물론

✔ **out of the question** 문제가 안 되는, 전연 불가능한

questionable

	✓ **out of question** 문제없는	
	✓ **question mark** 물음표, 의문부호(?)	
questionable	[kwéstʃənəbəl] 퀘스쳐너벌	형 의심스러운, 수상한
quick	[kwik] 퀵	형 빠른, 신속한 부 빨리, 급히
	✓ **be quick at** ~가 빠르다	
	✓ **the quick of the matter** 사건의 핵심	
	✓ **to the quick** 속살까지, 골수까지, 통렬히	
quickly	[kwíkli] 퀴클리	부 서둘러서, 급히
quicken	[kwíkən] 퀴컨	타 자 빠르게 하다, 소생시키다
quicksilver	[kwíksìlvər] 퀵실버	명 수은
quiet	[kwáiət] 콰이엇	형 조용한, 고요한 명 조용, 침착
quietly	[kwáiətli] 콰이어틀리	부 조용하게, 살며시, 은밀히
quill	[kwil] 퀼	명 큰 깃, 깃촉, 날갯짓
quilt	[kwilt] 퀼트	명 누비이불 타 누비질하다
quit	[kwit] 큇	타 떠나다, 놓아주다 명 끝냄
quite	[kwait] 콰이트	부 완전히, 확실히, 상당히, 꽤
	✓ **quite a few** 많은 수의	
	✓ **quite a little** 많은 양의	
quiver	[kwívər] 퀴버	타 자 떨다, 떨게 하다 명 화살통
quotation	[kwoutéiʃən] 쿼테이션	명 인용어(문구), 시세, 시가
	✓ **quotation marks** 인용부호, 따옴표	
quote	[kwout] 쿼우트	타 자 인용하다, 부르다, 어림치다

rabbit	[rǽbit] 래빗	명 (집)토끼
race	[reis] 레이스	명 경주, 경마, 경쟁 타 자 경주하다
racial	[réiʃəl] 레이셜	형 인종의
racket	[rǽkit] 래킷	명 (정구 따위의)라켓; 소음
radar	[réidɑːr] 레이다-	명 전파 탐지기, 레이다
radiance	[réidiəns] 레이디언스	명 빛남, 광휘
radiant	[réidiənt] 레이디언트	형 빛나는, 밝은
radiate	[réidièit] 레이디에이트	타 자 (빛, 열 따위를) 방사하다
radiator	[réidièitər] 레이디에이터	명 스팀, 난방장치, 방열기
radical	[rǽdikəl] 래디컬	형 급진적인, 근본적인, 철저한
radio	[réidiòu] 레이디오우	명 라디오, 무전기 타 자 무선통신하다
radium	[réidiəm] 레이디엄	명 라듐
radius	[réidiəs] 레이디어스	명 반지름, 반경, 범위
raft	[ræft] 래프트	명 뗏목 타 자 뗏목으로 짜다
rafter	[rǽftər] 래프터	명 서까래 타 서까래를 대다
rag	[ræg] 랙	명 넝마, 누더기 형 지스러기의
rage	[reidʒ] 레이쥐	명 격노, 분격 자 격노하다
ragged	[rǽgid] 래깃	형 남루한, 초라한, 찢어진
raid	[reid] 레이드	명 습격, 급습 타 자 습격하다
rail	[reil] 레일	명 가로장(대), 난간, 철도
railing	[réiliŋ] 레일링	명 철책, 난간
railroad	[réilròud] 레일로우드	명 철도 타 철도를 놓다
railway	[réilwèi] 레일웨이	명 철도(=railroad)
rain	[rein] 레인	명 비, 강우 타 자 비가 오다

rainbow

✓ **rain or shine** 비가 오건 날이 개건

rainbow	[réinbòu] 레인보우	명 무지개
raindrop	[réindràp] 레인드랍	명 빗방울
rainfall	[réinfɔ̀ːl] 레인폴-	명 강우, 강수량
rainy	[réini] 레이니	형 비의, 비가 오는, 비에 젖은
raise	[reiz] 레이즈	타 일으키다, 세우다, 올리다
raisin	[réizən] 레이전	명 건포도
rake	[reik] 레이크	명 갈퀴, 쇠스랑
rally	[rǽli] 랠리	타 자 다시 모으다 명 재집합
ram	[ræm] 램	명 숫양
ramble	[rǽmbəl] 램벌	명 산책, 소요 자 거닐다
random	[rǽndəm] 랜덤	명 마구잡이 형 닥치는 대로의
range	[reindʒ] 레인쥐	명 줄, 범위, 산맥 타 자 배열하다
rank	[ræŋk] 랭크	명 행렬, 계급 타 자 나란히 서다
ransom	[rǽnsəm] 랜섬	명 몸값, 속죄 타 배상하다
rap	[ræp] 랩	명 툭툭 침 타 자 똑똑 두드리다
rape	[reip] 래입	명 타 강간(하다), 강탈
rapid	[rǽpid] 래피드	형 신속한, 빠른, 고감도의
rapidity	[rəpídəti] 러피더티	명 신속, 속도, 민첩
rapidly	[rǽpidli] 래피들리	부 신속하게, 빠르게, 곧
rapt	[ræpt] 랩트	형 넋을 잃은, 황홀한
rapture	[rǽptʃər] 랩쳐	명 큰 기쁨, 황홀, 열중
rare	[rɛər] 레어	형 드문, 진귀한, 설익은
rarely	[rɛ́ərli] 레얼리	부 드물게, 좀처럼, ~않다
rascal	[rǽskəl] 래스컬	명 악당, 불량배
rash	[ræʃ] 래쉬	형 성급한, 분별없는 명 발진(發疹)
rat	[ræt] 랫	명 쥐 자 쥐를 잡다

rate	[reit] 레이트	명 비율, 율 타 자 견적하다
	✓ **at the rate of** ~의 비율로	
rather	[rǽðər] 래더	부 오히려, 얼마간, 약간
ratify	[rǽtəfài] 래터파이	타 비준하다, 확인하다
ratio	[réiʃou] 레이쇼우	명 비율, 비례, 비
ration	[rǽʃən] 래션	명 할당량 타 급식하다
rational	[rǽʃənl] 래셔늘	형 이성적인, 합리적인
rattle	[rǽtl] 래틀	타 자 달각달각 소리 나다 명 달각달각
ravage	[rǽvidʒ] 래비쥐	명 파괴, 황폐 타 자 파괴하다
rave	[reiv] 레이브	타 자 헛소리를 하다, 소리치다
raven	[réivən] 레이번	명 갈까마귀 형 새까만
ravish	[rǽviʃ] 래비쉬	타 빼앗아가다, 강탈하다
raw	[rɔː] 로-	형 설익은 명 날것
ray	[rei] 레이	명 광선, 빛 타자 방사하다
razor	[réizər] 레이저	명 전기면도기, 면도칼
reach	[riːtʃ] 리-취	타 자 (손을) 뻗치다, 닿다 명 뻗침
react	[riːǽkt] 리-엑트	자 반작용하다, 재연하다
reaction	[riːǽkʃən] 리-엑션	명 반응, 반작용, 역회전
reactionary	[riːǽkʃənèri] 리-액셔내리	형 반동의, 보수적인 명 반동주의자
read	[riːd] 리-드	타 자 읽다, 독서하다, 낭독하다
	✓ **read between the lines** 행간을 읽다	
reader	[ríːdər] 리-더	명 독자, 독서가
reading	[ríːdiŋ] 리-딩	명 읽기, 낭독, 독서
ready	[rédi] 레디	형 준비된, 즉석에서의 타 준비하다
readily	[rédəli] 레덜리	부 기꺼이, 즉시, 쉽게
readiness	[rédinis] 레디니스	명 준비, 용이함, 신속
ready-made	[rédiméid] 레디메이드	형 만들어 놓은, 기성품의

real

real	[ríːəl] 리-얼	형 실재하는, 현실의
really	[ríːəli] 리-얼리	부 실제로, 정말로, 참으로
reality	[riǽləti] 리얼러티	명 현실, 실재, 현실성, 진실
realization	[rìːələzéiʃən] 리-얼러제이션	명 실현, 현실화, 인식
realize	[ríːəlàiz] 리-얼라이즈	타 실현하다, 깨닫다, 실감하다
realm	[relm] 렐름	명 영토, 왕국, 범위
reap	[riːp] 리-입	타 베다, 획득하다
reappear	[rìːəpíər] 리-어피어	자 재등장하다, 재발하다
rear	[riər] 리어	타 기르다 명 뒤 형 배후의
reason	[ríːzən] 리-전	명 이유, 이성, 도리 타 추론하다

✓ **stand to reason** 사리에 맞다

reasonable	[ríːzənəbəl] 리-저너벌	형 합리적인, 분별 있는, 정당한
reasonably	[ríːzənəbli] 리-저너블리	부 알맞게, 정당하게, 꽤
reasoning	[ríːzəniŋ] 리-저닝	명 추론, 추리, 논법, 추리력
reassure	[rìːəʃúər] 리-어슈어	타 안심시키다, 다시 보증하다
rebel	[rébəl] 레벌	명 반역자, 반란군
rebellion	[ribéljən] 리벨리언	명 모반, 반란
rebellious	[ribéljəs] 리벨려스	형 반항적인, 완고한
rebuild	[riːbíld] 리-빌드	타 재건하다, 다시 세우다
rebuke	[ribjúːk] 리뷰-크	명 비난, 징계 타 질책하다
recall	[rikɔ́ːl] 리콜-	타 다시 불러들이다, 소환하다
recede	[risíːd] 리사-드	자 물러나다, 퇴각하다
receipt	[risíːt] 리사-트	명 수령, 영수증 타 영수증을 떼다
receive	[risíːv] 리사-브	타 받다, 수령하다, 환영하다
receiver	[risíːvər] 리사-버	명 수취인, 수령인
recent	[ríːsənt] 리-선트	형 최근의, 새로운
recently	[ríːsəntli] 리-선틀리	부 요사이, 최근에

receptacle	[riséptəkəl] 리셉터컬	명 용기(容器), 저장소
reception	[risépʃən] 리셉션	명 환영회, 받는 것
recess	[ríːses] 리-세스	명 쉬는 시간, 휴식
reciprocal	[risíprəkəl] 리시프러컬	형 상호적인, 호혜적인, 답례의
recitation	[rèsətéiʃən] 레서테이션	명 낭송, 암송, 수업
recite	[risáit] 리사이트	타 자 외다, 말하다, 낭독하다
reckless	[réklis] 레클리스	형 무모한, 개의치 않는
reckon	[rékən] 레컨	타 자 세다, 계산하다, 평가하다
reclaim	[rikléim] 리클레임	타 교화하다, 개척하다 명 교화
recline	[rikláin] 리클라인	타 자 기대다, 의지하다, 눕히다
recognition	[rèkəgníʃən] 레커그니션	명 인식, 승인, 인정
recognize	[rékəgnàiz] 레커그나이즈	타 인정하다, 승인하다
recoil	[rikɔ́il] 리코일	명 되튀기, 반동 자 뒤로 물러나다
recollect	[rèkəlékt] 레컬렉트	타 자 회상하다, 생각해내다
recollection	[rèkəlékʃən] 레컬렉션	명 회상, 기억, 기억력, 상기
recommend	[rèkəménd] 레커멘드	타 추천하다, 권고하다
recommendation	[rèkəmendéiʃən] 레커멘데이션	명 추천(장), 권고
recompense	[rékəmpèns] 레컴펜스	명 보답 타 갚다, 배상하다
reconcile	[rékənsàil] 레컨사일	타 화해하다, 조화시키다 명 일치
reconstruct	[rìːkənstrʌ́kt] 리-컨스트럭트	타 재건하다, 개조하다
reconstruction	[rìːkənstrʌ́kʃən] 리-컨스트럭션	명 재건, 부흥, 개축
record	[rikɔ́ːrd] 리코-드	타 기록하다, 녹음하다
record	[rékərd] 레커드	명 기록, 경력
	✓ on the record 공식적으로	
recount	[rikáunt] 리카운트	타 자세하게 이야기하다
recover	[rikʌ́vər] 리커버	타 자 회복하다, 되찾다
recovery	[rikʌ́vəri] 리커버리	명 회복, 완쾌, 되찾음, 복구

recreate

recreate	[rékrièit] 레크리에이트	타 자 휴양시키다, 보양하다
recreation	[rèkriéiʃən] 레크리에이션	명 오락, 기분전환, 레크리에이션
recruit	[rikrú:t] 리크루-트	타 신병을 모집하다, 고용하다
rectangle	[réktæŋɡəl] 렉탱걸	명 직사각형, 정방형
rectangular	[rektæŋɡjələr] 렉탱결러	형 직사각형의, 직각의
recur	[rikə́:r] 리커-	자 재발하다, 되돌아가다, 회상하다
red	[red] 레드	형 붉은, 피에 물든 명 빨강

✓ **in the red** 적자를 내어

redden	[rédn] 레든	타 자 붉게 하다, 붉어지다
reddish	[rédiʃ] 레디쉬	형 불그스름한
redeem	[ridí:m] 리디-임	타 되사다, 회복하다, 되찾다
redress	[rí:dres] 리-드레스	타 바로잡다, 배상하다
reduce	[ridjú:s] 리듀-스	타 축소하다, 줄이다, 요약하다
reduction	[ridʌ́kʃən] 리덕션	명 감소, 축소, 저하
reed	[ri:d] 리-드	명 갈대, 갈대밭
reef	[ri:f] 리-프	명 암초, 광맥, 모래톱
reel	[ri:l] 리-일	명 물레, 얼레 타 얼레에 감다
reestablish	[rì:estǽbliʃ] 리-에스태블리쉬	타 복직(복위)하다, 재건하다
refer	[rifə́:r] 리퍼-	타 자 참조하다, 위탁하다
reference	[réfərəns] 레퍼런스	명 참조, 참고, 참고자료, 언급
refine	[rifáin] 리파인	타 자 세련하다, 정련하다
reflect	[riflékt] 리플렉트	타 자 반사하다, 되튀기다, 비치다
reflection	[riflékʃən] 리플렉션	명 반사(열, 광), 반영, 반성
reform	[ri:fɔ́:rm] 리-폼-	타 자 개혁하다, 수정하다 명 개량
reformation	[rèfərméiʃən] 레퍼메이션	명 개정, 개혁, 혁신
refrain	[rifréin] 리프레인	자 삼가다 명 (노래의) 후렴
refresh	[rifréʃ] 리프레쉬	타 자 맑게 하다, 새롭게 하다

refreshment	[rifréʃmənt] 리프레쉬먼트	명 원기회복, 휴양
refrigerator	[rifrídʒəréitər] 리프리져레이터	명 냉장고, 냉동기
refuge	[réfjuːdʒ] 레퓨-쥐	명 피난(처), 은신처, 보호물
refugee	[rèfjudʒíː] 레퓨쥐-	명 피난자, 망명자
refusal	[rifjúːzəl] 리퓨-절	명 거절, 사퇴, 거부
refuse	[rifjúːz] 리퓨-즈	타 자 거절하다, 거부하다 명 폐물
refute	[rifjúːt] 리퓨-트	타 논박하다, 잘못을 지적하다
regain	[rigéin] 리게인	타 되찾다, 회복하다
regal	[ríːgəl] 리-걸	형 국왕의, 국왕다운
regard	[rigáːrd] 리가-드	타 자 주시 하다, 간주하다 명 주의
regarding	[rigáːrdiŋ] 리가-딩	전 ~에 관여는, ~점에서는
regardless	[rigáːrdlis] 리가-들리스	형 무관심한 부 ~에 관계없이
regenerate	[ridʒénərèit] 리제너레이트	타 재생시키다, 재건하다
regime	[reiʒíːm] 레이자-임	명 정권, 정부
regiment	[rédʒəmənt] 레저먼트	명 (군의) 연대, 다수, 통치
region	[ríːdʒən] 리-젼	명 지방, 지역, 범위
register	[rédʒəstər] 레저스터	명 기록, 등록기 자 등록하다
registration	[rèdʒəstréiʃən] 레져스트레이션	명 등기, 등록, 표시
regret	[rigrét] 리그렛	명 유감, 후회, 애도 타 후회하다
regular	[régjələr] 레결러	형 규칙적인, 조직적인 명 정규병
✓ **keep regular hours** 규칙적인 생활을 하다		
regularly	[régjələrli] 레결러리	부 규칙적으로, 균형 있게
regularity	[règjəlǽrəti] 레결레러티	명 규칙적임, 질서, 균형
regulate	[régjəlèit] 레결레이트	타 조절하다, 규정하다
regulation	[règjəléiʃən] 레결레이션	명 규칙, 규정 형 규칙의, 규정된
rehearsal	[rihə́ːrsəl] 리허-설	명 (연극·음악의) 연습, 시연
rehearse	[rihə́ːrs] 리허-스	타 자 열거하다, (예행)연습하다

reign

reign	[rein] 레인	명 통치, 지배 자 지배하다
rein	[rein] 레인	명 고삐, 구속
reinforce	[ri:infɔ́:rs] 리-인포-스	타 보강하다, 강화하다
reiterate	[ri:ítərèit] 리-이터레이트	타 되풀이하다, 반복하다
reject	[ridʒékt] 리젝트	타 물리치다, 거절하다
rejoice	[ridʒɔ́is] 리죠이스	타 자 기뻐하다, 좋아하다
relate	[riléit] 릴레이트	타 자 관련시키다, 관계가 있다
relation	[riléiʃən] 릴레이션	명 관계, 관련, 친척
relationship	[riléiʃənʃìp] 릴레이션쉽	명 관계, 친척 관계
relative	[rélətiv] 렐러티브	형 비교상의, 상대적인
relay	[rí:lei] 릴-레이	명 교대자 타 바꿔놓다
release	[rilí:s] 릴리-스	명 해방, 석방 타 풀어놓다
relent	[rilént] 릴렌트	자 누그러지다, 상냥해지다
reliable	[riláiəbəl] 릴라이어벌	형 신뢰할 수 있는, 확실한
reliance	[riláiəns] 릴라이언스	명 신뢰, 신용, 신임
relic	[rélik] 렐릭	명 유물, 유품, 유적
relief	[rilí:f] 릴리-프	명 경감, 구출, 구제
relieve	[rilí:v] 릴리-브	타 구제하다, 제거하다, 경감하다
religion	[rilídʒən] 릴리젼	명 종교, 신앙, 종파
religious	[rilídʒəs] 릴리져스	형 종교적인, 경건한
relinquish	[rilíŋkwiʃ] 릴링퀴쉬	타 포기하다, 단념하다
relish	[réliʃ] 렐리쉬	명 풍미, 향기 타 자 맛보다
reluctant	[rilʎ́ktənt] 릴럭턴트	형 마지못해 하는, 싫은
reluctance	[rilʎ́ktəns] 릴럭턴스	명 본의 아님, 꺼림, 싫음
rely	[riláii] 릴라이	자 의지하다, 신뢰하다, 믿다
remain	[riméin] 리메인	자 남다, 살아남다, 머무르다
remainder	[riméindər] 리메인더	명 나머지, 잉여, 잔류자

remains	[riméinz] 리메인즈	명 잔고, 유골, 유적
remark	[rimá:rk] 리마-크	명 주의, 관찰 타 자 주목하다
remarkable	[rimá:rkəbəl] 리마-커벌	형 현저한, 비범한
remarkably	[rimá:rkəbli] 리마-커블리	부 현저하게, 눈에 띄게
remedy	[rémədi] 레머디	명 의약, 치료 타 치료하다
remember	[rimémbər] 리멤버	타 자 생각해내다, 기억하다
remembrance	[rimémbrəns] 리멤브런스	명 기억, 회상, 추상
remind	[rimáind] 리마인드	타 생각나게 하다, 깨닫게 하다

✓ remind A of B A에게 B를 생각나게 하다

remit	[rimít] 리밋	타 자 경감하다, 송금하다, 용서하다
remnant	[rémnənt] 렘넌트	명 나머지, 찌꺼기, 우수리
remonstrance	[rimánstrəns] 리만스트런스	명 충고, 간언, 항의
remorse	[rimɔ́:rs] 리모-스	명 후회, 뉘우침, 양심, 연민
remote	[rimóut] 리모우트	형 먼, 아득한, 먼 곳의
removal	[rimú:vəl] 리무-벌	명 이동, 제거, 살해, 해임
remove	[rimú:v] 리무-브	타 자 옮기다, 없애다, 이사하다
removed	[rimú:vd] 리무-브드	형 떨어진, 관계가 먼
renaissance	[rènəsá:ns] 레너산-스	명 재생, 부흥, (R-)르네상스
rend	[rend] 렌드	타 자 찢다, 쪼개다, 부수다
render	[réndər] 렌더	타 돌려주다, 제출하다, 갚다
renew	[rinjú:] 리뉴-	타 갱신하다, 새롭게 하다
renounce	[rináuns] 리나운스	타 자 포기하다, 양도하다, 버리다
renown	[rináun] 리나운	명 명성, 유명
rent	[rent] 렌트	명 소작료, 방세 타 자 세놓다
reorganize	[ri:ɔ́:rgənàiz] 리-오-거나이즈	타 재편성하다, 개조하다
repair	[ripɛ́ər] 리페어	명 수선, 회복 타 수리하다
reparation	[rèpəréiʃən] 레퍼레이션	명 배상, 보상, 수리

repast

repast	[ripǽst] 리패스트	명 식사, 음식 타 식사하다
repay	[ripéi] 리페이	타 자 (돈을) 갚다, 보답하다
repeal	[ripíːl] 리피-일	명 폐지, 철폐 타 폐지하다
repeat	[ripíːt] 리피-트	명 반복, 되풀이 타 되풀이하다
repeating	[ripíːtiŋ] 리피-팅	형 반복하는, 연발하는
repel	[ripél] 리펠	타 격퇴하다, 물리치다, 반박하다
repent	[ripént] 리펜트	타 자 후회하다, 분해 하다
repentance	[ripéntəns] 리펜턴스	명 후회, 뉘우침
repetition	[rèpətíʃən] 레퍼티션	명 반복, 재론, 되풀이
replace	[ripléis] 리플레이스	타 제자리에 놓다, 바꾸다
replenish	[riplénis] 리플레니쉬	타 보충하다, 채우다
reply	[riplái] 리플라이	명 대답, 응답 타 자 대답하다
report	[ripɔ́ːrt] 리포-트	명 보고, 공표 타 자 공표하다
	✓ **report oneself** 신고하다, 도착을 알리다.	
reporter	[ripɔ́ːrtər] 리포-터	명 통신원, 보고자
repose	[ripóuz] 리포우즈	타 자 휴식하다 명 휴식, 휴양
represent	[rèprizént] 레프리젠트	타 묘사하다, 표현하다
representation	[rèprizentéiʃən] 레프리젠테이션	명 표현, 묘사
reproach	[ripróutʃ] 리프로우취	명 비난, 불명예 타 비난하다
reproduce	[rìːprədjúːs] 리-프러듀우스	타 재생하다, 복사하다
reproduction	[rìːprədʌ́kʃən] 리-프러덕션	명 재생, 재생산
reprove	[riprúːv] 리프루-브	타 비난하다, 꾸짖다
reptile	[réptil] 렙틸	명 파충동물, 비열한 인간 형 파충류의
republic	[ripʌ́blik] 리퍼블릭	명 공화국, 공화정체
republican	[ripʌ́blikən] 리퍼블리컨	형 공화국의, 공화주의의
repulse	[ripʌ́ls] 리펄스	명 격퇴, 거절 타 격퇴하다
reputation	[rèpjətéiʃən] 레퓨테이션	명 평판, 명성

repute	[ripjú:t] 리퓨-트	명 평판, 명성 타 ~라 생각하다
request	[rikwést] 리퀘스트	타 바라다, 요구하다 명 소원, 요구
require	[rikwáiər] 리콰이어	타 요구하다, 규정하다
requisite	[rékwəzit] 레퀴짓	형 필요한 명 필수품, 필요조건
rescue	[réskju:] 레스큐-	명 구조, 구출 타 구해내다
research	[risə́:rtʃ] 리서-취	명 연구, 조사 자 연구하다
resemblance	[rizémbləns] 리젬블런스	명 유사성, 닮은 것
resemble	[rizémbəl] 리젬벌	타 ~을 닮다
resent	[rizént] 리젠트	타 ~에 분개하다, 원망하다
resentment	[rizéntmənt] 리젠트먼트	명 분개, 원한
reservation	[rèzərvéiʃən] 레저베이션	명 보류, 예약
reserve	[rizə́:rv] 리저-브	타 비축하다, 보존하다
reserved	[rizə́:rvd] 리저-브드	형 예약된, 수줍어하는
reservoir	[rézərvwà:r] 레저브와-	명 저장소, 저수지
reside	[ri:sáid] 리-자이드	자 살다, 존재하다
residence	[rézidəns] 레지던스	명 거주, 주재
resident	[rézidənt] 레지던트	형 거주하는 명 거주자, 의사 실습생
resign	[rizáin] 리자인	타 자 단념하다, 그만두다
resignation	[rèzignéiʃən] 레직네이션	명 사직, 체념
resist	[rizíst] 리지스트	타 저항하다, 방해하다
resistance	[rizístəns] 리지스턴스	명 저항, 반항
resolute	[rézəlù:t] 레졸루-트	형 결심이 굳은, 단호한
resolutely	[rézəlù:tli] 레졸루-틀리	부 굳은 결심으로, 단호하게
resolution	[rèzəlú:ʃən] 레절루-션	명 결심, 고단
resolve	[rizálv] 리잘브	타 자 용해하다, 분해하다 명 결심
resolved	[rizálvd] 리잘브드	형 결의한, 단호한
resort	[ri:sɔ́:rt] 리조-트	자 의지하다 명 행락지, 자주 모이는 곳

resound

단어	발음	의미
resound	[rizáund] 리자운드	타 자 울리다, 떨치다
resource	[ríːsɔːrs] 리소-스	명 자원, 물자
respect	[rispékt] 리스펙트	명 존경, 존중 타 존경하다

- **in respect of** ~에 관하여
- **without respect to** ~을 고려하지 않고

단어	발음	의미
respectful	[rispéktfəl] 리스펙트펄	형 정중한, 공손한, 예의바른
respectfully	[rispéktfəli] 리스펙트펄리	부 정중하게, 공손히
respecting	[rispéktiŋ] 리스펙팅	전 ~에 관하여
respectable	[rispéktəbəl] 리스펙터벌	형 존경할 만한, 훌륭한
respective	[rispéktiv] 리스펙티브	형 각자의, 각각의
respectively	[rispéktivli] 리스펙티블리	부 각각, 각자
respiration	[rèspəréiʃən] 레스퍼레이션	명 호흡
resplendent	[rispléndənt] 리스플렌던트	형 찬란한, 눈부신
respond	[rispánd] 리스판드	자 대답하다, 응하다
responsibility	[rispànsəbíləti] 리스판서빌러티	명 책임, 책무
responsible	[rispánsəbəl] 리스판서벌	형 책임 있는, 책임을 져야 할
rest	[rest] 레스트	명 휴식, 휴양; 나머지 자 쉬다

- **take a rest** 잠시 쉬다
- **above the rest** 그중에서도

단어	발음	의미
restaurant	[réstərənt] 레스터런트	명 식당, 음식점
restless	[réstlis] 레스틀리스	형 침착하지 않은, 들떠 있는
restoration	[rèstəréiʃən] 레스터레이션	명 회복, 복구
restore	[ristɔ́ːr] 리스토-	타 본래대로 하다, 회복하다
restrain	[riːstréin] 리-스트레인	타 억제하다, 방지하다
restraint	[riːstréint] 리-스트레인트	명 억제, 구속
restrict	[ristríkt] 리스트릭트	타 제한하다, 한정하다
restriction	[ristríkʃən] 리스트릭션	명 제한, 한정

result	[rizʌ́lt] 리절트	명 결과, 성과 자 ~의 결과로 생기다
resume	[rizúːm] 리쥬-움	타 되찾다, 점유하다
retail	[ríːteil] 리-테일	명 소매 형 소매의 부 소매로
retain	[ritéin] 리테인	타 유지하다, 보류하다
retard	[ritáːrd] 리타-드	타 자 늦게 하다, 늦추다 명 지연
retire	[ritáiər] 리타이어	타 자 물러나다, 퇴직하다
retirement	[ritáiərmənt] 리타이어먼트	명 퇴직, 은퇴
retort	[ritɔ́ːrt] 리토-트	명 반박 타 자 말대꾸하다
retreat	[ritríːt] 리트리-트	명 퇴각, 은퇴 타 자 물러나다
return	[ritə́ːrn] 리터-언	타 자 돌아가다, 돌려주다 명 복귀

✓ **in return** 보수(답례)로서, 그 대신에

reveal	[rivíːl] 리비-일	타 누설하다, 나타내다
revel	[révəl] 레벌	명 술잔치 자 주연을 베풀다
revelation	[rèvəléiʃən] 레벌레이션	명 폭로, 누설
revenge	[rivéndʒ] 리벤쥐	명 복수, 원한 타 자 보복하다
revenue	[révənjùː] 레버뉴-	명 (국가의) 세입, 수입
revere	[rivíər] 리비어	타 존경하다, 숭배하다
reverence	[révərəns] 레버런스	명 존경, 숭배
reverend	[révərənd] 레버런드	형 존경할만한, 귀하신
reverse	[rivə́ːrs] 리버-스	타 자 거꾸로 하다 명 반대, 역
revert	[rivə́ːrt] 리버-트	자 본래 상태로 돌아가다 명 복귀
review	[rivjúː] 리뷰-	명 재조사, 복습 타 자 검열하다
revise	[riváiz] 리바이즈	타 교정하다, 개정하다 명 개정
revision	[rivíʒən] 리비전	명 개정, 교정
revival	[riváivəl] 리바이벌	명 부활, 부흥
revive	[riváiv] 리바이브	타 자 부활하다, 회복시키다
revolt	[rivóult] 리보울트	명 반란 타 자 반란을 일으키다

revolutionary

revolutionary	[rèvəlú:ʃənèri] 레벌루-셔네리	형 혁명적인, 회전의
revolve	[riválv] 리발브	타 자 회전하다, 운행하다
revolver	[riválvər] 리발버	명 (회전식)연발 권총
reward	[riwɔ́:rd] 리워-드	명 보수, 사례금 타 보답하다
rhetoric	[rétərik] 레터릭	명 수사학, 웅변술
rheumatism	[rú:mətìzəm] 루-머티점	명 류머티즘
rhyme	[raim] 라임	명 (시의) 운시 타 자 시를 짓다
rhythm	[ríðəm] 리덤	명 율동, 리듬
rib	[rib] 립	명 갈빗대, 갈비
ribbon	[ríbən] 리번	명 끈, 띠
rice	[rais] 라이스	명 쌀, 밥
rich	[ritʃ] 리취	형 부유한, 부자의

✓ the rich 부자들

riches	[rítʃiz] 리취즈	명 부(富), 재산
richly	[rítʃli] 리췰리	부 부유하게, 호화롭게, 충분히
rid	[rid] 릿	타 제거하다, 치우다
riddle	[rídl] 리들	명 수수께끼 타 자 수수께끼를 내다
ride	[raid] 라이드	타 자 타다, 타고 가다
rider	[ráidər] 라이더	명 타는 사람, 기수
ridge	[ridʒ] 리쥐	명 산마루 타 자 이랑을 만들다
ridicule	[rídikjù:l] 리디쿨-	명 비웃음, 조롱 타 비웃다
ridiculous	[ridíkjələs] 리디컬러스	형 우스꽝스러운, 바보 같은
rifle	[ráifəl] 라이펄	명 소총, 라이플총 타 강탈하다
rig	[rig] 릭	타 선구(船具)를 장치하다, 농간을 부리다
right	[rait] 라이트	형 옳은, 적절한, 우파의 명 정당

✓ right now 지금 당장

rightly	[ráitli] 라이틀리	부 바르게, 공정하게

righteous	[ráitʃəs] 라이쳐스	형 바른, 공정한
righteousness	[ráitʃəsnis] 라이쳐스니스	명 정의, 공정
rightful	[ráitfəl] 라잇펄	형 올바른, 당연한
righthand	[ráithænd] 라잇핸드	형 오른쪽의, 심복의
rill	[ril] 릴	명 시내, 실개천
rim	[rim] 림	명 가장자리 타 테두리를 붙이다
rind	[raind] 라인드	명 (과일의) 껍질, 외견
ring	[riŋ] 링	타 자 울리다 명 바퀴, 고리
rinse	[rins] 린스	타 물에 헹구다 명 헹굼, 가심
riot	[ráiət] 라이엇	명 폭동, 소동 타 자 폭동을 일으키다
rip	[rip] 립	타 자 찍다, 터지다 명 터짐
ripe	[raip] 라입	형 익은, 원숙한
ripen	[ráipən] 라이펀	타 자 익다, 익히다
rise	[raiz] 라이즈	자 일어서다, 오르다 명 상승, 기상
	✓ rise in the world 출세하다	
rising	[ráiziŋ] 라이징	형 올라가는, 오르막의
risk	[risk] 리스크	명 위험, 모험 타 위태롭게 하다
rite	[rait] 라이트	명 의식, 관습
rival	[ráivəl] 라이벌	명 경쟁상대, 적수 타 자 경쟁하다
rivalry	[ráivəlri] 라이벌리	명 경쟁, 대항
river	[rívər] 리버	명 강, 내
rivet	[rívit] 리비트	명 대갈못, 리벳 타 자 대갈못을 박다
road	[roud] 로우드	명 길, 도로
	✓ on the road 여행 중에	
roadside	[róudsàid] 로우드사이드	명 길가 형 길가의
roadster	[róudstər] 로우드스터	명 2, 3인용 컨버터블
roadway	[róudwèi] 로우드웨이	명 차도, 도로

roam

roam	[roum] 로움	타 자 돌아다니다 명 배회
roar	[rɔːr] 로-	타 자 포효하다, 외치다
roast	[roust] 로우스트	타 자 굽다, 익히다 명 불고기 굽기
rob	[rɑb] 랍	타 자 강탈하다, 빼앗다
robber	[rʌ́bər] 라버	명 도둑, 강도
robbery	[rʌ́bəri] 라버리	명 강탈, 약탈
robe	[roub] 로우브	명 길고 품이 큰 겉옷 타 자 입히다
robin	[rʌ́bin] 라빈	명 울새, 개똥지빠귀의 일종
robot	[róubət] 로우벗	명 인조인간
rock	[rɑk] 락	명 바위, 암석 타 자 흔들다
rocket	[rʌ́kit] 라킷	명 로켓, 봉화
rocky	[rʌ́ki] 라키	형 바위의, 냉혹한
rod	[rɑd] 랏	명 긴 막대, 장대
rogue	[roug] 로욱	형 악한, 악당
role	[roul] 로울	명 구실, 역할
roll	[roul] 로울	타 자 굴리다, 회전하다 명 회전; 명부
roll-call	[roulkɔːl] 로울콜-	명 점호, 출석조사 타 출석 부르다
roller	[róulər] 로울러	명 땅 고르는 기계
Roman	[róumən] 로우먼	형 로마의 명 로마사람
romance	[roumǽns] 로맨스	명 로맨스, 전기 소설, 꿈 이야기
romantic	[roumǽntik] 로맨틱	형 전기소설적인, 공상적인
roof	[ruːf] 루-프	명 지붕 타 지붕을 해 덮다
room	[ruːm] 루-움	명 방, 셋방, 공간 타 자 방을 주다
	✓ **make room** 자리를 양보하다, 장소를 만들다	
roost	[ruːst] 루-스트	명 보금자리 타 자 홰에 앉다
rooster	[rúːstər] 루-스터	명 수탉
root	[ruːt] 루-트	명 뿌리, 밑둥 타 자 뿌리박다

rope	[roup] 로우프	명 밧줄, 새끼 타 자 줄로 묶다
rose	[rouz] 로우즈	명 장미 형 장밋빛의 동 rise의 과거
rosebud	[róuzbʌd] 로우즈버드	명 장미 봉오리, 아름다운 소녀
rosy	[róuzi] 로우지	형 장밋빛의, 불그스름한
rot	[rɑt] 롯	타 자 썩다, 썩히다 명 부패, 부식
rotate	[róuteit] 로우테이트	타 자 회전하다, 순환하다
rotation	[routéiʃən] 로우테이션	명 회전, 교대
rotten	[rátn] 라튼	형 부패한, 약한
rouge	[ru:ʒ] 루우즈	명 연지, 입술연지 타 자 연지를 바르다
rough	[rʌf] 러프	형 거친 부 거칠게 명 험함, 거침
roughly	[rʌ́fli] 러플리	부 거칠게, 대강
round	[raund] 라운드	형 둥근 부 돌아서 전 ~의 주위에
rouse	[rauz] 라우즈	타 자 일으키다, 깨우다
rout	[raut] 라우트	명 패배 타 패주시키다
route	[ru:t] 루트	명 길, 도로 자 발송하다
routine	[ru:tí:n] 루-틴-	명 상례적인 일 형 일상의
rove	[rouv] 로우브	타 자 헤매다, 배회하다 명 방황
row	[rou] 로우	명 열, 줄 타 자 (배를) 젓다

✓ in a row 일렬로, 연속적으로

royal	[rɔ́iəl] 로열	형 왕국의, 여왕의
royalty	[rɔ́iəlti] 로열티	명 왕위, 특허권 사용료
rub	[rʌb] 럽	타 자 문지르다, 비비다 명 마찰
rubber	[rʌ́bər] 러버	명 고무 타 고무를 입히다
rubbish	[rʌ́biʃ] 러비쉬	명 쓰레기, 폐물
ruby	[rú:bi] 루-비	명 홍옥, 루비 형 진홍색의
rudder	[rʌ́dər] 러더	명 (배, 비행기의)키, 방향타
rude	[ru:d] 루-드	형 무례한, 거친

ruffle

ruffle	[rʌ́fəl] 러펄	타 자 물결을 일으키다, 뒤흔들다
rug	[rʌg] 럭	명 담요, 양탄자
rugged	[rʌ́gid] 러기드	형 울퉁불퉁한, 험악한
ruin	[rúːin] 루-인	명 파멸, 파산 타 자 몰락시키다
rule	[ruːl] 룰-	명 규정, 규칙 타 자 규정(지배)하다
ruler	[rúːlər] 룰-러	명 통치자, 지배자
ruling	[rúːliŋ] 룰-링	형 통치하는, 지배하는 명 지배
rum	[rʌm] 럼	명 럼술(당밀 따위로 만듦) 형 괴상한
rumble	[rʌ́mbəl] 럼벌	명 우르르 소리 자 우렁우렁 울리다
rumor	[rúːmər] 루-머	명 소문, 세평 타 소문내다
run	[rʌn] 런	타 자 달리다, 운영하다 명 달림, 뛰기

✓ **run into** ~와 충돌하다, ~와 우연히 만나다
✓ **run out of** 다 떨어지다, ~을 다 써 버리다

runaway	[rʌ́nəwèi] 러너웨이	명 도망(자) 형 도망한
runner	[rʌ́nər] 러너	명 달리는 사람, 경주자
running	[rʌ́niŋ] 러닝	명 달리기, 경주 형 달리는
runway	[rʌ́nwèi] 런웨이	명 활주로
rural	[rúərəl] 루어럴	형 시골의, 전원의
rush	[rʌʃ] 러쉬	타 자 돌진하다 명 돌진 형 지급의
Russia	[rʌ́ʃə] 러셔	명 러시아, 소련
Russian	[rʌ́ʃən] 러션	형 러시아의 명 러시아 사람(말)
rust	[rʌst] 러스트	명 녹(슨 빛), 녹병 타 자 녹슬다
rustic	[rʌ́stik] 러스틱	형 시골풍의, 조야한 명 시골 사람
rustle	[rʌ́səl] 러슬	자 바스락 소리(가 나다)
rusty	[rʌ́sti] 러스티	형 녹슨, 녹이 난
ruthless	[rúːθlis] 루-쓸리스	형 무정한, 잔인한
rye	[rai] 라이	명 호밀, 쌀보리

Sabbath	[sǽbəθ] 새버쓰	명 안식일, 안식
saber	[séibər] 세이버	명 군도(軍刀), 사브르
sabotage	[sǽbətɑ̀:ʒ] 새버타-지	명 태업, 방해
sack	[sæk] 색	명 큰 자루, 부대 타 자루에 넣다
sacred	[séikrid] 세이크리드	형 신성한, 신을 모신
sacrifice	[sǽkrəfàis] 새크러파이스	명 제물, 희생 타 자 희생하다
sad	[sæd] 새드	형 슬픈, 슬퍼하는
sadly	[sǽdli] 새들리	부 슬프게, 애처롭게
sadness	[sǽdnis] 새드니스	명 슬픔, 비애
saddle	[sǽdl] 새들	명 안장 타 자 안장을 얹다
safe	[seif] 세이프	형 안전한, 무사한 명 금고
	✓ safe and sound 무사히	
safely	[séifli] 세이플리	부 안전하게, 무사히
safeguard	[séifgɑ̀:rd] 세이프가-드	명 보호, 호위 타 보호하다
safety	[séifti] 세이프티	명 안전, 무사
sag	[sæg] 색	자 (밧줄이) 축 처지다, 휘다 명 늘어짐
sage	[seidʒ] 세이지	형 현명한, 슬기로운 명 성인, 현인
sail	[seil] 세일	명 돛, 돛배 타 자 범주(항해)하다
	✓ make sail 출범하다	
sailboat	[séilbòut] 세일보우트	명 돛단배, 범선
sailor	[séilər] 세일러	명 선원, 수부
saint	[séint] 세인트	명 성인, 성자
sake	[seik] 세이크	명 위함, 목적, 이유
	✓ for the sake of ~을 위하여	

salad

salad	[sæləd] 샐러드	명 샐러드, 생채소
salary	[sæləri] 샐러리	명 봉급, 급료 타 봉급을 주다
sale	[seil] 세일	명 판매, 팔기
salesman	[séilzmən] 세일즈먼	명 점원, 외교원
sally	[sæli] 샐리	명 출격, 외출
salmon	[sæmən] 새먼	명 연어 형 연어 살빛의
salon	[səlán] 설란	명 살롱, 객실
salt	[sɔ:lt] 솔-트	명 소금, 식염 형 소금에 절인
salutation	[sæljətéiʃən] 샐러테이션	명 인사(의 말)
salute	[səlú:t] 설루-트	명 인사, 경례 자 인사하다
salvation	[sælvéiʃən] 샐베이션	명 구조, 구제
same	[seim] 세임	형 같은, 동일한 부 마찬가지로

✓ in the same way 같은 방법으로

sample	[sæmpəl] 샘펄	명 견본, 표본 타 샘플을 뽑다
sanction	[sæŋkʃən] 생션	명 인가, 재가 타 인가하다
sanctuary	[sǽŋktʃuèri] 생츄에리	명 신전, 성당, 신성한 곳
sand	[sænd] 샌드	명 모래, 모래알 타 모래를 뿌리다
sandal	[sǽndl] 샌들	명 샌들, 짚신 모양의 신발
sandstone	[sǽndstòun] 샌드스토운	명 사암(砂岩)
sandwich	[sǽndwitʃ] 샌드위치	명 샌드위치 타 사이에 끼다
sandy	[sǽndi] 샌디	형 모래 빛의, 모래땅의
sane	[sein] 세인	형 본정신의, 분별 있는
sang	[sæŋ] 생	동 sing(노래하다)의 과거
sanitary	[sǽnətèri] 새너테리	형 위생상의, 청결한
sanitation	[sænətéiʃən] 새너테이션	명 위생시설, 공중위생
Santa claus	[sǽntəklɔ:z] 샌터클로-즈	명 산타클로스
sap	[sæp] 샙	명 수액, 기운 타 수액을 짜내다

Saxon

sapphire	[sǽfaiər] 새파이어	몡 청옥, 사파이어
sarcasm	[sáːrkæzəm] 사-캐즘	몡 비꼼, 풍자, 빈정거림
sardine	[saːrdíːn] 사-디-인	몡 정어리
sash	[sæʃ] 새쉬	몡 장식띠, 허리띠
Satan	[seitǽn] 세이턴	몡 사탄, 마왕
satellite	[sǽtəlàit] 새털라이트	몡 위성, 위성국
satin	[sǽtən] 새턴	몡 새틴, 수자
satire	[sǽtaiər] 새타이어	몡 풍자(문학), 풍자서(문)
satisfaction	[sæ̀tisfǽkʃən] 새티스팩션	몡 만족(을 주는 것)
satisfactorily	[sæ̀tisfǽktərəli] 새티스팩터릴리	뷔 더할 나위 없게, 충분하게
satisfactory	[sæ̀tisfǽktəri] 새티스팩터리	혱 더할 나위 없는, 만족한
satisfy	[sǽtisfài] 새티스파이	탄 만족시키다, 채우다
Saturday	[sǽtərdei] 새터데이	몡 토요일(약어 Sat.)
Saturn	[sǽtərn] 새턴-	몡 농사의 신, 토성
sauce	[sɔːs] 소-스	몡 소스, 양념 탄 소스를 치다
saucepan	[sɔ́ːspæ̀n] 소-스팬	몡 손잡이 달린 속 깊은 냄비
saucer	[sɔ́ːsər] 소-서	몡 받침 접시, 화분 받침
saucy	[sɔ́ːsi] 소-시	혱 건방진, 멋진
sausage	[sɔ́ːsidʒ] 소-시쥐	몡 소시지, 순대
savage	[sǽvidʒ] 새비쥐	혱 야만적인, 미개한 몡 야만인
savagely	[sǽvidʒli] 새비쥘리	뷔 야만적으로, 잔인하게
save	[seiv] 세이브	탄 자 건지다, 저축하다, 생략하다
✓ save one's breath 쓸데없는 말을 않다		
saving	[séiviŋ] 세이빙	혱 절약하는 몡 구조 전 ~외에
savior	[séivjər] 세이버	몡 구조자, 구세주
saw	[sɔː] 소-	몡 톱, 격언 탄 자 톱으로 자르다
Saxon	[sǽksən] 색슨	몡 색슨 사람(말) 혱 색슨 말의

say

say	[sei] 세이	타자 말하다, 외다 명 말함

✓ **It goes without saying that ~** ~은 당연하다

saying	[séiiŋ] 세이잉	명 격언, 속담
scald	[skɔ:ld] 스콜-드	타 (끓는 물에) 화상을 입히다 명 화상
scale	[skeil] 스케일	명 눈금, 저울눈 타 자 재다
scalp	[skælp] 스캘프	명 머릿가죽, 전리품 타 혹평하다
scamper	[skǽmpər] 스캠퍼	명 급히 달림 자 여행하다
scan	[skæn] 스캔	타 (시의) 운율을 살피다
scandal	[skǽndl] 스캔들	명 추문, 의혹, 치욕, 모략
scant	[skænt] 스캔트	형 부족한, 불충분한 타 결핍하다
scanty	[skǽnti] 스캔티	형 부족한, 모자라는
scar	[ska:r] 스카-	명 상처, 흉터 타 자 상처를 남기다
scarce	[skɛərz] 스케어즈	형 모자라는, 부족한
scarcely	[skɛ́ərsli] 스케어슬리	부 겨우, 거의
scarcity	[skɛ́ərsiti] 스케어시티	명 결핍, 부족
scare	[skɛər] 스케어	타 자 위협하다, 겁먹다 명 을러댐, 공포
scarecrow	[skɛ́ərkròu] 스케어크로우	명 허수아비, 엄포
scarf	[ska:rf] 스카-프	명 스카프, 목도리
scarlet	[skɑ́:rlit] 스칼-릿	명 진홍색, 주홍 형 진홍색의
scatter	[skǽtər] 스캐터	타 흩뿌리다, 쫓아버리다
scene	[si:n] 씬-	명 (사건 따위의) 장면

✓ **behind the scenes** 무대 뒤에서, 은밀히

✓ **make a scene** 소동을 벌이다

scenery	[sí:nəri] 씨-너리	명 무대 배경, 경치
scenic	[sí:nik] 씨-닉	형 무대의, 극의
scent	[sent] 센트	타 냄새 맡다 명 향기, 냄새
scepter	[sképtər] 셉터	명 왕의 홀(笏), 왕권 타 왕권을 주다

schedule	[skédʒu(:)l] 스케줄	명 일람표, 스케줄 타 스케줄을 짜다
scheme	[ski:m] 스킴-	명 설계, 계획 타 자 계획하다
scholar	[skálər] 스칼러	명 학자, 장학생
scholarship	[skálərʃip] 스칼러쉽	명 학식, 장학금
school	[sku:l] 스쿨-	명 학교, 연구소 타 교육하다
schoolboy	[skú:lbɔ́i] 스쿨-보이	명 남학생
schoolgirl	[skú:lgə̀ːrl] 스쿨-거-얼	명 여학생
schoolhouse	[skú:lhàus] 스쿨-하우스	명 교사(校舍)
schoolmaster	[skú:lmæ̀stər] 스쿨-매스터	명 교장, (남자)교사
schoolroom	[skúlrù(:)m] 스쿨룸-	명 교실
schooner	[skú:nər] 스쿠-너	명 스쿠너(상돛의 종범(縱帆)식 돛배)
science	[sáiəns] 사이언스	명 학문, (자-연)과학
scientific	[sàiəntífik] 사이언티픽	형 과학의, 과학적인
scientist	[sáiəntist] 사이언티스트	명 과학자
scissors	[sízərz] 시저즈	명 가위
scoff	[skɔ:f] 스코-프	타 자 비웃다, 조롱하다 명 비웃음
scold	[skould] 스코울드	타 자 꾸짖다 명 쨍쨍거리는 여자
scoop	[sku:p] 스쿠-프	명 작은 삽, 부삽 타 푸다, 뜨다
scope	[skoup] 스코웁	명 범위, 영역
scorch	[skɔ:rtʃ] 스코-치	타 자 그슬리다 명 그슬림
score	[skɔ:r] 스코-	명 득점, 성적, 20 타 자 새기다
	✓ know the score 사실을 알고 있다	
scorn	[skɔ:rn] 스코-ㄴ	명 경멸, 웃음거리 타 자 경멸하다
scornful	[skɔ́:rnfəl] 스콘-펄	형 경멸적인, 건방진
scornfully	[skɔ́:rnfəli] 스콘-펄리	부 경멸하여, 비웃고
Scot	[skɑt] 스캇	명 스코틀랜드 사람
Scotch	[skɑtʃ] 스카취	형 스코틀랜드의(=Scottish)

Scotland

Scotland	[skátlənd] 스카틀런드	명 스코틀랜드
scoundrel	[skáundrəl] 스카운드럴	명 악당, 깡패
scour	[skauər] 스카워	타 자 문질러 닦다, 윤내다
scourge	[skə:rdʒ] 스카-쥐	명 하늘의 응징, 천벌 타 매질하다
scout	[skaut] 스카웃	명 정찰기(병) 타 자 정찰하다
scowl	[skaul] 스카울	명 찌푸린 얼굴 타 오만상을 하다
scramble	[skrǽmbəl] 스크램벌	타 자 기다, 기어오르다
scrap	[scrap] 스크랩	명 조각, 부스러기 타 폐기하다
scrapbook	[skrǽpbùk] 스크랩북	명 오려붙이는 책, 스크랩북
scrape	[skreip] 스크레이프	타 자 문지르다, 긁다 명 문지름
scratch	[skrætʃ] 스크래치	타 자 긁다, 긋다 명 할큄
scream	[skri:m] 스크림-	타 자 악 소리치다 명 비명
screech	[skri:tʃ] 스크라-취	명 날카로운 소리 타 자 끽 소리 내다
screen	[skri:n] 스크린-	명 병풍, 막 타 가리다
screw	[skru:] 스크루-	명 나사, 추진기 타 비틀어 죄다
script	[skript] 스크립트	명 손으로 쓴 글 타 각색하다
scripture	[skríptʃər] 스크립쳐	명 경전, 성전
scroll	[skroul] 스크로울	명 족자, 두루마리
scrub	[skrʌb] 스크럽	타 자 비벼 빨다, 문질러 씻다
scruple	[skrú:pəl] 스크루-펄	명 의심, 망설임 타 자 사양하다
sculptor	[skʌ́lptər] 스컬프터	명 조각가
sculpture	[skʌ́lptʃər] 스컬프쳐	명 조각 타 조각하다
scurry	[skə́:ri] 스커-리	타 자 당황하여 질주하다 명 급한 걸음
scuttle	[skʌ́tl] 스커틀	명 석탄그릇 타 자 허둥지둥 달리다
scythe	[saið] 사이드	명 자루가 긴 큰 낫 타 낫으로 베다
sea	[si:] 씨-	명 바다, 큰 물결
	✓ go to sea 선원이 되다	

	✓ take the sea 출항하다	
seacoast	[síːkòust] 씨-코우스트	명 해안(지)
seal	[siːl] 씰-	명 바다표범, 강치 타 날인하다
seam	[siːm] 씸-	명 솔기, 이은 곳 타 자 꿰매다
seaman	[síːmən] 씨-먼	명 뱃사람, 선원
seaport	[síːpɔ̀ːrt] 씨-포-트	명 항구, 항구도시
search	[səːrtʃ] 서-취	타 자 탐색하다, 뒤지다 명 수색
searchlight	[sə́ːrtʃlàit] 서-취라이트	명 탐조등, 탐해등
seashore	[síːʃɔ̀ːr] 씨-쇼-	명 해안, 허변
seasick	[síːsìk] 씨-식	형 뱃멀미하는
seaside	[síːsàid] 씨-사이드	명 바닷가 형 해변의
season	[síːzən] 씨-즌	명 계절, 철 타 자 익히다
seat	[siːt] 씨-트	명 좌석, 자리 타 앉게 하다
	✓ seat belt 안전벨트	
seaweed	[síːwìːd] 씨-위-드	명 해초, 바닷말
seclude	[siklúːd] 씨클루-드	타 격리하다, 분리하다
second	[sékənd] 세컨드	형 제2의 명 두 번째, 초
	✓ second to none 누구에게도 못지 않은, 최고의	
secondary	[sékəndèri] 세컨더리	형 제2위의, 2류의 명 둘째 사람
secondhand	[sékəndhǽnd] 세컨드핸드	형 간접의, 중고의
secondly	[sékəndli] 세컨들리	부 둘째로, 다음에
secrecy	[síːkrəsi] 씨-크러시	명 비밀성, 비밀엄수
secret	[síːkrit] 씨-크릿	형 비밀의, 숨은 명 비밀
secretly	[sikríːtli] 씨이크리-틀리	부 비밀로, 은밀히
secretary	[sékrətèri] 세크러테리	명 비서(관), 서기(관)
sect	[sekt] 섹트	명 종파, 분파
section	[sékʃən] 섹션	명 부분, 절 타 구분하다

secular

secular	[sékjələr] 세컬러	형 세속의, 현세의
secure	[sikjúər] 씨큐어	형 안전한, 보증한 타 자 안전히 하다
securely	[sikjúərli] 씨큐얼리	부 안전하게, 확실히
security	[sikjúəriti] 씨큐어리티	명 안전, 안심
see	[si:] 씨-	타 자 보다, 만나다

✓ **see after** 돌보다
✓ **see over** 검사하다, 시찰하다

seed	[si:d] 씨-드	명 씨, 열매 타 자 씨를 뿌리다
seedling	[sí:dliŋ] 씨-들링	명 묘목
seeing	[sí:iŋ] 씨-잉	명 보기, 보는 것 접 전 ~이므로
seek	[si:k] 씨-크	타 자 찾다, 구하다
seem	[si:m] 씨-임	자 보이다, ~같이 생각되다

✓ **it seems ~** ~인 것 같다

seesaw	[sí:sɔ̀:] 씨-소-	명 시소 놀이, 변동
seethe	[si:ð] 씨-드	자 끓어오르다
segment	[ségmənt] 섹먼트	명 단편, 조각 타 자 분열하다
seize	[si:z] 씨-즈	타 자 잡다, 압류하다
seldom	[séldəm] 셀덤	부 드물게, 좀처럼
select	[silékt] 실렉트	타 선택하다, 뽑다 형 뽑아낸
selection	[silékʃən] 실렉션	명 선택, 선발
self	[self] 셀프	명 자신, 자기 형 단일의
selfish	[sélfiʃ] 셀피쉬	형 이기적인, 자기 본위의
sell	[sel] 셀	타 자 팔다, 팔리다 명 판매
seller	[sélər] 셀러	명 파는 사람, 판매인
semblance	[sémbləns] 셈블런스	명 유사, 외관
senate	[sénət] 세넛	명 (고대 로마의) 원로원, 상원
senator	[sénətər] 세너터	명 원로원 의원, 상원의원

send	[send] 센드	타자 보내다, 발송하다
	✓ send off 발송하다, 쫓아버리다	
senior	[síːnjər] 씨-녀	형 나이 많은, 연상의 명 선배
sensation	[senséiʃən] 센세이션	명 감각, 느낌
sensational	[senséiʃənəl] 센세이셔널	형 지각의, 감동적인
sense	[sens] 센스	명 감각(기관), 관능
	✓ make sense 사리에 맞다	
	✓ good sense 양식	
senseless	[sénslis] 센슬리스	형 무감각한, 어리석은
sensibility	[sènsəbíləti] 센서빌러티	명 감도, 감각력
sensible	[sénsəbəl] 센서블	형 느낄 정도의, 분별 있는
sensitive	[sénsətiv] 센서티브	형 민감한 예민한
sentence	[séntəns] 센텐스	명 문장, 판정 타 선언하다
sentiment	[séntəmənt] 센터먼트	명 감정, 감격
sentimental	[sèntiméntl] 센티멘틀	형 정적인, 다감한
sentinel	[séntənəl] 센터널	명 보초, 파수병 타 망보다
separate	[sépərèit] 세퍼레이트	타 자 가르다, 떼다 명 나눠진 물건
separately	[sépəritli] 세퍼리틀리	부 따로따로, 하나하나
separation	[sèpəréiʃən] 세퍼레이션	명 분리, 이탈
September	[septémbər] 셉템버	명 9월(약어 Sep.)
sequence	[síːkwəns] 씨-퀀스	명 연속, 연쇄
serenade	[sèrənéid] 세러네이드	명 소야곡, 세레나데
serene	[sirí:n] 씨리-인	형 맑게 갠, 고요한
serge	[səːrdʒ] 써-쥐	명 서지(옷감의 일종)
sergeant	[sáːrdʒənt] 사-젼트	명 하사, 중사
series	[síəri:z] 씨어리-즈	명 연속, 계열
serious	[síəriəs] 씨어리어스	형 엄숙한, 진지한

sermon

sermon	[sə́ːrmən] 서-먼	몡 설교, 훈계
serpent	[sə́ːrpənt] 서-펀트	몡 뱀, 음흉한 사람
servant	[sə́ːrvənt] 서-번트	몡 머슴, 고용인
serve	[səːrv] 서-브	탄 자 ~을 섬기다 몡 서브
	✓ serve one's time 임기(형기)를 마치다	
service	[sə́ːrvis] 서-비스	몡 봉사, 근무
	✓ water service (수도)급수	
session	[séʃən] 세션	몡 개회, 학기
set	[set] 셋	탄 자 놓다, 두다 몡 한 벌 형 고정된
	✓ set aside 치우다, 버리다	
	✓ set on foot 시작하다	
setting	[sétiŋ] 세팅	몡 둠, 놓음, 환경
settle	[sétl] 세틀	탄 자 정착하다, 고정시키다
settlement	[sétlmənt] 세틀먼트	몡 결말, 해결, 정주, 이민
seven	[sévən] 세번	몡 7, 일곱 형 7의, 일곱의
seventeen	[sévəntíːn] 세번티-인	몡 17 형 17의
seventeenth	[sévəntíːnθ] 세번티-인쓰	몡 제17, 17분의 1 형 제17의
seventh	[sévəntíːnθ] 세번쓰	몡 제7, 일곱째 형 제7의
seventy	[sévənti] 세번티	몡 70 형 70의
seventieth	[sévəntiiθ] 세번티이쓰	몡 제70, 70분의 1 형 제70의
sever	[sévər] 세버	탄 분리(절단)하다 자 끊다
several	[sévərəl] 세버럴	형 몇몇의, 몇 개의
	✓ Several men several minds. 각인각색	
severe	[sivíər] 씨비어	형 호된, 모진
severely	[səvíərli] 씨비얼리	부 격렬하게, 엄격히
severity	[səvérəti] 씨베러티	몡 격렬, 엄격
sew	[sou] 소우	탄 자 꿰매다, 박다

sewing	[sóuiŋ] 소우잉	명 재봉, 재봉업
sex	[seks] 섹스	명 성(性), 성별
shabby	[ʃǽbi] 쉐비	형 초라한, 입어 낡은
shade	[ʃeid] 쉐이드	명 그늘, 응달 타 자 빛(볕)을 가리다
shadow	[ʃǽdou] 쉐도우	명 그림자, 유령, 미행자

✓ live in the shadow 무명으로 살다

shadowy	[ʃǽdoui] 쉐도우이	형 그림자 있는, 희미한
shady	[ʃéidi] 쉐이디	형 그늘이 있는, 응달의
shaft	[ʃæft] 쉐프트	명 손잡이, 창자루
shaggy	[ʃǽgi] 쉐기	형 털 많은 경 눈썹
shake	[ʃeik] 쉐이크	타 자 떨다, 흔들다 명 진동, 떨림

✓ shake hands 악수하다

shall	[ʃæl] 쉘	조 ~시키다, ~일 것이다,

✓ Shall we dance? 함께 춤추실까요?

shallow	[ʃǽlou] 쉘로우	형 얕은, 천박한 타 자 얕게 하다
sham	[ʃæm] 쉠	명 가짜, 속임 형 가짜의
shame	[ʃeim] 쉐임	명 수치심 타 부끄럽게 하다

✓ Shame on you. 부끄러운 줄 알아라.

shameful	[ʃéimfəl] 쉐임펄	형 부끄러운, 창피한
shameless	[ʃéimlis] 쉐임리스	형 파렴치한, 뻔뻔스러운
shape	[ʃeip] 쉐이프	명 모양, 외형 타 자 모양 짓다
shapeless	[ʃéiplis] 쉐이플리스	형 무형의, 엉성한
share	[ʃɛər] 쉐어	명 몫, 할당 타 분해하다
shark	[ʃɑːrk] 샤크	명 상어, 사기꾼 타 자 사기 치다
sharp	[ʃɑːrp] 샤프	형 날카로운, 뾰족한 부 정확히

✓ sharp tongue 독설

sharpen	[ʃɑ́ːrpən] 샤-펀	타 자 날카롭게 하다, 갈다

shatter	[ʃǽtər] 섀터	타 자 부수다, 박살내다 명 파편
shave	[ʃeiv] 쉐이브	타 자 깎다, 수염을 깎다 명 면도
shawl	[ʃɔːl] 쇼-올	명 숄(부인이 어깨에 걸치는 것)
she	[ʃiː] 쉬-	대 그 여자 명 여자, 암컷
sheaf	[ʃiːf] 쉬-프	명 (벼, 화살) 묶음, 다발
shear	[ʃiər] 쉬어	타 자 (가위로) 잘라내다, 베다
sheath	[ʃiːθ] 쉬-쓰	명 칼집, 씌우개
shed	[ʃed] 쉐드	명 헛간, 창고 타 발산하다, 흘리다
sheep	[ʃiːp] 쉽-	명 양, 양피, 신자들
sheer	[ʃiər] 쉬어	형 순전한, 순수한 부 전혀, 아주
sheet	[ʃiːt] 쉬-트	명 시트, 홑이불
shelf	[ʃelf] 쉘프	명 선반, 시렁
shell	[ʃel] 쉘	명 껍데기 타 자 껍질을 벗기다
shellfish	[ʃélfiʃ] 쉘피쉬	명 조개, 갑각동물
shelter	[ʃéltər] 쉘터	명 은신처, 피난처 타 자 보호하다
shepherd	[ʃépərd] 쉐퍼드	명 양치는 사람 타 (양을) 지키다
sheriff	[ʃérif] 쉐리프	명 (영국) 주(州)장관, 보안관
shield	[ʃiːld] 쉴-드	명 방패, 보호물 타 옹호하다
shift	[ʃift] 쉬프트	타 자 바꾸다 명 변경
shilling	[ʃíliŋ] 쉴링	명 실링(영국의 은화)
shimmer	[ʃímər] 쉬머	타 자 가물가물 비치다 명 희미한 빛
shin	[ʃin] 쉰	명 앞정강이 타 자 기어오르다
shine	[ʃain] 샤인	타 자 빛나다, 비추다
shingle	[ʃíŋɡəl] 슁글	명 지붕널 타 지붕널로 잇다
shiny	[ʃáini] 샤이니	형 빛나는, 번쩍이는
ship	[ʃip] 쉽	명 배, 함(艦) 타 자 배에 싣다(타다)
shipment	[ʃípmənt] 쉽먼트	명 선적, 배에 실음

shipping	[ʃípiŋ] 쉬핑	명 배에 싣기, 해운
shipwreck	[ʃíprèk] 쉽렉	명 파선, 난파 타 자 파선하다
shirt	[ʃəːrt] 셔-트	명 와이셔츠, 셔츠
shiver	[ʃívər] 쉬버	명 떨림, 전율 타 자 떨다, 진동시키다
shoal	[ʃoul] 쇼울	명 얕은 곳, 여울목 자 얕아지다
shock	[ʃɑk] 샥	명 타격, 충격 타 자 충격을 주다
shoe	[ʃuː] 슈-	명 신, 구두
shoemaker	[ʃúːmèikər] 슈-메이커	명 구두 만드는 사람, 제화공
shoot	[ʃuːt] 슛-	타 자 발사하다, 쏘다 명 사격
shop	[ʃɑp] 샵	명 가게, 공장 자 물건을 사다
shopkeeper	[ʃɑ́pkìːpər] 샵키-퍼	명 가게 주인, 소매상인
shopping	[ʃɑ́piŋ] 샤핑	명 물건사기, 쇼핑
shore	[ʃɔːr] 쇼-	명 (강, 호수의) 언덕, 해안
short	[ʃɔːrt] 쇼-트	형 짧은, 간결한 부 짧게
	✓ **to be short** 짧게 말하면	
	✓ **in short** 결국, 요컨대	
shortage	[ʃɔ́ːrtidʒ] 쇼-티쥐	명 결핍, 부족
shorten	[ʃɔ́ːrtn] 쇼-튼	타 자 짧게 하다, 짧아지다
shorthand	[ʃɔ́ːrthænd] 숏-핸드	명 속기 형 속기의
shortsighted	[ʃɔ́ːrtsáitid] 숏-사이티드	형 근시의, 선견지명이 없는
shot	[ʃɑt] 샷	명 포성, 발포 타 장탄하다
should	[ʃud] 슈드	조 shall의 과거, ~할(일) 것이다
shoulder	[ʃóuldər] 쇼울더	명 어깨 타 자 어깨에 메다
shout	[ʃaut] 샤우트	타 자 외치다, 고함치다
shove	[ʃʌv] 셔브	타 자 밀다, 떠밀다 명 찌름
shovel	[ʃʌ́vəl] 셔벌	명 삽, 부삽 타 삽으로 푸다
show	[ʃou] 쇼우	타 자 보이다, 알리다

shower

	✓ **show off** 자랑해 보이다, 잘 보이다	
shower	[ʃáuər] 샤워	명 소나기 타 자 소나기로 적시다
shred	[ʃred] 쉬레드	명 조각 타 자 조각조각으로 하다
shrewd	[ʃru:d] 쉬루-드	형 기민한, 빈틈없는
shriek	[ʃri:k] 쉬리-크	명 비명 자 비명을 지르다
shrill	[ʃril] 쉬릴	형 날카로운 명 날카로운 소리
shrine	[ʃrain] 쉬라인	명 신전, 성당 타 사당에 모시다
shrink	[ʃriŋk] 쉬링크	자 줄어들다, 오그라들다 명 수축
shrivel	[ʃríːvəl] 쉬리-벌	타 자 시들다, 못 쓰게 되다
shroud	[ʃraud] 쉬라우드	명 수의, 덮개 타 수의를 입히다
shrub	[ʃrʌb] 쉬럽	명 관목(=bush)
shrug	[ʃrʌg] 쉬럭	타 자 어깨를 으쓱하다(불찬성, 곤혹스러움)
shudder	[ʃʌ́dər] 셔더	명 몸서리 자 떨다, 오싹하다
shuffle	[ʃʌ́fl] 셔플	타 자 (발을) 질질 끌다 명 끄는 걸음
shun	[ʃʌn] 션	타 피하다, 싫어하다
shut	[ʃʌt] 셧	타 자 닫히다 명 닫음
shutter	[ʃʌ́tər] 셔터	명 덧문, 곁문 타 덧문을 달다
shy	[ʃai] 샤이	형 수줍어하는 자 뒷걸음질 치다
sick	[sik] 씩크	형 병의, 병난
sicken	[síkən] 씨컨	타 자 병나게 하다, 구역질나게 하다
sickle	[síkəl] 씨컬	명 (작은) 낫
sickness	[síknis] 씨크니스	명 병, 역겨움
side	[said] 사이드	명 곁, 측 형 변두리의 자 편들다
	✓ **side by side** 옆으로 나란히	
sidewalk	[sáidwɔ̀:k] 사이드워-크	명 보도, 인도
siege	[si:dʒ] 씨-쥐	명 포위 공격, 공성(攻城)
sieve	[siv] 씨브	명 체 타 체질하다, 거르다

sift	[sift] 씨프트	타 자 체질하다, 체를 빠져 내리다
sigh	[sai] 사이	명 탄식, 한숨 자 한숨 쉬다
sight	[sait] 사이트	명 시력, 시각 타 보다

✓ Out of sight, out of mind. 안 보면 마음도 멀어진다.

sign	[sain] 사인	명 부호, 표시 타 자 표시하다
signal	[sígnl] 씨늘	명 신호 형 신호의, 뛰어난
signature	[sígnətʃər] 씨너쳐	명 서명하기, 쪽지표시
significance	[signífikəns] 씨그니피컨스	명 의미, 중대성
signify	[sígnəfài] 씨그너파이	타 자 표시하다, 의미하다
silence	[sáiləns] 사일런스	명 침묵 타 침묵시키다 감 쉬!
silent	[sáilənt] 사일런트	형 무언의, 침묵의
silently	[sáiləntli] 사일런틀리	부 무언으로, 잠자코
silk	[silk] 실크	명 비단, 견사
silken	[sílkən] 실컨	형 비단의, 비단 같은
silkworm	[sílkwə̀ːrm] 실크워-엄	명 누에
sill	[sil] 실	명 문지방, 창문턱
silly	[síli] 실리	형 분별없는, 바보 같은 명 바보
silver	[sílvər] 실버	명 은 형 은색의 타 은을 입히다
silvery	[sílvəri] 실버리	형 은과 같은, 은빛의
similar	[símələr] 시멀러	형 유사한, 비슷한
simple	[símpəl] 심펄	형 수월한, 간단한 명 단일체
simplicity	[simplísəti] 심플리서티	명 단순, 간단
simplify	[símpləfài] 심플러파이	타 단일하게 하다, 간단하게 하다
simply	[símpli] 심플리	부 단순히, 소박하게
simultaneous	[sàiməltéiniəs] 사이멀테이니어스	형 동시의, ~와 동시에 일어나는
sin	[sins] 신	명 (도덕상의) 죄
since	[sins] 신스	부 그 후 전 ~이래

sincere

sincere	[sinsíər] 신시어	형 성실한, 진실한
sincerity	[sinsérəti] 신세러티	명 성실, 성의
sinew	[sínjuː] 시뉴-	명 건(腱), 근육
sing	[siŋ] 싱	타 자 노래하다, 울다
single	[síŋgəl] 싱글	형 단일의 명 한 개 타 선발하다
singular	[síŋgjələr] 싱결러	형 독자의, 단수의 명 (문법의) 단수
sinister	[sínistər] 시니스터	형 불길한, 재난의
sink	[siŋk] 싱크	타 자 가라앉다 명 (부엌의) 수채
sip	[sip] 십	명 한 모금 타 자 홀짝홀짝 마시다
sir	[səːr] 서-	명 님, 선생님
sire	[saiər] 사이어	명 연로자, 장로
siren	[sáiərən] 사이어런	명 사이렌, 미성의 가수
sirup	[sírəp] 시럽	명 시럽, 당밀
sister	[sístər] 시스터	명 자매, 언니
sit	[sit] 시트	타 자 앉아 있다, 착석시키다
	✓ **sitting room** 거실, 객실	
site	[sait] 사이트	명 위치, 장소
situated	[sítʃuèitid] 시츄에이티드	형 ~에 있는, 위치한
situation	[sìtʃuéiʃən] 시츄에이션	명 위치, 장소
six	[siks] 식스	명 6, 여섯 형 여섯의, 6의
sixpence	[síkspəns] 식스펜스	명 (英) 舊 6펜스 은화
sixteen	[sìkstíːn] 식스티-인	명 16, 열여섯 형 16의
sixth	[siksθ] 식스쓰	명 여섯째, 제6 형 여섯째의
sixtieth	[síkstiiθ] 식스티이쓰	명 제60 형 제60의
sixty	[síksti] 식스티	명 60 형 60의
size	[saiz] 사이즈	명 크기 타 ~의 크기를 재다
skate	[skeit] 스케이트	명 스케이트 자 스케이트를 타다

skeleton	[skélətn] 스켈러튼	몡 해골, 골격 휑 해골의
skeptic	[sképtik] 스켑틱	몡 회의가, 회의론자
sketch	[sketʃ] 스케취	몡 초안, 사생화 타 자 사생하다
ski	[ski:] 스키-	몡 스키 자 스키를 타다
skill	[skil] 스킬	몡 기술, 기량, 숙련
skim	[skim] 스킴	타 (찌끼 따위를) 걷어내다
skin	[skin] 스킨	몡 가죽, 피혁, 피부 타 가죽을 벗기다
skip	[skip] 스킵	타 자 뛰다. 줄넘기하다
skirmish	[skə́:rmiʃ] 스카-미쉬	몡 전초전 자 작은 충돌을 하다
skirt	[skə:rt] 스커-트	몡 스커트 타 자락을 달다
skull	[skʌl] 스컬	몡 두개골, 머리
sky	[skai] 스카이	몡 하늘, 천국
skyscraper	[skaiskréipər] 스카이스크레이퍼	몡 마천루, 고층 건물
slab	[slæb] 슬랩	몡 석판, 평판
slack	[slæk] 슬랙	휑 느슨한 몡 느슨해짐, 불경기
slam	[slæm] 슬램	몡 쾅 하는 소리 타 자 쾅 닫다
slander	[slǽndər] 슬랜더	몡 중상, 욕 타 중상하다
slang	[slæŋ] 슬랭	몡 속어, 전문어 자 속어를 쓰다
slant	[slænt] 스랜트	몡 경사, 비탈 타 자 경사지다
slap	[slæp] 슬랩	몡 손바닥으로 침 분 철썩 하고
slash	[slash] 슬래쉬	몡 휙 내리쳐 벰 타 깊숙이 베다
slate	[sleit] 슬레이트	몡 슬레이트, 점판암
slaughter	[slɔ́:tər] 슬로-터	몡 도살, 학살 타 학살하다
slave	[sleiv] 슬레이브	몡 노예 자 노예처럼 일하다
slavery	[sléivəri] 슬레이버리	몡 노예의 신분, 노예상태
slay	[slei] 슬레이	타 끔찍하게 죽이다, 학살하다
sled	[sled] 슬레드	몡 썰매 타 자 썰매로 가다

sledge

sledge	[sledʒ] 슬레쥐	명 썰매 타 자 썰매로 타다
sleek	[sliːk] 슬리-크	형 보드랍고 매끈한
sleep	[sliːp] 슬립-	타 자 자다, 묵다 명 수면, 영면
sleeping	[slíːpiŋ] 슬리-핑	명 잠, 수면 형 자는, 수면용의
sleepy	[slíːpi] 슬리-피	형 졸린, 졸음이 오는 듯한
sleet	[sliːt] 슬리-트	명 진눈깨비 타 자 진눈깨비가 내리다
sleeve	[sliːv] 슬리-브	명 소매 타 소매를 달다
sleigh	[slei] 슬레이	명 (대형) 썰매 타 자 썰매로 가다
slender	[sléndər] 슬렌더	형 가느다란, 홀쭉한
slice	[slais] 슬라이스	명 한 조각, 한 점 타 자 나누다
slide	[slaid] 슬라이드	타 자 미끄러지다 명 활주
slight	[slait] 슬라이트	형 근소한 명 경멸 타 자 얕보다
slim	[slim] 슬림	형 홀쭉한, 빈약한 타 자 홀쭉해지다
sling	[sliŋ] 슬링	명 새총, 투석기 타 자 던지다
slip	[slip] 슬립	자 미끄러지다 명 미끄러짐
slipper	[slípər] 슬리퍼	명 실내용 신, 슬리퍼
slippery	[slípəri] 슬리퍼리	형 미끄러운, 믿을 수 없는
slit	[slit] 슬릿	명 아귀, 틈새 타 틈을 만들다
slogan	[slóugən] 슬로우건	명 함성, 표어
slope	[sloup] 슬로우프	명 경사, 비탈 타 자 비탈지다
slow	[slou] 슬로우	형 더딘 부 느리게 타 자 더디게 하다
slowly	[slóuli] 슬로올리	부 천천히, 늦게
slug	[slʌg] 슬럭	명 행동이 느린 사람
slumber	[slʌ́mbər] 슬럼버	명 잠, 선잠 타 자 잠자다
slump	[slʌmp] 슬럼프	명 폭락, 떨어짐 자 폭락하다
sly	[slai] 슬라이	형 교활한, 음흉한
smack	[smæk] 스맥	명 맛, 풍미 타 자 맛이 있다

small	[smɔːl] 스몰-	형 작은 부 작게, 잘게 명 소량
smart	[smɑːrt] 스마-트	형 날렵한, 똑똑한 명 아픔
smash	[smæʃ] 스매쉬	명 분쇄, 다탄 타 자 박살내다
smear	[smiər] 스미어	타 자 더럽히다 명 얼룩
smell	[smel] 스멜	타 자 냄새 맡다 명 후각, 냄새
smile	[smail] 스마일	명 미소, 방긋거림 자 미소짓다
smite	[smait] 스마잇	타 자 죽이다, 부딪치다
smith	[smiθ] 스미쓰	명 대장장이, 금속 세공장
smog	[smɑg] 스막	명 스모그, 연기
smoke	[smouk] 스모욱	명 연기, 흡연 타 자 담배를 피우다
smoker	[smóukər] 스모우커	명 흡연자
smoking	[smóukiŋ] 스모우킹	명 흡연, 그을림
smooth	[smuːð] 스무-드	형 미끄러운 타 자 반반하게 하다
smother	[smʌðər] 스머더	타 질식시키다 자 자욱한 연기
smuggle	[smʌgəl] 스머걸	타 자 밀수(입·출)하다, 밀항하다
snail	[sneil] 스네일	명 달팽이, 굼벵이
snake	[sneik] 스네이크	명 뱀, 음흉한 사람
snap	[snæp] 스냅	타 자 덥석 물다 명 덥석 물음
snare	[snɛər] 스네어	명 덫, 함정 타 덫에 걸리게 하다
snarl	[snɑːrl] 스나-알	타 자 으르렁거리다, 고함치다
snatch	[snætʃ] 스내취	타 와락 붙잡다 자 잡으려고 하다
sneak	[sniːk] 스니-크	자 몰래 달아나다 명 몰래함
sneer	[sniər] 스니어	명 비웃음, 조소 타 자 비웃다
sneeze	[sniːz] 스니-즈	명 재채기 자 재채기하다
sniff	[snif] 스니프	타 자 코로 들이쉬다, 킁킁 냄새 맡다
snore	[snɔːr] 스노-	명 코콤 타 자 코를 골다
snort	[snɔːrt] 스노-트	타 자 (말이) 콧김을 뿜다

snow

snow	[snou] 스노우	명 눈, 적설 타 자 눈이 내리다
snowy	[snóui] 스노우이	부 눈 내리는, 눈 같은, 순백의
snuff	[snʌf] 스너프	타 자 냄새 맡다 명 냄새, 낌새
snug	[snʌg] 스넉	형 아늑한, 편안한
so	[sou] 소우	부 그렇게, 그대로 감 설마, 그래

  ✓ So so 그저 그렇다.
  ✓ so to say 말하자면

soak	[souk] 소욱	타 자 담그다, 적시다
soap	[soup] 소웁	명 비누 타 자 비누를 칠하다
soar	[sɔːr] 소-	자 높이 날다
sob	[sɑb] 삽	타 자 흐느끼다, 흐느껴 울다
sober	[sóubər] 소우버	형 취하지 않은 타 자 술이 깨다
so-called	[sóukɔ́:ld] 소우콜-드	형 이른바, 소위
soccer	[sákər] 사커	명 사커, 축구
social	[sóuʃəl] 소우셜	형 사회의, 사회적인
socialism	[sóuʃəlìzəm] 소우셜리점	명 사회주의, 국가사회주의
society	[səsáiəti] 서사이어티	명 사회, 사교계
sock	[sɑk] 삭	명 짧은 양말, 속스
socket	[sákit] 사킷	명 소케트 타 소케트에 끼우다
sod	[sɑd] 삿	명 잔디, 뗏장 타 자 잔디로 덮다
soda	[sóudəi] 소우더	명 소다, 소다수
sofa	[sóufə] 소우퍼	명 소파, 긴 안락의자
soft	[sɔ(:)ft] 소프트	형 부드러운, 유연한 부 부드럽게
soften	[sɔ́(:)fən] 소펀	타 자 부드럽게 하다
soil	[sɔil] 소일	명 흙, 땅 타 자 더럽히다
sojourn	[sóudʒəːrn] 소우저-언	명 체류, 머무름 자 체류하다
soldier	[sóuldʒər] 소울저	명 군인, 하사관 자 군대에 복무하다

sole	[soul] 소울	형 유일한, 독점적인
solemn	[sáləm] 살럼	형 진지한, 엄숙한
solemnity	[səlémnəti] 설렘너티	명 엄숙, 장엄
solicit	[səlísit] 설리시트	타 자 간청하다, 권유하다
solid	[sálid] 살리드	형 고체의, 단단한
solitary	[sálitèri] 살리터리	형 혼자의, 단독의 명 독신자
solitude	[sálitjùːd] 살리튜―드	명 고독, 외로움
solo	[sóulou] 소울로우	명 독주(곡), 독무대
solution	[səljúːʃən] 설류션	명 해결, 해명
solve	[sɑlv] 살브	타 해결하다, 설명하다
somber	[sámbər] 삼버	형 어둠침침한, 음침한
some	[sʌm] 섬	형 어느, 어떤 대 어떤 사람들

✓ **some day** 언젠가, 나중에

somebody	[sʌ́mbɑ̀di] 섬바디	대 어떤 사람 명 누군가
somehow	[sʌ́mhàu] 섬하우	부 어떻게든지
someone	[sʌ́mwʌ̀n] 섬원	대 어떤 사람, 누군가(=somebody)
something	[sʌ́mθiŋ] 섬씽	대 얼마간, 다소 명 무언가

✓ **have something to do with** ~와 관계가 있다

sometime	[sʌ́mtàim] 섬타임	부 언젠가, 조만간
sometimes	[sʌ́mtàimz] 섬타임즈	부 때때로, 이따금
somewhat	[sʌ́mhwɑ̀t] 섬왓	부 얼마간, 다소 명 얼마쯤
somewhere	[sʌ́mhwɛ̀ər] 섬웨어	부 어딘가에, 어디론가
son	[sʌn] 선	명 아들, 자손
song	[sɔ(ː)ŋ] 송	명 노래
sonnet	[sánət] 사넷	명 소네트(14행으로 된 시)
soon	[suːn] 순―	부 이윽고, 이내

✓ **as soon as** ~하자마자

soot

soot	[sut] 수트	명 그을음, 검정 타 검정으로 덮다
soothe	[suːð] 수-드	타 위로하다, 진정시키다
sordid	[sɔ́ːrdid] 소-디드	형 더러운, 야비한
sore	[sɔːr] 소-	형 아픈, 슬픈
sorrow	[sárou] 사로우	명 슬픔, 비탄 자 슬퍼하다
sorry	[sári] 사리	형 유감스러운, 미안한
sort	[sɔːrt] 소-트	명 종류, 분류 타 분류하다
SOS	[es ou es] 에스오우에스	명 (무전)조난신호, 위급호출
soul	[soul] 소울	명 영혼, 정신
sound	[saund] 사운드	명 소리 타 자 소리가 나다
soup	[suːp] 수-프	명 수프, 고깃국
sour	[sáuər] 사워	형 시큼한 부 찌무룩하게 명 신것
source	[sɔːrs] 소-스	명 수원, 원천
south	[sauθ] 사우쓰	명 남쪽 형 남향의 부 남으로
southeast	[sàuθíːst] 사우씨-스트	명 남동지방 형 남동의 부 남동에
southern	[sʌ́ðərn] 써던	형 남쪽의, 쪽에 있는 명 남향
southwest	[sàuθwést] 사우쓰웨스트	명 남서지방 형 남서의 부 남서로
sovereign	[sávərin] 사버린	명 군주, 원수 형 주권이 있는
sow	[sou] 소우	타 자 씨를 뿌리다 명 (다 큰) 암퇘지
space	[speis] 스페이스	명 공간, 우주 타 자 간격을 두다
spacecraft	[spéiskræ̀ft] 스페이스크래프트	명 우주선
spacious	[spéiʃəs] 스페이셔스	형 넓은, 널찍한
spade	[speid] 스페이드	명 가래, 삽 타 가래로 파다
Spain	[speid] 스페인	명 스페인
span	[spæn] 스팬	명 한뼘 타 뼘으로 재다
Spaniard	[spǽnjərd] 스패녀드	명 스페인 사람
Spanish	[spǽniʃ] 스패니쉬	명 스페인말 형 스페인의

speech

spank	[spæŋk] 스팽크	명 철썩 때림 타 냅다 갈기다
spare	[spɛər] 스페어	타 자 아끼다 형 여분의 명 예비품
spark	[spɑːrk] 스파-크	명 불꽃, 불똥 타 자 불꽃을 튀기다
sparkle	[spáːrkəl] 스파-컬	명 불티, 섬광 타 자 번쩍이다
sparrow	[spǽrou] 스페로우	명 참새
speak	[spiːk] 스피-크	타 자 말하다, 지껄이다

- ✓ **generally speaking** 일반적으로 말하면
- ✓ **speak well of** ~을 좋게 말하다, 칭찬하다

spear	[spiər] 스피어	명 창 타 자 창으로 찌르다
special	[spéʃəl] 스페셜	형 특별한, 특수한 명 독특한 사람
specialize	[spéʃəlàiz] 스페셜라이즈	타 자 전공하다, 전문으로 다루다
specially	[spéʃəli] 스페셜리	부 특히, 임시로
species	[spíːʃi(ː)z] 스피-쉬즈	명 (생물의) 종, 종류
specific	[spisífik] 스피시픽	형 특수한, 독특한
specify	[spésəfài] 스페서파이	타 구체적으로 쓰다
specimen	[spésəmən] 스페서먼	명 견본, 표본
specious	[spíːʃəs] 스피-셔스	형 허울(외양) 좋은, 그럴듯한
speck	[spek] 스펙	명 (작은) 점, 반점 타 반점을 붙이다
speckle	[spékəl] 스펙컬	명 작은 반점 타 반점을 붙이다
spectacle	[spéktəkəl] 스펙터컬	명 미관, 장관
spectacular	[spektǽkjələr] 스펙태컬러	형 구경거리의, 눈부신
spectator	[spékteitər] 스펙테이터	명 구경꾼, 목격자
specter	[spéktər] 스펙터	명 유령, 환영
spectrum	[spéktrəm] 스펙트럼	명 스펙트럼, 분광
speculate	[spékjəlèit] 스페컬레이트	자 사색하다 타 ~의 투기를 하다
speculative	[spékjəlèitiv] 스페컬레이티브	형 사색적인, 명상적인
speech	[spiːtʃ] 스피-취	명 말, 언어, 연설

speed

speed	[spiːd] 스피―드	명 속도, 속력 타 자 급히 가다
speedy	[spíːdi] 스피―디	형 신속한, 재빠른
spell	[spel] 스펠	타 자 철자하다 명 주문, 마력
spelling	[spéliŋ] 스펠링	명 철재(법)
spend	[spend] 스펜드	타 자 소비하다, 낭비하다
sphere	[sfiər] 스피어	명 구(球), 공 모양, 활동범위
sphinx	[sfiŋks] 스핑크스	명 스핑크스
spice	[spais] 스파이스	명 조미료, 양념 타 양념을 치다
spider	[spáidər] 스파이더	명 거미, 삼발이
spike	[spaik] 스파이크	명 큰 못, 스파이크
spill	[spil] 스필	타 자 엎지르다, 흘리다
spin	[spin] 스핀	타 자 (실을) 잣다, 방적하다
spinach	[spínitʃ] 스피니취	명 시금치, 군더더기
spindle	[spíndl] 스핀들	명 방추, 가락
spine	[spain] 스파인	명 등뼈, 척주
spinning	[spíniŋ] 스피닝	명 방적(업) 형 방적(업)의
spiral	[spáiərəl] 스파이어럴	형 나선형의 명 나선, 소용돌이
spire	[spaiər] 스파이어	명 뾰족탑, 원추형 타 자 쑥 내밀다
spirit	[spírit] 스피릿	명 정신, 영혼 타 북돋다
spiritual	[spíritʃuəl] 스피리츄얼	형 정신적인, 영적인
spit	[spit] 스피트	타 자 토하다, 뱉다 명 침
spite	[spait] 스파이트	명 악의, 심술 타 괴롭히다
splash	[splæʃ] 스플래쉬	타 자 (흙탕물을) 튀기다 명 튀김, 첨벙
splendid	[spléndid] 스플렌디드	형 화려한, 빛나는
splendor	[spléndər] 스플렌더	명 광휘, 광채
splinter	[splíntər] 스플린터	명 지저깨비, 파편 타 자 쪼개다
split	[split] 스플릿	자 분열시키다 형 쪼개진

spoil	[spɔil] 스포일	타 자 망쳐놓다 명 약탈, 노획품
spokesman	[spóuksmən] 스포욱스먼	명 대변인
sponge	[spʌndʒ] 스펀쥐	명 해면, 스폰지 타 자 해면으로 닦다
sponsor	[spánsər] 스판서	명 보증인, 광고주 타 보증하다
spontaneous	[spɑntéiniəs] 스판테이너스	형 자발적인, 자생하는
spool	[spu:l] 스푸-울	명 실패 타 실패에 감다
spoon	[spu:n] 스푸-운	명 숟가락 타 자 숟가락으로 뜨다
sport	[spɔ:rt] 스포-트	명 운동, 경기, 오락
sportsman	[spɔ́:rtsmən] 스포-츠먼	명 운동가, 사냥꾼
spot	[spɑt] 스팟	명 점, 반점 타 오점을 찍다
spouse	[spaus] 스파우스	명 배우자, 부부
spout	[spaut] 스파웃	타 자 내뿜다 명 (주전자의)주둥이
sprawl	[sprɔ:l] 스프롤-	타 자 손발을 쑥 뻗다
spray	[sprei] 스프레이	명 물보라 타 자 물보라를 일으키다
spread	[spred] 스프레드	타 자 펴다, 늘이다 명 퍼짐, 폭
spring	[spriŋ] 스프링	명 봄, 용수철, 샘, 탄력 타 자 싹트다
springtime	[spríŋtàim] 스프링타임	명 봄, 봄철
sprinkle	[spríŋkəl] 스프링컬	타 자 (물, 재 따위를) 끼얹다
sprout	[spraut] 스프라우트	명 새싹, 발육 타 자 싹이 트다
spruce	[spru:s] 스프루-스	명 전나무, 가문비나무
spun	[spʌn] 스푼	동 spin(방적하다)의 과거(분사)
spur	[spə:r] 스퍼-	명 박차, 격려 타 자 격려하다
spurn	[spə:rn] 스퍼-언	타 자 내쫓다 명 거절, 일축
spy	[spai] 스파이	명 스파이, 간첩 타 자 탐정하다
squad	[skwɑd] 스콰드	명 (군의) 반, 분대
squadron	[skwádrən] 스콰드런	명 기병중대, 소함대
square	[skwɛər] 스퀘어	명 정사각형 형 네모의, 사각의

squash

	✓ get square with 보복하다, 비기다	
squash	[skwɑʃ] 스콰쉬	타 자 으깨다
squat	[skwɑt] 스콰트	자 웅크리다, 쭈그리다
squeak	[skwiːk] 스퀴-	타 자 (쥐 따위가) 찍찍 울다
squeal	[skwiːl] 스퀼-	타 자 비명을 지르다 명 비명
squeeze	[skwiːz] 스퀴-즈	타 자 굳게 쥐다, 압착되다 명 꼭 쥠
squire	[skwaiər] 스콰이어	명 대지주, 시골 유지
squirrel	[skwə́ːrəl] 스쿼-럴	명 다람쥐, 다람쥐 가죽
stab	[stæb] 스탭	타 자 찌르다, 해치다
stability	[stəbíləti] 스터빌러티	명 안정, 영구불변
stable	[stéibl] 스테이블	명 가축우리 타 자 마구간에 넣다
stack	[stæk] 스택	명 (건초, 밀집 따위의) 더미
stadium	[stéidiəm] 스테이디엄	명 경기장, 경주장
staff	[stæf] 스태프	명 지팡이, 막대기
stag	[stæg] 스택	명 수사슴, 거세한 수컷
stage	[steidʒ] 스테이쥐	명 무대, 극장 타 자 상영하다
stagger	[stǽgər] 스태거	타 자 더러워지다 명 얼룩, 흠
stair	[stɛər] 스테어	명 계단, 사다리의 한 단
staircase	[stɛ́ərkèis] 스테어케이스	명 사다리
stairway	[stɛ́ərwèi] 스테어웨이	명 계단
stake	[steik] 스테이크	명 말뚝, 화형주 타 말뚝에 매다
stale	[steil] 스테일	형 신선하지 않은
stalk	[stɔːk] 스톡-	명 줄기, 대 타 활보하다
stall	[stɔːl] 스톨-	명 축사, 마구간 타 자 마구간에 넣다
stammer	[stǽmər] 스테머	타 자 말을 더듬다, 더듬거리다
stamp	[stæmp] 스탬프	명 도장, 우표
stampede	[stæmpíːd] 스탬파-드	자 (가축 무리가) 후다닥 도망치다

statistics

stanch	[stɑ:ntʃ] 스탄-취	타 (상처를) 지혈하다 형 견고한
stand	[stænd] 스탠드	타 자 서다, 세우다
	✓ stand for ~을 나타내다, 상징하다	
standard	[stǽndərd] 스탠더드	명 표준, 규격 형 표준의
standing	[stǽndiŋ] 스탠딩	형 서있는, 선채로의
standpoint	[stǽndpɔ̀int] 스탠드포인트	명 입장, 견지
stanza	[stǽnzə] 스탠저	명 (시의) 절
staple	[stéipəl] 스테이펄	명 중요 상품, 주성분 형 주요한
star	[stɑ:r] 스타-	명 별, 항성, 운명, 별모양의 것
	✓ the Stars and Stripes 성조기	
starch	[stɑ:rtʃ] 스타-취	명 전분, 녹말
stare	[stɛər] 스테어	타 자 응시하다 명 응시
stark	[stɑ:rk] 스타-크	형 뻣뻣해진, 순전한 부 순전히
starry	[stɑ́:ri] 스타-리	형 별의, 별이 많은
start	[stɑ:rt] 스타-트	타 자 시작하다 명 출발, 개시
startle	[stɑ́:rtl] 스타-틀	타 자 깜짝 놀라게 하다
starvation	[stɑ:rvéiʃən] 스타-베이션	명 굶주림, 아사
starve	[stɑ:rv] 스타-브	타 자 굶주리다, 굶겨 죽이다
state	[steit] 스테이트	명 상태, 신분
stately	[stéitli] 스테이틀리	형 위엄 있는, 장엄한
statement	[stéitmənt] 스테이트먼트	명 진술, 성명(서)
statesman	[stéitsmən] 스테이츠먼	명 정치가, 경세가
station	[stéiʃən] 스테이션	명 역, 위치, 사회적 지위
stationary	[stéiʃənèri] 스테이셔너리	형 정지한, 고정된
stationer	[stéiʃənər] 스테이셔너	명 문방구상
stationery	[stéiʃənèri] 스테이셔너리	명 문방구, 문구류
statistics	[stéitistiks] 스테이티스틱스	명 통계학, 통계(표)

319

statue

statue	[stǽtʃuː] 스태츄-	명 상, 조상
stature	[stǽtʃər] 스태쳐	명 신장, 성장
status	[stéitəs] 스테이터스	명 상태, 지위
statute	[stǽtʃuːt] 스태츄-트	명 법령, 규칙
stay	[stei] 스테이	타 자 머무르다, 버티다 명 체류
stead	[sted] 스테드	명 대신, 이익
steadfast	[stédfæst] 스테드패스트	형 착실한, 불변의
steady	[stédi] 스테디	형 고정된 타 자 확고하게 하다
steak	[steik] 스테익	명 불고기
steal	[stiːl] 스틸-	타 자 훔치다, 절취하다
steam	[stiːm] 스팀-	명 증기, 스팀 타 자 김을 올리다
steamboat	[stíːmbòut] 스팀-보우트	명 기선
steamengine	[stíːméndʒən] 스팀-엔진	명 증기기관(차)
steamer	[stíːmər] 스티-머	명 기선, 증기기관
steed	[stiːd] 스티-드	명 (승용)말
steel	[stiːl] 스틸-	명 강철, 철강제품 형 강철로 만든
steep	[stiːp] 스티-프	형 가파른 타 담그다 명 담금
steeple	[stíːpəl] 스티-플	명 (교회의) 뾰족탑
steer	[stiər] 스티어	타 자 키를 잡다, 조종하다
stem	[stem] 스템	명 줄기 타 자 줄기를 떼다
stenographer	[stənɑ́grəfər] 스테나그러퍼	명 속기사
step	[step] 스텝	명 걸음, 일보 타 자 걷다, 나아가다

✓ **step by step** 한 걸음씩, 착실하게

sterling	[stə́ːrliŋ] 스털-링	명 영국화폐(파운드) 형 가치 있는
stern	[stəːrn] 스터-언	형 엄격한, 준엄한 명 고물
stew	[stjuː] 스튜-	타 자 약한 불로 끓이다
steward	[stjúːərd] 스튜-어드	명 집사, 여객객원

stewardess	[stjúːərdis] 스튜-어디스	명 여자집사, 스튜어디스
stick	[stik] 스틱	명 막대기 타 자 찌르다, 매질하다
sticky	[stíki] 스티키	명 끈적끈적하는, 점착성의
stiff	[stif] 스티프	형 뻣뻣한, 굳은
stiffen	[stífən] 스티펀	타 자 뻣뻣하게 하다, 강화하다
stifle	[stáifəl] 스타이펄	타 자 질식시키다, 억누르다
stigma	[stígmə] 스티그머	명 오명, 낙인
still	[stil] 스틸	부 아직도
still	[stil] 스틸	형 정지한 타 자 조용하게 하다
stimulate	[stímjəlèit] 스티멀레이트	타 자 자극이 되다, 자극하다
stimulus	[stímjələs] 스티멀러스	명 흥분제, 자극(물)
sting	[stiŋ] 스팅	타 자 쏘다, 찌르다 명 쏨, 찌름
stir	[stəːr] 스타-	타 자 움직이다, 휘젓다 명 활동
stitch	[stitʃ] 스티취	명 한 코 타 자 꿰매다
stock	[stɑk] 스탁	명 줄기, 나무 밑둥
stocking	[stɑ́kiŋ] 스타킹	명 스타킹, 긴 양말
stomach	[stʌ́mək] 스터먹	명 위, 복부 타 먹다, 참다
stone	[stoun] 스토운	명 돌맹이 형 돌의 타 돌을 깔다
stony	[stóuni] 스토니	형 돌 같은, 돌이 많은
stool	[stuːl] 스툴-	명 (등이 없는) 의자, 발판
stoop	[stuːp] 스툽-	타 자 몸을 굽히다 명 구부림
stop	[stɑp] 스탑	타 자 멈추다, 세우다 명 멈춤
storage	[stɔ́ːridʒ] 스토-리쥐	명 보관, 저장
store	[stɔːr] 스토-	명 저축, 저장 타 저축하다
storehouse	[stɔ́ːrhàus] 스토-하우스	명 창고
stork	[stɔːrk] 스토-크	명 황새
storm	[stɔːrm] 스톰-	명 폭풍우 타 자 모진 바람이 불다

stormy

stormy	[stɔ́ːrmi] 스토-미	형 폭풍우의, 날씨가 험악한
story	[stɔ́ːri] 스토-리	명 설화, 이야기
stout	[staut] 스타우트	형 살찐, 튼튼한 명 뚱뚱한
stove	[stouv] 스토-브	명 난로, 풍로
straight	[streit] 스트레이트	형 똑바른 부 똑바로 명 일직선
straighten	[stréitn] 스트레이튼	타 자 정리하다
straightforward	[stréitfɔ́ːrwərd] 스트레이트포워드	형 부 똑바로, 솔직한(하게)
strain	[strein] 스트레인	타 자 팽팽하게 하다 명 긴장, 꽉 쥠
strait	[streit] 스트레이트	형 좁은, 엄중한 명 해협, 궁핍
strand	[strænd] 스트랜드	명 (詩)물가 타 자 좌초시키다
strange	[streindʒ] 스트레인쥐	형 묘한, 이상한 부 묘하게
stranger	[stréindʒər] 스트레인져	명 낯선 사람, 외국인
strap	[stræp] 스트랩	명 가죽 끈 타 가죽 끈으로 매다
stratagem	[strǽtədʒəm] 스트레터점	명 전략, 계략
straw	[strɔː] 스트로-	명 짚, 밀짚
stray	[strei] 스트레이	자 방황하다, 길을 잃다 형 길 잃은
streak	[striːk] 스트라-크	명 줄무늬, 줄 타 자 줄을 긋다
stream	[striːm] 스트림-	명 개울, 시내 타 자 흐르다
street	[striːt] 스트라-트	명 거리, 차도
strength	[streŋkθ] 스트랭쓰	명 힘, 세기
strengthen	[stréŋkθən] 스트랭선	타 자 강하게 하다, 강해지다
strenuous	[strénjuəs] 스트레녀스	형 분투적인, 열렬한
stress	[stres] 스트레스	명 모진 시련, 압박 타 강조하다
stretch	[stretʃ] 스트레취	타 자 뻗치다, 펴다
strew	[struː] 스트루-	타 흩뿌리다
strict	[strikt] 스트릭트	형 엄격한, 정확한
stride	[straid] 스트라이드	타 자 큰 걸음으로 걷다 명 활보

strife	[straif] 스트라입	명 다툼, 싸움
strike	[straik] 스트라익	타 자 두드리다, 때리다 명 타격, 파업
string	[striŋ] 스트링	명 실, 끈 타 자 실에 꿰다
strip	[strip] 스트립	타 자 벗기다 명 작은 조각
stripe	[straip] 스트라입	명 줄무늬 타 줄무늬로 꾸미다
strive	[straiv] 스트라입	자 애쓰다, 노력하다
stroke	[strouk] 스트로욱	명 침, 타격 타 쓰다듬다
stroll	[stroul] 스트로울	타 자 산책하다, 방랑하다
strong	[strɔ(:)ŋ] 스트롱	형 강대한, 튼튼한
stronghold	[strɔ́ŋhòuld] 스트롱호울드	명 요새, 본거지
structure	[strʌ́ktʃər] 스트럭처	명 구조, 조직
struggle	[strʌ́gəl] 스트러걸	자 버둥거리다 명 노력, 고투
strut	[strʌt] 스트럿	자 점잔빼며 걷다
stub	[stʌb] 스텁	명 그루터기, 토막 타 뽑다, 파내다
stubborn	[stʌ́bərn] 스터번	형 완고한, 말 안 듣는
student	[stjúːdənt] 스튜-던트	명 학생, 연구가
studied	[stʌ́did] 스터디드	형 연구결과의, 일부러 꾸민
studio	[stjúːdiòu] 스튜-디오우	명 (화가, 사진사의)일터, 스튜디오
study	[stʌ́di] 스터디	명 공부, 학문, 서재 타 자 연구하다
stuff	[stʌf] 스터프	명 원료, 물자 타 자 채워 넣다
stumble	[stʌ́mbəl] 스텀벌	타 자 비틀거리다, 넘어가다
stump	[stʌmp] 스텀프	명 그루터기
stun	[stʌn] 스턴	타 (때려서) 기절시키다
stutter	[stʌ́tər] 스터터	자 말을 더듬다, 더듬거리다
stupendous	[stjuːpéndəs] 스튜-펜더스	형 엄청난, 거대한
stupid	[stjúːpid] 스튜-핏	형 어리석은, 우둔한
sturdy	[stə́ːrdi] 스타-디	형 억센, 건전한

style

style	[stail] 스타일	명 형(型), 문체, 양식
subdue	[səbdjúː] 섭듀-	타 정복하다, 복종하다
subject	[sʌ́bdʒikt] 섭직트	형 지배를 받는 부 ~을 조건으로
subjective	[səbdʒéktiv] 섭젝티브	형 주관적인, (문법)주어의
sublime	[səbláim] 섭라임	형 고상한 타 자 고상하게 하다
submarine	[sʌ́blməriːn] 섭머러-인	명 잠수함 형 해저의
submerge	[səbmə́ːrdʒ] 섭머-쥐	타 자 물속에 가라앉히다, 잠수하다
submission	[səbmíʃən] 섭미션	명 복종, 순종
submit	[səbmít] 섭밋	타 자 복종시키다, 제출하다
subordinate	[səbɔ́ːrdənit] 서보-더닛	형 하위의, 종족의 명 부하
subscribe	[səbskráib] 섭스크라입	타 자 기부하다, 승낙하다
subscription	[sʌ́bskrípʃən] 섭스크립션	명 서명, 예약
subsequent	[sʌ́bsikwənt] 섭시퀀트	형 뒤의, 다음의
subside	[səbsáid] 섭사이드	자 가라앉다, 침전하다
subsist	[səbsíst] 섭시스트	타 자 생존하다, 부양하다
substance	[sʌ́bstəns] 섭스턴스	명 물질, 물체
substantial	[səbstǽnʃəl] 섭스텐셜	형 실재의, 참다운
substitute	[sʌ́bstitjùːt] 섭스티튜-트	명 대리인, 대용품 타 자 대용하다
subtle	[sʌ́tl] 서틀	형 포착하기 어려운, 미묘한
subtract	[səbtrǽkt] 섭트렉트	타 빼다, 감하다
suburb	[sʌ́bəːrb] 서법-	명 교외, 변두리
subway	[sʌ́bwèi] 섭웨이	명 지하도, 지하철
succeed	[səksíːd] 석사-드	타 자 성공하다, 출세하다
success	[səksés] 석세스	명 성공, 행운
successful	[səksésfəl] 석세스펄	형 성공한, 행운의
succession	[səkséʃən] 석세션	명 연속, 계승
successive	[səksésiv] 석세시브	형 연속적인, 잇따른

such	[sʌtʃ] 서취	형 이러한, 그러한 대 이와 같은
suck	[sʌk] 썩	타 자 빨다, 흡수하다 명 빨판
sudden	[sʌ́dn] 서든	형 갑작스러운, 별안간의 명 돌연
suddenly	[sʌ́dnli] 서든리	부 갑자기, 별안간
sue	[su:] 수-	타 자 고소하다, 소송을 제기하다
suffer	[sʌ́fər] 서퍼	타 자 입다, 경험하다
sufferer	[sʌ́fərər] 서퍼러	명 수난자, 피해자
suffering	[sʌ́fəriŋ] 서퍼링	명 고통, 괴로움
suffice	[səfáis] 서파이스	타 자 충분하다, 만족시키다
sufficient	[səfíʃənt] 서피션트	형 충분한, 넉넉한
suffix	[sʌ́fiks] 서픽스	명 추가물 타 첨부하다
suffocate	[sʌ́fəkèit] 서퍼케이트	타 자 숨을 막다, 질식하다
suffrage	[sʌ́fridʒ] 서프리쥐	명 투표, 선거권
sugar	[ʃúgər] 슈거	명 설탕 타 자 설탕으로 달게 하다
suggest	[səgdʒést] 서제스트	타 암시하다, 제안하다
suggestion	[səgdʒéstʃən] 서제스쳔	명 암시, 연상
suicide	[sú:əsàid] 슈-어사이드	명 자살, 자멸
suit	[su:t] 수-트	명 소송, 고소 타 자 ~에 알맞다
suitable	[sú:təbəl] 수-터벌	형 적당한, 어울리는
suitcase	[sú:tkèis] 수-트케이스	명 소형 여행가방
suite	[swi:t] 스위-트	명 수행원, 일행
sulfur	[sʌ́lfər] 설퍼	명 유황 형 유황색의
sulfuric	[sʌlfjúərik] 설퓨어릭	형 황의, 황을 함유하는
sullen	[sʌ́lən] 설런	형 음침한, 부루퉁한
sultan	[sʌ́ltən] 설턴	명 회교국 군주
sultry	[sʌ́ltri] 설트리	형 무더운, 정열적인
sum	[sʌm] 섬	명 합계 타 자 합계하다

summary

summary	[sʌ́məri] 써머리	형 개략의, 간결한 명 적요, 요약
summer	[sʌ́mər] 써머	명 여름 형 여름의 타 피서하다
summit	[sʌ́mit] 써밋	명 정상, 절정
summon	[sʌ́mən] 써먼	타 호출하다, 소환하다
sumptuous	[sʌ́mptʃuəs] 섬(프)츄으스	형 값진, 사치스런
sun	[sʌn] 썬	명 태양, 햇빛 타 자 햇볕에 쐬다
sunbeam	[sʌ́nbìːm] 썬비-임	명 햇빛, 광선
Sunday	[sʌ́ndei] 썬데이	명 일요일(약칭 Sun.)
sundown	[sʌ́ndàun] 썬다운	명 일몰
sundry	[sʌ́ndri] 썬드리	형 잡다한, 갖가지의
sunlight	[sʌ́nlàit] 썬라이트	명 일광, 햇빛
sunny	[sʌ́ni] 써니	형 볕 잘 드는, 양지바른
sunrise	[sʌ́nràiz] 썬라이즈	명 해돋이, 해뜰 녘
sunset	[sʌ́nsèt] 썬셋	명 해거름, 일몰
sunshine	[sʌ́nʃàin] 썬샤인	명 햇볕, 양지
superb	[supə́ːrb] 수팝-	형 장렬한, 화려한
superficial	[sùːpərfíʃəl] 수-퍼피셜	형 표면의, 피상적인
superfluous	[suːpə́rfluəs] 수-퍼플루어스	형 여분의, 불필요한
superior	[səpíəriər] 서피어리어	형 우수한, 뛰어난
superlative	[səpə́ːrlətiv] 서퍼-러티브	형 최고의, 최상의 명 최상급
superstition	[sùːpərstíʃən] 수-퍼스티션	명 미신, 사교
supervise	[súːpərvàiz] 수-퍼바이즈	타 감독하다, 관리하다 명 감독
supper	[sʌ́pər] 서퍼	명 저녁식사, 만찬
supplant	[səplǽnt] 서플랜트	타 (부정수단 따위로) 대신 들어앉다
supplement	[sʌ́pləmənt] 서플러먼트	명 보충, 추가 타 부록을 달다
supply	[səplái] 서플라이	타 공급하다, 지급하다 명 공급
support	[səpɔ́ːrt] 서포-트	타 지지하다, 지탱하다

suppose	[səpóuz] 서포우즈	타 상상하다, 가정하다
suppress	[səprés] 서프레스	타 억누르다, 참다
supremacy	[səpréməsi] 서프레머시	명 최상, 주권
supreme	[suprí:m] 수프림-	형 최고의, 가장 중요한
sure	[ʃuər] 슈어	형 확실한, 자신 있는

✓ make sure 확인하다

surely	[ʃúərli] 슈얼리	부 확실히, 안전하게
surface	[sə́:rfis] 서-피스	명 외부, 표면
surge	[sə:rdʒ] 서-쥐	자 파도치다, 물결치다 명 큰 파도
surgeon	[sə́:rdʒən] 서-전	명 외과의사, 군의관
surgery	[sə́:rdʒəri] 서-저리	명 외과(의술), 수술실
surmise	[sərmáiz] 서마이즈	명 추측, 추량 타 자 짐작하다
surmount	[sərmáunt] 서마운트	타 오르다, 극복하다
surname	[sə́:rnèim] 서-네임	명 성(姓), 별명 타 성을 달다
surpass	[sərpǽs] 서패스	타 ~을 능가하다, 보다 뛰어나다
surplus	[sə́:rplʌs] 서-플러스	명 여분, 과잉 형 여분의
surprise	[sərpráiz] 서프라이즈	명 놀람 타 놀라게 하다 형 놀라운

✓ by surprise 불시에

surrender	[səréndər] 서렌더	타 자 넘겨주다, 항복하다 명 항복
surround	[səráund] 서라운드	타 둘러싸다, 에워싸다
survey	[sə:rvéi] 서-베이	타 자 바라보다, 조사하다
survive	[sərváiv] 서바이브	타 자 ~의 후까지 살다, 오래 살다
susceptible	[səséptəbəl] 서셉터벌	형 민감한, 예민하게 느끼는
suspect	[səspékt] 서스펙트	타 알아채다, 수상히 여기다
suspend	[səspénd] 서스펜드	타 자 공중에 매달다, 정지하다
suspense	[səspéns] 서스펜스	명 걱정, 불안, 초조
suspension	[səspénʃən] 서스펜션	명 걸침, 매달림

suspicion

suspicion	[səspíʃən] 서스피션	명 느낌, 의심
suspicious	[səspíʃəs] 서스피셔스	형 의심스러운, 의심하는
sustain	[səstéin] 서스테인	타 버티다, 유지하다
swallow	[swálou] 스왈로우	타 자 삼키다, 참다 명 제비
swamp	[swɑmp] 스왐프	명 늪, 습지 타 물에 잠기게 하다
swan	[swɑn] 스완	명 백조, 시인
swarm	[swɔːrm] 스웜-	명 (곤충의) 큰 떼, 무리
sway	[swei] 스웨이	타 자 흔들리다, 동요하다 명 흔들림
swear	[swɛər] 스웨어	타 자 맹세하다, 선서하다
sweat	[swet] 스웨트	명 땀 타 자 땀을 흘리다
Swede	[swiːd] 스위-드	명 스웨덴 사람
Sweden	[swíːdn] 스위-든	명 스웨덴
sweep	[swiːp] 스윕-	타 자 청소하다 명 청소, 일소
sweet	[swiːt] 스윗-	형 달콤한 명 단 것 부 달게
sweeten	[swíːtn] 스위-튼	타 자 달게 하다, 향기롭게 하다
swell	[swel] 스웰	타 자 부풀다 명 팽창, 증대
swerve	[swəːrv] 스워-브	타 자 벗어나다 명 빗나감
swift	[swift] 스위프트	형 빠른, 날랜 부 신속하게
swim	[swim] 스윔	타 자 헤엄치다, 뜨다 명 헤엄, 수영
swine	[swain] 스와인	명 야비한 사람, 돼지
swing	[swiŋ] 스윙	타 자 흔들거리다 명 동요, 흔들림
swirl	[swəːrl] 스월-	타 자 소용돌이치다 명 소용돌이
Swiss	[swis] 스위스	형 스위스의 명 스위스 사람
switch	[switʃ] 스위취	명 스위치 타 자 스위치를 틀다
Switzerland	[swítsərlənd] 스윗철런드	명 스위스
swoon	[swuːn] 스운-	명 졸도, 기절 자 쇠약해지다
sword	[sɔːrd] 소어드	명 검, 칼

syllable	[síləbəl] 실러벌	명 음절, 한 마디 타 음절로 나누다
symbol	[símbəl] 심벌	명 상징, 표상 부 상징하다
sympathetic	[sìmpəθétik] 심퍼쎄틱	형 동정심이 있는, 공감하는
sympathize	[símpəθàiz] 심퍼싸이즈	자 동정하다, 동의하다
sympathy	[símpəθi] 심퍼씨	명 동정, 연민
symphony	[símfəni] 심퍼니	명 심포니, 교향곡
symptom	[símptəm] 심프텀	명 징후, 증상
syndicate	[síndikit] 신디킷	명 기업연합, 신디케이트
synonym	[sínənim] 시너님	명 동의어, 표시어
syntax	[síntæks] 신택스	명 통어법(론), 문장 구성법
syrup	[sírəp] 시럽	명 시럽, 당밀
system	[sístəm] 시스템	명 조직, 체계
systematic	[sìstəmǽtik] 시스터매틱	형 조직적인, 규칙적인

table

table	[téibəl] 테이블	명 테이블, 탁자
	✓ **at table** 식사 중인	
tablet	[tǽblit] 테이블릿	명 (나무, 돌) 평판, 명판
tack	[tæk] 택	명 (납작한) 못, 압정
tackle	[tǽkəl] 테클	명 도구, 연장 타 자 ~에 도구를 달다
tact	[tækt] 택트	명 솜씨, 요령
tactics	[tǽktiks] 택틱스	명 전술, 병법
tadpole	[tǽdpòul] 탯포울	명 올챙이
tag	[tæg] 택	명 물표, 꼬리표
tail	[teil] 테일	명 꼬리, 꽁지 타 자 꼬리를 달다
tailor	[téilər] 테일러	명 재봉사, 재단사
taint	[teint] 테인트	타 자 더럽히다, 오염하다 명 얼룩
take	[teik] 테이크	타 자 취하다, 잡다, 가지다
	✓ **take down** 적어두다	
	✓ **Take it easy.** 걱정하지마. 마음 편히 먹어.	
	✓ **take over** 이어받다, 접수하다	
taken	[téikən] 테이큰	통 take(가지다)의 과거(분사)
tale	[teil] 테일	명 이야기, 고자질
talent	[tǽlənt] 탤런트	명 재능, 수완
talk	[tɔːk] 토-크	타 자 말하다 명 담화, 이야기
tall	[tɔːl] 톨-	형 (키가)큰, 높은
tame	[teim] 테임	형 길든 타 자 길들이다
tan	[tæn] 텐	타 자 가죽을 무두질하다
tank	[tæŋk] 탱크	명 (물, 가스등의) 탱크, 전차

tap	[tæp] 탭	몡 꼭지 타 자 가볍게 두드리다
tape	[teip] 테이프	몡 납작한 끈, 줄자 타 테이프를 묶다
	✓ tape recorder 녹음기	
taper	[téipər] 테이퍼	몡 작은 초, 초 먹인 심지 혱 끝이 가는
tapestry	[tǽpistri] 태피스트리	몡 무늬 놓은 두꺼운 천
tar	[tɑːr] 타-	몡 타르, 뱃사람 타 타르를 칠하다
tardy	[tɑ́ːrdi] 타-디	혱 느린, 더딘
target	[tɑ́ːrɡit] 타-기트	몡 과녁, 목표
tariff	[tǽrif] 태리프	몡 관세(율), 요금표
tarry	[tǽri] 태리	타 자 머무르다, 늦어지다
tart	[tɑːrt] 타-트	혱 신, 신랄한
task	[tæsk] 태스크	몡 일, 직무 타 혹사하다
tassel	[tǽsəl] 태설	몡 술(장식용) 타 수염을 달다
taste	[teist] 테이스트	타 자 맛보다 몡 맛, 미각
	✓ in good taste 품위있게	
tatter	[tǽtər] 태터	몡 누더기 옷 타 갈가리 찢다
taught	[tɔːt] 토-트	통 teach(가르치다)의 과거(분사)
tavern	[tǽvərn] 태번	몡 선술집, 여인숙
tawny	[tɔ́ːni] 토-니	몡 황갈색 혱 황갈색의
tax	[tæks] 택스	몡 세금, 무거운 짐 타 과세하다
taxation	[tækséiʃən] 택세이션	몡 과세, 세수
taxi	[tǽksi] 택시	몡 택시 타 자 택시로 가다
tea	[tiː] 티-	몡 차, 홍차
teach	[tiːtʃ] 티-취	타 자 가르치다, 교육하다
teacher	[tíːtʃər] 티-쳐	몡 선생, 교사
team	[tiːm] 팀-	몡 팀, 패 타 자 한 수레에 매다
tear	[tiər] 티어	몡 눈물, 비애

tear	[tɛər] 테어	타 자 찌르다, 할퀴다 명 째진 곳
tease	[ti:z] 티-즈	타 괴롭히다, 놀려대다
technical	[téknikəl] 테크니컬	형 공업의, 기술적인
technique	[tekní:k] 테크닉-	명 기법, 기교
tedious	[tí:diəs] 티-디어스	형 지루한, 장황한
teem	[ti:m] 팀-	자 충만하다, 풍부하다
telegram	[téləgræm] 텔러그램	명 전보, 전신
telegraph	[téləgræf] 텔러그래프	명 전신(기) 타 자 타전하다
telephone	[téləfòun] 텔러포운	명 전화(기) 타 자 전화로 말하다
telescope	[téləskòup] 텔러스코웁	명 망원경
television	[téləvìʒən] 텔러비전	명 텔레비전
tell	[tel] 텔	타 자 말하다, 이야기하다
temper	[témpər] 템퍼	명 기질, 기분
temperament	[témpərəmənt] 템퍼러먼트	명 기질, 성미
temperance	[témpərəns] 템퍼런스	명 절제, 삼감
temperate	[témpərit] 템퍼릿	형 절제하는, 온화한
temperature	[témpərətʃər] 템퍼러쳐	명 온도, 체온
tempest	[témpist] 템피스트	명 사나운 비바람, 폭풍우
temple	[témpəl] 템펄	명 성당, 신전
temporary	[témpərèri] 템퍼레리	형 일시의, 덧없는
tempt	[tempt] 템트	타 유혹하다, ~할 기분이 나게 하다
temptation	[temptéiʃən] 템테이션	명 유혹(물)
ten	[ten] 텐	명 10 형 10의
tenacious	[tinéiʃəs] 티내이셔스	명 고집 센, 끈질긴
tenant	[ténənt] 테넌트	명 차지인, 거주자
tend	[tend] 텐드	타 자 지키다, ~의 경향이 있다
tendency	[téndənsi] 텐던시	명 경향, 풍조

tender	[téndər] 텐더	형 상냥한, 부드러운
tennis	[ténis] 테니스	명 정구, 테니스
tenor	[ténər] 테너	명 방침, 진로; 테너가수
tense	[tens] 텐스	형 팽팽한, 긴장한 명 (문법) 시제
tension	[ténʃən] 텐션	명 팽팽함, 긴장
tent	[tent] 텐트	명 텐트 타 자 천막으로 덮다
tenth	[tenθ] 텐쓰	명 제 10 형 제 10의
term	[tə:rm] 텀-	명 기한, 임기, 용어, 친교관계(~s)

✓ **on good terms** 사이가 좋아서

terminal	[tə́:rmənəl] 터-머널	형 끝의 밑단의 명 종점
terminate	[tə́:rmənèit] 터-머네이트	타 자 끝나다, 다하다
terrace	[térəs] 테러스	명 단지, 높은 지대
terrible	[térəbəl] 테러벌	형 무서운, 무시무시한
terrify	[térəfài] 테러파이	타 겁나게 하다, 놀라게 하다
territory	[térətɔ̀:ri] 테러토-리	명 영토, 판도
terror	[térər] 테러	명 공포, 므서움
test	[test] 테스트	명 시험, 검사 타 시험하다
testament	[téstəmənt] 테스터먼트	명 유언, 유서, 성약(聖約)
testify	[téstəfài] 테스터파이	타 자 증명하다, 입증하다
testimony	[téstəməni] 테스터머니	명 증언, 증거
text	[tekst] 텍스트	명 본문, 원문
textbook	[tékstbùk] 텍스트북	명 교과서
texture	[tékstʃər] 텍스쳐	명 천, 감
than	[ðæn] 댄	접 전 ~보다, ~이외의
thank	[θæŋk] 쌩크	타 감사하다 명 감사, 사례

✓ **thanks to** ~의 덕분에

✓ **No, thank you.** 아니오. 괜찮습니다.(사양 표현)

thankful	[θǽŋkfəl] 쌩크펄	형 감사의, 고마워하는
that	[ðæt] 댓	대 저것, 그것 명 그, 저
the	[ðə] 더	관 그, 저, 예(例)의 부 그만큼, 더, 오히려
	✓ The sooner the better. 빠를수록 좋다.	
theater	[θí(:)ətər] 씨어터	명 극장, 강당
theatrical	[θiǽtrikəl] 씨에트리컬	형 극장의, 과장된
thee	[ði:] 디-	대 (古語) thou(그대)의 목적격, 그대에게
theft	[θeft] 쎄프트	명 도둑질, 절도
their	[ðɛər] 데어	대 그들의(they의 소유격)
theirs	[ðɛərz] 데어즈	대 그들의 것(their의 소유대명사)
them	[ðem] 뎀	대 그들(they의 목적격)
theme	[θi:m] 싸-임	명 논지, 화제
themselves	[ðəmsélvz] 덤셀브즈	대 그들 자신
then	[ðen] 덴	부 그때, 그 당시
thence	[ðens] 덴스	부 그러므로, 거기서부터
theology	[θi:álədʒi] 싸-알러쥐	명 신학
theory	[θíəri] 씨어리	명 학설, 이론
there	[ðɛər] 데어	부 그 곳에, 거기에서
thereafter	[ðɛəræftər] 데어랩터	부 그 뒤에 그 이후
thereby	[ðɛ̀ərbái] 데어바이	부 그것에 의해서, 그것으로
therefore	[ðɛ́ərfɔ̀:r] 데어포-	부 그러므로, 그 결과(로서)
therein	[ðɛ̀ərín] 데어린	부 그 속에, 그 점에서
thereof	[ðɛ̀əráv] 데어라브·	부 (古語) 그것에 관해서, 거기서부터
thereupon	[ðɛ́ərəpán] 데어러판	부 그리하여, 그러므로
thermometer	[θərmámitər] 써마미터	명 온도계, 체온기
these	[ði:z] 디-즈	대 이(것)들 형 이(것)들의
they	[ðei] 데이	대 he, she, it의 복수, 그들(은)

thick	[θik] 씩	형 두꺼운 부 진하게, 굵게
thicken	[θíkən] 씨컨	타 자 두껍게 하다, 두꺼워지다
thicket	[θíkit] 씨킷	명 덤불, 잡목
thickness	[θíknis] 씨크니스	명 두터움, 진함
thief	[θi:f] 씨-프	명 도둑, 절도
thigh	[θai] 싸이	명 넓적다리, 가랑이
thin	[θin] 씬	형 얇은, 홀쭉한 타 자 얇게 하다
thing	[θiŋ] 씽	명 물건, 물체
think	[θiŋk] 씽크	타 자 생각하다, 상상하다
third	[θə:rd] 써-드	명 제3, 세 번째 형 제3의
thirst	[θə:rst] 써-스트	명 목마름, 갈증 자 열망하다
thirsty	[θə́:rsti] 써-스티	형 목마른, 건조한
thirteen	[θə̀:rtí:n] 써-티-인	명 13 형 13의
thirtieth	[θə́:rtiiθ] 써-티이쓰	명 제30 형 제30의
thirty	[θə́:rti] 써-티	명 30 형 30의
this	[ðis] 디스	대 이것, 이 물건 형 이것의
thistle	[θísl] 씨슬	명 엉겅퀴(스코틀랜드의 국화)
thither	[θíðər] 씨더	부 (古語) 그 쪽에 형 저쪽의
thorn	[θɔ:rn] 쏘-온	명 (식물의)가시, 고통
thorough	[θə́:rou] 써-로우	형 충분한, 철저한
thoroughfare	[θə́:roufɛ̀ər] 써-로우페어	명 통로, 가로
thoroughly	[θə́:rouli] 써-로울리	부 철저히, 완전히
those	[ðouz] 도우즈	형 그들의 대 그들, that의 복수
thou	[ðau] 다우	대 (古語) 너는, 네가
though	[ðou] 도우	접 ~이나, ~이지만
thought	[θɔ:t] 쏘-트	명 사고, 생각 동 think의 과거
thoughtful	[θɔ́:tfəl] 쏘-트펄	형 사려 깊은, 주의 깊은

thoughtless

thoughtless	[θɔ́:tlis] 쏘-틀리스	형 분별없는, 경솔한
thousand	[θáuzənd] 싸우전드	명 1000, 천 형 1000의

✓ **A thousand thanks.** 정말 감사합니다.

thrash	[θræʃ] 쓰래쉬	타 자 채찍질하다, 타작하다
thread	[θred] 쓰레드	명 실, 섬유 타 자 실을 꿰다
threat	[θret] 쓰렛	명 위험, 협박
threaten	[θrétn] 쓰레튼	타 자 위협하다
three	[θri:] 쓰리-	명 3, 셋 형 3의
thresh	[θreʃ] 쓰레쉬	타 타작하다, 때리다 명 탈곡기
threshold	[θréʃhòuld] 쓰레숄드	명 문지방, 문간
thrice	[θrais] 쓰라이스	부 (古語) 세 번, 3배로
thrift	[θrift] 쓰리프트	명 검약, 절약
thrifty	[θrífti] 쓰리프티	형 절약하는, 검소한
thrill	[θril] 쓰릴	명 전율, 감동 타 자 오싹하게 하다
thrive	[θraiv] 쓰라이브	자 성공하다, 번영하다
throat	[θrout] 쓰로우트	명 목구멍, 기관
throb	[θrɑb] 쓰랍	명 고동, 맥박 자 두근거리다
throne	[θroun] 쓰로운	명 왕좌, 옥좌 타 즉위시키다
throng	[θrɔ(:)ŋ] 쓰롱	명 군중 타 자 떼 지어 모이다
through	[θru:] 쓰루-	전 ~을 통하여 부 통해서 형 끝난
throughout	[θrú:áut] 쓰루-아웃	부 도처에, 처음부터 끝까지 전 ~동안
throw	[θrou] 쓰로우	타 자 던지다, 발사하다 명 던지기
thrust	[θrʌst] 스러스트	타 자 밀다, 밀어내다 명 밀기
thumb	[θʌm] 썸	명 엄지손가락 타 만지작거리다
thump	[θʌmp] 썸프	명 딱 때림 타 자 탁 때리다
thunder	[θʌ́ndər] 썬더	명 벼락, 천둥 타 자 천둥치다
thunderbolt	[θʌ́ndərbòult] 썬더보울트	명 뇌전, 벼락

tingle

Thursday	[θə́ːrzdi] 써-즈데이	명 목요일(약어 Thur.)
thus	[ðʌs] 더스	부 이와 같이, 이렇게
thwart	[θwɔːrt] 쓰워-트	타 방해하다 부 횡단하여
thy	[ðai] 다이	대 (古語) 너, thou의 소유격
tick	[tik] 틱	명 똑딱 소리 타 자 똑딱 소리 내다
ticket	[tíkit] 티킷	명 표, 승차권
tickle	[tíkəl] 티컬	타 자 간질이다 명 간지러움
tide	[taid] 타이드	명 조수, 조류 타 자 극복하다
tidings	[táidiŋz] 타이딩즈	명 통지, 소식
tidy	[táidi] 타이디	형 말쑥한, 정연한 타 자 정돈하다
tie	[tai] 타이	타 자 매다, 동이다 명 매듭, 맴
tiger	[táigər] 타이거	명 범, 호랑이
tight	[tait] 타이트	형 탄탄한, 견고한 부 단단히
tighten	[táitn] 타이튼	타 자 바싹 죄다, 단단하게 하다
tile	[tail] 타일	명 기와, 타일 타 기와를 이다
till	[til] 틸	전 ~까지 접 ~할 때까지 타 자 갈다
tilt	[tilt] 틸트	타 자 기울다, 기울이다 명 경사
timber	[tímbər] 팀버	명 재목, 용재
time	[taim] 타임	명 때, 시간

- ✓ at that time 그 당시에는
- ✓ all the time 언제나, 항상(always)
- ✓ at the same time 동시에
- ✓ get ~ in time 제 시간 내에 도착하다

timid	[tímid] 티미드	형 겁 많은, 겁에 질린
tin	[tin] 틴	명 주석, 양철 형 주석으로 만든
tinge	[tindʒ] 틴쥐	명 엷은 색 타 엷게 물들이다
tingle	[tíŋgəl] 팅걸	자 욱신거리다 명 욱신거림

tinker

tinker	[tíŋkər] 팅커	명 땜장이 타 자 어설프게 만지다
tint	[tint] 틴트	명 색조, 희미한 색 타 착색하다
tiny	[táini] 타이니	형 아주 작은, 몹시 작은
tip	[tip] 팁	명 끝, 첨단
tiptoe	[típtòu] 팁토우	명 발끝 자 발끝으로 걷다
tire	[taiər] 타이어	타 자 피로하게 하다 명 타이어
tired	[taiərd] 타이어드	형 피로한, 싫증난
tireless	[táiərlis] 타이어리스	형 지치지 않는
tissue	[tíʃuː] 티슈-	명 (생물의) 조직
title	[táitl] 타이틀	명 표제, 제목
to	[tuː] 투-	전 ~으로, ~에
toad	[toud] 토우드	명 두꺼비, 경멸할 인물
toast	[toust] 토우스트	명 구운 빵 타 자 축배를 들다
tobacco	[təbǽkou] 터배코우	명 담배
today	[tədéi] 터데이	타 자 오늘, 금일
toe	[tou] 토우	명 발가락, 돌출부
together	[təgéðər] 터게더	부 함께, 동반해서
toil	[tɔil] 토일	명 수고, 노고 자 수고하다
toilet	[tɔ́ilit] 토일릿	명 화장, 복장, 화장실
token	[tóukən] 토우컨	명 표, 상징
told	[tould] 토울드	동 tell의 과거(분사)
	✓ **all told** 전부 다 해서	
tolerable	[tálərəbəl] 탈러러벌	형 참을 수 있는, 견딜 수 있는
tolerate	[tálərèit] 탈러레이트	타 참다, 견디다
toll	[toul] 토울	명 종소리, 통행세
tomato	[təméitou] 터메이토우	명 토마토, 일년감
tomb	[tuːm] 투-움	명 무덤, 묘 타 매장하다

tomorrow	[təmɔ́:rou] 터모-로우	부 명 내일, 미래
ton	[tʌn] 턴	명 톤(중량 단위=1,000kg)
tone	[toun] 토운	명 가락, 음조 타 자 가락을 붙이다
tongs	[tɔ(:)ŋz] 통즈	명 부젓가락, 부집게
tongue	[tʌŋ] 텅	명 혀, 말

✓ **a slip of the tongue** 실언

✓ **hold one's tongue** 잠자코 있다

tonight	[tənáit] 터나잇	부 명 오늘밤
tonnage	[tʌ́nidʒ] 터니쥐	명 (배의) 용적, 톤수
too	[tu:] 투-	부 ~도, 또한; 너무 ~하다

✓ **cannot A too B** 아무리 A해도 지나치게 B할 수 없다

✓ **too A to B** 너무 A하여 B할 수 없다

tool	[tu:l] 투-울	명 도구, 공구
tooth	[tu:θ] 투-쓰	명 이, 치아

✓ **in the tooth of** ~에 거역하여

top	[tɑp] 탑	명 꼭대기, 정상

✓ **on top of that** 게다가

topic	[tɑ́pik] 타픽	명 화제, 논제
torch	[tɔ:rtʃ] 토-취	명 횃불
torment	[tɔ́:rment] 토-멘트	명 고통, 가책 타 괴롭히다
torpedo	[tɔ:rpí:dou] 토-피-도우	명 수뢰, 어뢰
torrent	[tɔ́:rənt] 토-런트	명 급류, 억수같이 쏟아짐
tortoise	[tɔ́:rtəs] 토-터스	명 거북이, 느림보
torture	[tɔ́:rtʃər] 토-쳐	명 고문, 고통 타 고통을 주다
toss	[tɔ:s] 토-스	타 자 던져 올리다 명 던지기
tosspot	[tɔ:spɑ̀t] 토-스팟	명 술고래
total	[tóutl] 토우틀	명 총계 형 전체의 타 자 합계하다

totter

totter	[tátər] 타터	자 비틀거리다 명 비틀거림
touch	[tʌtʃ] 터취	타 자 대다, 닿다 명 접촉
	✔ **keep in touch with** ~와 연락을 유지하다	
tough	[tʌf] 터프	형 강인한, 완고한
tour	[tuər] 투어	명 관광, 여행 타 자 주유하다
tourist	[túərist] 투어리스트	명 여행가, 관광객
tournament	[túərnəmənt] 투어너먼트	명 시합, 경기
tow	[tou] 토우	명 예인선 타 밧줄로 끌다
toward	[tɔːrd] 토-어드	전 ~의 쪽으로, ~에 대하여
towel	[táuəl] 타월	명 수건, 타월
tower	[táuər] 타워	명 탑, 성루 자 우뚝 솟다
town	[taun] 타운	명 읍, 소도시
toy	[tɔi] 토이	명 장난감, 노리개 자 장난하다
trace	[treis] 트레이스	명 발자국, 형적 타 자 추적하다
track	[træk] 트랙	명 흔적 타 ~에 발자국을 남기다
tract	[trækt] 트랙트	명 넓은 토지, 지역
tractor	[træktər] 트렉터	명 끄는 도구, 견인차
trade	[treid] 트레이드	명 상업, 장사 타 자 장사하다
trader	[tréidər] 트레이더	명 상인, 무역업자
tradesman	[tréidzmən] 트레이즈먼	명 소매상인, 점원
tradition	[trədíʃən] 트러디션	명 전설, 구전
traffic	[træfik] 트래픽	명 교통, 왕래 타 자 왕래하다
tragedy	[trædʒədi] 트래져디	명 비극, 참사
tragic	[trædʒik] 트래직	형 비극의, 비참한
trail	[treil] 트레일	타 자 질질 끌다 명 지나간 자국
trailer	[tréilər] 트레일러	명 끄는 사람, 추적자
train	[trein] 트레인	타 자 훈련하다, 길들이다 명 열차

training	[tréiniŋ] 트레이닝	명 훈련, 교련
trait	[treit] 트레이트	명 특색, 특징
traitor	[tréitər] 트레이터	명 반역자, 배반자
tram	[træm] 트램	명 궤도(차) 시가 전차
tramp	[træmp] 트램프	타 자 방랑하다, 쿵쿵 걷다
trample	[trǽmpəl] 트램펄	타 자 짓밟다, 학대하다
trance	[træns] 트랜스	명 꿈결, 황홀, 실신
tranquil	[trǽŋkwil] 트랭퀼	형 평온한 타 자 진정시키다
transact	[trænsǽkt] 트랜색트	타 자 처리하다, 거래하다
transfer	[trænsfə́ːr] 트랜스퍼-	명 전환, 이동 타 자 옮기다
transform	[trænsfɔ́ːrm] 트랜스포-옴	타 변형시키다, 바꾸다
transient	[trǽnʃənt] 트랜션트	형 일시적인, 덧없는
transit	[trǽnsit] 트랜짓	명 통과, 통행 타 횡단하다
transition	[trænzíʃən] 트랜지션	명 변이, 변천
transitive	[trǽnsətiv] 트랜시티브	명 (문법) 타동사 형 타동사의
translate	[trænsléit] 트랜슬레이트	타 자 번역하다, 해석하다
transmit	[trænsmít] 트랜스미트	타 보내다, 발송하다
transparent	[trænspέərənt] 트랜스페어런트	형 투명한, 명료한
transport	[trænspɔ́ːrt] 트랜스포-트	타 수송하다, 유형에 처하다
transportation	[trænspərtéiʃən] 트랜스퍼테이션	명 수송, 운송기관
trap	[træp] 트랩	명 덫, 함정 타 자 덫에 걸리게 하다
travel	[trǽvəl] 트래블	타 자 여행하다, 나아가다 명 여행
traverse	[trǽvəːrs] 트래버-스	타 자 가로지르다, 관통하다 명 횡단
tray	[trei] 트레이	명 쟁반, 얕은 접시
treachery	[trétʃəri] 트레처리	명 배신, 바반
tread	[tred] 트레드	타 자 밟다 걷다 명 밟기
treason	[tríːzən] 트리-전	명 반역(죄), 불신

treasure

treasure	[tréʒər] 트레져	명 보배, 보물 타 진귀하게 여기다
treasurer	[tréʒərər] 트레져러	명 회계, 수입계
treasury	[tréʒəri] 트레져리	명 금고, 국고
treat	[tri:t] 트릿-	타 자 취급하다, 다루다 명 향응
treatise	[trí:tis] 트리-티스	명 논설, 논문
treaty	[trí:ti] 트리-티	명 조약, 맹약
treble	[trébəl] 트레벌	명 3배, 세 겹 형 3배의
tree	[tri:] 트리	명 나무, 수목
tremble	[trémbəl] 트렘벌	타 자 떨다, 전율하다 명 떨림
tremendous	[triméndəs] 트리멘더스	형 무서운, 무시무시한
tremulous	[trémjuləs] 트리뮬러스	형 떨리는, 후들거리는
trench	[trentʃ] 트렌취	명 도랑, 참호 타 참호를 파다
trend	[trend] 트렌드	명 방향, 경향 자 향하다, 기울다
trespass	[tréspəs] 트레스퍼스	명 침입, 침해 자 침입하다
trial	[tráiəl] 트라이얼	명 공판, 시험
triangle	[tráiæŋgəl] 트라이앵걸	명 삼각형, 3인조
tribe	[traib] 트라입	명 부족, 종족
tribunal	[traibjú:nl] 트라이뷰-늘	명 법정, 심판, 법관석
tributary	[tríbjətèri] 트리버터리	형 공물을 바치는, 종속적인
tribute	[tríbju:t] 트리뷰-트	명 공물, 조세
trick	[trik] 트릭	명 묘기, 재주 타 자 속이다
trickle	[tríkəl] 트리컬	타 자 똑똑 떨어지다, 조르륵 흐르다
trifle	[tráifəl] 트라이펄	명 하찮은 일 타 자 장난치다
trillion	[tríljən] 트릴련	명 조(兆), 백만의 제곱
trim	[trim] 트림	형 말쑥한 명 정돈 타 자 손질하다
trinity	[tríniti] 트리니티	명 삼위일체(T~), 3인조
trip	[trip] 트립	명 여행, 소풍 타 자 여행하다

triple	[trípəl] 트리펄	형 3배의, 세 겹의 명 3배, 3루타
triumph	[tráiəmf] 트라이엄프	명 개선, 승리 자 이기다
triumphant	[traiʌ́mfənt] 트라이엄펀트	형 승리를 거둔, 의기양양한
trivial	[tríviəl] 트리비얼	형 하찮은, 보잘것없는
trolley	[tráli] 트랄리	명 손수레, 고가 이동 활차
troop	[tru:p] 트루-프	명 떼, 대(隊) 타 자 모이다
trophy	[tróufi] 트로우피	명 전리품, 전승기념물
tropic	[trápik] 트라픽	명 회귀선, 열대
tropical	[trápikəl] 트라피컬	형 열대의, 열대적인
trot	[trɑt] 트랏	명 빠른 걸음 타 자 빨리 걷다
trouble	[trʌ́bəl] 트러벌	명 걱정, 근심 타 자 괴롭히다
trough	[trɔ(:)f] 트로프	명 함지박, 여물통
trousers	[tráuzərz] 트라우저즈	명 바지
trout	[traut] 트라웃	명 (물고기) 송어
truck	[trʌk] 트럭	명 화물자동차, 트럭
trudge	[trʌdʒ] 트러쥐	자 무겁게 터벅터벅 걷다
true	[tru:] 트루-	형 정말의 부 진실로 명 진실
	✓ come true 실현되다	
truly	[trú:li] 트루-리	부 참으로, 성실히
trumpet	[trʌ́mpit] 트럼핏	명 트럼펫, 나팔 타 자 나팔 불다
trunk	[trʌŋk] 트렁크	명 줄기, 몸통, 트렁크
trust	[trʌst] 트러스트	명 신용, 신임 타 자 신뢰하다
trustee	[trʌstí:] 트러스티-	명 보관인, 수탁자
trusty	[trʌ́sti] 트러스티	형 믿을 수 있는, 확실한
truth	[tru:θ] 트루-쓰	명 진리, 진실
try	[trai] 트라이	타 자 해보다, 시도하다 명 시도
tub	[tʌb] 텁	명 통, 물통 타 자 목욕하다

tube

tube	[tjuːb] 튜브	명 관, 튜브
tuck	[tʌk] 턱	타 자 걷어 올리다, 접어 올리다
Tuesday	[tjúːzdi] 튜-즈데이	명 화요일 (약어 Tue.)
tug	[tʌg] 턱	타 잡아당기다, 끌다 명 힘껏 당기
tulip	[tjúːlip] 튜-립	명 튤립
tumble	[tʌ́mbəl] 텀벌	타 자 넘어지다, 뒹굴다 명 전락
tumult	[tjúːmʌlt] 튜-멀트	명 소동, 떠들썩함
tune	[tjuːn] 튜-운	명 곡조, 멜로디 타 음조를 맞추다
tunnel	[tʌ́nl] 터널	명 터널, 지하도 타 자 굴을 파다
turban	[tə́ːrbən] 터-번	명 터번
turbulent	[tə́ːrbjələnt] 터-별런트	형 (파도, 바람이) 거친, 광포한
turf	[təːrf] 터-프	명 잔디, 뗏장 타 잔디를 심다
turkey	[tə́ːrki] 터-키	명 칠면조, 무용지인
turn	[təːrn] 터-언	타 자 돌리다, 켜다 명 회전

- ✔ **turn down** 뒤집다, 거절하다
- ✔ **turn on** 켜다
- ✔ **turn over** 넘어뜨리다, 인도(引渡)하다

turnip	[tə́ːrnip] 터-닙	명 (식물)순무, 단조로운 일
turret	[tə́ːrit] 터-릿	명 작은 탑, 망루
turtle	[tə́ːrtl] 터-틀	명 바다거북
tutor	[tjúːtər] 튜-터	명 가정교사 타 자 (개인적) 지도하다
twelfth	[twelfθ] 트웰프쓰	명 제 12 형 제 12의
twelve	[twelv] 트웰브	명 12 형 12의, 12절판
twenty	[twénti] 트웬티	명 20 형 20의
twice	[twais] 톼이스	부 두 번, 2회
twig	[twig] 튀그	명 잔가지, 가는 가지
twilight	[twáilàit] 톼일라이트	명 황혼, 땅거미

twin	[twin] 퉌	형 쌍둥이의 명 쌍둥이중의 하나
twine	[twain] 타인	명 꼰 실 타 자 꼬다, 얽히게 하다
twinkle	[twíŋkəl] 튕컬	타 자 빤짝빤짝 빛나다 명 반짝임
twist	[twist] 튀스트	타 자 비틀다, 뒤틀다 명 꼬임
twit	[twit] 트윗	타 야유하다, 비웃다
twitch	[twitʃ] 튀취	타 자 확 잡아당기다 명 확 잡아챔
twitter	[twítər] 튀터	명 지저귐 타 자 지저귀다
two	[tu:] 투-	명 2, 두 개 형 2의, 두 개의
twopence	[tʌ́pəns] 터펀스	명 (영국의 은화) 2펜스
twopenny	[tʌ́pəni] 터퍼니	명 2펜스의, 값싼 명 2펜스
type	[taip] 타입	명 형, 전형 타 타이프라이터로 찍다
typhoid	[táifɔid] 타이포이드	형 장티푸스의 명 장티푸스
typhoon	[taifú:n] 타이푼-	명 태풍
typical	[típikəl] 티피컬	형 대표적인, 모범적인
typist	[típikəl] 타이피스트	명 타이피스트, 타자수
tyranny	[tírəni] 티러니	명 전제정치, 압제, 학정
tyrant	[táiərənt] 타이어런트	명 폭군, 전제군주

ugly

ugly	[ˊʌgli] 어글리	형 추한, 보기 싫은
ultimate	[ˊʌltəmit] 얼터밋	형 최후의, 마지막의
umbrella	[ʌmbrélə] 엄브렐러	명 우산
umpire	[ˊʌmpaiər] 엄파이어	명 (경기의) 심판자 타 자 심판하다
UN	[juːen] 유-엔	약 국제연합(United Nations)
unable	[ʌnéibəl] 어네이벌	형 ~할 수 없는, 연약한
unanimous	[juːnǽnəməs] 유-내너머스	형 만장일치의, 이구동성의
unaware	[ʌnəwɛ́ər] 어너웨어	형 눈치 채지 못하는, 알지 못하는
unbearable	[ʌnbɛ́ərəbəl] 언베어러벌	형 참을 수 없는, 견딜 수 없는
unbroken	[ʌnbróukən] 언브로우컨	형 파손되지 않는, 완전한
uncertain	[ʌnsə́ːrtən] 언서-튼	형 의심스러운, 불안한
unchanged	[ʌntʃéindʒd] 언체인쥐드	형 변하지 않은
uncle	[ˊʌŋkəl] 엉클	명 백부, 숙부
unclean	[ʌnklíːn] 언클린-	형 불결한, 더러운
uncommon	[ʌnkámən] 언카먼	형 진귀한, 드문
unconscious	[ʌnkánʃəs] 언칸셔스	형 무의식의, 부지중의
uncouth	[ʌnkúːθ] 언쿠-쓰	형 서투른, 조야한
uncover	[ʌnkʌ́vər] 언커버	타 자 뚜껑을 열다, 탈모하다
under	[ˊʌndər] 언더	전 ~의 아래에 부 아래에
undergo	[ʌndərgóu] 언더고우	타 받다, 당하다
underground	[ˊʌndərgràund] 언더그라운드	형 지하의, 비밀의 명 지하도
underline	[ʌndərláin] 언더라인	타 ~의 밑에 선을 긋다 명 밑줄
underneath	[ʌndərníːθ] 언더니-쓰	전 ~의 밑에 부 아래에 명 하부
understand	[ʌndərstǽnd] 언더스탠드	타 자 이해하다, 알아듣다

undertake	[ʌ̀ndərtéik] 언더테이크	타	떠맡다, 인수하다
underwear	[ʌ́ndərwɛ̀ər] 언더웨어	명	내의, 속옷
underworld	[ʌ́ndərwə̀:rld] 언더월-드	명	지하, 지옥
undesirable	[ʌ̀ndizáiərəbəl] 언디자이어러벌	형	탐탁지 않은, 바람직하지 못한
undisturbed	[ʌ̀ndistə́:rbd] 언디스터-브드	형	조용한, 방해되지 않는
undo	[ʌndú:] 언두-	타	원상태르 돌리다, 취소하다
undone	[ʌndʌ́n] 언던	동	undo(취소하다)의 과거분사 형 끌러진
undress	[ʌndrés] 언드레스	타 자	옷을 벗기다
uneasy	[ʌní:zi] 언이-지	형	불안한, 거북한
unemployed	[ʌ̀nimplɔ́id] 언임플로이드	형	일이 없는, 실직한
unequal	[ʌní:kwəl] 언이-퀄	형	같지 않은, 부동의
unfinished	[ʌnfíniʃt] 언피니쉬트	형	미완성의, 완전치 못한
unfit	[ʌnfít] 언핏	형	부적당한, 적임이 아닌
unfold	[ʌnfóuld] 언포올드	타	(접어 갠 물건을)펴다, 열리다
unfortunate	[ʌnfɔ́:rtʃənit] 언포-처닛	형 불행한 명 불운한 사람
ungrateful	[ʌngréitfəl] 언그레잇펄	형	은혜를 모르는, 애쓴 보람 없는
unhappy	[ʌnhǽpi] 언해피	형	불행한 비참한
uniform	[jú:nəfɔ̀:rm] 유-니폼-	형 한결같은 명 제복
unimportant	[ʌ̀nimpɔ́:rtənt] 언임포-턴트	형	중요하지 않은, 보잘것없는
union	[jú:njən] 유-니언	명	결합, 동맹
Union Jack	[jú:njəndʒæk] 유-니언 잭	명	영국 국기
unique	[juní:k] 유-니-크	형	유일의, 독자의
unit	[jú:nit] 유-닛	명	한 개, 한 사람
unite	[junáit] 유-나이트	타 자	일치하다, 결합하다
united	[junáitid] 유-나이팃	형	결합한; 일치된
unity	[jú:nəti] 유-너티	명	단일, 통일
universal	[jù:nəvə́:rsəl] 유-너버-설	형	우주의, 만유의

universe

universe	[júːnəvəˌrs] 유-너버-스	명 우주, 만물
university	[jùːnəvə́ːrsəti] 유-너버-서티	명 종합대학교
unjust	[ʌ̀ndʒʌ́st] 언저스트	형 부정한, 불법의
unkind	[ʌ̀nkáind] 언카인드	형 불친절한, 냉혹한
unknown	[ʌ̀nnóun] 언노운	형 알 수 없는, 미지의
unless	[ənlés] 언레스	접 만약 ~이 아니면, ~외에는
unlike	[ʌ̀nláik] 언라이크	형 다른 전 ~와 같지 않고
unlikely	[ʌ̀nláikli] 언라이클리	형 가망 없는, 있을 것 같지 않은
unlimited	[ʌ̀nlímitid] 언리미팃	형 끝없는, 무한한
unload	[ʌ̀nlóud] 언로우드	타 자 (짐을) 부리다, 내리다
unlock	[eʌ̀nláki] 언락	타 자 자물쇠를 열다, 털어놓다
unlucky	[ʌ̀nlʌ́ki] 언러키	형 불행한, 불운한
unmarried	[ʌ̀nmǽrid] 언매리드	형 미혼의
unmoved	[ʌ̀nmúːvd] 언무-브드	형 확고한, 냉정한
unnatural	[ʌ̀nnǽtʃərəl] 언내처럴	형 부자연한, 보통이 아닌
unnecessary	[ʌ̀nnésəsèri] 언네서세리	형 불필요한, 무익한
unoccupied	[ʌ̀nákjəpàid] 어나켜파이드	형 점유당하지 않은, 일이 없는
unpleasant	[ʌ̀nplézənt] 언플레전트	형 불쾌한
unprecedented	[ʌ̀nprésədèntid] 언프레서덴티드	형 전례 없는, 신기한
unreasonable	[ʌ̀nríːzənəbəl] 언리-저너벌	형 부조리한, 터무니없는
unrest	[ʌ̀nrést] 언레스트	명 불안, 불온(상태)
unsatisfactory	[ʌ̀nsætisfǽktəri] 언새티스팩터리	형 불만족한
unseen	[ʌ̀nsíːn] 언시-인	형 본 적이 없는, 보이지 않는
unsettled	[ʌ̀nsétld] 언세틀드	형 미해결의
unspeakable	[ʌ̀nspíːkəbəl] 언스피-커블	형 말할 수 없는, 몹시 나쁜
untie	[ʌ̀ntái] 언타이	타 (매듭을) 풀다, 해방하다
until	[əntíl] 언틸	전 ~까지 접 ~때까지

untouched	[ʌntʌ́tʃt] 언터취트	형 손대지 않은, 언급되지 않은
untrue	[ʌntrúː] 언트루-	형 진실이 아닌, 허위의
unusual	[ʌnjúːʒuəl] 언유-주얼	형 보통이 아닌, 진기한
unwelcome	[ʌnwélkəm] 언웰컴	형 환영받지 못하는, 싫은
unwilling	[ʌnwíliŋ] 언윌링	형 본의가 아닌, 마음 내키지 않는
unwise	[ʌnwáiz] 언와이즈	형 슬기 없는, 어리석은
unworthy	[ʌnwə́ːrði] 언워-디	형 가치 없는, 하찮은
up	[ʌp] 업	부 위로 전 ~의 위에 형 올라간
	✓ ups and downs 흥망성쇠, 기복	
uphold	[ʌphóuld] 업호올드	타 후원하다, 올리다
upland	[ʌ́plənd] 업런드	명 고지, 산지 형 고지에 사는
uplift	[ʌplíft] 업리프트	타 들어 올리다, 높이다
upon	[əpɑ́n] 어판	전 ~의 우에(=on)
	✓ once upon a time 옛날에	
upper	[ʌ́pər] 어퍼	형 위의, 상부의
upright	[ʌ́pràit] 업라이트	형 곧은, 곧게 선 부 똑바로
uproar	[ʌ́prɔ̀ːr] 업로오	명 큰 소란, 소동
uproot	[ʌprúːt] 업루-트	타 뿌리째 뽑다, 근절시키다
uprouse	[ʌpráuz] 업라우즈	자 일으키다, 눈을 뜨게 하다
upset	[ʌpsét] 업셋	타 자 뒤집어엎다 명 전복
upside	[ʌ́psàid] 업사이드	명 위쪽, 상부
upstairs	[ʌ́pstɛ̀ərz] 업스테어즈	부 2층에, 위층에 형 2층의
upward	[ʌ́pwərd] 업워드	형 상승하는, 향상하는
urchin	[ə́ːrtʃin] 어-췬	명 개구쟁이, 선머슴
urge	[əːrdʒ] 어-쥐	타 몰아내다, 재촉하다 명 자극
urgent	[ə́ːrdʒənt] 어전트	형 긴급의, 중요한
urine	[júərin] 유어린	명 소변

us

us	[ʌs] 어스	대 we(우리)의 목적격. 우리에게
USA(U.S.A.)	[ju: es ei] 유-에스에이	약 아메리카 합중국, 미국
usage	[júːsidʒ] 유-시쥐	명 사용법, 어법
use	[juːs] 유-스	명 사용, 이용 타 쓰다, 사용하다
	✓ make use of ~을 이용하다	
used	[juːst] 유-스트	형 익숙한, 중고의 조 ~하곤 했다(~ to)
useful	[júːsfəl] 유-스펄	형 유용한, 편리한
useless	[júːslis] 유-슬리스	형 쓸모없는, 무익한
user	[júːzər] 유저	명 사용자
usher	[ʌ́ʃər] 어셔	명 안내인, 수위 타 안내하다
usual	[júːʒuəl] 유-주얼	형 보통의, 평소의
usually	[júːʒuəli] 유-주얼리	부 보통, 언제나
utensil	[juːténsəl] 유-텐설	명 가정용품, 용구
utility	[juːtíləti] 유-틸러티	명 유용(성), 공익사업
utilize	[júːtəlàiz] 유-털라이즈	타 이용하다, 활용하다
utmost	[ʌ́tmòust] 엇모우스트	형 극도의, 최대의, 가장 먼 명 최대한도
utter	[ʌ́tər] 어터	형 철저한, 온전한 타 말하다
utterly	[ʌ́tərli] 어털리	부 완전히, 전부

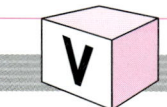

vacancy	[véikənsi] 베이컨시	명 공허, 빈자리
vacant	[véikənt] 베이컨트	형 공허한, 빈
vacation	[veikéiʃən] 베이케이션	명 휴가, 방학 자 휴가를 얻다
vacuum	[vǽkjuəm] 베큐엄	명 진공, 빈 곳
vagabond	[vǽgəbɑ̀nd] 배거반드	명 방랑자, 불량배 형 방랑하는
vagrant	[véigrənt] 베익런트	형 방랑하는, 떠도는
vague	[veig] 베이그	형 애매한, 분명치 않은
vain	[vein] 베인	형 쓸데없는, 헛된
vale	[veil] 베일	명 (詩) 계곡, 골짜기
valiant	[vǽljənt] 밸련트	형 용감한, 씩씩한
valley	[vǽli] 밸리	명 골짜기, 계곡
valuable	[vǽljuːəbəl] 밸류어벌	형 소중한, 값비싼
valuation	[væ̀ljuéiʃən] 밸류에이션	명 평가, 가치판단
value	[vǽljuː] 밸류-	명 가치, 값어치 타 평가하다
vanish	[vǽniʃ] 배니쉬	자 사라지다, 자취를 감추다
vanity	[vǽnəti] 배너티	명 공허, 무가치
vanquish	[vǽŋkwiʃ] 뱅퀴쉬	타 정복하다, ~에 이기다
vapor	[véipər] 베이퍼	명 증기, 수증기
variable	[vɛ́əriəbəl] 베어리어벌	형 변하기 쉬운, 일정치 않은
variation	[vɛ̀əriéiʃən] 베어리에이션	명 변화, 변동
variety	[vəráiəti] 버라이어티	명 다양성, 잡동사니
various	[vɛ́əriəs] 베어리어스	형 다른, 여러 가지의
varnish	[vɑ́ːrniʃ] 바-니쉬	명 속임, 겉치레 타 니스 칠하다
vary	[vɛ́əri] 베어리	타 자 바꾸다, 변하다

vase	[veis] 베이스	명 꽃병, 병
vast	[væst] 베스트	형 거대한, 광대한
vault	[vɔːlt] 보-올트	명 둥근 지붕, 둥근 천장
vegetable	[védʒətəbəl] 베쥐터블	명 푸성귀, 야채 형 식물의
vegetation	[vèdʒətéiʃən] 베쥐테이션	형 식물의 성장, 식물
vehement	[víːəmənt] 비-어먼트	형 간절한, 열렬한
vehicle	[víːikəl] 비-이컬	명 차량, 탈 것
veil	[veil] 베일	명 베일, 너울
vein	[vein] 베인	명 정맥, 혈관
velocity	[vilásəti] 빌라서티	명 속력, 빠르기
velvet	[vélvit] 벨빗	명 우단, 비로드 형 우단과 같은
venerable	[vénərəbəl] 베너러벌	형 존경할 만한, 존엄한
vengeance	[véndʒəns] 벤전스	명 복수, 원수 갚기
Venice	[vénis] 베니스	명 베니스
venom	[vénəm] 베넘	명 (뱀, 거미 따위의) 독
vent	[vent] 벤트	명 (바람)구멍
ventilate	[véntəlèit] 벤털레이트	타 환기하다, 정화하다
venture	[véntʃər] 벤쳐	명 모험 타 자 감히 하다
Venus	[víːnəs] 비-너스	명 비너스(미의 여신), 금성
veranda	[vərǽndə] 버랜더	명 베란다
verb	[vəːrb] 버-브	명 (문법) 동사
verdict	[vəːrdikt] 버-딕트	명 (배심원의) 답신, 평결
verge	[vəːrdʒ] 버-쥐	명 끝, 가장자리 자 ~에 직면하다
verify	[vérəfài] 베러파이	타 확인하다, 입증하다
verse	[vəːrs] 버-스	명 시(詩), 운문
version	[vəːrʒən] 버-젼	명 번역, 역서
vertical	[vəːrtikəl] 버-티컬	형 수직의, 세로의

very	[véri] 베리	분 대단히, 매우 형 참된
	✓ **Very good.** 좋습니다. 알겠습니다.	
vessel	[vésəl] 베슬	명 용기, 그릇, 선박
vest	[vest] 베스트	명 조끼, 속옷 타 자 옷을 입히다
vestige	[véstidʒ] 베스티쥐	명 (희미한) 형적, 자취
vesture	[véstʃər] 베스쳐	명 옷, 의복
veteran	[vétərən] 베터런	명 노련자, 베테랑
veto	[víːtou] 비-토우	명 거부권, 부인권 타 거부하다
vex	[veks] 벡스	타 성나게 하다
vexation	[vekséiʃən] 벡세이션	명 괴롭힘, 짜증
vibrate	[váibreit] 바이브레이트	타 자 떨다, 진동시키다
vibration	[vaibréiʃən] 바이브레이션	명 진동, 떨림
vice	[vais] 바이스	명 악덕, 악습 접 부, 차석의
vice-president	[vaisprézidənt] 바이스프레저던트	명 부통령, 부총재
vicinity	[visínəti] 비시너티	명 근처, 근방
vicious	[víʃəs] 비셔스	형 사악한, 악덕의
victim	[víktim] 빅팀	명 희생(자), 피해자
victor	[víktər] 빅터	명 승리자, 정복자 형 승리의
victorious	[viktɔ́ːriəs] 빅토-리어스	형 이긴, 승리의
victory	[víktəri] 빅터리	명 승리, 극복
victual	[vítl] 비틀	명 음식, 양식 타 자 식량을 공급하다
view	[vjuː] 뷰-	명 경치, 시력
	✓ **point of view** 관점	
view-point	[vjuːpɔint] 뷰-포인트	명 보는 관점, 견해
vigilance	[vídʒələns] 비절런스	명 경계, 조심
vigor	[vígər] 비거	명 활력, 원기
vigorous	[vígərəs] 비거러스	형 원기가 있는, 힘찬

vile

vile	[vail] 바일	형 야비한, 비열한
villa	[vílə] 빌러	명 별장, 교외주택
village	[vílidʒ] 빌리쥐	명 마을, 촌(락)
villain	[vílən] 빌런	형 악한, 악인
vine	[vain] 바인	명 포도나무, 덩굴 식품
vinegar	[vínigər] 비니거	명 초, 식초
vineyard	[vínjərd] 빈여드	명 포도밭, 포도원
violate	[váiəléit] 바이얼레이트	타 (법률, 규칙을) 위반하다
violence	[váiələns] 바이얼런스	명 맹렬, 폭력
violent	[váiələnt] 바이얼런트	형 과격한, 맹렬한
violet	[váiəlit] 바이얼릿	명 제비꽃, 보랏빛 형 보랏빛의
violin	[vàiəlín] 바이얼린	명 바이올린, 현악기
viper	[váipər] 바이퍼	명 독사, 살무사
virgin	[və́:rdʒin] 버-쥔	명 처녀, 아가씨 형 처녀의
virtue	[və́:rtʃu:] 버-츄-	형 선량한, 도덕적인
visage	[vízidʒ] 비지쥐	명 얼굴, 용모
visible	[vízəbəl] 비저벌	형 눈에 보이는, 명백한
vision	[víʒən] 비젼	명 시력, 시각
visit	[vízit] 비짓	타 자 방문하다 명 방문, 견학
	✓ **pay a visit to** ~를 방문하다	
visitor	[vízitər] 비지터	명 방문자, 문병객
visual	[víʒuəl] 비쥬얼	형 시각의, 눈에 보이는
vital	[váitl] 바이틀	형 생명의, 생명이 있는
vitality	[vaitǽləti] 바이탤러티	명 생명력, 활력
vitamin	[váitəmin] 바이터민	명 비타민
vivid	[vívid] 비비드	형 선명한, 산뜻한
vocabulary	[voukǽbjələri] 보우케벌레리	명 어휘, 용어

vulture

vocal	[vóukəl] 보우컬	형 소리의, 음성의
vogue	[voug] 보우그	명 유행, 인기
voice	[vɔis] 보이스	명 목소리, 음성 타 목소리를 내다
void	[vɔid] 보이드	형 빈, 공허한 명 공허
volcanic	[vɑlkǽnik] 발캐닉	형 화산의, 화산이 있는
volcano	[vɑlkéinou] 발케이노우	명 화산
volley	[vɑ́li] 발리	명 일제사격, 연발 타 자 사격하다
volleyball	[vɑ́libɔ̀:l] 발리볼-	명 배구
volume	[vɑ́lju:m] 발륨-	명 권, 책, 음량, 부피
voluntary	[vɑ́ləntèri] 발런터리	형 자발적인, 임의의
volunteer	[vɑ̀ləntíər] 발런티어	명 유지(有志), 지원자 타 자 지원하다
vomit	[vɑ́mit] 바밋	자 타 토하다, 분출하다
vote	[vout] 보우트	명 표결, 투표 타 자 투표하다
vow	[vau] 바우	명 맹세, 서약 타 자 맹세하다
vowel	[váuəl] 바월	명 모음(자) 형 모음의
voyage	[vɔ́iidʒ] 보이쥐	명 항해 타 자 항해하다
vulgar	[vʌ́lgər] 벌거	형 저속한, 야비한
vulture	[vʌ́ltʃər] 벌춰	명 독수리, 욕심쟁이

wade

wade	[weid] 웨이드	타 자 (강물을) 걸어서 건너가다
wafer	[wéifər] 웨이퍼	명 웨이퍼(과자의 일종)
waft	[wɑːft] 와-프트	타 가볍게 날리다 명 부동
wag	[wæg] 왝	타 자 흔들다, 움직이다
wage	[weidʒ] 웨이쥐	명 급여 타 (전쟁, 투쟁을) 수행하다
wagon	[wǽgən] 왜건	명 4륜의 짐마차, 화차
wail	[weil] 웨일	타 자 울부짖다, 비탄하다 명 통곡
waist	[weist] 웨이스트	명 허리
wait	[weit] 웨이트	타 자 기다리다, 대기하다
	✓ wait on 시중들다	
waiting-room	[wéitiŋruːm] 웨이팅루-움	명 대기실
wake	[weik] 웨이크	타 자 깨다, 일어나다
walk	[wɔːk] 워-	타 자 걷다, 산책하다 명 산보
wall	[wɔːl] 월-	명 벽, 담 타 담을 싸다
wallet	[wɑ́lit] 왈릿	명 지갑, 돈주머니
walnut	[wɔ́ːlnʌt] 월-넛	명 호두, 호두색
wan	[wɑn] 완	형 창백한, 핏기 없는
wander	[wɑ́ndər] 완더	자 헤매다, 빗나가다
wane	[wein] 웨인	자 이지러지다, 작아지다 명 쇠미
want	[wɔ(ː)nt] 원트	타 자 원하다, ~가 부족하다
	✓ in want of ~이 필요하여	
war	[wɔːr] 워-	명 전쟁, 싸움 자 전쟁하다
	✓ war of nerves 신경전	
warble	[wɔ́ːrbəl] 워-블	타 자 지저귀다 명 지저귐

356

ward	[wɔːrd] 워-드	명 감시, 감독 타 보호하다
warden	[wɔ́ːrdn] 워-든	명 감시인, 문지기
ware	[wɛər] 웨어	명 제품, 상품
warehouse	[wɛ́ərhàus] 웨어하우스	명 창고, 도매상 타 창고에 넣다
warfare	[wɔ́ːrfɛ̀ər] 워-페어	명 전쟁, 교전
warm	[wɔːrm] 워-엄	형 따뜻한 타 자 따뜻하게 하다
warn	[wɔːrn] 워-언	타 경고하다, 주의하다
warrant	[wɔ́(ː)rənt] 워런트	명 근거, 보증 타 보증하다
warrior	[wɔ́(ː)riər] 워리어	명 무인, 용사
warship	[wɔ́ːrʃip] 워-쉽	명 군함
wary	[wɛ́əri] 웨어리	형 주의 깊은, 세심한
was	[wʌz] 워즈	동 be의 1, 3인칭 단수 과거형
wash	[wɑʃ] 와쉬	타 자 씻다, 빨다 명 세탁
washing	[wɑ́ʃiŋ] 와싱	명 빨래, 세탁
waste	[weist] 웨이스트	형 거친 타 자 낭비하다 명 황무지
wasteful	[wéistfəl] 웨이스트펄	형 낭비하는, 사치스러운
watch	[wɑtʃ] 와취	명 휴대용 시계 타 자 주시하다
water	[wɔ́ːtər] 워-터	명 호수, 바다 타 자 물을 주다
	✓ above water (경제적)어려움을 모면하여	
waterfall	[wɔ́ːtərfɔ̀ːl] 워-터폴-	명 폭포, 늘어진 것
waterproof	[wɔ́tərprùːf] 워터프루-프	명 방수포, 방수복 형 방수의
waterway	[wɔ́ːtərwèi] 워-터웨이	명 운하, 수로
watery	[wɔ́ːtəri] 워-터리	형 물의, 물이 많은
wave	[weiv] 웨이브	명 물결, 파도 타 자 물결치다
waver	[wéivər] 웨이버	자 흔들리다, 너울거리다
wax	[wæks] 왁스	명 밀초 타 밀을 바르다, 증대하다
way	[wei] 웨이	명 길, 도로

we

- ✓ **get in the way** 방해가 되다
- ✓ **give way** 무너지다, 굴복하다

we	[wiː] 위-	때 우리는, 우리가
weak	[wiːk] 위-크	형 약한, 힘없는
weaken	[wíːkən] 위-컨	타 자 약하게 하다
wealth	[welθ] 웰쓰	명 부, 재산
wealthy	[wélθi] 웰씨	형 유복한, 풍부한
weapon	[wépən] 웨펀	명 무기, 병기
wear	[wɛər] 웨어	타 자 쓰다 명 착용, 소모
weary	[wíəri] 위어리	형 피로한, 지쳐있는
weasel	[wíːzəl] 위-절	명 족제비, 교활한 사람
weather	[wéðər] 웨더	명 일기, 날씨 타 자 풍화하다
weave	[wiːv] 위-브	타 자 짜다, 엮다
web	[web] 웹	명 거미집, 거미줄
wed	[wed] 웨드	타 자 결합하다, 결혼하다
wedding	[wédiŋ] 웨딩	명 결혼, 결혼식
wedge	[wedʒ] 웨쥐	명 쐐기 타 쐐기로 쪼개다
Wednesday	[wénzdei] 웬즈데이	명 수요일 (약어 Wed.)
wee	[wiː] 위-	형 조그마한, 아주 작은
weed	[wiːd] 위-드	명 잡초, 해초 타 자 잡초를 뽑다
week	[wiːk] 위-크	명 주, 일주일간
weekday	[wíːkdèi] 위-크데이	명 평일 형 평일의
weekend	[wíːkènd] 위-켄드	명 주말 형 주말의 자 주말을 보내다
weekly	[wíːkli] 위-클리	형 1주간의 부 매주 명 주간지
weep	[wiːp] 위-프	타 자 울다, 슬퍼하다
weigh	[wei] 웨이	타 자 저울에 달다, 무게를 달다
weight	[weit] 웨이트	명 무게, 체중 타 무겁게 하다

weird	[wiərd] 위어드	형 불가사의한, 수상한
welcome	[wélkəm] 웰컴	명 환영 형 환영받는 타 환영하다
	✓ You are welcome. 별 말씀을요. 천만에요.	
welfare	[wélfɛ̀ər] 웰페어	명 복지사업, 복리
well	[wel] 웰	부 잘, 훌륭히 형 건강한 감 저런, 글쎄
well	[wel] 웰	명 샘, 우물
were	[wəːr] 워-	동 be의 2인칭 단수, 1·2·3인칭 복수 과거형
west	[west] 웨스트	명 서쪽 형 서쪽의 부 서쪽에
western	[wéstərn] 웨스턴	형 서부지방의, 서양의
wet	[wet] 왯	형 젖은, 축축한 타 자 적시다, 젖다
whale	[hweil] 훼일	명 고래, 거대한 사람
wharf	[hwɔːrf] 휘-프	명 부두, 선창
what	[hwɑt] 왓	대 어떤 것, 얼마 형 무슨, 어떤
	✓ what is called 이른바	
	✓ What's the matter? 무슨 일입니까? 웬일입니까?	
whatever	[hwɑtévər] 왓에버	대 (~하는) 것은 무엇이나 형 어떤 ~이라도
wheat	[hwiːt] 휘-트	명 밀, 곡식
wheel	[hwiːl] 휘-일	명 바퀴, 수레바퀴
when	[hwen] 웬	부 언제 접 ~할 때 대 언제
whenever	[hwenévər] 웨네버	부 ~할 때에는 언제든지
where	[hwɛər] 웨어	부 어디에, 어느 위치에 명 장소
whereas	[hwɛ́ərǽz] 웨어래즈	접 ~인 까닭에, ~을 고려하면
whereby	[hwɛərbài] 웨어바이	부 (古語) 어떻게, 그에 의하여
wherefore	[hwɛ́ərfɔ̀ːr] 웨어포-	부 (文語) 어째서, 그러므로 명 이유
wherein	[hwɛərìn] 웨어린	부 (文語) 무엇 가운데에, 그 중에
wherever	[hwɛərévər] 웨어레버	부 어디에, ~하는 곳은 어디든지
whether	[hwéðər] 웨더	접 ~인지 어떤지, ~인지 또는

which

which	[*h*witʃ] 휘치	때 어느 것, 어느 쪽 형 어느 쪽의
whichever	[*h*witʃévər] 휘체버	때 형 어느 ~이든지, ~어느 것(이나)
whiff	[*h*wif] 휘프	명 한번 붐
while	[*h*wail] 와일	명 때, 시간 접 ~하는 동안에
whim	[*h*wim] 윔	명 일시적 기분, 변덕
whimper	[*h*wímpər] 휨퍼	타 자 훌쩍훌쩍 울다
whine	[*h*wain] 화인	타 자 애처롭게 울다
whip	[*h*wip] 휘프	명 매, 채찍질 타 자 채찍질하다
whirl	[*h*wə:rl] 훨-	타 자 빙빙 돌리다 명 회전, 선회
whirlwind	[*h*wə́:rlwìnd] 훨-윈드	명 회오리바람
whisk	[*h*wisk] 휘스크	명 작은 비, 총채 타 자 먼지를 털다
whisker	[*h*wískər] 휘스커	명 구레나룻, (고양이, 쥐의)수염
whisper	[*h*wíspər] 휘스퍼	타 자 속삭이다 명 속삭임
whistle	[*h*wísəl] 휘슬	타 자 휘파람을 불다 명 휘파람, 호각
white	[*h*wait] 화이트	형 흰, 백색의 명 흰옷
whiten	[*h*wáitn] 화이튼	타 자 희게 하다, 표백하다
whither	[*h*wíðər] 휘더	부 (文語) 어디로, 어느 방향으로
who	[huː] 후-	때 누구, 어떤 사람
whoever	[huːévər] 후-에버	때 ~하는 사람은 누구든지
whole	[houl] 호울	형 전체의, 전부의 명 전부
	✓ **on the whole** 전체적으로	
wholesale	[hóulsèil] 호울세일	명 도매 타 자 도매하다 형 도매의
wholesome	[hóulsəm] 호울섬	형 건강에 좋은, 건전한
wholly	[hóulli] 호울리	부 아주, 완전히
whom	[huːm] 훔-	때 누구를, who(누구)의 목적격
whose	[huːz] 후즈	때 누구의(who의 소유대명사)
why	[*h*wai] 와이	부 왜, 어째서 명 이유

wicked	[wíkid] 위키드	형 나쁜, 사악한
wide	[waid] 와이드	형 폭이 넓은, 너른
widow	[wídou] 위도우	명 미망인, 과부
width	[widθ] 윗쓰	명 넓이, 폭
wield	[wi:ld] 윌-드	타 (칼, 권력)을 휘두르다
wife	[waif] 와이프	명 처, 아내
wig	[wig] 위그	명 가발, 머리칼 타 가발을 씌우다
wild	[waild] 와일드	형 야생의, 야만의, 난폭한, 열광적인
wildcat	[wáildkæ̀t] 와일드캣	명 살쾡이, 다혈질의 사람 형 무모한
wilderness	[wíldərnis] 윌더니스	명 황야, 황무지
will	[wil] 윌	조 ~할 것이다 명 의지, 결의

✓ **against one's will** 본의 아니게

✓ **Any knife will do.** 아무 칼이나 괜찮다.

willful	[wílfəl] 윌펄	형 계획적인, 고집 센
willing	[wíliŋ] 윌링	형 기꺼이~하는, 자진해서 하는
willow	[wílou] 윌로우	명 버드나무
win	[win] 윈	타 자 획득하다, 이기다 명 승리
wince	[wins] 윈스	자 질리다, 움츠리다 명 주춤함
wind	[wind] 윈드	명 바람, 강풍 타 바람에 쐬다
wind	[waind] 와인드	타 자 감다, 휘감기다
windmill	[wíndmìl] 윈드밀	명 풍차
window	[wíndou] 윈도우	명 창, 창구
windy	[windi] 윈디	형 바람이 센, 말뿐인, 허무한
wine	[wain] 와인	명 포도주, 과실주
wing	[wiŋ] 윙	명 날개 타 날개를 달다

✓ **take wings** 비약적으로 신장하다

wink	[wiŋk] 윙크	타 자 눈을 깜박이다 명 눈짓

winner

winner	[wínər] 위너	명 승리자, 우승자
winter	[wíntər] 윈터	명 겨울, 만년 타 자 겨울을 나다
wintry	[wíntri] 윈트리	형 겨울의, 추운
wipe	[waip] 와입	타 닦다, 훔치다 명 닦기, 훔침
wire	[waiər] 와이어	명 철사, 전선 타 자 철사로 묶다
wireless	[wáiərlis] 와이얼리스	형 무선의, 전선의 명 무선, 라디오
wiry	[wáiəri] 와이어리	형 철사 같은, 뻣뻣한
wisdom	[wízdəm] 위즈덤	명 지혜, 현명
wise	[waiz] 와이즈	형 현명한, 분별 있는 타 자 알다
wish	[wiʃ] 위쉬	타 (현실과 반대의 소망을)바라다 명 소망
wistful	[wístfəl] 위스트펄	형 탐나는 듯한, 생각에 잠긴
wit	[wit] 위트	명 기지, 재치
witch	[witʃ] 위취	명 마녀, 무당
with	[wið] 위드	전 ~와 함께, ~의 속에
withdraw	[wiðdrɔ́ː] 위드로-	타 자 물러서게 하다, 회수하다
wither	[wíðər] 위더	타 자 시들다, 쇠퇴시키다
withhold	[wiðhóuld] 윗호울드	타 보류하다, 억누르다
within	[wiðín] 위딘	전 ~의 속에, ~ 이내에 부 안에
without	[wiðáut] 위다웃	전 ~없이, ~하지 않고
	✓ **without reserve** 사양하지 않고	
withstand	[wiðstǽnd] 윗스탠드	타 거역하다, 저항하다
witless	[wítlis] 윗리스	형 지혜(재치)없는, 분별이 없는
witness	[wítnis] 윗니스	명 증인 타 자 목격하다, 증언하다
witty	[wíti] 위티	형 재치 있는, 재담을 잘 하는
wizard	[wízərd] 위저드	명 (남자) 마술사, 요술쟁이
woe	[wou] 워우	명 비애, 고뇌
woke	[wouk] 워욱	동 wake(깨우다)의 과거

wolf	[wulf] 울프	명 늑대, 탐욕스런 사람
woman	[wúmən] 우먼	명 부인, 여자
won	[wʌn] 원	동 win(이기다, 얻다)의 과거
wonder	[wʌ́ndər] 원더	명 놀라움, 경이 타 자 놀라다
wonderful	[wʌ́ndərfəl] 원더펄	형 놀라운, 불가사의한
wont	[wɔːnt] 원-트	형 버릇처럼 된 명 습관, 풍습
woo	[wuː] 우-	타 구혼하다, 조르다
wood	[wud] 우드	명 숲, 수풀
wooden	[wúdn] 우든	형 나무의, 나무로 만든
woodman	[wúdmən] 우드먼	명 나무꾼, 산림간수
woodpecker	[wúdpèkər] 우드페커	명 딱따구리
wool	[wul] 울	명 양털, 털실
woolen	[wúlən] 울런	형 양털의, 양모로 된 명 모직물
word	[wəːrd] 워-드	명 말, 단어
work	[wəːrk] 워-	명 일, 작업 타 자 일하다
worker	[wə́ːrkər] 워-커	명 일손, 일꾼
working	[wə́ːrkiŋ] 워-킹	명 일, 노동 형 일하는
workshop	[wə́ːrkʃɑ̀p] 워-크샵	명 작업장, 공장
world	[wəːrld] 월-드	명 세상, 지구, 현세
	✓ all over the world 세계적으로	
worldly	[wə́ːrldli] 월-들리	형 속세의, 현세의
worm	[wəːrm] 웜-	명 벌레(지렁이, 구더기 류)
worry	[wə́ːri] 워-리	타 자 괴롭히다, 고민하다
worse	[wəːrs] 워-스	형 보다 나쁜 부 더욱 나쁘게
worship	[wə́ːrʃip] 워-십	명 숭배, 경모 타 자 숭배하다
worst	[wəːrst] 워-스트	형 가장 나쁜 부 가장 나쁘게
worth	[wəːrθ] 워-쓰	타 ~만큼의 값어치가 있는 명 가치

worthy	[wə́ːrði] 워-디	형 가치 있는, 훌륭한 명 명사
would	[wud] 웃	조 will(미래 조동사)의 과거, ~할 것이다
wound	[wuːnd] 운-드	명 부상, 상처 타 상처 입히다
wrap	[ræp] 랩	타 자 싸다, 덮다 명 어깨걸이
wrath	[ræθ] 래쓰	명 격노, 복수
wreath	[riːθ] 리-쓰	명 화환, 동그라미
wreathe	[riːð] 리-드	타 자 화환으로 만들다, 장식하다
wreck	[rek] 렉	명 파멸, 난파 타 자 파괴하다
wren	[ren] 렌	명 굴뚝새
wrench	[rentʃ] 렌취	명 비틀림 타 잡아떼다, 비틀다
wrest	[rest] 레스트	타 비틀다, 억지로 빼앗다
wrestle	[résəl] 레슬	타 자 레슬링을 하다 명 레슬링
wretch	[retʃ] 레취	명 불운한 사람, 비열한 사람
wretched	[rétʃid] 레취드	형 불운한, 비참한
wriggle	[rígəl] 리걸	타 자 꿈틀거리다 명 꿈틀거림
wrinkle	[ríŋkəl] 링컬	명 주름 타 자 주름지다
wrist	[rist] 리스트	명 손목
write	[rait] 라이트	타 자 쓰다, 저작하다
writhe	[raið] 라이드	타 뒤틀다 자 몸부림치다
writing	[ráitiŋ] 라이팅	명 씀, 필적
written	[rítn] 리튼	동 write(쓰다)의 과거분사 형 문자로 쓴
wrong	[rɔːŋ] 롱-	형 나쁜, 그릇된 명 악, 부정 부 잘못하여
wrought	[rɔːt] 로-트	동 work의 과거 형 만든, 가공한

Xerox	[zíərɑks] 지어락스	명 제록스(복사기 상표)
Xmas	[krísməs] 크리스머스	명 크리스마스(=Christmas)
X-ray	[éksrèi] 엑스레이	타 X선으로 검사하다 형 X선의
xylophone	[záiləfòun] 자일러포운	명 목금, 실로폰

yacht	[jɑt] 얏	명 요트, 쾌속정 자 경주를 하다
Yankee	[jǽŋki] 앵키	명 양키, 미국 사람 형 美 북부사람의
yard	[jɑːrd] 야-드	명 울안, 다당
yarn	[jɑːrn] 얀-	명 뜨개질, 방적사
yawn	[jɔːn] 욘-	타 자 하품하다 명 하품, 틈
yea	[jei] 예이	부 그렇다, 그렇지 명 찬성, 긍정
year	[jiər] 이어	명 년, 해

- all the year round 1년 내내
- for years 몇 년 동안

year-end	[jiərend] 이어엔드	형 연말의
yearly	[jíərli] 이얼리	형 연 1회의, 매년의
yearn	[jəːrn] 여-언	자 동경하다, 갈망하다
yeast	[jiːst] 이-스트	명 이스트, 효모

yell

yell	[jel] 옐	타 자 고함치다, 외치다 명 고함
yellow	[jélou] 옐로우	형 황색의 명 황색, 노란 옷
	✓ **yellow race** 황인종	
yelp	[jelp] 옐프	자 깽깽 울다, 소리치다
yeoman	[jóumən] 요우먼	명 자유민, 소지주
yes	[jes] 예스	부 예, 네, 그렇습니다.
yesterday	[jéstərdei] 예스터데이	명 부 어제, 어저께
yet	[jet] 옛	부 아직, 지금까지 접 그러나
yield	[ji:ld] 이-일드	타 자 산출하다, 주다 명 산출
YMCA	[waiémsi:ei] 와이엠싸-에이	약 기독교청년회
yoke	[jouk] 요우크	명 멍에 타 자 멍에를 씌우다
yonder	[jándər] 얀더	부 저쪽에, 저기에 형 저쪽의
you	[ju:] 유-	대 당신, 자네
	✓ **Are you there?** 여보세요? (전화)	
young	[jʌŋ] 영	형 젊은, 어린 명 (동물의) 새끼
youngster	[jʌ́ŋstər] 영스터	명 어린이, 젊은이
your	[juər] 유어	대 you의 소유격, 당신(들)의
yours	[juərz] 유어즈	대 당신의 것, 당신의 가족
yourself	[juərsélf] 유어셀프	대 당신 자신
	✓ **Help yourself to ~.** ~을 마음껏 드세요.	
yourselves	[juərsélvz] 유어셀브즈	대 당신들 자신(yourself의 복수)
youth	[ju:θ] 유-쓰	명 젊음, 청춘
youthful	[jú:θfəl] 유-쓰펄	형 젊은, 젊음에 넘치는

zeal	[zi:l] 자-일	몡 열심, 열중
zealous	[zéləs] 젤러스	혱 열심인, 열광적인
zebra	[zí:brə] 자-브러	몡 얼룩말
zenith	[zí:niθ] 자-니쓰	몡 절정, 정점
zero	[zíərou] 지어로우	몡 제로, 영점
zest	[zest] 제스트	몡 풍미, 묘미
zigzag	[zígzæg] 직잭	혱 지그재그의 튀 Z자형의
zinc	[ziŋk] 징크	몡 아연
zipper	[zípər] 지퍼	몡 지퍼, 지크(=fastener)
zone	[zoun] 조운	몡 띠, 지대 탸 자 띠로 두르다
zip code	[zípkoud] 집 코드	몡 (미국)우편번호
zoo	[zu:] 주-	몡 동물원
zoological	[zòuəládʒikəl] 조우얼라쥐컬	혱 동물학의, 동물에 관한
zoology	[zouálədʒi] 조우알러쥐	몡 동물학
zooming	[zú:miŋ] 주-밍	몡 급상승, 확대

한영사전
Korean-English Dictionary

가게

가게	store 스토어 shop 샵
가격	price 프라이스 value 밸류
	✔ 가격 인상(인하) markup (markdown)
가격표	price tag 프라이스택
가결(하다)	approval 어프루벌 / approve 어프룹
가계	family line 패밀리 라인 lineage 리니지
가계부	housekeeping accounts book 하우스키핑 어카운츠 북
가공(하다)	processing 프러세싱 / process 프러세스
가공의	imaginary 이미지너리 fictitious 픽티셔스
	✔ 가공인물 fictitious character
가공할	terrible 테러블 dreadful 드레드펄
가구	furniture 퍼니춰
가금(家禽)	domestic fowl 더메스틱 파울
가급적이면	if possible 이프 파서블
가까스로	barely 베얼리 narrowly 내로울리
가까이 하다	keep company with 킵 컴퍼니 위드
가깝다	near 니어 close to 클로우즈투
가끔	sometimes 썸타임즈 occasionally 어캐이저널리
가난	poverty 퍼버티 destitute 데스티튜트
가냘프다	slim 슬림 slender 슬렌더
가늘다	thin 딘 slim 슬림
가능성	possibility 파서빌리티
가능하다	possible 파서블 feasible 피저블
가다	go 고우 proceed 프러씨드 wear 웨어

가마

	✓ 이 가방은 오래 간다. This bag wear well.
가동(하다)	operation 아퍼레이션 / operate 아퍼레잇
가두다	shut in 셧인 imprison 임프리즌
가득	fully 풀리 to the full 투 더 풀
가득 차다	be filled up 비 휠드 업 become full 비컴 풀
가뜩이나	besides 비사이즈 furthermore 퍼더모어
가라앉다[마음]	calm down 캄 다운
가라앉다	sink 씽크 go down 고우 다운
가랑비	light rain 라잇 레인
가련하다	pitiful 피티펄 sad 새드
가렵다	itchy 이취
가로(街路)	street 스트릿 road 로우드
가로	width 윗쓰 breadth 브레쓰
가로등	street lamp 스트릿 램프
가로막다	interrupt 인터럽트 block 블락
가로수	roadside trees 로드사이드 추리즈
가로지르다	cross 크로스 go across 고우 어크로스
가로채다	take by force 테익 바이포스 snatch 스내취
가루	powder 파우더
가르다	divide 디바이드 separate 세퍼레잇
가르마	a part in one's hair 어 파트 인원스 헤어
가르치다	teach 티치 instruct 인스트럭트
가르침	lesson 렛슨 teaching 티칭
가리다	hide 하이드 disguise 디스가이즈
가리비	scallop 스칼럽
가리키다	point to 포인투 indicate 인디캐이트
가마	hair whirl 헤어 훨

371

가만히

가만히	quietly 콰이어틀리 softly 소프틀리
가망	prospect 프라스펙트 possibility 파서빌리티
가면	mask 마스크 disguise 디스가이즈
	✔ 가면을 쓰다 put on a mask
가명	assumed name 어숨드 네임
가문	one's family 원스 페밀리
가물	drought 드라웃
가발	wig 윅
가방	bag 백[소형] briefcase 브립케이스[서류용]
가볍다	light 라잇 slight 슬라잇
가부	right or wrong 라잇 오어 렁
가사(家事)	housework 하우스워크
가사(歌詞)	the lyrics 더 리릭스
가석방	parole 퍼로울
가설(假說)	hypothesis 하이파서시스
	✔ 가설을 세우다 hypothesize
가소롭다	ridiculous 리디큘러스
가속	acceleration 엑셀러레이션
가수	singer 싱어
가스	gas 개스
	✔ 가스가 나온다. (안 나온다) The gas is on. (off)
가스레인지	gas stove 개스토브
가슴	breast 브레스트 chest 체스트
가습기	humidifier 휴미디파이어
가시	thorn 쏜
가시밭길	thorny path 쏘니 패스
가업	family business 페밀리 비즈니스

가죽

가열(하다)	heating 히팅 / heat 히트
가엾다	pitiable 피티어블 poor 푸어
가옥	house 하우스 building 빌딩
가요	song 쏭
가운데	the middle 더 미들 the center 더 센터
가위	scissors 씨저즈
가위바위보	scissors-rock-cloth wrapper 씨저즈 락 클로스래퍼
가을	autumn 오텀 fall 폴
가이드	guide 가이드
가이드북	guidebook 가이드북
가입(하다)	joining 조인 / enter 엔터
가장(家長)	the head of a family 더 헤드 어버 페밀리
가장(假裝)	disguise 디스가이즈
가장	most 모스트 extremely 익스트림리
	✔ 가장 예쁜 소녀 the most beautiful girl 더 모스트 뷰티펄 걸
가장자리	edge 에지 brink 브링크
가전제품	household electric appliances 하우스홀드 일렉트릭 어플라이언시즈
가정(家庭)	home 홈 family 페밀리
가정교육	parental training 페어런털 추레이닝
가정환경	home environment 홈 인바이어런먼트
가정(假定)	supposition 서포지션
가제	gauze 거즈
가져오다	bring 브링
가족	family 페밀리
가족수당	family allowance 페밀리 얼라우언스
가족제도	the family system 더 페밀리 시스템
가죽	skin 스킨 hide 하이드 leather 레더

가

가지	branch 브랜취 bough 바우
가지 [채소]	eggplant 엑플랜트
가지다	have 햅 take 테익 possess 퍼제스
가짜	imitation 이미테이션 counterfeit 카운터휫
가차 없다	ruthless 루슬리스
가축	livestock 라이브스톡
가출	leaving home 리빙 홈
가치	value 밸류 worth 워쓰
가톨릭교	Catholicism 커샬러시즘
가해자	assailant 어쎄일런트
가혹하다	severe 씨뷔어 brutal 브루털
각(各)	each 이치 every 에브리
각(角)	angle 앵글
각각	respectively 리스펙팁리
각광을 받다	be in the spotlight 비 인더 스팟라이트
각료	the Cabinet ministers 더 캐비넷 미니스터즈
각막	cornea 코녀
각박하다	coldhearted 코울드하티드 unkind 언카인드
각본	play 플레이 drama 드라머 scenario 씨네어리오우
각설탕	cube sugar 큐브 슈거
각오하다	be ready for 비 레디 포
각자	each one 이치 원
	✓ 각자부담 합시다. Let's go Dutch.
각주	footnote 풋노우트
각축전	hot contest 핫 컨테스트
간	liver 리붜
간격	space 스페이스 interval 인터벌

간질이다

간결	brevity 브레버티
간결한	concise 컨사이스
간경변	cirrhosis 씨로우시스
간과하다	overlook 오버룩 miss 미쓰
간단한	simple 씸플 easy 이지
간단히 하다	abridge 어브리지 abbreviate 어브리비에잇
간드러지다	coquettish 코우케티쉬
간략하다	brief 브립
간병(하다)	nursing 너싱 / nurse 너스 look after 룩애프터
간부	managing staff 매니징 스탭
간사하다	sly 슬라이 cunning 커닝
간선도로	highway 하이웨이
간섭	intervention 인터벤션
간소	simplicity 씸플리서티
간수하다	keep 킵 store 스토어
간식	refreshments 리프레쉬먼츠 snack 스낵
간신히	barely 베얼리 narrowly 내로울리
간염	hepatitis 헤파티티스
간이주택	simple frame house 씸플 프레임 하우스
간장	soy sauce 소이소스
간접	indirectness 인다이렉트니스
간조	ebb 엡
간주곡	intermezzo 인터메초우
간주하다	consider ... as 컨시더 애즈
간지럽다	feel a tickle 필어 티클
간질	epilepsy 에펄렙시
간질이다	tickle 티클

간척(하다)

간척(하다)	reclamation 레클러메이션 / reclaim 리클레임
간첩	spy 스파이 secret agent 씨크릿 에이전트
간통	adultery 어덜터리
간판	signboard 사인보드
간행(하다)	publication 퍼블리케이션 / publish 퍼블리쉬
간호(하다)	nursing 너싱 / nurse 너스
간호사	nurse 너스
갇히다	be confined 비 컨파인드
갈다	grind 그라인드[가루] whet 휏[칼] plow 플로우[밭]
갈대	reed 리드
	✓ 사람은 생각하는 갈대다. Man is a thinking reed.
갈등	conflict 컨플릭트 discord 디스코드
갈라지다	crack 크랙 split 스플리트
갈매기	sea gull 씨걸
갈비	ribs 립스
갈색	brown 브라운
갈아타다	transfer 트랜스퍼 change cars(trains) 체인지 카즈(추레인즈)
갈채	cheers 치어즈 applause 어플로즈
갈치	scabbard fish 스캐버드 피쉬
감	persimmon 퍼시먼
감(感)	feeling 필링
	✓ 감을 믿다 rely on one's instincts
감가상각	depreciation 디프리쉬에이션
감각	sense 센스 feeling 필링
감격	deep emotion 딥 이모우션
	✓ 감격스러운 장면 dramatic (touching) scene
감금	confinement 컨파인먼트

감자

감기	cold 코울드 flu 플루
감기 걸리다	catch (a) cold 캐취 (어) 콜드
감다	wind 와인드 roll 롤
감독(하다)	supervision 수퍼비전 / supervise 수퍼바이즈
감동시키다	move 무브 touch 터취
감동적인	impressive 임프레시브 moving 무빙
감미롭다	sweet 스윗 mellow 멜로우
감사(監査)	inspection 인스펙션
감사기관	auditing agency 오디팅 에이전시
감사(하다)	thanks 쌩스 gratitude 그래티튜드 / thank 쌩크
	✓ 감사의 표시 token of gratitude
감상(感想)	one's impressions 원스 임프레션즈
감상(鑑賞)	appreciation 어프리쉬에이션
감상(感傷)	sentimentality 센티먼털리티
감상적	sentimental 센티멘털
감세	tax reduction 텍스 리덕션
감소(하다)	decrease 디크리즈
감속하다	slow down 슬로우다운
감수	submission 섭미션
감수성	sensibility 센서빌리티
감시(하다)	lookout 루카웃 / watch 워치
감싸다	wrap in 랩인
감언으로 꾀다	entice with fair words 인타이스 위드 페어 워즈
감염	infection 인펙션 contagion 컨테이전
감염되다	be infected 비 인펙티드
감옥	prison 프리즌
감자	potato 포테이토우

감전

감전	electric shock 일렉트릭 쇼크
감점	demerit mark 디메리트 마크
감정	feeling 필링 emotion 이모우션
감정이입	empathy 엠퍼씨
감정적	emotional 이모우셔널
감촉	touch 터치 feel 필
감추다	hide 하이드 conceal 컨실
감탄(하다)	admiration 어드머레이션 / admire 어드마이어
감행하다	dare 데어 carry out 캐리아웃
감히	boldly 볼들리 daringly 데어링리
갑갑한	stifling 스타이플링 stuffy 스터피
갑상선	thyroid gland 사이로이드 글랜드
갑옷	armor 아머
갑자기	suddenly 써든리 abruptly 업럽틀리
갑판	deck 덱
값	price 프라이스 value 밸류
값을 깎다	discount 디스카운트
값싸다	cheap 칩 low priced 로우 프라이스드
값지다	valuable 밸류어블 worthy 워씨
갓	fresh from 프레쉬 프럼
	✔ 고등학교를 갓 졸업한 소녀 a girl fresh from high school
강	river 리버
강간하다	rape 레입
강경하다	firm 펌 resolute 레절루트
강낭콩	kidney bean 킷니 빈
강당	hall 홀 auditorium 오디토리움
강도	robber 라버 burglar 버글러

개과천선

강력한	strong 스트롱 powerful 파워펄
강매하다	force A to sell 포스 투 셀
강박관념	obsession 업세션
강바닥	bed 벳
강사	lecturer 렉춰러 instructor 인스트럭터
강습	course 코스
강아지	puppy 퍼피
강연(하다)	lecture 렉춰
강요하다	force 포스 compel 컴펠

✔ 강인한 정신력 tenacious spirit

강제(하다)	compulsion 컴펄젼 / compel 컴펠
강제수용소	concentration camp 컨센트레이션 캠프
강조(하다)	emphasis 엠퍼시스 / emphasize 엠퍼사이즈
강좌	lecture 렉춰
강철	steel 스틸
강타	heavy blow 헤비 블로 slug 슬럭
강하다	strong 스트롱 powerful 파워펄
강화(講和)	peace 피스

✔ 강화조약을 체결하다 enter into a peace treaty

강화하다	strengthen 스트렝슨
갖추다	get it ready 게릿레디 equip 이큅
갖추어지다	become ready 비컴 레디
같게 하다	make even 메이크 이븐
같다	same 세임 be equal to 비 이퀄 투 similar 씨밀러
갚다	pay back 페이백 compensate for 컴펜세잇 포
개	dog 독
개과천선	repentance 리펜턴스

개관

개관	the opening of a hall 디 오프닝 어버 홀
개구리	frog 프록
개구쟁이	urchin 어친
개그	gag 객
개나리	forsythia 포시씨아
개념	general idea 제너럴 아이디어 concept 컨셉
개다 [날씨]	clear up 클리어럽
개다 [접다]	fold up 폴덥
개략(概略)	outline 아웃라인 summary 써머리
개량(하다)	improvement 임프루브먼트 / reform 리폼
개런티	guarantee 개런티
개막(하다)	the opening 디 오프닝 / open 오픈
개막전	opening game 오프닝게임
개미	ant 앤트
개발(하다)	development 디벨롭먼트 / develop 디벨롭
개발도상국	developing country 디벨로핑 컨추리
개방	opening 오프닝
개봉(하다)	release 릴리스[영화]
개봉관	first-run theater 퍼스트런 씨어터
개선(하다)	improvement 임프루브먼트 / improve 임프루브
개선문	triumphal arch 트라엄펄 아치
개설(하다)	set up 셋업 / establish 이스태블리쉬
개성	personality 퍼스널리티
개시(하다)	start 스타트 beginning 비기닝 / begin 비긴
개업	starting a business 스타팅 어 비즈니스
개요	outline 아웃라인
개인	individual 인디비주얼

거꾸로

	✓ 개인 사정 때문에 for some personal reasons
개인주의	individualism 인디비주얼리즘
개입(하다)	intervention 인터벤션 / intervene 인터빈
개점	the opening of a store 디 오프닝 어버 스토어
개정(하다)	revision 리비전 amendment 어먼드먼트
개정판	revised edition 리바이즈드 에디션
개조하다	remodel 리모델
개찰	inspection of tickets 인스펙션 어브 티키츠
개찰구	ticket gate 티킷 게이트
개척(하다)	cultivation 컬티베이션 / open up 오픈 업
개척자	pioneer 파이어니어
개최하다	hold 홀드 open 오픈
개축	rebuilding 리빌딩
개통되다	be opened to traffic 비 오픈드 투 트래픽
개혁하다	reform 리폼
개회(하다)	opening of a meeting 오프닝 어버 미팅 / open 오픈
개회식	opening ceremony 오프닝 세레머니
객관성	objectivity 업젝티비티
객관적인	objective 업젝티브
객석	seat 씨트 stand 스탠드
객실	room 룸 parlor 팔러
객차	passenger car 패신저 카
갯장어	pike conger 파이크 캉거
갱	gang 갱 gangster 갱스터
갱신(하다)	renewal 리뉴얼 / renew 리뉴
갸웃하다	incline one's head 인클라인 원스 헤드
거꾸로	upside down 업사이드 다운 headlong 헤들롱

거대한

거대한	huge 휴쥐 gigantic 자이갠틱
거두다	collect 컬렉트 gather 게더
거래(하다)	transaction 트렌섹션 / transact 트렌섹트
거르다	omit 오밋 skip 스킵 filter 필터[여과]
거름	manure 머뉴어
거리	distance 디스턴스 ✔ 거리를 두다 keep at a distance
거리끼다	hesitate 헤저테잇
거만한	arrogant 애러건트 insolent 인설런트
거머리	leech 리취
거무스름하다	blackish 블래키쉬
거물	leading figure 리딩 피겨 big shot 빅샷
거미	spider 스파이더
거미집	cobweb 캅웹
거부(하다)	denial 디나이얼 / deny 디나이
거부(巨富)	millionaire 밀리어네어
거부반응	rejection 리젝션
거북	tortoise 토토이스 turtle 터틀
거스름돈	change 체인지
거슬러 올라가다	go up 고우업
거실	living room 리빙룸
거역하다	oppose 어포우즈 go against 고우 어겐스트
거울	mirror 미러 glass 글래스
거의	about 어바웃 roughly 러프리
거인	giant 자이언트
거장	great master 그레잇 매스터
거절하다	reject 리젝트 refuse 리퓨즈

건반

거점	base 베이스 stronghold 스트롱홀드
거주(하다)	dwelling 드웰링 / reside 리자이드
거주자	resident 레지던트 inhabitant 인해비턴트
거지	beggar 베거
거짓	lie 라이 falsehood 폴스훗
거짓말쟁이	liar 라이어
거짓말하다	tell a lie 텔 어 라이
거치다	pass (go) through 패스(고우) 스루
거칠다	rough 러프 coarse 코어스
거품	bubble 버블 foam 폼
거행하다	hold 홀드 perform 퍼폼
걱정(하다)	anxiety 앵자이어티 / worry 워리
걱정거리	cause for worry 코즈 포 워리
건강	health 헬쓰
건강보험	health insurance 헬쓰 인슈어런스
건강상태	health condition 헬쓰 컨디션
건강진단	health checkup 헬쓰 첵컵
건강하다	healthy 헬씨 sound 사운드
건국	founding of a country 파운딩 어바 컨추리 ✓ 건국기념일 National Foundation Day
건너다	cross 크로스 go over 고우오버
건너편	the opposite side 디 어퍼짓 사이드
건널목	crossing 크로싱
건네다	hand 핸드 deliver 딜리버
건드리다	touch 터치 provoke 프러보우크
건물	building 빌딩
건반	keyboard 키보드

건방짐

건방짐	insolence 인설런스
	✔ 건방진 태도 arrogant attitude
건배(하다)	toast 토스트 / drink a toast to 드링커 토스투
건설	construction 컨스트럭션
	✔ 건설 중 be under construction
건성의	absent-minded 엡슨트마인딧
건장하다	sturdy 스터디 stout 스타웃
건재하다	be well 비 웰 be in good health 비인 굿 헬스
건전지	dry battery 드라이배터리
건전한	sound 사운드 wholesome 호울섬
건조(建造)하다	build 빌드 construct 컨스트럭트
건조(乾燥)한	dry 드라이
건조기	drier 드라이어
건지다	take 테이크 pick up 픽업
건초	hay 헤이
건축	building 빌딩 construction 컨스트럭션
건축가	architect 아키텍트
건축학	architecture 아키텍춰
건포도	raisin 레이진
걷다	walk 워크 go on foot 고우온 풋
걷어 올리다	turn up 턴 업 roll up 롤업
걸다	hang 행 suspend 써스펜드 bet 벳[돈]
걸레	dust-cloth 더스트클로스
걸리다	get caught in 겟 코트 인[잡히다] hang on(from) 행온
걸쇠	latch 래취 hook 훅
걸음	walking 워킹 step 스텝
	✔ 걸음을 옮기다 make progress

걸작	masterpiece 매스터피스
걸치다	lay over 레이오버 / put on 풋언
걸터타다	mount 마운트
걸핏하면	quite often 콰잇 어픈
검다	black 블랙 dark 다크
검도	swordsmanship 소어즈맨쉽
검문(하다)	checkup 체컵 / inspect 인스펙트
검문소	checkpoint 첵포인트
검사(檢事)	public prosecutor 퍼블릭 프러시큐터
검사	examination 익재미네이션 test 테스트
검색	search 서취
검소한	simple 씸플 frugal 프루걸
	✓ 검소한 생활 frugal living
검역	quarantine 쿼런틴
검열	inspection 인스펙션 censorship 센서쉽
검정	black 블랙
검정시험	licensing examination 라이센싱 익제미네이션
검정필	approved 어프루브드
검정하다	officially approve 오피셜리 어프루트
검진	medical examination 메디컬 익제기네이션
검찰	prosecution 프러시큐션
검찰청	public prosecutors office 퍼블릭 프러시큐터즈 오피스
검토	examination 익재미네이션 study 스터디
겁나다	be scared (frightened) 비 스캐어드 (프라이튼드)
겁 많은	cowardly 카워들리 timid 티미드
겁쟁이	coward 카워드
겉	outside 아웃사이드 surface 서피스

겉치레

겉치레	outward show 아웃워드 쇼우
게	crab 크랩
게걸스럽다	greedy 그리디
게다가	moreover 모어오버 besides 비사이즈
게릴라	guerrilla 거릴러
게시	notice 노우티스 bulletin 불루틴
게시판	notice board 노우티스 보드
게양하다	hoist 호이스트
게으르다	lazy 레이지 idle 아이들
게으름뱅이	lazy person 레이지 퍼슨
게을리 하다	neglect 니글렉트
게재(하다)	publication 퍼블리케이션 / publish 퍼블리쉬
겨	rice bran 라이스 브렌
겨냥	aim 에임
겨드랑이	armpit 암핏
겨루다	compete 컴피트
겨우	barely 베얼리
겨울	winter 윈터
겨자	mustard 머스타드
격	standing 스탠딩 status 스테이터스 ✔ 격이 오르다(내리다) rise (fall) in rank
격려하다	encourage 인커리지
격렬하다	violent 바이얼런트 intense 인텐스
격식을 차리다	be formal 비 포멀
격언	proverb 프라버브 maxim 맥심
격일로	every other day 에브리 아더 데이
격차	difference 디퍼런스 gap 갭

결산

격돌	crash 크러쉬
격투(하다)	grapple 그래플 / fight 파이트
격투기	combatant sports 컴배턴트 스포츠
겪다	go through 고우 스루 undergo 언더고우
견고하다	solid 솔리드 firm 펌
견본	sample 샘플
견본시	trade fair 트레이드 페어
견사	silk thread 실크 스레드
견습	apprenticeship 어프렌티스쉽
견실한	steady 스테디 reliable 릴라이어블
견인차	wrecker 렉커 tow truck 토우 트럭
견적	estimate 에스티메이트
견직물	silk goods 실크 굿즈
견학하다	observe 옵저브 visit 비짓
견해	opinion 오피니언 view 뷰
	✓ 그는 나와 견해가 다르다. He disagree with me.
결과	result 리절트 consequence 칸시퀀스
결국	after all 애프터 올 in the end 인디 엔드
결근(하다)	absence 앱슨스 / be absent 비 앱슨트
결단(하다)	decision 디시전 / decide 디사이드
결렬(되다)	breakdown 브레이크다운 / come to a rupture 컴투어 럽쳐
결론	conclusion 컨클루전
결말	end 엔드 result 리절트
결백	innocence 이너슨스 purity 퓨리티
결부시키다	join together 조인 투게더
결사적인	desperate 데스퍼릿
결산	settlement of accounts 세틀먼트 어브 어카운츠

결석하다

결석하다	be absent from 비 앱스트 프럼
결승전	the finals 더 화이널즈
결실	fruition 푸루션
결심(하다)	determination 디터미네이션 / decide 디사이드
결의(하다)	resolution 레절루션 / make up one's mind 메이컵 원스 마인드
결재	sanction 생션
결점	fault 폴트　weak point 위크 포인트
결정(結晶)	crystal 크리스털
결정(決定)	decision 디시전　determination 디터미네이션
결제(하다)	settlement 세틀먼트 / settle 세틀
결코	never 네버　by no means 바이 노우 민즈
결핍(되다)	shortage 쇼티지 / lack 렉
결함	defect 디펙트　fault 폴트
결합(하다)	combination 컴비네이션　union 유니언 / unite 유나이트
결핵	tuberculosis 튜버컬로우시스
결혼	wedding 웨딩
	✓ 결혼기념일 wedding anniversary
결혼반지	wedding ring 웨딩링
결혼식	wedding ceremony 웨딩 세러머니
겸손	modesty 마디스티　humility 휴밀리티
겸손한	modest 마디스트　humble 험블
겸하다	combine with 컴바인 윗
겹치다	pile up 파일 업　overlap 오버랩
경감	reduction 리덕션
경계(境界)	boundary 바운더리　border 보더
경계(하다)	caution 코션 / guard against 가드 어겐스트
경고	warning 워닝　caution 코션

경공업	light industries 라잇 인더스트리즈
경과하다	pass 패스 go by 고우바이
경기(景氣)	the times 더 타임즈 business 비즈니스
경기(競技)	competition 캄퍼티션
경기대회	athletic meet 어슬레틱 미트
경도	longitude 란저튜드
경력	career 커리어
경련	spasm 스패점 cramp 크램프
경례	salute 설루트 bow 바우
경로	course 코스 route 루트
경리	accounting 어카운팅
경리부	the accounting section 디 어카운팅 섹션
경마	horse racing 호스 레이싱
경마장	race track 레이스 추렉
경매	auction 옥션
경멸(하다)	contempt 컨템트 / despise 디스파이즈
경박한	frivolous 프리벌러스
경범죄	minor offense 마이너 오펜스
경보(競步)	walking race 워킹 레이스
경보(警報)	warning 워닝 alarm 얼람
경보기	alarm 얼람
경비(經費)	expenses 익스펜시즈 costs 코스츠
경비(하다)	defense 디펜스 guard 가드
경비원	security guard 씨큐리티 가드
경사(傾斜)	slope 슬로웁 inclination 인클라이네이션
경사스럽다	joyous 조이어스 happy 해피
경사진	slant 슬랜트 oblique 업리크

경솔하다

경솔하다	rash 래쉬 careless 케얼리스
경시하다	make light of 메이크 라이트 어브
경영	management 매니지먼트
경영자	manager 매니저
경영학	business administration studies 비즈니스 어드미니스트레이션 스터디즈
경우	case 케이스 occasion 어케이젼
경유하여	by way of 바이 웨이 어브 via 바이어

✔ 쿠바를 경유하여 뉴욕으로 항해하다 sail to New York by way of Cuba

경유	light oil 라잇 오일
경의	respect 리스펙트 esteem 이스팀
경의를 표하다	pay respects 페이 리스펙츠
경이	wonder 원더
경쟁(하다)	competition 캄퍼티션 / compete 컴피트 contend 컨텐드
경쟁력	competitive power 컴페터티브 파워
경제	economy 이카너미 finance 파이낸스
경제적인	economical 이커나미컬
경제학	economics 이커나믹스
경제학자	economist 이카너미스트
경종	warning 워닝

✔ 경종을 울리다 sound the alarm

경주(하다)	race 레이스 / run a race 러너 레이스
경찰	the police 더 펄리스
경찰관	police officer 폴리스 오피서
경찰서	police station 펄리스테이션
경첩	hinge 힌쥐
경축일	national holiday 내셔널 할러데이

계산(하다)

경치	scenery 씨너리 view 뷰
경칭	title of honor 타이틀 어브 아너
경쾌한	airy 에어리 light 라잇
경품	premium 프리미엄
경합(하다)	conflict 컨플릭트 / compete 컴피트
경향	tendency 텐던시
경험(하다)	experience 익스피리언스
	✓ 다양한 경험을 쌓다 gain various experience
경험자	experienced person 익스피리언스드 퍼슨
경호원	bodyguard 보디가드
곁	side 사이드
곁눈질하다	cast a side-glance 캐스트 어 사이드글랜스
곁들이다	garnish 가니쉬
계곡	valley 밸리
계급	class 클래스 rank 랭크
계기	chance 챈스 opportunity 아퍼튜니티
계단	stairs 스테어즈
계단의 층계참	landing 랜딩
계란	egg 엑
계란프라이	sunny-side up 써니사이드 업
계략	trick 트릭 stratagem 스트러터점
계량	measurement 매저먼트
계량기	meter 미터 gauge 게이지
계모	stepmother 스텝마더
계몽	enlightenment 인라이튼먼트
계보	genealogy 지니얼러지
계산(하다)	calculation 컬큘레이션 / calculate 컬큘레이트

계산기

계산기	calculator 컬큘레이터
계산서	bill 빌
계속(하다)	sequel 씨퀄 / continue 컨티뉴 last 래스트
계속해서	continuously 컨티뉴어슬리
계승(하다)	succession 석세션 / succeed to 석시드 투
계승자	successor 석세서
계약(하다)	contract 컨트랙트
계약금	deposit 디파짓
계약서	contract 컨트랙트
계엄령	martial law 마셜 로
계장	chief clerk 칩 클럭
계절	season 시즌
계좌	bank account 뱅크 어카운트 ✓ 계좌번호 the number of the account
계층	class 클래스 stratum 스트레이텀
계통	system 시스템
계통적	systematic 시스터메틱
계획(하다)	plan 플랜 project 프러젝트 / make a plan 메이커 플랜
고가(高價)	high price 하이 프라이스
고가사다리 소방차	ladder truck 래더 트럭
고가철도	elevated railroad 엘리베이티드 레일로드
고개	ridge 리쥐 pass 패스
고개	the head 더 헤드
고개를 갸웃하다	tilt one's head 틸트 원스 헤드
고객	customer 커스터머 client 클라이언트
고고학	archaeology 아키알러지
고구마	sweet potato 스윗 포테이토우

고국	native land 네이팁 랜드
고군분투	solitary struggle 살리테리 스트러글
고귀한	noble 노우블 valuable 밸류어블
고급	high-class 하이클래스
고급관리	high-ranking official 하이랭킹 오피셜
고기	flesh 플레쉬 meat 미트
고기압	high atmospheric pressure 하이 앳모스휘릭 프레저
고기잡이	fishing 피싱
고난	suffering 서퍼링 distress 디스트레스
고뇌	suffering 서퍼링
고달프다	weary 위어리 tired 타이어드
고대(古代)	ancient 에인션트
고도	altitude 앨터튜드
고독하다	solitary 살리테리 lonely 로운리
고동	beat 비트 pulsation 펄세이션
고드름	icicle 아이씨컬 ✓ 고드름이 매달려 있다. Icicles are hanging.
고등법원	high court 하이 코트
고등어	mackerel 맥커럴
고등학교	high school 하이스쿨
고딕체	Gothic 고딕
고래	whale 웨일
고래잡이	whale fishing 웨일 피싱
고려(하다)	consideration 컨시더레이션 / consider 컨시더
고령	advanced age 어드밴스드 에이지 ✓ 고령화 사회 aging society
고리	circle 써클 ring 링

고릴라

고릴라	gorilla 거릴러
고립(되다)	isolation 아이솔레이션 / be isolated 비 아이솔레이팃
고막	eardrum 이어드럼
고맙다	thankful 쌩크펄 grateful 그레잇펄
고매하다	noble 노우블 lofty 로프티
고무	rubber 러버
고무밴드	rubber band 러버 밴드
고문	adviser 어드바이저 counselor 카운슬러
고문(하다)	torture 토춰
고민하다	suffer from 써퍼 프럼
고발(하다)	accusation 어큐제이션 / accuse 어큐즈
고백(하다)	confession 컨페션 / tell 텔 confess 컨페스

✔ 사랑의 고백 declaration of love

고분	tumulus 튜멀러스
고비	peak 피크 climax 클라이맥스
고삐	rein 레인 bridle 브라이들

✔ 고삐를 잡다 take the reins

고상하다	noble 노우블 dignified 딕니파이드
고생(하다)	troubles 트러블즈 / work hard 웍 하드
고소공포증	acrophobia 애크로포우비어
고소하다 [맛]	tasty 테이스티 fragrant 프렉런트
고속	high speed 하이 스피드
고속도로	expressway 익스프레스웨이
고속버스	intercity bus services 인터시티 버스 서비스
고슴도치	hedgehog 헤지학
고시(하다)	notice 노우티스 announce 어나운스
고아	orphan 올펀

고체

고안(하다)	device 디바이스 / devise 디바이즈
고약	plaster 플레스터
고양이	cat 캣
고어	archaic word 아캐익 워드
고요	stillness 스틸니스 silence 사일런스
	✔ 폭풍 전의 고요 the silence before a storm
고용	employment 엠플로이먼트 / employ 엠플로이
고용인	employee 엠플로이
고용주	employer 엠플로이어
고원	plateau 플레토우
고유의	peculiar to 피큘리어 투
고음	high tone 하이톤
고의	intention 인텐션 purpose 퍼퍼스
고자질하다	tell tales 텔 테일즈
고장	breakdown 브레익다운 trouble 트러블
고장 나다	break down 브레익다운
고전(苦戰)	hard fight 하드 파이트
고전(古典)	classic 클래식
고전문학	classical literature 클래시컬 리터러춰
고정(시키다)	fixation 픽세이션 / fix 픽스
고정자산	fixed assets 픽스트 애셋
고조	elation 일레이션 uplift 업리프트
고지(하다)	notice 노우티스 / notify 노우티파이
고집(하다)	persistence 퍼시스턴스 / persist 퍼시스트
고집이 세다	tenacious 터네이셔스 obstinate 압스터닛
고찰(하다)	consideration 컨시더레이션 / consider 컨시더
고체	solid 솔리드

고쳐지다

고쳐지다	be repaired 비 리페어드
고추	red pepper 레드페퍼
고층빌딩	high rise 하이라이즈 skyscraper 스카이스크래이퍼
고치다	correct 커렉트 reform 리폼 repair 리페어 mend 멘드
고통	pain 페인 pang 팽
고통스럽다	tormenting 토멘팅 painful 페인펄
고통을 주다	cause pain 코즈 페인
고풍스러운	old-fashioned 오울드페션드
고하다	tell 텔 inform 인펌
고학년	upper grade 어퍼 그레이드
고향	home 홈 hometown 홈타운
고혈압	high blood pressure 하이 블럿 프레셔
고형	solid 솔리드
고환	testicles 테스티컬즈
곡(曲)	tune 튠 melody 멜로디
곡괭이	pickax 픽엑스
곡물	grain 그레인 cereals 씨리얼즈
곡선	curve 커브
곡예	acrobatics 애크러베틱스
곡해(하다)	distortion 디스토션 / distort 디스토트
곤란	difficulty 디프컬티 trouble 추러블 ✔ 곤란을 극복하다 overcome difficulties
곤충	insect 인섹트
곤혹	embarrassment 임배러스먼트
곧	soon 순 at once 앳 원스 immediately 이미디에이틀리
곧다	straight 스트레이트 upright 업라이트
골	goal 골

공고(工高)

골격	frame 프레임 build 빌드
골동품	curio 큐어리오우 antique 앤티크
골목	alley 앨리 bystreet 바이스트릿
골수	marrow 마로우
골인하다	reach the goal 리치 더 고울
골절	fracture 프렉춰
골키퍼	goalkeeper 고울키퍼
골판지	corrugated cardboard 코러게이티드 카드보드
골프	golf 골프
골프장	golf links 골프 링크스
곪다	fester 페스터 mature 머추어
곰	bear 베어
곰곰이	slowly and carefully 슬로울리 앤 캐어펄리
곰팡이	mold 몰드
곱다	beautiful 뷰티펄 sweet 스윗
곱셈	multiplication 멀티플리케이션
곱슬머리	curly hair 컬리 헤어
곱하다	multiply 멀터플라이
곳	place 플레이스 spot 스팟
공	ball 볼
공간	space 스페이스 room 룸
공갈	threat 스레트 blackmail 블랙메일
공감(하다)	sympathy 심퍼씨 / sympathize 심퍼싸이즈
공개하다	open ... to the public 오픈 투더 퍼블릭
공격하다	attack 어택 assault 어쏠트
공고(公告)	public announcement 퍼블릭 어나운스먼트
공고(工高)	technical high school 테크니컬 하이스쿨

공공

공공	public 퍼블릭 common 커먼
공공시설	public facilities 퍼블릭 퍼씰리티즈
공공연하게	openly 오픈리 publicly 퍼블리리
공공요금	public utility charges 퍼블릭 유틸리티 차쥐즈
공공사업	public works 퍼블릭 웍스
공교롭게도	unexpectedly 언익스펙티들리 accidentally 엑시덴털리
공구	tool 툴 implement 임플먼트
공군	air force 에어 포스
공급(하다)	supply 서플라이
공기	air 에어
공동	joint 조인트 cooperation 코우아퍼레이션
공동소유	joint-ownership 조인트 오우너쉽
공들여	laboriously 레이버리어슬리
공략(하다)	conquer 콩쿼 conquest 콩퀘스트 / capture 캡쳐
공로	merits 메리츠
공론	public opinion 퍼블릭 오피니언
공룡	dinosaur 다이너소어
공립	public 퍼블릭
공명심	love of fame 러브 어브 페임 ambition 앰비션
공무	official duties 오피셜 듀티즈
공무원	public officer 퍼블릭 오피서
공문서	official document 오피셜 도큐먼트
공방전	offensive and defensive battle 오펜시브 앤 디펜시브 배틀
공백	blank 블랭크
공범	complicity 컴플리서티
공범자	accomplice 어컴플리스
공복(空腹)	hunger 헝거

공장

공복(公僕)	public servant 퍼블릭 써번트
공부(하다)	study 스터디 work 워크
공부방	study 스터디
공사	work 워크 construction 컨스트럭션
공산당	the Communist Party 더 커뮤니스트 파티
공산주의	communism 커뮤니즘
공상(하다)	daydream 데이드림 / fancy 펜시
공상과학소설	science fiction 사이언스 픽션
공석	vacant seat 베이컨트 씨트 vacancy 베이컨시
공손하게	politely 펄라이틀리 courteously 커티어슬리
공수	air transport 에어 트랜스포트
공습	air raid 에어 레이드
공식	formality 포멀리티 formula 포뮬러[수학]
공식적인	official 오피셜
공업	industry 인더스트리

✔ 공업단지 industrial complex

공예	craft 크래프트
공용	common use 커먼 유즈
공원	park 파크
공원(工員)	factory worker 펙터리 워커
공원묘지	park cemetery 파크 시메트리
공인하다	officially recognize 오피셜리 레컥나이즈
공작(孔雀)	peacock 피칵
공작기계	machine tool 머신 툴
공작하다	maneuver 머뉴버
공장	factory 펙터리 plant 플랜트

✔ 공장실습 factory training

공적(功績)

공적(功績)	exploit 엑스플로이트
공정	the progress of work 더 프라그레스 어브 워크
공정한	just 저스트 fair 페어
공제(하다)	deduction 디덕션 / deduct 디덕트
공존(하다)	coexistence 코익지스턴스 / coexist 코익지스트
공주	princess 프린세스
공중도덕	public morality 퍼블릭 모럴리티
공중변소	public lavatory 퍼블릭 래버토리
공중전화	pay phone 페이 폰
공중제비	somersault 서머솔트
공증인	notary 노우터리
공터	unoccupied land 언아큐파이드 랜드
공통의	common 커먼
공통점	point in common 포인트 인 커먼
공평한	fair 페어 impartial 임파셜
공포	fear 피어 fright 프라이트 terror 테러
공표(하다)	announcement 어나운스먼트 / announce 어나운스
공학	engineering 엔지니어링
공항	airport 에어포트
공해	pollution 펄루션
공허	emptiness 엠티니스
공헌(하다)	contribution 컨트리뷰션 / contribute to 컨트리뷰트 투
공화국	republic 리퍼블릭
공황	panic 패닉
곶	cape 케입
과(科)	family 페밀리[생물] department 디파트먼트[학과]
과(課)	section 섹션 division 디비전

과즙

과거	the past 더 패스트
과대망상	megalomania 메걸로우매이니어
과도	excess 익세스
	✔ 과도한 운동 excessive exercise
과로	overwork 오우버웍
과목	subject 썹젝트
과묵한	reticent 레터선트 taciturn 태시턴
과밀한	tight 타잇 heavy 헤비
과반수	majority 머조리티
과부	widow 위도우
과세	taxation 텍세이션
과수원	fruit farm 프루트 팜 orchard 오치드
과시하다	show off 쇼우 오프 display 디스플레이
과식	overeating 오우버이팅
과실(過失)	fault 폴트 error 에러
과언	exaggeration 익재저레이션
	✔ ~라고 해도 과언이 아니다 It is not too much to say that ~
과연	indeed 인디드 as expected 애즈 익스펙티드
과일	fruit 프루트
과일가게	fruit store 프루트 스토어
과잉	excess 익세스 surplus 서플러스
과자	confectionery 컨펙셔너리 cake 케익
과장	section manager 섹션 매니저
과장(하다)	exaggeration 익제저레이션 / overstate 오버스테이트
과정	course 코스
과제	subject 썹젝트 theme 씸
과즙	fruit juice 프루트 주스

401

과학

과학	science 사이언스
과학자	scientist 사이언티스트
관(棺)	coffin 커휜
관(管)	tube 튜브 pipe 파입
관개	irrigation 이러게이션
관객	spectator 스펙테이터
관계	relation 릴레이션
관계되다	be concerned in 비 컨선드 인
관공서	government and municipal offices 가버먼트 앤 뮤니서펄 오피시즈
관광	sightseeing 사이트씨잉
	✓ 관광안내소 tourist information center
관광객	tourist 투어리스트
관광버스	sightseeing bus 사이트씨잉 버스
관념	idea 아이디어 conception 컨셉션
관념론	idealism 아이디얼리즘
관념적	conceptual 컨셉추얼
관대한	tolerant 탈러런트 generous 제너러스
	✓ 관대한 처벌 lenient punishment
관람석	seat 씻 stand 스탠드
관련(되다)	relation 릴레이션 / be related to 비 릴레이팃 투
관례	custom 커스텀 usual practice 유주얼 프랙티스
	✓ 관례를 따르다 observe the custom
관록	dignity 딕니티
관료	government official 가버먼트 오피셜 bureaucrat 뷰러크랫
관료주의	bureaucratism 뷰러크래티즘
관리(管理)	management 매니지먼트
관리(官吏)	government official 가버먼트 오피셜

관리인	caretaker 케어테이커 janitor 재니터
관리직	administrative post 엇미니스트레이팁 포스트
관상	physiognomy 피지악너미
관세	customs 커스텀즈 duty 듀티
관심	concern 컨선 interest 인터레스트
관심있는	be interested in 비 인터레스팃 인
관악기	wind instrument 윈드 인스트루먼트
관여(하다)	participation 파티시페이션 / participate 파티시페이트
관자놀이	temple 템플
관장	enema 에너머
관저	official residence 오피셜 레지던스
관절	joint 조인트
관절염	arthritis 아쓰라이티스
관점	viewpoint 뷰포인트
관제탑	control tower 컨트롤 타워
관중	spectator 스펙테이터 audience 오디언스
관찰(하다)	observation 옵저베이션 / observe 옵저브
관측소	observatory 옵저베이토리
관통하다	pierce 피어스 penetrate 페네트레이트
관하여	on 온 about 어바웃
관할	jurisdiction 주리스딕션 ✔ 관할구역 district of jurisdiction
관행	custom 커스텀 practice 프렉티스
관현악단	orchestra 오케스트라
괄호	bracket 브렉킷 parenthesis 퍼런서시스
광경	spectacle 스펙터클 scene 씬
광고	advertisement 애드버타이즈먼트 commercial 커머셜[TV의]

광고지

광고지	leaflet 리프릿 handbill 핸빌
	✔ 광고지를 뿌리다 scatter handbills
광년	light-year 라잇이어
광대뼈	cheekbone 칙본
광대한	vast 베스트 immense 이멘스
광맥	vein of ore 베인 어브 오어
광명	light 라잇 hope 호우프
광물	mineral 미네럴
광산	mine 마인
광석	ore 오어
광선	ray 레이 beam 빔
광업	mining 마이닝
광엽수	broad-leaf tree 브로드 립 추리
광을 내다	polish 폴리쉬
광장	square 스퀘어 open space 오픈 스페이스
광택	luster 러스터 gloss 글로스
광학	optics 옵틱스
괜찮다	fair 페어 not so bad 낫 소우 뱃
괴로움	anxiety 앵자이어티 worry 워리 pain 페인
괴롭다	painful 페인펄 hard 하드
괴롭히다	torment 토먼트 worry 워리
괴물	monster 먼스터
괴어 있는	stagnant 스텍넌트
괴짜	eccentric person 익센트릭 퍼슨
굉장하다	wonderful 원더펄 great 그레잇
교가	school song 스쿨 송
교감	vice-principal 바이스프린서펄

교차하다

교과	subject 섭젝트
교과서	textbook 텍스트북
교내	in the school 인 더 스쿨 / on campus 온 캠퍼스
교단	platform 플렛폼
	✓ 교단에 서다 stand on the platform
교대(하다)	shift 쉬프트 / take turns 테익 턴즈
교도소	prison 프리즌
교류	interchange 인터체인지
교묘한	skillful 스킬펄 dexterous 덱스터러스
	✓ 교묘한 거짓말 crafty lie
교문	school gate 스쿨 게잇
교미(하다)	copulation 코펄레이션 / mate 메잇
교부(하다)	issue 이슈
교사	teacher 티처
교섭(하다)	negotiation 니고우쉬에이션 / negotiate 니고우쉬에잇
교수	professor 프로페서
교습소	training school 트레이닝 스쿨
교실	classroom 클래스룸
교양	culture 컬춰 education 에주케이션
교외	suburbs 서법즈
교육(하다)	education 에주케이션 / educate 에주케이트
교장	principal 프린서펄
교재	teaching material 티칭 머티리얼
교제(하다)	association 어소시에이션 / keep company with 킵 컴퍼니 위드
교직	the teaching profession 더 티칭 프로페션
	✓ 교직자가 되다 enter the teaching profession
교차하다	cross 크로스 intersect 인터섹트

교차점

교차점	crossing 크로싱 crossroads 크로스로즈
교체하다	replace 리플레이스
교통	traffic 트래픽
	✔ 교통이 불편한 out-of-the-way
	✔ 교통이 좋은 convenient
교통규제	traffic regulation 트래픽 레귤레이션
교통사고	traffic accident 트래픽 엑시던트
교통표지	traffic sign 트래픽 사인
교향곡	symphony 심포니
교환(하다)	exchange 익스체인지
교활하다	cunning 커닝 sly 슬라이
교황	the Pope 더 포우프
교회	church 처취
교훈	lesson 레슨
구(區)	ward 워드 district 디스트릭트
구간	section 섹션
구걸	begging 베깅
구경(하다)	sight-seeing 사이트씨잉 / look at 룩앳
구경거리	sight 사잇 spectacle 스펙터클
구경꾼	spectator 스펙테이터
구급차	ambulance 앰뷸런스
구기종목	ball game 볼게임
구내	premises 프레미시스
구내매점	kiosk 키아스크
구더기	worm 웜 maggot 매것
구도	composition 컴퍼지션 design 디자인
구독	subscription 섭스크립션

구식

구동(시키다)	drive 드라이브
구두	shoe 슈
구두(口頭)	oral 오럴 verbal 버벌
구두끈	shoestring 슈스트링
구두약	shoe polish 슈 폴리쉬
구두쇠	miser 마이저 stingy man 스팅기 만
구둣주걱	shoehorn 슈혼
구레나룻	whiskers 휘스커즈
구르다	roll 롤
구름	cloud 클라우드
구매(하다)	purchase 퍼처스 / buy 바이
구매력	buying power 바잉파워
구멍	hole 홀 opening 오프닝
구명	life-saving 라이프세이빙
구별(하다)	distinction 디스팅션 / distinguish 디스팅귀쉬
구부러지다	bend 벤드 curve 커브
구부리다	bend 벤드 twist 트위스트
구분(區分)	partition 파티션 division 디비전
구사하다	make full use of 메이크 풀 유즈 어브
구상(하다)	conception 컨셉션 / shape one's ideas 쉐입 원스 아이디어즈
구석	nook 누크 corner 코너
	✔ 구석구석까지 every nook and cranny
구성(하다)	composition 컴포지션 / compose 컴포우즈
구성원	constituent 컨스티튜언트
구속영장	arrest warrant 어레스트 워런트
구술시험	oral examination 오럴 익제미네이션
구식	old style 올드 스타일

구실

구실	pretext 프리텍스트 excuse 익스큐즈
	✓ 구실을 만들다 make an excuse
구약성서	the Old Testament 디 올드 테스트먼트
구어	colloquial language 컬로우퀴얼 랭귀지
구역	area 에어리어 zone 존
구역질	nausea 노시어
구역질나다	feel nauseous 필 노셔스
구워지다	be roasted 비 로스티드 be broiled 비 브로일드
구원(하다)	relief 릴리프 / rescue 레스큐
9월	September 셉템버
구인	job offer 잡 오퍼
구입(하다)	purchase 퍼춰스 / buy 바이
구장	ball park 볼파크
구제(하다)	relief 릴리프 / aid 에이드
	✓ 구제의 손길 helping hand
구조	structure 스트럭처
구조(하다)	rescue 레스큐 / save 세이브
구조조정	restructuring 리스트럭춰링
구직활동	job hunting 잡 헌팅
구차하다	poor 푸어 trivial 추라이비얼 humiliating 휴밀리에이팅
구체적인	concrete 컨크리트
구충제	vermifuge 버머퓨쥐
구토(하다)	vomiting 붜미팅 / vomit 붜밋
구(求)하다	seek for 씨크 포 want 원트
구(救)하다	save 세이브 rescue 레스큐
구혼(하다)	proposal 프러포우절 / propose 프러포우즈
구획	division 디비전

국유의

국가(國家)	nation 네이션 state 스테이트
국가(國歌)	national anthem 내셔널 앤섬
국가원수	sovereign 사버린
국경	frontier 프런티어
국경일	national holiday 내셔널 할러데이
국고	the Treasury 더 트레저리
국교	diplomatic relations 디플로매틱 릴레이션즈 ✔ 국교단절 break of diplomatic relations ✔ 국교정상화 normalization of diplomatic relations
국기(國旗)	national flag 내셔널 플랙
국기(國技)	national sport 내셔널 스포트
국내	domestic 도메스틱
국내선	the domestic airline service 더 도메스틱 에어라인 서비스
국도	national highway 내셔널 하이웨이
국력	national strength 내셔널 스트렝스
국립	national 내셔널 state 스테이트
국민	nation 네이션 people 피플
국방	national defense 내셔널 디펜스
국보	national treasure 내셔널 트레저
국비	government expense 가버먼트 으스펜스
국산	domestic 도메스틱 home products 홈 프라덕츠
국세조사	census 센서스
국어	the national language 더 내셔널 랭귀지
국영	state-operated 스테잇오퍼레이티드
국왕	king 킹 monarch 모나크
국외	abroad 어브로드
국유의	national 내셔널

국익

국익	national interest 내셔널 인터레스트
국자	ladle 래들
국적	nationality 내셔널리티
국제	international 인터내셔널
국제결혼	international marriage 인터내셔널 매리지
국제법	international law 인터내셔널 로우
국제선	international air line 인터내셔널 에어 라인
국제연합	the United Nations 더 유나이팃 네이션즈
국제운전면허증	international driving license 인터내셔널 드라이빙 라이센스
국제전화	overseas telephone call 오버씨즈 텔러펀 콜
국토	national land 내셔널 랜드
국화	chrysanthemum 크리센서멈
국회	National Assembly 내셔널 어셈블리 Diet 다이엇
국회의원	member of the National Assembly 멤버 업 더 내셔널 어셈블리
군(郡)	county 카운티
군대	army 아미 troops 추롭스 forces 포시즈
군비	armaments 아머먼츠
군사정권	military regime 밀리터리 레지짐
군인	soldier 솔저 serviceman 서비스맨
군주	monarch 머나크 sovereign 사버린
군중	crowd 크라우드
군축	armaments reduction 아머먼츠 리덕션 ✔ 군축회의 disarmament conference
굳다	harden 하든
굴	oyster 오이스터
굴뚝	chimney 침니
굴레	bond 반드

굴절	bending 벤딩 refraction 리프렉션[빛]
굵기	thickness 씩니스
굵다	big 빅 thick 씩
굶주리다	go hungry 고우 헝그리 starve 스타브
굽다	roast 로스트
굽히다	bend 벤드 stoop 스툽
궁리(하다)	deliberation 딜리버레이션 / think over 씽크 오버
궁전	palace 팰리스
궁지	difficult situation 디프컬트 시추에이션
	✔ 궁지에 몰리다 be in a sad plight
~권[책]	volume 볼륨 copy 카피
권력	power 파워 authority 오쏘리티
권리	right 롸잇 privilege 프리빌리지
권위	authority 오쏘리티
권유(하다)	invitation 인바이테이션 / induce 인듀스
권총	pistol 피스톨 revolver 리볼버 gun 건
권태	weariness 위어리니스 ennui 안위
권하다	advise 어드바이즈
권한	competence 캄퍼턴스
궤도	orbit 오빗
귀	ear 이어
귀가하다	return home 리턴 홈
귀걸이	pierced earrings 피어스트 이어링즈
귀금속	precious metals 프레셔스 메탈즈
귀뚜라미	cricket 크리켓
귀마개	ear plugs 이어플러그스
귀신	ghost 고스트 demon 데먼

귀여워하다

귀여워하다	love 러브 pet 펫 caress 커레스
귀여운	lovely 러블리 charming 차밍
귀이개	earpick 이어픽
귀족	noble 노우블 aristocrat 아리스토크래트
귀중품	valuables 밸류어블즈
귀중한	precious 프레셔스 valuable 밸류어블
귀찮은	troublesome 트러블섬 nuisance 뉴이슨스
귀향	homecoming 홈커밍
귓불	lobe 로브
규모	scale 스케일
규범	norm 놈
규율	order 오더 discipline 디시플린
규정	regulation 레귤레이션
규칙적인	regular 레귤러
균열	crack 크랙
균일한	uniform 유니폼 even 이븐
균형	balance 밸런스 ✓ 균형을 잡다 keep one's balance
귤	tangerine 탠저린
그	that 댓
그 당시	at that time 엣 댓 타임
그 대신	instead 인스테드
그 뒤	after that 애프터 댓
그 사람들	they 데이
그 외	and so on 앤 소우온
그 정도	that much 댓 머치
그것	it 잇 that 댓

그리워하다

그네	swing 스윙
그녀	she 쉬
그늘	shade 쉐이드
그늘지다	darken 다큰
그때까지	till then 틸 덴
그랑프리	grand prix 그랑프리
그래서	and 앤드 then 덴
그래프	graph 그래프
그램	gram 그램
그러나	but 벗 however 하우에버
그러면	if so 입소우 in that case 인댓 케이스
그러므로	because 비코즈 so 소우
그럭저럭	somehow 섬하우 barely 베얼리
그런	such 서취
그런데	by the way 바이더 웨이
그렇다 하더라도	still 스틸 for all that 포 올댓
그렇지 않으면	otherwise 아더와이즈
그로부터	since then 신스 덴
그루터기	stump 스텀프
그룹	group 그룹 team 팀
그릇	vessel 베슬 container 컨테이너
그리고	and 앤
그리다	draw 드로 paint 페인트
그리스	Greece 그리스
그리스도	Christ 크라이스트
그리스어	Greek 그리크
그리워하다	long for 롱포 miss 미쓰

그린

그린	green 그린
그릴	grill 그릴
그림	picture 픽춰 figure 피겨
	✓ 그림의 떡 prize beyond one's reach
그림물감	paints 페인츠 colors 컬러즈
그림엽서	picture postcard 픽춰 포스트카드
그림자	shadow 쉐도우 silhouette 실루엣
그림책	picture book 픽처 북
그만두다	resign 리자인 leave 리브 stop 스탑
그물	net 넷
그밖에	besides 비사이즈 else 엘스
그을음	soot 수트
그저께	the day before yesterday 더 데이 비포 예스터데이
그쪽	that way 댓웨이 there 데어
극(劇)	play 플레이
극단	theatrical company 씨애트리컬 컴퍼니
극단적인	extreme 익스트림 excessive 익세시브
극동	the Far East 더 파 이스트
극락	paradise 패러다이스
극복하다	overcome 오버컴 get over 겟 오버
극작가	dramatist 드라마티스트 playwright 플레이롸이트
극장[연극]	theater 씨어터
극장[영화]	cinema theater 시네마 씨어터
극한	limit 리밋
	✓ 극한상황에서 in the extreme situation
극히	extremely 익스트림리
근거	foundation 파운데이션 ground 그라운드

글피

근거지	base 베이스
근거하다	be based on 비 베이스드 온
근대	modern ages 모던 에이지즈
근래(에)	in recent years 인 리슨트 이어즈
근력	muscular power 머스큘러 파워
근면한	industrious 인더스트리어스 diligent 딜리전트
근무(하다)	service 서비스 / serve 서브 work 워크
근본	foundation 파운데이션
근본적인	basic 베이직 fundamental 펀더멘틀
근성	nature 네이춰
근세	early modern ages 얼리 모던 에이지즈
근시	short-sight 숏사이트
근시안	myopia 마이오우피어
근원	origin 어리진 source 소스
근육	muscle 머슬
근육질	muscularity 머스큘러리티
근육통	muscle pain 머슬 페인
근절(하다)	eradication 이레디케이션 / eradicate 이레디케이트
근처	neighborhood 네이버훗 nearby 니어바이
근하신년	Happy New Year 해피뉴이어
근해	inshore 인쇼어
글	writings 라이팅즈 sentence 센텐스
글라스	glass 글래스
글라이더	glider 글라이더
글로벌	global 글로벌
글자	letter 레터 character 캐릭터
글피	two days after tomorrow 투데이 즈 애프터 터머로우

긁다

긁다	scratch 스크래치　rake 레이크
	✓ 긁어 부스럼 waking a sleeping dog
금	crack 크랙
금이 가다	become cracked 비컴 크랙트
금	gold 골드
금고	safe 세이프　vault 볼트
금관악기	brass instrument 브래스 인스트루먼트
금괴	lump of gold 럼프 어브 골드　gold bar 골드바
금리	interest rates 인터레스트 레이츠
금메달	gold medal 골드 메달
금물	taboo 터부
금발	fair hair 페어 헤어　blond 블론드[남자]　blonde 블론드[여자]
금붕어	goldfish 골드피시
금성	Venus 비너스
금세	in an instant 이넌 인스턴트
금속	metal 메탈
금액	amount 어마운트　sum 썸
금연(하다)	No Smoking 노우 스모킹 / give up smoking 기브업 스모킹
금연석	nonsmoking seat 넌스모킹 씨트
금연차	nonsmoking car 넌스모킹 카
금요일	Friday 프라이데이
금욕	stoicism 스토이시즘
금융	finance 파이넨스
금전	money 머니
금전감각	sense of money values 센스 어브 머니 밸류즈
금주(今週)	this week 디스 위크
금주(禁酒)	abstinence 앱스터넌스

기계공학

금지(하다)	prohibition 프러히비션 / prohibit 프러히빗
금품을 걸다	bet on 벳 온
금하다	forbid 포빗 prohibit 프러히빗
금혼식	golden wedding 골든 웨딩
급격한	sudden 서든 abrupt 업럽트
급등(하다)	sudden rise 서든 라이즈 / jump 점프
급료	pay 페이 salary 셀러리
급변	sudden change 서든 체인지
급성	acute 어큐트

✔ 급성폐렴 acute pneumonia

급소	vital part 바이털 파트 vulnerable spot 벌너러블 스팟
급속한	rapid 레피드 prompt 프럼프트
급수	water supply 워러 서플라이
급식	school lunch 스쿨런치
급여	salary 셀러리 pay 페이
급유	refueling 리퓨얼링
급진적인	radical 레디컬
급하다	urgent 어전트 imminent 이머넌트

✔ 급한 용무로 on urgent business

급행	hurry 허리
급행열차	express train 익스프레스 추레인
긍정(하다)	affirmation 어퍼메이션 / affirm 어펌
기(氣)	vigor 비거 energy 에너지 spirit 스피릿
기간	period 피리어드 term 텀
기간산업	key industries 키 인더스트리즈
기계	machine 머신 apparatus 어패러터스
기계공학	mechanical engineering 머캐니컬 엔지니어링

417

기관

기관	engine 엔진　machine 머신
기관사	engineer 엔지니어　engine driver 엔진드라이버
기관지	bronchus 브랑커스
기관지염	bronchitis 브론치티스
기관차	locomotive 로코모티브
기교	technique 테크닉　art 아트
기구(氣球)	balloon 벌룬
기구(器具)	utensil 유텐실　implement 임플먼트
기권	abstention 앱스텐션[투표]　abandonment 어밴던먼트
기근	famine 페민
기금	fund 펀드
기꺼이	with pleasure 위드 플레저
기껏해야	at most 앳 모스트
기념	commemoration 커메머레이션
기념비	monument 마뉴먼트
기념일	memorial day 메모리얼 데이
기능	function 펑션
기다	crawl 크롤　creep 크립
기다리다	wait 웨이트
기대(하다)	expectation 익스펙테이션 / hope 호우프　expect 익스펙트
기대다	lean on 린 온
기도	prayer 프레이어
기독교	Christianity 크리스채니티
기독교신자	Christian 크리스천
기동	maneuver 머뉴버　mobility 모빌리티
기둥	pillar 필러　post 포스트
기력	spirit 스피리트　grit 그리트

기사(技師)

기록(하다)	record 레코드
	✔ 이전 기록을 깨다 break the former record
기류	air current 에어 커런트
기르다	cultivate 컬티베이트 foster 포스터 raise 레이즈 grow 그로우
기름	oil 오일
기름기가 많다	oily 오일리
기린	giraffe 지라프
기립	stand up 스탠드업 rise 라이즈
기말시험	term-end examination 텀엔드 익제미네이션
기묘하다	strange 스트레인지 queer 퀴어
기민한	smart 스마트 quick 퀵
기밀	secrecy 시크러시 secret 시크리트
기반	base 베이스 foundation 파운데이션
기발하다	novel 너블 eccentric 익센트릭
기법	technique 테크닉
기본	basis 베이시스 standard 스탠더드
기본적인	basic 베이직 fundamental 펀더멘틀
기부(하다)	donation 도우네이션 / donate 도우네이트
기분	feeling 필링 sensation 센세이션 mood 무드
기분이 좋다	feel good 필 굿 comfortable 컴퍼터블
기분전환	pastime 페스타임 diversion 디버전
기뻐하다	be glad 비 글래드 be pleased 비 플리즈드
기쁘게 하다	please 플리즈 delight 디라이트
기쁘다	happy 해피 delightful 딜라이트펄
기쁨	joy 조이 delight 딜라이트
기사(記事)	article 아티클
기사(技師)	engineer 엔지니어

기색

기색	air 에어 look 룩
기생충	parasite 패러사이트
기선	steamer 스티머
	✓ 기선을 제하다 take the initiative
기성의	ready-made 레디메이드
기세가 꺾이다	be discouraged 비 디스커리지드
기소(하다)	prosecution 프러시큐션 / prosecute 프러시큐트
기수	rider 라이더
기숙사	dormitory 도미터리
기술	technique 테크닉 technology 테크놀로지
기술(하다)	description 디스크립션 / describe 디스크라이브
기술제휴	technical tie-up 테크니컬 타이업
기아	hunger 헝거
기압	atmospheric pressure 앳모스피어릭 프러셔
기억(하다)	memory 메머리 / memorize 메머라이즈
기억력	memory 메머리
기업	enterprise 엔터프라이즈
기업가	entrepreneur 앙트러프러너
기온	temperature 템퍼러춰
기와	tile 타일
기울다	lean 린 incline 인클라인
기원(起源)	origin 오리진
기원(祈願)하다	pray to 프레이 투
기입하다	write in 롸이트 인
기자회견	press interview 프레스 인터뷰
기장(機長)	plane captain 플레인 캡틴
기저귀	diaper 다이어퍼

기회

기적	miracle 미러클 wonder 원더
기적적인	miraculous 미러큘러스
기절(하다)	fainting 페인팅 / faint 페인트
기준	standard 스탠더드 basis 베이시스
기증(하다)	donation 도우네이션 / donate 도우네이트
기지	base 베이스
기진맥진한	exhausted 익조스티드
기질	character 캐릭터
기차	train 트레인
기척	sign 사인 indication 인디케이션
기체	gaseous body 개시어스 바디 gas 개스
기초	base 베이스 foundation 파운데이션
기초적인	fundamental 펀더멘털 basic 베이직
기초하다	draft 드래프트 draw up 드로 업
기침	cough 코프
기침약	cough remedy 코프레머디
기타	guitar 기타
기특한	laudable 로더블
기품	grace 그레이스 dignity 딕니티
기하	geometry 지오메트리
기한	term 텀 deadline 데드라인
기호(嗜好)	taste 테이스트
기호(記號)	mark 마크 sign 사인
기혼의	married 매리드
기회	opportunity 오퍼튜니티 chance 챈스
	✔ 기회를 잡다 seize an opportunity
	✔ 기회를 놓치다 let a chance slip away

기획(하다)

기획(하다)	plan 플랜 project 프러젝트
기후	climate 클라이밋 weather 웨더
긴급	emergency 이머전시
긴급조치	emergency measures 이머전시 메저즈
긴장(하는)	tension 텐션 / nervous 너버스
긴축	retrenchment 리트렌치먼트
긴축예산	reduced budget 리듀스트 버짓
길	way 웨이 road 로드
	✓ 길을 잃다 lose one's way
길게 하다	lengthen 렝슨 extend 익스텐드
길다	long 롱
길모퉁이	street corner 스트릿 코너
길이	length 렝스
김	steam 스팀 vapor 베이퍼
김[음식]	laver 레이버
깁스	plaster cast 플래스터 캐스트
깊다	deep 딥 profound 프러파운드
깊어지다	deepen 디픈
깊이	depth 뎁스
까다롭다	complicated 컴플리케이티드
까마귀	crow 크로우
~까지	to 투 as far as 애즈 파 애즈
까칠까칠하다	rough 러프 coarse 코어스
깎아주다	discount 디스카운트
깔끔하게	exactly 익젝틀리 accurately 애큐리틀리
깔다	lay 레이 spread 스프레드
깔보다	despise 디스파이즈

꼴사납다

깜박이다	wink 윙크 blink 블링크
깜빡 잊다	slip from one's memory 슬립 프럼 원스 메머리
깜빡이	blinker 블링커
깡마른	skinny 스키니
깡통	tin 틴 can 캔
깡통따개	can opener 캔 오프너
깨	sesame 세서미
깨끗한	clean 클린
깨다	break 브레익 crack 크랙
깨닫다	realize 리얼라이즈 notice 노우티스
깨뜨리다	tear 테어 break 브레익
깨지기 쉬운	fragile 프레절
꺼내다	draw out 드로 아웃 take out 테이크 아웃
꺼림칙하다	feel uneasy 필 언이지
꺾다	break 브레익 snap 스냅
껌	chewing gum 추잉검
껍질	skin 스킨 bark 바크 peel 필
	✔ 오렌지 껍질을 벗기다 peel an orange
껴안다	hold ... in one's arms 홀드 인 원스 암즈
꼬리	tail 테일
꼬집다	pinch 핀치 nip 닙
꼬챙이	spit 스핏
꼭 [정확히]	just 저스트 exactly 익젝틀리
꼭 [분명히]	surely 슈어리 certainly 서튼리
꼭두각시	puppet 퍼핏
꼭지 [수도]	tap 탭 faucet 포싯
꼴사납다	ugly 어글리 indecent 인디슨트

꼴찌

꼴찌	the last 더 래스트
꼼꼼한	exact 이그젝트 methodical 메소디컬
꽁치	saury 소리
꽃	flower 플라워
	✓ 꽃꽂이 flower arrangement
꽃가루	pollen 폴런
꽃다발	bouquet 부케
꽃무늬	floral pattern 플로럴 패턴
꽃병	vase 베이스
꽃봉오리	bud 벗
꽃잎	petal 페털
꽃집	flower shop 플라워 샵
꽤	fairly 페어리 pretty 프리티
꾀다	entice 인타이스
꾀병	feigned illness 페인드 일니스
꾸다	borrow 바로우 rent 렌트
꾸러미	package 패키지 parcel 파슬
꾸미다	decorate 데코레이트 ornament 오너먼트
꾸짖다	scold 스콜드 blame 블레임 reproach 리프로치
꿀	honey 허니
꿀벌	honeybee 허니비
꿈	dream 드림
꿩	pheasant 페전트
꿰매다	sew 소우 stitch 스티치
끄다	put out 풋아웃 extinguish 익스팅기쉬
끈	string 스트링 cord 코드
끈기	patience 페이션스

끈기 있는	patient 페이션트 tenacious 터네이셔스 persistent 퍼시스턴트
끈적끈적한	sticky 스티키
끊다	cut off 컷오프
끊어지다	cease 씨즈 break 브레익 stop 스탑
끊임없이	always 올웨이즈 all the time 올 더 타임
	✔ 끊임없는 발전 continuous development
끌어당기다	pull 풀 draw 드로 attract 어트렉트
끌어올리다	pull up 풀업 raise 레이즈
끓다	boil 보일 seethe 씨스
끔찍하다	terrible 테러블 cruel 크루얼
끝	bounds 바운즈 limits 리미츠 the end 디 엔드
끝나다	end 엔드 close 클로우즈 be completed 비 컴플리티드
끝내다	finish 피니쉬
끝없다	endless 엔들리스 limitless 리미틀리스
끼다	put in 풋인
끼얹다	dash 대쉬 pour on 포어온
끼워 넣다	insert 인서트
끼이다	get between 겟 비튄
낌새	secrets 씨크리츠 delicate signs 델리킷 사인즈

나

나	I 아이
나가다	go out 고우 아웃 get out 겟 아웃
나그네	traveler 추레벌러 visitor 비지터
나긋나긋한	soft 소프트 mild 마일드
나누다	divide 디바이드 part 파트 share with 쉐어 위드
나눗셈	division 디비전
나눠주다	distribute 디스트리뷰트
나돌다	circulate 써큘레이트 be around 비 어라운드
나라	country 컨추리 nation 내이션
나레이션	narration 내레이션
나르다	carry 캐리 convey 컨베이
나르시시즘	narcissism 나르시시점
나른하다	languid 랭귀드 dull 덜
나머지	the rest 더 레스트
나무	tree 추리
	✓ 나무그늘 the shade of a tree
나무라다	scold 스콜드 blame 블레임
나물	greens 그린즈 green stuff 그린 스텁
나뭇잎	leaf 리프
나방	moth 모쓰
나병	Hansen's disease 한센스 디지즈
나비	butterfly 버터플라이
나비넥타이	bow tie 보우타이
나빠지다	go wrong 고우 렁

낙엽

나쁘다	bad 뱃 naughty 노티
	✔ 나쁜 놈 bad guy
나사	screw 스크루
나선	spiral 스파이어럴
나아가다	go forward 고우 포워드 advance 어드밴스
나오다	come out 컴아우트
나이	age 에이지
	✔ 나잇값도 못하다 be thoughtless for one's age
나이 먹다	grow old 그로우 올드
나일론	nylon 나일런
나중에	later 레이터
나체	naked body 네이키드 바디 nudity 누디티
나침반	compass 컴퍼스
나타나다	come out 컴아웃 appear 어피어
나태한	lazy 레이지 idle 아이들
나트륨	sodium 소우디엄
나팔	trumpet 트럼펫
나팔꽃	morning-glory 모닝글로리
나프탈렌	naphthalene 내프설린
낙관(하다)	optimism 옵티미즘 / be optimistic 비 옵티미스틱
낙관적인	optimistic 옵티미스틱
낙농	dairy 데어리
낙담하다	lose heart 루즈 하트
낙도	isolated island 아이솔레이티드 아일런드
낙뢰	the falling of a thunderbolt 더 폴링 어버 썬더볼트
낙서(하다)	graffiti 그래피티 / scribble 스크리블
낙엽	fallen leaf 폴른 리프

낙엽수

낙엽수	deciduous tree 디시주어스 추리
낙오(하다)	straggling 스트러글링 / drop out of 드랍 아우러브
낙오자	dropout 드랍아웃
낙원	paradise 패러다이스
낙제(하다)	failure 페일려 / fail 페일
낙착되다	be settled 비 세틀드
낙천주의	optimism 옵티미즘
낙타	camel 캐멀
낙태(하다)	abortion 어보션 / cause abortion 코즈 어보션
낙하(하다)	drop 드랍 fall 폴
낙하산	parachute 패러슈트
낚다	fish 피쉬
낚시	fishing 피슁
낚싯대	fishing rod 피싱 로드
낚싯바늘	fishing hook 피싱 훅
낚싯줄	line 라인
난간	handrail 핸드레일
난국	difficult situation 디피컬트 시추에이션
난로	fireplace 파이어플레이스
난류	warm current 웜 커런트
난민	refugees 레퓨지즈
	✓ 난민구제 refugee aid
난방	heating 히팅
난색	disapproval 디스어프루벌
난소	ovary 오버리
난시	astigmatism 애스틱머티즘
난자	egg 엑 ovum 오범

날카롭다

난잡한	disorderly 디스오더리 lewd 루드
난처하게 하다	embarrass 임배러스 annoy 어노이
난청	difficulty in hearing 디피컬티 인 히어링
난초	orchid 오키드
난치병	incurable disease 인큐어러블 디지즈
난투	confused fight 컨퓨즈드 파이트
난파	shipwreck 쉽렉
난폭	violence 바이얼런스
난폭운전	reckless driving 렉리스 드라이빙
난폭한	violent 바이얼런트 rough 러프
	✔ 난폭하게 굴다 behave violently
난해하다	difficult 디피컬트 hard 하드
난황	yolk 요울크
날	edge 에지 blade 블레이드
날개	wing 윙
날개 치다	flutter 플러터 flap 플랩
날개깃	feather 페더 plume 플룸
날것	uncooked food 언쿡드 푸드
날다	fly 플라이 soar 소어
날리다	fly 플라이 blow off 블로우 오프
날씨	weather 웨더
날씬한 몸매	slim figure 슬림 피겨
날아가다	fly away 플라이 어웨이
날인(하다)	seal 씰
날조	fabrication 패브리케이션
날짜	day 데이 date 데이트
날카롭다	sharp 샵 pointed 포인티드

날품팔이

날품팔이	day laborer 데이 레이버러
남	others 아더즈 other people 아더 피플
	✓ 남의 일 other people's affairs
남극	the South Pole 더 사우스 포울
남극대륙	the Antarctic Continent 디 앤타틱 컨티넌트
남기다	leave behind 리브 비하인드 save 세이브
남녀	man and woman 맨 앤 우먼
	✓ 남녀노소를 불문하고 without distinction of age or sex
남다	remain 리매인 stay 스테이
남동생	(younger) brother (영거) 브라더
남미	South America 사우쓰 어메리카
남반구	the Southern Hemisphere 더 서던 헤미스피어
남부	the southern part 더 서던 파트
남북	north and south 노스 앤 사우스
남성	the male 더 메일 man 맨
남성적인	manly 맨리
남용(하다)	abuse 어뷰즈 overuse 오버유즈
남자	man 맨 male 메일
남작(男爵)	baron 배런
남장	male attire 메일 어타이어
남쪽	the south 더 사우쓰
남존여비	domination of men over woman 다머네이션 어브 맨 오버 우먼
남편	husband 허즈번드
남획	excessive fishing 익세시브 피싱
납[금속]	lead 리드
납(蠟)	wax 왁스
납기	the delivery date 더 딜리버리 데이트

납득하다	be convinced 비 컨빈스드
납세	payment of taxes 페이먼트 어브 텍시즈
납입하다	pay 페이
납작한	flat 플랫
납치(하다)	kidnaping 킷냅핑 hijack 하이잭
납품	delivery of goods 딜리버리 어브 굿즈
	✓ 납품전표 delivery statement
낫다[호전]	get well 겟 웰 recover from 리커버 프럼
낫다[우세]	preferable 프리퍼러블 better 베터
낭독(하다)	reading 리딩 / read 리드
낭떠러지	cliff 클립
낭만적인	romantic 로맨틱
낭비(하다)	waste 웨이스트
낭패	failure 페일려 frustration 프러스트레이션
낮	daytime 데이타임
낮다	low 로우 humble 험블
낮잠	afternoon nap 애프터눈 냅
낮추다	lower 로우어 drop 드랍 get down 겟 다운
낯가리다	be afraid of strangers 비 어프레이 드 어브 스트레인저즈
낯설다	strange 스트레인지 unfamiliar 언퍼밀리어
낯선 사람	stranger 스트레인저
낯익다	familiar 퍼밀리어 well-known 웰노운
낳다	bear 베어 give birth to 기브 버쓰 투
내각	Cabinet 캐비닛 Ministry 미니스트리
내과의사	physician 피지션
내구성	durability 듀러빌리티
내기	betting 베팅 gambling 갬블링

내기하다

내기하다	gamble 갬블 / bet 벳
내년	next year 넥스트 이어
내놓다	take out 테이크 아웃 let go 렛 고우
내다	put out 풋 아웃 show 쇼우
내던지다	throw out 스로우 아웃
내려가다	fall 폴 come down 컴 다운
내려다보다	look down 룩 다운
내리다[탈것에서]	get off 겟오프 get out of 겟 아우 러브
내리다[낮추다]	lower 라우어 take down 테익 다운
내면	inside 인사이드
내밀다	hold out 홀드 아웃
내버리다	throw away 스로우 어웨이
내버려두다	leave a thing alone 리브 어 씽 얼론 ✓ 나를 내버려둬. Leave me alone.
내복약	internal medicine 인터널 메디신
내부사정	internal affairs 인터널 어페어즈
내분	internal trouble 인터널 트러블
내빈	guest 게스트 visitor 비지터
내색하다	betray one's emotion 비트레이 원스 이모우션
내성	tolerance 탈러런스
내성적인	shy 샤이 timid 티미드
내성적인 사람	introvert 인트로버트
내세	afterlife 애프터라이프
내세우다	put up 풋업 stand by 스탠드 바이
내셔널리즘	nationalism 내셔널리즘
내수	domestic demand 도메스틱 디멘드
내수성의	water-resistant 워터리지스턴트

내숭떨다	dissemble 디셈블 play the hypocrite 플레이 더 히퍼크릿
내심	at heart 앳 하트
내열성의	heat-resist 히트 리지스트
내용	contents 컨텐츠
내의	underwear 언더웨어
내일	tomorrow 터모로우
내장	the internal organs 디 인터널 오건스
내재(성)	immanence 이머넌스
내적	inner 이너 internal 인터널
내정(內政)	domestic affairs 도메스틱 어페어즈
	✓ 내정간섭 intervention in domestic affairs
내정(內定)	unofficial decision 언오피셜 디시전
내조	internal aid 인터널 에이드
내진	earthquake-proof 어쓰퀘이크프룹
내쫓다	expel 익스펠 drive out 드라이브 아웃
내출혈	internal bleeding 인터널 블리딩
내통	secret communication 씨크릿 커뮤니케이션
내후년	the year after next 더 이어 애프터 넥스트
냄비	pan 팬
냄새	smell 스멜 odor 오더
냄새 맡다	smell 스멜 sniff 스니프
	✓ 불쾌한 냄새가 나다 stink, smell bad
냇가	riverside 리버사이드
냉각(하다)	refrigeration 리프리제레이션 / cool 쿨
냉기	chill 칠
냉난방	air conditioning 에어컨디셔닝
냉담한	cold 콜드 indifferent 인디퍼런트

냉대하다

냉대하다	treat coldly 트리트 콜드리
냉동(하다)	freezing 프리징 / freeze 프리즈
냉동식품	frozen food 프로즌 푸드
냉동실 [냉장고]	freezer 프리저
냉방	air conditioning 에어 컨디셔닝
냉장고	refrigerator 리프리제레이터
냉전	cold war 콜드워
냉정한	cool 쿨 calm 캄
냉해	damage from cold weather 데미지 프롬 콜드 웨더
냉혹(하다)	cruelty 크루얼티 / cruel 크루얼
너	you 유
너구리	raccoon dog 래쿤독
너그럽다	generous 제너러스 tolerant 탈러런트
너덜너덜한	ragged 래기드
넉넉하다	enough 이넙 ample 앰플 plentiful 플렌티펄
넋을 잃다	be absent-minded 비 앱슨트마인디드
넌센스	nonsense 넌센스
넌지시 비치다	hint 힌트 suggest 서제스트
널다	spread out 스프레드 아웃 stretch 스트레치
널빤지	board 보드
넓다	wide 와이드 broad 브로드
넓이	width 윗씨[폭] area 에어리어[면적]
넓적다리	thigh 싸이
넓히다	widen 와이든 broaden 브로든
넘겨주다	hand over 핸드오버 pass over 패스오버
넘겨줌	delivery 딜리버리
넘다	exceed 익시드 pass 패스

노려보다

넘어지다	tumble down 텀블다운 fall 폴
넘치다	overflow 오버플로우 flood 플러드
넙치	flatfish 플랫피쉬
넝마	rags 랙스
넣다	put in 풋 인 pack in 팩인
네덜란드	Holland 홀랜드 the Netherlands 더 네덜런즈
네모	square 스퀘어 four cornered 포 코너드
네온	neon 니안
네팔	Nepal 니폴
넥타이	necktie 넥타이 tie 타이
	✓ 넥타이를 매다 wear a necktie
녀석	fellow 펠로우 guy 가이
노(櫓)	oar 오어 paddle 패들
노를 젓다	pull an oar 풀 언 오어
노골적인	plain 플레인 outspoken 아웃스포큰
	✓ 노골적인 표현 straightforward expression
노년	old age 올드 에이지
노동(하다)	labor 레이버 work 워크
노동력	manpower 맨파워 labor 레이버
노동시간	working hours 워킹아워즈
노동자	laborer 레이버러 worker 워커
노동쟁의	labor dispute 레이버 디스퓨트
노동조합	labor union 레이버 유니언
노랑색	yellow 옐로우
노래(하다)	song 쏭 / sing 씽
노래방	karaoke 카라오케
노려보다	glare at 글레어엣

435

노력

노력	effort 에퍼트 endeavor 인데버
노력하다	make an effort 메이컨 에포트 try hard 추라이 하드
노르웨이	Norway 노어웨이
노리다	aim at 에임 앳
노리개	plaything 플레이씽 toy 토이
노사	labor and management 레이버 앤 매니지먼트
노새	mule 뮬
노선	route 루트 line 라인
노쇠	senility 씨나일리티
노스탤지어	nostalgia 노스탤저
노안	farsightedness 파사이티드니스
노여움	anger 앵거 rage 레이지
	✓ 노여움을 사다 arouse one's anger
노예	slave 슬레이브
노이로제	neurosis 뉴어로우시스
노이즈	noise 노이즈
노인	old man 올드맨 the aged 디 에이지드
노점	stall 스톨 booth 부쓰
노출(하다)	exposure 익스포져 / expose 익스포우즈
노코멘트	No comment 노우 코멘트
노크(하다)	knock 녹
노트	notebook 노트북
노파	old woman 올드 우먼
노하우	know-how 노우하우
노화(하다)	aging 에이징 / age 에이지
노후한	timeworn 타임원
녹	rust 러스트

농가

녹다	melt 멜트 dissolve 디졸브 thaw 쏘-
녹색	green 그린
녹슬다	go rusty 고우 러스티
녹아웃	knockout 노카우트
녹음(하다)	recording 레코딩 / record 레코드
녹차	green tea 그린티
녹초가 되다	become exhausted 비컴 익조스티드
녹화(錄畵)	videotape recording 비디오테입 레코딩

✔ 녹화방송을 하다 broadcast by electrical transcription

논	rice field 라이스 필드
논리	logic 라직
논리적인	logical 라지컬
논리학	logic 라직
논문	essay 엣세이
논밭	fields 필즈 farm 팜
논스톱	non-stop 넌스탑
논의	argument 아규먼트 discussion 디스커션
논쟁하다	argue 아규 dispute 디스퓨트
논픽션	nonfiction 넌픽션
놀다	amuse oneself 어뮤즈 원셀프 play 플레이
놀라게 하다	surprise 서프라이즈 astonish 어스타니시
놀라다	be surprised 비 서프라이즈드
놀라움	surprise 서프라이즈 wonder 원더
놀리다[장난]	make fun of 메이크 펀 어브 tease 티즈
놀리다[움직임]	move 무브
놋쇠	brass 브래스
농가	farmhouse 팜하우스

농구

농구	basketball 배스킷볼
농기구	farming tool 파밍툴
농담	joke 조우크 jest 제스트 fun 펀
농담하다	tell a joke 텔 어 조우크
농도	density 덴서티
농민	peasant 페전트 farmer 파머
농산물	farm product 팜 프러덕트
농아자(聾啞者)	deaf-mute 데프뮤트
농약	agricultural chemicals 애그리컬추럴 케미컬즈
농어	perch 퍼치
농업	agriculture 애그리컬춰
농장	farm 팜 plantation 플렌테이션
농지	agricultural land 애그리컬추럴 랜드
농촌	farm village 팜 빌리지
농축(하다)	concentration 컨센트레이션 / condense 컨덴스
농후한	thick 씩 dense 덴스
높다	high 하이 tall 톨
높아지다	rise 라이즈
높이	height 하이트 altitude 앨티튜드
높이다	raise 레이즈
높이뛰기	high jump 하이점프
높이 평가하다	appreciate 어프리쉬에이트
놓다	place 플레이스 lay down 레이 다운
놓아주다	let go 렛 고우 set free 셋 프리
놓치다	miss 미스 lose 루즈
뇌	brain 브레인

✔ 뇌리를 떠나지 않다 linger in one's mind

눈뜨다

뇌물	bribery 브라이버리 bribe 브라이브
뇌염	encephalitis 인세펄라이티스
뇌졸중	apoplexy 애퍼플렉시
뇌진탕	concussion of the brain 컨커션 어브 더 브레인
뇌출혈	cerebral hemorrhage 세러브럴 허모리지
누를 끼치다	bring trouble upon others 브링 추러블 어판 아더스
누구	who 후 somebody 섬바디 [불특정인]
누군가	someone 썸원 somebody 썸바디
누나	elder sister 엘더 시스터
누르다	push 푸시 press 프레스
누름단추	push button 푸시버튼
누설하다	leak out 리크 아웃
누에	silkworm 실크웜
누적(되다)	accumulation 어큐멀레이션 / accumulate 어큐멀레이트
누차	repeatedly 리피티들리 over and over 오버 앤 오버
눈(眼)	eye 아이
눈빛	the expression of one's eyes 디 익스프레션 어브 원스 아이즈
눈(雪)	snow 스노우
눈(芽)	bud 버드 sprout 스프라우트
눈가리개	blindfold 블라인드폴드
눈감다	close one's eyes 클로우즈 원스 아이즈 ✓ 눈감아주다 turn a blind eye to
눈금	scale 스케일 graduation 그래주에이션
눈까풀	eyelid 아이리드
눈곱	eye mucus 아이머커스
눈동자	pupil 퓨필
눈뜨다	open one's eyes 오픈 원스 아이즈 awake 어웨이크

눈매

눈매	eyes 아이즈 look 룩
눈물	tears 티어즈
눈물겹다	tearful 티어펄 touching 터칭
눈보라	snowstorm 스노우스톰
눈부시다	glaring 글레어링 brilliant 브릴런트
눈사태	avalanche 애벌란쉬
눈썹	eyebrow 아이브라우
눈알	eyeball 아이볼
눈엣가시	eyesore 아이소어
눈에 띄게	remarkably 리마커블리
눈치	tact 택트 sense 센스 quick wit 퀵위트
눈치 채다	become aware 비컴 어웨어
눕다	lie down 라이 다운
뉘앙스	nuance 뉘앙스
뉘우치다	regret 리그렛 repent of 리펜트 어브
뉴스	news 뉴스
뉴질랜드	New Zealand 뉴질런드
느끼다	feel 필 be aware of 비 어웨어 러브
느끼하다	greasy 그리지 fatty 패티
느낌	feeling 필링 impression 임프레션
	✓ 좋은 느낌을 주다 impress a person favorably
느리다	sluggish 슬러기쉬 slow 슬로우
느슨하게 하다	loosen 루슨 unfasten 언패슨
느슨한	loose 루스
느티나무	zelkova 젤커버
늑골	rib 립
늑대	wolf 울프

늑막	the pleura 플루어러
늘다	increase 인크리즈 gain 게인
늘어놓다	put things in order 풋 씽즈 인오더 arrange 어레인지
늘어뜨리다	hang down 행다운
늘어서다	line up 라인업
늙다	grow old 그로우 올드
능가(하다)	surpass 서패스
능동성	activity 액티비티
능동적인	active 액티브
능란하다	skillful 스킬펄 dexterous 덱스터러스
능력	ability 어빌리티 capacity 커패서티
능률	efficiency 이피션시
능률적인	efficient 이피션트
능숙한	proficient 프라피션트 good at 굿앳
능숙함	skill 스킬 proficiency 프라피션시
늦다	be late for 비 레잇 포 be delayed 비 딜레이드
늦잠자다	oversleep 오버슬립
늦추다	loosen 루슨 slow down 슬로우 다운
늪	marsh 마쉬 bog 복
니스	varnish 바니쉬
니켈	nickel 니컬
니코틴	nicotine 니코틴
니트웨어	knitwear 니트웨어
님비현상	the NIMBY phenomena 더 님비 피나메나

다가가다

다가가다	go near 고우 니어 approach 어프로치
다가오다	approach 어프로치 draw near 드로 니어[날짜]
다각적인	many-sided 매니사이딧 versatile 버서틀
다국적	multinational 멀티내셔널
	✔ 다국적기업 multinational company
다니다	commute to 커뮤투 attend 어텐드
다다음주	the week after next 더 위크 애프터 넥스트
다도	tea ceremony 티 세러머니
다듬다	trim 트림 refine 리파인
다락	garret 개럿 attic 애틱
다람쥐	squirrel 스쿼럴
다랑어	tuna 튜너
다루다	handle 핸들 treat 트릿
다르다	differ from 디퍼 프럼
다름없다	be the same 비더 세임 be alike 비 얼라이크
다리	leg 렉
	✔ 다리를 꼬다 cross one's legs
다리(橋)	bridge 브리지
다리미	iron 아이언
다만	but 벗 however 하우에버
다발	bundle 번들 bunch 번치
다방면의	many-sided 매니사이딧 all-around 올어라운드
다소	somewhat 썸왓 a little 어리틀
다수	majority 머저리티

다수결	decision by majority 디시전 바이 머저리티
다스	dozen 더즌
다스리다	rule 룰 govern 거번
다시	again 어겐 once more 원스 모어
다시마	kelp 켈프 tangle 탱글
다시 하다	try again 트라이 어겐
다운로드(하다)	download 다운로드
다음	the next 더 넥스트 following 팔로잉
	✓ 다음 기회에 in the next time
다음날	the next day 더 넥스트 데이
다음달	next month 넥스트 먼쓰
다이빙	diving 다이빙
다이아몬드	diamond 다이어먼드
다이어트	diet 다이엇
다이옥신	dioxin 다이악신
다진 고기	minced meat 민스트 미트
다채로운	multicolored 멀티컬러드 various 베리어스
다큐멘터리	documentary 다켜멘터리
다투다	fight 파이트 quarrel 쿼럴
다툼	trouble 트러블
다하다	run out 런 아웃 exhaust 익조스트
다행	good fortune 굿 포춘
다혈질	sanguine character 생귄 캐릭터
닦다	polish 팔리쉬 wipe 와이프
단거리	short distance 숏 디스턴스
단결	union 유니언 cooperation 코오프레이션
단계	step 스텝 stage 스테이지

단골

단골	customer 커스터머 frequenter 프리퀜터
단기	short term 숏텀
단념하다	give up 기법 abandon 어밴던
단단하다	hard 하드 solid 솔리드
단독	individual 인디비주얼 single 싱글
단락	settlement 세틀먼트[업무] paragraph 패러그래프[문장]
단련	temper 템퍼[금속] training 트레이닝[심신]
단면	section 섹션 phase 페이즈
단면도	cross-section 크로스섹션
단명	short life 숏라이프
단발	bobbed hair 밥드 헤어
	✔ 단발머리 소녀 a girl with bobbed hair
단백질	protein 프로테인
단세포	single-cell 싱글셀
단서	clue 클루
단속하다	control 컨트롤 regulate 레귤레이트
단수	singular 싱귤러
단순하다	plain 플레인 simple 심플
단식요법	starvation cure 스타베이션 큐어
단식하다	fast 패스트
단신	short stature 숏 스태추어
단안(斷案)	decision 디시전
단어	word 워드
단언(하다)	assertion 어서션 / assert 어서트
단위	unit 유닛
단절	extinction 익스팅션 severance 세버런스
단점	defect 디펙트 shortcoming 숏커밍

달리다

단정(斷定)/하다	conclusion 컨클루전 / conclude 컨클루드
단정(端正)하다	decent 디슨트 neat 니트
단조로운	monotonous 모노터너스 dull 덜
단지(團地)	housing complex 하우징 컴플렉스
	✔ 아파트 단지 apartment complex
단체	party 파티 organization 오거나이제이션
	✔ 단체 생활 group living
단추	button 버튼
단축(하다)	curtailment 커테일먼트 / shorten 쇼튼
단층	fault 폴트
단파	shortwave 숏웨이브
단편	short piece 숏 피스
단편소설	short story 숏 스토리
단풍	red leaves 레드 리브즈 maple 메이플
단호히	resolutely 레절루트리 firmly 펌리
닫다	shut 셧 close 클로우즈
달	moon 문[천체] month 먼쓰[기간]
달걀	egg 엑
달걀부침	omelet 오믈렛
달다 [맛]	sweet 스윗 sugary 슈거리
달다 [걸다]	hang 행 put up 풋업
달라붙다	stick to 스틱 투 cling to 클링 투
달래다	calm 캄 soothe 수쓰
달러	dollar 달러
달려들다	jump at 점프 앳
달력	calendar 캘린더
달리다	run 런 dash 대쉬

달밤

달밤	moonlight night 문라잇 나이트
달변의	eloquent 엘러컨트 fluent 플루언트
달성하다	accomplish 어컴플리시 achieve 어취브
달팽이	snail 스네일
달하다	reach 리치 arrive at 어라이브 앳
닭	fowl 파울 chicken 치킨
닭고기	chicken 치킨
닭장	coop 쿱 hen-house 헨하우스
닮다	resemble 리젬블 be alike 비 얼라이크
닳다	wear out 웨러라웃
담[가래]	phlegm 플렘
담	wall 월 fence 펜스
담그다	soak in 소우킨 dip in 디핀
담다	dish up 디쉬업
담당(하다)	take charge of 테익 차쥐 오브
담당자	person-in-charge 퍼슨인차쥐
담박한	frank 프랭크 light 라이트
담배(피우다)	tobacco 터배코우 / smoke 스모욱
	✓ 담배를 끊다 quit smoking
담배꽁초	cigarette end 시거렛엔드
담보	mortgage 모기지
담석	gallstone 골스토운
담수	fresh water 프레쉬 워터
담쟁이덩굴	ivy 아이비
담화(하다)	conversation 칸버세이션 / talk 토크
답	answer 앤서 reply 리플라이
답답하다	gloomy 글루미 oppressive 오프레시브

대강

당(黨)	party 파티
당구	billiard 빌리어드
당국	the authority 디 오쏘리티
당근	carrot 캐럿
당기다	draw 드로 pull 풀
당나귀	ass 애스 donkey 동키
당뇨병	diabetes 다이어비티스
당당하다	stately 스테잇리 dignified 딕니파이드
당번	being on duty 빙 온 듀티
당분	sugar 슈거
당분간	for the time being 포더 타임 빙
당시	at that time 앳 댓 타임
당신	you 유
당연한	proper 프라퍼 just 저스트 natural 내추럴
	✓ 당연한 일 a matter of course
당원	party member 파티멤버
당일	on that day 온댓 데이
당장	at once 앳 원스
당좌예금	checking account 체킹 어카운트
당첨(되다)	prize winning 프라이즈 위닝 / win a prize 윈어 프라이즈
당하다	meet with 미트 위드 encounter 인카운터
당혹	embarrassment 임배러스먼트 confusion 컨퓨전
닻	anchor 앵커
닿다	reach 리치 touch 터치
대(對)	versus 버서스
대가	great master 그레잇 매스터 authority 오쏘리티
대강	outline 아웃라인 roughly 러프리

대개

대개	generally 제너럴리
대결(하다)	confrontation 컨프런테이션 / confront 컨프런트
대구	cod 캇
대국	great nation 그레잇 내이션
대규모	large-scale 라지 스케일
대금	price 프라이스 cost 코스트
대기	atmosphere 앳모스피어
	✓ 대기오염 air pollution
대기만성	late bloomer 레잇부머
대나무	bamboo 뱀부
대뇌	cerebrum 시리브럼
대다	put 풋 apply 어플라이 lay 레이
대다수	a large majority 라지 머저리티
대단하다	wonderful 원더풀 great 그레잇
대담한	bold 볼드 daring 데어링
대답	answer 앤서 reply 리플라이
대동맥	aorta 에이오터
대들다	defy 디파이 rise against 라이즈 어겐스트
대등한	equal 이퀄 even 이븐
대략	outline 아웃라인 about 어바웃
대량	mass 매스 large quantities 라지 퀀터티즈
	✓ 대량생산 구조 the structure of mass production
대령	colonel 커널 [육군] captain 캡틴 [해군]
	flight colonel 플라이트 커널 [공군]
대륙	continent 컨티넌트
대륙붕	continental shelf 컨티넌털 셸프
대륙성기후	continental climate 컨티넌털 클라이밋

대리	agency 에이전시 proxy 프락시
대리석	marble 마블
대립(하다)	opposition 오퍼지션 / oppose 어포우즈
대마	marijuana 매러화너
대만	Taiwan 타이완
대망(大望)	great desire 그레잇 디자이어
대망(待望)의	long-awaited 롱어웨이티드
대매출	sale 세일
대머리	bald head 볼드 헤드
대면하다	meet 미트 face 페이스
대명사	pronoun 프러넌
대문자	capital letter 캐피털 레터
대범한	generous 제너러스 magnanimous 맥내니머스
대법원	the Supreme Court 더 수프림 코트
대변	feces 피시즈
대변인	spokesman 스폭스먼
대본	playbook 플레이북 script 스크립트
대부	loan 론 credit 크레딧
대부분	most 모우스트 the greater part 더 그레이터 파트
대비(하다)	provision 프라비전 / prepare 프리페어
대사(大使)	ambassador 앰버서더
대사(臺詞)	speech 스피치 dialogue 다이얼로그
대사관	embassy 엠버시
대상	target 타깃
대서양	the Atlantic 디 애틀랜틱
대세	the general trend 더 제너럴 트렌드
대수	algebra 앨지브러

대승

대승	grand victory 그랜드 빅터리
대신하다	replace 리플레이스
대안	alternative 올터너티브
대야	tub 텁 washtub 워쉬텁
대용으로	instead of 인스테드 어브 for 포
대용품	substitution 섭스티튜션
대우(하다)	treatment 트리트먼트 / treat 트리트
대응(하다)	correspondence 커레스판던스
대인관계	personal relations 퍼스널 릴레이션즈
대장(隊長)	commander 커맨더 captain 캡틴
대장(大腸)	the large intestine 더 라지 인테스틴
대장염	colitis 컬라이티스
대전하다	fight with 파이트 위드
	✔ 대전 성적 win-loss records
대접하다	entertain 엔터테인 treat 트리트
대조(하다)	contrast 칸트래스트
대조적인	contrasting 칸트래스팅
대중	the masses 더 매시즈 the general public 더 제너럴 퍼블릭
대중성	popularity 파퓰러러티
대중화	popularization 파퓰러리제이션
대지(垈地)	site 사이트 ground 그라운드
대차대조표	balance sheet 밸런스 쉬트
대책	measures 매저즈
대체(代替)	substitution 섭스티튜션
대추(나무)	jujube 주주브
대출	loan 론 lending 렌딩
대통령	president 프레이지던트

대퇴	thigh 싸이
대패	plane 플레인
대패질하다	plane 플레인 / smooth 스무쓰
대포	gun 건 cannon 캐넌
대폭	by a large margin 바이 어 라지 마진
대표	representative 리프리젠터티브
대표단	delegation 딜리게이션
대표이사	representative director 리프리젠터티브 디렉터
대표하다	represent 리프리젠트
대피하다	take shelter 테이크 쉘터
대피소	turnout 턴아웃 passing-place 파싱플레이스
대하다	face 페이스 confront 컨프런트
	✔ 친절하게 대하다 act kindly toward a person
대학	university 유니버시티 college 칼리지
대학생	university student 유니버시티 스튜던트
대학원	graduate school 그레주잇 스쿨
대합	clam 클램
대합실	waiting room 웨이팅 룸
대항	opposition 오퍼지션 rivalry 라이벌리
대행하다	act for 액트 포
대형	big 빅 large 라지
대화	conversation 칸버세이션 dialogue 다이얼로그
대회	general meeting 제너럴 미팅
댁	your house 유어 하우스 you 유
댄스홀	dance hall 댄스홀
댐	dam 댐
더	more 모어

더 낫다

더 낫다	better 베터
더듬다	search 써치 look for 룩포
더러움	dirt 더트 stain 스테인
더러워지다	become dirty 비컴 더티
더럽다	dirty 더티 soiled 소일드
더부룩이	shaggy 쉐기
더불어	together 투게더 with 위드
더빙(하다)	dubbing 더빙 / dub 덥
더욱더	still more 스틸모어 further 퍼더
더위	heat 히트 hot weather 핫 웨더
더하다	add to 애드 투
덕	virtue 버추 goodness 굿니스
덕택	help 헬프 favor 페이버
	✓ 당신의 친절 덕택에 thanks to your kindness
던지다	throw 드로우 cast 캐스트
덤	addition 애디션 extra 엑스트러
덤불	bush 부쉬
덤비다	go at 고우앳 turn upon 턴 어판
덥다	hot 핫 sultry 설트리
덧니	snaggle-tooth 스내글투쓰
덧붙이다	add 애드
덧셈	addition 어디션
덧없다	transient 트랜션트 ephemeral 이페머럴
덩굴	vine 봐인
덩어리	lump 럼프 mass 매스
덫	trap 추랩
	✓ 덫을 놓다 set (lay) a trap

덮개	cover 커버 covering 커버링
덮다	cover 커버 hide 하이드
덮치다	attack 어택
데다	burn 번 get burned 겟 번드
데려가다	take a person with 테이크 어 퍼슨 위드
데리고나가다	take out 테이크 아웃
데모	demonstration 데먼스트레이션
데뷔(하다)	debut 데뷔
데생	drawing 드로잉 sketch 스케치
데스크	desk 데스크
데이터	data 데이터
데이터베이스	data base 데이터베이스
데이트(하다)	date (with) 데이트 (위드)
데쳐지다	be boiled 비 보일드
덴마크	Denmark 덴마크
도(度)	degree 디그리
도감	illustrated book 일러스트레이티드 북
도구	instrument 인스추루먼트 tool 툴
도금(하다)	gilding 길딩 / plate 플레이트 gild 길드
도기(陶器)	earthenware 어쓴웨어
도깨비	bogy 보기 monster 먼스터
도끼	ax 액스 hatchet 해칫
도난	robbery 라버리
	✔ 도난경보기 burglar alarm
도난당하다	be burglarized 비 버글러라이즈드
도난방지	antitheft 앤티씨프트
도넛	doughnut 도우넛

도달(하다)

도달(하다)	arrival 어라이벌 / arrive 어라이브
도대체	what on earth 왓 온 어쓰
도덕	morality 모럴리티
도도하다	arrogant 애러건트 proud 프라우드
도둑	thief 씨프 burglar 버글러
도둑질	theft 쎄프트
도락	hobby 하비 pastime 패스타임
도랑	ditch 디치
도로	road 로드
	✓ 도로교통법 the Road Traffic Control Law
도롱뇽	salamander 샐러맨더
도르래	pulley 풀리
도리	justice 저스티스 reason 리즌
도마	cutting board 커팅 보드
도마뱀	lizard 리저드
도망	escape 이스케이프
도망가다	run away 런 어웨이 flee 플리
도매	wholesale 호울세일
도매가	wholesale price 호울세일 프라이스
도면	drawing 드로잉
도무지	uttery 어터리 entirely 엔타이어리 at all 앳 올
도미	sea bream 브림
도미노	domino 다머노우
도미니카	Dominica 다머니커
도박	gambling 갬블링
도보	walking 워킹
도산	bankruptcy 뱅크럽트시

도토리

도서	book 북
	✓ 도서전시회 book exhibition
도서관	library 라이브러리
도시	city 시티 town 타운
도시락	lunch 런치
도안	design 디자인
도약(하다)	jump 점프 leap 리프
도예	ceramics 시레믹스
도와주다	help 헬프 give aid 기브 에이드
도움	help 헬프 aid 에이드
도움닫기	approach run 어프로치 런
도움이 되다	be useful 비 유스펄
도입(하다)	introduction 인트러덕션 / introduce 인트러듀스
도자기	pottery 파터리 ceramics 시레믹스
도장(圖章)	seal 씰 stamp 스템프
도장(塗裝)	painting 페인팅 coating 코우팅
도저히	not at all 낫 앳 올
도전(하다)	challenge 첼린지 / defy 디파이
도전자	challenger 첼린저
도제	apprentice 어프렌티스
도중	on the way 온 더 웨이
도중하차하다	stop over at 스탑 오버 엣
도착하다	arrive at 어라이브 엣
도청	wire-tapping 와이어태핑
도취(되다)	intoxication 인탁시케이션 / be fascinated 비 페서네이티드
도치(하다)	inversion 인버전 / invert 인버트
도토리	acorn 에이콘

455

도판

도판	illustration 일러스트레이션
도표	chart 차트
도피하다	escape 이스케이프 fly 플라이
	✔ 현실도피 escape from reality
도형	figure 피규어 diagram 다이어그램
도화선	fuse 퓨즈
독	poison 포이전 venom 베넘
독가스	poison gas 포이전 가스
독립(하다)	independence 인디펜던스 / become independent 비컴 인디펜던트
	✔ 독립선언 declaration of independence
독방	single room 싱글룸
독사	venomous snake 베노머스 스네이크
독서(하다)	reading 리딩 / read 리드
독선	self-righteousness 셀프라이처스니스
독선적인	self-righteous 셀프라이처스
독설	spiteful tongue 스파이트풀 텅
독수리	eagle 이글
독신	unmarried person 언매리드 퍼슨
독실하다	sincere 씬시어 faithful 페이쓰펄
독일	Germany 저머니
독일어	German 저먼
독자(獨子)	only child 온리 차일드
독자(讀者)	reader 리더
독재(자)	dictatorship 딕테이터쉽 / dictator 딕테이터
독점(하다)	monopoly 모노폴리 / monopolize 모노폴라이즈
독창(하다)	vocal solo 보컬 솔로 / sing a solo 싱어 솔로
독창적	creative 크리에이티브 original 어리저널

돌출하다

독촉하다	press 프레스 urge 어지
독촉장	reminder 리마인더
독특한	unique 유니크 peculiar 피큘리어
	✓ 독특한 말투 distinctive tone
독학하다	teach oneself 티치 원셀프
독해력	reading ability 리딩 어빌러티
돈	money 머니
	✓ 돈을 모으다 save money
	✓ 돈을 쓰다 spend money on
	✓ 돈줄을 잡다 find a financial supporter
돈까스	pork cutlet 포크 커틀릿
돋보기	magnifying glass 맥니파잉 글래스
돌	stone 스톤
돌고래	dolphin 돌핀
돌다	turn round 턴 라운드 spin 스핀
돌려보내다	send away 센드 어웨이
돌리다	turn 턴 spin 스핀
돌발	outbreak 아웃브레이크
	✓ 돌발사고 sudden accident
돌보다	look after 룩 애프터 take care 테익 케어
돌아가다	go back 고우 백 return 리턴
돌아가시다	pass away 패스 어웨이
돌아옴	return 리턴
돌연	suddenly 서든리
돌연변이	mutation 뮤테이션
돌입하다	rush into 러쉬 인투
돌출하다	stick out 스틱 아웃 project 프러젝트

457

돌파하다

돌파하다	break through 브레익 스루
돔	dome 도움
돕다	help 헬프 assist 어시스트
동(銅)	copper 카퍼
동감	agreement 어그리먼트
동거하다	live with 리브 위드
동격	the same rank 더 세임 랭크
동경(하다)	yearning 여닝 / aspire to 어스파이어 투 long for 롱 퍼
동굴	cave 케이브
동그라미	circle 서클 ring 링
동급생	classmate 클래스메이트
동기(動機)	motive 모티브
동남아시아	Southeast Asia 사우스이스트 에이저
동년배	one's contemporary 원스 컨템퍼러리
동등	equality 이퀄리티
동등하다	equal 이퀄 equivalent 이퀴벌런트
	✔ 회원을 동등하게 취급하다 treat the members equally
동력	power 파워
동료	colleague 컬리그
동맥	artery 아터리
동맥경화	arteriosclerosis 아티어리오스클러로시스
동맹(하다)	alliance 얼라이언스 / ally with 얼라이 위드
동맹파업	union strike 유니언 스트라이크
동메달	bronze medal 브런즈 메덜
동면	hibernation 하이버네이션
동물	animal 애니멀
동물원	zoo 주

동물학	zoology 주얼로지
동반자	company 컴퍼니 companion 컴패니언
동반하다	acompany 어컴퍼니 go with 고우 위드
동백나무	camellia 커밀리어
동봉하다	enclose 인클로우즈
동부	the eastern part 디 이스턴 파트
동북	the northeast 더 노스이스트
동사	verb 버브
동사하다	be frozen to death 비 프로즌 투 데스
동산(動産)	movables 무버블즈
동상	bronze statue 브론즈 스태추
동서	east and west 이스트 앤 웨스트
동성	the same sex 더 세임 섹스
동성애	homosexuality 호모섹수얼리티
동시	the same time 더 세임 타임
	✓ 동시통역 simultaneous interpretation
동시대의	contemporary 컨템퍼러리
동양	the East 디 이스트 the Orient 디 오리엔트
동업	the same profession 더 세임 프러데션
동요하다	be agitated 비 애지테이티드
동원(하다)	mobilization 모빌리제이션 / mobilize 모빌라이즈
동의하다	agree with 어그리 위드 consent 컨센트
동의어	synonym 시너님
동일	identity 아이덴터티
동일시하다	identify 아이덴티파이
동작	action 액션
동점	draw 드로 tie 타이

동정(하다)

동정(하다)	sympathy 심퍼시 / sympathize 심퍼사이즈
동정(童貞)	chastity 체스터티
동조(하다)	alignment 얼라인먼트 / align 얼라인
동지(同志)	comrade 캄래드
동지(冬至)	the winter solstice 더 윈터 살스티스
동질	homogeneity 호모지니어티
동쪽	the east 디 이스트
동창생	alumnus 얼럼너스
동창회	reunion 리유니언
동포	brethren 브레스린
동행(하다)	companion 컴패니언 / go together 고우 투게더
동향	trend 트렌드
동화(同化)	assimilation 어씨멀레이션
동화(童話)	fairy tale 페어리 테일
돛	sail 세일 canvas 캔버스
돛단배	sail boat 세일 보우트
돛대	mast 매스트
돼지	pig 픽 swine 스와인
돼지고기	pork 포크
되는대로	at random 앳 랜덤
	✔ 되는대로 대답하다 make a random answer
되다	become 비컴 grow 그로우
되도록	if possible 이프 파서블
되돌리다	return 리턴
되돌아가다	return 리턴 come back 컴백
되살아나다	come back to life 컴백 투 라이프
되풀이(하다)	repetition 리피티션 / repeat 리피트

둥지

되찾다	take back 테이크 백 recover 리커버
된장국	bean paste soup 빈 페이스트 수프
두개골	skull 스컬
두건	hood 후드
두근거리다	beat 비트 throb 스랍
두꺼비	toad 토우드
두꺼운	thick 씩
두께	thickness 씩니스
두뇌	brain 브레인 intellect 인털렉트
두다	put 풋 place 플레이스 lay 레이
두더지	mole 모울
두드러기	nettle rash 네틀 래쉬 hives 하이브즈
두드리다	strike 스트라이크 hit 히트
두레박	well bucket 웰버킷
두목	boss 보스 chief 칩
두부	bean curd 빈커드
두절되다	stop 스탑 cease 시즈
두통	headache 헤데이크
둑	bank 뱅크 dike 다이크
둔하다	dull 덜 blunt 블런트
둘	two 투
둘러대다	cook up an excuse 쿡업 언 익스큐즈
둘러보다	look about 룩어바웃
둘러싸다	surround 서라운드 enclose 인클로우즈 ✔ 숲으로 둘러싸인 호수 a lake encircled with woods
둥글다	round 라운드 circular 서큘러
둥지	nest 네스트

뒤

뒤	the back 더 백 after 애프터
뒤돌아보다	turn round 턴 라운드 look back 룩 백
뒤떨어지다	be left behind 비 레프트 비하인드
뒤바꾸다	reverse 리버스
뒤바뀜	contrary 컨트러리 reverse 리버스
뒤섞다	mix up 믹스업
뒤(떨어)지다	fall behind 폴 비하인드
뒤지다[수색]	ransack 랜색
뒤집다	reverse 리버스 upset 업셋
뒤쪽	the back 더 백
뒤흔들다	shake 쉐이크 move 무브
뒷골목	back street 백스트릿
뒷맛	aftertaste 애프터테이스트
듀엣	duet 듀엣
드나들다	go in and out 고우 인 앤 아웃

✓ 그 집을 마음대로 드나들다 have the run of the house

드디어	at last 앳 래스트 finally 파이널리
드라마	drama 드러머
드라이버	screwdriver 스크류드라이버
드라이브(하다)	drive 드라이브
드라이클리닝	dry cleaning 드라이크리닝
드러내다	expose 익스포우즈 bare 베어
드럼	drum 드럼
드레스	dress 드레스
드리다	give 기브 present 프리젠트
드리블	dribble 드리블
드릴	drill 드릴

등본

드물다	rare 레어 uncommon 언커먼
득	profit 프라핏 gain 게인
득점(하다)	score 스코어
듣다	hear 히어 listen to 리슨투
	✓ 친구의 충고를 듣다 take advice from a friend
들것	stretcher 스트레처
들국화	wild chrysanthemum 와일드 크리션서멈
들다	put up 풋업 lift 리프트 hold 홀드
들르다	call at 콜앳
들리다	be heard 비 허드 be audible 비 으더블
들어가다	enter 엔터 go in 고우인
들어 올리다	lift 리프트 raise 레이즈
들여다보다	peep 피프
들이대다	point 포인트 thrust 스러스트
들이마시다	breathe in 브리쓰 인 inhale 인헤일
들추다	disclose 디스클로우즈
들판	field 필드
듬뿍	fully 풀리
등	the back 더 백
~등	and so on 앤소우온 etc. 엣세터러
등교	school attendance 스쿨 어텐던스
등급	class 클래스 grade 그래이드
등기	registration 리지스트레이션
등대	lighthouse 라잇하우스
등록(하다)	register 리지스터
	✓ 등록상표 registered trademark
등본	certified copy 서티파이드 카피

등불

등불	light 라잇 lamp 램프
등뼈	the backbone 더 백보운
등산	mountain climbing 마운틴 클라이밍
등에	horsefly 호스플라이
등유	kerosene 케러씬
등장하다	enter the stage 엔터 더 스테이지 appear 어피어
	✓ 등장인물 cast of characters
등지다	fall out 폴 아웃 break with 브레이크 위드
등치다	blackmail 블랙메일
디스카운트	discount 디스카운트
디스크	disk 디스크
디스크자키	disk jockey 디스크자키
디자이너	designer 디자이너
디지털	digital 디지털
디플레이션	deflation 디플레이션
딜레마	dilemma 딜레마
따다	pick 픽 pluck 플럭
따뜻하다	warm 왐 cordial 코디얼
따라가다	follow 팔로우 accompany 어컴퍼니
따라붙다	overtake 오버테이크 catch up 캐치업
따라서	accordingly 어코딩리 so 소우
따로	separate 세퍼릿 respective 리스펙티브
따르다	follow 팔로우 conform to 컨펌 투
따분하다	boring 보어링 tedious 티디어스
따옴표	quotation mark 코테이션 마크
따위	and so on 앤 소우 온 et cetera 에세트라
따지다	count 카운트 blame 블레임

떨어지다

딱딱하다	hard 하드 strict 스트릭트
딱하다	pitiful 피티펄 sorry 쏘리
딸	daughter 도터
딸기	strawberry 스트로베리
딸꾹질	hiccup 히컵
땀(나다)	sweat 스웨트
땀띠	heat rash 히트 래쉬
땅	the earth 디 어쓰 the ground 더 그라운드
땅거미	dusk 더스크 twilight 트와이라잇
땅콩	peanut 피넛
때	time 타임 hour 아우어
	✔ 때가 무르익으면 when the time ripens
때 [더러움]	dirt 더트 filth 필쓰
때때로	sometimes 섬타임즈 from time to time 프럼 타임 투 타임
때려눕히다	knock down 녹다운
때리다	strike 스트라이크 beat 비트
떠나다	depart 디파트 leave 리브
떠내다	scoop up 스쿱업
떠돌다	drift 드리프트 float 플로우트
떠들다	make a noise 메이커 노이즈 clamor 클래머
떠맡다	take on 테이콘 take over 테이크 오버
떠오르다	rise to the surface 라이즈 투 더 서피스 occur to one 어커 투 원
떡	rice cake 라이스케익
떨다	shake 쉐이크 tremble with 트렘블 위드
떨리다	tremble 트렘블 shiver 쉬버
떨어뜨리다	drop 드랍 let fall 렛 폴
떨어지다	drop 드랍 come down 컴 다운 fail 페일

떫다

	✔ 셔츠에서 단추가 떨어지다 a button comes off the shirt
떫다	astringent 어스트린젠트
떳떳하다	honorable 아너러블 fair 페어
떼	group 그룹 crowd 크라우드
떼다	separate 세퍼레이트 detach 디테취
뗏목	raft 레프트
또	again 어겐
또는	or 오어
똑똑하다	clear 클리어 clever 클레버
똥	excrement 엑스크리먼트 shit 쉿
뚜껑	lid 리드
뚜렷이	remarkably 리마커블리
뚫다	punch 펀치 perforate 퍼포레잇
뛰다	jump 점프 leap 리프
뛰어나다	surpass 서패스 excel 엑셀
뛰어들다	jump into 점프 인투 dive into 다이브 인투
뛰어오르다	spring up 스프링업 leap 리프
뜨거운	hot 핫 heated 히티드
뜨다	float 플로우트 rise 라이즈
뜯다	tear off 테어로프 bite 바이트
뜰	garden 가든 yard 야드
뜻	will 윌 intention 인텐션 meaning 미닝
뜻밖의	unexpected 언익스펙티드
뜻하다	aim at 에임 엣 intend 인텐드 mean 민
띄우다	let fly 렛 플라이 space 스페이스 send 센드
띠	belt 벨트 sash 새쉬
띵하다	dull 덜 ontuse 옵튜즈

~라는	what is called 왓이즈 콜드
라디오	radio 레이디오우
라면	instant noodles 인스턴트 누들즈
라벤더	lavender 라벤더
라벨	label 레이블
라이벌	rival 라이벌
라이선스	license 라이선스
라이터	lighter 라이터
라이플총	rifle 라이플
라일락	lilac 라일락
라켓	racket 래킷
라틴	Latin 래틴
락음악	rock music 락뮤직
란제리	lingerie 란저레이
램프	lamp 램프
랩 음악	lap music 랩 뮤직
랭킹	ranking 랭킹
러시아(어)	Russia 러셔 / Russian 러션
러시아워	rush hour 러시 아워
럭비	rugby 럭비
런던	London 런던
레귤러	regular 레귤러
레몬	lemon 레먼
레버	lever 레버

레벨

레벨	level 레벌
레스토랑	restaurant 레스터런트
레슨	lesson 레슨
레슬링	wrestling 레슬링
레이더	radar 레이더
레이스[경주]	race 레이스
레이스[옷]	lace 레이스
레이아웃	layout 레이아웃
레이저	laser 레이저
	✓ 레이저프린터 laser beam printer
레인코트	raincoat 레인코우트
레임덕	lame duck 레임덕
레저	leisure 리저
레즈비언	lesbian 레즈비언
레코드	record 레코드 disk 디스크
레크리에이션	recreation 리크리에이션
레퍼토리	repertory 리퍼터리
렌즈	lens 렌즈
렌터카	rental car 렌털카
~로	by 바이[수단] to 투[방향] from 프럼[원료] of 어브[재료]
로그	logarithm 로거리슴
로마	Rome 로움
	✓ 모든 길은 로마로 통한다. All roads lead to Rome.
로마교황	the Pope 포우프
로맨스	romance 로우맨스
로맨틱한	romantic 로우맨틱
로봇	robot 로우벗

리더

로비	lobby 로비
로션	lotion 로션
로열젤리	royal jelly 로열젤리
로열티	royalty 로열티
로케이션	location 로케이션
로켓	rocket 라킷
로큰롤	rock'n roll 라컨로울
로터리	rotary 로터리 roundabout 라운드어바웃
로테이션	rotation 로우테이션
로프	rope 로우프
론	loan 론
루마니아	Rumania 루매이니어
루비	ruby 루비
루즈	rouge 루즈 lipstick 립스틱
루키	rookie 루키
루트	route 루트 channel 채널
룩셈부르크	Luxembourg 럭셈버그
룰	rule 룰
룰렛	roulette 룰렛
룸	room 룸
룸메이트	roommate 룸메이트
류머티즘	rheumatism 류머티즘
르네상스	the Renaissance 더 르네이슨스
리	reason 리즌 possibility 파서빌리티 ✓ 그럴 리가 없다. It cannot be true.
리그	league 리그
리더	leader 리더

리더십

리더십	leadership 리더쉽
리드하다	lead 리드
리듬	rhythm 리듬
리모컨	remote control 리모트 컨트롤
리무진	limousine 리무진
리버럴하다	liberal 리버럴
리본	ribbon 리본
리사이틀	recital 리사이틀
리셉션	reception 리셉션
리스	lease 리스
리스트	list 리스트
리어카	trailer 트레일러 cart 카트
리얼리티	reality 리얼리티
리얼타임	real time 리얼타임
리조트	resort 리조트
리퀘스트	request 리퀘스트
리터	liter 리터
리포트	report 리포트
리프트	lift 리프트
리필	refill 리필
리허설	rehearsal 리허설
린스(하다)	rinse 린스
린치	lynch 린치
릴레이	relay 릴레이
립싱크	lip-sync 립싱크
링	ring 더 링
링크	rink 링크[스케이트장] links 링크스[골프장]

마무리

마(魔)	demon 데먼 devil 데빌
	✓ 마가 끼다 be possessed by an evil spirit
마가린	margarine 마저린
마감(하다)	closing 클로우징 finish 피니시
마개	stopper 스토퍼 plug 플럭
마구	recklessly 렉리슬리 at random 엣 랜덤
마그네슘	magnesium 맥니지엄
마냥	endlessly 엔들리슬리 to the full 투 더 풀
마네킹	manikin 매니킨
마녀	witch 위치
마늘	garlic 갈릭
마니아	maniac 매니액
마당	yard 야드 court 코트
마디	joint 조인트 knuckle 너클
마땅하다	becoming 비커밍 proper 프라퍼
마라톤	marathon 매러톤
마력	horsepower 호스파워
마루	floor 플로어 bed 베드
마르다	dry 드라이 get dry 겟 드라이
마름모꼴	rhombus 람버스 lozenge 라진쥐
마리화나	marijuana 매러화너
마마보이	mother complex 머더 캄플렉스
마멸(되다)	defacement 디페이스먼트 be defaced 비 디페이스드
마무리	finish 피니쉬 completion 컴플리션

471

마법

마법	magic 매직
마분지	cardboard 카드보드
마비(되다)	paralysis 패럴리시스 / be paralyzed 비 패럴라이즈드
마사지(하다)	massage 매사지
마술사	magician 매지션
마스코트	mascot 매스컷
마스크	mask 매스크
마시다	drink 드링크 take 테이크 sip 십 suck 썩
마약	narcotic 나코틱 drug 드럭
	✓ 마약중독 drug addiction
마요네즈	mayonnaise 메이어네이즈
마우스	mouse 마우스
마운드	mound 마운드
마을	village 빌리지 hamlet 햄릿
마음	mind 마인드 heart 하트
마음먹다	intend to 인텐드 투 decide to 디사이드 투
	make up one's mind to 메이크업 원스 마인드 투
마음씨	disposition 디스포지션 nature 네이쳐
마음에 들다	be pleased with 비 플리즈드 위드
마이너스	minus 마이너스
마이크	microphone 마이크로폰
마작	mahjong 마장
마주보다	face each other 페이스 이치 아더
마주치다	come across 컴어크로스
마중가다	meet 미트 receive 리시브
마지막	the last 더 라스트 the end 디 엔드
마지못해	reluctantly 릴럭턴틀리

만기

마진	margin 마진
마차	carriage 캐리쥐
마찬가지	sameness 세임니스
	✔ 그 침묵은 승낙이나 마찬가지다. **The silence amounts to a consent.**
마찰(하다)	friction 프릭션 / rub against 럽 어겐스트
마천루	skyscraper 스카이스크레이퍼
마취	anesthesia 애너스씨저
마치	like 라이크 just as 저스트 애즈 as if 애즈 이프
마치다	finish 피니쉬 complete 컴플리트
마침내	at last 앳 래스트
마케팅	marketing 마케팅
마피아	the Mafia 더 마피어
막	curtain 커튼
막내	the last-born 더 라스트본
막다 [방어]	defend 디펜드 protect 프러텍트
막다 [차단]	stop 스톱 block 블록
막다른 곳	dead end 데드엔드
막대한	vast 베스트 immense 이멘스
막바지	the last moment 더 라스트 모우먼트
막연하다	vague 베이그 obscure 옵스큐어
막차	the last bus (train) 더 라스트 버스(트레인)
막히다	be closed 비 크로우즈드
만(灣)	bay 베이 gulf 걸프
만(萬)	ten thousand 텐 싸우전드
만개하는	in full blossom 인 풀 블러섬
만국기	flags of all nations 프렉스 어브 올 내이션즈
만기	expiration 엑스퍼레이션

만끽하다

만끽하다	enjoy fully 인조이 풀리
만나다	meet 미트 come together 컴 투게더
만년(晩年)	later years 레이터 이어즈
만년필	fountain pen 파운틴펜
만능의	all-powerful 올 파워펄 omnipotent 옴니포턴트
만돌린	mandolin 맨더린
만두	dumpling 덤플링
만들다	make 메이크 produce 프러듀스 create 크리에잇 form 폼
	✓ 배 만드는 법 how to make a boat
만류하다	detain 디테인 hold back 홀드 백
만만치 않다	tough 터프 formidable 포머더블
만무하다	impossible 임파서블 unbelievable 언빌리버블
만물	all things 올 씽즈
만보계	pedometer 피다미터
만성	chronicity 크라니서티
	✓ 만성이 되다 become chronic
만세	hurrah 후레이 cheers 치어스
만약	if 이프 provided 프러바이디드 in case 인 케이스
만연하다	prevail 프리베일 spread 스프레드
만우절	April Fool's Day 에어프릴 풀스 데이
만원	no vacancy 노우 베이컨시
만장일치	unanimous consent 유네너머스 컨센트
만점	perfect marks 퍼펙트 막스
만조	high tide 하이 타이드
만족(시키다)	satisfaction 새티스팩션 / satisfy 새티스파이
만족스러운	satisfactory 새티스팩터리
만지다	touch 터치 feel 필

말없는

만찬	dinner 디너
~만큼	so ... as 소우 애즈 like 라이크
	✔ 나는 너만큼 크지 않다. I am not so tall as you.
만행	brutality 브루털리티 atrocity 어트라서티
만화	cartoon 카툰 comics 카믹스
만화경	kaleidoscope 칼레이도스코프
많다	many 매니
	✔ 많든 적든 more or less
말	horse 호스
말	speech 스피치
말괄량이	tomboy 톰보이
말기	last stage 래스트 스테이지
말끔하다	neat 니트 tidy 타이디
말다툼	dispute 디스퓨트 quarrel 쿼럴
말다툼하다	argue 아규 dispute 디스퓨트
말대꾸하다	answer back 앤서백 retort 리토트
말똥말똥하다	wakeful 웨이크펄
말뚝	stake 스테이크 pile 파일
말라리아	malaria 말라리아
말레이시아	Malaysia 말레이시아
말려들다	be involved 비 인발브드
말리다	dissuade 디쉐이드 / make dry 메이크 드라이
말버릇	one's way of talking 원스 웨이 어브 토킹
말벌	wasp 와스프 hornet 호넷
말살하다	annihilate 어나이얼레이트
말을 걸다	speak to 스피크 투 address 어드레스
말없는	taciturn 태시턴 silent 사일런트

말하다

말하다	say 세이 tell 텔
	✓ 말하자면 so to speak
맑다	clean 클린 pure 퓨어
맑음	fine weather 파인 웨더
맛	taste 테이스트
맛보다	taste 테이스트 relish 렐리쉬
맛있다	delicious 딜리셔스 savory 세이버리
망고	mango 맹고우
망령	ghost 고스트
망막	retina 레터너
망명(하다)	exile 엑사일 seek refuge 씨크 레퓨지
망보다	keep watch 킵 워취
망상	delusion 델루전
망설이다	hesitate 헤저테이트
	✓ 망설이지 않고 without hesitation
망연히	blankly 블랭클리
망원경	telescope 텔리스코우프
망측하다	foul 파울 indecent 인디슨트
망치	hammer 해머
망토	mantle 맨틀 cloak 클로우크
망하다	perish 페리쉬 go to ruin 고우 투 루인
맞다	meet 미트[맞이] be exposed to 비 익스포우즈드 투[노출]
맞다 [적합]	be right 비 라이트 be correct 비 커렉트 suit 수트
맞벌이	double-income 더블인컴
맞붙다	wrestle with 레슬 위드
맞서다	face 페이스 confront 컨프런트
맞은 편	opposite side 아퍼지트 사이드

맞이하다	meet 미트 welcome 웰컴
맞장구치다	chime in 차임 인
맞추다	assemble 어셈블 set adjust 셋 어즈-스트
맞히다	hit 히트 strike 스트라이크
맡기다	leave 리브 entrust 인트러스트
맡다	keep 킵 take charge of 테익 차지 어브 smell 스멜[냄새] sense 센스[낌새]
매	hawk 호크
매너	manners 매너즈
매너리즘	mannerism 매너리즘
매년	every year 에브리 이어
매뉴얼	manual 매뉴얼
매니저	manager 매니저
매니큐어	manicure 매니큐어
매다	tie 타이 fasten 패슨
매달	every month 에브리 먼쓰
매달다	hang 행 suspend 서스펜드
매도(하다)	abuse 어뷰즈 / denounce 디나운스
매독	syphilis 시펄리스
매듭(짓다)	knot 놋 / conclude 컨클루드 settle 세틀
매력	charm 참
매력적인	charming 차밍
매료하다	fascinate 패서네이트
매립	reclamation 레클러메이션 ✓ 매립지 reclaimed land
매매(하다)	dealing 딜링 / deal in 딜 인
매몰	burying 베링

매미

매미	cicada 시케이더
매번	every time 에브리 타임
매상	sales 세일즈 selling 셀링
매수하다	buy up 바이 업 bribe 브라이브[뇌물로]
매스컴	mass media 매스미디어
매실	plum 플럼
매연	smoke 스모우크 soot 수트
매우	very 베리 greatly 그레이틀리
매일	everyday 에브리데이
매장(하다)	burial 베리얼 / bury 베리
매점	stall 스톨 stand 스탠드
매점하다	buy up 바이업
매정한	cruel 크루얼 hardhearted 하드하티드
매진	sellout 셀아웃 SOLD OUT 솔드 아웃[게시]
매진되다	be sold out 비 솔드아웃
매체	medium 미디엄
매춘	prostitution 프라스터튜션
매춘부	prostitute 프라스터튜트
매출	selling 셀링 sale 세일
매혹하다	bewitch 비위치 enchant 인챈트
맥	pulse 펄스
맥아	malt 몰트
맥주	beer 비어
맨발	bare feet 베어 피트
맨살	bare skin 베어 스킨
맵다	hot 핫 spicy 스파이시
맹도견	seeing-eye dog 씨잉아이 독

맹렬한	violent 바이얼런트 furious 퓨리어스
맹목	blindness 블라인드니스
맹세하다	vow 봐우 swear 스웨어
맹수	fierce animal 피어스 애니멀
맹신하다	believe blindly 빌리브 블라인드리
맹장	appendix 어펜딕스
맹장염	appendicitis 어펜더사이티스
맺다	tie 타이[매듭] bear 베어[열매] close 클로우즈[종료]
	✓ 그와 관계를 맺다 enter into relation with him
머리	head 헤드
머리 감다	wash one's hair 와쉬 원스 헤어
머리말	preface 프레피스
머리카락	hair 헤어
머물다	stay at 스테이 엣
머스터드	mustard 머스타드
머플러	muffler 머플러
먹	Chinese ink 차이니즈 잉크
먹다	eat 이트 have 해브 take 테이크
먹어치우다	eat up 이트 업
먹이	food 푸드 prey 프레이
먼지	dust 더스트 dirt 더트
멀다	far 파 distant 디스턴트
멀리하다	keep away 킵 어웨이
멈추다	stop 스탑 halt 홀트
멋	stylishness 스타일리시니스 elegance 엘레건스
	✓ 멋을 부리다 dress smartly
멋있다	neat 니트 cool 쿨

멋쟁이

멋쟁이	dandy 댄디 dude 두드
멍	bruise 브루이즈
멎다	hold up 홀드 업 stop 스탑
메가폰	megaphone 메거폰
메기	catfish 캣피시
메뉴	menu 메뉴
메달	medal 메덜
메뚜기	grasshopper 그래스하퍼 locust 로커스트
메리트	merit 메릿
메모(하다)	note 노우트 write down 롸이트 다운
메밀	buckwheat 벅휘트
메슥거리다	feel sick 필 식
메시지	message 메시지
메아리	echo 에코우
메우다	fill in 필 인 fill up 필 업
메추라기	quail 퀘일
메카	Mecca 메커
메커니즘	mechanism 메커니즘
멕시코	Mexico 멕시코우
멘스	menses 멘시즈
멜로드라마	melodrama 멜러드러머
멜로디	melody 멜로디
멜론	melon 멜런
멤버	member 멤버
멧돼지	wild boar 와일드 보어
며느리	daughter-in-law 도터인로
며칠	how many days 하우 매니 데이즈 a few days 어 퓨 데이즈

명료한

✓ 오늘은 며칠입니까? What date is today?

면	cotton 카튼
면담하다	talk 토크　interview 인터뷰
면도	shaving 쉐이빙
면도칼	razor 레이저
면목	honor 아너　credit 크레딧
면밀한	close 클로우즈　minute 마이뉴트
면세	tax exemption 택스 익젬션
면세점	duty-free shop 듀티프리 샵
면식	acquaintance 어퀘인턴스
면역	immunity 이뮤니티
면적	area 에어리어
면접	interview 인터뷰
면제(하다)	exemption 익젬션 / exempt 익젬트
면직(되다)	dismissal 디스미설
면하다	escape 이스케이프　avoid 어보이드
면허	license 라이선스
면회(하다)	meeting 미팅 / meet 미트　see 씨

✓ 면회사절 No visitors allowed.

멸망시키다	ruin 루인　destroy 디스트로이
멸망하다	fall down 폴 다운　perish 페리쉬
명가	distinguished family 디스팅귀시드 페밀리
명곡	famous piece of music 페이머스 피스 어브 뮤직
명랑한	cheerful 치어풀　bright 브라이트
명령	instruction 인스트럭션　order 오더
명령하다	order 오더　command 커맨드
명료한	clear 클리어　plain 플레인

명물

명물	special product 스페셜 프러덕트
명백하다	obvious 아비어스 clear 클리어
명부	list of names 리스트 어브 네임즈
명사	noun 나운
명상(하다)	meditation 메디테이션 / meditate 메디테이트
명성	fame 페임 reputation 레퓨테이션
명세	details 디테일즈
명세서	detailed statement 디테일드 스테이트먼트
명소	noted place 노우티드 플레이스
명심하다	bear in mind 베어 인 마인드
명예	honor 아너 fame 페임

✔ 내 명예를 회복하다 vindicate my honor

명예훼손	libel 라이벌 slander 슬렌더
명왕성	Pluto 플루토
명의(名義)	name 네임
명인	master 매스터 expert 엑스퍼트
명작	masterpiece 매스터피스
명중(하다)	hit 히트
명찰	name tag 네임 택
명치	pit 핏
명칭	name 네임 appellation 애펄레이션
명쾌한	clear 클리어 lucid 루시드
명하다	order 오더
명함	business card 비즈니스 카드
몇	how many 하우 매니[수] how much 하우 머취[양]
모계	the maternal line 더 머터널 라인
<u>모교</u>	alma mater 앨머 마터

모성

모국	mother country 머더 컨추리
모금	fund raising 펀드 레이징
모기	mosquito 모스키토우
모나코	Monaco 마너코우
모노레일	monorail 마너레일
모니터	monitor 마니터
모닥불	bonfire 반파이어
모델	model 마들
모델하우스	model house 마들 하우스
모독(하다)	profanity 프러페너티 / profane 프러·페인
모두	all 올 entirely 인타이어리
모래	sand 샌드
모래사장	beach 비치 seashore 씨쇼어
모래시계	sandglass 샌드글래스
모략	trick 트릭 plot 플럿
모레	the day after tomorrow 더 데이 애프터 터머로우
모르다	do not know 두낫 노우 be ignorant of 비 익노런트 어브 ✔ 나도 모르게 in spite of myself
모멸	contempt 컨템트
모바일	mobile 모바일
모반	rebellion 리벨리언
모발	hair 헤어
모방(하다)	imitation 이미테이션 / imitate 이미테이트
모범	example 익젬플 model 마들
모색	groping 그로우핑
모서리	corner 코너
모성	motherhood 마더후드

모순

모순	contradiction 컨트라딕션
모습	figure 피겨 appearance 어피어런스 shape 쉐입
모시다	attend upon 어텐드 어판
모양	pattern 패턴 design 디자인
모여들다	swarm 스웜 crowd 크라우드
모욕	insult 인설트 contempt 컨템트
모욕하다	humiliate 휴밀리에잇 insult 인설트
모유	mother's milk 머더스 밀크
모으다	gather 게더 collect 컬렉트 put together 풋 투게더
모음	vowel 바우얼
모이다	gather 게더 come together 컴 투게더
모임	meeting 미팅 party 파티
모자	hat 햇 cap 캡
모자라다	be short of 비 숏 오브
모자이크	mosaic 모자익
모조	imitation 이미테이션
모종	seeding 씨딩
모직물	woolen goods 울런 굿즈
모질다	ruthless 루슬리스 harsh 하쉬 fierce 피어스 ✔ 모진 시련을 참다 endure bitter ordeals
모집(하다)	invitation 인바이테이션 / invite 인바이트
모충	caterpillar 캐터필러
모친	mother 머더
모태	mother's womb 머더스 움
모터	motor 모터
모포	blanket 블랭킷
모피	fur 퍼

목초

모험(하다)	adventure 어드벤쳐 / take risk 테익 리스크
모형	model 마들
목	neck 넥 throat 스로우트
목각	wooden 우든
목걸이	necklace 네클리스
목격(하다)	observation 압저베이션 / witness 위트니스
목격자	eyewitness 아이위트니스
목관악기	woodwind 우드윈드
목금	xylophone 자이러포운
목록	list 리스트 catalog 캐털록
목마	wooden horse 우든호스
목면	cotton 카튼
목발	crutches 크러취즈
목사	pastor 패스터 minister 미니스터
목성	Jupiter 주피터
목수	carpenter 카펜터
목숨	life 라이프

- 목숨을 걸다 risk one's life

목요일	Thursday 써즈데이
목욕탕	bath 배쓰
목욕하다	take a bath 테이커 배쓰
목장	pasture 패스춰 ranch 랜치
목재	wood 우드 lumber 럼버
목적	object 업젝트 purpose 퍼퍼스
목적지	destination 데스터네이션
목차	contents 컨텐츠
목초	grass 그래스 pasture 패스춰

목판화

목판화	woodcut 우드컷
목표	aim 에임 target 타깃
몫	share 쉐어
몰두	preoccupation 프리아큐페이션
몰락(하다)	falling down 폴링 다운 / be ruined 비 루인드
몰수(하다)	confiscation 컨피스케이션 / take away 테이크 어웨이
몰아넣다	drive ... into 드라이브 인투
몸	body 바디
몸값	ransom 랜섬
몸소	personally 퍼스널리 in person 인 퍼슨
몸짓	gesture 제스춰
몸통	body 바디 trunk 트렁크
몹시	very 베리 extremely 익스트림리
못	nail 네일 callus 캘러스[피부의]
몽골	Mongolia 몽골리아
몽유병	somnambulism 삼냄별리즘
몽타주	montage 만타쥐
뫼	grave 그레이브 tomb 툼
묘기	wonderful skill 원더풀 스킬
묘미	charm 참 beauty 뷰티
묘사(하다)	describe 디스크라이브
묘안	good idea 굿 아이디어
묘지	graveyard 그레이브야드
묘하다	queer 퀴어 strange 스트레인지
무	radish 레디쉬
무(無)	nothing 낫씽 nil 닐
무겁다	heavy 헤비

무력(無力)

무게	weight 웨이트
	✓ 무게중심 the center of gravity
무관	irrelevance 이렐러번스
무관심	indifference 인디퍼런스
무국적	statelessness 스테이트리스니스
무균	germ-free 점프리
무기(武器)	arms 암즈 weapon 웨펀
무기(無機)	inorganic 인오개닉
무기력	inactive 인액티브 lazy 레이지
무기물	inorganic matter 인오개닉 매터
무기징역	life imprisonment 라이프 임프리즌먼트
무기한	indefinite 인데퍼닛
무난한	safe 세이프 passable 페서블
무너뜨리다	pull down 풀 다운 break 브레이크
무너지다	crumble 크럼블 collapse 컬렙스
무능한	incompetent 인캄퍼턴트 good-for-nothing 굿포나씽
무늬	pattern 패턴 design 디자인
무단	without notice 위다웃 노우티스
무담보	without security 위다웃 씨큐리티
무당벌레	ladybug 레이디벅 ladybird 레이드 버드
무대	stage 스테이지
	✓ 무대장치 stage setting
무덥다	sultry 설트리 hot and stuffy 핫 앤 스터피
무드	mood 무드
무뚝뚝한	unsociable 언소셔블
무력(武力)	military force 밀리터리 포스
무력(無力)	powerlessness 파워리스니스

무례

	✓ 무력감 feeling of helplessness
무례	impoliteness 임펄라이트니스
무례한	impolite 임펄라이트
무료	free 프리
무릎(꿇다)	knee 니 lap 랩 / kneel down 닐 다운
무리한	unreasonable 언리즈너블
무명의	nameless 네임리스 unknown 언노운
무모한	reckless 렉리스
무미건조	insipid 인시피드 uninteresting 언인터레스팅
무분별	indiscretion 인디스크리션
무사	warrior 워리어
무사히	safely 세이프리 in peace 인 피스
무상(無償)	gratis 그레이티스 voluntary 발런터리
무색	colorless 컬러리스
무서워하다	fear 피어 be scared at 비 스캐어드 앳
무선	wireless 와이어리스
무섭다	fearful 피어펄 awful 오펄
무성하다	thick 씩 dense 덴스
무수한	innumerable 이뉴머러블
무승부	draw 드로 tie 타이
무시(하다)	ignorance 익노어런스 / ignore 익노어
무신경	insensibility 인센서빌리티
무신경한	insensible 인센서블
무신론	atheism 에이시즘
무심코	unintentionally 언인텐셔널리 casually 캐주얼리
무언	silence 사일런스
무엇	what 왓

488

무엇보다	above all 어버브 올
무역	trade 트레이드 commerce 커머스
	✓ 무역 자유화 liberalization of trade
무용	dance 댄스
무용지물	useless thing 유즈리스 씽
무의미하다	meaningless 미닝리스
무의식	unconsciousness 언칸쉬어스니스
무의식적으로	unconsciously 언칸쉬어스리
무익하다	useless 유즈리스 uneconomical 언이카나미컬
무인도	desert island 데저트 아일런드
무일푼	penniless 페니리스
무임승차	free ride 프리 라이드
무자비하다	merciless 머시리스 ruthless 루슬리스
무장(하다)	armament 아머먼트 / arm 암
무장해제	disarmament 디스아머먼트
무정한	heartless 하트리스 cold 코울드
무제한	free 프리 unrestricted 언리스트릭티드
무조건	unconditional 언컨디셔널
무좀	athlete's foot 어슬레츠 푸트
무죄	innocence 이너슨스 guiltlessness 길트리스니스
무지	ignorance 익노런스 / ignorant 익노런트
무지개	rainbow 레인보우
무직의	jobless 잡리스 unemployed 언엠플로이드
무진장	inexhaustible 인익조스터블
무찌르다	beat 비트 defeat 디피트
무참한	miserable 미저러블 cruel 크루얼
무책임	irresponsibility 이리스판서빌리티

무책임한

무책임한	irresponsible 이리스판서블
무첨가	additive-free 애더티브프리
무한(하다)	infinity 인피니티 / infinite 인피니트
무해	harmless 함리스
무형의	intangible 인탠저블
무화과	fig 픽
무효(의)	invalidity 인벌리더티 / invalid 인벌리드
묵다	stay at 스테이 앳
묵묵히	silently 사일런트리
묵비권	the right of silence 더 라이트 어브 사일런스
묵인	tacit consent 태싯 컨센트
묶다	tie 타이 bind 바인드
문	gate 게이트 door 도어
문고	library 라이브러리
문고판	pocket book 포켓북
문구(文句)	expression 익스프레션 phrase 프레이즈
문단속	locking up 라킹업
문맥	context 컨텍스트
문맹	illiteracy 일리터러시
문명	civilization 시빌라이제이션 ✓ 문명사회 civilized society
문방구	stationery 스테이셔느리
문법	grammar 그래마
문병	visit to a sick person 비지투 어 식 퍼슨
문서	document 다큐먼트
문신	tattoo 태투
문어	octopus 악터퍼스

물들이다

문어	written language 리튼 랭귀지
문예	arts and literature 아트 앤 리터러춰
문의(하다)	inquiry 인콰이어리 / inquire 인콰이어
문자	letter 레터
문장	sentence 센텐스
문제	question 퀘스천 problem 프라블럼

✓ 문제를 풀다 solve the problem

문지르다	rub 럽 chafe 체이프
문체	literary style 리터레리 스타일
문패	doorplate 도어플레이트
문학	literature 리터러춰
문호	great writer 그레잇 롸이터
문화	culture 컬춰
문화적인	cultural 컬추럴
묻다[질문]	ask 애스크 inquire 인콰이어
묻다[매장]	bury 베리 inter 인터
묻다[붙다]	be smeared 비 스미어드
물	water 워터
물가(物價)	prices 프라이시즈
물가	waterside 워터사이드
물개	fur seal 퍼 씰
물건	article 아티클 goods 굿즈
물고기	fish 피쉬
물고기자리	the Fishes 더 피쉬즈
물구나무서기	handstand 핸드스탠드
물다	bite 바이트 snap 스냅
물들이다	dye 다이 color 컬러

물러나다

물러나다	retreat 리트리트 go back 고우 백
물레방아	water mill 워터 밀
물려받다	succeed to 석시드 투
물론	of course 업 코스
물류	distribution 디스트리뷰션
물리	physics 피직스
물리치다	drive back 드라이브 백
물리학자	physicist 피지시스트
물물교환(하다)	barter 바터
물방울	waterdrop 워터드랍
	✓ 물방울무늬 polka dots
물병	pitcher 피쳐
물병자리	Aquarius 애쿼리어스
물보라	spray 스프레이
물빛	light blue 라이트 블루
물새	waterfowl 워터파울
물색하다	look for 룩 포 search for 서치 포
물소	water buffalo 워터 버펄로우
물안경	goggles 고글즈
물에 뜨다	float 플로우트
물엿	starch syrup 스타취 시럽
물음표	question mark 퀘스천 마크
물자	goods 굿즈 supplies 서플라이즈
물질	matter 매터 substance 섭스턴스
물질적인	material 머티어리얼
물집	blister 블리스터
물체	matter 매터

미디어

물탱크	water tank 워터탱크
물통	water bottle 워터 바틀 canteen 캔틴
물품	article 아티클 goods 굿스
묽게 하다	thin 씬 dilute 다일루트
묽다	watery 워터리 diluted 다일루티드
뭉치다	lump 럼프 mass 매스 unite 유나이트
뭍	land 랜드
뭔가	something 썸씽
뮤지컬	musical 뮤지컬
미	beauty 뷰티
미각	taste 테이스트 palate 팰릿
미개하다	primitive 프리머티브 savage 새비지
미개간지	uncultivated land 언컬티베이티드 랜드
미국인	American 어메리컨
미궁	labyrinth 레비린쓰
미꾸라지	loach 로우치
미끄러지다	slip 슬립 slide 슬라이드 glide 글라이드
미끼	bait 베이트 lure 루어
미나리	dropwort 드랍워트
미남	Adonis 어다니스 handsome man 핸섬 맨
미납의	unpaid 언페이드
미네랄	mineral 미네럴
미녀	beauty 뷰티 belle 벨
미니스커트	miniskirt 미니스커트
미덕	virtue 버추
	✓ 인내는 미덕이다. Patience is a virtue.
미디어	media 미디어

미래

미래	future 퓨처 time to come 타임 투 컴
미량	a very small amount 어 베리 스몰 어마운트
미련	attachment 어태취먼트 regret 리그렛
미로	maze 메이즈
미리	beforehand 비포핸드 in advance 인 어드밴스
미만	under 언더 less than 레스 댄
미망인	widow 위도우
미명(未明)	before daybreak 비포 데이브레이크
미모	beauty 뷰티 good looks 굿룩스
미묘한	delicate 델리킷 subtle 서틀
미분	differential calculus 디퍼런셜 캘큘러스
미사	mass 매스
미사일	missile 미슬
미생물	microorganism 마이크로오개니즘
미성년	minority 마이너리티
미소(짓다)	smile 스마일 / smile at 스마일 앳
미수	attempted 어템티드
미숙하다	inexperienced 인익스피리언스드 unripe 언라이프
미술	art 아트 the fine arts 더 파인 아츠
미스	Miss 미쓰
미스터리	mystery 미스터리
미시적	microscopic 마이크로스코우픽
미식가	gourmet 궈메이
미신	superstition 수퍼스티션 ✓ 미신을 믿는 사람 superstitious person
미싱	sewing machine 소우잉 머신
미아	lost child 로스트 차일드

미역	seaweed 씨위드
미열	slight fever 슬라이트 피버
미완성	unfinished 언피니쉬드
미용(실)	beauty 뷰티 / beauty salon 뷰티 쏠란
미용사	beautician 뷰티션 hairdresser 헤어드레서
미움	hatred 헤이트리드
미워하다	hate 헤이트 detest 디테스트
미라	mummy 머미
미인	beauty 뷰티 belle 벨
미정의	undecided 언디사이디드
미지근하다	tepid 테피드 lukewarm 루크왐
미지수	unknown quantity 언노운 콴터티
미치다[정신]	go mad 고우 매드 get crazy 겟 크레이지
미치다[도달]	reach 리치 amount to 어마운트 투
미터	meter 미터
미풍	breeze 브리즈
미필적 고의	willful negligence 윌펄 네글리전스
미학	aesthetics 애스쎄틱스
미해결의	unsolved 언살브드 pending 펜딩
미행(하다)	shadowing 셰도우잉 / trail 트레일
미혼의	unmarried 언매리드 single 싱글
미화(美化)	beautification 뷰티피케이션
믹서	blender 블렌더
민간의	private 프라이빗 civil 시빌
민간인	civilian 씨빌리언
민감한	sensitive 센서티브
민권	civil rights 시빌 라이츠

민들레

민들레	dandelion 댄더라이언
민박	tourist home 투어리스트 홈
민법	civil law 시빌 로
민사소송	civil suit 시빌 수트
민속	folk customs 포크 커스텀즈
민심	public sentiment 퍼블릭 센티먼트
민영	private management 프라이빗 매니지먼트
민예품	folk-art article 포크아트 아티클
민완의	capable 케이퍼블
민요	folk song 포크 송
민족	race 레이스 nation 내이션
민족성	racial characteristics 레이셜 캐릭터리스틱스
민주국가	democratic state 데모크래틱 스테이트
민주주의	democracy 디마크러시
민주화	democratization 디마크러티제이션
민중	people 피플 public 퍼블릭
민첩한	nimble 님블 prompt 프람프트 agile 에이절
믿다	believe 빌리브 trust 트러스트
믿음	faith 페이쓰 trust 트러스트
믿음직하다	reliable 릴라이어블
밀	wheat 휘트
밀가루	flour 플라우어
밀고하다	inform against 인폼 어겐스트
밀다	push 푸쉬 thrust 스러스트
밀도	density 덴서티
밀리미터	millimeter 밀리미터
밀림	jungle 정글 dense forest 덴스 포리스트

밑천

밀매	illicit sale 일리싯 세일
밀수(하다)	smuggling 스머글링 / smuggle 스머글
밀실	secret room 씨크릿 룸
밀약	secret promise 씨크릿 프라미스
밀어 닥치다	surge 서쥐 crowd 크라우드
밀월	honeymoon 허니문
밀접한	close 클로우즈 intimate 인티밋 near 니어
밀집(하다)	crowd together 크라우드 투게더
밀짚	straw 스트로
밀크셰이크	milk shake 밀크쉐이크
밀폐하다	close up tight 클로우즈 업 타이트
밀항	secret passage 씨크릿 패시쥐
밀회	clandestine meeting 클렌데스턴 미팅
밉다	hateful 헤이트펄 detestable 디테스터블
밍크	mink 밍크
및	and 앤 as well as 애즈 웰 애즈
밑	the base 더 베이스 the bottom 더 바텀
밑바탕	the base 더 베이스 the ground 더 그라운드
밑천	capital 캐피털 fund 펀드

바

바	what 왓[일] how to 하우 투[방법]
	✓ 내가 아는 바로는 As far as I know
바겐세일	bargain sale 바긴 세일
바구니	basket 배스킷 cage 케이지
바깥	outdoors 아웃도어즈 the open air 디 오픈 에어
바깥쪽	outside 아웃사이드
바꾸다	exchange 익스체인지 replace 리플레이스
바꿔 말하다	say in other words 세이 인 아더 워즈
바꿔 타다[열차]	change trains 체인지 트레인즈
바나나	banana 버내너
바늘	needle 니들
바닐라	vanilla 버닐러
바다	sea 씨 ocean 오우션
바다낚시	sea fishing 씨 피싱
바닥	floor 플로어 bottom 바텀
바닷가	beach 비치 seashore 씨쇼어
바닷물	sea water 씨 워터
바둑	go 고
바라다	want 원트 wish 위시
바람	wind 윈드 breeze 브리즈
바람[충동]	motive 모티브 impetus 임페터스
바람직하다	desirable 디자이어러블
바래다	discolor 디스컬러 fade 페이드
바래다주다	see ~ off 씨 오프 escort 에스코트

바로	just 저스트 exactly 익잭트리
	✓ 바로 정각에 exactly on time
바로미터	barometer 버라머터
바로잡다	make straight 메이크 스트레이트 correct 커렉트
바르다	upright 업라이트 true 추루
바르다[칠함]	apply 어플라이 paint 페인트
바리케이드	barricade 배러케이드
바보	idiot 이디엇 fool 풀
바비큐	barbecue 바비큐
바쁘다	busy 비지 pressing 프레싱
바위	rock 락 crag 크랙
바이러스	virus 바이러스
바이브레이션	vibration 바이브레이션
바이어	buyer 바이어
바이올린	violin 바이얼린
바지	trousers 트라우저스
바치다	give 기브 offer 오퍼 present 프리젠트
바캉스	vacation 배어캐이션
바코드	bar code 바코우드
바퀴벌레	cockroach 칵로우치
박다	drive into 드라이브 인투 sew 소우[재봉]
박람회	exhibition 엑시비션
박력	force 포스 drive 드라이브
박멸(하다)	extermination 엑스터미네이션 / eradicate 이레디케이트
박물관	museum 뮤지엄
박봉	small salary 스몰 샐러리
박사	doctor 닥터 expert 엑스퍼트

박사학위

박사학위	doctorate 닥터레이트
	✓ 일본문학 박사학위를 받다 take a doctorate in Japanese literature
박수갈채	applause 어플로즈 cheers 치어즈
박식하다	well-informed 웰인폼드
박탈하다	deprive A of B 디프라이브 [A에게 B를 박탈하다]
박쥐	bat 뱃
박해(하다)	persecution 퍼시큐션 / persecute 퍼시큐트
밖	outside 아웃사이드
반(半)	half 해프
반(班)	class 클래스 group 그룹 party 파티
반(反)하다	be contrary to 비 컨트러리 투
반감	antipathy 앤티퍼시 dislike 디스라이크
반격(하다)	counterattack 카운터어택
반경	radius 레이디어스
반골의	unyielding 언일딩 proud 프라우드
반달	half-moon 해프문 / half a month 해프 어 먼쓰 [기간]
반대(하다)	opposition 어퍼지션 / oppose 어포우즈
반대의	reverse 리버스 contrary 컨트러리
반대편	the opposite side 디 어퍼짓 사이드
반도	peninsula 페닌슐러
반도체	semiconductor 세미컨덕터
반드시	surely 슈얼리 without fail 위다웃 페일
반들반들한	smooth 스무쓰 slippery 슬리퍼리
반딧불이	firefly 파이어플라이
반란	revolt 리볼트
반론하다	argue against 아규 어겐스트
반목	antagonism 앤태거니즘

반품

반바지	shorts 쇼츠 pants 팬츠
반발(하다)	repulse 리펄스 / repel 리펠
반복	repetition 리피티션 refrain 리프러인
반복하다	repeat 리피트
반사(하다)	reflex 리플렉스 / reflect 리플렉트
반성(하다)	reflection 리플렉션 / reflect on 리플렉트 언
반세기	half-century 해프센추리
반소매	short sleeves 숏슬리브즈
반숙달걀	soft-boiled egg 소프트보일드 엑
반액	half the price 해프 더 프라이스
	✔ 반액할인 half-price discount
반역(하다)	rebellion 리벨리언 / rebel 레벌
반역자	rebel 레벌
반영(하다)	reflection 리플렉션 / reflect 리플렉트
반응(하다)	reaction 리액션 / respond 리스판드
반의어	antonym 앤터님
반작용	reaction 리액션
반점	spot 스팟 speck 스펙
반주(伴奏)하다	accompaniment 어컴퍼니먼트 / accompany 어컴퍼니
반죽하다	knead 니드
반지	ring 링
반짇고리	workbox 워크박스
반짝거리다	glitter 글리터 gleam 글림
반찬	dish 디쉬
반창고	plaster 플래스터
반칙	foul 파울
반품	returned goods 리턴드 굿즈

반하다[사랑]

반하다[사랑]	fall in love with 폴 인 러브 위드
반하다[반대]	go against 고우 어겐스트
반항	resistance 리지스턴스
반항적인	defiant 디파이언트 rebellious 레벌리어스
반향	echo 에코우
반환(하다)	return 리턴
받다	get 겟 receive 리시브
받아 적다	write down 라이트 다운
받아들이다	accept 억셉트 take 테이크
받아쓰기	dictation 딕테이션
받침대	stand 스탠드 pedestal 피데스털
발	foot 푸트[사람] paw 포[동물]
발가락	toe 토우
발각되다	be exposed 비 익스포우즈드
발견(하다)	discovery 디스커버리 / discover 디스커버
발견되다	be found 비 파운드
발군의	outstanding 아웃스탠딩
발굴(하다)	excavation 엑스커베이션 / excavate 엑스커베이트
발굽	hoof 후프
발기(하다)	erection 이렉션 / erect 이렉트
발기인	promoter 프로모우터
발길	step 스텝 pace 페이스
	✓ 내 발길 닿는 대로 가다 go wherever my feet lead me
발끈하다	fly into a rage 플라이 인투어 레이쥐
발끝	tiptoe 팁토우
발단	the origin 디 어리진 the opening 디 어프닝
발달(하다)	development 디벨롭먼트 / develop 디벨롭

발전(發電)하다

발돋움하다	stand on tiptoe 스탠드 온 팁토우
발뒤꿈치	heel 힐
발라드	ballad 밸러드
발랄하다	sprightly 스프라이틀리 lively 라이블리
발레	ballet 밸레이
발매(하다)	sale 세일 / put on sale 풋 온 세일
발명(하다)	invention 인벤션 / invent 인벤트
발명가	inventor 인벤터
발목	ankle 앵클
발버둥이 치다	struggle 스트러글 writhe 라이쓰
발병(하다)	get sick 겟 씩
발사하다	fire 파이어 shoot 슛
발산(하다)	emission 에미션 / emit 에미트
발생(하다)	outbreak 아웃브레이크 birth 버쓰 / occur 어커
발송하다	send out 센드 아웃
발신하다	dispatch a message 디스패취 어 메시지 transmit 트랜스밋
발신인	sender 센더 remitter 리미터
발아(하다)	germination 저미네이트 / sprout 스프라우트
발언하다	utter 어터 speak 스피크
발언권	the right to speak 더 라이트 투 스그ㅣ크
	✓ 발언권을 얻다 get the right to speak
발육(하다)	growth 그로우쓰 / grow 그로우
발육부진	retardation 리타데이션
발음(하다)	pronunciation 프러넌시에이션 / pronounce 프러나운스
발자취	footmark 푸트마크
발작	fit 핏 attack 어택
발전(發電)하다	generate electricity 제너레이트 일렉트리서티

발전(하다)

발전(하다)	development 디벨롭먼트 / develop 디벨롭
발전소	power plant 파워 플랜트
발전적인	developmental 디벨롭멘털
발족	inauguration 인오규레이션
발주(하다)	order 오더
발진	skin eruption 스킨 이럽션
발췌(하다)	extract 익스트랙트
발코니	balcony 밸커니
발판	footstool 푸트스툴 scaffold 스캐폴드
발표(하다)	announce 어나운스
발하다	give off 기브 오프 emit 이미트
발행(하다)	publication 퍼블리케이션 issue 이슈
발행부수	circulation 서큘레이션
발휘(하다)	display 디스플레이 show 쇼우
밝다	bright 브라이트 light 라이트
밝히다	brighten 브라이튼 make clear 메익 클리어
밟다	step 스텝 tread 트레드
밤	night 나잇 evening 이브닝
밤(栗)	chestnut 체스넛
밤낮	night and day 나잇 앤 데이
밤새도록	all night 올 나잇
	✓ 독서로 밤을 새우다 sit up all night over a book
밤중	midnight 미드나잇
밥	rice 라이스
밥공기	rice-bowl 라이스바울
방	room 룸
방갈로	bungalow 벙걸로우

방어(하다)

방과 후	after school 애프터 스쿨
방관하다	stand by 스텐드 바이 look on 룩 돈
방광	bladder 블래더
방귀	wind 윈드 fart 파트
방글라데시	Bangladesh 뱅글러데쉬
방대한	enormous 이노머스 huge 휴쥐
방랑(하다)	wandering 완더링 / wander 완더
방류(하다)	discharge 디스차쥐
방목(하다)	pasturage 패스추리쥐 / pasture 패스춰
방문객	visitor 비지터
방문하다	call at 콜엣 visit 비지트
방범	crime prevention 크라임 프리벤션
방법	way 웨이 method 메소드
방부제	preservative 프리저베이티브
방사(하다)	radiation 레이디에이션 / radiate 레기디에이트
방사선	radiant ray 레이디언트 레이
	✔ 방사능 오염 radioactive contamination
방석	cushion 쿠션
방송(하다)	broadcast 브로드캐스트
방송국	broadcasting station 브로드캐스팅 스테이션
방송프로	program 프로그램
방수	waterproof 워터프룹
방심(하다)	be off one's guard 비 오프 원스 ㄱ·드
방아쇠	trigger 트리거
	✔ 방아쇠를 당기다 pull the trigger
방어	yellowtail 옐로우테일
방어(하다)	defense 디펜스 / defend 디펜드

방언

방언	dialect 다이얼렉트
방영하다	televise 텔리바이즈 telecast 텔리캐스트
방울	bell 벨
방위	direction 디렉션
방음(하다)	soundproof 사운드프룹
	✓ 방음장치 soundproof device
방임	noninterference 넌인터피어런스
방임주의	laissez-faire 레이세이페어
방정식	equation 이퀘이션
	✓ 방정식을 풀다 solve an equation
방지(하다)	prevent 프리벤트
방책	plan 플랜 measure 메저
방충제	insecticide 인섹티사이드
방치하다	leave... alone 리브 얼론 neglect 니글렉트
방침	course 코스 policy 팔러시
방파제	breakwater 브레이크워터
방패	shield 쉴드
방편	expedient 익스피디언트[편법] means 민즈[수단]
방풍림	windbreak 윈드브레이크
방해(하다)	hindrance 힌드런스 / disturb 디스터브
방해자	nuisance 뉴이선스
방향	direction 디렉션 side 사이드
방화하다	set fire to 셋 파이어 투
밭	field 필드 farm 팜
	✓ 밭을 갈다 cultivate the field
배(梨)	pear 페어
배(倍)	twice 트와이스 double 더블

배영

배(腹)	belly 벨리
배(船)	boat 보우트　ship 쉽
배 멀미	seasickness 씨식니스
배경	background 백그라운드
배관	piping 파이핑
배관공사	plumbing 프럼빙　piping 파이핑
배구	volleyball 발리볼
배급(하다)	distribute 디스트리뷰트　supply 서플라이
배기가스	exhaust gas 익조스트 개스
배꼽	navel 내이벌
배달(하다)	delivery 딜리버리 / deliver 딜리버
배당	dividend 디비던드
배드민턴	badminton 뱃민턴
배려	care 케어　consideration 컨시더레이션
배반하다	betray 비트레이
배상(하다)	compensation 컴펜세이션 / compensate 컴펜세이트
배색	color scheme 컬러 스킴
배서(하다)	endorsement 인도스먼트 / endorse 인도스
배설(하다)	excretion 익스크리션 / excrete 익스크리트
배설물	excrement 익스크리먼트
배수(排水)	drainage 드레이니지　✓ 배수공사 drainage works
배수(配水)	water supply 워터 서플라이
배양(하다)	cultivate 컬티베이트
배역	cast 캐스트
배열(하다)	arrangement 어레인지먼트 / arrange 어레인지
배영	backstroke 백스트로우크

507

배우

배우	actor 액터[남자] actress 액트리스[여자]
배우다	learn 런 take lessons 테익 레슨즈
배우자	spouse 스파우스
배웅하다	see off 씨 오프
배제(하다)	exclusion 익스클루전 / exclude 익스클루드
배지	badge 배쥐
배짱	courage 커리지 pluck 플럭
배척(하다)	exclusion 익스클루전 / exclude 익스클루드
배척운동	boycott 보이캇
배추	Chinese cabbage 차이니즈 캐비지
배치(하다)	arrangement 어레인지먼트 / arrange 어레인지
배타적	exclusive 익스클루시브
배터리	battery 배터리
배턴	baton 배턴 ✔ 배턴터치 baton passing
배포(하다)	distribution 디스트리뷰션 / distribute 디스트리뷰트
배후	background 백그라운드
백	hundred 헌드러드
백과사전	encyclopedia 인사이클로피디어
백금	white gold 화이트 골드 platinum 플래티넘
백만	million 밀리언
백만장자	millionaire 밀리어네어
백발	gray hair 그레이 헤어
백부	uncle 엉클
백분율	percentage 퍼센티지
백신	vaccine 백신
백안시(하다)	look coldly on 룩 코울들리 온

버스정류장

백업	backup 백업
백일몽	daydream 데이드림
백일초	zinnia 지니어
백작	count 카운트
백조	swan 스완
백조자리	Cygnus 식너스
백지	blank paper 블랭크 페이퍼
백치	idiot 이디엇
백합	lily 릴리
백혈구	white blood cell 와이트 블럿 셀
백혈병	leukemia 류케미어
백화점	department store 디파트먼트 스토어
밴드	band 밴드[악대] / belt 벨트[띠]
밸런스	balance 밸런스
밸브	valve 밸브
뱀	snake 스네이크 serpent 서펜트
뱀장어	eel 일
뱃사람	sailor 세일러 seaman 씨맨
버너	burner 버너
버드나무	willow 윌로우
버릇	habit 해빗
	✔ 버릇없는 아이 ill-bred boy
버리다	throw away 쓰로우 어웨이 dump 덤프
버본	bourbon 버본
버섯	mushroom 머쉬룸
버스	bus 버스
버스정류장	bus stop 버스탑

버저

버저	buzzer 버저
버전	version 버전
버찌	cherry 체리
버터	butter 버터
버티다	bear 베어 maintain 메인테인
벅차다	be beyond one's power 비 비연드 원스 파워
번갈아서	alternately 올터니틀리 by turns 바이 턴즈
번개	lightning 라이트닝
번거롭다	confused 컨퓨즈드 troublesome 트러블섬
번데기	chrysalis 크리설리스 pupa 퓨퍼
번득이다	flash 플래쉬 gleam 글림
번복하다	reverse 리버스 change 체인지
번성	prosperity 프라스페리티
번식(하다)	reproduction 리프러덕션 / breed 브리드
번안	adaptation 어댑테이션
번역(하다)	translation 트랜슬레이션 / translate into 트랜스레이트 인투
번역가	translator 트랜스레이터
번영하다	prosper 프라스퍼 flourish 플러리쉬
번잡한	complicated 컴플리케이티드 bustling 버슬링
번지	house number 하우스 넘버
번지다	blot 블랏 spread 스프레드
번호	number 넘버
번화가	busy street 비지 스트릿
벌(罰)	punishment 퍼니쉬먼트 penalty 페널티
벌(蜂)	bee 비
벌금	fine 파인
	✔ 벌금을 부과하다 impose a fine

벌꿀	honey 허니
벌다	make a profit 메이크 어 프라핏 gain 게인
벌레	insect 인섹트
벌써	already 올레디 long ago 롱 어고우
벌이	profit 프라핏 gains 게인즈
벌집	beehive 비하이브 honeycomb 허니코옴
범람(하다)	flood 플러드 overflow 오버플로우
범위	limit 리미트 sphere 스피어
범인(凡人)	mediocre person 미디아커 퍼슨
범인(犯人)	offender 오펜더 criminal 크리미널
범죄(자)	crime 크라임 / criminal 크리미널
범주	category 케터거리
범퍼	bumper 범퍼
범하다	commit 커밋 violate 바이얼레이트
범행	crime 크라임 offense 오펜스
	✓ 범행현장 the scene of an offense
법	law 로 rule 룰
법관	judge 저쥐
법규	laws and regulations 로즈 앤 레귤레이션
법무부장관	the Minister of Justice 더 미니스터 어브 저스티스
법안	bill 빌
	✓ 법안을 통과시키다 pass a bill
법인	juridical person 주리디컬 퍼슨
법정	court 코트 the bar 더 바
벗겨지다	come off 컴 오프
벗기다	take off 테익 오프 tear 테어 peel 필
벗다	put off 풋 오프

벗어나다

벗어나다	get through 겟 스루
벚꽃	cherry blossom 체리 블라섬
벚나무	cherry tree 체리 추리
베개	pillow 필로우
베끼다	copy 카피 transcribe 추랜스크라이브
베네수엘라	Venezuela 베너즈웨일러
베니어판	plywood 플라이우드
베다	cut 컷 slice 슬라이스
베란다	veranda 버랜더
베레모	beret 버레이
베를린	Berlin 벌린
베스트셀러	best seller 베스트 셀러
베어 먹다	gnaw 노 nibble 니블
베이다	get cut 겟 컷
베이스	base 베이스
베이지색	beige 베이쥐
베이컨	bacon 베이컨
베이킹파우더	baking powder 베이킹 파우더
베일	veil 베일
베테랑	veteran 베터런 expert 엑스퍼트
베트남	Vietnam 비엣남
베풀다	give 기브 bestow 비스토우
	✓ 은혜를 베풀다 do a person a favor
벤치	bench 벤취
벨	bell 벨
벨기에	Belgium 벨지엄
벨트	belt 벨트

변신(하다)

벼	rice plant 라이스 플랜트
벼농사	rice farming 라이스 파밍
벼락	thunderbolt 썬더볼트
벼락부자	new rich 뉴 리치 upstart 업스타트
벼루	inkstone 잉크스톤
벼룩	flea 플리
벽	wall 월 partition 파티션
벽돌	brick 브릭
벽보	bill 빌 wall poster 월 포스터
벽시계	wall clock 월 클락
벽지	wallpaper 월페이퍼
벽지(僻地)	remote place 리모트 플레이스
벽화	mural painting 뮤럴 페인팅
변경(하다)	change 체인지
변덕	whim 휨 caprice 커프리스
변덕스러운	whimsical 휨지컬 capricious 커프리셔스
변덕쟁이	caprice 커프리스
변동	change 체인지 alteration 올터레이션
변두리	outskirts 아웃스커츠 suburbs 서브브즈
변명(하다)	excuse 익스큐즈 / explain 익스플레인
변모	transfiguration 트랜스피겨레이션
변변치 못한	coarse 코스 humble 험블
변비	constipation 컨스티페이션
변상	compensation 컴펜세이션
변색	change of color 체인지 어브 컬러
변소	lavatory 라바토리 toilet 토일럿
변신(하다)	transformation 트랜스포메이션 / transform 트랜스폼

변심

변심	change of mind 체인지 어브 마인드
변압기	transformer 트랜스포머
변장(하다)	disguise 디스가이즈
변제(하다)	repayment 리페이먼트　pay back 페이 백
변조(하다)	forgery 포저리 / forge 포지
변천(하다)	transition 트랜지션 / undergo changes 언더고우 체인지즈
변태	abnormality 앱노멀리티
	✔ 변태적인 심리 abnormal mentality
변하다	change 체인지　turn into 턴 인투
변호(하다)	defense 디펜스 / defend 디펜드
변호사	lawyer 로여　attorney 어토니
별	star 스타
별관	annex 어넥스
별명	nickname 닉네임　alias 앨리어스
별안간	suddenly 서든리
별자리	constellation 컨스털레이션
별장	villa 빌러
별점	horoscope 호로스코우프
병(甁)	bottle 바틀
병(病)	sickness 식니스　disease 디지즈
	✔ 병을 옮기다 infect
병균	germ 점　virus 바이러스
병기	arms 암즈　weapon 웨펀
병들다	get ill 겟 일
병력	military force 밀리터리 포스
병사	soldier 솔저
병상	sickbed 식베드

514

병세	condition 컨디션
병신	deformity 디포머티 fool 풀
병아리	chick 취크
병약한	weak 위크 sickly 식리
병역	military service 밀리터리 서비스
병원	hospital 하스피틀
병적인	abnormal 앱노멀 morbid 모비드
병풍	folding screen 폴딩 스크린
병해충	vermin 버민 pest 페스트
병행하다	go side by side 고우 사이드 바이 사이드
볕	sunshine 썬샤인 the sun 더 썬
보건	health 헬쓰 hygiene 하이진
보건소	health center 헬쓰 센터
보고(하다)	report 리포트 inform 인폼
보관(하다)	storage 스토리지 / keep 킵 store 스토어
보급(하다)	spread 스프레드 / diffuse 디퓨즈
보내다	send 센드 hand over 핸드 오버
보너스	bonus 보우너스
보다	see 씨 look at 룩 앳 observe 옵저브
보답하다	repay 리페이 reward 리워드
보도	sidewalk 사이드워크
보도하다	report 리포트 inform 인폼
보디가드	bodyguard 보디가드
보따리	pack 팩 bundle 번들
보랏빛	purple 퍼플 violet 바이얼릿
보류(하다)	reservation 리저베이션 / reserve 리저브
보름달	full moon 풀 문

보리

보리	barley 발리
보모	nurse 너스
보물	treasure 트레저
	✓ 보물찾기 treasure hunt
보복(하다)	retaliation 리텔리에이션 / retaliate 리텔리에이트
보살피다	take care of 테익 케어러브 look after 룩 애프터
보살핌	care 케어 aid 에이드
보상(하다)	compensation 컴펜세이션 / compensate 컴펜세이트
보석(寶石)	gem 젬 jewel 주얼
보석(保釋)	bail 베일
보수(적인)	conservatism 컨저버티즘 / conservative 컨저버티브
보수	rewards 리워드
보수공사	repair works 리페어 웍스
보스	boss 보스
보안	security 씨큐리티
보안관	sheriff 쉐리프
보온하다	keep warm 킵 왐
보완(하다)	complement 컴플먼트 / supplement 서플먼트
보유	possession 퍼제션 retention 리텐션
보이	waiter 웨이터[음식점] bellboy 벨보이[호텔]
보이다	see 씨 be seen 비 씬
보이콧(하다)	boycott 보이캇
보일러	boiler 보일러
보자기	cloth wrapper 클로스 래퍼
보장	security 씨큐리티 guarantee 개런티
보조	pace 페이스 step 스텝
보조(하다)	assistance 어시스턴스 / assist 어시스트

보조개	dimple 딤플
보조금	subsidy 섭시디
보존(하다)	preservation 프리저베이션 / preserve 프리저브
보증서	written guarantee 리튼 개런티
보증인	guarantor 개런터 surety 슈어티
보충하다	make up for 메이크 룸 포 supplement 서플먼트
보태다	add to 애드투 make up for 메이컵 포
보통	usually 유주얼리 generally 제너럴리
보통예금	ordinary deposit 오디너리 디파짓
보통의	ordinary 오디너리 common 커먼
	✓ 보통 사람과 다르다 be different from other man
보트	boat 보우트
보편(성)	universality 유니버설리티
보편적인	universal 유니버설
보합(保合)	steadiness 스테디니스
보행	walk 워크
보험	insurance 인슈어런스
보험회사	insurance company 인슈어런스 캄퍼니
보호(하다)	protection 프러텍션 / protect 프러텍트
보호무역주의	protectionism 프러텍셔니즘
복권	lottery 라터리
복도	corridor 커리더
복리	compound interest 컴파운드 인터레스트
복막염	peritoneum 페러터니엄
복면	mask 마스크
복사하다	photocopy 포토카피 copy 카피
복사뼈	ankle 앵클

복수

복수	plural 플루럴
복수(하다)	revenge 리벤지
복숭아	peach 피치
복습(하다)	review 리뷰
복식	composite 컴퍼짓 combined 컴바인드
복어	globefish 글로웁피쉬
복역하다	serve one's term 서브 원스 텀
복용량	dose 도우즈
복원(하다)	restoration 레스터레이션 / restore 레스토어
복잡한	complicated 컴플리케이티드
복장	dress 드레스 clothes 클로시즈
복제(하다)	reproduction 리프러덕션 / reproduce 리프러듀스
복종(하다)	obedience 오비디언스 / obey 오베이
복지	public welfare 퍼블릭 웰페어 wellbeing 웰빙
복통	stomachache 스터먹에이크
복합	composition 컴퍼지션 complex 컴플렉스
볶다	parch 파취 roast 로스트
볶음밥	frizzled rice 프리즐드 라이스
본가	main family 메인 패밀리
본격적인	full-scale 풀스케일 genuine 제뉴인
본관(本館)	main building 메인 빌딩
본능	instinct 인스팅트
	✔ 본능적인 두려움 instinctive fear
본래	originally 어리지널리 by nature 바이 내이춰
본론	main subject 메인 섭직트
본명	real name 리얼네임
본문	the text 더 텍스트 the body 더 바디

부(副)

본받다	follow 팔로우 imitate 이미테이트
본부	the head office 더 헤드 오피스
본분	one's duty 원스 듀티 responsibility 리스판서빌리티
본성	nature 네이추어
본심	real intention 리얼 인텐션
본인	the person himself (herself) 더 퍼슨 힘셀프 (허셀프)
본질	essence 에선스
본체	main body 메인 바디
본토	the mainland 더 메인랜드
볼	cheek 칙
볼록거울	convex mirror 컨벡스 미러
볼륨	volume 볼륨
볼링	bowling 보울링
볼트	bolt 보울트
볼펜	ball-point pen 볼포인트펜
볼품없다	look poor 룩 푸어 unsightly 언사이트리
봄	spring 스프링 springtime 스프링타임
봉	stick 스틱 rod 로드
봉건제	feudalism 퓨덜리즘
봉급	pay 페이 salary 샐러리
봉사(하다)	service 서비스 / serve 서브
봉쇄(하다)	blockade 블러케이드
봉우리	peak 피크 top 탑
봉제인형	stuffed toy 스텁드 토이
봉투	envelope 엔벌롭
부(部)	section 섹션
부(副)	vice 바이스

부(富)

부(富)	wealth 웰스
부각	relief 릴리프
부결(되다)	rejection 리젝션 / reject 리젝트
부과하다	impose 임포우즈
부근	neighborhood 네이버후드
부기(簿記)	bookkeeping 북키핑
부끄럽다	bashful 배쉬펄 shameful 쉐임펄
부단한	perpetual 퍼페추얼 constant 컨스턴트
부담(하다)	burden 버든 / bear 베어 share 쉐어
부당한	unjust 언저스트 unfair 언페어

✔ 부당한 해고 unfair dismissal

부대	military unit 밀리터리 유닛
부도	dishonor 디스아너
부동산	real-estate 리얼에스테이트
부두	pier 피어
부드러운	soft 소프트 gentle 젠틀 tender 텐더
부드럽게 하다	soften 소프튼
부딪치다	hit 힛 strike 스트라이크
부러워하다	envy 엔비
부럽다	enviable 엔비어블 envious 엔비어스
부록	supplement 서플먼트
부르다	call 콜 invite 인바이트
부르주아	bourgeois 부어르좌
부리	bill 빌 beak 비크
부리다	employ 엠플로이 manage 매니지 use 유즈
부메랑	boomerang 부머랭

✔ 부메랑효과 boomerang effect

부모	parents 페어런츠
부부	married couple 매리드 커플
부분	part 파트 portion 포션
부산물	by-product 바이프러덕트
부상(당하다)	wound 운드 / be injured 비 인줘드
부상자	injured person 인줘드 퍼슨
부서지다	break 브레이크
부속	attached 어태취드
부수다	break 브레이크 destroy 디스트로이
부스럼	pimple 핌플
부식	side dishes 사이드 디쉬즈
부식(되다)	corrosion 커로우전 / corrode 커로우드
부실하다	weak 위크 infirm 인펌 ✔ 부실공사 fraudulent work
부양하다	support 서포트 keep 킵
부업	side job 사이드 잡
부엌	kitchen 키친
부여(하다)	grant 그랜트 / give 기브 bestow 비스토우
부인	wife 와이프
부인(하다)	denial 디나이얼 / deny 디나이
부자	rich person 리치 퍼슨
부자연스러운	unnatural 언내추럴
부작용	side effect 사이드 이펙트
부장	director 디렉터
부재	absence 앱선스
부적	charm 참 talisman 탤리스먼
부적당한	unfit 언핏 unsuitable 언수터블

부전자전

부전자전	like father, like son. 라이크 파더 라이크 썬
부정(否定)	denial 디나이얼
부정(不正)	unjustice 언저스티스 unlawfulness 언로펄리스
	✓ 부정한 수단으로 by a dishonest means
부정적인	negative 네거티브
부정(否定)하다	deny 디나이 negate 니게이트
부정확한	inaccurate 인애큐릿 incorrect 인커렉트
부제	sub-title 섭사이틀
부조리	absurdity 앱서더티
부족(하다)	shortage 쇼티지 / lack 랙
부주의	carelessness 케어리스니스
부지런히	diligently 딜리전트리 hard 하드
부진	slump 슬럼프 depression 디프레션
부채	debt 뎁트 liabilities 라이어빌리티즈
부채	round fan 라운드 팬
부처	Buddha 부더
부추	leek 리크
부추기다	tempt 템트 seduce 시듀스
부축하다	support 서포트 assist 어시스트
부치다	send 센드 forward 포워드
부탁	request 리퀘스트 favor 페이버
~부터	from 프럼 since 씬스[시간]
부티크	boutique 부티크
부패(하다)	putrefaction 퓨트러팩션 / rot 랏 go bad 고우 뱃
부풀다	swell 스웰 expand 익스펜드
부품	parts 파츠
부피	bulk 벌크 volume 볼륨

분리(하다)

부하	staff 스텝 subordinate 서보디네이트
부호	mark 마크 sign 사인
부화(하다)	incubation 인큐베이션 / hatch 해치
부활(하다)	revival 리바이벌 / revive 리바이브
부활절	Easter 이스터
부흥	revival 리바이벌 restoration 레스트어레이션
북	drum 드럼
북경	Beijing 베이징 Peking 피킹
북극	the North Pole 더 노쓰 포울
북극성	the polestar 더 폴스타
북두칠성	the Big Dipper 더 빅 디퍼
북부	the northern part 더 노던 파트
북위	the north latitude 더 노쓰 래티튜드
북적거리다	crowded 크라우디드 thronged 스렁드
북쪽	the north 더 노쓰
북한	North Korea 노쓰 코리어
분	minute 미닛
분간하다	distinguish 디스팅귀쉬
분개	resentment 리젠트먼트 indignation 인딕네이션
분규	complication 컴플리케이션
분노	anger 앵거 rage 레이지 wrath 뤠이쓰
분담(하다)	share 쉐어
분도기	protractor 프로트랙터
분란	disorder 디스오더 trouble 추러블
분량	quantity 콴터티
분류(하다)	classification 클래서피케이션 / classify 클래서파이
분리(하다)	separation 세퍼레이션 / separate 세퍼레이트

분만

	✓ 쓰레기 분리수거 separate garbage collection
분만	childbirth 차일드버쓰
분만실	delivery room 딜리버리 룸
분말	powder 파우더
분명하다	clear 클리어 plain 플레인
분명하지 않은	dim 딤 indistinct 인디스팅트
분모	denominator 디노미네이터
분무기	spray 스프레이
분배(하다)	distribution 디스트리뷰션 / distribute 디스트리뷰트
분별(하다)	separate 세퍼레이트 / distinguish 디스팅귀시
분비(하다)	secretion 시크리션 / secrete 시크리트
분산(되다)	dispersion 디스퍼전 / scatter 스캐터
분석(하다)	analysis 애널리시스 / analyze 애널라이즈
분쇄하다	smash 스매쉬 crush 크러쉬
분수(噴水)	fountain 파운틴
분수(分數)	fraction 프랙션
분수령	watershed 워터쉐드
분실(하다)	loss 로스 / lose 루즈
분실물	lost article 로스트 아티클
	✓ 분실물 취급소 Lost-and-found
분야	field 필드 line 라인
분업	division of labor 디비전 어브 래이버
분열(되다)	division 디비전 / break up 브레이크 업
분위기	atmosphere 앳모스피어
분자	molecule 말리큘
분장실	dressing room 드레싱 룸
분재	dwarf tree 드워프 추리

분쟁	dispute 디스퓨트 conflict 컨플릭트
분지	basin 베이슨
분출	spouting 스파우팅 gushing 거슁
분투하다	struggle 스트러글 strive 스트라이브
분파	faction 팩션
분포	distribution 디스트리뷰션
분하다	vexing 벡싱 annoying 어노잉
분할(하다)	division 디비전 / divide 디바이드
분해	disjointing 디스조인팅 disassembly 디스어셈블리
분화(하다)	eruption 이럽션 / erupt 이럽트
불	fire 파이어 flame 플레임 blaze 블레이즈
	✔ 불 켜다 put on the light
불가결한	indispensable 인디스펜서블
불가능한	impossible 임파서블
불가리아	Bulgaria 벌개어리어
불가사리	starfish 스타피쉬
불가사의	wonder 원더 mystery 미스터리
불결한	unclean 언클린 dirty 더티
불경기	depression 디프레션
불고기	roast meat 로스트 미트
불공평	partiality 파셜리티
불교(신자)	Buddhism 부디즘 / Buddhist 부디스트
불구하고	in spite of 인 스파이트 어브 disregarding 디스리가딩
불규칙하다	irregular 이레귤러
불균형	imbalance 임밸런스
불기소	non-prosecution 넌프러시큐션
불길한	ominous 아머너스 unlucky 언러키

불다

불다	blow 블로우 breathe out 브리쓰 아웃
불도저	bulldozer 불도우저
불똥	spark 스파크
불량배	gangster 갱스터 hoodlum 후드럼
불륜	adultery 어덜터리
불리	disadvantage 디스어드벤티지 hanicap 핸디캡
불만스러운	dissatisfied 디스새티스파이드 discontent 디스컨텐트
불매운동	boycott 보이캇
불면증	insomnia 인삼니어
불명예	disgrace 디스그레이스 dishonor 디스아너
불모의	barren 배런 sterile 스테릴
불법적인	illegal 일리걸 unlawful 언로펄 unjust 언저스트
불법침입	trespassing 트레스패싱
불법행위	unlawful act 언로펄 액트
불변	constancy 컨스턴시 changelessness 체인지리스니스
불복	disobedience 디스오비디언스
불사신	immortal 이모털
불상사	misfortune 미스포춘
불순(하다)	impurity 임퓨리티 impure 임퓨어
불신	disbelief 디스빌리프 distrust 디스트러스트
불쌍한	pitiful 피티펄 poor 푸어 pitiable 피티어블
불안	uncertainty 언서튼티 uneasiness 언이지니스
불안정	instability 인스터빌리티
불어나다	increase 인크리즈
불어넣다	blow into 블로우 인투 inspire 인스파이어
불운	bad luck 배드 럭
불의(不義)	injustice 인저스티스

붙임성이 있다

불의(不意)의	sudden 서든 unexpected 언익스펙티드
불이익	disadvantage 디스어드벤티지
불일치	discord 디스코드 disagreement 디스어그리먼트
	✓ 언행 불일치 discordance between one's words and actions
불임증	sterility 스테릴리티
불충분한	insufficient 인서피션트
불쾌하다	unpleasant 언플레전트 displeased 디스플리즈드
불편	inconvenience 인컨비년스
불평(하다)	complaint 컴플레인트 / complain 컴플레인
불필요한	unnecessary 언네서세리 needless 니들리스
불합리한	unreasonable 언리즈너블 absurd 업서드
불행	misfortune 미스포춘 unhappiness 언해피니스
불화	discord 디스코드 trouble 추러블
불확실한	uncertain 언서튼
불황	depression 디프레션 slump 슬럼프
불효	undutifulness 언듀티펄니스
붐	boom 붐
붐비다	be crowded 비 크라우디드
붓다[살이]	become swollen 비컴 스월런
붓다[쏟다]	pour 포어
붕괴(되다)	collapse 컬렙스
붕대	bandage 밴디지
붕어	crucian carp 크루션 카프
붙다	stick to 스틱 투 cling 클링
붙이다	stick 스틱 put on 풋 온
붙임성	sociability 소셔빌리티 affability 애퍼빌러티
붙임성이 있다	amiable 애이미어블 sociable 소셔블

붙잡다

붙잡다	catch 캐취 capture 캡취
뷔페	buffet 버페이
브라질	Brazil 브러질
브래지어	brassiere 브러지어 bra 브라
브랜드	brand 브랜드
브랜디	brandy 브랜디
브레이크	brake 브레이크
브로마이드	bromide 브로우마이드
브로치	brooch 브로우취
브로콜리	broccoli 브라컬리
블라우스	blouse 블라우스
블라인드	blind 블라인드
블랙리스트	blacklist 블랙리스트
블록	block 블럭
비[청소]	broom 브룸
비	rain 레인
비겁한	mean 민 foul 파울 ✔ 비겁한 수단 cowardly means
비결	knack 낵 secret 씨크리트
비공식의	unofficial 언오피셜 informal 인포멀
비관적인	pessimistic 페시미스틱
비교(하다)	comparison 컴패리슨 / compare 컴페어
비굴한	mean 민 servile 서바일
비극	tragedy 트래저디
비기다	tie 타이 draw 드로
비김	draw 드로 drawn game 드론 게임
비꼼	sarcasm 사캐즘 irony 아이러니

비난(하다)	blame 블레임 / criticize 크리티사이즈
비너스	Venus 비너스
비뇨기과	urology 유럴러지
비누	soap 소우프
	✓ 비눗방울 soap bubbles
비늘	scale 스케일
비닐	vinyl 바이늘
비닐봉지	poly bag 폴리백
비다	empty 엠프티 vacant 베이컨트
비단	silk 실크
비둘기	pigeon 피전 dove 더브[집비둘기]
비등(하다)	boil 보일
비등점	boiling point 보일링 포인트
비디오테이프	videotape 비디오우테입
비뚤어지게 하다	distort 디스토트 bend 벤드
비례	proportion 프러포션
비록	even if 이븐 이프 though 도우
비료	fertilizer 퍼틸라이저 manure 머뉴어
비린내 나다	fishy 피쉬
비만	fatness 팻니스 obesity 오우비서티
비명(지르다)	scream 스크림 shriek 쉬리크
비문	inscription 인스크립션
비밀	secret 씨크리트 secrecy 시크러시
	✓ 비밀을 지키다 (폭로하다) keep (disclose) a secret
비밀번호	code number 코드 넘버
비방(하다)	slander 슬랜더
비번	off duty 오프 듀티

비범한

비범한	unusual 언유주얼 exceptional 익셉셔널
비법	secret method 씨크릿 메서드
비보	sad news 새드 뉴즈
비비다	rub 럽 massage 머사지
비상(非常)	unusualness 언유주얼니스 emergency 이머전시
비상(飛翔)	flight 플라이트 flying 플라잉
비상구	emergency exit 이머전시 엑시트
비상식(非常識)	thoughtlessness 쏘트리스니스
비서	secretary 쎄크러터리
비수기	off-season 오프시즌
비스킷	biscuit 비스킷
비슷하다	similar 씨밀러 alike 얼라이크
비싼	expensive 익스펜시브 dear 디어
비약(하다)	leap 리프 jump 점프
비열하다	unfair 언페어 mean 민
비염	nasal inflammation 내이설 인플래메이션
비옥	fertility 퍼틸리티
비올라	viola 비오올러
비용	expense 익스펜스 cost 코스트
비우다	empty 엠프티
비웃다	laugh at 래프앳 ridicule 리디큘
비위	taste 테이스트 palate 팰럿 temper 템퍼 ✓ 비위가 좋다 have a nerve
비율	rate 레이트 ratio 래이티오
비자	visa 비저
비장(脾臟)	spleen 스플린
비장한	pathetic 퍼세틱 grievous 그리버스

530

비전	vision 비전
비정한	cruel 크루얼 heartless 하트리스
비좁다	narrow 내로우
비준(하다)	ratification 래티피케이션 / ratify 래티파이
비즈니스	business 비즈니스
비참한	wretched 레취트 miserable 미저러블
비천하다	low 라우 humble 험블
비쳐 보이다	transparent 트랜스패어런트
비추다	light 라이트 illuminate 일루미네이트
비축	store 스토어 reserve 리저브
비취	jade 제이드
비치다	shine 샤인 be reflected 비 리플렉티드
비키니	bikini 비키니
비타민	vitamin 바이터민
비탈길	slope 슬로우프 hill 힐
비통한	grievous 그리버스 sorrowful 소로우펄
비틀거리다	stagger 스태거
비틀다	twist 트위스트 turn 턴
비판(하다)	criticism 크리티시즘 / criticize 크리티사이즈
비프스테이크	beefsteak 비프스테익
비행(飛行)	flight 플라이트 flying 플라잉
비행(非行)	misdeed 미스디드 wrongdoing 렁듀잉
비행기	airplane 에어플레인 plane 플레인
비화	secret story 씨크릿 스토리
빈곤	poverty 퍼버티 indigence 인디전스
빈대	bedbug 베드벅
빈도	frequency 프리퀀시

빈둥거리다

빈둥거리다	be lazy 비 레이지
빈말	idle (empty) talk 엠프티 토크
빈민가	slums 슬럼즈
빈방	vacant room 베이컨트 룸
빈번한	frequent 프리퀀트
빈약한	poor 푸어 meager 미거
빈축을 사다	be frowned at 비 프라운드 앳
빈틈없다	tactful 택트펄 shrewd 쉬루드
빈혈	anemia 어니미어
빌다	pray 프레이[기원] wish 위시[소원] beg 벡[구걸]
빌딩	building 빌딩
빌려주다	lend 렌드
빗	comb 콤
빗방울	raindrop 레인드랍
빙산	iceberg 아이스벅
빙하	glacier 글레이시어
빚	debt 뎁트 loan 론
	✓ 빚을 청산하다 clear one's debt
빚쟁이	debt collector 뎁트 컬렉터
빛	light 라이트 lamp 램프
빛나다	shine 샤인 flash 플래쉬
빠뜨리다	drop in 드랍 인 entrap 인추랩 omit 오밋
빠르다	quick 퀵 swift 스위프트 fast 패스트
빠지다	fall into 폴 인투 indulge oneself in 인덜지 원셀프 인
	✓ 빠짐없이 without exception
빨강	red 레드
빨다	suck 석 absorb 앱서브

빨리	quickly 퀵클리　promptly 프럼틀리
빵(집)	bread 브레드 / bakery 베이커리
빼다	take out 테익 아웃　deduct from 디덕트 프럼
빼앗기다	have ... taken away 해브 테이큰 어웨이
빼앗다	take ... away 테이크 어웨이　rob 랍
빼어나다	excel 엑셀
뺄셈	subtraction 섭트랙션
뺑소니	hit and run 힛 앤드 런
뺨	cheek 칙
뻐근하다	feel stiff 필 스팁
뻐꾸기	cuckoo 쿠쿠
뻔뻔하다	shameless 쉐임리스　impudent 임푸던트
뻗다	stretch 스트레치　extend 익스텐드
뼈	bone 본
뼈대	frame 프레임　structure 스트럭춰
뽐내다	be haughty 비 호티　give oneself airs 기브 원셀프 에어즈
뽑다	pull (draw, take) out 풀 아웃
뽕나무	mulberry 멀베리
뾰족해지다	become pointed 비컴 포인티드
뿌리	root 루트　origin 어리진
뿌리다	sprinkle 스프링클　scatter 스캐터
뿌리치다	shake off 쉐이크 오프　release oneself from 릴리스 원셀프 프럼
뿔	horn 혼
뿜다	spout 스파우트　gush out 거쉬 아웃
삐걱거리다	creak 크리크　squeak 스퀴크
삐다	sprain 스프레인　wrench 렌치
삐치다	become sulky 비컴 설키　be cross 비 크로스

사각형

사각형	four-cornered 포코너드 square 스퀘어[정사각형]
사거리	crossroad 크로스로드
사건	incident 인시던트 event 이벤트 case 케이스
사격	shooting 슈팅 firing 파이어링
	✔ 사격 연습을 하다 make a shooting practice
사고	accident 액시던트
사고(思考)	thought 쏘트 thinking 씽킹
사과	apple 애플
사과(하다)	apology 어팔러지 / apologize 어팔러자이즈
사교	society 소사이어티
사구(砂丘)	dune 둔
사구[야구]	walk 워크 base on balls 베이스 온 볼스
사귀다	keep company with 킵 컴퍼니 위드
사기(士氣)	morale 모레일 fighting spirit 파이팅 스피리트
사기(詐欺)	fraud 프로드 swindling 스윈들링
사기꾼	swindler 스윈들러
사납다	fierce 피어스 violent 바이얼런트
사냥	hunting 헌팅 shooting 슈팅
사냥꾼	hunter 헌터
사다	buy 바이 purchase 퍼처스
사다리	ladder 래더
사다리꼴	trapezoid 트래퍼조이드
사도(使徒)	apostle 애퍼슬
사들이다	stock 스탁 lay in 레이 인

사무총장

사라지다	vanish 베니쉬 disappear 디스어피어
사람	person 퍼슨 one 원
사랑(하다)	love 러브 / fall in love with 폴 인 러브 위드
사랑니	wisdom tooth 위즈덤 티쓰
사랑스럽다	lovely 러블리 beloved 비러브드
사려 깊다	thoughtful 쏘트펄 prudent 프루던트
사령관	commander 커맨더
사령부	headquarter 헤드쿼터
사령탑	control tower 컨트롤 타워
사례	thanks 쌩스 remuneration 리뮤너레이션
사로잡다	catch alive 캐취 얼라이브 capture 캡춰
사리(私利)	self-interest 셀프인터레스트
사리(事理)	reason 리즌 facts 팩츠
	✓ 사리에 맞다 stand to reason
사립	private 프라이빗
사마귀[곤충]	mantis 맨티스
사마귀[피부]	wart 워트
사막	desert 데저트
사망(하다)	death 데쓰 die 다이
사망률	death rate 데쓰 레이트
사면체	tetrahedron 테트러히드런
사명	mission 미션
사모	longing 롱잉 yearning 여닝
사무	business 비즈니스 affair 어페어
사무소	office 오피스
사무직원	clerk 클럭 office worker 오피스 워커
사무총장	secretary-general 새크러테리제너럴

사물

사물	things 씽즈 matter 매터
사발	bowl 바울
사방	all directions 올 디렉션즈
사법권	jurisdiction 주리스딕션
사병	private (soldier) 프라이빗 (솔저)
사복	plain clothes 플레인 클로씨즈
사본	copy 카피 manuscript 매뉴스크립
사비	private expense 프라이빗 익스펜스
사상(思想)	thought 쏘트 idea 아이디어
사상(史上)	in history 인 히스토리

✔ 사상 최고의 기록 the highest record in history

사상가	philosopher 필라소퍼 thinker 씽커
사색(思索)	contemplation 컨템플레이션
사색(死色)	deadly pale look 데들리 패일 룩
사생(하다)	sketch 스케치
사생활	private life 프라이빗 라이프
사서	librarian 라이브러리언
사설(社說)	editorial 에디토리얼
사소한	trifling 트라이플링 trivial 트라이비얼
사소한 일	trifles 트라이플즈
사수자리	Sagittarius 쌔지테리어스
사수하다	defend desperately 디펜드 데스퍼리틀리
사슴	deer 디어
사실	fact 팩 truth 트루쓰
사악하다	wicked 위키드 vicious 비시어스
사양 산업	declining industry 디클라이닝 인더스트리
사업	enterprise 엔터프라이즈

사장

사업가	entrepreneur 앙트러프러너
사욕	self-interest 셀프인터레스트
사용(하다)	use 유즈 / make use of 메익 유즈어브
사용료	fee 피
사용법	how to use 하우 투 유즈
사우나	sauna 소너
사우디아라비아	Saudi Arabia 사우디 애러비어
사원(寺院)	Buddhist temple 부디스트 템플
사원	employee 엠플로이 staff 스탭
4월	April 에어프릴
사위	son-in-law 썬인로
사유	private ownership 프라이빗 오우너십
사육	breeding 브리딩
사의(辭意)	resignation 레직네이션
사의(謝意)	gratitude 그래티튜드 thanks 쌩스
사이[관계]	relations 릴레이션스
사이[공간적]	space 스페이스 room 룸
사이[시간적]	interval 인터벌
	✔ 남들이 노는 사이에 while the others are playing
사이다	soda (pop) 소우더 (팝)
사이비	false 폴스 pretended 프리텐디드
사이즈	size 사이즈
사이클	cycle 사이클
사인(하다)	signature 식너춰 / sign one's name 사인 원스 네임
사인펜	felt pen 펠트 펜
사임(하다)	resignation 레직네이션 / resign 리자인
사장	president 프레이지던트

사적인

사적인	private 프라이빗 personal 퍼스널
사전(事前)	in advance 인 어드밴스 before the fact 비포 더 팩
	✓ 사전협의 prior consultation
사전	dictionary 딕셔너리
사절	refusal 리퓨절 denial 디나이얼
사정	circumstances 서컴스턴시즈
사제	priest 프리스트
사족(蛇足)	superfluity 수퍼플루이티
사죄(하다)	apology 어팔러지 / apologize 어팔러자이즈
사증	visa 비저
사진	photograph 포토그랩
사진가	photographer 포토그래퍼
사진관	photo studio 포토스튜디오우
사촌형제	cousin 커즌
사춘기	adolescence 애덜레슨스 puberty 퓨버티
사치	luxury 럭셔리 extravagance 익스트레버건스
사치스럽다	luxurious 럭셔리어스
사탕수수	sugarcane 슈거케인
사태(事態)	situation 시추에이션
사태(沙汰)	landslide 랜드슬라이드
사택	company house 컴퍼니 하우스
사퇴(하다)	resignation 레직네이션 / decline 디클라인
사투리	accent 액센트 dialect 다이얼렉트
사파리	safari 서파리
사파이어	sapphire 사파이어
사팔뜨기	cross-eyed person 크로스아이드 퍼슨
사항	matter 매터 item 아이템

사형	capital punishment 캐피털 퍼니쉬먼트
사회	society 소사이어티 the world 더 월드
	✓ 사회적 지위 social position
사회보장	social security 소셜 시큐리티
사회성	sociality 소셜리티
사회자	emcee 엠씨 chairperson 체어퍼슨
사회를 보다	preside at 프리자이드 앳
사회주의	socialism 소셜리즘
사회학	sociology 소우쉬알러지
삭제(하다)	deletion 딜리션 / delete 딜리트
산(酸)	acid 애시드
산	mountain 마운틴
산골짜기	valley 벨리
산기슭	the foot 더 푸트
산등성이	ridge 리쥐
산뜻한	neat 니트 plain 플레인
산란하다	lay eggs 레이 엑스
산림	mountain forest 마운틴 포리스트
산만한	loose 루스
산맥	mountain range 마운틴 레인지
산물	result 리절트 outcome 아웃컴
산보(하다)	walk 워크 / take a walk 테이커 워크
산부인과	obstetrics and gynecology 업스테트릭 앤 가이니칼러지
산부인과 의사	obstetrician 압스테트리션 gynecologist 가이너칼러지스트
산불	forest fire 포리스트 파이어
산성	acidity 애시더티
산성비	acid rain 애시드 레인

산소마스크

산소마스크	oxygen mask 악시전 마스크
산수	arithmetic 어리스메틱
산악지대	mountainous region 마운티너스 리전
산업	industry 인더스트리 ✓ 산업혁명 the Industrial Revolution
산적	bandit 밴딧
산출(하다)	calculation 컬큘레이션 / compute 컴퓨트
산타클로스	Santa Claus 샌터 클로스
산파	midwife 미드와이프
산호	coral 코럴
산화(되다)	oxidization 악서데이션 / oxidize 악서다이즈
살	flesh 플레쉬
살구	apricot 에이프리캇
살균(하다)	sterilization 스테럴리제이션 / sterilize 스테럴라이즈
살균작용	sterilizing effect 스테럴라이징 이펙트
살그머니	quietly 콰이어틀리 softly 소프틀리
살다	live 리브 exist 익지스트
살림	living 리빙 household 하우스홀드
살아나다	revive 리바이브 survive 서바이브
살의	murderous intent 머더러스 인텐트
살인	homicide 하머사이드 murder 머더
살인자	murderer 머더러
살찌다	get fat 겟팻 fatten 패튼
살충제	insecticide 인섹터사이드
삶	life 라이프 living 리빙
삶다	boil 보일
삼	hemp 헴프

상기되다

삼가다	refrain 리프레인 abstain 앱스테인
삼각	triangle 트라이앵글
	✓ 삼각함수 trigonometric function
삼각관계	love triangle 러브 트라이앵글
삼각받침대	tripod 트라이팟
삼각주	delta 델타
삼나무	cedar 씨더
3월	March 마치
삼중	threefold 트리폴드 triple 트리플
삼중창	trio 트리오
3차원	three dimension 스리 디멘션
삼촌	uncle 엉클
삼키다	swallow 스왈로우 gulp 걸프
삼투압	osmotic pressure 아즈마틱 프레셔
삽	shovel 셔블
삽입(하다)	insertion 인서션 / insert 인서트
삽화(挿話)	episod 에퍼소우드
삽화(挿畵)	illustration 일러스트레이션
상(像)	image 이미지 figure 피겨 statue 스태추
상(賞)	prize 프라이즈 reward 리워드
상(床)	table 테이블 tray 트레이
상가	shopping street 샤핑 스트릿
상공회의소	the Chamber of Commerce 더 채임버 어브 커머스
상관관계	correlation 코럴레이션
상관없다	have no connection 해브 노우 커넥션
상급	high rank 하이 랭크
상기되다	flush 플러쉬 blush 블러쉬

상냥하다

상냥하다	gentle 젠틀 tender 텐더 amiable 에이미어블
상담(하다)	consultation 컨설테이션 / consult with 컨설트 위드
상담역	advisor 어드바이저 consultant 컨설턴트
상당한	considerable 컨시더러블 fair 페어
상대방	the other side(party) 디 아더 사이드 (파티)
상대적인	relative 렐러티브
상대하다	face each other 페이스 이치 아더
상대평가	relative evaluation 렐러티브 이벨류에이션
상류	the upper stream 디 어퍼 스트림
	✓ 상류계층 the higher classes
상류사회	high society 하이 소사이어티
상륙	landing 랜딩
상법	the commercial code 더 커머셜 코드
상복(喪服)	mourning dress 모어닝 드레스
상봉	meeting each other 미팅 이치 아더
상사(上司)	superior 수피리어 boss 보스
상사(商社)	trading company 트레이딩 컴퍼니
상상	imagination 이매지네이션 fancy 팬시
상세한	detailed 디테일드
상속	inheritance 인헤리턴스
상속인	heir 에어[남자] heiress 에어리스[여자]
상속하다	inherit 인헤릿
상쇄(하다)	offset 옵셋 set off 셋 오프
상습적	habitual 허비추얼
상승	rise 라이즈 ascent 어센트
상승하다	rise 라이즈 ascend 어센드 go up 고우 업
상식	common knowledge 커먼 날리지

상실	loss 로스
상심	heartbreak 핫브레익 grief 그리프
상아	ivory 아이보리
상어	shark 샤크
상업	commerce 커머스 trade 추레이드
상원(上院)	the Upper House 디 어퍼 하우스
상인	dealer 딜러 merchant 머천트
상임의	standing 스탠딩 regular 레귤러
상자	box 박스 case 케이스
상장(賞狀)	certificate of merit 서티피케이트 어브 메릿
상장주(上場株)	listed stock 리스티드 스탁

✔ 증시에 상장시키다 list on the stock exchange

상점	store 스토어 shop 샵
상주	permanent residence 퍼머넌트 레지던스
상중하	good, fair and poor 굿 페어 앤 푸어
상징(하다)	symbol 심벌 / symbolize 심벌라이즈
상책	the best policy 더 베스트 팔러시
상처	wound 운드 injury 인저리
상처 나다	get hurt 겟 허트
상쾌하다	refreshing 리프레싱 fresh 프레쉬
상태	condition 컨디션 state 스테이트
상표	trademark 트레이드마크 brand 브랜드
상품	commodity 카머더티 goods 굿즈
상품권	gift certificate 기프트 서티피케이트
상품화하다	commercialize 커머셜라이즈
상하	top and bottom 탑 앤 바텀
상호	mutuality 머추얼리티

상호 관계

상호 관계	mutual relation 머추얼 릴레이션
새	bird 버드
새끼발가락	little toe 리틀 토우
새끼손가락	little finger 리틀 핑거
새다	leak 리크 run out 런 아웃
새롭게 하다	renew 리뉴 revise 리바이즈
새롭다	new 뉴 fresh 프레쉬
새벽	dawn 돈 daybreak 데이브레이크
새우	shrimp 쉬림프 prawn 프론
새치	prematurely gray hair 프리머추얼리 그레이 헤어
새치기하다	cut in 컷 인
새하얀	snow-white 스노우화이트
새해	the New Year 더 뉴 이어
색	color 컬러
색다른	unusual 언유주얼 curious 큐리어스
색맹	color blindness 컬러 블라인드니스
색소폰	saxophone 색소폰
색안경	colored spectacles 컬러드 스펙터클즈
	✔ 색안경 쓰고 보다 look on with a prejudiced eye
색인	index 인덱스
색채	color 컬러 tint 틴트
샌드위치	sandwich 샌드위치
샌들	sandals 샌들즈
샐러드	salad 샐러즈
샐러리맨	office worker 오피스 워커
샘	spring 스프링 fountain 파운틴
샘플	sample 샘플

생선구이

샛길	bypath 바이패스 byway 바이웨이
생	raw 로 uncooked 언쿡트
생각	thought 쏘트 intention 인텐션
생각하다	think 씽크 suppose 서포우즈
생각해내다	remember 리멤버 recall 리콜
생강	ginger 진저
생계를 꾸리다	make a living 메이커 리빙
생기	vitality 바이털리티 animation 애니메이션
생기다	happen 해픈 take place 테이크 플레이스
생년월일	the date of birth 더 데이트 어브 버쓰
생략	omission 오미션 abridgment 어브리쥐먼트
생략하다	omit 오미트 exclude 익스클루드
생리	physiology 피지올러지 menses 멘시즈
생리대	sanitary napkin 새니터리 냅킨
생맥주	draft beer 드래프트 비어
생명	life 라이프
	✓ 생명의 은인 the person who saved one's life
생명보험	life insurance 라이프 인슈어런스
생물	living thing 리빙 씽 life 라이프
생물학	biology 바이얼러지
생방송	live broadcast 라이브 브로드캐스팅
생사	life and death 라이프 앤 데쓰
생산	production 프러덕션 manufacture 매뉴팩춰
생산고	output 아웃풋 yield 일드
생생하다	fresh 프레쉬 vivid 비비드
생선	fish 피쉬
생선구이	grilled fish 그릴드 피쉬

생식기

생식기	sexual organs 섹수얼 오건즈
생애	lifetime 라이프타임
생일	birthday 버쓰데이
생전	during one's lifetime 듀링 원스 라이프타임
생존	existence 익지스턴스 life 라이프
생존자	survivor 서바이버
생쥐	mouse 마우스
생태(학)	ecology 이칼러지
생활	life 라이프 living 리빙
생활하다	live 리브 make a living 메이커 리빙
샤워	shower 샤워
샤프펜슬	mechanical pencil 메커니컬 펜슬
샴페인	champagne 섐페인
샴푸	shampoo 섐푸
샹들리에	chandelier 섄덜리어
서곡	prelude 프렐류드 overture 오버춰
서기(書記)	clerk 클럭 secretary 세크러테리
서기	the Christian Era 더 크리스천 이어러
서늘하다	cool 쿨 chilled 췰드
서다	stand 스탠드 stop 스탑 be set up 비 셋업
서두르다	hurry 허리 hasten 해이슨
서랍	drawer 드로여
서로	each other 이치 아더
서론	introduction 인트러덕션
서류	documents 다큐먼츠 papers 페이퍼즈
서리	frost 프로스트
서머타임	daylight saving time 데이라잇 세이빙 타임

석류

서명(하다)	signature 식너춰 / sign 사인
	✓ 서명 운동 signature-collecting campaign
서문	preface 프레피스
서민	commoner 커머너
서바이벌게임	survival game 서바이벌 게임
서버	server 서버
서비스	service 서비스
서서히	gradually 그래주얼리
서수	ordinal number 오디널 넘버
서술	description 디스크립션
서스펜스	suspense 서스펜스
서식	form 폼 format 포맷
서약(하다)	oath 오우쓰 pledge 플레지 / swear 스웨어
서약서	contract 컨트랙트 covenant 카버넌트
서양	the West 더 웨스트 the Occident 디 억시던트
서운하다	sorry 소리 regrettable 리그레터블
서재	study 스터디
서자	child by a concubine 차일드 바이 어 컨큐바인
서점	bookstore 북스토어
서쪽	the west 더 웨스트
서커스	circus 서커스
서투르다	unskillful 언스킬펄 clumsy 클럼지 awkward 오쿼드
	✓ 글씨가 서투르다 write a poor hand
서평	book review 북 리뷰
서핑	surfing 서핑
석고	gypsum 집섬 plaster 플래스터
석류	pomegranate 파머그래닛

석방(하다)

석방(하다)	release 릴리스
석사	Master 매스터
석양	the setting sun 더 쎄팅 썬
석영	quartz 쿼츠
석유	petroleum 페트로리옴 oil 오일
석탄	coal 코울
석회석	limestone 라임스톤
섞다	mix 믹스 blend 블렌드
선	line 라인 route 루트
선거(하다)	election 일렉션 / elect 일렉트
선견지명의	foresighted 포어사이티드
선고(하다)	sentence 센텐스
선교	missionary work 미셔너리 워크
선구자	pioneer 파이어니어
선글라스	sunglasses 선글래시즈
선동(하다)	agitation 애지테이션 / agitate 애지테이트 incite 인사이트
선두	the front 더 프런트 the head 더 헤드
선량한	good 굿 virtuous 버추어스
선망(하다)	envy 엔비
	✔ 학생들에게 선망의 대상이 되다 become the envy of the students
선명한	distinct 디스팅트 vivid 비비드
선물	present 프레즌트 gift 기프트
선미	stern 스턴
선박	vessel 베설 ship 쉽
선반	shelf 셸프 rack 랙
선반(旋盤)	lathe 레이드
선발(하다)	selection 셀렉션 choice 초이스 / select 셀렉트

설립자	
선배	senior 시니어 elder 엘더
선불	advance payment 어드밴스 페이먼트
선생	teacher 티처 instructor 인스트럭터
선서(하다)	oath 오우쓰 / take an oath 테이컨 오우쓰
선수	athlete 어슬리트 player 플레이어
선수권	championship 챔피언쉽
선실	cabin 캐빈
선악	good and evil 굿 앤 이블
선언	declaration 데클러레이션
선원	crew 크루 seaman 씨맨
선인장	cactus 캑터스
선입견	prejudice 프레주디스
선장	captain 캡틴
선전(하다)	advertisement 어드버타이즈먼트 / advertise 어드버타이즈
선진국	advanced country 어드밴스드 컨추리
선창	wharf 와프 pier 피어
선택	choice 초이스 selection 셀렉션
선택하다	choose 추즈 select 셀렉트
선풍기	electric fan 일렉트릭 팬
설계(하다)	plan 플랜 design 디자인
설계도	plan 플랜 blueprint 블루프린트
설계자	designer 디자이너
설교(하다)	sermon 서먼 / preach 프리치
설득하다	persuade 퍼수에이드
설레다	be restless 비 레스틀리스
설립(하다)	establishment 이스태블리쉬먼트 / establish 이스태블리쉬
설립자	founder 파운더

설마

설마	surely (not) 슈얼리 (낫) Impossible! 임파서블
설명(하다)	explanation 익스플레네이션 / explain 익스플레인
설비	equipment 이큅먼트 facilities 퍼실리티즈
	✔ 공장에 기계를 설비하다 equip a factory with machinery
설사(하다)	diarrhea 다이어리어 / have diarrhea 해브 다이어리어
설치하다	place 플레이스 lay 레이 set 셋
설탕	sugar 슈거
섬	island 아일랜드
섬뜩하다	frightened 프라이튼드 horrified 허러파이드
섬세한	delicate 델리킷 fine 파인
섬유	fiber 파이버
섭섭하다	sad 새드 regrettable 리그레터블
섭씨	Centigrade 센티그레이드
섭취(하다)	intake 인테이크 / take in 테이크 인
성(性)	sex 섹스
성(姓)	family name 패밀리 네임 surname 서네임
성(城)	castle 캐슬
성격	character 캐릭터 personality 퍼스널리티
	✔ 성격 차이 difference of character
성경	the Bible 더 바이블
성공(하다)	success 석세스 / succeed 석시드 make a hit 메이커 히트
성과	result 리절트 outcome 아웃컴
성급하다	impatient 임페이션트 quick-tempered 퀵템퍼드
성냥	match 매치
성년	adult age 어덜트 에이지
성능	capacity 커패서티 efficiency 이피션시
성대한	prosperous 프라스퍼러스 grand 그랜드

성립	formation 포메이션 realization 리얼라이제이션
성립하다	materialize 머티리얼라이즈 be formed 비 폼드
성명	name 네임
성명서	statement 스테이트먼트
성병	sexual disease 섹수얼 디지즈
성분	ingredient 인그리디언트 component 컴퍼넌트
성숙	ripeness 라이프니스 maturity 머츄리티
성실한	sincere 씬시어 honest 아니스트
성악가	vocalist 보컬리스트
성욕	sexual desire 섹수얼 디자이어
성운	nebula 네뷸러
성원(하다)	encouragement 인커리지먼트 / cheer 치어
성의	sincerity 씬시어리티
성인	adult 어덜트 grown-up 그로운업
성인영화	adult film 어덜트 필름
성장(하다)	growth 그로우쓰 / grow 그로우
성적	result 리절트 record 리코드
성직자	clergyman 클러지먼
성질	nature 네이추어 disposition 디스포지션
성층권	stratosphere 스트래터스피어
성취	achievement 어취브먼트 accomplishment 어캄플리쉬먼트
성형수술	plastic surgery 플래스틱 서저리
성희롱	sexual harassment 섹수얼 해러스먼트
세계	the world 더 월드 the globe ㄷ 글로우브
세계적인	worldwide 월드와이드
세계지도	world atlas 월드 애틀러스
세관	the customs 더 커스텀즈

세균

세균	bacteria 백터리어 germ 점
세금	tax 텍스
세기	century 센추리
세기	strength 스트렝스
세뇌	brainwashing 브레인와싱
세다	count 카운트 calculate 컬큘레이트
세단	sedan 시댄
세대(世代)	generation 제너레이션
	✔ 세대차이 generation gap
세대(世帶)	household 하우스홀드 family 패밀리
세레나데	serenade 세레네이드
세력	influence 인플루언스 power 파워
세련(된)	refinement 리파인먼트 / refined 리파인드
세례	baptism 뱁티즘
세로	length 렝쓰
세면대	washbasin 와쉬베이션
세무서	tax office 텍스 오피스
세미나	seminar 세미나
세부사항	particulars 파티큘러즈
세상	the world 더 월드 society 소사이어티
세속적	worldly 월드리
세수하다	have a wash 해버 와쉬
세습	heredity 히레더티
세심한	careful 케어펄 prudent 프루던트
세우다	make stand 메이크 스탠드 build 빌드
세월	time 타임 years 이어즈
	✔ 세월은 쏜살같이 흐른다. Time flies.

소나타

세일	sale 세일
세입	annual revenue 애뉴얼 레버뉴
세제	detergent 디터전트 cleanser 클렌저
세주다	hire out 하이어 아웃 lease 리스
세탁(하다)	wash 와쉬 laundry 론드리 / launder 론더
세탁기	washing machine 와싱 머신
세탁소	laundry 론드리
세포	cell 셀
세포분열	cell division 셀 디비전
센서	sensor 센서
센스	sense 센스
센티미터	centimeter 센티미터
셀러리	celery 셀러리
셀로판	cellophane 셀러페인
셀프서비스	self-service 셀프서비스
셈	calculation 컬큘레이션
셋집	house for rent 하우스 포 렌트
셔츠	shirt 셔트
셔터	shutter 셔터
소	cow 카우[암소] bull 불[황소]
소개(하다)	introduction 인트러덕션 / introduce 인트러듀스
소극적인	passive 패시브
소금	salt 솔트
소나기	shower 샤워
	✓ 소나기를 만나다 be caught in a shower
소나무	pine 파인
소나타	sonata 서너타

소녀

소녀	girl 걸 maiden 메이든
소년	boy 보이 lad 래드
소다	soda 소우더
소독	disinfection 디스인펙션
소독약	disinfectant 디스인펙턴트
소동	disturbance 디스터번스 confusion 컨퓨전
소득	income 인컴
소리	noise 노이즈 sound 사운드
소매(小賣)	retail 리테일
소매	sleeve 슬리브
소매치기	pickpocket 픽파킷
소멸	extinction 익스팅션
소모(하다)	consumption 컨섬션 / consume 컨숨
소모품	consumption article 컨섬션 아티클
소문	rumor 루머
소문자	small letter 스몰 레터
소박한	simple 심플 artless 아틀리스
소방관	fire fighter 파이어 파이터
소변	urine 유린
소비(하다)	consumption 컨섬션 / consume 컨숨
소비자	consumer 컨수머
소생하다	revive 리바이브
소설	novel 노우블
소설가	novelist 노우벌리스트
소속	one's position 원스 퍼지션
소송	lawsuit 로수트 suit 수트
	✓ 그에게 소송을 제기하다 file a suit against him

소수	small number 스몰 넘버 minority 마이너리티
소스	sauce 소스
소시지	sausage 소시지
소식	news 뉴즈 information 인포메이션
소아과	pediatrics 피디어트릭스
소아과의사	pediatrician 피디어트리션
소용돌이	whirlpool 월풀
소용없다	be useless 비 유즐리스 be no use 비 노우 유즈
소원	wish 위쉬 desire 디자이어
소유(하다)	possession 퍼제션 / have 해브
소유권	ownership 오우너쉽
소유물	property 프라퍼티
소유자	owner 오우너 proprietor 프러프라이어터
소음	noise 노이즈
소재지	location 로우케이션
소중하게	carefully 케어펄리 with care 위드 케어
소지품	belongings 빌롱잉즈
소질	nature 네이추어 character 캐릭터
소집(하다)	summon 서먼 / convene 컨빈 call 콜
소총	rifle 라이플
소쿠리	bamboo basket 뱀부 배스킷
소파	sofa 소우퍼
소포	package 패키지 parcel 파슬
소풍	excursion 익스커전
소프라노	soprano 서프래노우
소프트웨어	software 소프트웨어
소행	act 액트 deed 디드

소형의

소형의	small 스몰　compact 컴팩트
소홀히 하다	neglect 니글렉트
소화	fire fighting 파이어 파이팅
소화(하다)	digestion 다이제스천 / digest 다이제스트
소화기	extinguisher 익스팅귀셔
소화불량	indigestion 인디제스천
속	the inside 더 인사이드　the interior 더 인테리어
속기(하다)	shorthand 숏핸드
속기사	stenographer 스테너그래퍼
속눈썹	eyelashes 아이래쉬즈
속다	get deceived(cheated) 겟 디시브드(취티드) ✓ 감쪽같이 속다 be nicely taken in
속단	hasty conclusion 헤이스티 컨클루전
속달	express delivery 익스프레스 딜리버리
속담	proverb 프라버브
속도	speed 스피드　velocity 벌라서티
속도계	speedometer 스피도미터
속도제한	speed limit 스피드 리미트
속물	snob 스놉
속물근성	snobbery 스노버리
속박	restraint 리스트레인트　restriction 리스트릭션
속보	prompt report 프람트 리포트
속삭이다	whisper 휘스퍼
속셈	intention 인텐션
속어	slang 슬랭
속옷	underwear 언더웨어
속이다	cheat 치트　swindle 스윈들

손해

속임수	trick 트릭 deception 디셉션
속죄	atonement 어토운먼트
속하다	belong to 빌롱 투
손	hand 핸드
	✓ 손 하나 까딱 안하다 do not lift a hand
손가락	finger 핑거
손가방	briefcase 브리프케이스
손거스러미	hangnail 행네일
손금	the lines of the palm 더 라인즈 어브 더 팜
손녀	granddaughter 그랜드도터
손님	guest 게스트
손도끼	hatchet 해칫
손등	the back of the hand 더 백 어브 더 핸드
손목	wrist 리스트
손목시계	watch 워치
손바닥	palm 팜
손뼉 치다	clap hands 클랩 핸즈
손상	damage 대미지 injury 인저리
손수건	handkerchief 행커칩
손쉬운	easy 이지 light 라잇
손실	loss 로스 disadvantage 디서드번티지
손자	grandson 그랜드썬
손잡이	handle 핸들 knob 놉
손짓	hand gesture 핸드 제스춰
손톱	finger nail 핑거 네일 claw 클로[짐승의]
손톱깎이	nail clipper 네일클리퍼
손해	damage 데미지

손해보험

손해보험	property insurance 프라퍼티 인슈어런스
솔	brush 브러쉬
솔기	seam 씸
솔로	solo 솔로우
솔직하다	frank 프랭크 straight 스트레이트 candid 캔디드
	✓ 솔직히 말하자면 to be frank with you
솜	cotton 카튼
솜씨	ability 어빌리티 skill 스킬
솟다	gush 거쉬 flow 플로우
송곳	drill 드릴 gimlet 김릿
송곳니	fang 팽 tusk 터스크
송금	remittance 리미턴스
송별	farewell 페어웰 send-off 센드오프
송신하다	transmit 트랜스미트
송아지	calf 캐프
송이	bunch 번취
송진	pine resin 파인 레이진
솥	iron pot 아이언 팟
쇄도(하다)	rush 러쉬
쇠	iron 아이언
쇠고기	beef 비프
쇠뿔	cow's horn 카우즈 혼
쇠사슬	chain 체인
쇠약해지다	grow weak 그로우 위크
쇠퇴하다	decline 디클라인 fall 폴
쇼	show 쇼우
쇼핑	shopping 샤핑

수몰

숄	shawl 숄
수	number 넘버 figure 피겨
수갑	handcuffs 핸드컵즈
수건	hand towel 핸드 타월
수고	pains 페인 trouble 트러블
수긍하다	consent 컨센트 nod 낫
수난	ordeal 오딜 suffering 서퍼링
수녀	nun 넌 sister 시스터
수다 떨다	chat 챗 chatter 채터
수단	means 민즈 way 웨이
	✓ 마지막 수단으로써 as a last resort
수당	allowance 얼라우언스
수도(首都)	capital 캐피털 metropolis 메트러펄리스
수도(水道)	water service 워터 서비스
수도꼭지	faucet 포싯 tap 탭
수동적인	passive 패시브
수렁	quagmire 퀘그마이어
수두	chicken pox 치킨 팍스
수력	water power 워터파워
수력발전	hydro-electricity 하이드로일렉트리서티
수렵	hunting 헌팅
수면	sleep 슬립
수류탄	hand grenade 핸드 그러네이드
수리하다	repair 리페어 mend 멘드
수면	sleep 슬립
수면제	sleeping drug 슬리핑 드럭
수몰	submergence 섭머전스

수박

수박	watermelon 워터멜런
수분	water 워터 moisture 모이스춰
수비(하다)	defense 디펜스
수사(하다)	investigation 인베스티게이션 / search 서치
수산물	marine products 머린 프러덕츠
수산업	fisheries 피셔리즈
수상	prime minister 프라임 미니스터
수상(受賞)하다	win a prize 윈어 프라이즈
수상한	doubtful 다웃펄 suspicious 서스피셔스
수상히 여기다	suspect 서스펙트 doubt 다웃
수성	Mercury 머큐리
수소	hydrogen 하이드로진
수속	process 프라세스 procedure 프러시줘
수송(하다)	transportation 트랜스포테이션 / transport 트랜스포트
수수께끼	riddle 리들 mystery 미스터리 ✓ 수수께끼의 사나이 a man of mystery
수수료	commission 커미션
수수한	plain 플레인
수술(植)	stamen 스테이먼
수술(하다)	operation 아퍼레이션 / operate 아퍼레이트
수습하다	manage 매니지 bring under control 브링 언더 컨트롤
수업	teaching 티칭 lesson 레슨
수업료	tuition 튜이션
수염	mustache 머스태쉬
수영(하다)	swimming 스위밍 / swim 스윔
수영복	swimming suit 스위밍 수트
수온	water temperature 워터 템퍼러춰

수컷

수요	demand 디맨드
수요일	Wednesday 웬즈데이
수위(守衛)	guard 가드
수위(水位)	water level 워터레벌
수은	mercury 머큐리
수의사	veterinarian 베터러네어리언
수익	profits 프라핏츠 gains 게인즈
수입	income 인컴
수입(하다)	importation 임포테이션 / import 임포트
수정	crystal 크리스털
수정(하다)	amend 어멘드 revise 리바이즈
수족관	aquarium 애쿼리엄
수준	level 레벌 standard 스탠다드
수줍어하는	shy 샤이 bashful 배쉬펄
수증기	steam 스팀 vapor 베이퍼
수지	income and outgo 인컴 앤 아웃고우
	✔ 수지맞는 장사 a profitable business
수직의	vertical 버티컬
수질	water quality 워터퀄리티
수질오염	water pollution 워터 펄루션
수집(하다)	collection 컬렉션 / collect 컬렉트
수첩	pocketbook 파킷북
수축(되다)	contraction 컨트랙션 / contract 컨트랙트
수출(하다)	export 엑스포트
수취인	recipient 리시피언트
수치	shame 쉐임 humiliation 휴밀리어이션
수컷	male 메일

수탉

수탉	cock 칵 rooster 루스터
수평	level 레벌
수평선	horizon 허라이즌
수표	check 체크
수프	soup 숩
수필	essay 에세이
수학	mathematics 매스매틱스
수학여행	school trip 스쿨추립
수해	flood disaster 플럿 디제스터
수행(隨行)	accompaniment 어컴퍼니먼트
	✔ 대통령을 수행하여 in attendance upon the president
수행(遂行)	execution 엑서큐션
수혈	blood transfusion 블럿 트랜스퓨전
수화	sign language 사인 랭귀지
수화기	receiver 리시버
수확	harvest 하비스트
숙련공	skilled worker 스킬드 워커
숙모	aunt 앤트
숙박(하다)	lodging 라징 / lodge 라지
숙박료	hotel charges 호우텔 차지
숙소	hotel 호우텔 inn 인
숙어	idiom 이디엄 phrase 프레이즈
숙제	homework 홈워크
순간	instant 인스턴트 moment 모우먼트
순결	purity 퓨리티 chastity 채스터티
순경	police officer 펄리스 어피서
순무	turnip 터닙

쉬다[휴식]

순서	order 오더 turn 턴
순수성	purity 퓨리티
순수한	pure 퓨어 genuine 제뉴인
순위	grade 그레이드 ranking 랭킹
순익	net profit 네트 프라핏
순조롭다	smooth 스무쓰 favorable 페이버러블
순종	thoroughbred 서러브레드
순진한	naive 나이브 innocent 이너슨트
순찰차	squad car 스쿼드 카
순환	circulation 서큘레이션 rotation 로우테이션
숟가락	spoon 스푼
술	alcohol 앨커홀 ✔ 술을 마시며 이야기하다 talk over a bottle
술 취하다	get drunk 겟 드렁크
술고래	heavy drinker 헤비 드링커
술집	tavern 태번 bar 바
숨	breath 브레스
숨기다	hide 하이드 conceal 컨실
숨바꼭질	hide-and-seek 하이드 앤 씨크
숫자	figure 피겨 numeral 뉴머럴
숭고	sublimity 서블리머티 loftiness 로프티니스
숭배(하다)	adoration 어도어레이션 / worship 워쉽
숯	charcoal 차코울
숯불구이	charbroiled 차브로일드
숲	forest 포리스트 woods 우즈
쉬다[목소리]	get hoarse 겟 호어스
쉬다[휴식]	take a rest 테이커 레스트

쉽다

쉽다	easy 이지 plain 플레인
슈퍼마켓	supermarket 수퍼마킷
슈퍼스타	superstar 수퍼스타
슛	shot 샷
스노보드	snowboard 스노우보드
스릴	thrill 드릴
스며들다	penetrate 페너트레이트
스스로	for oneself 포 원셀프 spontaneously 스판테이녀슬리
	✔ 스스로 결정하다 decide for onself
스웨터	sweater 스웨터
스위치	switch 스위치
스윙	swing 스윙
스카우트(하다)	scout 스카웃
스카치테이프	Scotch tape 스카치 테이프
스카프	scarf 스카프
스캔들	scandal 스캔들
스커트	skirt 스커트
스케이트	skating 스케이팅
스케일	scale 스케일
스케줄	schedule 스케줄
스케치(하다)	sketch 스케치
스코어	score 스코어
스쿠버다이빙	scuba diving 스쿠버 다이빙
스쿠터	scooter 스쿠터
스크랩	clipping 클리핑
스키	skiing 스키잉 ski 스키
스킨십	physical contact 피지컬 컨택

스팀

스타	star 스타
스타덤	stardom 스타덤
	✔ 스타덤에 오르다 climb to stardom
스타일	style 스타일
스타킹	stockings 스타킹즈
스타트	start 스타트
스태미나	stamina 스태머너
스태프	staff 스탭
스탠드	desk lamp 데스크 램프
스탬프	stamp 스템프 postmark 포스트마크
스테레오	stereo 스테레오
스테이크	steak 스테이크
스테인리스	stainless steel 스테인리스 스틸
스텝	step 스텝
스토리	story 스토리
스토브	heater 히터 stove 스토브
스토커	stalker 스토커
스톱	stop 스탑
스톱워치	stopwatch 스탑워치
스튜디오	studio 스튜디오우
스튜어디스	flight attendant 플라이트 어텐던트
스트라이크	strike 스트라이크
스트레스	stress 스트레스
스트레치	stretch 스트레취
스트로	straw 스트로
스티커	sticker 스티커
스팀	steam 스팀

565

스파게티

스파게티	spaghetti 스퍼게티
스파이	spy 스파이 secret agent 씨크릿 에이전트
스패너	wrench 렌치 spanner 스패너
스펀지	sponge 스펀지
스페셜	special 스페셜
스페어	spare 스페어 refill 리필
스페인(어)	Spain 스페인 / Spanish 스페니쉬
스펠링	spelling 스펠링
스포츠	sports 스포츠
스포츠맨	sportsman 스포츠먼 athlete 어슬리트
스포트라이트	spotlight 스폿라이트
스폰서	sponsor 스판서
스프레이	spray 스프레이
스프링	spring 스프링
스프링클러	sprinkler 스프링클러
스피드	speed 스피드
스피커	speaker 스피커
스핀	spin 스핀
슬기	wisdom 위즈덤 sagacity 서게이서티
슬라이스	slice 슬라이스
슬럼프	slump 슬럼프
슬로건	slogan 슬로건 motto 모토우
슬리퍼	slippers 슬리퍼즈
슬립	slip 슬립
슬프다	sad 새드 sorrowful 소로우펄
슬픔	sorrow 소로우 sadness 새드니스
습격(하다)	attack 어택 / assault 어솔트

시끄럽다

습관	habit 해빗 custom 커스텀
습기	moisture 모이스춰
습도	humidity 휴미더티
습자	penmanship 펜맨쉽
습지	marsh 마쉬 wetland 웻랜드
승객	passenger 패신저
승낙(하다)	agreement 어그리먼트 consent 컨센트
승리	victory 빅터리 win 윈
	✓ 결정적인 승리 decisive victory
승마	horse riding 호스 라이딩
승무원	crew member 크루 멤버
승부	game 게임 match 매치
승선(하다)	embarkation 임바케이션 / embark 임바크
승용차	passenger car 패신저 카
승인하다	accept 액셉트 acknowledge 액낼리지
승진	promotion 프러모우션
승차(하다)	board 보드 take 테이크 get in 겟 인
승차권	ticket 티킷
시	poetry 포이트리 poem 포우임
시각	time 타임 hour 아워
시간표	timetable 타임테이블 schedule 스케줄
시계	watch 워치 clock 클락
시골	countryside 컨추리사이드
시금치	spinach 스피니지
시급	hourly wage 아워리 웨이지
시기	time 타임 season 시즌
시끄럽다	noisy 노이지 clamorous 클래머러스

시나리오

시나리오	scenario 시네리오 screenplay 스크린플레이
시내	in the city 인 더 시티
시다	sour 사워 acid 애시드
시달리다	suffer from 서퍼 프럼
시대	time 타임 period 피리어드 era 이어러
시도해보다	try 추라이 attempt 어템트
시들다	droop 드룹 wither 위더
시디	compact disk 컴팩트 디스크
시럽	syrup 시럽
시력	sight 사이트 vision 비전
	✓ 시력검사 eyesight test
시련	trial 트라이얼 ordeal 오딜
시리즈	series 시리즈
시립	municipal 뮤니서펄
시멘트	cement 시멘트
시민	citizen 시티즌
시사	current events 커런트 이벤츠
시샘	jealousy 젤러시
시선	eyes 아이즈 glance 글랜스
시설	institution 인스티튜션
시세	the market price 더 마킷 프라이스
시소	seesaw 시소
시속	speed per hour 스피드 퍼 아워
시스템	system 시스템
시시하다	worthless 워쓸리스 trivial 추라이비얼
시아버지	father-in-law 파더인로
시어머니	mother-in-law 머더인로

식당

시원하다	cool 쿨 refresh 리프레쉬
시월	October 악토버
시인	poet 포이트 poetess 포이티스[여성]
시작	beginning 비기닝 start 스타트
시작하다	begin 비긴 start 스타트
시장	market 마킷
	✔ 시장점유율 market share
시장(市長)	mayor 메이어
시중들다	attend on 어텐드 온 serve 서브
시차	difference in time 디퍼런스 인 타임
시차 병	jet lag 젯 렉
시찰	inspection 인스펙션
시청	city hall 시티 홀
시체	dead body 데드 바디 corpse 코어스
시치미 떼다	pretend not to know 프리텐드 낫 투 노우
시키다	make 메이크 let 렛
시행착오	trial and error 추라이얼 앤 에러
시행하다	put in operation 풋 인 아퍼레이션
시험	examination 익제미네이션
시험하다	try 추라이 test 테스트
시효	prescription 프리스크립션
식견	knowledge 날리지 insight 인사이트
식권	meal ticket 밀 티킷
식기	tableware 테이블웨어
식다	cool down 쿨 다운
식단	menu 메뉴
식당	dining room 다이닝룸

식도락

식도락	epicurism 에피큐어리즘
식량	food 푸드 provisions 프러비전스
식료품점	grocery 그로서리
식물	plant 플랜트 vegetation 베지테이션
식물원	botanical garden 버태니컬 가든
식별(하다)	discrimination 디스크리미네이션 / discriminate 디스크리미네이트
식빵	bread 브레드
식사	meal 밀
	✔ ~에게 식사 대접을 하다 treat ~ to a meal
식성	eating habits 이팅 해비츠
식염수	saline 샐린
식욕	appetite 애피타이트
식용	for food 포 푸드 edible 에더블
식칼	kitchen knife 키친 나이프
식히다	cool 쿨 chill 칠
신	God 갓
신경(쓰다)	nerve 너브 / care about 케어러바웃 mind 마인드
신경과민	hypersensitive 하이퍼센서티브
신경질적인	nervous 너버스
신경통	neuralgia 뉴랠지어
신고	report 리포트 notice 노우티스
신기록	new record 뉴 리코드
신기루	mirage 미라지
신다	put on 풋 온 wear 웨어
신드롬	syndrome 신드롬
신랄하다	severe 씨비어 biting 바이팅
신랑	bridegroom 브라잇그룸

신진대사

신뢰(하다)	reliance 릴라이언스 confidence 칸피던스 / trust 추러스트
신맛	acidity 애시더티
신문	newspaper 뉴즈페이퍼 the press 더 프레스
신문기자	pressman 프레스먼 reporter 리포터
신발	footwear 푸트웨어 shoes 슈즈 boots 부츠
신봉자	believer 빌리버 follower 팔로우어
신부	bride 브라이드
신분	social status 소셜 스태이터스
신분증	identity card 아이덴터티 카드
신비	mystery 미스터리
신비로운	mysterious 미스티리어스
신빙성	authenticity 오센티서티
신사	gentleman 젠틀먼
신생아	newborn baby 뉴본 베이비
신선하다	fresh 프레시
신세	favor 페이버 trouble 추러블
신세(身世)	one's lot 원스 랏 ✔ 신세한탄을 하다 grieve about one's hard luck
신속성	rapidity 래피더티
신약성서	the New Testament 더 뉴 테스터먼트
신음하다	groan 그론 moan 모언
신인	new face 뉴 페이스
신장(腎臟)	kidney 키드니
신장(身長)	stature 스테추어
신조	belief 빌리프 principle 프린서플
신중	prudence 프루던스 discretion 디스크리션
신진대사	metabolism 메터볼리즘

신청(하다)

신청(하다)	application 어플리케이션 / apply for 어플라이 포
신체	body 바디
신축성	elasticity 일레스티서티
신형	new model 뉴 마들
신호(하다)	signal 시그널 sign 사인
신호등	signal lamp 시그널 램프
신혼부부	newlywed couple 뉼리웨드 커플
신혼여행	honeymoon 허니문
신화	myth 미쓰 mythology 미쏠로지
싣다	load 로우드
실	thread 스레드
실격	disqualification 디스퀄러피케이션
실내	indoor 인도어
실력	ability 어빌러티
	✔ 수학 실력이 늘다 make progress in math
실력자	influential person 인플루엔셜 퍼슨
실례(失禮)	rudeness 루드니스
실리콘	silicon 실리컨
실마리	clue 클루 key 키
실망(하다)	disappointment 디스어포인트먼트 / be disappointed 비 디스어포인티드
실물크기	actual size 액추얼 사이즈
실수하다	commit a blunder 커미트 블런더
실습(하다)	training 추레이닝 / practice 프렉티스
실습생	trainee 추레이니
실시(하다)	enforcement 인포스먼트 / enforce 인포스
실언	misstatement 미스테이트먼트

	심야
실업	unemployment 언엠플로이먼트
실업자	unemployed 언엠플로이드
실용적인	practical 프렉티컬
실용주의	pragmatism 프렉머티즘
실적	results 리절츠 achievements 어취브먼츠
실제	fact 팩트 reality 리얼리티
실존(하다)	existence 익지스턴스 / exist 익지스트
실종	missing 미씽 disappearance 디스어피어런스
실천(하다)	practice 프렉티스
실체	substance 섭스턴스 entity 엔터티
실패(하다)	failure 페일류어 / fail in 페일 인
실행(하다)	practice 프렉티스 / carry out 캐리 아웃
실험	experiment 익스페리먼트
실현(하다)	realization 리얼리제이션 / realize 리얼라이즈
실화	true story 트루 스토리
싫어하다	dislike 디스라이크 hate 헤잇
싫증나다	be tired of 비 타이어드 어브
심각하다	serious 시어리어스 grave 그레이브
심다	plant 플랜트 sow 소우
심리	mentality 멘털리티 mind 마인드
심리학	psychology 사이컬로지
심부름	errand 에런드 ✓ ~를 심부름 보내다 send ~ on a errand 센드 온 어 에런드
심사(하다)	examination 익제민네이션 / examine 익제민
심사위원	judge 저쥐
심술궂은	ill-natured 일네이춰드 nasty 네스티
심야	midnight 미드나잇

심장

심장	heart 하트
심장마비	heart failure 하트 페일류어
심장병	heart disease 하트 디지즈
심지	core 코어
심하다	intense 인텐스 terrible 테러블
심호흡	deep breathing 딥 브리씽
십대	teens 틴즈
십억	billion 빌리언
십이월	December 디셈버
십일월	November 노벰버
십자가	cross 크로스
싱가포르	Singapore 싱거포어
싱크대	sink 싱크
싸다	cheap 칩 inexpensive 인익스펜시브
싸락눈	hail 헤일
싸우다	quarrel 쿼럴 fight 파이트
싸움	quarrel 쿼럴 dispute 디스퓨트
	✓ 싸움을 말리다 put down a fight
싹	bud 버드
싹트다	sprout 스프라우트
쌀	rice 라이스
쌍	pair 페어 couple 커플
쌍꺼풀	double eyelids 더블 아이리드
쌍둥이	twins 트윈즈
쌍안경	binoculars 버나큘러즈
쌓다	pile 파일 lay 레이
쌓이다	accumulate 어큐뮬레이트

씻은 듯이

썩다	rot 랏 go bad 고우 뱃
썰매	sled 슬레드 sledge 슬레지
썰물	ebb tide 엡 타이드
쏘다	sting 스팅 fire 파이어
쑤시다	ache 에이크 hurt 허트
쓰다[맛]	bitter 비터
쓰다[글씨]	write 롸이트
쓰다[사용]	use 유즈
쓰다[착용]	put on 풋언 wear 웨어
쓰다듬다	pat 팻 caress 커레스
쓰러지다	fall 폴 come down 컴 다운
쓰레기	waste 웨이스트 rubbish 러비쉬
쓰레기통	dust bin 더스트 빈
쓸개	gall 골
쓸다	sweep 스윕
쓸데없는	useless 유즐리스 futile 퓨털
	✓ 쓸데없는 걱정 unnecessary anxiety
쓸모 있다	useful 유즈펄 helpful 헬프펄
쓸쓸하다	lonely 로운리 lonesome 로운섬
씌우다	cover with 커버 위드
씨 뿌리다	sow 소우
씨앗	seed 씨드
씹다	chew 추
씻다	wash 와쉬 cleanse 클렌즈
씻은 듯이	cleanly 클린리 completely 컴플리틀리

아가미

아가미	gills 길즈
아가씨	young lady 영레이디
아기	baby 베이비
아까	a little while ago 어 리틀 와일 어고우
아깝다	regrettable 릭레터블 precious 프레셔스
아내	my wife 마이 와이프
아는 사람	acquaintance 어퀘인턴스
아니	no 노우 nay 네이
아동	child 차일드
아들	son 썬
아라비아숫자	Arabic figures 애러빅 피겨즈
아래	down 다운 lower 라우어
아랫사람	inferior 인피리어
아르바이트	part-time job 파타임 잡
아르헨티나	Argentina 아전티너
아름답다	beautiful 뷰티플 good-looking 굿루킹
	✔ 그녀는 마음이 아름답다. She is pure in heart.
아마	perhaps 퍼햅스 maybe 메이비
아마추어	amateur 애머추어
아몬드	almond 아먼드
아무개	somebody 썸바디
아무래도	on no account 언 노우 어카운트 in the end 인 디 엔드
아무렇게나	at random 앳 랜덤
아무리	however 하우에버 no matter how 노우 매러 하우

아틀리에

아버지	father 파더
아부	flattery 플래터리
아빠	dad 댓 papa 파파 pa 파
아쉽다	desirable 디자이어러블 feel something lacking 필 섬씽 래킹
	✔ 이별을 아쉬워하다 be unwilling to part
아스파라거스	asparagus 애스패러거스
아스팔트	asphalt 애스폴트
아스피린	aspirin 애스피린
아슬아슬하다	dangerous 데인저러스 risky 리스키
아시아	Asia 에이저
아이돌	idol 아이들
아이디어	idea 아이디어
아이러니	irony 아이러니
아이섀도	eye shadow 아이 셰도우
아이쇼핑	window-shopping 윈도우 샤핑
아이스크림	ice cream 아이스크림
아이슬란드	Iceland 아이슬런드
아이콘	icon 아이컨
아저씨	uncle 엉클
아주머니	aunt 앤트
아직	yet 옛 still 스틸
아침	morning 모닝
아침밥	breakfast 브렉퍼스트
아코디언	accordion 어코디언
아킬레스건	Achilles' tendon 어킬리즈 텐던
아토피	atopy 어토피
아틀리에	atelier 애털레이 studio 스튜디오

아티스트

아티스트	artist 아티스트
아파트	apartment house 어파트먼트 하우스
아편	opium 오우피엄
아프가니스탄	Afghanistan 애프개니스탠
아프다	painful 페인펄 sore 소어
	✓ 머리가 아프다 have a pain in the head
아프리카	Africa 애프리카
아픔	pain 페인 ache 에익
악	evil 이블 vice 바이스
악기	musical instrument 뮤지컬 인스트루먼트
악당	villian 빌련 knave 네이브
악마	devil 데블
악몽	nightmare 나잇메어
악성의	malignant 멀릭넌트
악수하다	shake hands 쉐익 핸즈
악순환	vicious circle 비시어스 서클
악어	crocodile 크로커다일 alligator 앨리게이터
악용(하다)	misuse 미스유즈 abuse 어뷰즈
악의(惡意)	malice 멀리스
악질적인	wicked 위키드 vicious 비시어스
악착같다	unyielding 언일딩 dogged 다기드
악취	bad smell 배드 스멜
악화되다	grow worse 그로우 워스
안	inside 인사이드
안개	fog 포그 mist 미스트
안경	glasses 글래시즈
안과	ophthalmology 아프셀말러지

알코올

안내	guidance 가이던스
안다	hug 헉 embrace 엠브레이스
안달하다	get impatient 겟 임페이션트 fret 프렛
안도(安堵)	relief 릴리프
안락하다	comfortable 컴퍼터블 happy 해피
안락사	euthanasia 유서네이지어
안색	complexion 컴플렉션
안심하다	feel relieved 필 릴리브드
안약	eye drops 아이 드랍스
안이하다	easygoing 이지고우잉
	✓ 안이한 생각 easygoing way of thinking
안전	safety 세이프티 security 씨큐리티
안전벨트	seatbelt 씨트벨트
안정(되다)	stability 스테이빌러티 / keep balance 킵 밸런스
안타깝다	be tantalizing 비 탠털라이징
앉다	sit down 씻 다운 take a seat 테이커 씨트
알	egg 엑
알다	understand 언더스탠드 realize 리얼라이즈
알레르기	allergy 앨러지
알로에	aloe 앨로우
알루미늄	aluminum 앨류미니엄
알리다	inform 인폼 report 리포트
알리바이	alibi 앨러바이
알몸	nakedness 네이키드니스
알선	mediation 미디에이션
알츠하이머병	Alzheimer's disease 앨츠하이머스 디지즈
알코올	alcohol 앨커홀

알파벳

알파벳	alphabet 앨퍼벳
알프스	the Alps 디 앨프스
암	cancer 캔서
암기하다	learn by heart 런 바이 하트
	✔ 암기력이 좋다 have a good memory
암모니아	ammonia 앰모니어
암산	mental arithmetic 멘털 어리스메틱
암살(하다)	assassination 어세서네이션 / assassinate 어세서네이트
암석	rock 락
암소	cow 카우
암시(하다)	hint 힌트 suggestion 서제스천 / suggest 서제스트
암암리에	tacitly 태시틀리
암컷	female 피메일
암탉	hen 핸
암호	cipher 사이퍼 code 코드 password 패스워드
암흑	darkness 다크니스 blackness 블랙니스
압도하다	overwhelm 오버웰름 overpower 오버파워
압력	pressure 프레셔 stress 스트레스
압박하다	oppress 어프레스 press 프레스
압수(하다)	seizure 씨줘 / seize 시즈
압승	overwhelming victory 오버훼밍 빅터리
압축	compression 컴프레션
압핀	thumbtack 섬텍
앙코르	encore 앙코어
앞	front 프런트
앞날	future 퓨처 prospect 프러스펙트
앞니	front tooth 프런트 투쓰

앞머리	forelock 포어락
앞으로	from now on 프럼 나우 온
앞지르다	overtake 오버테이크 outdo 아웃두
애교	charms 참즈 attractiveness 어트랙티브니스
애국심	patriotism 페이트리어티즘
애매하다	vague 베이그 obscure 업스큐어
애무(하다)	caress 커레스 pet 펫
애완동물	pet 펫
애원(하다)	entreaty 인트리티 appeal 어필
애인	sweetheart 스윗하트 lover 러버
애정	love 러브 affection 어펙션
애프터서비스	after-sales service 애프터세일즈 서비스
애환	joys and sorrows 조이즈 앤 소로우즈
액세서리	accessory 엑세서리
액센트	accent 엑센트
액셀	accelerator 액셀러레이터
액수	a sum 어 섬 an amount 언 어마운트
액자	frame 프레임
액정	liquid crystal 리퀴드 크리스털
액체	liquid 리퀴드 fluid 플루이드
앨범	album 앨범
앵무새	parrot 패럿
야간	at night 앳 나잇 in the night 인 더 나잇
야간경기	night game 나잇 게임
	✓ 야간경기를 보러가다 go to see a night game
야간열차	night train 나잇 트레인
야경	night view 나잇 뷰

야구

야구	baseball 베이스볼
야근(하다)	(take) night duty (테익) 나잇 듀티
야단	uproar 업로어 clamor 클래머 scolding 스콜딩
야당	opposition party 아퍼지션 파티
야만적인	barbarous 바버러스 savage 세비지
야망	ambition 엠비션 aspiration 애스퍼레이션
야무지다	strong 스트롱 firm 펌 hard 하드
야박하다	unkind 언카인드 heartless 하틀리스
야비하다	vulgar 벌거 mean 민
야생	wild 와일드
야수	wild beast 와일드 비스트
야심적인	ambitious 엠비셔스
야영	camping 캠핑
야외	outdoor 아웃도어 open-air 오픈에어
야유	banter 밴터 catcall 캣콜
야자나무	palm 팜
야채	vegetables 베저터벌즈
야채절임	pickles 피클즈
야하다	showy 쇼우이 loud 라우드
야행성	nocturnal 낙터늘
약(約)	about 어바웃 some 섬 approximately 어프락시미틀리
약(藥)	medicine 메디신 drug 드럭 ✔ 모르는 게 약이다. Ignorance is bliss.
약국	pharmacy 파머시 drugstore 드럭스토어
약다	clever 클레버 shrewd 쉬루드
약사	pharmacist 파머시스트 druggist 드러기스트
약속(하다)	promise 프라미스

약손가락	ring finger 링핑거
약시(弱視)	poor eyesight 푸어 아이사잇
약어	abbreviation 어브리비에이션
약점	weak point 위크포인트
약제	medicine 메디신
약진(하다)	progress 프라그레스
약초	medicinal herb 머디서널 헙
약탈(하다)	plunder 플런더 pillage 필리지
약품	medicines 메디신즈
약하다	feeble 피블 weak 위크 frail 프레일
약학	pharmacy 파머시
약해지다	weaken 위큰 grow weak 그로우 위크
약혼(하다)	engagement 인게이지먼트 / get engaged to 겟 인게이쥐드 투
약혼자	fiance 피안세이[남자] fiancee 피안세이[여자]
약화시키다	weaken 위큰 enfeeble 인피블
얄밉다	hateful 헤잇펄 detestable 디테스터블
얇게 썰다	slice 슬라이스
얇다	thin 씬
양(量)	quantity 콴터티
양(羊)	sheep 쉽
양계	poultry farming 포울트리 파밍
양녀	adopted daughter 어답티드 도터
양념	spice 스파이스
양도하다	hand over 핸드 오버
양력(陽曆)	the solar calendar 더 솔러 캘린더
양로원	retirement home 리타이어먼트 홈
양립	compatibility 컴페터빌리티

양립

양말

	✔ ~와 양립할 수 없다 be incompatible with ~
양말	socks 삭스 stockings 스타킹즈
양배추	cabbage 캐비쥐
양보(하다)	concession 컨세션 / concede 컨시드
양분	nourishment 너리쉬먼트
양산	sunshade 썬쉐이드 parasol 패러솔
양상	aspect 어스펙트 phase 페이즈
양성	cultivation 컬티베이션 education 에쥬케이션
양서류	the amphibia 디 앰피비어
양식	mode 모우드 style 스타일
양식(하다)	cultivation 컬티베이션 / raise 레이즈
양심	conscience 칸쉬언스
양육하다	bring up 브링업
양자	adopted child 어답티드 차일드
양철	tin plate 틴 플레이트
양초	candle 캔들
양치질	brushing teeth 브러싱 티쓰
양파	onion 어니언
얕다	shallow 셸로우
어기다	break 브레이크 violate 바이얼레이트
	✔ 규칙을 어기다 violate the rule
어깨	shoulder 쇼울더
어느	which 휘치
어느 쪽	which side 휘치 사이드
어둠	darkness 다크니스
어둡다	dark 다크 gloomy 글루미
어디	where 웨어

억류(하다)

어딘가	somewhere 섬웨어
어떻게든지	anyhow 애니하우
어렴풋이	dimly 딤리 vaguely 베이그리
어렵다	difficult 디피컬트 hard 하드
어루만지다	pat 팻
어른	adult 어덜트 grown-up 그로운업
어리다	juvenile 주버나일 young 영
어리석은	foolish 풀리시 silly 씰리
어림셈	rough estimate 러프 에스티메이트
어머니	mother 머더
어부	fisherman 피셔먼
어색하다	feel awkward 필 오쿼드
어선	fishing boat 피싱 보우트
어슬렁거리다	wander about 완더 어바웃
어업	fishery 피셔리
어울리다	suitable 수터블 becoming 비커밍
어이없다	absurd 업서드 ridiculous 리디큘러스
	✔ 어이없이 패배하다 be beaten too easily
어제	yesterday 예스터데이
어젯밤	last night 래스트 나잇
어중간하다	ambiguous 앰비규어스
어지럽다	dizzy 디지 bewildering 비윌더링
어쨌든	anyway 애니웨이
어학	language study 랭귀지 스터디
어휘	vocabulary 보우캐뷸레리
억	one hundred million 원 헌드러드 밀리언
억류(하다)	detention 디텐션

억압(하다)

억압(하다)	suppression 서프레션
억양	intonation 인토네이션
억울하다	feel mistreated 필 미스트리티드
억제하다	control 컨트롤 check 체크
억지로	by force 바이 포스 compulsorily 컴펄서릴리
억측(하다)	supposition 서포지션 / suppose 서포우즈
언덕	hill 힐
언론의 자유	freedom of speech 프리덤 어브 스피치
언어	language 랭귀지
언어학	linguistics 링귀스틱스
언쟁(하다)	quarrel 쿼럴
언제	when 웬
언제나	all the time 올 더 타임 always 올웨이즈
언젠가	once 원스 at one time 앳 원 타임
얻다	get 겟 gain 게인 obtain 옵테인
얼굴	face 페이스 look 룩
	✓ 얼굴을 아는 사이다 know a person by sight
얼다	freeze 프리즈
얼룩	spot 스팟 stain 스테인
얼룩말	zebra 지브러
얼마	how much 하우머취 some 섬 what price 왓 프라이스
얼음	ice 아이스
엄격한	strict 스트릭트 rigorous 리거러스
엄숙한	grave 그레이브 solemn 설렘
엄지손가락	thumb 썸
업신여기다	despise 디스파이즈 look down on 룩 다운 언
업적	achievement 어취브먼트 results 리절츠

여가

~이 없다	there is no... 데어리스 노우 ~do not exist 두낫 익지스트
없애다	delete 딜리트 remove 리무브
없어지다	get lost 겟 로스트
엉덩이	hips 힙스 buttocks 버톡스
엉망진창	mess 메스 confusion 컨퓨전
엉성한	rough 러프 rude 루드
엉큼하다	wily 와일리 sly 슬라이 guileful 가일펄
엉터리	nonsense 넌센스
엎드리다	lie on one's face 라이 온 원스 페이스
엎지르다	spill 스필 slop 슬랍
에너지	energy 에너지
에누리	discount 디스카운트
에로영화	pornographic film 포너그래픽 피름
에메랄드	emerald 에머럴드
에스컬레이터	escalator 에스컬레이터
에어로빅	aerobics 에어로빅스
에어컨	air conditioner 에어 컨디셔너
에이스	ace 에이스
에이전트	agent 에이전트
에이즈	AIDS 에이즈
에티켓	etiquette 에티켓
에피소드	episode 에피소우드
엑기스	extract 엑스트랙트
엑스트라	extra 엑스트러
엔지니어	engineer 엔지니어
엘리트	elite 엘리트
여가	time 타임 leisure 리저

여객

여객	passenger 패신저 traveler 트레벌러
여과(하다)	filtration 필트레이션 / filter 필터
여관	hotel 호우텔 inn 인
	✓ 여관에 묵다 stay at a hotel
여권	passport 패스포트
여기	here 히어 this place 디스 플레이스
여기저기	here and there 히어 앤 데어
여당	the Government party 더 가버먼트 파티
여덟	eight 에잇
여드름	pimple 핌플
여러 가지	various 베리어스
여론	public opinion 퍼블릭 어피니언
여름	summer 써머
여름방학	summer vacation 써머 베이케이션
여배우	actress 엑트리스
여백	blank 블랭크 space 스페이스
여분	excess 익세스 surplus 서플러스
여신	goddess 가디스
여왕	queen 퀸
여우	fox 팍스
여운	reverberation 리버버레이션
여유	room 룸 money (time) to spare 머니 (타임) 투 스페어
여자	woman 우먼 the fair sex 더 페어 섹스
	✓ 그녀는 여자다운 점이 별로 없다. There is little of the woman in her.
여전히	still 스틸 as usual 애즈 유주얼
여쭙다	ask 애스크 inquire 인콰이어
여행(하다)	travel 트레벌 / make a trip 메이커 트립

연극

여행사	travel agency 트레벌 에이전시
역(役)	part 파트 role 로울
역(驛)	station 스테이션
역(逆)	the reverse 더 리버스 the contrary 더 칸트레리
역겹다	disgusting 디스거스팅 disagreeable 디스어그리어블
역경	adversity 어드버서티
역기	weight lifting 웨이트 리프팅
역대의	successive generations 석세시브 제너레이션즈
역량	ability 어빌리티 capability 캐이퍼빌리티
역사	history 히스토리
역설(하다)	emphasis 엠퍼시스 / emphasize 엠퍼사이즈
역성들다	be partial to 비 파셜 투 favor 페이버
역습(하다)	counterattack 카운터어택
역시	too 투 also 올소 as well 애즈 웰
역전	reversal 리버설 inversion 인버전
	✓ 역전승 come-from-behind victory
역학	dynamics 다이너믹스
연	kite 카이트
연	year 이어
연간	annual 애뉴얼 yearly 이얼리
연감	almanac 앨머넥
연결(하다)	connection 커넥션 / connect 커넥트
연고	relation 릴레이션
연고[약]	ointment 오인트먼트
연구(하다)	study 스터디 research 리서치
연구소	laboratory 래버러토리
연극	play 플레이 drama 드라머

589

연근

연근	lotus root 로터스 루트
연금	pension 펜션
연금술	alchemy 앨케미
연기(延期)/**하다**	postponement 포스트폰먼트 / put off 풋 오프
연기(演技)	acting 액팅 performance 퍼포먼스
연기(煙氣)	smoke 스모우크 fume 퓸
연꽃	lotus 로터스
연대	age 에이지 era 이어러
연대	solidarity 살러데리티
연락(하다)	liaison 리애이전 contact 컨택
연료	fuel 퓨얼
연륜	annual ring 애뉴얼 링
연립	alliance 얼라이언스 coalition 코울리션
연마하다	improve 임프루브 train 추레인
연말	the year-end 더 이어 엔드
연못	pond 판드 pool 풀
연방	federation 페더레이션
연봉	annual salary 애뉴얼 셀러리
연상(聯想)	association 어소우시에이션
연설(하다)	speech 스피치
연소(하다)	burn 번
연속(하다)	continuity 컨티뉴어티 / continue 컨티뉴
연쇄	chain 체인 link 링크
연수(생)	training 추레이닝 / trainee 추레이니
연수입	annual income 애뉴얼 인컴
연습(하다)	practice 프렉티스 exercise 엑서사이즈
연안	coast 코스트 seashore 시쇼어

열다

연애(하다)	love 러브 / be in love 비 인 러브
	✔ 연애결혼을 하다 marry for love
연어	salmon 새먼
연예인	entertainer 엔터테이너
연장자	senior 씨니어
연장(하다)	extension 익스텐션 / prolong 프르롱
연재소설	serialized novel 시리얼라이즈드 나블
연주	musical perform 뮤지컬 퍼포먼스
연주하다	play 플레이 perform 퍼폼
연중	all the year 올 더 이어
연중무휴	open year-round 오픈 이어라운드
연중행사	annual event 애뉴얼 이벤트
연체(하다)	delay 딜레이
연출(하다)	direction 디렉션 / direct 디렉트
연출가	director 디렉터
연필	pencil 펜슬
연하의	younger 영거
연합(하다)	union 유니언 / be united 비 유나이티드
연합군	Allied Forces 얼라이드 포시즈
연회	banquet 뱅큇
열(熱)	heat 히트 fever 피버
열(列)	line 라인 row 로우 queue 퀴
열거(하다)	enumeration 이뉴머레이션
열광(하다)	enthusiasm 인수지애즘 / be excited 비 익사이티드
열기	excitement 익사이트먼트
열다	open 오픈 uncover 언커버
	✔ 뚜껑을 열다 lift the lid

열대

열대	the tropics 더 트라픽스
열대야	tropical night 트라피컬 나잇
열도	a chain of islands 어 체인 어브 아일런즈
열등	inferiority 인피리어리티
열등감	sense of inferiority 센스 어브 인피리어리티
열량	calorie 칼로리
열렬한	passionate 패셔닛 fervent 퍼번트
열리다	open 오픈 begin 비긴 start 스타트
열리다[열매]	grow 그로우 bear 베어
열매	fruit 프루트 nut 넛
열병	fever 피버
열성	enthusiasm 인수지애즘 devotion 디보우션
열쇠	key 키
열심	zeal 질 eagerness 이거니스
열심히	eagerly 이거리 hard 하드
열악한	inferior 인피리어 poor 푸어
열의	zeal 질 eagerness 이거니스
열차	train 추레인
엷다	light 라잇 pale 페일
염가	low price 라우 프라이스
	✓ 염가판매 bargain sale
염두에 두다	keep something in mind 킵 섬씽 인 마인드
염려	anxiety 앵자이어티 concern 컨선 fear 피어
염려하다	mind 마인드 worry 워리
염분	salt content 솔트 컨텐트
염산	hydrochloric acid 하이드로클로릭 애시드
염색(하다)	dyeing 다잉 / dye 다이

영예

염색체	chromosome 크로우모솜
염소	goat 고우트
염소자리	Capricorn 캐프리콘
염증	inflammation 인플레메이션
염치	a sense of shame 어 센스 어브 쉐임
엽록소	chlorophyll 클로로필
엽서	postal card 포스트카드
엿듣다	overhear 오버히어 eavesdrop 이브스드랍
영감(靈感)	inspiration 인스퍼레이션
영광	honor 아너 glory 글로리
영구적인	permanent 퍼머넌트 eternal 이터널
영국	England 잉글런드 Great Britain 그레이트 브리튼
영국인	Englishman 잉글리쉬먼
영리하다	wise 와이즈 clever 클레버
영사	consul 컨슐
영사(하다)	projection 프러젝션 / project 프러젝트
영사관	consulate 컨슐릿
영사기	projector 프러젝터
영상	image 이미지 picture 픽춰
영수증	receipt 리시트
영악하다	cunning 커닝 shrewd 쉬루드
영양	nutrition 뉴트리션 nourishment 너리쉬먼트
영어	English 잉글리쉬
영업(하다)	business 비즈니스 trade 트레이드 / do business 두 비즈니스 ✔ 영업 중이다 be in business
영역	domain 도메인 territory 테러토리
영예	honor 아너 glory 글로리

영웅

영웅	hero 히어로
영웅적인	heroic 히어로익
영원	eternity 이터니티 permanence 퍼머넌스
영장	warrant 워런트
영전(하다)	promotion 프러모우션 / be promoted 비 프러모티드
영주	permanent residence 퍼머넌트 레지던스
영토	territory 테러토리
영하	below zero 빌로우 지어로
영합하다	flatter 플래터
영향	influence 인플루언스 effect 이펙트
영향을 미치다	influence 인플루언스 affect 어펙트
영혼	the soul 더 소울 the spirit 더 스피리트
영화	picture 픽쳐 movie 무비 film 필름
영화감독	movie director 무비 디렉터
옆	side 사이드
옆구리	the side 더 사이드
옆모습	profile 프로필
예	yes 예스 certainly 서튼리 all right 올라잇
예(例)	example 익젬플 ✓ 예를 들면 for example
예감	presentiment 프리젠티먼트
예견하다	foresee 포씨
예고	previous notice 프리비어스 노우티스
예고편	preview 프리뷰 trailer 트레일러
예금(하다)	savings 세이빙즈 deposit 디파짓
예기(하다)	anticipation 앤티시페이션 / anticipate 앤티시페이트
예년	the average year 디 애버리지 이러

예정(하다)

예능	entertainment 엔터테인먼트 the arts 디 아츠
예매	advance sale 어드밴스 세일
예민한	keen 킨 sharp 샵 acute 어큐트
예방(하다)	prevention 프리벤션 / prevent 프리벤트
예방주사	preventive injection 프리벤티브 인젝션
예배	worship service 워쉽 서비스
예보(하다)	forecast 포캐스트
예복	full (formal) dress 풀 (포멀) 드레스
예비	reserve 리저브 preparation 프리퍼레이션 ✓ 예비조사 preliminary inspection
예쁘다	pretty 프리티 beautiful 뷰티풀 lovely 러블리
예산	budget 버짓
예상(하다)	expectation 익스펙테이션 / expect 익스펙트
예상외의	unexpected 언익스펙티드
예선(豫選)	preliminary contest 프릴리머너리 컨테스트
예술(가)	art 아트 / artist 아티스트
예습(하다)	preparation 프리퍼레이션 / prepare one's lesson 프리페어 원스 레슨
예약(하다)	reservation 리저베이션 / reserve 리저브
예언(하다)	predict 프리딕트 foretell 포어텔
예언자	prophet 프라핏
예외	exception 익셉션
예의	etiquette 에티켓 manners 매너즈 ✓ 예의를 지키다 observe proper decorum
예의바르다	modest 마디스트 humble 험블
예전	old times 올드 타임즈 former years 포머 이어즈
예정(하다)	plan 플랜 schedule 스케줄

예측(하다)

예측(하다)	prediction 프리딕션 / forecast 포케스트
예행연습	rehearsal 리허설
옛날	old times 올드 타임즈
오각형	pentagon 펜터건
오그라지다	shrink 쉬링크 shrivel 쉬리벌
오기	unyielding spirit 언일딩 스피릿
오늘	today 투데이 this day 디스 데이
오다	come 컴 arrive 어라이브
오두막	hut 헛 cottage 카티지
오디션	audition 오디션
오디오	audio 오디오
오뚝이	tumbler 텀블러
오락	amusement 어뮤즈먼트
오랫동안	for a long time 포어 롱 타임
오렌지	orange 어린지
오로라	aurora 오로라
오로지	solely 소울리 only 온리 wholly 호울리
오르간	organ 오르건
오르다	go up 고우 업 rise 라이즈 ascend 어센드
	✓ 왕위에 오르다 ascend the throne
오른쪽	the right 더 라이트
오리	duck 덕
오리다	cut (clip) out 컷 (클립) 아웃
오리무중	in a fog 이너 폭
오리엔테이션	orientation 오리엔테이션
오리온자리	Orion 어라이언
오만	arrogance 애러건스

오목거울	concave mirror 컨케이브 미러
오물	filth 필쓰 dirt 더트
오믈렛	omelet 아멀릿
오버랩	overlap 오버랩
오보에	oboe 오우보우
오븐	oven 어번
오비(OB)	graduate 그레주잇
오빠	girl's elder brother 걸스 엘더 브러더
오산	misjudgement 미스저지먼트
오선지	music paper 뮤직 페이퍼
오스트레일리아	Australia 오스트레일리어
오싹하다	shudder 슈더 shiver 쉬버
오아시스	oasis 오에이시스
오역	mistranslation 미스트랜슬레이션
오염(되다)	pollution 펄루션 / pollute 펄루트
5월	May 메이
오이	cucumber 큐컴버
오인하다	misjudge 미스저지
오전	morning 모닝
오점	stain 스테인
오존	ozone 오존
오줌	urine 유린
	✓ 오줌이 마렵다 feel nature's call
오징어	cuttlefish 커틀피쉬 squid 스퀴드
오케스트라	orchestra 오케스트러
오케이	O.K. 오우케이
오토바이	motorcycle 모터사이클

오페라

오페라	opera 아퍼러
오피스	office 오피스
오한	chill 칠
오해(하다)	misunderstanding 미스언더스탠딩 / misunderstand 미스언더스탠드
오후	afternoon 앱터눈
오히려	on the contrary 온더 컨트러리
옥	bead 비드 gem 점
옥내	indoor 인도어
옥상	housetop 하우스탑 roof 루프
옥수수	corn 콘
옥외	outdoor 아웃도어
옥타브	octave 악티브
온갖	all 올 every 에브리
온건한	moderate 마더릿
온도	temperature 템퍼러춰
온도계	thermometer 서머미터
온라인	on-line 온라인
온수	hot water 핫 워터
온실	greenhouse 그린하우스
온천	hot spring 핫 스프링
온화한	gentle 젠틀 mild 마일드
올라가다	go up 고우 업 rise 라이즈 ascent 어센트
올리다	raise 레이즈 lift 리프트
올리브	olive 알리브
올림픽	the Olympic games 디 얼림픽 게임즈
올빼미	owl 아울

완전

올챙이	tadpole 탯포울
옮기다	move 무브 transfer 트랜스퍼
	✔ 계획을 실행에 옮기다 carry a plan into practice
옳다	right 라이트 correct 커렉트
옴니버스	omnibus 암너버스
옵션	option 압션
옷	clothes 클로우씨즈 dress 드레스
옷걸이	hanger 행거
옷깃	collar 칼러
옷차림	dress 드레스 appearance 어피어런스
옻	lacquer 래커
와이셔츠	shirt 셔트
와이퍼	wiper 와이퍼
와인	wine 와인
왁스	wax 왁스
완고한	stubborn 스터번 obstinate 압스터닛
완곡한	euphemistic 유퍼미스틱
완구	toy 토이
완두콩	pea 피
완력	physical strength 피지컬 스트렝쓰
완료(하다)	completion 컴플리션 / finish 피니시
완만한	gentle 젠틀 easy 이지 loose 루스
완벽	perfection 퍼펙션
완성(하다)	completion 컴플리션 / complete 컴플리트
완수하다	accomplish 어컴플리시
완장	arm band 암 밴드
완전	perfection 퍼펙션 completeness 컴플리트니스

완행열차

완행열차	local train 로컬 추레인
완화(하다)	ease 이즈 relieve 릴리브
	✓ 규정을 완화하다 ease the rule
왈츠	waltz 왈츠
왕	king 킹
왕관	crown 크라운
왕국	kingdom 킹덤
왕복표	round-trip ticket 라운드추립 티킷
왕비	queen 퀸
왕성한	prosperous 프라스퍼러스 flourishing 플로어리싱
왕자	prince 프린스
왕조	dynasty 다이너스티
왜	why 와이 for what reason 포 왓 리즌
왜냐하면	because 비코즈 for 포
외과	surgery 서저리
외관	appearance 어피어런스
외교	diplomacy 디플로머시
외교관	diplomat 디플로맷
외교정책	foreign policy 포린 팔러시
외국	foreign country 포린 컨추리
외국인	foreigner 포리너
외롭다	lonely 로운리 solitary 살리터리
외부	outside 아웃사이드
외설적인	obscene 옵신 indecent 인디슨트
외식하다	eat out 이트 아웃
외출하다	go out 고우 아웃
외치다	shout 샤웃 cry 크라이 exclaim 익스클레임

요통

외톨이	loner 로우너
외화	foreign money 포린 머니
왼손잡이	left-handed 레프트핸디드
왼쪽	the left 더 레프트
요가	yoga 요우거
요구(하다)	demand 디맨드 request 리퀘스트
	✓ 부당한 요구 unreasonable demand
요구르트	yoghurt 요거트
요금	charge 차지 fee 피
요동	shaking 쉐이킹 tremble 트렘블
요람	cradle 크래들
요령	point 포인트 gist 지스트
요르단	Jordan 조던
요리(하다)	cooking 쿠킹 / cook 쿡
요새	fortress 포트리스
요소	element 엘러먼트 factor 팩터
요약	summary 써머리
요양	medical treatment 메디컬 트리트먼트
요염한	bewitching 비위칭 voluptuous 볼럽추어스
요인	primary factor 프라이머리 팩터
요일	day 데이
요점	the point 더 포인트
요즈음	now 나우 these days 디즈 데이즈
요철	unevenness 언이븐니스
요청(하다)	demand 디맨드 request 리퀘스트
요컨대	in short 인 숏 in a word 인 어 워드
요통	lumbago 럼베이고우

요트

요트	yacht 얏
요하다	require 리콰이어 need 니드
요행	good fortune 굿 포춘 fluke 플루크
욕	abuse 어뷰즈 curse 커스
욕구	wants 원츠 desire 디자이어
욕망	desire 디자이어 ambition 앰비션
	✔ 자기 욕망을 억제하다 suppress one's desire
욕실	bathroom 배쓰룸
욕심	greed 그리드 avarice 애버리스
욕조	bathtub 배쓰텁
욕하다	speak ill of 스피크 일 어브
용	dragon 드래건
용감하다	brave 브레이브 courageous 커리저스
용광로	blast furnace 블래스트 퍼니스
용기	courage 커리쥐 bravery 브레이버리
용납하다	permit 퍼밋 allow 얼라우
용도	use 유즈 purpose 퍼퍼스
용모	looks 룩스 countenance 카운티넌스
용서하다	forgive 포기브 pardon 파든
용수철	spring 스프링
용암	lava 라버
용액	solution 솔루션
용어	term 텀 wording 워딩
용의자	suspect 서스펙트
우대(하다)	favor 페이버 / treat warmly 트릿 왐리
우두머리	foreman 포어먼 boss 보스 the head 더 헤드
우등	excellence 엑설런스

우유부단

우라늄	uranium 우레이니엄
우렁쉥이	ascidian 어시디언
우려(하다)	anxiety 앵자이어티 concern 컨선 / worry about 워리 어바웃
우리	cage 케이지[짐승] pen 펜[가축]
우리	we 위 ourselves 아워셀브즈
우물	well 웰
우박	hail 헤일
우산	umbrella 엄브렐러
	✔ 우산을 쓰다 put up an umbrella
우상(화하다)	idol 아이덜 / idolize 아이덜라이즈
우선	at first 엣 퍼스트 first of all 퍼스트 어브 올
우선순위	priority 프라이어리티
우세	superior 수피리어 predominant 프리다머넌트
우송하다	send by mail 센드 바이 메일
우수	superiority 수피리어리티 excellence 엑셀런스
우수한	excellent 엑셀런트
우습다	funny 퍼니
우승	championship 챔피언십
우아한	graceful 그레이스펄 elegant 엘리근트
우애	friendship 프렌드십 fellowship 펠로우십
우연	chance 챈스 accident 액시던트
	✔ 우연의 일치 coincidence
우열	superiority and inferiority 수피리어리티 앤 인피리어리티
우울	melancholy 멜란컬리 gloomy 글루미
우위	predominance 프리다머넌스 advantage 어드밴티지
우유	milk 밀크
우유부단	indecision 인디시전

우정

우정	friendship 프렌드쉽
우주	universe 유너버스
우주비행사	astronaut 애스트러노트
우체국	post office 포스트오피스
우크라이나	Ukraine 우크레인
우편	mail 메일 post 포스트
우편번호	zip code 집 코드
우표	stamp 스템프
우호적인	friendly 프렌들리 cordial 코디얼
우화	allegory 앨리고리 fable 페이블
우회(하다)	detour 디투어
운(運)	fortune 포춘 destiny 데스티니 fate 페이트
	✔ 그것을 운에 맡기다 leave it to chance
운(韻)	rhyme 라임
운동	movement 무브먼트 motion 모션
운동화	sneakers 스니커즈[口語] sports shoes 스포츠 슈즈
운명	fate 페이트 destiny 데스티니
운반하다	carry 캐리 transport 트랜스포트
운송	transportation 트랜스포테이션
운송장	invoice 인보이스
운수	fortune 포춘 one's star 원스 스타
운영(하다)	management 매니지먼트 / manage 매니지
운 좋은	lucky 럭키 fortunate 포추닛
운임	freight rates 프레이트 레이츠
운전(하다)	driving 드라이빙 / drive 드라이브
운전면허증	driver's license 드라이버스 라이선스
운전수	driver 드라이버

원리

운하	canal 커널
운행(하다)	service 서비스 operation 아퍼레이션 / revolve 리볼브
울	wool 울
울다	cry 크라이 weep 위프
울리다[반향]	sound 사운드 resound 리자운드

✔ 가슴을 울리는 이야기 a touching story

울보	crybaby 크라이베이비
울음	weeping 위핑 crying 크라잉
울타리	fence 펜스 hedge 헤지
울퉁불퉁한	rugged 러기드 uneven 언이븐
움직이다	move 무브 set in motion 셋 인 모션
웃기는	ridiculous 리디큘러스 absurd 업서드
웃기다	make laugh 메이크 래프
웃다	laugh 래프 smile 스마일
웃음	laugh 래프 laughter 래프터
웅덩이	pool 풀 puddle 퍼들
웅변	eloquence 엘러퀀스
웅크리다	crouch 크라우치 squat down 스쿼트 다운
원	circle 서클
원격	remote 리모트 distant 디스턴트
원고(原稿)	manuscript 매뉴스크립트 copy 카피
원고(原告)	plaintiff 플레인티프
원근법	perspective 퍼스펙티브
원동력	motive power 모티브 파워
원래	originally 어리저널리 by nature 바이 네이춰
원료	raw material 로 머티어리얼
원리	principle 프린서플 theory 씨어리

원만한

원만한	harmonious 하모니어스
원망	grudge 그러쥐 spite 스파이트 ill will 일 윌
원문	the original text 디 어리저널 텍스트
원본	the original 디 어리저널
원색	primary color 프라이머리 컬러
원서(願書)	application 어플리케이션
원소	element 엘러먼트
원수(元首)	sovereign 사버린 ruler 룰러
원수(怨讐)	foe 포우 enemy 에너미
원숭이	monkey 멍키 ape 에입
원시(遠視)	farsightedness 파사이티드니스
원시(原始)	primitive 프리머티브

- 원시시대 the primitive age

원시림	primeval forest 프라이미벌 포리스트
원심력	centrifugal force 센트리퓨걸 포스
원앙	mandarin duck 맨더린 덕
원액	undiluted solution 언디루티드 솔루션
원양어업	deep-sea fishing 딥씨 피싱
원예	gardening 가드닝
원유	crude oil 크루드 오일
원인	cause 코즈
원자	atom 애텀
원자력	nuclear power 뉴클리어 파워
원자폭탄	atomic bomb 어타믹 밤
원작	the original 디 어리저널
원점	the starting point 더 스타팅 포인트
원정(하다)	expedition 엑스피디션 / go on an expedition 고우 온 언

위(胃)

엑스피디션

원조(하다)	help 헬프 / assist 어시스트
원주(圓周)	circumference 서컴피어런스
	✔ 원주율 the circular constant
원주(圓柱)	column 칼럼
원천징수	tax deduction 텍스 디덕션
원추	cone 콘
원칙	principle 프린서플
원피스	dress 드레스 one-piece 원피스
원하다	want 원트 hope 호우프 wish 위시
원한	grudge 그러쥐 spite 스파이트
원한을 풀다	get even 겟 이븐
원형(原型)	prototype 프로토타입
원형(圓形)	round-shape 라운드쉐입 circle 서클
월간지	monthly 먼쓸리
월경	menstruation 멘스트루에이션 period 피리어드
월계수	laurel 로럴
월급	salary 셀러리
월드컵	the World Cup 더 월드컵
월말	the end of the month 디 엔드 어브 더 먼쓰
월부	monthly installments 먼쓸리 인스톨먼츠
월수입	monthly income 먼쓸리 인컴
월식	eclipse of the moon 이클립스 어브 더 문
월요일	Monday 먼데이
웨이터	waiter 웨이터
웨이트리스	waitress 웨이트리스
위(胃)	stomach 스터먹

위

위	the upper part 디 어퍼 파트
위경련	cramp in the stomach 크램프 인 더 스터먹
위궤양	stomach ulcer 스터먹 얼서
위기	crisis 크라이시스
위대하다	great 그레잇 grand 그랜드
위도	latitude 래티튜드
위독한	critically ill 크리티컬리 일
위력	power 파워 might 마이트
위로	comfort 컴포트 solace 살러스
위반(하다)	violation 바이얼레이션 / violate 바이얼레잇
위법의	illegal 일리걸 unlawful 언로펄
위생	hygiene 하이진
	✔ 위생에 좋은 good for the health
위생적인	hygienic 하이지에닉 sanitary 새니터리
위선	hypocrisy 히파크러시
위선적인	hypocritical 히퍼크리틱
위성	satellite 세털라이트
위성방송	satellite broadcasting 세털라이트 브로드캐스팅
위스키	whisky 위스키
위약금	penalty 페널티 forfeit 포피트
위엄	dignity 딕니티 prestige 프레스티지
위원회	committee 커미티
위인	great person 그레잇 퍼슨
위임하다	leave 리브 entrust 인트러스트
위자료	compensation money 컴펜세이션 머니
위장(하다)	camouflage 캐머플라쥐
위조(하다)	forgery 포저리 / forge 포지

유럽

위축되다	cower 카우어 be cramped 비 크램프드
위치	position 퍼지션 situation 시추에이션
위탁(하다)	commission 커미션 / entrust 인트러스트
위하여	for 포 for the sake of 포 더 세이크 어브
위험	danger 데인저 risk 리스크
위험하다	dangerous 데인저러스 risky 리스키
위협하다	threaten 스레튼 menace 메너스
윈드서핑	windsurfing 윈드서핑
윗사람	superior 수피어리어
윙크(하다)	wink 윙크
유가증권	valuable securities 밸류어블 씨큐리티즈
유감(스러운)	regret 리그렛 / regrettable 리그레터블 ✔ 유감스러운 일 a matter of regret
유괴	kidnapping 킷냅핑
유교	Confucianism 컨퓨셔니즘
유권자	electorate 일렉터릿
유능한	able 에이블 capable 캐이퍼블
유니폼	uniform 유너폼
유도(柔道)	judo 주도
유도(하다)	induction 인덕션 / induce 인듀스
유동적인	fluid 플루이드 mobile 모바일
유두	nipple 니플
유람	sight-seeing 사이트씨잉
유람선	pleasure boat 플레저 보우트
유랑하다	wander 완더
유래(하다)	the origin 디 어리진 / originate in 어리지네이트 인
유럽	Europe 유럽

유력한

유력한	strong 스트롱 powerful 파워펄
유령	ghost 고스트 apparition 애퍼리션
유로	Euro 유로
유료의	charged 차쥐드 pay 페이
유리	glass 글래스
유리구슬	marbles 마블즈
유리한	advantageous 어드밴티저스 profitable 프러피터블
유망한	promising 프라미싱 hopeful 호웁펄
유머	humor 휴머
유명한	famous 페이머스 well-known 웰노운
유모차	baby carriage 베이비 캐리지
유목민	nomads 노우매즈
유발(하다)	induction 인덕션 / induce 인듀스 cause 코즈
	✔ 무력충돌을 유발하다 invite an armed conflict
유방	breast(s) 브레스트
유방암	breast cancer 브레스트 캔서
유별난	uncommon 언커먼 particular 파티큘러
유복한	rich 리치 wealthy 웰씨
유사(하다)	similarity 시밀레러티 / similar 시밀러
유사품	imitation 이미테이션
유산(遺産)	inheritance 인헤리턴스 legacy 레거시
유산(流産)	miscarriage 미스캐리지
유산균	lactic acid bacteria 랙틱 애시드 백티리어
유서	will 윌
유선형	streamlined 스트림라인드
유성의	oily 오일리
유성	shooting star 슈팅스타

유충

유스호스텔	youth hostel 유스호스텔
유아	infant 인펀트
유에프오	UFO 유포우
유역	valley 벨리 basin 베이슨
유연한	flexible 플렉서블 supple 서플
유예	delay 딜레이 grace 그레이스
유용(하다)	diversion 디버전 / divert 디버트
유용한	useful 유즈펄 valuable 벨류어블
유원지	amusement park 어뮤즈먼트 파크
유월	June 준
유의하다	pay attention to 페이 어텐션 투
유일한	only 오운리 unique 유닉
유입(되다)	inflow 인플로우 / flow in 플로우 인
유적	ruins 루인즈
유전(遺傳)	heredity 히레더티
유전	oil field 오일 필드
유전자	gene 진
유제품	dairy product 데어리 프러덕트
유죄	guilty 길티 ✔ 유죄를 선고하다 convict a person of a crime
유지(維持)	maintenance 메인터넌스 upkeep 업킵
유지하다	maintain 메인테인 keep 킵
유착(되다)	adhesion 애드히전 / adhere 어드히어
유창하다	fluent 플루언트 flowing 플로우잉
유추(하다)	analogy 어낼러지 / infer 인퍼
유출(하다)	outflow 아웃플로우 / flow out 플로우 아웃
유충	larva 라버

유치원

유치원	kindergarten 킨더가튼
유치한	childish 차일디쉬
유쾌한	pleasant 플레전트 cheerful 치어펄
유태인	Jew 주
유턴(하다)	U-turn 유턴
유토피아	Utopia 유토피어
유통(하다)	circulation 서큘레이션 / circulate 서큘레이트
유학하다	study abroad 스터디 업로드
유학생	foreign student 포린 스튜던트
유해한	bad 배드 harmful 함펄
유행	fashion 패션 mode 모우드
유행(하다)	fashion 패션 vogue 보우그 / be in fashion 비 인 패션
유행가	popular song 파퓰러 송
유형	type 타입 pattern 패턴
유혹(하다)	temptation 템테이션 / tempt 템트 seduce 시듀스
	✔ 유혹에 빠지다 fall into temptation
유화	oil painting 오일 페인팅
유황	sulfur 설퍼
유효(하다)	validity 벌리더티 / valid 벌리드 available 어베일러블
육감	hunch 헌취 intuition 인튜이션
육교	overpass 오버패스 (영) overbridge 오버브리지
육군	the army 디 아미
육로	land route 랜드 루트
육상경기	athletic sports 어슬레틱 스포츠
육식	meat eating 미트 이팅
육식동물	carnivore 카너보어
육아	child care 차일드 케어 nursing 너싱

음(陰)

육안	naked eye 네이킷 아이
육지	the land 더 랜드
육체	the body 더 바디 the flesh 더 플레시
육체노동	physical labor 피지컬 레이버
육친	near relatives 니어 렐러티브즈
윤곽	outline 아웃라인
윤기	gloss 글로스 luster 러스터
윤년	leap year 립 이어
윤리	ethics 이식스 morals 모럴즈
윤리적인	ethical 에시컬 moral 모럴
융단	carpet 카핏 rug 럭
융자(하다)	financing 파이낸싱 / finance 파이낸스
융통성	elasticity 일레스티서티 adaptability 어댑터빌리티
융합(하다)	fusion 퓨전 / fuse 퓨즈
으레	habitually 해비추얼리 usually 유주얼리
은	silver 실버
은신처	hiding place 하이딩 플레이스 refuge 레퓨지
은유법	metaphor 메타포
은인	benefactor 베너팩터
은총	blessing 블레싱
은퇴(하다)	retirement 리타이어먼트 / retire 리타이어
은하수	Galaxy 갤럭시 the milky way 더 밀키 웨이
은행	bank 뱅크 ✔ 은행에서 대부를 받다 make a loan at a bank
은행나무	ginkgo 깅코우
은혜	favor 페이버 benefit 베너핏
음(陰)	negative 네거티브

음경

음경	penis 페니스
음계	the scale 더 스케일
음란하다	lustful 러스트펄 lewd 루드 obscene 옵신
음료수	drinking water 드링킹 워터
음모	plot 플럿 intrigue 인트리그
음미(하다)	appreciation 어프리쉬에이션 / appreciate 어프리쉬에이트
음성	voice 보이스 sound 사운드
음식	food 푸드 provisions 프러비전즈
음식점	restaurant 레스터런트
음악	music 뮤직
음악가	musician 뮤지션
음절	syllable 실러블
음치	tone deafness 톤 데프니스
음침한	gloomy 글루미 dismal 디즈멀
응급	emergency 이머전시
응급치료	the first aid 더 퍼스트 에이드
응답(하다)	answer 앤서 reply 리플라이
응모(하다)	application 어플리케이션 / apply to 어플라이 투
응시하다	stare at 스테어 앳 gaze at 게이즈 앳
응어리	bad feelings 배드 필링즈
응용(하다)	application 어플리케이션 / apply 어플라이 adapt 어댑트
	✓ 널리 응용할 수 있다 be widely applicable
응원(하다)	aid 에이드 support 서포트
응접실	reception room 리셉션 룸
응하다	answer 앤서 reply to 리플라이 투
의거하다	be based on 비 베이스드 온
의견	opinion 오피니언 idea 아이디어

의제

의견일치	consensus 컨센서스
의논	talk 토크 discussion 디스커션
의뢰(하다)	request 리퀘스트 ask 애스크
의료	medical treatment 메디컬 트리트먼트
의료보험	health insurance 헬스 인슈어런스
의류	clothing 클로씽 clothes 클로즈
의리 있는	faithful 페이스펄
의무	duty 듀티 obligation 아블리게이션
의무교육	compulsory education 컴펄서리 에주케이션
의문	question 퀘스천 doubt 다웃
의미(하다)	meaning 미닝 / mean 민 signify 식니파이
의미가 통하다	make sense 메이크 센스
의사	doctor 닥터
의상	clothes 클로시즈 costume 카스튬
의식	ceremony 세러머니 rites 라이츠
의식(하다)	consciousness 칸시어스니스 / be conscious of 비 칸시어스 어브
의식주	food, clothing and shelter 푸드 클로씽 앤 쉘터
의심(하다)	doubt 다웃
	✔ 의심의 여지가 없다 leave no room for doubt
의심스럽다	doubtful 다웃펄 suspicious 서스피셔스
의외의	unexpected 언익스펙티드
의욕	desire 디자이어 will 윌
의원	member of an assembly 멤버 어브 언 어셈블리
의의	meaning 미닝 sense 센스
의자	chair 체어 stool 스툴[등받이가 없는 것]
의장	chairperson 체어퍼슨
의제	agenda 어젠더

의존

의존	dependence 디펜던스 reliance 릴라이언스
의지	will 윌 volition 볼리션
의지하다	rely on 릴라이 온 depend on 디펜드 온
의학	medical science 메디컬 사이언스
의향	intention 인텐션 will 윌
의혹	doubt 다웃 suspicion 서스피션
의회	assembly 어셈블리 parliament 팔리어먼트
이	louse 라우스 [벌레]
이	tooth 투쓰
이것	this 디스
이국적인	exotic 엑조틱
이기다	beat 비트 win 윈
	✓ 간신히 이기다 win by a narrow margin
이기적인	egoistic 이고이스틱
이기주의	egoism 이고우이즘 selfishness 셀피시니스
이끌다	lead 리드 guide 가이드
이끼	moss 모쓰
이내	within 위딘 less than 레스 댄
이념	idea 아이디어 ideology 아이디알러쥐
이단자	heretic 헤러틱
이달(에)	this month 디스 먼쓰
이동(하다)	movement 무브먼트 / move 무브 transfer 트랜스퍼
이라크	Iraq 이락
이란	Iran 이랜
이런	such 서치 like this 라이크 디스
이력	career 커리어 background 백그라운드
이력서	resume 레주메

이상적인

이례적인	exceptional 익셉셔널 unprecedented 언프리시던티드
이론	theory 씨어리
이론적인	theoretical 씨어레티컬
이루다	accomplish 어컴플리시 complete 컴플리트
이륙(하다)	takeoff 테이크오프 / take off 테이크오프
이르다[시간]	early 얼리 premature 프리머추어
이르다[도달]	reach 리치 arrive at 어라이브 앳
이름	name 네임
이리	wolf 울프
이마	forehead 포어헤드 brow 브라우
이메일	e-mail 이메일
이면(裏面)	the back 더 백 the inside 디 인사이드
이미	already 올레디
이미지	image 이미지
이민(가다)	emigration 에머그레이션[입국] immigration 이머그레이션[출국]
이발	haircut 헤어컷
이발소	barbershop 바버샵
이별(하다)	parting 파팅 separation 세퍼레이션 / separate 세퍼레이트
이불	bed clothes 베드 클로씨즈
이사(하다)	house-moving 하우스무빙 / move 무브
이삭	ear 이어
이산화탄소	carbon dioxide 카본 디옥사이드
이상(理想)	ideal 아이디얼
	✓ 자기의 이상을 실현하다 realize one's ideal
이상(以上)	more than 모어 댄 over 오버 above 어버브
이상(異常)	abnormality 앱노멀리티
이상적인	ideal 아이디얼

이상한

이상한	unusual 언유주얼 abnormal 앱노멀
이색적인	unique 유닉
이성(理性)	reason 리즌
이성(異性)	the opposite sex 디 아퍼짓 섹스
이성적인	rational 레이셔널
이스라엘	Israel 이즈레일
이스트(균)	yeast 이스트
이슬	dew 듀 dewdrop 듀드랍
이슬람교	Islam 이슬람
이식	transplantation 트랜스플랜테이션
이쑤시개	toothpick 투쓰픽
이야기	story 스토리 talk 토크
이어받다	inherit 인헤릿 succeed to 석시드 투
이어지다	be connected with 비 커넥팃 위드
이어폰	earphone 이어폰
이온	ion 아이언
이외	except 익셉트 but 벗 outside
이용(하다)	use 유즈 utilize 유틸라이즈
이용사	hairdresser 헤어드레서
이웃	the next door 더 넥스트 도어
이웃사람	neighbor 네이버
2월	February 페브루어리
이유 [EU]	the European Union 더 유러피언 유니언
이유(理由)	reason 리즌 cause 코즈 ✔ 여러 가지 이유 때문에 for several reasons
이유(離乳)	weaning 위닝
이윤	profit 프라핏 gain 게인

익사(하다)

이율	the rate of interest 더 레잇 어브 인터레스트
이의	objection 옵젝션 dissent 디센트
이익	profit 프라핏 return 리턴
이자	interest 인터레스트
이재민	sufferer 서퍼러
이전	ago 어고우 before 비퍼
이전(하다)	removal 리무벌 / move to 무브 투
이점	advantage 어드밴티지
이정표	milestone 마일스톤 signpost 사인포스트
이제	now 나우
이주(하다)	migration 마이그레이션 / migrate 마이그레이트
이중	double 더블 dual 듀얼
이질	dysentery 디선테리
이질적인	heterogeneous 헤터러지니어스
이집트	Egypt 이집트
이쪽	this way 디스 웨이 here 히어
이차방정식	quadratic equation 쿼드러틱 이퀘이션
이치	reason 리즌 logic 라직
이탈리아(어)	Italy 이털리 / Italian 이탤리언
이하	less than 레스 댄 under 언더
이해(하다)	understanding 언더스탠딩 / understand 언더스탠드 ✔ 상호 이해를 증진시키다 promote mutual understanding
이혼(하다)	divorce 디보스
이후	from now on 프럼 나우 온 after that 애프터 댓
익다	ripen 라이픈 mature 머추어
익명	anonymity 어나니머티
익사(하다)	drowning 드라우닝 / be drowned 비 드라운드

익살

익살	buffoonery 버푸너리 joke 조우크 witticism 위티시즘
익살스러운	funny 퍼니 humorous 휴머러스
익숙해지다	get used to 겟 유스 투
익히다	boil 보일 cook 쿡
인간	human being 휴먼빙
인감	seal 씰
인건비	personnel expenses 퍼스넬 익스펜시즈
인격	character 캐릭터 personality 퍼스널리티
인격자	noble person 노우블 퍼슨
인공	artificiality 아티피셜리티
인공위성	artificial satellite 아티피셜 세털라이트
인공호흡	artificial respiration 아티피셜 레스퍼레이션
인과	cause and effect 코즈 앤 이펙트
인구	population 파퓰레이션
인권	human rights 휴먼 라이츠
인기	popularity 파퓰레러티
인내(하다)	patience 페이션스 / persevere 퍼시비어
인도(人道)	humanity 휴머니티
인도(印度)	India 인디어
인도네시아	Indonesia 인도우니지어
인도적인	humane 휴메인
인도주의	humanitarianism 휴머니테리어니즘
인력	gravitation 그래버테이션
인류	the human race 더 휴먼 레이스 mankind 맨카인드
인류학	anthropology 앤스러팔러지
인맥	connections 커넥션즈
인명	human life 휴먼 라이프

인조인간

인명구조	life-saving 라이프세이빙
인문과학	the humanities 더 휴머니티즈
인물	person 퍼슨 man 맨
인사	bow 바우 salutation 설루테이션
인사(人事)	personnel matters 퍼스넬 매터즈
	✓ 진인사대천명(盡人事待天命) do one's best and leave the rest to Providence
인사하다	greet 그릿 salute 설루트
인상	impression 임프레션
인상하다	raise 레이즈 increase 인크리즈
인색한	stingy 스팅기 miserly 마이저리
인생	life 라이프
인세	royalty 로열티
인솔하다	lead 리드 conduct 컨덕트
인쇄	printing 프린팅
인수하다	take over 테익 오버 receive 리시브
인슐린	insulin 인슐린
인식(하다)	recognition 레컥니션 / recognize 레컥나이즈
인어	mermaid 머메이드
인연	affinity 어피니티 karma 카르마
	✓ 나는 돈과 인연이 없다. I and money are strangers.
인용(하다)	quotation 쿼테이션 / citation 사이테이션
인재	talented person 탤런티드 퍼슨
인접하다	be adjacent to 비 어제슨트 투 adjoin 어조인
인정	kindness 카인드니스 humanity 휴머니티
인정하다	recognize 레컥나이즈 authorize 오소라이즈
인조인간	robot 로우벗

인종

인종	human race 휴먼 레이스
인종차별	racial discrimination 레이셜 디스크리미네이션
인질	hostage 하스티지
인체	human body 휴먼 바디
인출	withdrawal 위드로우얼
인치	inch 인치
인터넷	the Internet 디 인터넷
인터뷰	interview 인터뷰
인터폰	interphone 인터폰
인테리어	interior design 인티어리어 디자인
인파	surging crowd 서징 크라우드
인품	personality 퍼스널리티 character 캐릭터
인프라	infrastructure 인프라스트럭춰
인플레	inflation 인플레이션
인형	doll 달
일[사물, 문제]	matter 매터 thing 씽 affair 어페어
일[업무]	work 워크 business 비즈니스 task 태스크
일곱	seven 세븐
일과	daily work 데일리 워크
일관성	consistency 컨시스턴시
일광	sunlight 썬라잇 sunshine 썬샤인
일기	diary 다이어리
	✓ 일기를 쓰다 keep one's diary
일기예보	weather forecast 웨더 포캐스트
일단	once 원스 first 퍼스트
일당	daily allowance 데일리 얼라우언스
일등	irst prize 퍼스트 프라이즈

일정한

일러스트	illustration 일러스트레이션
일러스트레이터	illustrator 일러스트레이터
일몰	sundown 썬다운[美] sunset 썬셋
일반적인	general 제너럴 usual 유주얼 common 커먼
일방적인	one-sided 원사이디드
일방통행	one-way traffic 원웨이 트래픽
일본(인)	Japan 저팬 / Japanese 재퍼니즈
일부	a part 어 파트 a portion 어 포션
일부러	on purpose 온 퍼퍼스 intentionally 인텐셔널리
일사병	sunstroke 썬스트로우크
일산화탄소	carbon monoxide 카본 모녹사이드
일상	daily 데일리
일상생활	everyday life 에브리데이 라이프
일생	(whole) ife (호울) 라이프
일시(日時)	the date and time 더 데이트 앤 타임
	✔ 일시적 방편 temporary measure
일식	solar eclipse 솔러 이클립스
일어나다[기상]	get up 게럽 rise 라이즈
일어나다[발생]	occur 어커 happen 해픈
일요일	Sunday 썬데이
1월	January 재뉴어리
일으키다[발생]	cause 코즈
일으키다	raise 레이즈 set up 세럽
일자리	job 잡 employment 엠플로이먼트
일전에	the other day 디 아더 데이
일정	schedule 스케줄
일정한	constant 컨스턴트

일제히

일제히	all together 올 투게더 all at once 올 앳 원스
일지	diary 다이어리 journal 저널
일찍	early 얼리
일출	sunrise 선라이즈
일치(하다)	agreement 어그리먼트 consent 컨센트 / accord with 어코드 위드
일하다	work 워크 labor 레이버
일행	party 파티 company 컴퍼니
읽다	read 리드 peruse 퍼루즈[정독]
잃다	lose 루즈 miss 미스
임금	wage 웨이지 pay 페이
임대(하다)	rent 렌트 lease 리스
임대료	rent 렌트
임대주택	house for rent 하우스 포 렌트
임명(하다)	appointment 어포인트먼트 / appoint 어포인트
임무	duty 듀티 service 서비스
임무를 다하다	fulfill one's duty 풀필 원스 듀티
임산부	pregnant woman 프렌넌트 우먼
임상	clinical 클리니컬
임시의	temporary 템퍼러리
임신	pregnancy 프렉넌시
임업	forestry 포리스트리
임원	officer 오피서 official 오피셜
임종	death 데쓰 last moment 래스트 모우먼트
입	mouth 마우쓰
	✔ 입버릇처럼 말하다 never fail to say
입구	entrance 엔트런스 gateway 게이트웨이

입히다

입국	entry into a country 엔터 인투 어 컨추리
입국관리	immigration 이미그레이션
입금	receipt of money 리시트 어브 머니
입다	put on 풋 온
입덧	morning sickness 모닝 식니스
입력	input 인풋
입법	legislation 레지스레이션 lawmaking 로메이킹
입법권	legislative power 레지스러티브 파워
입사하다	join a company 조인 어 컴퍼니
입수(하다)	acquisition 어퀴지션 / get 겟
입술	lip 립
입시	entrance examination 엔트런스 익재미네이션
입원(하다)	hospitalization 하스피틀라이제이션 / enter the hospital 엔터 더 하스피틀
입자	particle 파티클
입장(立場)	position 포지션 standpoint 스탠드포인트
입장(入場)/하다	entrance / enter 엔터 get in 겟 인
입장료	admission fee 어드미션 피
입주하다	move in 무브 인
입주자	tenant 테넌트
입증하다	give proof 기브 프루프 prove 프루브
입지	location 로케이션
입찰	bid 비드 tender 텐더
입체	solid 살리드
입학하다	enter a school 엔터 어 스쿨
입회하다	attend 어텐드 be present 비 프레즌트
입히다	dress 드레스 put on 풋언

잇다[연결]

잇다[연결]	connect 커넥트 link with 링크 위드
잇다[계승]	succeed 석시드 inherit 인헤릿
잇달아	one after another 원 애프터 어나더
잇몸	gum 검
있다	be 비 exist 익지스트 there is(are) 데어 리즈(라)
	✔ 행복은 만족 속에 있다. Happiness lies in contentment.
잉꼬	parakeet 패러킷
잉어	carp 카프
잉여	surplus 서플러스 remainder 리매인더
잉크	ink 잉크
잊다	forget 포겟 slip one's mind 슬립 원스 마인드
잎	leaf 리프 blade 블레이드

자두

자	rule 룰 measure 메저
자가용	private car 프라이빗 카
자각	consciousness 칸쉬어스니스
자갈	gravel 그레벌 pebble 페블
자격	qualification 퀄러피케이션
자격시험	qualifying exam 퀄러파잉 익잼
자국	mark 마크 trace 트레이스
자궁	uterus 유터러스 womb 움
자극(하다)	stimulus 스티뮬러스 / stimulate 스티뮬레잇
자금	capital 캐피털 funds 펀즈
자금난	financial difficulty 파이낸셜 디프컬티
자금모금	fund-raising 펀드레이징
자급자족	self-sufficiency 셀프서피션시
자기(自己)	oneself 원셀프 self 셀프 ego 이그우
자기(磁氣)	magnetism 맥네티즘
자기(瓷器)	porcelain 포슬린
자기암시	self-suggestion 셀프 서제스천
자다	sleep 슬립
자동의	automatic 오토매틱 ✓ 자동응답 전화기 answer phone
자동으로	automatically 오토매티컬리
자동차	car 카 automobile 오토모빌
자동판매기	vending machine 벤딩 머신
자두	plum 플럼

627

자라

자라	soft-shelled turtle 소프트쉘드 터틀
자라다	develop 디벨롭 grow 그로우
자랑(하다)	pride 프라이드 boast 보스트 / be proud of 비 프라우드 어브
자력	magnetism 맥네티즘
자력	one's own efforts 원스 오운 에포츠
자료	materials 머티어리얼즈 data 데이터
자르다	cut 컷 sever 세버
자리	job 잡 work 워크 position 퍼지션
	✔ 유리한 자리를 얻다 gain an advantageous position
자립(하다)	independence 인디펜던스 / support oneself 서포트 원셀프
자막	subtitle 섭타이틀
자매	sister 시스터
자매회사	affiliated company 어필리에이티드 컴퍼니
자멸(하다)	self-destruction 셀프디스트럭션 / destroy oneself 디스트로이 원셀프
자몽	grapefruit 그레이프프루트
자물쇠	lock 락
자발적인	spontaneous 스판테이녀스
자백(하다)	confession 컨페션 / confess 컨페스
자본	capital 캐피털
자본주의	capitalism 캐피털리즘
자부심	self-conceit 셀프컨시트 pride 프라이드
자비	mercy 머시 pity 피티
자산	property 프라퍼티 fortune 포춘
자살(하다)	suicide 수어사이드 / commit suicide 커밋 수어사이드
자서전	autobiography 오토바이오그래피
자석	magnet 맥넷

628

자질

자선	charity 채리티 benevolence 베네버런스
자세	posture 포스춰 pose 포즈
자세히	in detail 인 디테일
자손	descendant 디센던트
자수	embroidery 엠브로이더리
자숙(하다)	self-restraint 셀프리스트레인트 / restrain oneself 리스트레인 원셀프
자식	child 차일드 children 췰드런
자신감	confidence 칸퍼던스
자신 있게	confidently 칸퍼던틀리
자아	self 셀프 ego 이고우
자연	nature 네이춰
	✓ 자연보호 conservation of nature
자연과학	natural science 내추럴 사이언스
자외선	ultraviolet ray 울트라바이얼릿 레이
자원	resources 리소시즈
자유	freedom 프리덤 liberty 리버티
자유무역	free trade 프리 트레이드
자유선택	free choice 프리초이스
자유형	free-style swimming 프리스타일 스위밍
자의식	self-consciousness 셀프칸쉬어스니스
자장가	lullaby 럴러비
자전거	bicycle 바이시클
자제	self-control 셀프컨트롤
자존심	self-respect 셀프리스펙트 pride 프라이드
자주	often 어픈 frequently 프리퀀틀리
자중(하다)	caution 코션 / be cautious 비 코셔스
자질	nature 내이춰 temperament 템퍼러먼트

629

자취하다

자취하다	cook for oneself 쿡 포 원셀프
자택	one's house 원스 하우스
자투리	piece 피스 cut 컷
자폐증	autism 오티즘
자화상	self-portrait 셀프포트레이트
자활	self-support 셀프서포트
자회사	subsidiary 섭시다이어리
작가	writer 라이터 author 오서
작곡(하다)	composition 컴포지션 / compose 컴포우즈
작곡가	composer 컴포우저
작년	last year 래스트 이어
작다	small 스몰 little 리틀 tiny 타이니
작문(하다)	composition 컴포지션 / write a theme 라이트 어 팀
작별	parting 파팅 farewell 페어웰
	✓ 작별인사 one's parting words
작사	writing the lyrics 롸이팅 더 리릭스
작성하다	draw up 드로 업 make out 메이크 아웃
작업	work 워크 operations 아퍼레이션즈
작업복	working uniform 워킹 유니폼
작용	action 액션 function 펑션
작전	operation 아퍼레이션 tactics 택틱스
작품	work 워크 piece 피스
잔고	the balance 더 밸런스
잔돈	change 체인지 small money 스몰 머니
잔디	lawn 론 turf 터프
잔소리	scolding 스코울딩 talking-to 토킹투 useless talk 유즐리스 토크
잔액	the remainder 더 리맨인더

잡무

잔업	overtime work 오버타임 워크
잔치	feast 피스트 party 파티
잔해	remains 리매인즈 wreckage 레키지
잔혹한	cruel 크루얼 merciless 머시리스
잘	well 웰 nicely 나이슬리 skillfully 스킬펄리
잘다	small 스몰 fine 파인
잘라내다	cut off (away) 컷 오프 (어웨이) separate 세퍼레이트
잘못	fault 폴트 error 에러 mistake ㅁ스테익
잘못하다	make a mistake 메이커 미스테익
잠	sleep 슬립 nap 냅 (졸음)

✔ 잠자리에 들다 go to bed

잠기다	be soaked 비 소우크드
잠깐	for a moment 포어 모우먼트
잠꼬대	talking in sleep 토킹 인 슬립
잠꾸러기	late riser 레잇 라이저
잠들다	fall asleep 폴 어슬립
잠복(하다)	concealment 컨실먼트 / conceal oneself 컨씰 원셀프
잠수하다	dive into 다이브 인투 go into water 고우 인투 워터
잠수함	submarine 섭머린
잠옷	pajamas 퍼자머즈
잠자리	dragonfly 드래건플라이
잠재의식	subconsciousness 섭칸셔스니스
잠재적인	latent 레이턴트 dormant 도먼트
잡다	take 테이크 hold 홀드 seize 씨즈 catch 캐취
잡담(하다)	gossip 가십 chat 채트
잡동사니	rubbish 러비쉬 trash 트래쉬
잡무	odd jobs 오드 잡스

631

잡아당기다

잡아당기다	pull 풀 draw 드로 drag 드랙
잡아채다	snatch 스내취
잡음	noise 노이즈
잡종	crossbreed 크로스브리드 hybrid 하이브리드
잡지	magazine 매거진
잡초	weed 위드
장(腸)	intestines 인테스틴즈
장(章)	chapter 챕터
장(張)	sheet 쉬트 piece 피스
장갑	gloves 글러브즈
장거리	long distance 롱 디스턴스
장교	officer 어피서
장군	general 제너럴
장기계획	long-term plan 롱 텀 플랜
장난	mischief 미스췹 trick 트릭 fun 펀 ✔ 장난삼아 for a joke
장난감	toy 토이
장난치다	joke 조우크 jest 제스트
장남	oldest son 올디스트 썬
장대	pole 포울 rod 로드
장대한	magnificent 맥니피슨트 grand 그랜드
장딴지	calf 캘프
장래	future 퓨처 the time to come 더 타임 투 컴
장래성	potential 포텐셜
장례식	funeral 퓨너럴
장르	genre 장러
장마	rainy season 레이니 시즌

재계

장면	scene 씬 sight 사이트
장미	rose 로우즈
장부	account book 어카운트 북 ✔ 장부 대조 balancing accounts
장비	equipment 이큅먼트 outfit 아웃핏
장사	trade 트레이드 business 비즈니스
장소	place 플레이스 site 사이트
장수(하다)	longevity 론제비티 / live long 리브 롱
장시간	long time 롱 타임
장식(하다)	decoration 데커레이션 ornament 오너먼트 / decorate 데커레이트
장식물	ornament 오너먼트
장애물	obstacle 압스터클
장엄한	solemn 살렘 sublime 서블라임
장염	intestinal catarrh 인테스티널 카타르
장의사	undertaker 언더테이커
장인(匠人)	workman 워크맨 artisan 아티전
장인(丈人)	father-in-law 파더인로
장작	firewood 파이어우드
장점	strong point 스트롱 포인트 merit 메리트
장치	device 디바이스 mechanism 매커니즘
장티푸스	typhoid 타이포이드
장학금	scholarship 스칼러십
장화	boots 부츠
잦다[횟수]	frequent 프리퀀트 repeated 리피티드
재	ash 애쉬
재검토(하다)	reexamination 리익재미네이션 / reconsider 리컨시더
재계	the financial world 더 파이낸셜 월드

재고

재고	stocks 스탁스
	✓ 재고정리 clearance sale
재고하다	reexamine 리익재민
재기	wit 윗 talent 탤런트
재난	misfortune 미스포춘 calamity 컬래머티
재능	talent 탤런트 ability 어빌리티
재단	foundation 파운데이션
재떨이	ashtray 애쉬트레이
재력	financial power 파이낸셜 파워
재료	ingredient 인그리디언트
재미있다	interesting 인터레스팅 amusing 어뮤징
재발하다	relapse 릴랩스 / recur 리커
재배(하다)	cultivation 컬티베이션 / cultivate 컬티베이트
재봉(하다)	needlework 니들워크 / sew 소우
재봉사	tailor 테일러
재빠르다	nimble 님벌 agile 애절
재산	estate 에스테이트 fortune 포춘
재생(하다)	rebirth 리버스 / regenerate 리제너레이트
재수 없는	ominous 아머너스
재앙	disaster 디재스터 misfortune 미스포춘
재우다	put to bed 풋투 베드
재원(財源)	funds 펀즈
재원(才媛)	talented girl 탤런티드 걸
재임	during one's term of office 듀링 원스 텀 어브 오피스
재작년	the year before last 더 이어 비포 래스트
재정	finances 파이낸시즈 economy 이카너미
재주 있는	skillful 스킬펄 talented 탤런티드

저녁밥

재즈	jazz 재즈
재채기	sneeze 스니즈
재촉하다	hurry 허리 hasten 해이슨
재치 있는	quick-witted 퀵위티드 sensible 센서블
재킷	jacket 재킷
재탕	second brew 세컨드 브로우
재택근무	working at home 워킹 앳 홈
재판(하다)	judgment 저지먼트 trail 추라이얼 / judge 저쥐
	✔ 어떤 문제를 재판에 부치다 put a case on trial
재편(하다)	reorganization 리오거나이제이션 / reorganize 리오거나이즈
재해	calamity 컬래머티 disaster 디재스터
재현(하다)	reappearance 리어피어런스 / reappear 리어피어
재혼(하다)	second marriage 세컨 매리지 / marry again 매리 어겐
재활용(하다)	recycling 리사이클링 / recycle 리사이클
잼	jam 잼
잿더미	(a heap of) ashes (어 힙 어브) 애쉬즈
쟁반	tray 트레이
쟁탈전	scramble (struggle competition) for 스크램블 (스트러글 컴피티션) 포
저	the 더 that 댓 those 도우즈
저금(하다)	savings 세이빙즈 / save money 세이브 머니
저급한	low-grade 라우그레이드 low-class 로우클래스
저기	there 데어
저기압	low pressure 라우 프레저 depression 디프레션
저널리스트	journalist 저널리스트
저녁	evening 이브닝
저녁밥	supper 서퍼 dinner 디너

ㅈ

저당

저당	mortgage 모기지
저당권	mortgage 모기지 the right of pledge 더 라이트 어브 플레지
저런	such 서치 like that 라이크 댓
저력	latent power 레이턴트 파워
저리다	become numb 비컴 넘
저명한	famous 페이머스 eminent 에머넌트
저수지	reservoir 레저브와
저술하다	write a book 롸이트 어 북 publish 퍼블리시
저울	balance 밸런스 scales 스케일즈
저울질하다	weigh in a balance 웨이 인어 밸런스
저자	author 오써 writer 롸이터
저작권	copyright 카피라이트
저장(하다)	storage 스토리지 / syore 스토어 lay by 레이 바이
저조한	inactive 인액티브 dull 덜
저주	curse 커스 damnation 댐네이션
저지(하다)	obstruction 업스트럭션 / obstruct 업스트럭트 hinder 힌더
저축하다	save 세이브 store 스토어
저택	residence 레지던스
저하(되다)	fall 폴 decline 디클라인 / fall 폴 drop 드랍
저항(하다)	resistance 리지스턴스 / resist 리지스트
	✓ 끈질기게 저항하다 make a stubborn resistance
저항력	resistance 리지스턴스 tolerance 탈러런스
저혈압	low blood pressure 라우 블러드 프레셔
적	enemy 에너미 opponent 아퍼넌트
적극성	positiveness 파지티브니스
적극적인	positive 파지티브 active 액티브
적다	few 퓨 little 리틀

전갈자리

적다	write down 롸잇 다운
적당한	reasonable 리즈너블 suitable 수터블
적대시(하다)	hostility 하스털리티 / look upon - as an enemy 룩 어판 애즈 언 에너미
적도	the equator 디 이퀘이터
적령기	marriageable age 매리저블 에이지
적립하다	deposit 디파짓 lay by 레이 바이
적성	aptitude 앱티튜드
적성검사	aptitude test 앱티튜드 테스트
적시다	wet 웻 moisten 모이슨
적십자	red cross 레드 크로스
적어도	at least 앳 리스트 at a minimum 애러 미니멈
	✔ 적어도 그가 교사라면 if he is anything of a teacher
적외선	infrared rays 인프레어드 레이즈
적용	application 어플리케이션
적응	adaptation 어댑테이션 adjustment 어저스트먼트
적임의	qualified 쾰러파이드 competent 캄퍼턴트
적자	deficit 데퍼싯 red figures 렛 피겨즈
적재(積載)	loading 로우딩 carrying 캐링
적절한	proper 프라퍼 adequate 애더퀘이트
적정하다	appropriate 어프로우프리이트 fair 페어
적합하다	fit 핏 suit 수트
적혈구	red blood vessel 레드 블럿 베설
적확한	precise 프리사이즈 exact 익잭트
전가(轉嫁)	imputation 임퓨테이션 shift 쉬프트
전갈	scorpion 스코피언
전갈자리	Scorpio 스코피오우

전개(하다)

전개(하다)	development 디벨롭먼트 / develop 디벨롭 unfold 언폴드
전공(하다)	major 메이저 / major in 메이저 인
전구	electric bulb 일렉트릭 벌브
전국적인	national 내셔널 nationwide 네이션와이드
전근(하다)	transference 트랜스퍼런스 / be transferred to 비 트랜스퍼드 투
전기	biography 바이오그래피 life story 라이프 스토리
전기	electricity 일렉트리서티
전기밥솥	electric rice-cooker 일렉트릭 라이스쿠커
전기청소기	vacuum cleaner 배큠 클리너
전념하다	devote oneself to 디보우트 원셀프 투
전달(하다)	transmission 트랜스미션 / communicate 커뮤니케이트
전달사항	message 메시지
전당포	pawnshop 폰샵
전도(傳導)	conduction 컨덕션
전도(傳道)	mission 미션[종교]
전도체	conductor 컨덕터
전동식	electrically powered 일렉트리컬리 파워드
전등	electric light 일렉트릭 라잇
전락하다	fall 폴 degrade 디그레이드
전람회	exhibition 엑시비션
전략	strategy 스트래티지
전력(全力)	all one's power (strength) 올 원스 파워 (스트렝쓰)
전력(電力)	electric power 일렉트릭 파워
전례	precedent 프리시던트
	✔ 전례에 따라 according to precedent
전류	electric current 일렉트릭 커런트
전립선	prostate 프로스테이트

전송(하다)

전망	prospect 프라스펙트 view 뷰
전망대	observation platform 압저베이션 플랫폼
전망하다	see 씨 look at 룩앳
전매(하다)	monopoly 머나펄리 / monopolize 머나펄라이즈
전매특허	patent 패이턴트
전면적인	all-out 올아웃 full-scale 풀스케일
전멸(시키다)	annihilation 어나이얼레이션 / annihilate 어나이얼레이트
전문(專門)	specialty 스페셜티
전문(全文)	whole sentence 호울 센텐스
전문가	specialist 스페셜리스트 expert 엑스퍼트 professional 프러페셔널
전문학교	special school 스페셜 스쿨
전반	the first half 더 퍼스트 해프
전반(적인)	whole 호울 / general 제너럴 overall 오버롤
전방	ahead 어헤드 forward 포워드
전복(되다)	overturn 오버턴 / be overturned 비 오버턴드
전복 [어패류]	abalone 애벌로운
전부	entirely 엔타이얼리 everything 에브리씽
전분	starch 스타치
전사	death in battle 데쓰 인 배틀
전생	former life 포머 라이프
전선	electric wire 일렉트릭 와이어
전선(戰線)	the front 더 프런트
전설	legend 레전드 folktale 포크테일
	✔ 전설로 유명한 famous in legend
전성기	best days 베스트 데이즈 the golden age 더 골든 에이쥐
전세	chartered 차터드
전송(하다)	forward 포워드

전수(하다)

전수(하다)	inheriting 인허리팅 / give instruction 기브 인스트럭션
전술	tactics 택틱스 strategy 스트래터쥐
전시(하다)	exhibition 엑시비션 / exhibit 엑시비트
전시회	exhibition 엑시비션 show 쇼우
전압	voltage 보울티지
전야제	pre-event party 프리이벤트 파티
전언	message 메시지
전에	before 비포 ago 어고우
전염(되다)	infection 인펙션 contagion 컨테이전 / be infected with 비 인펙티드 위드
전염병	infectious disease 인펙셔스 디지즈
전원	all members 올 멤버스
전원(電源)	power supply 파워 서플라이
전위예술	avant garde art 어반가르드 아트
전이(되다)	metastasis 메터스태시스 / transfer 트랜스퍼
전임자	predecessor 프리디세서
전입(하다)	transference 트랜스퍼런스 / move in 무브 인
전자	electron 일렉트론
전자	the former 더 포머
전자계산기	calculator 컬큘레이터
전자공학	electronics 일렉트러닉스
전자기타	electric guitar 일렉트릭 기타
전자동	full automation 풀 오토메이션
전자레인지	microwave oven 마이크로웨이브 어번
전자오르간	electronic organ 일렉트로닉 오건
전자파	electromagnetic wave 일렉트로맥네틱 웨이브
전쟁(하다)	war 워 warfare 워페어 / go to war 고우 투 워

전화

	✔ 전쟁에 대비하다 prepare for war
전전하다	wander 완더 roam about 로움 더바웃
전제	premise 프레미스
전조	omen 오우먼
전주곡	overture 오버추어 prelude 프릴루드
전직	job change 잡 체인지
전진(하다)	progress 프라그레스 / advance 어드밴스
전차	tank 탱크
전천후	all-weather 올웨더
전철	electric railway 일렉트릭 레일웨이
전체	the whole 더 호울
전통	tradition 트레디션
전투(하다)	battle 배틀 combat 컴뱃 / fight 파이트
전투기	fighter 파이터
전투적인	militant 밀리턴트
전파	electric wave 일렉트릭 웨이브
전파하다	spread 스프레드 circulate 서큘레이트
전표	slip 슬립
전하다	tell 텔 report 리포트 transmit 트랜스미트
전학하다	change one's school 체인지 원스 스쿨
전함	battleship 배틀쉽 warship 워쉽
전향	conversion 컨버전
전향자	convert 컨버트
전혀	wholly 호울리 not at all 낫 앳 올
전형	model 마들 type 타입
전형적인	typical 티피컬 ideal 아이디얼
전화	telephone 텔러폰

전환기

	✔ 전화를 받다 answer the phone
전환기	transitional period 트랜지셔널 피리어드
절	temple 템플
절(하다)	bow 바우
절개하다	cut open 컷 오픈
절교하다	break off 브레이크 오프
절단(하다)	cutting off 커팅 오프 / cut off 컷 오프
절대적인	absolute 앱솔루트 unconditional 언컨디셔널
절도	theft 쎄프트
절망(하다)	despair 디스페어 / despair of 디스페어 어브
절망적인	desperate 데스퍼리트 hopeless 호우플리스
절박	urgency 어전시 imminence 이미넌스
절반	half 해프
절벽	cliff 클립
절실한	earnest 어니스트
절약(하다)	thrift 스리프트 / economize 이카너마이즈
절연	breaking the connection 브레이킹 더 커넥션
절연체	isolator 아이설레이터
절정	summit 서미트 height 하이트
	✔ 절정에 달하다 reach the peak
절제(하다)	temperance 템퍼런스 / be moderate in 비 마더릿 인
절찬(하다)	the highest praise 더 하이스트 프레이즈 / extol 엑스톨
절충(하다)	negotiation 니고우쉬에이션 / negotiate 니고우쉬에잇
절충안	compromise 캄프러미스
절판	out of print 아웃 오브 프린트
절하	devaluation 디밸류에이션
젊다	young 영 youthful 유쓰펄

점포

젊어지다	grow younger 그로우 영거
젊은이	young man 영 맨
젊음	youth 유스
점(點)	dot 닷 point 포인트
점(占)	fortune-telling 포춘텔링
점[피부]	mole 모울
점검(하다)	inspection 인스펙션 / check 첵
점령(하다)	occupation 아큐페이션 / occupy 아큐파이
점령군	occupation army 아큐페이션 아미
점막	mucous membrane 뮤커스 멤브레인
점멸하다	flash 플래쉬 blink 블링크
점보	jumbo 점보
점선	dotted line 다티드 라인
점성술	astrology 어스트러러지
점수	marks 막스 score 스코어
점심시간	noon recess 눈 리세스
점심식사	lunch 런치 luncheon 런천
점원	clerk 클러크
점유	possession 퍼제션 occupancy 아큐펀시 ✔ 점유권 the right of possession
점자	braille 브레일
점잖다	decent 디슨트 gentle 젠틀
점쟁이	fortune-teller 포춘 텔러
점차	gradually 그래주얼리
점토	clay 클레이
점퍼	windbreaker 윈드브레이커
점포	shop 샵

점화(하다)

점화(하다)	ignition 익니션 / ignite 익나이트
접근(하다)	approach 어프로치
접다	fold 폴드 turn in 턴 인
접대(하다)	reception 리셉션 / welcome 웰컴
접속(하다)	connection 커넥션 / link 링크
접수	receipt 리시트 acceptance 액셉턴스
접수원	information clerk 인포메이션 클럭
접수하다	receive 리시브 accept 액셉트
접시	plate 플레이트 dish 디쉬
접은 자리	fold 폴드
접점	point of contact 포인트 어브 컨택
접착제	adhesive 어드히어시브
접촉(하다)	contact 컨택 touch 터치
젓가락	chopsticks 찹스틱스
정가	fixed price 픽스드 프라이스
정강이	shin 신
정견	political opinion 펄리티컬 어피니언
정계	the political world 더 펄리티컬 월드
정권	political power 펄리티컬 파워
정글	jungle 정글
정기권	commuter pass 커뮤터 패스
정기적인	regular 레귤러 periodic 피리아딕
정기휴일	regular holiday 레귤러 할러데이
정년	the retirement age 더 리타이어먼트 에이지
정답	correct answer 커렉트 앤서
정당	political party 펄리티컬 파티
정당한	just 저스트 proper 프라퍼 legal 리걸

정세

	✔ 정당한 이유 justifiable reason
정도	degree 디그리 grade 그레이드
정돈(하다)	order 오더 / put in order 풋 인 오더
정력	energy 에너지 vitality 바이털리티
정력적인	energetic 에너제틱 vigorous 비거러스
정렬하다	stand in a row 스탠드 인 어 로
정리(하다)	arrangement 어레인지먼트 / arrange 어레인지
정말로	really 리얼리 truly 추룰리
정맥	vein 베인
정면	front 프런트
정문	front gate 프런트 게이트
정밀검사	minute examination 마이뉴트 익재미네이션
정밀기계	precision machine 프리씨전 머신
정밀한	precise 프리사이즈 minute 마이뉴트
정박(하다)	anchor 앵커
정보	information 인포메이션
정보기관	intelligence service 인텔리전스 서비스
정복(하다)	conquest 컹퀘스트 / conquer 컹쿼
정부	government 가버먼트
정비(하다)	maintenance 메인터넌스
정사각형	square 스퀘어
정상	the summit 더 서밋
	✔ 정상회담 summit talk
정상적인	normal 노멀
정설	established theory 이스태블리쉬드 씨어리
정성	true heart 트루 하트 sincerity 씬시어리티
정세	situation 시추에이션

정수(定數)

정수(定數)	fixed number 픽스트 넘버
정수(精髓)	the marrow 더 마로우 the essence 디 에센스
정숙	silence 사일런스 hush 허쉬
정숙한	chaste 체이스트 graceful 그레이스펄
정식	formality 포멀리티 proper form 프라퍼 폼
정신	spirit 스피릿 mind 마인드
정신과의사	psychiatrist 사이키애트리스트
정액(定額)	fixed amount 픽스트 어마운트
정어리	sardine 사딘
정열	passion 패션 enthusiasm 인쑤지애즘
정열적	passionate 패셔닛
정오	noon 눈
정원(定員)	passenger capacity 패신저 커패서티
정원(庭園)	garden 가든
정육점	meat shop 미트 샵
정의	justice 저스티스
	✓ 정의감 a sense of justice
정의	definition 데피니션
정자	sperm 스펌
정적	stillness 스틸니스 silence 사일런스
정적인	static 스태틱
정전	power failure 파워 페일류어
정전기	static electricity 스태틱 일렉트리서티
정점	peak 피크 apex 에이펙스
정정(하다)	correction 커렉션 / set right 셋 라이트
정제	tablet 테이블릿
정족수	quorum 쿼럼

제국

정중한	polite 펄라이트 courteous 커티어스
정지(하다)	stop 스탑 suspension 서스펜션 / suspend 서스펜드
정직	honesty 아니스티
정착(하다)	settlement 세틀먼트 / settle down 세틀 다운
정찰	reconnaissance 리카너전스
정책	policy 팔러시
정체	true identity 추루 아이덴터티
정체(되다)	stagnation 스택네이션 jam 잼 / be stagnant 비 스택넌트
정치	politics 팔러틱스
정치가	statesman 스테이츠먼 politician 팔러티션
정치학	political science 펄리티컬 사이언스
정통	orthodox 오소독스
정통하다	be well informed of 비 웰 인폼드 어브
정평	established reputation 이스태블리쉬드 레퓨테이션
정하다	decide on 디사이드 온 fix 픽스 ✓ 목표를 정하다 set up a goal
정해	right answer 롸잇 앤서
정확한	exact 익잭트 correct 커렉트
젖	mother's milk 머더스 밀크
젖다	get wet 겟 웨스
젖소	milk cow 밀크 카우
제거	removal 리무벌 elimination 일리미네이션
제거하다	remove 리무브 get rid of 겟 리더브
제공(하다)	offer 오퍼 / make an offer 메이컨 오퍼
제공권	the mastery of the air 더 매스터리 어브 디 에어
제공자	offerer 오퍼러 donor 도우너
제국	empire 엠파이어

제기랄

제기랄	Damn it! 대밋 Oh gosh! 오우 가쉬
제단	altar 올터
제도(諸島)	islands 아일런즈 archipelago 아치펠라고
제도(制度)	system 시스템 institution 인스티튜션
제라늄	geranium 저레이니엄
제로	zero 지어로우
제명(하다)	expulsion 익스펄전 / expel a person 익스펠 어 퍼슨
제목	title 타이틀 subject 섭젝트
제발	please 플리즈
제방	bank 뱅크 embankment 임뱅크먼트
제법	quite 콰이트 rather 래더
제복	uniform 유너폼
제본(하다)	bookbinding 북바인딩 / bind 바인드
제비	swallow 스왈로우
제비꽃	violet 바이얼릿
제비뽑기	draw 드로 / lottery 라터리
제3세계	the third world 더 써드 월드
제삼자	the third party 더 써드 파티
제소하다	appeal 어필 file a suit 파일 어 수트
제시(하다)	presentation 프리젠테이션 / present 프리젠트
제안(하다)	proposal 프러포우절 / propose 프러포우즈
	✔ 제안을 거절하다 decline a person's proposal
제약(하다)	restriction 리스트릭션 limitation 리미테이션 / restrict 리스트릭트
제왕절개	Caesarean operation 시제어리언 아퍼레이션
제외(하다)	exception 익셉션 exclusion 익스클루전 / exclude 익스클루드
제일	the first 더 퍼스트 number 1 넘버 원
제자	pupil 퓨필 disciple 디사이플

조금

제작(하다)	production 프러덕션 manufacture 매뉴팩춰 / make 메이크
제작자	producer 프로듀서 manufacturer 매뉴팩춰러
제재(하다)	punishment 퍼니쉬먼트 sanction 생션
제조업	manufacturing industry 매뉴팩춰링 인더스트리
제지	paper manufacture 페이퍼 매뉴팩춰
제지(하다)	restraint 리스트레인트 control 컨트롤
제창(하다)	propose 프러포우절 advocate 애드버킷
제철소	steelworks 스틸웍스 ironworks 아이언웍스
제출(하다)	presentation 프리젠테이션 / submit 섭미트
제트기	jet plane 젯 플레인
제품	product 프러덕트
제한(하다)	limit 리밋 / restrict 리스트릭트
제휴(하다)	cooperation 코아퍼레이션 tie-up 타이업 / cooperate 코아퍼레이트
젤리	jelly 젤리
조각(하다)	sculpture 스컬프춰 / carve 카브
조각가	sculptor 스컬프터 carver 카버
조간	morning paper 모닝 페이퍼
조감도	bird's-eye view 버즈아이 뷰
조개	shellfish 쉘피시
조건	condition 컨디션 terms 텀즈
	✓ 유리한 조건으로 on favorable terms
조건반사	conditioned reflex 컨디션드 리플렉스
조경	landscape gardening 랜드스케이프 가드닝
조교수	assistant professor 어시스턴트 프러페서
조국	motherland 머더랜드
조금	a little 어 리틀[양] a few 어 퓨[수]

조기

조기	early stage 얼리 스테이지
조깅(하다)	jogging 좌깅 / jog 좍
조끼	vest 베스트
조난(당하다)	disaster 디재스터 / meet with a disaster 미트 위더 디재스터
조달(하다)	supply 서플라이 provide 프러바이드
조류(鳥類)	avian life 애이비언 라이프
조류(潮流)	current 커런트 tide 타이드
조르다	tease 티즈 press 프레스
조리	reason 리즌 logic 라직
조리(하다)	cooking 쿠킹 / cook 쿡
조리법	recipe 레서피
조립(하다)	assembling 어셈블링 / put... together 풋투게더 assemble 어셈블
조만간	sooner or later 수너 오어 레이터
조명	illumination 일루미네이션 lighting 라이팅
조미료	seasoning 시즈닝
조부모	grandparents 그랜드패어런츠
조사	investigation 인베스티게이션 inquiry 인콰이어리
조사하다	investigate 인베스티게이트 inquire 인콰이어
조선	shipbuilding 쉽빌딩
조선소	shipyard 쉽야드
조소(하다)	ridicule 리디큘 / laugh at 래프 앳
조수	assistant 어시스턴트
조숙한	precocious 프리코우셔스 premature 프리머추어
조심하다	be careful 비 케어펄 take care 테익 케어 ✔ 말조심을 하다 be cautious of one's tongue
조약	treaty 트리티 pact 팩트

졸업

조언(하다)	advice 어드바이스 / advise 어드바이즈 counsel 카운설
조연	supporting player 서포팅 플레이어
조용한	silent 사일런트 still 스틸 calm 캄
조율	tuning 튜닝
조잡한	impolite 임펄라이트 rough 러프
조정하다	put in order 풋인 오더
조제	mixing 믹싱 preparation 프리퍼레이션
조종(하다)	handling 핸들링 / handle 핸들 control 컨트롤
조직(하다)	organization 오거나이제이션 / organize 오거나이즈
조짐	sign 사인 indication 인디케이션
~조차	even 이븐 besides 비사이즈
조카	nephew 네퓨
조커	joker 조우커
조퇴	leaving work early 리빙 워크 얼리
조합	association 어소우시에이션 union 유니언
	✓ 조합에 가입하다 join an association
조항	articles 아티클즈 clauses 코지즈
조형미술	plastic arts 플래스틱 아츠
조화	harmony 하머니 concord 컨코드
조회(하다)	inquiry 인콰이어리 / inquire 인콰이어
족제비	weasel 위절
족하다	enough 이너프 sufficient 서피션트
존경(하다)	respect 리스펙트 esteem 이스팀
존엄	dignity 딕니티 prestige 프레스티지
존재(하다)	existence 익지스턴스 / exist 익지스트
졸리다	be sleepy (drowsy) 비 슬리피 (드라우지)
졸업	graduation 그래주에이션

졸업생

졸업생	graduate 그래주잇
졸음	sleepiness 슬리피니스 drowsiness 드라우지니스
좁다	narrow 내로우 limited 리미티드
종	bell 벨
종결	conclusion 컨클루전 termination 터미네이션
종교	religion 릴리전 faith 페이쓰
종기	swelling 스웰링 eruption 이럽션
종다리	lark 라크
종단(하다)	traverse 트래버스
종료(하다)	end 엔드 conclusion 컨클루전 / expire 익스파이어
종류	kind 카인드 sort 소트 speices 스피시즈
종목	item 아이텀
종사(하다)	engagement 인게이지먼트 / engage 인게이지
종속되다	be subordinate to 비 서보디네이트 투
종신형	life imprisonment 라이프 임프리즌먼트
종양	tumor 튜머
종이	paper 페이퍼
종지부	period 피리어드
종착역	terminus 터미너스 terminal 터미늘
종합(하다)	synthesize 신서사이즈
좋다	good 굿 fine 파인 nice 나이스
좋아하는	favorite 페이버릿
좋아하다	like 라이크 be fond of 비 판드 어브
좌석	seat 씨트
	✔ 좌석을 예약하다 book a seat
좌약	suppository 서포지터리
좌절하다	be frustrated 비 프러스트레이티드

주민

좌초	stranding 스트랜딩 striking a rock 스트라이킹 어 락
좌표	coordinates 코디네이츠
좌회전(하다)	left turn 레프트 턴 / turn left 턴 레프트
죄	crime 크라임 sin 씬[종교적]
주(州)	state 스테이트 province 프라빈스
주(週)	week 위크
주간	daytime 데이타임
주거	dwelling 드웰링 residence 레지던스
주걱	ladle 레이들
주관	subjectivity 섭젝티버티
주관적인	subjective 섭젝티브
주권	sovereignty 사버린티
주근깨	freckles 프렉클즈
주기	cycle 사이클 period 피리어드
주다	give 기브 offer 아퍼 present 프리젠트
주도권	initiative 이니셔티브
주된	main 메인 principal 프린서플
주름	fold 폴드 wrinkles 링클즈
주말	weekend 위켄드
주머니	bag 백 sag 색 pouch 파우치
주먹	fist 피스트
주목(하다)	attention 어텐션 / pay attention 페이 어텐션 ✓ 그들의 주목을 받다 attract their attention
주문(呪文)	charm 참 spell 스펠
주문(하다)	order 오더 request 리퀘스트
주문서	form of order 폼 어브 오더
주민	inhabitants 인해비턴츠 residents 레지던츠

주민등록

주민등록	resident registration 레지던트 레지스트레이션
주민세	resident tax 레지던트 택스
주발	bowl 바울 pot 팟
주방	kitchen 키친
주변	neighborhood 네이버훗
주부	housewife 하우스와이프
주사(하다)	injection 인젝션 shot 샷 / inject 인젝트
주사기	syringe 시린지
주사위	die 다이 / dice 다이스[복수]
주석	notes 노우츠
주선하다	arrange 어레인지 mediate 미디에이트
주소	address 어드레스
주소록	address book 어드레스 북
주스	juice 주스
주식	stocks 스탁스
주식시장	stock market 스탁마킷
주야	day and night 데이앤 나잇
주연배우	leading actor (actress) 리딩 액터 (액트리스)
주요한	main 메인 chief 췹
주위	circumference 서컴퍼런스
주유소	gas station 개스테이션
주의	attention 어텐션 notice 노우티스
주의사항	directions 디렉션즈 suggestions 서제스천즈
주의하다	give attention to 기브 어텐션 투 bear in mind 베어 인 마인드
주인	master 매스터 owner 오우너
주인공	hero 히어로 heroine 히로인
주임	chief 췹 head 헤드

준결승

주자	runner 러너
주장(主將)	captain 캡틴
주장(하다)	opinion 어피니언 / state 스테이트 allege 얼레지
주저(하다)	hesitation 헤저테이션 / hesitate 헤저테이트
	✓ 주저하지 않고 without hesitation
주전자	kettle 케틀
주제	subject 섭젝트 theme 심
주조(하다)	casting 캐스팅 / cast 캐스트
주주	stock holder 스탁 홀더
주차(하다)	parking 파킹 / park 파크
주차장	parking lot 파킹 랏
주체 못 하다	do not know what to do 두 낫 느우 왓 투 두
주최(하다)	sponsorship 스판서십 / sponsor 스판서
주택	house 하우스 housing 하우징
주파수	frequency 프리퀀시
주판	abacus 애버커스
주행(하다)	traveling 트레벌링 / travel 트레벌
주행거리	mileage 마일리지
주효하다	be effective 비 이펙티브
죽	porridge 파리지 rice gruel 라이스 그루얼
죽다	die 다이
	✓ 죽느냐 사느냐 하는 문제 a question of life and death
죽순	bamboo shoot 뱀부 슛
죽음	death 데스
죽이다	kill 킬 murder 머더
준	semi- 세미
준결승	semi-finals 세미 파이널즈

준비하다

준비하다	prepare 프리페어 arrange 어레인지
줄	rope 로우프 cord 코우드
줄[공구]	file 파일
줄기	stalk 스토크 stem 스템
줄넘기	rope jumping 로우프점핑
줄다	decrease 디크리즈 diminish 디미니쉬
줄다리기	tug of war 턱 어브 워
줄무늬	stripe 스트라이프
줄어들다	shrink 쉬링크
줄이다	decrease 디크리즈 reduce 리듀스
줄타기	rope walking 로우프 워킹
줍다	pick up 픽 업 gather 게더
중	priest 프리스트 monk 멍크
중간	the middle 더 미들 the center 더 센터
중간자	meson 미잔
중개(하다)	mediation 미디에이션 / mediate 미디에이트
중개료	commission 커미션
중개인	broker 브로커
중계	relay 릴레이
중고	used 유즈드 / secondhand 세컨핸드
중고품	secondhand goods 세컨핸드 굿즈
중공업	heavy industries 헤비 인더스트리즈
중국(어)	China 차이나 / Chinese 차이니즈
중금속	heavy metal 헤비메틀
중급	intermediate course 인터미디에이트 코스
중년	middle age 미들에이지
중단(하다)	interruption 인터럽션 / interrupt 인터럽트

중재인

중대한	serious 씨리어스 grave 그레이브
중독	poisoning 포이즈닝
중동	Middle East 미들 이스트
중량	weight 웨이트
중력	gravity 그래비티 gravitation 그래비테이션
	✓ 중력의 법칙 **the law of gravitation**
중류	midstream 미드스트림
중립	neutrality 뉴트럴리티
중매결혼	arranged marriage 어레인지드 매리지
중매쟁이	matchmaker 매치 메이커
중복(되다)	repetition 리피티션 / repeat 리피트
중성자	neutron 뉴트런
중세	the Middle Ages 더 미들 에이지즈
중소기업	smaller enterprise 스몰러 엔터프라이 즈
중심	the center 더 센터 the core 더 코어
중앙	the center 더 센터
중앙난방	central heating 센트럴 히팅
중얼거리다	murmur 머머 mutter 머터
중역	director 디렉터
중요성	importance 임포턴스
중요하다	important 임포턴트 essential 이센셜
	✓ 중요하게 여기다 **take a matter seriously**
중용	moderation 마더레이션
중유	heavy oil 헤비 오일
중이염	tympanitis 팀퍼나이티스
중재(하다)	arbitration 아비트레이션 / arbitrate 아비트레이트
중재인	mediator 미디에이터

중절(하다)

중절(하다)	abortion 어보션 / abort 어보트
중점	emphasis 엠퍼시스　importance 임포턴스
중지	the middle finger 더 미들 핑거
중지하다	cancel 캔슬　call off 콜 오프
중추신경	the central nervous system 더 센트럴 너버스 시스템
중태	serious condition 시리어스 컨디션
중퇴하다	drop out 드랍 아웃
중학교	junior high school 주니어 하이 스쿨
중화	neutralization 뉴트럴라이제이션
중화요리	Chinese food 차이니즈 푸드
쥐	rat 렛　mouse 마우스
쥐다	pick 픽　pinch 핀치
쥐어뜯다	pluck 플럭　pick 픽
즉	namely 네임리　that is 댓 이즈
즉석	improvised 임프러바이즈드　instant 인스턴트
즉효	immediate effect 이미디에잇 이펙트
즉흥적	improvisational 임프라버제이셔널
즐거움	pleasure 플레저　joy 조이
즐겁다	happy 해피　cheerful 치어펄
즐기다	enjoy 인조이　take pleasure in 테익 플레저 인
즙	juice 주스
증가(하다)	increase 인크리즈　augmentation 옥멘테이션
증거	proof 프루프　evidence 에버던스
증권	bill 빌　bond 반드
	✓ 증권투자 investment in securities
증기	vapor 베이퍼　steam 스트림
증류(하다)	distillation 디스틸레이션 / distill 디스틸

지능

증명(하다)	proof 프루프 evidence 에버던스 / prove 프루브
증명서	certificate 서티피킷
증발(하다)	evaporation 이배퍼레이션 / evaporate 이배퍼레이트
증상	symptom 심프텀
증서	bond 반드 deed 디드
증세	tax increase 택스 인크리즈
증손	great-grandchild 그레잇 그랜드차일드
증언(하다)	testimony 테스터머니 / testify 테스터파이
증여	donation 도우네이션 presentation 프리젠테이션 / donate 도우네이트
증오	hatred 헤이트리드 abhorrence 앱호런스
증인	witness 위트니스
증정	presentation 프리젠테이션
증조부	great-grandfather 그레잇 그랜드파더
지가	land prices 랜드 프라이시즈
지각(하다)	being late 빙 레잇 / come late 컴 레잇
지갑	purse 퍼스 wallet 월릿
지구(地球)	the earth 디 어쓰
지구(地區)	district 디스트릭트 section 섹션
지구본	globe 글로웁
지금	now 나우 the present 더 프레즌트 this time 디스 타임
지급(하다)	supply 서플라이 / provide 프러바이드
지나가다	pass 패스 go by 고우 바이
지난달	last month 래스트 먼쓰
지네	centipede 센티피드
지느러미	fin 핀
지능	intellect 인털렉트 intelligence 인텔리전스

지능지수

지능지수	IQ(intelligence quotient) 인텔러전스 쿼오션트
지다[패배]	be defeated 비 디피티드 lose 루즈
지다[해·달]	sink 씽크 set 셋 go down 고우 다운
지다[빚·의무]	shoulder 쇼울더 undertake 언더테이크
지당한	reasonable 리즈너블 natural 내추럴
지도(地圖)	map 맵 atlas 애틀러스
지도(指導)	guidance 가이던스 leading 리딩

✔ 지도적인 역할을 하다 play the role of the leader

지렁이	earthworm 어쓰웜
지뢰	mine 마인
지류	tributary 트리뷰터리 branch 브랜치
지름길	short cut 숏 컷
지리학	geography 지아그래피
지망(하다)	wish 위쉬 desire 디자이어
지명(하다)	nomination 나머네이션 / nominate 나머네이트 name 네임
지명수배자	wanted criminal 원티드 크리미널
지문	fingerprint 핑거프린트
지반	foundation 파운데이션 base 베이스
지방(脂肪)	fat 팻 grease 그리스
지방(地方)	locality 로캘러티 country 컨추리
지방자치체	local government 로컬 가버먼트
지배	rule 룰 management 매니지먼트 control 컨트롤
지배하다	rule 룰 dominate 다머네이트 reign 레인
지배인	manager 매니저
지병	chronic disease 크라닉 디지즈
지불	payment 페이먼트 payoff 페이오프
지불하다	pay 페이 defray 디프레이

지점(地點)

지붕	roof 루프
지사	branch office 브랜치 오피스
지상	the ground 더 그라운드
지성	intellect 인털렉트 intelligence 인텔러전스
지속(하다)	continuance 컨티뉴언스 / continue 컨티뉴
지속성	continuity 컨티뉴어티
지수	index number 인덱스 넘버
지시	indication 인디케이션 directions 디렉션즈
	✔ 그의 지시에 따르다 follow his instructions
지식	knowledge 나리지 learning 러닝
지압요법	chiropractic 카이로프랙틱
지엔피	Gross National Product 그로스 내셔널 프라덕트
지역	area 에어리어 region 리전 zone 존
지연(하다)	delay 딜레이
지엽적인	minor 마이너 unessential 언이센셜
지옥	hell 헬 inferno 인퍼노
지우개	eraser 이레이저 rubber 러버
지원하다	desire 디자이어 aspire to 어스파이어 투
지원(支援)	support 서포트 backing 배킹
	✔ 지원을 받다 receive support
지위	position 퍼지션 post 포스트
지장	hindrance 힌드런스 troubles 트러블즈
지저귀다	sing 씽 chirp 첩
지적인	intellectual 인털렉추얼 mental 멘털
지적(하다)	indication 인디케이션 / indicate 인디케이트
지점(支店)	branch 브랜치
지점(地點)	spot 스팟 point 포인트

지정

지정	designation 데직네이션
지정석	reserved seat 리저브드 시트
지주	landowner 랜드 오우너
지중해	the Mediterranean 더 메디터레이니언
지지(하다)	backing 배킹 / support 서포트
지진	earthquake 어쓰퀘이크
지질학	geology 지알러지
지참금	dowry 다우리
지출	expenses 익스펜시즈 expenditure 익스펜디쳐
지치다	be tired 비 타이어드
지키다	defend 디펜드 protect 프러텍트
지탱하다	hold on 홀드 온 endure 인듀어
지팡이	stick 스틱 cane 케인
지퍼	zipper 지퍼
지평선	horizon 허라이즌
지폐	paper money 페이퍼 머니 bill 빌
지표	index 인덱스
지프	jeep 집
지하	underground 언더그라운드
지하도	underpass 언더패스 subway 섭웨이
지하실	basement 베이스먼트
지하철	subway 섭웨이
지향하다	aim at 에임 앳 point to 포인투
지형	land form 랜드폼
지혜	wisdom 위즈덤 wits 위츠
지휘(하다)	command 커맨드
지휘봉	baton 배턴

진급(하다)

지휘자	commander 커맨더 director 디렉터
직각	right angle 라잇 앵글
직감	intuition 인튜이션
직경	diameter 다이어미터
직권	one's authority 원스 오쏘리티
	✓ 직권남용 abuse of one's authority
직류	direct current (DC) 다이렉트 커런트
직립하다	stand upright 스탠드 업라이트
직매	direct sales 다이렉트 세일즈
직면하다	confront 컨프런트 face 페이스
직무	duty 듀티 service 서비스
직물	textile 텍스털 fabrics 패브릭스
직사각형	rectangle 렉탱글
직선	straight line 스트레잇 라인 beeline 비라인
직선코스	straight course 스트레이트 코스
직업	occupation 아큐페이션 profession 프러페션
직원	the staff 스탭
직위	post 포스트
직접	directly 다이렉트리
직접거래	direct transaction 다이렉트 트랜섹션
직진(하다)	go straight 고우 스트레이트
직통	direct 다이렉트 nonstop 넌스탑
	✓ 직통전화 direct telephone line
직함	title 타이틀
직행(하다)	go direct 고우 다이렉트
진공	vacuum 베큠
진급(하다)	promotion 프러모우션 / be promoted 비 프러모우티드

진눈깨비

진눈깨비	sleet 슬리트
진단(하다)	diagnosis 다이액노우시스 / diagnose 다이액노우즈
진단서	medical certificate 메디컬 서티피킷
진동(하다)	vibration 바이브레이션 / vibrate 바이브레이트
진드기	tick 틱
진로	course 코스 way 웨이
진료소	clinic 클리닉
진리	truth 추루쓰
진보(하다)	progress 프라그레스 advance 어드밴스
진보적	advanced 어드밴스트 progressive 프라그레시브
진부한	old-fashioned 올드패션드
진술(하다)	statement 스테이트먼트 / state 스테이트
진실	truth 추루쓰 reality 리얼리티 fact 팩트
진압하다	suppress 서프레스 subdue 섭듀
진열(하다)	exhibition 엑시비션 / display 디스플레이 exhibit 익지비트
진의	real intention 리얼 인텐션
진자	pendulum 펜절럼
진전(되다)	development 디벨롭먼트 / progress 프라그레스
진절머리가 나다	be sick 비 식 be bored 비 보어드
진정(陳情)	petition 페티션 appeal 어필
진정시키다	soothe 수쓰 calm 캄
진정제	sedative 세데티브
진정한	real 리얼 true 추루 veritable 베리터블
진주	pearl 펄
진지한	serious 시리어스 earnest 어니스트
진짜	genuine article 제뉴인 아티클

✔ 진짜와 가짜를 구별하다 tell the real from the false

진찰	medical examination 메디컬 익재미네이션	
진척되다	make progress 메이크 프라그레스	
진출(하다)	advance 어드밴스 march 마취 / advance 어드밴스	
진통제	analgesic 애널쥐직	
진하다	thick 씩 strong 스트롱	
진행	progress 프라그레스 advance 어드밴스	
진화(하다)	evolution 에벌루션 / evolve 이발브	
질(質)	quality 퀄리티 disposition 디스포지션	
질(膣)	vagina 버자이너	
질량	mass 매스	
질문(하다)	question 퀘스천	
질서	order 오더	
질소	nitrogen 나이트로전	
질식(하다)	suffocation 서포케이션 / be stifled 비 스타이플드	
질의응답	questions and answers 퀘스천즈 앤 앤서즈	
질주	running at full speed 러닝 앳 풀 스피드	
질책	reproof 리프루프 reproach 리프로치	
질투	jealousy 젤러시 envy 엔비	
질투하다	be jealous of 비 젤러스 어브 envy 엔비	
짊어지다	carry on one's back 캐리 온 원스 백	
짐	baggage 배기지 burden 버든 load 로우드	
짐을 꾸리다	pack 팩	
짐수레	cart 카트	
짐승	beast 비스트	
집	house 하우스 residence 레지던스 dwelling 드웰링	
	✓ 집을 구하러 찾아다니다 go house hunting	
집게손가락	forefinger 포어핑거	

집계(하다)

집계(하다)	totalization 토털라이제이션 / total 토털
집념	deep attachment 딥 어태취먼트
집단	group 그룹 body 바디
집세	rent 렌트
집안일	family affair 페밀리 어페어
집중(하다)	concentration 컨센트레이션 / concentrate 컨센트레이트
집착(하다)	attachment 어태취먼트 / stick to 스틱 투
집합(하다)	gathering 게더링 / gather 게더
징	gong 공
징수(하다)	collection 컬렉션 / collect 컬렉트
징역	imprisonment 임프리즌먼트
징크스	jinx 징크스
짖다	bark 바크 howl 하울 roar 로어
짚	straw 스트로
짜다 [맛]	salty 솔티
짜다 (織)	weave 위브
짜다	squeeze 스퀴즈 press 프레스
짝사랑	one-sided love 원사이디드 러브
짝수	even number 이븐 넘버
짧다	short 숏 brief 브리프
쫓아가다	run after 런 애프터
쫓아내다	drive out 드라이브 아웃
찌그러진	distorted 디스토티드 crushed 크러쉬드
찌다	steam 스팀 heat with steam 히트 위드 스팀
찌르다	thrust 스러스트 pierce 피어스
찢다	rip 립 tear 테어 sever 세버
찧다	pound 파운드 refine 리파인

666

차이

차(茶)	tea 티
차(車)	vehicle 비이클 car 카
차가운	cold 콜드 indifferent 인디퍼런트
차가워지다	get cold 겟 콜드
차고	garage 거라쥐
차관	loan 론
차기	the next term 더 넥스 텀
차다	kick 킥 reject 리젝트
차단(하다)	interception 인터셉션 / intercept 인터셉트
차도	roadway 로드웨이
차라리	rather than 래더 댄
차량	vehicle 비이클 car 카
차례	order 오더 process 프라세스
	✔ 차례를 기다리다 await one's turn
차멀미하다	get carsick 겟 카식
차별	discrimination 디스크리미네이션
차분하다	calm 캄 self-possessed 셀프퍼제스트
차비	fare 페어
차선(車線)	lane 레인
차선(次善)	the second best 더 세컨드 베스트
차압당하다	have ~ seized 해브 씨즈드
차용(하다)	borrowing 바로우잉 / borrow 바로우
차원	dimension 디멘션
차이	difference 디퍼런스 gap 갭

667

차장

차장	conductor 컨덕터 guard 가드
차지하다	occupy 아큐파이 possess 퍼제스
착각	misunderstanding 미스언더스탠딩
착륙(하다)	landing 랜딩 / land 랜드
착수	start 스타트 commencement 커멘스먼트
착시	optical illusion 압티컬 일루전
착실하다	stead 스테디 sound 사운드
착오	mistake 미스테익 error 에러
착취(하다)	exploitation 엑스플로테이션 / squeeze 스퀴즈
찬부	yes or no 예스 오어 노우
찬성(하다)	approval 어프루벌 / approve 어프루브
	✔ 그녀의 찬성을 얻다 gain the approval of her
찬송가	hymn 힘
찬장	cupboard 커보드
찰과상	abrasion 어브레이전
참가(하다)	participation 파티시페이션 / take part in 테익 파트 인
참가자	participant 파티시펀트
참견	meddling 메들링
참고(하다)	reference 레퍼런스 / refer to 리퍼 투
참고문헌	references 레퍼런시즈 bibliography 비블리오그래피
참고서	reference book 레퍼런스 북
참관하다	visit 비지트 / inspect 인스펙트
참기름	sesame oil 세서미 오일
참다	persevere 퍼시비어 bear 베어 endure 인듀어
참새	sparrow 스패로우
참석(하다)	attendance 어탠던스 / attend 어탠드
참을 수 없는	unbearable 언베어러블

책임지다

참패	crushing defeat 크러싱 디피트
참회(하다)	confession 컨페션 repentance 리펜턴스
창(槍)	spear 스피어 lance 랜스
창고	warehouse 웨어하우스 storehouse 스토어하우스
창문	window 윈도우
창백하다	pale 페일 white 화이트
창자	bowels 바우얼즈 intestines 인테스틴즈
창작(하다)	creation 크리에이션 / create 크리에이트
창조적인	creative 크리에이티브 original 어리저널
창포	flag 플랙 iris 아이리스
찾다	seek for 시크 포 look for 룩 포
찾아내다	find 파인드 discover 디스커버
채굴(하다)	mining 마이닝 / mine 마인
채권	debenture 디벤춰 bond 반드
채널	channel 채널
채비(하다)	preparations 프레퍼레이션 / prepare for 프리페어 포
채식주의자	vegetarian 베지테리언
채용(하다)	adoption 어답션 / adopt 어답트
채우다	stuff 스터프 fill 필
채점(하다)	marking 마킹 / mark 마크 grade 그레이드
채집(하다)	collection 컬렉션 / collect 컬렉트
채택(하다)	adoption 어답션 choice 초이스
책	book 북
책상	desk 데스크 bureau 뷰로우
책임	responsibility 리스판서빌리티
	✔ 누구에게 책임을 전가하다 shift the responsibility on to a person
책임지다	take responsibility 테이크 리스판서빌리티

669

처녀

처녀	girl 걸 virgin 버진
처녀자리	the Virgin 더 버진
처녀작	first work 퍼스트 워크
처리하다	manage 매니지 deal with 딜 위드
처방전	prescription 프리스크립션
처방하다	prescribe 프리스크라이브
처벌(하다)	punishment 퍼니쉬먼트 / punish 퍼니쉬
처분(하다)	disposal 디스포우절 / dispose of 디스포우즈어브
처우	treatment 트리트먼트
처음	the beginning 더 비기닝 the start 더 스타트
	✔ 처음부터 전부 다시 하다 do all over again
처치	disposal 디스포우절 management 매니지먼트
처형	execution 엑서큐션
척도	measure 메저 scale 스케일
척수	spinal cord 스파이널 코드
척추	backbone 백본 spine 스파인
척추동물	vertebrate animal 버터브레이트 애니멀
천	thousand 싸우전드
천국	Heaven 해븐 Paradise 패러다이스
천대	contemptuous treatment 컨템추어스 트리트먼트
천둥	thunder 썬더
천만	ten million 텐 밀리언
천문대	astronomical observatory 애스트라나미컬 업저버토리
천문학	astronomy 어스트라너미
천부적인	innate 이네이트 natural 내추럴
천사	angel 에인절
천성	birth 버쓰 origin 어리진

철새

천식	asthma 애스머
천연가스	natural gas 내추럴 개스
천연두	smallpox 스몰팍스
천연자원	natural resources 내추럴 리소시즈
천왕성	Uranus 유어러너스
천장	ceiling 씰링
천재(天才)	genius 지니어스
	✔ 천재적인 피아노연주가 talented pianist
천재지변	natural calamity 내추럴 컬래머티
천주교	Roman Catholicism 로먼 캐서리시즘
천직	vocation 보우캐이션
천천히	slowly 슬로우리
천체	heavenly body 헤브리 바디
천칭	balance 밸런스
천칭자리	the Balance 더 밸런스 Libra 리브러
철	iron 아이언
철강	steel 스틸
철골	iron frame 아이언 프래임
철근콘크리트	ferroconcrete 페로우칸크리트
철기시대	the Iron Age 디 아이언 에이지
철도	railroad 레일로드
철망	wire netting 와이어 네팅
철물	hardware 하드웨어
철벽	iron wall 아이언 월
철봉	iron bar 아이언 바
철사	wire 와이어
철새	migratory bird 마이그래터리 버드

철야하다

철야하다	stay up all night 스테이 업 올 나잇
철옹성	impregnable fortress 임프렌너블 포트리스
철자	spelling 스펠링
철저한	thorough 써로우 complete 컴플리트
철조망	barbed wire 바브드 와이어
철쭉	azalea 어제일러
철판	iron plate 아이언 플레이트
철하다	bind 바인드 file 파일
철학(가)	philosophy 필라소피 / philosopher 피라소퍼
철회(하다)	withdrawal 윗드로얼 / withdraw 윗드로
첨가물	additive 애더티브
첨부	attachment 어태치먼트
첨부하다	affix 어픽스 attach 어태치
청각	hearing 히어링
청구(하다)	demand 디맨드 claim 클레임
청구서	bill 빌
청문회	hearing 히어링
청산	liquidation 리퀴데이션 clearing off 클리어링 오프 ✓ 과거를 청산하다 liquidate the past
청소(하다)	cleaning 클리닝 / clean 클린 sweep 스윕
청소기	vacuum cleaner 배큠 클리너
청소년	the younger generation 더 영거 제너레이션
청소차	garbage truck 가비지 트럭
청진기	stethoscope 스테서스코프
청취(자)	hearing 히어링 / listener 리스너
체감온도	effective temperature 이펙티브 템퍼러춰
체격	physique 피직

초래하다

체계(적인)	system 시스템 / systematic 세스터메틱
체력	physical strength 피지컬 스트렝쓰
체면	face 페이스 dignity 딕니티
	✓ 체면을 중시하다 have a sense of honor
체벌	corporal punishment 코퍼럴 퍼니시먼트
체온	temperature 템퍼러춰
체온계	thermometer 써머미터
체육	physical education 피지컬 에주케이션
체육관	gymnasium 짐네이지엄
체제(體制)	organization 오거나이재이션 structure 스트럭춰
체조(선수)	gymnastics 짐네스틱스 / gymnast 짐네스트
체중	weight 웨이트
체포(하다)	arrest 어레스트 capture 캡춰
체험(하다)	experience 익스피리언스
체형	figure 피겨 the shape of one's body 더 쉐입 어브 원스 바디
첼로	cello 첼로
초(秒)	second 세컨드
초	candle 캔들
초(醋)	vinegar 비니거
초과(하다)	excess 익세스 / exceed 익시드
초기	the first stage 더 퍼스트 스테이지
초능력	extrasensory perception 엑스트라센서리 퍼셉션
초대(하다)	invitation 인비테이션 / invite 인바이트
초등학교	elementary school 엘리멘터리 스쿨
초등학생	schoolchild 스쿨차일드
초라하다	poor 푸어 miserable 미저러블
초래하다	bring about 브링 어바웃 incur 인커

673

초면

초면	the first meeting 더 퍼스트 미팅
초반	the early stage 디 얼리 스테이지
초보자	beginner 비기너
초산	acetic acid 어시틱 애시드
초상권	right of portrait 라이트 어브 포트레이트
초상화	portrait 포트레이트
초승달	crescent 크레슨트
초안	draft 드레프트
초원	plain 플레인 prairie 프레이리
초월(하다)	transcendence 트렌센던스 / transcend 트랜센드
초음파	ultrasound 울트라사운드
초인	superman 수퍼맨
초점	focus 포커스
	✓ 초점을 맞추다 adjust the focus
초침	the second hand 더 세컨 핸드
초콜릿	chocolate 초컬릿
촌스러운	boorish 부어리쉬 senseless 센스리스
촌평	brief commentary 브리프 커멘터리
총	gun 건 rifle 라이플
총계	total amount 토털 어마운트
총동원	general mobilization 제너럴 모빌러제이션
총명한	bright 브라잇 intelligent 인텔러전트
총무부	the general affairs department 더 제너럴 어페어즈 디파트먼트
총알	bullet 불릿
총액	the total (amount) 더 토털 (어마운트)
최고	supremacy 수프리머시 maximum 맥시멈
최근	recently 리슨틀리

추측(하다)

최대	the maximum (largest) 더 맥시멈 (라지스트)
최면술	hypnotism 힙나티즘
최선	the best 더 베스트
최소	the least (smallest) 더 리스트 (스몰리스트)
최악	the worst 더 워스트
최저	the minimum (lowest) 더 미니멈 (라우이스트)
추가	addition 애디션
추격(하다)	pursuit 퍼수잇 / pursue 퍼수
추락(하다)	fall 폴 drop 드랍
추론(하다)	reasoning 리즈닝 / reason 리즌
추리소설	detective story 디텍티브 스토리
추방(하다)	banishment 배니쉬먼트 / banish 배니쉬
추분	the autumnal equinox 디 오텀널 이쿼낙스
추상(적인)	abstraction 앱스트랙션 / abstract 앱스트랙트
추상화	abstract painting 앱스트랙트 페인팅
추신	postscript (P.S.) 포스트스크립트
추억	memories 메모리즈 reminiscence 레머니슨스
추월금지	no passing 노우 패싱
추위	the cold 더 코울드
추이	change 체인지 transition 트랜지션 ✔ 추이를 지켜보다 watch the changes
추적(하다)	pursuit 퍼수잇 chase 체이스
추정(하다)	presumption 프리점션 / presume 프리줌
추진(하다)	propulsion 프러펄전 promotion 프러모우션 / propel 프러펠
추천(하다)	recommendation 레커멘데이션 / recommend 레커멘드
추첨(하다)	lottery 라터리 / draw lots 드로 랏츠
추측(하다)	guess 게스 conjecture 컨젝춰

추태

추태	disgraceful behavior 디스그레이스펄 비헤이비어
추파	stare 스테어 ogle 오우걸
축	axis 액시스 shaft 샤프트
축구	soccer 사커 football 풋볼
축농증	empyema 엠파이이머
축배	toast 토스트 ✓ 축배를 들다 drink a toast
축복(하다)	blessing 블레싱 / bless 블레스
축산업	stockbreeding 스탁브리딩
축소(하다)	reduction 리덕션 / reduce 리듀스
축적(하다)	accumulation 어큐멀레이션 / accumulate 어큐멀레이트
축제	festival 페스티벌
축하	celebration 셀러브레이션
축하하다	congratulate 컹그레출레이트 celebrate 셀러브레이트
출구	exit 엑시트 way out 웨이 아웃
출국	leaving a country 리빙 어 컨추리
출국수속	departure procedures 디파춰 프러시줘즈
출근(하다)	attendance 어텐던스 / go to work 고우 투 워크
출력	output 아웃풋
출발(하다)	departure 디파춰 / start 스타트 depart 디파트
출발점	the starting point 더 스타팅 포인트
출산(하다)	birth 버쓰 delivery 딜리버리 / give birth to 기브 버쓰 투
출산율	birth rate 버쓰 레잇
출석(하다)	attend 어텐드 be present at 비 프레즌트 앳
출석부	roll book 롤북
출석자	attendance 어텐던스
출세	success in life 석세스 인 라이프

충실(忠實)하다

출신	place of origin 플레이스 어브 어리진
출신학교	alma mater 앨머 메이터
출연하다	appear on the stage 어피어 온 더 스테이지
출연자	performer 퍼포머 player 플레이어
출입(하다)	coming in and out 커밍 인 앤 아웃
출입구	doorway 도어웨이
출입금지	No Admittance 노우 어드미턴스
출장	business trip 비즈니스 추립
	✓ 출장가다 make a business trip
출장소	branch office 브랜치 오피스
출중하다	excel others 엑셀 아더스
출처	the source 더 소스
출판(하다)	publication 퍼블리케이션 / publish 퍼블리시
출판사	publishing company 퍼블리싱 컴퍼니
출현(하다)	appearance 어피어런스 / appear 어피어
출혈(하다)	hemorrhage 헤머리지 bleeding 블리딩
춤(추다)	dance 댄스
춥다	cold 코울드 chilly 칠리
충격	shock 샥 impact 임팩트
충격을 받다	be shocked 비 샥트
충고(하다)	advice 어드바이스 / advise 어드바이즈
충돌(하다)	collision 컬리전 clash 대쉬
충동	impulse 임펄스
충분한	sufficient 서피션트 enough 이너프
충분히	fully 풀리 well 웰
충실(充實)하다	fill up 필업 complete 컴플리트
충실(忠實)하다	faithful 페이스펄 loyal 로이얼

충전(하다)

충전(하다)	charge 차쥐
충전기	recharger 리차저
충치	decayed tooth 디케이드 투쓰
취급(하다)	management 매니지먼트　treatment 트리트먼트 / treat 트리트
취급주의	handle with care 핸들 위드 케어
취기	drunkenness 드렁커니스
취득(하다)	acquisition 억퀴지션 / acquire 어콰이어
취미	taste 테이스트　hobby 하비
취소하다	cancel 캔슬　revoke 리보우크
	✓ 예약을 취소하다 cancel a reservation
취임(하다)	inauguration 인오겨레이션 / take office 테익 오피스
취재하다	gather information 게더 인포메이션
취직하다	obtain employment 옵테인 엠플로이먼트
취하다	get drunk 겟 드렁크　get tipsy 겟 팁시
취학	school attendance 스쿨 어텐던스
취학연령	school age 스쿨 에이지
취향	taste 테이스트　liking 라이킹
측량	measurement 메저먼트　survey 서베이
측면	aspect 어스펙트　side 사이드
측정(하다)	measurement 메저먼트 / measure 메저
치과의사	dentist 덴티스트
치다	strike 스트라이크　hit 히트
치료	medical treatment 메디컬 트리트먼트
치밀한	careful 케어펄　elaborate 일레버릿
치석	tartar 타터
치수	measure 메저　size 사이즈
치안	public peace 퍼블릭 피스

칠하다

치약	toothpaste 투쓰페이스트
치외 법권	extraterritorial rights 익스트라테러토리얼 라이츠
치우다	remove 리무브 put in order 풋 인 오더
치우치다	lean to 린 투 be biased 비 바이어스드
치즈	cheese 치즈
치질	piles 파일즈 hemorrhoids 헤머로이즈
치킨	chicken 치킨
치통	toothache 투쓰에익
친구	friend 프렌드 mate 메이트 pal 팰
	✔ 좋은 친구와 사귀다 keep good company
친권	parental authority 페어런털 오쏘리티
친근감	friendly feeling 프렌들리 필링 affinity 어피니티
친목회	social gathering 소셜 게더링
친밀한	intimate 인티밋 / close 클로우즈
친선경기	friendly match 프렌들리 매치
친숙하다	familiar 퍼밀리어 well acquainted 웰 어퀘인티드
친숙함	closeness 클로우즈니스 intimacy 인티머시
친절	kindness 카인드니스 favor 페이버
친절하다	gentle 젠틀 kind 카인드
친정	parents' home of a married woman 페어런츠 홈 어브 어 매리드 우먼
친척	relative 렐러티브
친하다	close 클로우즈 familiar 퍼밀리어
칠면조	turkey 터키
칠월	July 줄라이
칠판	blackboard 블랙보드
칠하다	paint 페인트

침

침	acupuncture 애큐펑춰[침술]
침	spittle 스피틀 saliva 설라이버
침구	bedding 베딩 bedclothes 벳클로시즈
침낭	sleeping-bag 슬리핑백
침대	bed 베드 berth 버쓰[열차 선박의]
침대보	bedspread 베드스프레드
침대차	sleeping car 슬리핑카
침략(하다)	aggression 어그레션 / invade 인베이드
침략자	invader 인베이더
침몰(하다)	sinking 싱킹 / sink 싱크
침묵	silence 사일런스 ✔ 침묵을 지키다(깨다) keep silent / break one's silence
침수(되다)	flood 플럿 inundation 이넌데이션 / be flooded 비 플러디드
침식(寢食)	eating and sleeping 이팅 앤 슬리핑
침식(侵蝕)	erosion 이로우젼 corrosion 커로우션
침실	bedroom 베드룸
침엽수	needle-leaf tree 니들리프 추리 conifer 카너퍼
침입하다	invade 인베이드 raid 레이드
침착성	composure 컴포우저 self-possession 셀프퍼제션
침착한	calm 캄 composed 컴포우즈드
침체(되다)	inactivity 인액티버티 / stagnate 스택네이트
침투(하다)	penetration 페너트레이션 / penetrate 페너트레이트
침하(하다)	subsidence 섭시던스 / subside 섭사이드
침해(하다)	infringement 인프린지먼트 / infringe 인프린지
칫솔	toothbrush 투쓰브러쉬
칭찬하다	praise 프레이즈 applaud 어플로드
칭호	title 타이틀

칵테일

카나리아	canary 커네어리
카 내비게이션	car navigation system 카 내비게이션 시스템
카네이션	carnation 카네이션
카드	card 카드
	✔ 마지막 카드(수단)를 쓰다 play one's last card
카디건	cardigan 카디건
카레	curry 커리
카리스마	charisma 커리즈머
카메라	camera 캐머러
카메라맨	cameraman 캐머러맨
카멜레온	chameleon 커밀리언
카세트	cassette 커셋
카세트테이프	cassette tape 커셋 테입
카운슬러	counselor 카운슬러
카운터	counter 카운터
카운트(하다)	count 카운트
카지노	casino 커시노
카탈로그	catalog 캐털록
카테고리	category 캐터고리
카트리지	cartridge 카트리지
카페	cafe 캐페이 coffeehouse 커피하우스
카페인	caffeine 캐페인
카펫	carpet 카핏
칵테일	cocktail 칵테일

681

칼

칼	knife 나이프 edged tool 에지드 툴
칼로리	calorie 캘러리
칼륨	potassium 퍼태시엄
칼슘	calcium 캘시엄
칼집	sheath 쉬쓰
캄보디아	Cambodia 캄보디어
캐나다	Canada 캐너더
캐릭터	character 캐릭터
캐스터네츠	castanets 캐스터네츠
캐시미어	cashmere 캐시미어
캐치(하다)	catch 캐취 / get 겟 obtain 업테인
캐치프레이즈	catch phrase 캐취프레이즈
캔	can 캔
캔디	candy 캔디
캔버스	canvas 캔버스
캠페인	campaign 캠페인
캠프	camp 캠프
	✔ 정치적 입장(캠프)이 다르다 be in different camps
캡슐	capsule 캡슐
캡틴	captain 캡틴
캥거루	kangaroo 캥거루
커녕	far from 파 프럼 not at all 낫앳올
커닝	cheating 치팅
커리큘럼	curriculum 커리큘럼
커미션	commission 커미션
커브	curve 커브 turn 턴
커서	cursor 커서

커지다	extend 익스텐드 expand 익스펜드
커튼	curtain 커튼
커플	couple 커플
커피	coffee 커피
커피숍	coffee shop 커피샵
컨디션	physical condition 피지컬 컨디션
컨설턴트	consultant 컨설턴트
컨셉트	concept 컨셉
컨테이너	container 컨테이너
컬러	color 컬러
컬럼	column 칼럼
컬렉션	collection 컬렉션
컬렉트콜	collect call 컬렉트콜
컴퍼스	compasses 컴퍼시즈
컴퓨터	computer 컴퓨터
컵	cup 컵
컷	cut 컷 illustration 일러스트레이션
케이블카	ropeway 로웁웨이
케이크	cake 케익
케첩	catsup 캐첩
켜다	light 라잇 turn on 턴 온 kindle 킨들
코	nose 노우즈
	✓ 코를 골다 snore
	✓ 코를 풀다 blow one's nose
코끼리	elephant 엘리펀트
코너	corner 코너
코드	code 코우드

코르크

코르크	cork 코르크
코멘트	comment 카멘트
코미디	comedy 카머디
코뿔소	rhinoceros 라이나서러스
코스	course 코스
	✓ 연속강좌 a course of lectures
코스모스	cosmos 카즈머스
코알라	koala 코우알러
코치	coach 코치
코카인	cocaine 코우캐인
코코넛	coconut 코코넛
코코아	cocoa 코우코우
코트 [옷]	coat 코우트
코트 [테니스]	court 코트
코피	nosebleed 노우즈블리드
콘	corn 콘
콘도미니엄	condominium 칸더미니엄
콘돔	condom 칸덤
콘서트	concert 칸서트
콘센트	outlet 아웃렛
콘크리트	concrete 칸크리트
콘택트렌즈	contact lenses 칸택트 렌즈
콘테스트	contest 칸테스트
콘트라베이스	contrabass 칸트러베이스
콜라	Coke 코우크
콜레스테롤	cholesterol 컬레스터롤
콤마	comma 카머

큰일

콤비	combination 캄버네이션 partner 파트너
콧물	snivel 스니벌
콩	bean 빈
콩나물	bean sprouts 빈 스프라우츠
쾌락	pleasure 플레져
쾌적하다	agreeable 어그리어블 comfortable 컴퍼터블
쾌활하다	cheerful 치어펄 lively 라이블리
쿠데타	coup(d'etat) 쿠(데이타)
쿠션	cushion 쿠션
쿠키	cookie 쿠키 biscuit 비스킷
퀴즈	quiz 퀴즈
크게	greatly 그레이틀리 very much 베리 머취
크기	size 사이즈
	✔ 크기가 다르다 vary in size
크다	big 빅 huge 휴쥐
크래커	cracker 크래커
크레디트 카드	credit card 크레딧카드
크레용	crayon 크레이언
크레인	crane 크레인
크로와상	croissant 크롸상트
크로켓	croquette 크로우켓
크리스마스	Christmas 크리스머스
크리스천	Christian 크리스천
크리스털	crystal 크리스털
크림	cream 크림
큰곰자리	the Great Bear 더 그레잇 베어
큰일	great thing 그레이트 씽 crisis 크라이시스

클라리넷

	✔ 큰일을 성취하다 achieve a great thing
클라리넷	clarinet 클래러넷
클라이맥스	climax 클라이맥스
클래식 음악	classical music 클래시컬 뮤직
클랙슨	horn 혼
클럽	club 클럽
클레임	claim 클레임 complaint 컴플레인트
클로버	clover 클로버
클로즈업	close-up 클로우즈업
클리닉	clinic 클리닉
클릭(하다)	click 클릭
클립	clip 클립
키[열쇠]	key 키
키	height 하이트 stature 스태춰
키다리	tall person 톨 퍼슨
키보드	keyboard 키보드
키스(하다)	kiss 키스
키우다	bing up 브링 업 foster 포스터
키위	kiwi 키위
키홀더	key ring 키 링
킥킥거리다	giggle 기글 titter 티터
킥오프	kick off 킥 오프
킬로그램	kilogram 킬로그램
킬로미터	kilometer 킬로미터

타인

타개(하다)	break 브레이크
타개책	way out 웨이 아웃 breakthrough plan 브레익드루 플랜
타격	blow 블로우 hit 히트 shock 샤크
타결(하다)	agreement 어그리먼트 / reach an agreement 리치 언 어그리먼트
타고나다	be born (gifted) with 비 본 (기프티드) 위드
타는 곳	stop 스탑 platform 플랫폼
타다[연소]	burn 번 blaze 블레이즈
타다[승차]	get on 겟 온 ride 라이드
	✓ 비행기를 타고 가다 go by plane
타당하다	appropriate 어프로우프리잇 proper 프라퍼
타도하다	defeat 디피트 overthrow 오버스로우
타락(하다)	degeneration 디제너레이션 / degrade 디그레이드
타박상	bruise 브루이즈
타블로이드판	tabloid 태블로이드
타산적	calculating 캘켤레이팅 selfish 셀프쉬
타성	force of habit 포스 어브 해빗
타악기	percussion instrument 퍼커션 인스트루먼트
타액	saliva 설라이버
타원	ellipse 일립스 oval 오우벌
타율(他律)	heteronomy 헤터라너미
타의	ulterior motive 얼티어리어 모우티브
타이밍	timing 타이밍
타이틀	title 타이틀
타인	others 아더스

타일

타일	tile 타일
타자	batter 배터
타조	ostrich 오스트리취
타협(하다)	compromise 캄프러미스
	✓ 그 사람과 타협을 하다 compromise with the person
탁상시계	table clock 테이블 클럭
탁아소	day nursery 데이 너스리
탁월하다	excellent 엑설런트 eminent 에머넌트
탁함	impurity 임퓨리티 muddiness 머디니스
탄광	coal mine 코울 마인
탄력	elasticity 일레스티서티 flexibility 플렉서빌리티
탄산	carbonic acid 카보닉 애시드
탄산가스	carbonic acid gas 카보닉 애시드 개스
탄산수	soda water 소우더 워터
탄생(하다)	birth 버쓰 / be born 비 본
탄성	elasticity 일레스티서티
탄소	carbon 카본
탄수화물	carbohydrate 카보하이드레이트
탄식	sigh 사이 sorrow 소로우
탄압(하다)	suppression 서프레션 / suppress 서프레스
탄약	ammunition 어뮤니션
탄핵(하다)	impeachment 임피치먼트 / impeach 임피치
탄환	bullet 불릿 shell 쉘
탈것	vehicle 비이클
탈곡(하다)	threshing 스레싱 / thresh 스레쉬
탈구(하다)	dislocation 디스로우케이션 / be dislocated 비 디스로우케이티드
탈락(하다)	omission 오우미션 / be left out 비 레프트 아웃

탑승권

탈락자	dropout 드랍아웃
탈모	depilation 디필레이션
탈선(하다)	derailment 디레일먼트 / deviate 디비에이트
탈세(하다)	tax evasion 택스 이베이전 / evade a tax 이베이드 어 택스
탈수(하다)	dehydration 디하이드레이션 / dry 드라이
탈수기	spin-drier 스핀드라이어
탈의실	dressing room 드레싱룸
탈지면	absorbent cotton 앱소번트 카튼
탈진	total exhaustion 토털 익조스천
탈출(하다)	escape 이스케입
탈퇴하다	leave 리브 withdraw 위드로
탈환하다	recapture 리캡춰
탐구(하다)	investigation 인베스티게이션 / investigate 인베스티게이트 study 스터디
탐내다	desire 디자이어 covet 카빗 ✔ 금품을 탐내다 covet for money
탐닉하다	indulge in 인덜지 인
탐미주의	aestheticism 애스세티시즘
탐사	inquiry 인콰이어리
탐욕	greed 그리드
탐정	detective 디텍티브
탐험(하다)	exploration 익스플로레이션 / explore 익스플로어
탐험가	explorer 익스플로러
탑	tower 타워 pagoda 파고다
탑승(하다)	boardind 보딩 / board 보드 get into 겟 인투
탑승게이트	boarding gate 보딩 게이트
탑승권	boarding pass 보딩 패스

탓

탓	fault 폴트 blame 블레임
태도	attitude 애티튜드 manner 매너
태만한	negligent 네그리전트
태아	fetus 페터스
태양	the sun 더 썬
태어나다	be born 비 본 come into being 컴 인투 빙
태연한	cool 쿨 calm 캄 nonchalant 넌셜런트
태우다[연소]	burn 번 scorch 스코치
태우다[탑승]	give a lift 기버 리프트 pick up 픽업
	✓ 여자를 태워주다 give a woman a ride
태클	tackle 태클
태평하다	peaceful 피스펄 easy 이지 carefree 캐어프리
태평양	the Pacific 더 퍼시픽
태풍	typhoon 타이푼
택배	door-to-door delivery 도어투도어 딜리버리
택시	taxi 택시
탤런트	personality 퍼스널리티
탬버린	tambourine 탬버린
탭댄스	tap dance 탭댄스
탱고	tango 탱고
탱크	tank 탱크
터	site 사이트 lot 랏 place 플레이스
터널	tunnel 터널
터무니없는	absurd 업서드 unreasonable 언리즈너블
터미널	terminal 터미늘
터부	taboo 터부
터지다	burst 버스트 split 스플릿

터키	Turkey 터키
턱	jaw 조 chin 친
턱걸이	chin-up 친업
턱수염	beard 비어드
턱시도	tuxedo 턱시도
털	hair 헤어
털다	shake off 쉐이크 오프 empty 엠프티
테너	tenor 테너
테니스	tennis 테니스
테두리	the border 더 보더 the edge 디 에지 ✔ 거울의 테두리 the edge of a mirror
테러	terrorism 테러리즘
테러리스트	terrorist 테러리스트
테마	theme 팀 subject 섭직트
테스트(하다)	test 테스트
테이블	table 테이블
테이프	tape 테입
테크닉	technique 테크닉
텍스트	text 텍스트
텐트	tent 텐트
텔레비전	television 텔러비전
텔레파시	telepathy 털레퍼시
템포	tempo 템포우
토끼	rabbit 래빗 hare 헤어
토너먼트	tournament 토너먼트
토대	foundation 파운데이션 base 베이스
토라지다	be sulky 비 설키 be cynical 비 시니컬

토론(하다)

토론(하다)	discussion 디스커션 / discuss 디스커스
토마토	tomato 터메이토우
토막	piece 피스 bit 빗 chip 칩
토목	public works 퍼블릭 웍스
토목공사	engineering works 엔지니어링 웍스
토성	Saturn 새턴
토스트	toast 토스트
토양	soil 소일
토요일	Saturday 세터데이
토지	land 랜드
토하다	throw up 스로우 업 vomit 보밋
톤	ton 턴
톱	saw 쏘
톱니모양	dentiform 덴티폼
통(桶)	barrel 배럴 cask 캐스크
통(筒)	pipe 파이프 tube 튜브
통감하다	feel keenly 필 킨리
통계	statistics 스태티스틱스
	✔ 통계를 내다 gather statistics
통과(하다)	passage 패시지 / pass 패스
통관	customs clearance 커스텀즈 클리어런스
통나무	log 락
통달	mastery 매스터리
통렬한	severe 시비어 bitter 비터
통로	passage 패시지 path 패쓰
	✔ 통로측 좌석 aisle seat
통솔(하다)	leadership 리더십 / command 커맨드

퇴치(하다)

통신	communication 커뮤니케이션
통신판매	mail order sale 메일 오더 세일
통역(하다)	interpretation 인터프리테이션 / interpret 인터프리트
통일(하다)	unification 유니피케이션 / unify 유너파이
통장	passbook 패스북
통제(하다)	control 컨트롤 regulation 레귤레이션 / control 컨트롤
통조림	canned goods 캔드 굿즈
통지(하다)	notice 노우티스 / notify 노우티파이
통찰력	insight 인사이트
통치(하다)	government 가버먼트 / govern 가번 rule over 룰 오버
통풍	ventilation 벤틸레이션
통하다	go to 고우 투 lead to 리드 투
통학하다	go to school 고우 투 스쿨
통행(하다)	traffic 트래픽 pass 패스 go past 고우 패스트
통화	currency 커런시
통화(하다)	call 콜 / speak by phone 스피크 바이 폰
퇴각(하다)	retreat 리트리트
퇴거(하다)	leave 리브 withdraw 위드드로
퇴보	retrogression 리트로그레션
퇴비	compost 컴포스트
퇴역(하다)	retirement 리타이어먼트 / retire 리타이어
퇴역군인	ex-serviceman 엑스서비스맨
퇴원하다	leave the hospital 리브 더 하스피털
퇴장(하다)	leaving 리빙 / leave 리브 exit 엑시트
퇴직(하다)	retirement 리타이어먼트 / retire from 리타이어 프럼
퇴직금	retirement allowance 리타이어먼트 얼라우언스
퇴치(하다)	extermination 엑스터미네이션 / exterminate 엑스터미네이트

퇴폐

퇴폐	decadence 데커던스
퇴폐적인	decadent 데커던트
투고(하다)	contribution 컨트리뷰션 / contribute 컨트리뷰트
투구벌레	beetle 비틀
투기	speculation 스페큘레이션
투덜거리다	grumble 그럼블 complain 컴플레인
투매	sacrifice sale 세크러파이스 세일
투명	transparency 트랜스패어런시
투베르쿨린	tuberculin 튜버컬린
투병하다	struggle against illness 스트러글 어겐스트 일니스
투서하다	contribute to 컨트리뷰트 투
투우	bullfight 불파이트
투우사	bullfighter 불파이터 matador 마터도어
투자(하다)	investment 인베스트먼트 / invest in 인베스트 인
투자가	investor 인베스터
투쟁(하다)	fight 파이트 struggle 스트러글
투지	fighting spirit 파이팅 스피리트
	✓ 투지가 충만하다 be full of fight
투표(하다)	vote 보우트 / vote for 보우트 포
투피스	two-piece dress 투 피스 드레스
통소	bamboo flute 뱀부 플루트
튀기다[기름]	deep-fry 딥프라이 frizzle 프리즐
튀기다[손가락으로]	flip 플립 snap 스냅
튀다	bounce 바운스 bound 바운드
튜닝	tuning 튜닝
튜브	tube 튜브
툴립	tulip 튤립

	특유의
트다	sprout 스프라우트 [싹] chap 챕 [살갗]
트랙터	tractor 트랙터
트랩	gangway 갱웨이 ramp 램프
트러블	trouble 트러블
트럭	truck 트럭
트럼펫	trumpet 트럼펫
트럼프	cards 카즈
트렁크	trunk 트렁크 suitcase 수트케이스
트레이너	trainer 트레이너
트레이드(하다)	trading 트레이딩
트로피	trophy 트로피
트리오	trio 트리오
트릭	trick 트릭
트림	burp 버프
트집	fault 폴트 blemish 블레미시
특권	privilege 프리빌리지
특급(特急)	special express 스페셜 익스프레스
특급(特級)	special grade 스페셜 그레이드
특기	specialty 스페셜티
특매	special sale 스페셜 세일
특명	special command 스페셜 커맨드
특별한	special 스페셜 exceptional 익셉셔널 ✓ 특별히 조심하다 take special care in
특산품	special product 스페셜 프러덕트
특색	distinctive feature 디스팅티브 피처 characteristic 캐릭터리스틱
특수한	special 스페셜 particular 파티큘러
특유의	peculiar to 피큘리어 투

특이

특이	uniqueness 유닉니스　singularity 싱귤레리티
특정한	particular 파티큘러　specific 스페서픽
특집	feature articles 피처 아티클즈
특징	characteristic 캐릭터리스틱　peculiarity 피큘려리티
특징짓다	characterize 캐릭터라이즈
특파원	correspondent 커레스판던트
특허	patent 페이턴트
특히	especially 이스페셜리　in particular 인 파티큘러
튼튼한	solid 솔리드　stout 스타우트　healthy 헬씨
틀	frame 프레임　rim 림
틀니	artificial tooth 아티피셜 투쓰
틀다	twist 트위스트　twirl 트월
틀리다	be mistaken 비 미스테이큰　become wrong 비컴 렁
틀림없이	surely 슈얼리　without a doubt 위다우러 다웃
틀어박히다	shut oneself up 셧 원셀프 업
틀어지다	break with 브레이크 위드　go wrong 고우 렁
틈	opening 오프닝　gap 갭
티끌	dust 더스트　mote 모우트
	✓ 티끌 모아 태산. Many a little makes a mickle.
티백	tea bag 티백
티벳	Tibet 티벳
티셔츠	T-shirt 티셧
티슈	tissue 티슈
티켓	ticket 티킷
팀	team 팀
팀워크	teamwork 팀웍
팁	tip 팁

파산하다

파	Welsh onion 웰시 어니언
파견(하다)	dispatch 디스패취
파괴(하다)	destruction 디스트럭션 / destroy 디스트로이 wreck 렉
파국	catastrophe 커태스트로피
파급되다	spread 스프레드 extend 익스텐드
파급효과	the ripple effect 더 리플 이펙트
파기(하다)	annulment 애널먼트 / annul 애널 break off 브레이크 오프
파내다	dig out 딕 아웃
파노라마	panorama 패너래머
파다	dig 딕 excavate 엑스커베이트
파도	waves 웨이브즈 billows 빌로우즈
파라솔	parasol 패러솔
파란만장	full of ups and downs 풀 어브 업스 앤 다운즈
파랑	blue 블루
파렴치	shamelessness 쉐임리스니스
	✔ 파렴치한 행위 infamous deed
파르페	parfait 파페이
파리	fly 플라이
파마	permanent wave 퍼머넌트 웨이브
파면(하다)	dismissal 디스미설 / dismiss 디스미스
파멸(하다)	ruin 루인 destruction 디스트럭션 / go to ruin 고우 투 루인
파문	ripple 리플
파벌	faction 팩션
파산하다	go bankrupt 고우 뱅크럽트

697

파생(되다)

파생(되다)	derive from 디라이브 프럼
파생어	derivative 디리버티브
파손(되다)	damage 데미지 / be damaged 비 데미지드
파수	watch 워취 lookout 룩아웃
파스타	pasta 파스터
파슬리	parsley 파슬리
파시스트	fascist 페시스트
파악(하다)	grasping 그래스핑 / grasp 그래스프
파업	strike 스트라이크 walkout 워크아웃

✓ 파업 중이다 be on strike

파열	explosion 익스플로전 bursting 버스팅
파운데이션	foundation 파운데이션
파운드	pound 파운드
파울	foul 파울
파이	pie 파이 tart 타트
파이프	pipe 파이프
파인애플	pineapple 파인애플
파일	file 파일
파일럿	pilot 파일럿
파자마	pajamas 퍼자마스
파장	wavelength 웨이브렝쓰
파출소	police box 폴리스박스
파충류	the reptiles 더 렙타일즈
파키스탄	Pakistan 파키스탄
파탄	rupture 럽춰 failure 페일려
파트너	partner 파트너
판가름	judgment 저지먼트 decision 디시전

패기

판결을 내리다	pass judgment on 패스 저지먼트 온
판권	copyright 카피라이트
판단(하다)	judgment 저쥐먼트 / judge 저쥐
판례	precedent 프리시던트
판매(하다)	sale 세일 / sell 셀
판매촉진	sales promotion 세일즈 프로모우션
판명(되다)	turn out 턴 아웃 become clear 비컴 클리어
판사	judge 저쥐
판자	board 보드 plank 플랭크 [두꺼운]
판정(하다)	judgment 저쥐먼트 / judge 저쥐
판정승	win on a decision 윈 온어 디시전
판화	print 프린트 woodcut 우드컷
팔	arm 암
팔(8)	eight 에이트
팔걸이의자	armchair 암체어
팔꿈치	elbow 엘보우
팔다	sell 셀
	✓ 손해 보고 팔다 sell at a loss
팔레트	palette 팰리트
팔씨름	arm wrestling 암 레슬링
팔월	August 어거스트
팔짱을 끼다	cross one's arms 크로스 원스 암즈
팔찌	bracelet 브레이스릿
팝송	pop music 팝 뮤직
팝콘	popcorn 팝콘
패권	hegemony 히제머니 supremacy 수프리머시
패기	aspiration 애스퍼레이션 ambition 앰비션

패다

패다	beat 비트 strike 스트라이크
패륜	immorality 이모럴리티
패배	defeat 디피트
패색	signs of defeat 사인즈 어브 디피트
패소	losing a suit 루징 어 수트
패스워드	password 패스워드
패스트푸드	fast food 패스트푸드
패키지투어	package tour 패키지투어
패턴	pattern 패턴
패트롤카	squad car 스쿼드 카
패하다	be beaten 비 비튼
팩스	fax 팩스 fax machine 팩스 머신
팬	fan 팬
팬터마임	pantomime 팬터마임
팬티	panties 팬티즈
팬티스타킹	pantyhose 팬티호스
팸플릿	pamphlet 팸플릿 brochure 브로우셔
팽개치다	throw away 스로우 어웨이 cast 캐스트 give up 기브업
팽이	top 탑
	✓ 팽이를 돌리다 spin a top
팽창(하다)	expansion 익스펜전 swelling 스웰링 / expand 익스펜드
퍼내다	bail out 베일 아웃
퍼붓다	pour in 포어 인
퍼센트	percent 퍼센트
퍼즐	puzzle 퍼즐
퍼지다	spread out 스프레드 아웃 multiply 멀티플라이
펀치	punch 펀치

편도선

펄럭이다	flutter 플러터
펄프	pulp 펄프
펌프	pump 펌프
펑크	puncture 펑춰 blowout 블로우아웃
페널티킥	penalty kick 페널티 킥
페니실린	penicillin 페니실린
페달	pedal 페들
페루	Peru 퍼루
페르시아	Persia 퍼저
페미니스트	feminist 페미니스트
페스티벌	festival 페스티벌
페이지	page 페이지
페인트	paint 페인트
페트병	plastic bottle 플래스틱 바틀
펜	pen 펜
펜던트	pendant 펜던트
펜션	pension 펜션
펜싱	fencing 펜싱
펠리컨	pelican 펠리컨
펭귄	penguin 펭귄
펴다	lengthen 렝슨 stretch 스트레취
	✓ 두루마리를 펴다 unroll a scroll
펴지다	extend 익스텐드 stretch 스트레취
편[비행기]	flight 플라이트
편견	prejudice 프레주디스 bias 바이어스
편도	one way 원 웨이
편도선	tonsils 탄설즈

편두통

편두통	migraine 마이그레인
편들다	take sides with 테이크 사이즈 위드
편리	convenience 컨비년스 handiness 핸디니스
편물	knitting 니팅
편성(하다)	formation 포메이션 / form 폼
편승하다	get a lift 겟 어 리프트
편안한	comfortable 컴퍼터블 safe 세이프
편의(점)	convenience (store) 컨비년스 (스토어)
	✔ 편의를 제공하다 give a person facilities
편지	letter 레터
편집(하다)	editing 에디팅 / edit 에딧
편집광	monomania 머너메이니아
편집자	editor 에디터
편파	partiality 파셜리티
편한	easy 이지 carefree 캐어프리
펼치다	extend 익스텐드 enlarge 인라지
평가(하다)	estimation 에스티메이션 / estimate 에스티메이트
평가절상	revaluation 리밸류에이션
평균	average 애버리지
평균수명	average life span 애버리지 라이프 스팬
평등	equality 이퀄리티
평론(하다)	criticism 크리티시즘 review 리뷰
평론가	critic 크리틱 reviewer 리뷰어
평면	plane 플레인 level 레벨
평면도	ground plan 그라운드 플랜
평방미터	square meter 스퀘어 미터
평범한	common 커먼 ordinary 오디너리

폐수

평상복	casual wear 캐주얼 웨어
평생교육	lifelong education 라이프롱 에주케이션
평소	usually 유주얼리 always 올웨이즈
평야	plain 플레인
평영	the breast stroke 더 브레스트 스트로우크
평온	tranquility 트랭퀄리티
평원	plain 플레인
평일	weekday 위크데이
평정(平靜)	calm 캄 serenity 시리니티
평판	reputation 레퓨테이션
평평하다	flat 플랫 level 레벌
평행(하다)	parallel 패럴렐
	✔ 철도는 강과 평행하게 달린다. The railway runs parallel to the river.
평행봉	parallel bars 패럴렐 바즈
평행선	parallel lines 패럴렐 라인즈
평형	equilibrium 이퀄리브리엄
평화	peace 피스
평화협상	peace negotiation 피스 니고우쉬에이션
폐[허파]	lung 렁
폐	trouble 트러블 nuisance 뉴이슨스
	✔ 폐를 끼치다 bother(trouble) a person
폐결핵	tuberculosis 튜버큘로시스
폐기물	waste 웨이스트
폐렴	pneumonia 뉴모니어
폐쇄(하다)	closing 클로우징 / close 클로우즈
폐수	waste water 웨이스트 워터

703

폐암

폐암	lung cancer 렁 캔서
폐지(하다)	abolition 어벌리션 / abolish 어발리시
폐허	ruins 루인즈
	✓ 마을이 폐허가 되었다. The town fell into ruins.
폐활량	the breathing capacity 더 브리딩 커패서티
폐회(하다)	closing 클로우징 / close a meeting 클로우즈 어 미팅
폐회식	closing ceremony 클로우징 세러머니
포개다	pile up 파일 업
포경선	whaler 훼일러
포괄(하다)	comprehension 컴프리헨션
포근한	mild 마일드 congenial 컨지니얼 snug 스넉
포기하다	abandonment 어밴던먼트 / give up 기브 업
포도	grapes 그레입스
포도주	wine 와인
포동포동한	plump 플럼프 chubby 처비
포로	captive 캡티브
포르노	pornography 포어노그러피
포르투갈	Portugal 포어처걸
포맷	format 포맷
포목	cloth 클로쓰
포부	ambition 앰비션
포상	reward 리워드 prize 프라이즈
포스터	poster 포스터
포옹(하다)	hug 헉 embrace 엠브레이스
포위	encirclement 인서클먼트
포유동물	mammal 매멀
포인트	point 포인트

폭포

포장(하다)	wrapping 래핑 / wrap 랩
포장도로	paved road 페이브드 로드
포착하다	catch 캐취 grasp 그래습 seize 씨즈
포커	poker 포우커
포크	fork 포크
포플라	poplar 포플러
포함하다	contain 컨테인 include 인클루드
포화	saturation 새터레이션
포획	capture 캡춰 seizure 씨줘
폭	width 위드쓰 breadth 브레스
폭격(하다)	bombing 바밍 / bomb 밤
폭격기	bomber 밤버
폭군	tyrant 타이어런트 despot 데스펏
폭넓다	wide 와이드 broad 브로드
폭동	riot 라이엇 rebellion 리벨련

✓ 폭동을 일으키다 raise a riot

폭락(하다)	crash 크러쉬 / fall heavily 폴 헤빌리
폭력	violence 바이얼런스
폭로(하다)	explosure 익스플로줘 / disclose 디스클로우즈
폭리	excessive profits 익세시브 프라피츠
폭발(하다)	explosion 익스플로전 / explode 으스플로드
폭언	abusive words 어뷰시브 워즈
폭주(輻輳)	congestion 컨제스천 influx 인프럭스
폭주족	hot-rodder 핫라더
폭탄	bomb 밤
폭파(하다)	blasting 블래스팅 / blast 블래스트
폭포	waterfall 워터폴 falls 폴즈

폭풍

폭풍	storm 스톰 tempest 템페스트
폭행(하다)	violence 바이얼런스 outrage 아웃레이지 / do violence to 두 바이얼런스 투
폴란드	Poland 폴랜드
폴리에스테르	polyester 폴리에스터
폴리에틸렌	polyethylene 팔리에설린
폼	form 폼
표(標)	mark 마크 sign 사인
표(表)	table 테이블 diagram 다이어그램
표(票)	ticket 티킷[차표] vote 보우트[투표]
표결(하다)	take a vote on 테이커 보우트 온
표기	transcription 트랜스크립션
표류(하다)	drift 드리프트
표면	surface 서피스 outside 아웃사이드 ✔ 표면에 드러나다 come to the surface
표백하다	bleach 블리치
표범	leopard 리어파드 panther 팬서
표본	specimen 스피서먼 sample 샘플
표시	indication 인디케이션 / indicate 인디케이트
표어	slogan 슬로건
표적	mark 마크 target 타깃
표절(하다)	plagiarism 플래이지어리즘 / plagiarize 플래이지어라이즈
표정	expression 익스프레션 look 룩
표제	title 타이틀 heading 헤딩
표준	standard 스탠다드
표준어	the standard language 더 스탠다드 랭귀지
표지	cover 커버

표지	sign 사인 mark 마크
표창하다	commend honor 커멘드 아너
표현(하다)	expression 익스프레션 / express 익스프레스
푸다	draw 드로 dip up 딥 업
푸딩	pudding 푸딩
풀	grass 그래스 herb 허브
풀	paste 페이스트 starch 스타치
풀다	dispel 디스펠[의심] solve 살브[문제]
풀다	untie 언타이 undo 언두[엉킨 것] remove 리무브[해제]
풀리다	get loose 겟 루스 get circulation 겟 서큘레이션
	✔ 은행 돈이 풀리다 money in the bank is released
풀솜	floss 플로스
풀장	swimming pool 스위밍 풀
품다	hold in one's arms 홀드 인 원스 암즈 bear 베어
품목	item 아이템
품위	dignity 딕니티 grace 그레이스
품위 있는	elegant 엘리건트 dignified 딕니파이드
품절	sold out 솔드 아웃
품종	kind 카인드 variety 버라이어티
품질	quality 퀄리티
풍경	scenery 씨너리 landscape 랜드스케이프
풍력	the force of the wind 더 포스 어브 더 윈드
풍기다	scent 센트 give out an odor 기브 아웃 언 오더
풍부한	abundant 어번던트 rich 리치
풍선	balloon 벌룬
풍속	customs 커스텀즈 manners 매너즈
풍속	wind velocity 윈드 벌라서티

풍자(하다)

풍자(하다)	satire 새타이어 / satirize 새터라이즈
	✔ 풍자소설 satirical novel
풍차	windmill 윈드밀
풍채	appearance 어피어런스
풍파	storm 스톰
풍화작용	weathering 웨더링
퓨즈	fuse 퓨즈
프라이드	pride 프라이드
프라이팬	frying pan 프라잉 팬
프랑스	France 프랜스
프랑스어	French 프렌치
프랜차이즈	franchise 프랜차이즈
프런트	front desk 프런트 데스크
프로	professional 프로페셔널
프로그래머	programmer 프로그래머
프로그램	program 프로그램
프로젝트	project 프러젝트
프로판	propane 프로우페인
프로펠러	propeller 프러펠러
프로포즈	proposal 프러포우절
프로필	profile 프로우파일
프롤레타리아	proletarian 프로우러테리언
프리랜서	freelance 프리랜스
프리미엄	premium 프리미엄
프린터	printer 프린터
프린트(하다)	copy 카피 print 프린트
플라스틱	plastic 플라스틱

피신

플라이급	fly weight 플라이 웨이트
플라타너스	plane tree 플레인 트리
플랑크톤	plankton 플랭크턴
플래시	flashlight 플래시라잇
플래카드	placard 플래카드
플랫폼	platform 플랫폼
플러그	plug 플럭
플러스	plus 플러스
플레이오프	play-off 플레이오프
피	blood 블럿

✔ 발에서 피가 흐른다 be bleeding at the foot

피겨스케이팅	figure skating 피겨 스케이팅
피고	defendant 디펜던트 the accused 디 어큐즈드
피구	dodge ball 다지 볼
피난	refuge 레퓨쥐 shelter 쉘터
피다	bloom 블룸 come out 컴아웃
피라미드식 판매	pyramid selling 피러미드 셀링
피로	fatigue 퍼티그 tiredness 타이어드니스
피로연	wedding banquet 웨딩 뱅큇
피리	whistle 뷔슬 flute 플루트
피망	green pepper 그린 페퍼
피부	the skin 더 스킨
피부과	dermatology 더머탈러쥐
피부병	skin disease 스킨 디지즈
피상적인	superficial 수퍼셜 shallow 셀로우
피서지	summer resort 써머 리조트
피신	escape 이스케입 refuge 레퓨지

피아노

피아노	piano 피애노우
피아니스트	pianist 피애니스트
피앙세	fiance 피앙세이[남자] fiancee 피안세이[여자]
피에로	pierrot 피에로우
피우다	smoke 스모우크[담배] burn 번[불] emit 에미트[냄새]
피임(하다)	contraception 컨트라셉션
피자	pizza 핏서
피차	each other 이치 아더 both sides 보우쓰 사이즈
피크닉	picnic 픽닉
피클	pickles 피클즈
피투성이	bloody 블러디
피폐	impoverishment 임파버리쉬먼트
피하다	avoid 어보이드 evade 이베이드 shun 션
	✔ 달리는 자동차를 피하다 get out of the way of a car
피하지방	subcutaneous fat 섭큐테이녀스 팻
피해	damage 데미지 harm 함
피해망상	persecution complex 퍼시큐션 캄플렉스
피해자	sufferer 서퍼러 victim 빅팀
피혁제품	leather goods 레더 굿즈
픽션	fiction 픽션
핀	pin 핀 hairpin 헤어핀[머리핀]
핀란드	Finland 핀랜드
핀셋	tweezers 트위저즈
핀치히터	pinch hitter 핀치히터
핀트	focus 포커스
필기	writing 라이팅 copying 카핑
필기시험	written examination 리튼 익제미네이션

핑크

필름	film 필름
필리핀	Philippines 필리핀즈
필사적인	desperate 데스퍼릿 frantic 프랜틱
필수적인	indispensable 인디스펜서블 essential 이센셜
필수조건	indispensable condition 인디스펜서블 컨디션
필수품	necessaries 네서세리즈
필승	certain victory 서튼 빅터리
필연	inevitability 인에비터빌리티
필요	necessity 니세서티 need 니드 want 원트
필요하다	need 니드 want 원트 requisite 레쿼지트
	✔ 필요한 경우에 in case of need
필자	author 오서 writer 라이터
필적	handwriting 핸드라이팅
필적하다	be equal to 비 이퀄 투 rival 라이벌
필터	filter 필터
필하다	finish 피니쉬 complete 컴플리트
핑계	excuse 익스큐즈 apology 어팔러지 pretext 프리텍스트
핑크	pink 핑크

하계

하계	summer 써머
하급	lower class 로우어 클래스
하극상	mutiny 뮤터니
하나	one 원
하느님	God 갓 the Almighty 디 올마이티
하늘	sky 스카이 the heavens 더 헤븐즈
하다	do 두 try 트라이 play 플레이
하다못해	at least 앳 리스트 even 이븐
하드웨어	hardware 하드웨어
하등동물	lower animals 로우어 애니멀즈
하락(하다)	fall 폴 drop 드랍 decline 디클라인
	✓ 물가지수의 하락 a fall in price index
하루	a day 어 데이
하루 종일	all day long 올 데이 롱
하류	downstream 다운스트림
하마	hippopotamus 히퍼파터머스
하모니카	harmonica 하마니커
하부	lower part 로우어 파트
하수도	drainage 드레이니쥐
하숙(하다)	lodgings 라징즈 / room at 룸 앳
하순	the latter part of a month 더 레터 파트 어브 어 먼쓰
하여간	anyhow 애니하우 anyway 애니웨이
하염없이	blankly 블랭클리 absentmindedly 앱슨트마인디들리
하원	the House of Representatives 더 하우스 어브 리프리젠터티브즈

학력

하이에나	hyena 하이이너
하이킹	hiking 하이킹
하이테크	high tech 하이텍
하이픈	hyphen 하이픈
하이힐	high-heeled shoes 하이힐드 슈즈
하인	servant 서번트 maid 메이드
하자	flaw 플로 blemish 블레미쉬
하중	load 로우드
하지	the summer solstice 더 써머 살리스티스
하찮다	trifling 트라이플링 trivial 트리비얼
하천	river 리버 ✔ 공업시설로 인한 하천오염 industrial pollution of a river
하청	subcontract 섭컨트랙트
하키	hockey 하키
하품	yawn 욘
하프	half 해프
하필이면	of all things(occasions) 어브 올 씽즈(어케이전즈)
학	crane 크레인
학계	academic circles 어캐더믹 서클즈
학과	department 디파트먼트
학교	school 스쿨 college 칼리지[대학]
학급	class 클래스
학기	term 텀 semester 씨메스터
학기말	semester-end 씨메스터엔드
학년	school year 스쿨 이어
학대(하다)	cruel treatment 크루얼 트리트먼트 / abuse 어뷰즈
학력	scholarship 스칼러쉽

학문

학문	learning 러닝 studies 스터디즈
학부	faculty 패컬티
학비	school expenses 스쿨 익스펜시즈
학사	bachelor 배춰러
학생	student 스튜던트 pupil 퓨필
학생증	student's ID card 스튜던츠 아이디 카드
학설	doctrine 닥트린 theory 씨어리
학술	learning 러닝 science 사이언스
학습(하다)	study 스터디 learn 런
학습지도	tutor 튜터
학예	arts and sciences 아츠 앤 사이언시즈
학원	institute 인스티튜트 cram school 크램 스쿨
학위	degree 디그리
학자	erudite 에려다이트 scholar 스칼러
학장	president 프레지던트
학점	unit 유닛 point 포인트
학회	society 소사이어티 academy 어캐더미
한 개	one piece 원 피스
한겨울	midwinter 미드윈터
한결같다	constant 컨스턴트 unchanging 언체인징
한계	limit 리미트 bounds 바운즈 ✓ 한계를 넘다 pass the limit
한국(인)	Korea 코리어 / Korean 코리언
한기	chill 칠
한나절	half a day 해프 어 데이
한낮	midday 미데이 noon 눈
한눈팔다	look away(aside) 룩 어웨이(어사이드)

할증금

한대	the frigid zone 프리짓 존
한도	limit 리밋 bounds 바운즈
한때	once 원스 a time 어 타임
한문	Chinese classics 차이니즈 클래식스
한벌	a set 어 셋
한복판	the center of 더 센터 어브
한사람	one 원 a man 어 맨
한숨	sigh 사이 breath 브레쓰
	✓ 한숨 돌리다 feel relieved temporarily
한심하다	shameful 쉐임펄 pitiful 피티펄
한여름	midsummer 미드써머
한자	Chinese character 차이니즈 캐릭터
한잔	a cup of 어 컵 어브 a glass of 어 글래스 어브
한정(하다)	limitation 리미테이션 / limit 리미트
한조각	a piece of 어 피스 어브
한쪽	one side 원 사이드
한창	in the midst of 인 더 밋스트 어브
한층 더	much more 머치 모어
한턱내다	treat 트리트
한파	cold wave 콜드 웨이브
한편(으로)	meanwhile 민와일
할당(하다)	assignment 어싸인먼트 / assign 어싸인
할머니	grandmother 그랜드마더
할부	installment plan 인스톨먼트 플랜
할아버지	grandfather 그랜드파더 old man 올드 맨
할인(하다)	discount 디스카운트
할증금	premium 프리미엄 extra charge 익스트라 차지

핥다

핥다	lick 릭 lap 랩
함께	together 투게더 with 위드
함락(되다)	surrender 서렌더 fall 폴
함부로	at random 앳 랜덤 rashly 래쉴리
함유하다	contain 컨테인 hold 홀드
함축	implication 임플리케이션 significance 식니피컨스
합	the sum 더 썸
합격(하다)	passing 패싱 / pass 패스
합계(하다)	the sum 더 섬 total 토털 / sum up 섬 업
합금	alloy 앨로이
합동	union 유니언 combination 컴비네이션
합류(하다)	confluence 컨플루언스
합리	rationality 래셔널리티
합리적인	rational 래셔늘
합리주의	rationalism 래셔널리즘
합리화하다	rationalize 래셔널라이즈
합법	lawfulness 로펄니스
합법적인	legal 리걸
합병(하다)	merger 머저 / merge 머쥐
합성(하다)	synthesis 신서시스 / synthesize 신서사이즈
합의(하다)	mutual agreement 머추얼 어그리먼트 / be agreed 비 어그리드
	✔ 상호 합의를 통해 by mutual consent
합작사업	joint venture 조인트 벤쳐
합주하다	play in concert 플레이 인 컨서트
합창(하다)	chorus 코러스 / sing in chorus 싱 인 코러스
합치다	put together 풋 투게더 combine 컴바인
핫도그	hot dog 핫독

해몽

항공	aviation 에이비에이션 flying 플라잉
항공기	aircraft 에어크래프트 airplane 에어플레인
항공사	airline 에어라인
항구	harbor 하버 port 포트
항목	item 아이템 head 헤드
항문	anus 애너스
항복	surrender 서렌더 submission 섭미션
항생물질	antibiotic 앤티바이오틱
항소	appeal 어필
항아리	jar 자 pot 팟
항암제	anticancer agent 앤티캔서 에이전트
항의(하다)	protest 프러테스트 object 업젝트
항해(하다)	voyage 보이지 navigation 내비게이션 / sail 세일
해	the sun 더 썬 sunlight 썬라이트
해	year 이어
해결(하다)	settlement 세틀먼트 / solve 살브
	✔ 원만한 해결 a satisfactory settlement
해고당하다	be fired 비 파이어드 / be laid off 비 레이드 오프
해골	skeleton 스켈러턴
해군	the navy 더 네이비
해답	solution 솔루션
해독	detoxication 디탁시케이션 decipherment 디사이퍼먼트[암호]
해류	current 커런트
해리	nautical mile 노티컬 마일
해마	sea horse 씨 호스
해명(하다)	explanation 익스플레네이션 / explain 익스플레인
해몽	dream reading 드림 리딩

717

해바라기

해바라기	sunflower 썬플라워
해발	above the sea 어버브 더 씨
해방(하다)	emancipation 이맨서페이션 / liberation 리버레이션
해변	beach 비치 shore 쇼어
해병	marine 머린
해보다	try 추라이 attempt 어템트
해부(하다)	dissection 디섹션 / dissect 디섹트
해산(하다)	breakup 브레이컵 / break up 브레이컵 disperse 디스퍼스
해산물	marine products 머린 프러덕츠
해삼	sea cucumber 씨 큐컴버
해상도	resolution 레졸루션
해석	interpretation 인터프리테이션 explanation 익스플레네이션
해설자	commentator 코멘테이터
해소	solution 솔루션 settlement 세틀멘트
해수욕	sea bathing 씨 배이씽
해안	seashore 씨쇼어 beach 비치
해약(하다)	cancellation 캔설레이션 / cancel 캔슬
해양	ocean 오우션 sea 씨
	✓ 해양오염 방지법 the sea pollution prevention law
해열제	antipyretic 앤티파이어레틱
해왕성	Neptune 넵튠
해외	overseas 오버씨즈 abroad 업로드
해일	tsunami 쯔나미 tidal wave 타이덜 웨이브
해임	dismissal 디스미썰 release from office 릴리스 프럼 오피스
해저	the bottom of the sea 더 바텀 어브 더 씨
해적	pirate 파이어럿
해제(하다)	cancellation 캔설레이션 / cancel 캔슬

해체하다	disjoint 디스조인트 disorganize 디스오거나이즈
해초	seaweeds 씨위즈
해충	harmful insect 함펄 인섹트 vermin 버민
해치다	hurt 허트 harm 함
해파리	jellyfish 젤리피쉬
해협	strait 스트레이트 channel 채널
핵가족	nuclear family 뉴클리어 페밀리
핵무기	nuclear weapon 뉴클리어 웨펀
핵분열	nuclear fission 뉴클리어 피션
핸드백	handbag 핸드백 purse 퍼스
핸드볼	handball 핸드볼
핸디캡	handicap 핸디캡
햄	ham 햄
햄버거	hamburger 햄버거
햄스터	hamster 햄스터
햅쌀	new rice 뉴 라이스
햇볕을 쬐다	bask in the sun 베이크 인 더 썬
햇살	sunlight 썬라잇
행	line 라인
	✔ 행간을 읽다 read between the lines
행동(하다)	action 액션 conduct 컨덕트 / act 액트
행락	excursion 익스커전 picnic 픽닉
행렬	procession 프러세션 parade 퍼레이드
행방	whereabouts 웨어러바이우츠
행방불명	missing 미씽
행복	happiness 해피니스
행사	event 이벤트 function 펑션

행상인

행상인	peddler 페들러
행선지	destination 데스터네이션
행운	fortune 포춘 luck 럭
행위	act 액트 action 액션 deed 디드
행정	administration 어드미니스트레이션
행진(하다)	march 마치 parade 퍼레이드
행진곡	march 마치
행하다	do 두 act 액트
향기	smell 스멜 fragrance 프레그런스
향락	enjoyment 인조이먼트
향상(되다)	improvement 임프루브먼트 / rise 라이즈
향상시키다	promote 프러모우트 improve 임프루브
향수(鄕愁)	nostalgia 노스탤저 homesickness 홈식니스
	✓ 향수병에 걸리다 get homesick
향수(香水)	perfume 퍼퓸
향신료	spices 스파이시즈
향하다	go to 고우 투 leave for 리브 포
허가(하다)	permission 퍼미션 / permit 퍼밋 admit 어드밋
허구	fiction 픽션 falsehood 폴스후드
허니문	honeymoon 허니문
허둥거리다	fluster oneself 플러스터 원셀프
허락(하다)	consent 컨센트 / allow 얼라우 permit 퍼밋
허를 찌르다	catch a person off his guard 캐취 어 퍼슨 오프 히즈 가드
허리	waist 웨이스트
허무	nothingness 낫씽니스 nihility 니힐리티
허무주의	nihilism 니힐리즘
허무하다	transient 트랜션트 vain 베인

허벅지	the inside of a thigh 디 인사이드 어버 싸이
허세(부리다)	bluff 블러프 / make a bluff 메이커 블러프
허수아비	scarecrow 스캐어크로우
허약한	weak 윅 delicate 델리킷
허영	vanity 베니티
허용	permission 퍼미션
허위	falsehood 폴스후드
허전하다	feel empty 필 엠티 miss something 미쓰 섬씽
허점	unguarded point 언가딧 포인트
허풍	exaggeration 익제저레이션
허풍선이	brag 브랙 boaster 보스터
허풍을 떨다	talk big 톡 빅 brag 브랙
헌금(하다)	donation 도우네이션 contribution 컨트리뷰션
헌법	constitution 컨스티튜션 ✓ 헌법을 개정하다 revise the constitution
헌신(하다)	self-devotion 셀프디보우션 / sacrifice oneself 쌔크러파이스 원셀프
헌정	dedication 데디케이션
헌책	used book 유즈드 북
헌혈(하다)	blood donation 블럿 도우네이션
헐뜯다	speak ill of 스픽 일 어브 slander 슬렌더
헐렁한	loose-fitting 루스피팅 baggy 배기
험담	backbiting 백바이팅 slander 슬렌더
험악한	threatening 스레트닝 critical 크리티컬
험하다	steep 스팁 craggy 크래기
헛간	barn 반 shed 쉐드
헛기침	dry cough 드라이 코프
헛소리	empty talk 엠프티 토크 delirium 딜리어리엄

헛수고

헛수고	vain(fruitless) effort 베인(프루트리스) 에퍼트
헝가리	Hungary 헝거리
헝클어지다	be entangled 비 인탱글
헤드라이트	headlight 헤드라잇
헤드폰	headset 헤드셋
헤매다	wander(roam) about 완더(롬) 어바웃
	✔ 번화가를 헤매다 wander over the downtown
헤아리다	guess 게스 imagine 이매진
헤어스타일	hair-style 헤어스타일
헤어지다	part from 파트 프럼
헤어짐	parting 파팅 farewell 페어웰
헤어핀	hairpin 헤어핀
헤엄치다	swim 스윔
헤프다	wasteful 웨이스트펄 prodigal 프라디걸 loose 루스
헥타르	hectare 헥테어
헬리콥터	helicopter 헬리캅터
헬멧	helmet 헬멧
헷갈리다	be confused with 비 컨퓨즈드 위드
헹구다	rinse 린스 wash out 와쉬 아웃
혀	tongue 텅
혁명	revolution 레볼루션
혁신(하다)	renovation 레노베이션 / reform 리폼
현관	entrance 엔트런스 porch 포취
현금	cash 캐쉬
현기증	dizziness 디지니스 giddiness 기디니스
현기증 나다	be dizzy 비 디지
현대	the present age 더 프레즌트 에이지

혐의를 두다

현명한	wise 와이즈 prudent 프루던트
현미	brown rice 브라운 라이스
현미경	microscope 마이크로스코우프
현상	phenomenon 피나메넌
현상금	prize money 프라이즈 머니
현실	reality 리얼리티 actuality 액추얼리티
현실적인	realistic 리얼리스틱 actual 액추얼
현악기	the strings 더 스트링즈
현역	active service 액티브 서비스 ✔ 현역선수 a player on the playing list
현인	sage 세이지 wise man 와이즈 맨
현장	the spot 더 스팟 the scene 더 씬
현재	the present 더 프레즌트
현저하다	remarkable 리마커블 marked 마크트
현존(하다)	existing 익지스팅 / exist 익지스트
현지	the spot 더 스팟 the actual place 디 액추얼 플레이스
현지시간	local time 로컬 타임
현행법	current law 커런트 로
혈관	blood vessel 블럿 베슬
혈색	complexion 컴플렉션 color 컬러
혈압	blood pressure 블럿 프레셔
혈액	blood 블럿
혈액형	blood type 블럿 타입
혈통	blood 블럿 lineage 리니지
혐오(하다)	abhorrence 앱허런스 / hate 헤이트
혐의	suspicion 서스피션
혐의를 두다	suspect 서스펙트

ㅎ

723

협동

협동	cooperation 코우아퍼레이션
협력하다	cooperate with 코우아퍼레이트 위드
협박(하다)	threat 스레트 / threaten 스레튼
협상	negotiation 니고우쉬에이션
협정	agreement 어그리먼트 convention 컨벤션
협정을 맺다	enter into an agreement 엔터 인투 언 어그리먼트
협주곡	concerto 콘체토우
협회	association 어소우시에이션 society 소사이어티
형	elder brother 엘더 브라더
형	penalty 페널티 sentence 센텐스
형광등	fluorescent lamp 플루오레스트 램프
형벌	punishment 퍼니시먼트 penalty 페널티
형사	detective 디텍티브
형사사건	criminal case 크리미널 케이스
형사소송	criminal action 크리미널 액션
형성(하다)	formation 포메이션 / form 폼 shape 쉐이프
형식	form 폼 formality 포멀리티
	✔ 형식에 치중하다 attach importance to form
형식적인	formal 포멀
형식주의	formalism 포멀리즘
형이상학	metaphysics 메터피직스 ↔ 형이하학 physical science
형제	brother 브라더 sibling 씨블링
형태	pattern 패턴 shape 쉐입 form 폼
형편	state 스테이트 situation 시추에이션
호(號)	number 넘버 issue 이슈
호감	good feeling 굿 필링
호경기	prosperity 프라서페리티 boom 붐

호주머니

호기	good (favorable) opportunity 굿(페이버러블) 아퍼튜니티
	✔ 호기를 잡다 take a golden opportunity
호기심	curiosity 큐리아서티
호두	walnut 월넛
호랑이	tiger 타이거
호령(하다)	command 커맨드 order 오더
호르몬	hormone 호어몬
호른	horn 혼
호리호리한	slender 슬렌더 slim 슬림
호모	homosexuality 호모섹수얼리티
호밀	rye 라이
호박(琥珀)	amber 앰버
호박	pumpkin 펌프킨
호반	lakeside 레익사이드 lakeshore 레이크쇼어
호소	appeal 어필 petition 피티션
호수	lake 레이크
호스	hose 호스
호스티스	hostess 호스티스
호신용	for self-protection 포 셀프프러텍션
호외	extra edition 엑스트러 이디션
호우	heavy rain 헤비 레인
호위(하다)	guard 가드 escort 에스코트
호의	goodwill 굿윌 kindness 카인드니스
호적	family register 패밀리 리지스터
호적수	rival 라이벌 good match 굿 매치
호전(되다)	change for the better 체인지 포 더 베터
호주머니	pocket 파킷

호출

호출	calling out 콜링 아웃
호텔	hotel 호우텔
호통 치다	cry 크라이 yell 옐
호평	favorable comment 페이버러블 커멘트
호화로운	gorgeous 고저스 deluxe 디럭스
호환 가능한	compatible 컴패터블
호황	prosperity 프라스페리티 boom 붐

✓ 호황과 불황의 순환 the circle of boom and bust

호흡(하다)	respiration 레스퍼레이션 / breathe 브리쓰
호흡기	respiratory organs 레스퍼레이터리 오건즈
혹	lump 럼프 bump 범프
혹사	harsh treatment 하쉬 트리트먼트 abuse 어뷰스
혹성	planet 플래닛
혹시	possibly 파서블리 maybe 메이비
혼	soul 소울 spirit 스피릿
혼내주다	give ~ a hard time 기브 어 하드 타임 punish 퍼니시
혼담	marriage proposal 매리지 프러포우절
혼돈	chaos 캐이어스
혼동(하다)	confusion 컨퓨전 / confuse 컨퓨즈
혼란	confusion 컨퓨전 disorder 디스오더
혼선(되다)	cross 크로스 / get crossed 겟 크로스트
혼성	mixture 믹스춰 composition 컴퍼지션
혼자	a single person 어 싱글 퍼슨 by oneself 바이 원셀프
혼잡(하다)	bustle 버슬 / be crowded 비 크라우디드
혼잣말	monologue 모놀로그
혼합(하다)	mixing 믹싱 / mix 믹스 blend 블렌드
혼합물	mixture 믹스춰

화상

혼혈인	half-blood 해프블럿
홀가분하다	lighthearted 라잇하티드
홀딱	utterly 어털리 deeply 딥리 madly 매들리
홀수	odd number 오드 넘버
홀인원	hole in one 홀인원
홈런	home run 홈런 homer 호머
홈스테이(하다)	homestay 홈스테이
홈페이지	home-page 홈페이지
홍보	public information 퍼블릭 인포메이션
홍수	flood 플럿 inundation 이넌데이션
홍역	measles 미절즈
홍차	tea 티

✓ 차를 마시며 이야기하다 talk over tea

화가	painter 페인터
화내다	get angry 겟 앵그리
화랑	art gallery 아트 갤러리
화려한	gorgeous 고저스 bright 브라이트
화력	heating power 히팅 파워 fire power 파이어 파워
화로	fireplace 파이어플레이스
화면	screen 스크린 picture 픽춰
화목하다	harmonious 하모니어스 peaceful 피스펄
화물	freight 프레이트 cargo 카고
화물선	freighter 프레이터
화산	volcano 볼케이노우
화살(표)	arrow 애로우
화상	burn 번 scald 스콜드[물에 덴]
화상	picture 픽춰 image 이미지

화상을 입다

화상을 입다	suffer a burn 서퍼 어 번
화석	fossil 파슬
화성	Mars 마즈
화술	art of talking 아트 어브 토킹
화약	gunpowder 건파우더
화염	flame 플레임 blaze 블레이즈
화요일	Tuesday 튜즈데이
화의	reconciliation 레컨실리에이션
화장(하다)	makeup 메이컵 / make up one's face 메이컵 원스 페이스 ✔ 화장을 고치다 adjust one's makeup
화장실	lavatory 래버토리 toilet 토일럿
화장지	toilet paper 토일럿 페이퍼
화장품	cosmetics 커즈메틱스 toilet article 토일럿 아티클
화재	fire 파이어
화제	topic 타픽 subject 섭젝트
화폐	money 머니 coin 코인
화학	chemistry 케미스트리
화학조미료	synthetic seasoning 신세틱 시즈닝
화합(하다)	combination 컴비네이션 / combine 컴바인
화해(하다)	reconciliation 레컨실리에이션 / be reconciled with 비 레컨사일드 위드
확대(하다)	magnification 맥니피케이션 / magnify 맥니파이
확률	probability 프라버빌리티
확립(하다)	establishment 이스테블리시먼트 / establish 이스테블리시
확보(하다)	secure 씨큐어
확신(하다)	conviction 컨빅션 / believe firmly 빌리브 펌리
확실한	sure 슈어 certain 서튼 trustworthy 추러스트워씨

확인(하다)	confirmation 컨퍼메이션 / confirm 컨펌 verify 베리파이
확장(하다)	extension 익스텐션 / expand 익스팬드
확정(하다)	decision 디시전 / decide 디사이드 fix 픽스
환각	hallucination 헐류서네이션
환각제	hallucinogen 헐류시너전 LSD 엘에스디
환경	environment 인바이어런먼트 surroundings 서라운딩즈
	✔ 환경에 적응하다 adapt oneself to circumstances
환금(하다)	convert into money 컨버트 인투 머니 cash 캐쉬
환기(시키다)	arouse 어라우즈 excite 익사이트
환락가	amusement center 어뮤즈먼트 센터
환멸	disillusion 디스일루전
환불	repayment 리페이먼트 refund 리펀드
환불하다	refund 리펀드 repay 리페이
환산(하다)	conversion 컨버전 / convert 컨버트
환상	phantom 팬텀 illusion 일루전
환상적인	fantastic 팬태스틱 dreamy 드리미
환생	reincarnation 리인카네이션 rebirth 리버쓰
환성	shout of joy 샤우트 어브 조이 cheer 치어
환어음	bill of exchange 빌 어브 익스체인지
환영(하다)	welcome 웰컴 / give a welcome 기버 웰컴
환율	the exchange rate 디 익스체인지 레이트
환자	patient 페이션트 case 케이스
환전(하다)	money changing 머니 체인징 / exchange 익스체인지
환풍기	ventilation fan 벤틸레이션 팬
환하다	bright 브라이트 light 라이트 clear 클리어
환호(하다)	cheer 치어 hurrah 후레이
환희	joy 조이 delight 딜라이트

활

활	bow 바우
활기	life 라이프 animation 애니메이션 vigor 비거
활동(하다)	activity 액티버티 action 액션 / act 액트
활발한	active 액티브 lively 라이블리
활약(하다)	activity 액티버티 / be active in 비 액티브 인
활용	conjugation 컨쥬게이션
활용(하다)	practical use 프랙티컬 유즈
활자	printing type 프린팅 타이프
활주	gliding 글라이딩 glide 글라이드
황금	gold 골드
	✓ 황금만능주의 the almighty money principle
황금분할	golden division 골든 디비전
황량	desolation 데설레이션 / bleakness 블리크니스
황새	stork 스토크
황소자리	the Bull 더 불 Taurus 토러스
황야	wilderness 윌더니스
황제	emperor 엠퍼러
황혼	dusk 더스크 twilight 트와일라잇
황홀하다	enraptured 인랩춰드 entranced 인추랜스트
	enchanted 인챈티드
황후	empress 엠프리스
회계	accounts 어카운츠 finance 파이낸스
회계사	accountant 어카운턴트
회고하다	look back 룩 백 recollect 리컬렉트
회관	hall 홀
회담(하다)	talk 토크 conference 컨퍼런스 / talk together 토크 투게더
회답(하다)	reply 리플라이 answer 앤서

횡령(하다)

회로	circuit 서킷
회복(되다)	restoration 리스토레이션 / recover 리커버
회비	membership fee 멤버십 피
회사	company 컴퍼니 corporation 코퍼레이션
회사원	office worker 오피스 워커
회색	gray 그레이
회생(하다)	revive 리바이브 / regenerate 리제너레이트
회오리바람	tornado 토네이도
회원	member 멤버
회의(하다)	meeting 미팅 conference 컨퍼런스 / confer 컨퍼
회장	president 프레지던트
회전(하다)	rotation 로우테이션 turn 턴
회전목마	merry-go-round 매리고우라운드
회충	roundworm 라운드웜
회피하다	evade 이베이드 excuse 익스큐즈
	✔ 책임을 회피하다 shrink one's responsibility
회합(하다)	meeting 미팅 gathering 게더링 / get together 겟 투게더
회화	picture 픽춰 painting 페인팅
회화(하다)	conversation 칸버세이션 / converse 컨버스
획기적인	epoch-making 에퍽메이킹
획득(하다)	acquisition 억퀴지션 / acquire 어콰이어 obtain 업테인
획책하다	plan 플랜 design 디자인
횟수	frequency 프리퀀시 / the number of times 더 넘버 러브 타임즈
횡격막	diaphragm 다이어프램
횡단(하다)	crossing 크로싱 / cross 크로스
횡단보도	crosswalk 크로스워크
횡령(하다)	embezzlement 임베즐먼트 / embezzle 임베즐

ㅎ

횡설수설

횡설수설	jargon 자건 nonsense 넌센스
효과	effect 이펙트 efficacy 에퍼커시
효도	filial piety 필리얼 파이어티
효모	yeast 이스트 leaven 레번
효소	enzyme 엔자임
효용	uses 유지즈 / effect 이펙트
효율	efficiency 이피션시
효율적인	efficient 이피션트
후	after 애프터 since 신스
후계자	successor 석세서 inheritor 인헤리터
후미진 곳	inlet 인릿 recess 리세스
후반	the latter half 더 레터 해프
후배	junior 주니어
후보	candidate 캔더데이트
후비다	pick 픽 scoop out 스쿳 아웃
후생	public welfare 퍼블릭 웰페어
후세	future 퓨처 after ages 애프터 에이쥐즈
	✔ 후세에 이름을 남기다 earn one's place in history
후에	afterward 앺터워드 later 레이터
후예	descendant 디센던트
후원하다	favor 페이버 support 서포트
후유증	sequela 씨퀄러 aftereffect 애프터이펙트
후일	later 레이터 some day 섬데이
후일담	sequel 씨퀄
후임	successor 석세서
후자	the latter 더 레터
후진국	developing country 디벨로핑 컨추리

휴식(하다)

후퇴	retreat 리트리트 regression 리그레션
후하다	kind 카인드 generous 제너러스
후회(하다)	regret 리그렛 repent 리펜트
훈련(하다)	training 트레이닝 / train 트레인 drill 드릴
훈장	decoration 데커레이션 medal 메달
훈제	smoked 스모욱드 smoke-dried 스모욱드라이드
훈제연어	smoked salmon 스모욱드 새먼
훌륭한	excellent 엑설런트 splendid 스플렌딧 superb 수퍼브
훔치다	steal 스틸 rob 랍 pilfer 필퍼
훨씬	by far 바이 파 much 머취
훼방	disturbance 디스터번스 interruption 인터럽션
휘날리다	flutter 플러터 wave 웨이브
휘다	bend 벤드 curve 커브
휘두르다	sway 스웨이 swing around 스윙 어라운드
휘발유	gasoline 개솔린 gas 개스
휘슬	whistle 휘슬
휘젓다	stir 스터 beat up 비트 업
휘파람	whistle 휘슬
휩쓸다	sweep away 스윕 어웨이 clear off 클리어 오프 overrun 오버런
휴가	vacation 베이케이션 holiday 할러데이
	✓ 휴가를 받다 take a vacation
휴게소	resting area 레스팅 에어리어 / lobby 라비
휴대(하다)	carrying 캐링 / carry 캐리 bring with 브링 위드
휴대폰	cellular phone 셀룰러 폰
휴머니스트	humanist 휴머니스트
휴머니즘	humanism 휴머니즘
휴식(하다)	repose 리포우즈 rest 레스트

휴양(하다)

휴양(하다)	rest 레스트 / take a rest 테이커 레스트
휴양지	health resort 헬스 리조트
휴업(하다)	closure 클로저 / take a holiday 테이커 할러데이
휴일	holiday 할러데이
휴전(하다)	armistice 아미스티스 / cease firing 씨즈 파이어링
휴지	tissue 티슈 toilet paper 토일럿 페이퍼
휴지통	wastebasket 웨이스트배스킷
휴직하다	take a leave 테이커 리브
휴학	temporary absence from school 템퍼러리 앱슨스 프럼 스쿨
흉기	murder weapon 머더 웨펀
흉내	imitation 이미테이션 mimicry 미미크리
흉내 내다	imitate 이미테이트 mimic 미믹
흉터	scar 스카
흉하다	ugly 어글리 bad-looking 배드루킹 ominous 아머너스
흐느끼다	sob 삽 blubber 블러버
흐려지다	grow cloudy (muddy) 그로우 클라우디 (머디)
흐르다	flow 플로우 run 런
흐름	stream 스트림 current 커런트
흐리게 하다	shade off 쉐이드 오프
흐리다	vague 베이그 dim 딤 obscure 압스큐어
흐림	cloudy weather 클라우디 웨더
흐물흐물한	muddy 머디 soft 소프트 flabby 플래비
흐뭇한	pleasing 플리징 gratified 그래티파이드
흑백	black and white 블랙 앤 화이트
	✔ 흑백논리 all-or-nothing logic
흑인	negro 니그로 black man 블랙 맨
흑자	the black 더 블랙

희로애락	
흔들리다	swing 스윙 tremble 트램블
흔들다	shake 쉐이크 wave 웨이브
흔들의자	rocking chair 락킹 체어
흔적	trace 트레이스 vestige 베스티지
흔한	common 커먼 ordinary 오디너리
흘러들어가다	flow into 플로우 인투
흘리다	let flow 렛 플로우 spill 스필
흙	earth 어쓰 soil 소일
흠	flaw 플로 crack 크랙
	✔ 그의 흠을 들춰내다 find fault of him
흠모하다	admire 어드마이어 long for 롱포
흠뻑	throughly 쓰루리 to the full 투 더 풀
흡사	like 라이크 just as 저스트 애즈 as if 애즈 이프
흡수(하다)	absorption 앱솝션 / absorb 앱소브
흡연(하다)	smoking 스모킹 / smoke 스모우크
흡연실	smoking room 스모킹 룸
흥미	interest 인터레스트 zest 제스트
흥미위주	mere curiosity 미어 큐리아서티
흥미진진한	very interesting 베리 익사이팅
흥분(하다)	excitement 익사이트먼트 / be excited 비 익사이티드
흥이 깨지다	be chilled 비 췰드
흥정	dealings 딜링즈 bargain 바긴
흥행	show business 쇼우 비즈니스
흩어지다	disperse 디스퍼스 be scattered 비 스캐터드
희곡	drama 드라머 play 플레이
희극	comedy 카머디
희로애락	joy, anger, sorrow and pleasure 조이 앵거 소로우 앤 플레저

희롱

희롱	banter 밴터 joking 조우킹
희망	wish 위시 desire 디자이어
희망(하다)	hope 호웁 wish 위시
희미한	faint 페인트 slight 슬라이트 dim 딤
희생	sacrifice 새크러파이스
희생자	victim 빅팀 prey 프레이
희생하다	make a sacrifice of 메이커 새크러파이스 어브
희한하다	uncommon 언커먼 rare 레어 curious 큐리어스
흰색	white 화이트
흰자위	albumen 앨뷰먼 the white of the eye 더 화이트 어브 디 아이
히스테리	hysteria 히스테리어
힌두교	Hinduism 힌두이즘
힌트(를 주다)	hint 힌트 / provide a hint 프러바이드 어 힌트
힐책하다	blame 블레임 rebuke 리뷰크
힘	power 파워 energy 에너지 force 포스
	✔ 힘이 닿는 데까지 as far as one can
힘껏	as hard as possible 애즈 하드 애즈 파서블
힘들다	be hard(tough, toilsome) 비 하드(터프, 토일섬)
힘쓰다	make effort 메이크 에포트 take pains 테이크 페인즈
힘줄	tendon 텐던
힘차다	powerful 파워펄 vigorous 비거러스 energetic 에너제틱